Das Leben de

Daniel J. Levinson

Das Leben des Mannes

Werdenskrisen, Wendepunkte, Entwicklungschancen

in Zusammenarbeit mit Charlotte N. Darrow,
Edward B. Klein, Maria H. Levinson, Baxton McKee

Deutsch von Hans Hermann

Kiepenheuer & Witsch

Titel der Originalausgabe *The Seasons of a Man's Life*

Zuerst erschienen bei Alfred A. Knopf, New York, 1978
Aus dem Amerikanischen übersetzt von Hans Hermann

Schutzumschlag und Einband Hannes Jähn, Köln
Gesamtherstellung Clausen & Bosse, Leck
ISBN 3 462 01323 8

Für unsere Familien, deren Generationen
mit ihrer üppigen Vielfalt
unser Verständnis des Lebenszyklus
so sehr gefördert haben

Inhalt

Vorwort

Was bedeutet es, erwachsen zu sein? Wie sehen die Kernfragen des Erwachsenenlebens aus – die wesentlichen Probleme und Befriedigungen, die Quellen der Enttäuschung, des Kummers und der Erfüllung? Liegt dem Verlauf unseres Lebens in den Erwachsenenjahren eine bestimmte Ordnung zugrunde, so wie in der Kindheit und Jugend? Derartige Fragen bewegten mich vor etwa zehn Jahren dazu, ein Forschungsprogramm durchzuführen, und dieses Buch berichtet von den Fortschritten, die meine Kollegen und ich bei der Beantwortung dieser Fragen gemacht haben.

Nachdem wir unsere Forschungsarbeiten aufgenommen hatten, wurde uns zunehmend klar, daß man eine Untersuchung des Erwachsenenalters nicht anders als eine Untersuchung der Kindheit von der Entwicklung her anpacken muß. Der Gedanke selbst war zwar nicht neu, sondern hatte sich in der Theorie weitgehend durchgesetzt; aber in der Praxis war er merkwürdigerweise außer acht gelassen worden. Als wir mit unserer Arbeit begannen, gab es über die Erwachsenenzeit im Lebenszyklus und über die Art der Entwicklung im Erwachsenenalter kaum theoretische und noch weniger praktische Untersuchungen.

Trotz zunehmender Beschäftigung mit der Erwachsenenentwicklung gibt es immer noch eine gewisse Abneigung dagegen, den Verlauf des Erwachsenenlebens eingehend zu untersuchen. Dem Wunsch, mehr über die Möglichkeiten des persönlichen Wachstums zu erfahren, steht die Angst im Wege, eine sorgfältige Untersuchung könnte möglicherweise nur zunehmende Verfallserscheinungen und Einschränkungen offenbaren. Erwachsene hoffen, daß das Leben mit 40 beginnt – doch die Angst ist groß, daß es da endet. Die Folge dieser universellen Furcht vor dem mittleren Alter ist, daß über die Erfahrung des Erwachsenseins fast gar nichts bekannt wird. Die konkrete Beschaffenheit des Erwachsenenlebens gehört zu den am besten gehüteten Geheimnissen in unserer Gesellschaft und wahrscheinlich in der Menschheitsgeschichte überhaupt. Für Leute in mittleren Jahren ist es im allgemeinen schwierig, den Verlauf und die Bedeutung ihres Lebens mit Gleichaltrigen, jüngeren Arbeitskollegen oder den eigenen Kindern zu erörtern. Das mittlere Alter ist immer eines der großen Tabu-Themen gewesen. In den letzten zehn Jahren kamen immer mehr Romane, Schauspiele und populärwissenschaftliche Bücher (die meistens Mut machen wollen) zu diesem Thema heraus. Doch unsere Scheu ist nach wie vor groß und unser Wissen begrenzt.

Die weitverbreitete Angst vor dem Alter ist allenthalben erkannt worden, doch schon lange bevor ein fortgeschrittenes Alter erreicht ist, packt uns in mittleren Jahren eine tiefe Angst vor dem Verfall und dem Sterben. Am schlimmsten quält einen in den frühen Erwachsenenjahren die Angst, daß es jenseits des Jugendalters kein Leben mehr gibt. Junge Erwachsene glauben oft, vom dreißigsten Lebensjahr an gehe es »bergab«, und wenn sie sich um ein tieferes Verständnis für die tatsächlichen Probleme und Möglichkeiten der verschiedenen Stufen des Erwachsenenlebens bemühen, müssen sie sich meist mit leeren Klischees zufriedengeben. Nach ihrer Vorstellung bringen die mittleren Jahre bestenfalls Trivialitäten und sinnlosen Komfort, und schlimmstenfalls Stagnation und Hoffnungslosigkeit.

Die mittleren Jahre gelten gewöhnlich als eine vage Interimszeit, die vorwiegend negativ definiert wird. Man ist nicht mehr jung, aber auch noch nicht richtig alt – was ist man denn eigentlich in einem positiveren Sinn? Bei »Jugend« denkt man an Vitalität, Wachstum, Meisterschaft, Heldentum; mit dem Alter dagegen verbinden sich Begriffe wie Verwundbarkeit, Welken, Ende, am Rande des Nichts. Unser übertrieben negatives Bild vom Alter trägt sehr viel zu den Beschwerden der mittleren Jahre bei. Es ist fürchterlich, schon im mittleren Alter den Schatten des Todes zu spüren, so als sei man bereits sehr alt; und es ist eine sich selbst zunichte machende Illusion, sich im Schatten der Jugend zu wähnen, so als sei man einfach immer noch jung. Jeder Abschnitt im Lebenszyklus hat seine eigenen Vorzüge und Grenzen. Um seinen vollen Wert auszuschöpfen, müssen wir seine Bedingungen kennen und akzeptieren und unser Leben in diesem Abschnitt entsprechend gestalten.

Diese persönlichen und fachlichen Erwägungen führten zur Definition unserer Forschungsziele. Im Lauf der Jahre sind diese Ziele präzisiert und erweitert worden, aber der Grundgedanke ist geblieben. Unser wichtigstes Ziel ist es, einen Überblick über die *Entwicklung des Mannes im Erwachsenenalter* zu gewinnen. Wir wollen den ganzen Lebenszyklus systematisch erfassen und dabei vor allem die Hauptabschnitte des Erwachsenenalters im Auge behalten. Jeder Abschnitt hat seine ganz spezifische Eigenart und seinen besonderen Wert, auch wenn seine Beschaffenheit durch den Platz im gesamten Zyklus geprägt wird. Wir konzentrierten uns zunächst auf die Dekade um die Lebensmitte, auf das Alter von 35 bis 45; später dehnten wir dann unsere Untersuchungen auf die ganze Zeit zwischen den späten »Teens« bis zu den späten Vierzigerjahren aus.

Mit den ersten Überlegungen und Vorbereitungen zu dieser Untersuchung befaßte ich mich 1966, noch bevor das neuerdings zu beobachtende rege Treiben auf diesem Gebiet eingesetzt hatte. Als ich in diese Arbeit einstieg, schien es, als betrete ich ein abgelegenes, völlig unerforschtes Territorium. Die Untersuchung ergab sich zum Teil aus meinem intellektuellen Interesse an der Möglichkeit einer Weiterentwicklung im Erwachsenenalter. Die Wahl dieses Themas spiegelte aber auch ein persönliches Anliegen wider: im Alter von 46 Jahren wollte ich den Übergang in die mittleren Jahre untersuchen, um zu verstehen, was ich selbst hinter mich gebracht hatte. In den vorausgegangenen zehn Jahren hatte sich mein Leben in wesentlichen Punkten verändert; ich hatte mich in bestimmter Hinsicht »weiterentwickelt«, ohne das im einzelnen erklären zu können. Die Untersuchung sollte Licht auf meine eigene Erfahrung werfen und, so hoffte ich, ganz allgemein zum Verständnis der Entwicklung im Erwachsenenalter beitragen. Später stellte sich heraus, daß diese Entscheidung mehr als nur meine persönlichen Gefühle wiedergab. In unserer Gesellschaft wächst das Bedürfnis, im Erwachsensein mehr zu sehen als eine lange uninteressante Reihe von Jahren zwischen der Kindheit und dem Greisenalter.

Ich war noch neu an der Yale-Universität, als ich mich im akademischen Jahr 1966/67 mit verschiedenen theoretischen Fragen auf dem großen Gebiet der Erwachsenenentwicklung befaßte und nach und nach spezifische Forschungspläne ausarbeitete. Im Herbst 1967 stießen Charlotte N. Darrow, Douglas S. Derrer und Edward D. Klein zu mir, und wir bildeten ein Forschungsteam. Nachdem wir mehrere Probeinterviews durchgeführt und analysiert hatten, bemühten wir uns Anfang 1968 beim »National Institute of Mental Health« um einen Forschungsauftrag. Wir bekamen die gewünschte finanzielle Unterstützung, und das Projekt lief offiziell im Januar 1969 an, auch wenn unsere Arbeit zu diesem Zeitpunkt längst begonnen hatte. Unsere ersten Interviews machten wir im Herbst 1968, die letzten Anfang 1970. Braxton McKee stieß 1968 zu uns, Maria H. Levinson 1970, als Derrer ausschied, um anderswo eine Stelle anzutreten. Ray C. Walker gehörte von 1968 bis 1971 zu unserer Gruppe. Ihm schulden wir besonderen Dank, denn er war der einzige Anhänger C. G.

Jungs in einer Gruppe, die andere – meist Freudsche – Vorstellungen von der Persönlichkeit hatte. Mit viel Feingefühl und Beharrlichkeit half er uns, Jungs Ideen zu übernehmen, ohne andere Gesichtspunkte aufzugeben. Das hatte zur Folge, daß wir alle nicht mehr so sektiererisch sind.

Die finanzielle Unterstützung unseres Forschungsvorhabens lief Anfang 1975 aus. Zu diesem Zeitpunkt hatten wir unsere Anfangs- und Folgeinterviews gemacht und die Fallanalysen weitgehend abgeschlossen. Dabei waren wir über die Untersuchung des Jahrzehnts um die Lebensmitte hinausgegangen und hatten uns mit einer größeren Lebensspanne befaßt, um zu einer allgemeineren Theorie der Erwachsenenentwicklung zu kommen. Es schien uns nun angebracht, unsere Gedanken und Befunde weiterzuentwickeln und ein Buch darüber zu schreiben. Leider bekommt man auf diesem Gebiet gewöhnlich nur Geld für neue Forschungsprojekte und nicht zum Bücherschreiben. So wurde die Entstehung dieses Buches durch fehlende finanzielle Mittel und durch die generell schlechte wirtschaftliche Situation der Universitäten kompliziert.

Als wir im Frühjahr 1973 dieses Buch planten, beschlossen wir, daß ich die Kapitel über die Theorie und die Ergebnisse schreiben sollte, und jeder der anderen sollte eine der Einzelbiographien verfassen. Diese Arbeitsteilung ist dann eingehalten worden. Charlotte Darrow schrieb die Biographie des Romanschriftstellers Paul Namson, den sie interviewt hatte. Edward Klein übernahm den leitenden Angestellten James Tracy und Braxton McKee den Arbeiter William Paulsen. Maria Levinson, die erst nach Abschluß der Interviews zu dem Projekt stieß, schrieb die Biographie des Biologen John Barnes, den ich interviewt hatte. Ich vervollständigte die Auswertung der einzelnen Daten und die Vereinheitlichung der Begriffe und schrieb die restlichen Kapitel. Braxton McKee war mir bei dieser Arbeit eine große Hilfe. Er steuerte auch bei der Durchsicht des Manuskripts noch wichtige Punkte bei.

Ich war zwar der Initiator der Untersuchung und der verantwortliche Autor des Buchs, doch bei dem Forschungsvorhaben handelte es sich um ein Gemeinschaftsprojekt. Wenn eine solche Zusammenarbeit gut funktioniert, ist es hinterher schwierig, die gesonderten Beiträge der einzelnen Mitarbeiter herauszulesen. Wir fünf fühlen uns als Teil eines kollektiven Prozesses, an dessen Ende ein gemeinsames Produkt stand.

Von Anfang an bemühten wir uns um ein interdisziplinäres Vorgehen. Unser Interesse gilt dem Individuum und seiner Entwicklung im Verlauf der Erwachsenenjahre, und so etwas ist immer Sache der Psychologie und der Psychiatrie gewesen. Da uns aber interessiert, wie sich der Lebenszyklus entfaltet, müssen wir das Individuum in der Gesellschaft sehen: wir müssen die Stellung des Mannes in seiner Umwelt untersuchen – seine Beziehungen, Rollen und Verpflichtungen in der Welt, aber auch seine Phantasien, Konflikte und Fähigkeiten. Das bedeutet jedoch, daß wir auch die Sozial- und Geisteswissenschaften bemühen müssen, daß wir neben der Psychologie und Psychiatrie auch die Soziologie, Anthropologie, Geschichte und Politologie brauchen. Wir befinden uns damit im Bereich der Sozialpsychologie, die eine Grenzdisziplin darstellt: sie errichtet ein Gebäude aus Theorie und Wissen, das die vorrangig mit dem Individuum befaßten Disziplinen mit jenen anderen Disziplinen verknüpft, die sich in erster Linie mit der Gesellschaft, der Kultur und dem Kollektivleben auseinandersetzen. In diesem Sinne ist unsere Abhandlung der Entwicklung im Erwachsenenalter sozialpsychologisch.

Diese Orientierung spiegelt sich in der Zusammensetzung des Forschungsteams. Ich komme intellektuell von der Psychologie, Psychiatrie und Soziologie her, die anderen hauptsächlich von der Psychologie (Maria Levinson und Klein), Soziologie (Darrow) und Psychiatrie-Psychoanalyse (McKee). Unsere intellektuelle Vorgeschichte hat jeden von uns in alle diese Disziplinen gebracht, in einer gemeinsamen Anstrengung, etwas zu schaffen, was über die Grenzen hinausgeht.

Im Frühjahr 1967 lud ich einige Kollegen von der Yale-Universität zu einem Treffen ein, um meine im Anfangsstadium befindlichen Forschungspläne mit ihnen durchzugehen. Ein paar solcher Treffen bestärkten mich in meinem Vorhaben und weckten das anhaltende Interesse der anderen. Im darauffolgenden Herbst begannen wir mit einem Seminar für Mitglieder des Lehrkörpers, in dem wir uns mit der Entwicklung im Erwachsenenalter beschäftigten. Mit nur geringfügigen Veränderungen in der Zusammensetzung der Teilnehmer lief dieses Seminar vier Jahre lang. Außer dem Forschungsteam nahmen daran teil: Kenneth Keniston, Gerald L. Klerman, Graham Little, Theodore M. Mills, John S. Montgomery, David F. Musto, Peter M. Newton und Daniel P. Schwartz.

Das Seminar war ein wesentlicher Teil unseres methodischen Vorgehens und trug viel zum Verlauf des ganzen Projektes bei. Wir besprachen dort theoretische Stellungnahmen, wissenschaftliche Artikel, literarische Essays, Biographien, klinische Fallstudien, die Individuen in unserer Voruntersuchung und die Leute, die wir für unsere eigentliche Forschungsarbeit ausgewählt hatten. Wir diskutierten über den relativen

Wert der verschiedenen Persönlichkeitstheorien und die Bedeutung der gesellschaftlichen Einflüsse in der Erwachsenenentwicklung. Die Seminarteilnehmer, die aus unterschiedlichen Fachrichtungen kamen, interessierten sich zunehmend für andere Disziplinen und wollten im Grenzbereich arbeiten. Die meisten von uns waren zwischen 35 und 45 und hatten ganz persönlich mit den Entwicklungsfragen dieses Jahrzehnts zu kämpfen. Und auch denen, die etwas älter oder jünger waren, war diese Thematik keineswegs fremd. Es stellte sich bald heraus, daß eine eingehende intellektuelle Auseinandersetzung mit dem Leben anderer nicht möglich war, ohne daß wir uns auch mit unserem eigenen Leben auseinandersetzten. Auch wenn das Seminar in erster Linie die Funktion hatte, das Forschungsunternehmen zu fördern, leistete es einen Beitrag zu unserem eigenen Leben. Ich empfinde tiefe Dankbarkeit für die einzelnen Teilnehmer und für »die Gruppe«, die auf ihre ganz besondere Weise zu einem Mitarbeiter wurde.

Als das Manuskript Konturen gewann und ein Verleger gefunden werden mußte, hatten wir das große Glück, von Jane Isay und Richard Grossman beraten zu werden. Sie hatten beide eine frühe Fassung des Manuskripts gelesen, und ihre Ratschläge zur endgültigen Form und zu Fragen der Veröffentlichung waren für uns unbezahlbar. Mit ihrer Hilfe entdeckten wir Donald Cutler (von der »Sterling Lord Agency«), der unser Agent und Steuermann für den Rest des Weges wurde. Er war für uns ein Glücksfall. Charles A. Elliott, unser Redakteur bei Knopf, half uns bei der Vollendung des Manuskripts durch sein Verständnis, seine Unterstützung und sein literarisches Feingefühl.

Wir sind auch Jack Shepherd zu Dank verpflichtet, der über ein Jahr lang eng mit mir zusammenarbeitete und eine Menge zur Durchsicht und Korrektur des Manuskripts beigetragen hat. Wenn dieses Buch bei aller Substanz und allem Ernst relativ wenig von der Pedanterie aufweist, die in wissenschaftlichen Büchern immer wieder zu finden ist, dann verdanken wir das hauptsächlich Shepherd und Elliott. Wo das nicht gelungen ist, liegt es ausschließlich an uns.

Viele Einzelpersonen und Institutionen waren uns in den letzten zehn Jahren eine große Hilfe. Frederick C. Redlich, damals Leiter der Abteilung für Psychiatrie an der Yale-Universität, gab die moralische und materielle Unterstützung, die es mir ermöglichte, mit den Untersuchungen zu beginnen, noch bevor Forschungsstipendien zur Verfügung standen. Während dieser Zeit war mir Boris M. Astrachan, Chef des »Connecticut Mental Health Center«, ein geschätzter Kollege und Freund; diese Arbeit hat in vieler Hinsicht von seinem persönlichen Interesse und seiner Fürsprache bei den Behörden profitiert. Peter M. Newton hat ungezählte Stunden mit zwanglosen Gesprächen, mit der Durchsicht des Manuskripts und als Mitarbeiter an verwandten Projekten zugebracht. Meine Beziehung zu Astrachan und Newton zeigte, daß in einem guten Mentorverhältnis der Mentor mindestens ebensoviel profitiert wie sein jüngerer Kollege. Eleanor Harding und Margit van Leight Frank leisteten einen gewaltigen, wenn auch mittelbaren Beitrag zur intellektuellen Substanz und zu den psychologischen Qualitäten dieses Buches. Meine Mutter hat – über ihren allgemeinen Einfluß auf mein Leben hinaus – ganz unmittelbar zu diesem Buch beigetragen. Sie ist heute 91 und lieferte mir während der letzten Jahre die wichtigsten Hinweise für die Möglichkeiten der Selbst-Entfaltung im hohen Alter.

Barbara Kellerman und Wendy Stewart schrieben die zwei ersten Doktorarbeiten, die sich unsere Theorie von der Erwachsenenentwicklung zunutze machten – Kellerman verfaßte eine Biographie von Willy Brandt, Stewart eine Studie über die Entwicklung der Frauen zwischen dem 17. und dem 35. Lebensjahr. Kellerman half auch bei der Überarbeitung mehrerer Kapitel, vor allem im Hinblick auf die Biographie James Tracys.

Unser Dank gilt dem »National Institute of Mental Health«, das die vorliegende Untersuchung mit einem persönlichen und einem Forschungsstipendium unterstützte. Die Durchführung dieses Projekts ist nacheinander von Katherine Cash, Judy Townsend und Sharon Canosa überwacht worden. Jede hat auf ihre Weise mehr als nur ihre Pflicht getan und so zu unserem Gemeinschaftswerk und zu unserem individuellen Wohlergehen beigetragen. Insbesondere Sharon Canosa hat sich in den vier langen Jahren der Entstehung dieses Buchs als Sekretärin, Verwalterin und Stabilisierungsfaktor bewährt. Sie war ein vollwertiges Mitglied unseres Teams.

Wir möchten den hinter den Pseudonymen »Ajax Industries« und »United Electronics« steckenden Firmen dafür danken, daß sie uns aufnahmen und uns unsere Gastrolle weitgehend nach unserer eigenen Vorstellung spielen ließen. Beide zogen aus unserer Untersuchung keinen unmittelbaren Nutzen; wir hoffen aber, daß die Firmen und die Arbeiter und Angestellten, die zu Mitarbeitern an unserem Forschungsprojekt wurden, indirekt davon profitierten.

Ganz besonders aber geht unser Dank an jene vierzig Männer, die uns so rückhaltlos in ihr Leben eindringen ließen und uns erlaubten, ihre Erfahrungen einem großen Publikum vorzulegen. Da wir ihnen nicht namentlich danken können, sagen wir ihnen anonym Dank für die Hilfe und die Einblicke, die sie uns gewährten. Schließlich stehen wir auf immer in der Schuld jener vier Männer, die nach der Lektüre eines frühen Konzepts einer Veröffentlichung ihrer Biographien zustimmten. Sie bestärken uns in unserer Hoffnung, daß biographische Untersuchungen dieser Art auf der Grundlage gegenseitiger Achtung und gemeinsamer Anstrengung möglich sind.

New Haven, im Mai 1977 Daniel J. Levinson

I. Ein Überblick über die Entwicklung im Erwachsenenalter

1. Der Lebenszyklus und seine Abschnitte

Im Laufe der Zeit ist eine Fülle an Material über die besonderen Merkmale des Erwachsenenlebens zusammengetragen worden. Es gibt Statistiken über Ehe und Scheidung, Gesundheit und Krankheit, Lebenserwartung, berufliche Tätigkeit und Einkommen. Es gibt Untersuchungen über den Streß, dem einer ausgesetzt ist, wenn er pensioniert wird oder wenn das letzte seiner Kinder das Elternhaus verläßt. Wir haben, mit anderen Worten, ausgiebige Informationen über das Erwachsenenalter – wissen aber sehr wenig über das eigentliche Wesen des Erwachsenseins. Die grundlegenden Entwicklungsprinzipien des Erwachsenenlebens sind uns immer noch ein Rätsel.

Wir wissen viel besser über die Jahre vor dem Erwachsenenalter Bescheid, bis zum zwanzigsten Lebensjahr etwa. Wir wissen, daß in diesem Lebensabschnitt eine Entwicklung stattfindet, und wir können sie in etlichen Phasen verfolgen: Säuglingsalter, frühe Kindheit, mittlere Kindheit, Pubertät, frühe und späte Jugendjahre. Wenn wir über die Vor-Erwachsenenzeit gründlichere und systematischere Kenntnisse besitzen, dann liegt das weitgehend daran, daß wir sie aus der *Perspektive der Entwicklung* untersucht haben. Wir sehen in der Kindheit und Jugend eine Entwicklungsphase, eine Zeit besonderer Freuden und Konflikte, eine Zeit des Wachstums und der Vorbereitung auf die bevorstehenden Erwachsenenjahre. So ergeben die ersten zwanzig Jahre ein klares Gesamtbild: ein unvollständiges, hochgradig abhängiges Kind durchläuft ein kompliziertes biologisches, psychologisches und soziales Wachstum und wird – mehr oder weniger stark ausgeprägt – zu einem unabhängigen, verantwortlichen Erwachsenen.

Wenn wir die Vor-Erwachsenenjahre unter dem Gesichtspunkt des Wachstums untersuchen, dann bedeutet das auch, daß wir in der Entwicklung des Kindes eine zugrundeliegende Ordnung erkennen. Es gilt heute als gesichert, daß alle Menschen in der Kindheit und in der Jugend durch gemeinsame Entwicklungsprinzipien gelenkt werden und eine allen gemeinsame Folge von Entwicklungsphasen durchlaufen. Gleichzeitig hat aber jedes einzelne Leben seinen einmaligen, besonderen Charakter und nimmt seinen eigenen, besonderen Weg.

Auch die Erwachsenenjahre müssen unter dem Gesichtspunkt der Entwicklung untersucht werden. In diesem Buch entwerfen wir ein Bild vom Lebenszyklus in seiner Gesamtheit und ein ausführlicheres Bild von der Entwicklung im frühen und mittleren Erwachsenenalter. Das ist an sich kein neuer Gedanke, aber er ist bisher merkwürdigerweise vernachlässigt worden. Der Lebenszyklus ist in den Sozialwissenschaften kaum einmal untersucht worden, und es gibt keinen theoretischen Rahmen, der ein Forschungsprogramm in diesen Disziplinen anregen und weiterführen könnte. In der Schulpsychologie war die Situation in den 1960er Jahren nur wenig besser, doch in den letzten Jahren ist das Interesse etwas gewachsen.

Auffassungen vom Lebenszyklus

Die vielversprechendste Auffassung vom Lebenszyklus und von der Erwachsenenentwicklung stammt aus der von Sigmund Freud (1856–1939) begründeten Tiefenpsychologie. Freud schuf eine Persönlichkeitstheorie, die neben den bewußten auch die unbewußten Aspekte der Persönlichkeit berücksichtigte, und er zeigte, wie die Persönlichkeitsentwicklung in der Kindheit das Leben des Erwachsenen aufs tiefste beeinflußt. In seiner Begeisterung über die Entdeckungen zur Entwicklung im Kindesalter neigte Freud jedoch dazu, im Erwachsenenalter hauptsächlich eine Szene zu sehen, in der sich die frühen unbewußten Konflikte wiederholen, und nicht eine Zeit, in der weitere Entwicklungen stattfinden.

Der eigentliche Vater der modernen Auseinandersetzung mit den Entwicklungen im Erwachsenenalter ist aus unserer Sicht C. G. Jung (1875–1961). Den größten Teil seiner Dreißigerjahre war Jung ein Schüler Freuds und ein führendes Mitglied der eben entstehenden psychoanalytischen Bewegung. 1913 trennte er sich von Freud und gründete allmählich seine eigene Schule, die Analytische Psychologie.

Von den vielen intellektuellen Unterschieden zwischen Jung und Freud sind zwei in unserem Zusammenhang besonders relevant. Zum einen war Jung der Ansicht, Freud konzentriere sich zu sehr auf die Entwicklung im Kindesalter und ihren Einfluß auf die Probleme, Konflikte und Kreativität des Erwachsenen. Jung entwickelte ein Konzept für den ganzen Lebenszyklus und widmete dabei der Entwicklung des Erwachsenen »in der zweiten Hälfte des Lebens« seine besondere Aufmerksamkeit. Zum andern glaubte er, Freuds stark klinische Orientierung habe zu einer Überbetonung der Psychopathologie und der inneren (»intrapsychischen«) Prozesse geführt und gesellschaftliche Institutionen, Religion und Mythologie vernachlässigt. Jung ging daran, eine *Sozialpsychologie* zu entwickeln. Er versuchte, die individuelle Entwicklung als ein Produkt innerer psychologischer Prozesse und äußerer kultureller Zwänge zu verstehen. Seine Theorie stützt sich auf klinische Untersuchungen von Patienten und eine Analyse der Ethnographie, Mythologie und der symbolischen Schöpfungen aus vielen Kulturen und geschichtlichen Epochen.

Jungs Hauptinteresse galt der Erforschung von Entwicklungen im Erwachsenenalter. Er sah es als einen Teil der normalen Entwicklung an, daß der junge Erwachsene immer noch in hohem Maße in den emotionalen Verstrickungen und Konflikten der Kindheit befangen ist und unter dem schweren Druck der Anforderungen steht, die die Familie, die Arbeit und die Gemeinschaft an ihn stellen. Die Persönlichkeit kann mit 20 noch nicht voll entwickelt sein. Er fand heraus, daß die nächste Gelegenheit zu einer grundlegenden Änderung etwa mit 40 beginnt, »im Mittag des Lebens«. Jung verwendete den Begriff der »Individuation« für den Entwicklungsprozeß, der in diesem Alter beginnt und sich über die ganze zweite Hälfte des Lebenszyklus erstrecken kann.

Die nächste herausragende Figur in der Erforschung der Erwachsenenentwicklung ist Erik H. Erikson (geboren 1902). Auch wenn Erikson aufgrund seiner Ausbildung und seiner Neigungen Psychoanalytiker ist, stellt er doch ein historisches und intellektuelles Bindeglied zwischen Freud und Jung dar. Seine Abwandlungen der psychoanalytischen Theorie rücken ihn näher an Jung heran, obschon ihm einige der philosophischen und mystischen Qualitäten fehlen, die Jung ständig in Streit mit seinen etablierten Kollegen geraten ließen. Er war von Haus aus Künstler und Lehrer. Wie durch Zufall wurde er mit 30, kurz bevor er in die Vereinigten Staaten ging, Freudscher Psychoanalytiker in Wien.

Eriksons enormer Einfluß auf die Geisteswissenschaften, die Psychologie und die Sozialwissenschaften setzte mit der Veröffentlichung seines ersten Buches, *Childhood and Society*, im Jahre 1950 ein (deutsch *Kindheit und Gesellschaft*, 1957). Seither hat er sich in erster Linie der Untersuchung der Erwachsenenentwicklung gewidmet, und er bediente sich dazu einer biographischen Methode und einer kombinierten historisch-soziologisch-psychologischen Analyse. Seine Arbeit über das Kindesalter ist in größerem Umfang verstanden und gewürdigt worden als seine Arbeit über das Erwachsenenalter. Obwohl er sich im Grenzbereich zwischen den Geistes- und den Sozialwissenschaften bewegt, ist Erikson vor allem Humanist – nicht so sehr akademischer Naturwissenschaftler, sondern eher einer, der das Leben beobachtet und studiert. In dieser und in anderer Hinsicht steht er Jung näher als Freud, dessen Überlegungen tief in der Physiologie und der Naturwissenschaft des neunzehnten Jahrhunderts verwurzelt waren.

Im psychologischen Bereich entstammen also unsere Gedanken zur Erwachsenenentwicklung einer von Freud, Jung und Erikson geprägten intellektuellen Tradition. Dazu gehören auch Rank, Adler, Reich und andere sich an der Gesellschaft orientierende Tiefenpsychologen. In jüngster Zeit sind diese Quellen von Ernest Becker, Robert Lifton und anderen dazu benutzt worden, ein breiter gefächertes Verständnis für das Erwachsenenleben in der Gesellschaft zu schaffen. Vielleicht beginnen wir allmählich, die Streitfragen zu überwinden, die die verschiedenen Schulen der Tiefenpsychologie so lange gespalten und die Wirkungskraft der unterschiedlichen Meinungen so sehr eingeengt haben. Die Absurdität des alten Sektierertums ist offenkundig. Wir hoffen, unsere Untersuchung trägt dazu bei, daß eine umfassendere, nicht-sektiererische Betrachtungsweise möglich wird.

Um zu einem tieferen und komplexeren Verständnis des Erwachsenenalters zu kommen, muß man sowohl das Wesen des Individuums als auch das Wesen der Gesellschaft berücksichtigen. Die Erkenntnis, daß Geschichte, Kultur und gesellschaftliche Institutionen das Leben des einzelnen Erwachsenen beeinflussen, genügt nicht. Eine angemessene Untersuchung muß sich die Begriffe und Denkweisen der Sozialwissenschaften zu eigen machen. Daß wir uns darum bemüht haben, wird in dem Buch immer wieder zu erkennen sein.

Die biologische, psychologische und sozialwissenschaftliche Fachliteratur enthält keine systematische Erfassung des Lebenszyklus und seiner Komponenten. Im Verlauf unserer Untersuchung lernten wir eine ganze Menge über den Lebenszyklus und entwickelten so unsere eigene Konzeption. Sie wird in Kapitel 2 und 3 erläutert und in späteren Kapiteln vertieft. Der Ausgangspunkt unserer Überlegungen war jedoch keine ausformulierte Theorie, sondern eine intuitiv erschlossene, metaphorische Vorstellung vom Lebenszyklus und seiner Bedeutung.

Fangen wir ganz vorne an und fragen nach konkreten Bedeutungen und

Inhalten. Da ist zunächst der Begriff des »Lebenszyklus«. Andere Begriffe wie »Lebensdauer« und »Lebenslauf« werden oft synonym gebraucht, doch sie bedeuten etwas ganz anderes. »Lebensdauer« ist einfach eine Kategorie, die sich auf die Zeitspanne zwischen Geburt und Tod bezieht. Es ist rein deskriptiv ein nützlicher Ausdruck, aber er gibt nicht an, womit diese Zeitspanne ausgefüllt ist. Mehr sagt der Begriff des »Lebenslaufs« aus. Er bezieht sich auf den Ablauf des individuellen Lebens in der Zeit – das Netz aus besonderen Vorfällen, Beziehungen, Leistungen, Mißerfolgen und Bestrebungen, aus denen sich das Leben zusammensetzt. Der Lebenslauf ist das, was wir zu verstehen versuchen. Eine Theorie der Entwicklung stellt eine von mehreren Perspektiven dar, von der aus wir den Lebenslauf zu analysieren und zu verstehen suchen.

Der Begriff des »Lebenszyklus« vermittelt eine andere, spezifischere Bedeutung. Er drückt aus, daß der Lebenslauf einen eigenen Charakter hat und nach einem Grundschema abläuft. Nach dem *American Heritage Dictionary* haben die Wörter »Zyklus« und »development« (englisch für »Entwicklung«) die gemeinsame indogermanische Wurzel *kwel*. Die lateinische Form von *kwel* ist *colere*, die griechische *telos*. Auf sie gehen solche modernen englischen Wörter zurück wie *circle* (Kreis), *evolve* (sich entwickeln), *completion* (Vollendung), *wheel* (Rad), *inhabit* (bewohnen), *culture* (Kultur) und *cultivate* (kultivieren, verfeinern). Der Begriff des »Lebenszyklus« enthält die elementaren Bedeutungen solcher Wörter, aber sie werden kaum einmal deutlich ausgedrückt. Ich möchte auf zwei der wesentlichsten Bedeutungen näher eingehen.

Zum einen ist da die Vorstellung von einem *Prozeß oder einer Reise* von einem Ausgangspunkt (Geburt, Herkunft) zu einem Endpunkt (Tod, Abschluß). Wenn man von einem allgemeinen menschlichen Lebenszyklus spricht, gibt man damit zu verstehen, daß die Reise von der Geburt bis ins hohe Alter einem grundsätzlichen, allgemeingültigen Muster folgt, von dem es unendlich viele kulturelle und individuelle Abweichungen gibt. Viele Einflüsse bestimmen unterwegs die Eigenart dieser Reise. Es kann zum Kurswechsel und zu Umwegen kommen. Der Zeitplan kann innerhalb gewisser Grenzen beschleunigt oder verlangsamt werden, und in extremen Fällen kann der Entwicklungsprozeß völlig zum Stillstand kommen. Doch solange die Reise währt, hält sie sich an die zugrundeliegende Abfolge.

Zum andern ist da die Vorstellung von *Zeitabschnitten*, von einer Abfolge von Phasen oder Stufen innerhalb des Lebenszyklus. Der Prozeß ist kein einfaches, fortlaufendes, gleichbleibendes Dahinfließen. Es gibt qualitativ unterschiedliche Abschnitte, die alle ihre ganz spezifischen Merkmale haben. Jeder Zeitabschnitt unterscheidet sich von dem, der ihm vorausgeht, und dem, der ihm folgt, auch wenn ihnen allen viel gemeinsam ist. Die Vorstellung von verschiedenen »Zeiten« nimmt viele Formen an; es gibt Jahreszeiten: der Frühling ist eine Zeit der Blüte, der Winter eine Zeit des Todes, aber auch der Wiedergeburt, und er steht am Beginn eines neuen Zyklus. Es gibt Tageszeiten – den Tagesanbruch, den Mittag, die Abenddämmerung, die stille Dunkelheit der Nacht –, und jede hat ihre spezifischen, täglich wiederkehrenden, atmosphärischen und psychologischen Merkmale. Und es gibt verschiedene Zeiten in einer Liebesbeziehung, im Krieg, in der Politik, in der künstlerischen Betätigung und in der Krankheit.

In der bildlichen Vorstellung versteht jeder den Zusammenhang zwischen den Jahreszeiten und den Zeitabschnitten im menschlichen Lebenszyklus. Man braucht keinem die Worte des »Septemberliedes« zu erklären. Wenn es da heißt: »Es vergeht sehr viel Zeit von Mai bis Dezember, und die Tage werden kürzer, kommt erst der September«, dann wissen wir alle, daß hier der Kontrast zwischen der Jugend und dem mittleren Alter angesprochen wird. Und wenn Dylan Thomas in seinem berühmten Gedicht zu seinem alternden Vater sagt: »Do not go gentle into that good night«, dann ist allen klar, daß das Kommen der Nacht als das Ende des Lebens erfahren wird.

Wenn von Zeitabschnitten die Rede ist, dann heißt das, daß der Lauf des Lebens eine bestimmte Form hat, daß sich seine Entwicklung als eine Reihe von bestimmbaren Formen darstellt. Ein Zeitabschnitt ist ein relativ stabiler Teil im gesamten Lebenszyklus. Der Sommer hat einen anderen Charakter als der Winter, die Abenddämmerung ist anders als der Sonnenaufgang. Wenn wir sagen, daß ein Zeitabschnitt relativ stabil ist, so heißt das jedoch nicht, daß er gleichbleibend und statisch ist. Innerhalb jedes Abschnitts kommt es zu einer Veränderung, und es bedarf eines Übergangsstadiums, um zum jeweils nächsten Abschnitt zu kommen. Jeder Abschnitt hat seinen festen Platz im Zyklus, er hat seine eigene Bedeutung und muß aus sich selbst heraus verstanden werden. Man kann nicht sagen, daß ein Zeitabschnitt besser oder wichtiger sei als ein anderer. Jeder hat seinen Platz und trägt zum besonderen Charakter des Ganzen bei. Er ist ein organischer Teil des gesamten Zyklus, denn er verbindet die Vergangenheit mit der Zukunft, und beide sind in ihm enthalten.

Bevor ich eine eingehendere Analyse des Lebenszyklus gebe, will ich kurz darstellen, wie unsere Untersuchung ablief.

Die Untersuchung der Erwachsenenentwicklung

Die wesentlichen Merkmale dieser Untersuchung ergaben sich während einer zweijährigen Orientierungsphase. Anstoß gab mein starkes, aber nicht genau umrissenes Interesse an neuen Erkenntnissen über die Entwicklung im Erwachsenenalter, etwa zwischen dem 30. und dem 50. Lebensjahr. Ich spürte intuitiv, daß die Jahre um 40 eine besondere Bedeutung im Leben eines Menschen haben. Nachdem ich zur Vorbereitung einiges gelesen, die ersten Interviews gemacht und mich einer Selbstprüfung unterzogen hatte, beschloß ich, mich auf die zehn Jahre zwischen 35 und 45 zu konzentrieren. Ich sagte mir, daß sich in diesem »Midlife-Jahrzehnt« der Wechsel von der »Jugend« zum »mittleren Alter« vollzieht. Keiner dieser Begriffe in Anführungszeichen war genau definiert, weder in der wissenschaftlichen Literatur noch in meinem Kopf. Ich setzte mir ursprünglich zum Ziel, diesen Begriffen eine stärker auf Tatsachen beruhende Bedeutung zu geben und den Entwicklungsprozeß – wenn es überhaupt einen gab – in dem Jahrzehnt in der Mitte des Lebens zu untersuchen.

Dementsprechend waren unsere Zielpersonen zu Beginn in dem *Altersbereich* zwischen 35 und 45. Wir dachten daran, diesen Bereich noch mehr zu begrenzen, etwa auf 43 bis 45, denn dann hätten alle Teilnehmer auf ihr Leben in diesem Jahrzehnt zurückblicken können. Es schien jedoch wichtiger, innerhalb der Grenzen unserer Ziele einen möglichst breiten Altersbereich zu erfassen. Da die Personen 1969 ausgewählt wurden, lag ihr Geburtsjahr zwischen 1923 und 1934. Sie waren unterschiedlich alt, als sie größere soziale Veränderungen erlebten, etwa die Depression in den 30er Jahren, den Zweiten Weltkrieg, den Koreakrieg, den einengenden Konformismus in den 50er Jahren und den Umbruch in den 60ern. Die äußere Phasenabfolge in ihrem Leben war nicht identisch. Die Altersunterschiede versetzten uns auch in die Lage, ein lebendigeres Bild vom Leben in jedem Teil des Jahrzehnts zu bekommen. Wir können unsere jüngsten Erfahrungen viel vollständiger und unmittelbarer wiedergeben als unsere Erinnerungen an vergangene Zeiten. Wer Ende dreißig war, konnte zwar sein Leben in den Vierzigern noch nicht beschreiben, aber er konnte vom Leben eines Enddreißigers umfassender berichten als einer mit 44 oder 45 Jahren.

Viele Kollegen rieten mir, ich solle mich nicht auf eine bestimmte Altersspanne festlegen, sondern auf ein bestimmtes Stadium in der beruflichen oder familiären Entwicklung. So hätte ich beispielsweise das Stadium der »mittleren Elternjahre« untersuchen können, wenn die Kinder noch zur Schule gehen, oder das »leere Nest«, wenn das letzte Kind das Elternhaus verlassen hat, oder das Stadium der »mittleren Berufsjahre« in der beruflichen Entwicklung eines Mannes. Nachdem ich aber bereits mehrere Untersuchungen von beruflichen Karrieren gemacht hatte, war mir diese Alternative zu begrenzt. Ich war in meiner eigenen persönlichen und intellektuellen Entwicklung an einem Punkt angelangt, wo ich einen weiterreichenden Begriff der Entwicklung schaffen wollte, der die verschiedenen biologischen, psychologischen und sozialen Veränderungen des Erwachsenenlebens einschließen würde. Ich ging die riskante Wette ein, daß es eine Entwicklung in diesem Sinne tatsächlich gibt und daß sie wahrscheinlich in das Jahrzehnt um die Lebensmitte fällt. Wie sich dann zeigte, war es richtig, diese Wette einzugehen.

Der Umfang der Erhebungsauswahl war ein wichtiger Punkt. Da jedes Leben intensiv untersucht werden würde, mußte die Gesamtzahl niedrig bleiben. Ich wollte definitiv keine Massenumfrage machen oder mit einer großen Erhebungsauswahl psychologische Tests durchführen. Doch wir brauchten mehr als nur ein paar Fälle, um zu einer weitgehend relevanten Theorie zu kommen und verschiedene Formen der Entwicklung unter unterschiedlichen Bedingungen entdecken zu können. Eine einzige, auch noch so reichhaltige Biographie würde nicht genügen. Ich entschloß mich schließlich für eine Erhebungsauswahl von vierzig, die größtmögliche Zahl, die mit unseren Mitteln zu schaffen war. Diese kleine Auswahl konnte keine endgültigen Beweise für irgendwelche Hypothesen erbringen, aber endgültige Schlüsse waren auf diesem neuen Gebiet mit keiner Untersuchung zu erbringen. Trotzdem bestand die Möglichkeit, daß wir zu wichtigen Erkenntnissen, vorsichtigen Verallgemeinerungen und nützlichen Forschungsmethoden kamen.

Eine der schwierigsten Entscheidungen war es, die Untersuchung auf *Männer* zu beschränken. Es ist letztlich unumgänglich, die Erwachsenenentwicklung beider Geschlechter zu untersuchen, wenn wir sie beide verstehen wollen. Die Herausforderung, die die Entwicklung bedeutet, ist für Frauen mindestens ebenso groß wie für Männer. Sie durchlaufen nach meiner Überzeugung im Erwachsenenalter die gleichen Entwicklungsphasen wie die Männer, wenn auch – aufgrund biologischer und gesellschaftsbedingter Unterschiede – zum Teil auf andere Art und Weise. Die Phasen selbst mögen in mancher Hinsicht bei Frauen anders sein. Die Art unseres Vorgehens bietet eine Grundlage für die Untersuchung von Frauen, ohne daß damit gesagt ist, daß sich die zwei Geschlechter auf identische oder völlig verschiedene Weise entwickeln. Ein erster Schritt in diese Richtung ist von Wendy Stewart unternommen worden. An einer kleinen Auswahl von Frauen Mitte Dreißig stellte sie fest, daß alle die gleichen Entwicklungsphasen durchliefen wie unsere Männer, wenn auch einige der spezifischen Fragen anders ausfielen. Weitere Untersuchungen sind angelaufen.

Obwohl ich unbedingt Frauen mit hereinnehmen wollte, entschied ich mich schließlich dagegen. Eine Untersuchung von zwanzig Männern und zwanzig Frauen würde keiner Gruppe gerecht werden. Die Unterschiede zwischen Frauen und Männern sind so groß, daß sie zu einem zentralen Punkt der Analyse werden müßten. Es ging ja nicht einfach darum, eine weitere Gruppe zu testen und dann dem Computer die Auswertung zu überlassen. Da die intensive Befragung im Mittelpunkt unserer Untersuchung stehen sollte, mußten wir uns detailliert mit dem Leben jedes Teilnehmers befassen. Wenn man die Entwicklung des Mannes unter systematisch verschiedenen Bedingungen untersuchen will, ist eine Auswahl von vierzig Männern, die sich in mehrere Untergruppen teilen läßt, eher angemessen als eine Auswahl von zwanzig. Im nachhinein glaube ich, daß die Entscheidung richtig war. Es ist leichter geworden, etwas über verschiedene andere Bevölkerungsgruppen zu erfahren. Ich muß jedoch in aller Offenheit zugeben, daß es auch einen persönlicheren Grund für die Entscheidung gab: mir lag so viel daran, meine eigene Entwicklung im Erwachsenenalter zu verstehen.

Schließlich legte ich fest, daß unsere Erhebungsauswahl aus vier verschiedenen Berufsgruppen zu je zehn Mann bestehen sollte. Die Arbeit eines Mannes ist die hauptsächliche Basis für sein Leben in der Gesellschaft. Durch die Arbeit ist er in der Struktur der Arbeitswelt und in der kulturellen, schichtspezifischen und sozialen Matrix verankert. Außerdem ist die Arbeit von großer psychologischer Bedeutung; sie ist das Medium für die Erfüllung oder Nichterfüllung zentraler Aspekte des Selbst.

Unsere Aufgabe war es, vier Berufsgruppen auszuwählen, die verschiedene Teile der Gesellschaft repräsentierten. Sie sollten hinsichtlich der Arbeit, der Herkunft und der augenblicklichen sozialen und psychologischen Lebensbedingungen große Unterschiede aufweisen. Am Ende entschieden wir uns für Facharbeiter aus der Industrie, leitende Angestellte, Universitätsbiologen und Romanschriftsteller. Ebensogut hätten wohl auch vier andere Berufsgruppen ausgewählt werden können, doch wir waren mit unserer Wahl sehr zufrieden. Wir haben versucht, Merkmale der Erwachsenenentwicklung zu entdecken, die dem gesamten Personenkreis gemeinsam sind, und wir haben nach Unterschieden zwischen den verschiedenen Gruppierungen gesucht.

Unser Plan war also nun, vierzig Männer zu untersuchen, die zu dem Zeitpunkt zwischen 35 und 45 waren und sich gleichmäßig auf vier Berufsgruppen verteilten. Nun galt es, diese Männer zu finden. Das *Auswahlverfahren* lief in den vier Gruppen unterschiedlich ab.

Die Arbeitsstätten, von denen wir sowohl die Arbeiter als auch die Angestellten holten, sind zwei Firmen. Die eine nennen wir die »Schußwaffenabteilung« der »Ajax Corporation«. (Wir haben die Namen sämtlicher Personen und Einrichtungen geändert.) Diese Abteilung stellt eine kleine Zahl von Produkten her, darunter Munition und Freizeitgeräte. An ihren Produkten, ihrer Technologie und ihrem Organisationsschema hat sich in den letzten Jahrzehnten wenig geändert, auch wenn in jüngster Zeit einige Neuerungen im Betriebsgefüge dazu geführt haben, daß mehr Wert auf modernes Management und Vielseitigkeit im Produktionsprogramm gelegt wird. Die zweite Firma, »United Electronics«, ist ein junges, rasch expandierendes Unternehmen auf dem aktuellen Gebiet der Nachrichten- und Informationstechnik. Seine Begründer, die aus so gut eingeführten Unternehmen wie Xerox und IBM kommen, träumen davon, daß ihr Sproß früher oder später ein Riese wird, der seinen Vorfahren Konkurrenz macht.

Nachdem wir im Umkreis von achtzig Kilometern um New Haven gesucht hatten, entschieden wir uns für diese beiden Firmen, und in beiden wählten wir sowohl Arbeiter als auch leitende Angestellte aus. Den Männern wurde gesagt, daß ihre Firma unser Vorhaben zwar unterstütze, ihnen aber die Mitarbeit freistelle. Wir hoben hervor, daß unsere Interviews vertraulich sein würden; nur eine Kopie unseres veröffentlichten Materials würde in die Hände der Firma gelangen, aber keinerlei individuelle Berichte oder Bewertungen. Die Vertraulichkeit und andere ethische Fragen waren für uns von großer Bedeutung. Wir wollten ganz sichergehen, daß keinem aus seiner Beteiligung an unserer Untersuchung irgendwelche Vorteile oder Nachteile erwuchsen. Beide Firmen hielten sich absolut an unsere Vereinbarungen. Wir bedauern nur, daß es uns die Vertraulichkeit verbietet, öffentlich die Namen der Firmen und Einzelpersonen zu nennen, für deren Hilfe wir so sehr dankbar sind.

– Die *Arbeiter* wurden zu gleichen Teilen von Ajax und United Electronics rekrutiert. Bei Ajax waren 60 Prozent der Arbeiter Schwarze (in der Verwaltung gab es nicht einen Schwarzen), und wir wählten daraus drei Schwarze und zwei Weiße. United Electronics beschäftigte keine Schwarzen, und die Leute dort lagen hinsichtlich ihrer Schulbildung und technischen Ausbildung auf einem etwas höheren Niveau. Die zehn Arbeiter unterschieden sich im Alter, in der beruflichen Tätigkeit, in der Arbeitsbefähigung, in ihrer Ausbildung und in der Dauer ihrer Zugehörigkeit zu der Firma. Alle zehn Männer akzeptierten die Einladung, bei uns mitzumachen. Es stellte sich heraus, daß einige zunächst Zweifel hinsichtlich unseres Verhältnisses zur Verwaltung hatten, und wir mußten uns unsere Glaubwürdigkeit erarbeiten. Alle in dieser Gruppe – wie auch in den anderen Gruppen – blieben bis zuletzt dabei, und mehrere Männer standen auch danach noch bei Bedarf für Interviews zur Verfügung.

– Von den *leitenden Angestellten* arbeiteten sechs bei Ajax und vier bei United Electronics. Von jeder Firma ließen wir uns einen Organisationsplan mit den mittleren und obersten Führungskräften geben, wo alle namentlich und mit ihrem Alter und einigen bevölkerungsstatistischen Angaben genannt waren. Aus diesem Kreis wählten wir dann unsere Leute aus und bemühten uns dabei um größtmögliche Mannigfaltigkeit im Hinblick auf das Alter, auf die Stellung in der obersten oder mittleren Betriebsführung, auf die Position in fachlichen Dingen und innerhalb der Belegschaft und auf frühere Tätigkeit im technischen Bereich, im Verkauf, in der Finanzabteilung und so fort. Wir kümmerten uns bei der Auswahl nicht um Familienstand, Persönlichkeit, Fähigkeiten und ähnliche Dinge, doch es lag in der Natur unserer Methode, daß wir auch in dieser Hinsicht eine große Vielfalt erhielten. Wie bei den Arbeitern waren alle zehn von uns eingeladenen Männer bereit, mitzumachen. Es kam uns zustatten, daß die Chefs der beiden Firmen unseren Auswahlkriterien entsprachen und unserer Einladung zur Mitarbeit Folge leisteten. (Einige der leitenden Angestellten hatten das Gefühl, sie seien vom Boß und nicht von uns Wissenschaftlern ausgewählt worden; sie machten sich Gedanken, ob sie als kommende Stars oder als müde werdende Versager angesehen wurden. Auch mit dieser Frage befaßten wir uns im Verlauf der Interviews.)

– Für die Auswahl der *Hochschulbiologen* hielten wir uns an zwei hervorragende Universitäten, die in dem schmalen Streifen zwischen Boston und New York liegen. In diesen Institutionen sind Biologieprofessoren gewöhnlich »vielversprechende junge Männer« oder erfahrene Forscher von nationalem Ruf. Wie wir aber aus eigener Erfahrung an der Yale-Universität und anderswo wußten, gibt es im Leben und in der beruflichen Karriere von Professoren gewaltige Unterschiede. Die Biologie ist einem raschen Wandel unterworfen, sowohl als wissenschaftliche Disziplin als auch als Gebiet, das zunehmend praktische Anwendung findet (in der Medizin, Geburtenkontrolle, Kriegführung und Nahrungsmittelproduktion). Biologen finden sich nicht nur in der Abteilung für Biologie, sondern auch in der Biochemie, Biophysik, im Gesundheitsdienst, in der Forstwirtschaft, ja sogar in der Städteplanung. Wir verbrachten einige Zeit damit, die verschiedenen Abteilungen kennenzulernen und uns über das Alter, den akademischen Rang und das Spezialgebiet der einzelnen Mitglieder zu informieren. An jeder Universität wählten wir fünf Männer aus, die sich in diesen Punkten stark unterschieden. Wir nahmen mit jedem von ihnen brieflich Kontakt auf, telefonierten dann und machten ein persönliches Interview. Acht von den zehn waren bereit, mitzumachen. Insgesamt traten wir mit dreizehn Mann in Verbindung, bevor wir unser Kontingent von zehn zusammen hatten. Wir haben also eine leichte »Freiwilligen-Verzerrung«, doch sie ist weit geringer als in den meisten Forschungsarbeiten. Bei den Biologen hatten wir weder die Vorteile noch die Nachteile, die sich mit der Unterstützung durch irgendwelche Vorgesetzte ergeben.

– Wieder anders sah das Auswahlverfahren bei den *Romanschriftstellern* aus. Hier bewegten wir uns außerhalb jeder Organisationsstruktur. Wieder bedienten wir uns einer halb-anthropologischen Methode, um einen für uns neuen Kulturbereich kennenzulernen. Wir bemühten uns zunächst, etwas über die Welt des Schriftstellers zu erfahren – eine Welt, die Verlage, Universitäten, Massenmedien und viele andere Einrichtungen umfaßt. Wir unterhielten uns mit einer Reihe von Kritikern, Lehrern, Lektoren und Agenten und mit einigen Schriftstellern außerhalb der von uns ausgesuchten Altersgruppe.

Es gibt kein allgemeingültiges Kriterium, nach dem sich ein Mann als Schriftsteller identifizieren läßt. Sehr wenige Leute können das Schreiben von Romanen zu ihrem Hauptberuf machen. Romanschriftsteller arbeiten oft zusätzlich als Kritiker, Journalisten, Geschäftsleute, Lehrer. Wir hielten uns an zwei Grundregeln: unser Mann mußte wenigstens zwei Romane veröffentlicht haben, und es mußte für seine persönliche Identität von entscheidender Bedeutung sein, daß er Romanschriftsteller war.

Aus verschiedenen Quellen stellten wir eine Liste von einhundert männlichen Romanschreibern zusammen, die diesen Kriterien zu genügen schienen und die irgendwo zwischen Boston und New York lebten. Aus dieser Liste versuchten wir zehn Leute auszuwählen, die sich in bezug auf die Qualität und die Art ihrer Werke möglichst stark unterschieden. Einige der von uns Ausgesuchten waren hochbegabte Romanschriftsteller, deren Werke von ernsthaften Kritikern und Autoren gelobt worden waren. Andere waren weniger bekannt, galten aber doch als vielversprechend oder wurden einer ernsthaften kritischen Betrachtung für würdig befunden. Es waren auch Autoren darunter, die eher populäre und nicht so »literarische« Romane schrieben und die sich in erster Linie als Handwerker sahen und hart arbeiteten. Wir schrieben allen auf dieser ersten Liste einen Brief, ließen einen Telefonanruf folgen und machten, wenn der Betreffende interessiert war, ein persönliches Interview. Sieben der ersten zehn erklärten sich zur Mitarbeit bereit. Insgesamt redeten wir mit vierzehn Männern, ehe die Gruppe komplett war. Es gibt zwischen den zehn Männern große Unterschiede im Hinblick auf ihre soziale Herkunft, ihren literarischen Stil und ihre Ziele und den Grad ihres literarischen und kommerziellen Erfolgs. Die meisten von ihnen schreiben auch anderes – Schauspiele, Filme, Gedichte und Sachbücher – und gehen neben dem Schreiben anderen Tätigkeiten nach.

– Das *Sample* besteht also aus vierzig Männern im Alter zwischen 35 und 45. Alle sind gebürtige Amerikaner. Es sind zehn in jeder der zur Untersuchung ausgewählten Berufsgruppen. Sie leben derzeit in dem Gebiet zwischen Boston und New York, wenn auch viele von ihnen anderswo geboren sind.

Das Sample weist in anderen Punkten große Unterschiede auf. Werfen wir einen kurzen Blick auf vier Charakteristika: Gesellschaftsschicht, rassisch-ethnisch-religiöser Hintergrund, Schulbildung und Familienstand.

Die Männer stammten aus verschiedenen Gesellschaftsschichten. Sechs von ihnen (15 Prozent) stammen aus ärmlichen (städtischen oder ländlichen) Verhältnissen, nämlich vier Arbeiter, ein Angestellter und ein Romanschriftsteller. 42 Prozent kommen aus stabilen Arbeiterfamilien oder Familien des unteren Mittelstands, 32 Prozent aus sorgenfreien Mittelstandsfamilien und 10 Prozent aus wohlhabenden Kreisen (oberer Mittelstand oder Oberschicht). Alle Arbeiter kommen aus armen oder Arbeiterfamilien. Nur zwei der leitenden Angestellten kommen aus dem Mittelstand, sieben kommen aus der Arbeiterklasse oder dem unteren Mittelstand, und einer wuchs in ärmlichen Verhältnissen auf. Sieben Biologen und acht Romanschriftsteller entstammen Familien von mittlerem bis hohem gesellschaftlichen Rang. Ihretwegen ist das ganze Sample – wenn man von der sozialen Herkunft ausgeht – in der Klassenstruktur etwas hoch angesiedelt.

Unterschiede gibt es im Sample auch hinsichtlich des rassisch-ethnisch-religiösen Hintergrunds. Fünf der Teilnehmer (12 Prozent) sind Schwarze – drei Arbeiter und zwei Romanschriftsteller. Schwarze Biologen oder leitende Angestellte zwischen 35 und 45 arbeiteten nicht für die von uns untersuchten Organisationen. Zwanzig Männer kommen aus protestantischen Familien (50 Prozent), acht aus katholischen (20 Prozent), sieben aus jüdischen (18 Prozent) und weitere sieben aus Familien, in denen die Eltern verschiedenen Religionen oder ethnischen Gruppen angehörten (gewöhnlich katholisch-protestantisch oder verschiedene Nationalitäten).

Von den Biologen kommen sechs aus protestantischen Familien, einer aus einer jüdischen und drei aus gemischten (katholisch-protestantisch). Sechs der Romanschriftsteller stammen aus protestantischen Familien (zwei davon sind Schwarze), und vier aus jüdischen. Daß das katholische Element unter den Biologen und Romanschriftstellern fehlt, war von uns nicht so geplant; das hat sich zufällig ergeben und läßt möglicherweise auf eine geringe Zahl von Katholiken in diesen Berufen schließen. Von den leitenden Angestellten kommen fünf aus katholischen Familien (hauptsächlich polnischer, italienischer oder irischer Herkunft), zwei aus protestantischen, einer aus einer katholisch-protestantischen und zwei aus jüdischen Familien. Bei den Arbeitern waren es drei katholische, fünf protestantische und zwei katholisch-protestantische.

Was die Schulbildung betrifft, so hatten 28 Männer (70 Prozent) Hochschulabschluß, und nur 6 hatten vor dem zehnten Schuljahr aufgehört. Das spiegelt die Schulbildung der repräsentierten Berufe wider. Die Arbeiter hatten die wenigsten Schuljahre hinter sich: fünf gingen vor dem zehnten Schuljahr ab, drei hatten den Abschluß nach zehn Jahren, und zwei hatten einige Zeit auf dem College zugebracht. Alle zehn Biologen hatten Hochschulabschluß und den Doktorgrad in einer biologischen Wissenschaft, etwa in Biochemie, Zoologie oder Botanik. Von den leitenden Angestellten hatten neun Hochschulabschluß (darunter vier von Technischen Hochschulen), und zwei hatten danach noch weiterstudiert. Auch von den Romanschriftstellern hatten neun Hochschulabschluß, sechs von Elite-Universitäten wie Harvard, Dartmouth und Oberlin. Ein ernstzunehmender junger Romanschreiber erhält offenbar seine persönliche Erfahrung und das erforderliche handwerkliche Können am ehesten in einer wohlhabenden Vor-Erwachsenen-Welt und in einem Bildungsmilieu, das seinen literarischen Bemühungen zu Beginn des frühen Erwachsenenalters kräftige – wenn auch ambivalente – Unterstützung gewährt.

Alle Männer waren mindestens einmal verheiratet gewesen. Zum Zeitpunkt unserer Untersuchung sah ihr Familienstand so aus: 32 von ihnen (80 Prozent) lebten in ihrer ersten Ehe. Von den 8 Geschiedenen hatten 3 nicht wieder geheiratet und 5 lebten in ihrer zweiten Ehe. Ein paar Ehen standen auf der Kippe, und uns sind zwei Fälle bekannt, wo es bald nach Abschluß dieser Untersuchung zur Scheidung kam. Etwa 80 Prozent der Männer hatten Kinder aus ihrer ersten oder zweiten Ehe. In dieser Hinsicht gab es kaum Unterschiede zwischen den Berufsgruppen.

Obwohl unsere wichtigste Informationsquelle immer der betreffende Mann selber war, muß hier betont werden, daß wir auch andere Quellen hatten. Die meisten der Ehefrauen wurden einmal interviewt. In erster Linie geschah das in der Absicht, den Mann unter einer zusätzlichen Perspektive kennenzulernen, aber wir erfuhren auch einiges, was nur die Frau betraf – erste Unterlagen für eine intensivere Untersuchung von Frauen. Wir erfuhren auch eine Menge über die verschiedenen Beschäftigungen und Arbeitsbereiche der Männer. So führten wir praktisch eine formlose Analyse des Organisationsaufbaus der zwei Firmen und Universitäten durch. Wir erhielten ein Bild von der Geschichte, von der augenblicklichen Struktur, von den Entlassungs- und Beförderungspraktiken und den Überlebens- und Wachstumsproblemen jeder Organisation, vor allem hinsichtlich ihrer Auswirkung auf die von uns untersuchten Männer. Oft gab uns mehr als ein Mann seine persönliche Darstellung eines bestimmten Vorfalls oder Individuums, und dies vertiefte unser Bild von der jeweiligen Arbeitswelt. Wenn wir den Mann dann noch in seinem Büro und zu Hause besuchten, erhielt seine Darstellung eine zusätzliche

Dimension und Bedeutung. Die Romanschriftsteller gehörten zwar keiner straffen Organisation an, doch sie lebten in einer lose organisierten Berufswelt, und wir informierten uns aus verschiedenen Quellen über diese Welt und über jeden unserer Romanschriftsteller. Wir lasen einige oder alle seiner Romane und andere Werke. Und wir lasen die Kritiken.

Ich betone diese zwei zusätzlichen Quellen aus zwei Gründen. Einmal, weil sie ein reichhaltigeres und gültigeres Bild ergaben, als wir allein durch Interviews mit dem jeweiligen Mann hätten gewinnen können. Zum zweiten, weil wir das Leben eines Menschen erst begreifen können, wenn wir etwas über die äußeren Umstände dieses Lebens wissen, etwas über seine persönlichen Beweggründe, Ziele und Vorstellungen vom Leben. Wir beschränkten uns auf einige wenige Berufe und Arbeitsorganisationen zum Teil auch deshalb, weil wir uns gründlich mit ihnen und der Rolle befassen wollten, die sie im Leben des jeweiligen Mannes spielen. *Sie* zu verstehen, war ein wesentlicher Bestandteil unserer Analyse des individuellen Lebens und der individuellen Entwicklung.

– Die *Interviews* bilden das Kernstück unserer Forschungsmethode. Die Männer konnten selbst entscheiden, ob sie zu Hause oder an ihrem Arbeitsplatz oder in unseren Räumen interviewt werden wollten. Die Interviews, die auf Band mitgeschnitten wurden, dauerten in der Regel ein bis zwei Stunden und fanden in wöchentlichen Abständen statt. Es kam aber auch vor, daß ein Interview einen ganzen Nachmittag oder Abend in Anspruch nahm, und es kam gelegentlich auch zu mehrwöchigen Pausen zwischen den Interviews. Wir wollten auf jeden Fall flexibel sein, wenn nur die Grundbedingungen erfüllt waren: wir mußten bei den Gesprächen ungestört sein und ausreichend Zeit haben. Insgesamt führten wir mit jedem Mann fünf bis zehn Gespräche, die zusammen zehn bis zwanzig Stunden dauerten, und das in einem Zeitraum von zwei bis drei Monaten. In den meisten Fällen kam es zwei Jahre danach noch zu einem Nach-Interview. Die Transkripte der Bänder ergaben pro Mann im Durchschnitt dreihundert Seiten. Jeder der Männer wurde immer von demselben Mitglied unseres Teams interviewt.

Im Rahmen der Interviews zeigten wir jedem der Männer eine Serie von fünf Bildern und forderten ihn auf, zu jedem Bild eine Geschichte zu erzählen. Die Bilder entnahmen wir dem von Henry A. Murray entworfenen Thematischen Apperzeptions-Test (T.A.T.), der oft in der Persönlichkeitsdiagnose eingesetzt wird. Wir verwendeten die Geschichten auf unkonventionelle Weise, als einen wesentlichen Teil der Interviews. Sie brachten oft persönliche Erfahrungen, Interessen und Vorstellungen ans Tageslicht, die sonst vielleicht verschwiegen oder übersehen worden wären. Ein Beispiel für die Nützlichkeit dieser Methode enthält die Biographie John Barnes' (Kapitel 17).

Die Interviews bilden den Kern unseres theoretischen Vorgehens. Müßte ich diese Methode mit einem Begriff umschreiben, würde ich von *biographischen Interviews* reden. Wie wir unseren Zielpersonen gleich zu Beginn sagten, bestand die Hauptaufgabe darin, die jeweilige Lebensgeschichte zu konstruieren. Der Interviewer und der Interviewte strebten dieses Ziel gemeinsam an.

Wir versuchten, das gesamte Leben von der Kindheit bis in die Gegenwart zu erfassen: die Familie, aus der der Mann stammt; seine jetzige Ehe und Familie (in denen er Ehemann und Vater ist); wichtige Beziehungen zu Männern und Frauen; Schule und Ausbildung; Berufswahl und beruflicher Werdegang; Freizeitbeschäftigungen; Interesse an ethnischen, religiösen, politischen und anderen Fragen; Krankheit, Tod und Verlust von geliebten Menschen; schöne und schlimme Zeiten; Wendepunkte im Lebensverlauf. An wichtigen Stationen versuchten wir ein Gesamtbild des Mannes zusammenzufügen: wie die verschiedenen Komponenten seines Lebens zu diesem Zeitpunkt zusammenwirkten; wie sich im Alter von, sagen wir, 34 Jahren die verschiedenen Stränge seines Lebens aus der Vergangenheit entwickelt hatten, und wie damals seine Hoffnungen, Ängste, Pläne und Zukunftserwartungen aussahen.

Wir hatten uns also ein großes Programm vorgenommen, und es stellte sich heraus, daß es zu seiner Bewältigung keine einheitliche ideale Methode gab. Ein Mann hat etwas zu berichten: die Geschichte entwickelt sich auf ganz besondere Art, und er ist sehr stark am Verlauf und Ausgang der einzelnen Kapitel interessiert. Die spezifischen Details der äußeren Situationen sind oft wichtig, aber auch die inneren Bedeutungen, Wünsche und Konflikte, die mit seiner Rolle in diesen Situationen verbunden sind. Der Interviewer muß dem Mann Gelegenheit geben, seine Geschichte selbst zu entwickeln. Er muß aber gelegentlich auch eingreifen, um Unklarheiten aufzuhellen, um sich bestimmte Situationen, Handlungen und Gefühle erklären zu lassen und um die Zusammenhänge zwischen verschiedenen Lebensbereichen und verschiedenen Zeitpunkten im Lebensverlauf aufzuspüren.

Ein biographisches Interview vereinigt Aspekte eines wissenschaftlichen Verhörs, eines klinischen Gesprächs und einer Unterhaltung zwischen Freunden. Vom wissenschaftlichen Verhör hat es den sorgfältigen Aufbau: bestimmte Punkte müssen behandelt werden, und es geht in erster Linie um wissenschaftliche Erkenntnisse. Wie im klinischen Interview muß der Interviewer die geäußerten Gefühle registrieren und den Bedeutungsfäden folgen, die sich durch verschiedene Themen ziehen. Und schließlich ist es eine freundschaftliche Unterhaltung zwischen gleichgestellten Gesprächspartnern, und dem Interviewer steht es frei, bei seinen Antworten von seinen eigenen Erfahrungen auszugehen. Trotzdem haben beide ihre genau umrissene Rolle im Rahmen einer Aufgabenstellung, die ihre eigenen Einschränkungen mit sich bringt.

Wir haben es also nicht nur mit einer bestimmten Interview-Technik oder mit Verfahrensfragen zu tun, sondern mit einer Beziehung von einiger Vertrautheit, Intensität und Dauer. Ein beträchtlicher Aufwand ist erforderlich, um diese Beziehung zu formen, aufrechtzuerhalten und zu beenden. Das Verpflichten der Teilnehmer, das Aushandeln des Forschungsvertrags und der Verlauf der Beziehung der Interviewpartner sind alles Phasen eines einzigen komplexen Prozesses. Diesen Prozeß zu verstehen und zu lenken, ist ein ganz wesentlicher Teil unserer Forschungsmethode. Wenn er mit Feingefühl und Umsicht gesteuert wird, wird er sowohl für den Teilnehmer als auch für den Wissenschaftler zu einem wertvollen Lernerlebnis. Auch wenn es uns nicht vorrangig um Therapie ging, könnten diese Interviews doch eine gewisse therapeutische Wirkung gehabt haben. Letztlich war es wohl für jeden der Männer ein lohnendes Unterfangen.

Das Grundziel der Biographie besteht darin, ein individuelles Leben in seiner Entwicklung über die Jahre hinweg zu porträtieren. Sie dient ganz verschiedenen Zwecken, je nachdem, ob ein Romanschriftsteller oder ein literarischer Biograph, ein Historiker oder ein Psychologe sie erstellt. Mit der Biographie läßt sich zeigen, welchen Zeiteinflüssen ein Mensch unterworfen war und wie er selbst seine Zeit beeinflußt hat. Sie kann zum tieferen Verständnis der Arbeit eines Menschen – ob auf künstlerischem, militärischem oder politischem Bereich – beitragen, da sie sie in den Kontext seines Privatlebens und seines Engagements für die Gesellschaft stellt. In einer schlechten Biographie wird der Protagonist als Heiliger oder Schurke dargestellt, nur als Produkt seiner Zeit, als ein Geschöpf seines Unbewußten oder als eine Kette von Reaktionen ohne eigene Individualität.

Unsere Methode bestand im wesentlichen darin, die Lebensgeschichten von vierzig Männern ans Licht zu bringen, Biographien zu erstellen und – von diesen Biographien ausgehend – zu Verallgemeinerungen zu gelangen. Wir haben nicht all die Angaben, die erforderlich wären, um mit der Biographie jedes Mannes ein Buch zu füllen, und es gibt beträchtliche Lücken in den einzelnen Geschichten. Trotzdem haben wir die vierzig Lebensgeschichten systematisch rekonstruiert. In jedem Fall begannen wir damit, daß wir uns in die Transkripte der Interviews vertieften und uns dann bemühten, den Mann und sein Leben intuitiv zu verstehen. Nach und nach wagten wir uns an stärker interpretierende Formulierungen heran und kamen – nachdem wir immer wieder zwischen den Interviews und der Analyse pendelten – zum Aufbau des Lebenslaufs.

Das Vorbereiten der Biographien und das Aufstellen einer Entwicklungstheorie gingen also Hand in Hand. Wir begannen nicht etwa mit einer Theorie der Entwicklungsabschnitte. Die Theorie wurde immer in dem Maße, in dem sie bereits existierte, dazu eingesetzt, ein vollständigeres Bild von dem individuellen Leben zu gewinnen; und jede Biographie brachte die Bildung spezifischer Vorstellungen und Denkweisen voran. Wenn man die Erwachsenenentwicklung untersucht, ist nach meiner Überzeugung in der Anfangsphase irgendeine Form der biographischen Methode unerläßlich.

Weil das hier so wichtig ist, werden die Biographien von vier Männern – einem Arbeiter, einem Angestellten, einem Biologen und einem Romanschriftsteller – dargestellt werden. Im 4. Kapitel werden diese Männer vorgestellt, und in den darauffolgenden Kapiteln wird ihr Leben beschrieben. Aus dem Leben anderer werden kurze Zusammenfassungen oder Fragmente dazu dienen, ganz bestimmte Befunde und Vorstellungen zu verdeutlichen. Ob eine Theorie der Erwachsenenentwicklung etwas taugt, zeigt sich nicht zuletzt in dem Wert, den sie für das Verfassen von Biographien und Autobiographien darstellt.

– Zusätzlich zu unserer Hauptauswahl von vierzig Männern haben wir eine *Nebenauswahl* von Männern zusammengestellt, deren Leben in Biographien geschildert oder für Romane, Gedichte und Schauspiele erdacht worden ist. Diese Auswahl spielte für die Weiterentwicklung unserer Gedanken eine wichtige Rolle, und ich werde gelegentlich darauf zurückgreifen, um unsere Gedanken an bekannteren Beispielen zu erläutern. Zu dieser Auswahl gehören Männer wie Dante, Milton und Shakespeare; Abraham, Luther, Gandhi und Willy Brandt; Freud und Jung; Gauguin,

Goya, Eugene O'Neill und Bertrand Russell; aus der Literatur: Prospero und König Lear, Herzog, Willy Loman und George und Martha, die sich in *Wer hat Angst vor Virginia Woolf?* gegenseitig kaputtmachen.

Unsere Ziele erweiterten sich im Laufe der Untersuchung. Anfangs galt unser Hauptinteresse den zehn Jahren zwischen 35 und 45. Wir wollten feststellen, welcher Entwicklungsprozeß – falls es überhaupt einen gab – in dieser Zeit ablief. Als wir uns mit unseren ersten Fällen befaßten, rekonstruierten wir die Lebensgeschichte bis hin zum 35. Lebensjahr, um einen Hintergrund für das Jahrzehnt um die Lebensmitte zu haben. Wir fühlten uns voller Ideen – hauptsächlich aus der psychoanalytischen Theorie – über die Entwicklung unserer Zielperson im Kindes- und Jugendalter. Wir konnten viele Verbindungen zwischen diesen frühen Abschnitten und den Ereignissen in der Lebensmitte herstellen. Es wurde jedoch zunehmend deutlich, daß wir für die frühe Erwachsenenentwicklung zwischen dem Ende der Jugendzeit bis zum 35. Jahr keine brauchbare Konzeption hatten. Wenn wir in den Kämpfen und den Akten der Anpassung um die Lebensmitte nicht mehr sahen als eine Neuinszenierung der in der Kindheit geprägten Charakterzüge und Konflikte, dann verfielen wir genau in jene irreführende Vereinfachung, die wir von Anfang an vermeiden wollten. Wenn wir die Entwicklung im Kindesalter hervorhoben, so trug das zwar zur Erhellung des Erwachsenenlebens bei, hielt uns aber andererseits davon ab, zu untersuchen, was im Erwachsenenalter neu hinzukommt.

Es wurde schließlich offenkundig, daß wir uns ernsthaft mit den Jahren zwischen der Jugendzeit und dem Jahrzehnt zur Lebensmitte auseinandersetzen mußten. So kristallisierte sich unsere Hauptaufgabe heraus: wir mußten eine Theorie der Entwicklung im Erwachsenenalter entwerfen, und zwar für die Zeit vom Eintritt ins Erwachsenenalter bis Ende Vierzig. Es war eine wertvolle, aber auch schmerzliche Erkenntnis, denn sie ließ den Umfang, die Schwierigkeiten und die Dauer unserer Arbeit anwachsen. Sie machte klar, was die zu Beginn getroffene Wahl zwangsläufig mit sich brachte: unser Thema war nicht nur die Dekade um die Lebensmitte, sondern die gesamte Entwicklung während der Erwachsenenjahre, die wir mit unserem Sample erfaßten.

Im zweiten und dritten Kapitel schildern wir unsere Konzeption vom Lebenszyklus und vom Prozeß der Erwachsenenentwicklung. Im zweiten Kapitel gebe ich eine Gesamtsicht des Lebenszyklus; ausgehend von der Metapher der Jahreszeiten entwickle ich eine begriffliche Darstellung der einzelnen Abschnitte. Das dritte Kapitel bringt dann unsere Theorie von der Erwachsenenentwicklung als einer Aufeinanderfolge von Phasen in der Entfaltung der individuellen Lebensstruktur. In weiteren Kapiteln werden unsere Theorie und unsere Befunde für jede Phase ausführlicher dargestellt.

2. Epochen: Die Anatomie des Lebenszyklus

Es ist bemerkenswert, daß wir keine Standardbegriffe haben, die die Hauptabschnitte des Lebenszyklus kennzeichnen. Gibt es stichhaltige und brauchbare Kriterien, nach denen sich der gesamte Lebenszyklus in mehrere Hauptteile gliedern läßt, die charakteristische Unterscheidungsmerkmale aufweisen? Wir können uns wahrscheinlich ohne großen Widerspruch auf einen Anfangsabschnitt einigen, der etwa zwanzig Jahre dauert und Kindheit und Jugend umfaßt. Und wir haben das »Alter«, das mit 60 oder 65 anfängt. Die Gerontologie hat bisher eine Menge Informationen über diese Lebenszeit gesammelt, obgleich sie nur wenig Einsichten vermittelt. Was ist aber mit den Erwachsenenjahren zwischen 20 und 65? Die Alltagssprache kennt zwar Begriffe wie »junger Mann« und »mittleres Alter«, aber ihre genaue Definition und ihr Platz innerhalb des Lebenszyklus sind völlig offen.

Unsere Auffassung vom Lebenszyklus ist ein Ergebnis unserer Untersuchungen, keine aus der Luft gegriffene Theorie, keine vorgefaßte Meinung. Wir glauben, daß sich der Lebenszyklus als eine Abfolge von Epochen darstellt, die jeweils etwa fünfundzwanzig Jahre dauern. Die Epochen überschneiden sich, so daß die neue bereits einsetzt, wenn die alte zu Ende geht. Die Epochen verlaufen wie folgt:

1. Kindheit und Jugend: 0–22 Jahre
2. Frühes Erwachsenenalter: 17–45 Jahre
3. Mittleres Erwachsenenalter: 40–65 Jahre
4. Spätes Erwachsenenalter: 60–? Jahre

Eine Epoche ist eine »Lebenszeit« im weitesten Sinne. Obschon sich wichtige Veränderungen in ihr abspielen, hat doch jede Epoche ihre ganz eigenen und charakteristischen Eigenschaften, die mit dem *Lebenscharakter* zu tun haben. Bei der Untersuchung des Lebenscharakters berücksichtigen wir biologische, psychologische und soziale Aspekte, konzentrieren uns aber nie ausschließlich auf einen dieser Aspekte. Eine Epoche ist für uns kein Stadium in der biologischen Entwicklung eines Mannes oder in der Entwicklung seiner Persönlichkeit oder seiner Karriere; sie geht weit darüber hinaus und umfaßt mehr als nur einen Entwicklungsabschnitt.

Die Aufeinanderfolge der Epochen bildet die Makro-Struktur des Lebenszyklus. Sie liefert den Rahmen, in dem Entwicklungsabschnitte und konkrete Prozesse des täglichen Lebens zu sehen sind. Die Epochen entsprechen den Akten eines Schauspiels, den Hauptteilen eines Romans oder den Abschnitten, in die ein Biograph das Leben seiner Hauptfigur einteilt. Die Entwicklungsabschnitte zeigen ein feineres Bild von den dramatischen Ereignissen und den Details des Lebens; die Epochen geben einen Überblick über den Lebenszyklus als Ganzes.

Das Hauptinteresse unserer Untersuchung gilt, wie schon erwähnt, der Zeitspanne vom Ausgang der »Teens« bis Ende vierzig. Auf der Grundlage dieser Untersuchung betrachten wir das frühe und das mittlere Erwachsenenalter als getrennte Epochen im Lebenszyklus. Das frühe Erwachsenenalter geht zu Ende, wenn ein Mann in die Vierziger kommt: im Lebenscharakter vollzieht sich erneut ein grundlegender Wandel, und das mittlere Erwachsenenalter setzt langsam ein. Zu den wichtigsten – und umstrittensten – Beiträgen unserer Arbeit gehört die Trennung zwischen dem frühen und dem mittleren Erwachsenenalter als zwei klar abzugrenzenden Epochen. Die Gründe dafür werde ich in Kürze nennen.

Ich habe für den Anfang und das Ende jeder Epoche ein spezifisches Alter eingesetzt. Das soll aber nicht heißen, daß für jedermann exakt zum gleichen Zeitpunkt eine Glocke den Beginn der neuen Epoche einläutet, so als handelte es sich um Runden in einem Boxkampf oder um Unterrichtsstunden in einer streng organisierten Schule. So einheitlich ist das Leben nie. Man kann lediglich ein durchschnittliches oder besonders häufiges Alter für Beginn und Ende jeder Epoche nennen. Es gibt außerdem eine gewisse Streuung für diesen Durchschnitt, die sich jedoch in ziemlich engen Grenzen hält – sie umfaßt kaum mehr als fünf oder sechs Jahre. Die Entdeckung dieser altersgebundenen Epochen ist ein weiteres unerwartetes Ergebnis unserer Untersuchungen. Dieses Ergebnis läuft der herkömmlichen Annahme zuwider, daß im Erwachsenenalter keine Entwicklung mehr stattfindet oder daß zumindest das Tempo einer solchen Entwicklung gewaltige Unterschiede aufweist und fast nichts mit dem Alter zu tun hat. Das Gegenteil ist der Fall: diese Entwicklung ist offenbar eng an das jeweilige Alter gekoppelt.

Der Übergang von einer Epoche zur nächsten ist weder einfach noch kurz. Er erfordert einen grundlegenden Wandel im Lebensgefüge, und der vollzieht sich nicht an einem Tag, in einem Monat oder in einem Jahr. Die Übergangszeit zwischen zwei Epochen beträgt durchgehend vier bis fünf

Jahre – nie weniger als drei und selten mehr als sechs. Diesen Übergang bewältigt ein Entwicklungsabschnitt, der die Epochen verbindet und für eine gewisse Kontinuität zwischen ihnen sorgt. Ein solcher Übergang im Laufe der Entwicklung schafft einen Grenzbereich, in dem ein Mann die zu Ende gehende Epoche abschließt und in die neu beginnende eintritt.

Obwohl das Vor-Erwachsenenalter etwa mit 22 zu Ende geht, setzt das frühe Erwachsenenalter einige Jahre vorher ein, gewöhnlich mit 17. Die Zeitspanne von 17 bis 22 ist also eine »Zone der Überschneidung«, ein Abschnitt, in dem die alte Epoche ausläuft und die neue beginnt. Dieser Abschnitt ist der »Übergang ins frühe Erwachsenenalter«. Er verknüpft die beiden Epochen und ist Teil von ihnen. Ähnlich erstreckt sich der Übergang zur Mitte des Lebens von etwa 40 bis 45. Mit ihm geht die frühe Erwachsenenzeit zu Ende, und die mittlere Erwachsenenzeit setzt ein. Ein weiterer Übergang kommt nach unserer Überzeugung Anfang 60, und vielleicht noch einer um 80.

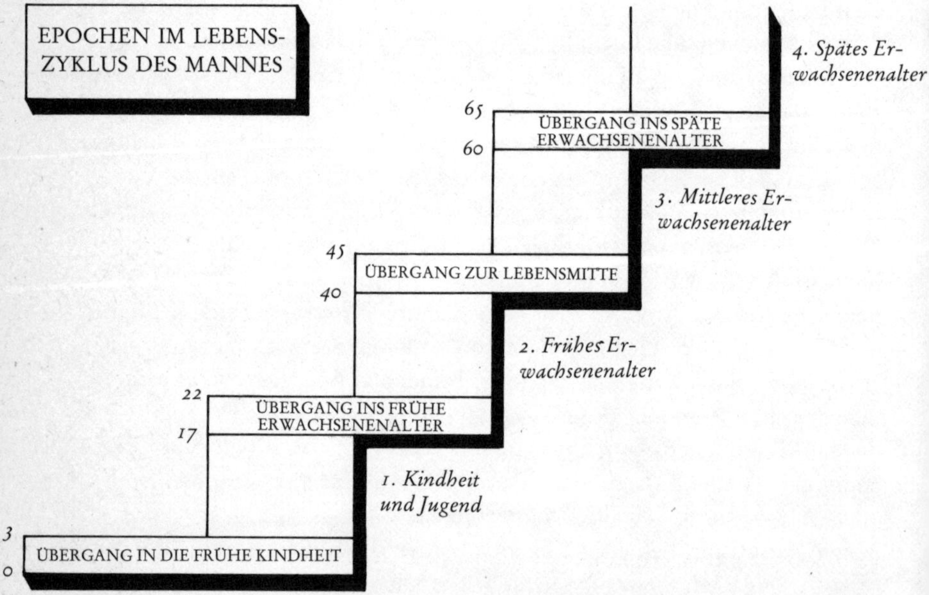

Die Epochen und die Übergangsstadien zwischen den Epochen sind oben schematisch wiedergegeben. Werfen wir nun einen kurzen Blick auf die einzelnen Epochen.

Die Vor-Erwachsenenzeit

Diese Epoche umfaßt Kindheit, Jugend und den Übergang ins frühe Erwachsenenalter, eine Zeit also, in der man gewöhnlich in der Familie oder einer ähnlichen sozialen Gemeinschaft lebt. Die Familie bietet uns in den Vor-Erwachsenenjahren Schutz, Sozialisierung und einen Rückhalt für das Wachstum. Bei angemessener Entwicklung können wir beim Eintritt ins Erwachsenenalter relativ selbständige Mitglieder der Gesellschaft sein. In der Vor-Erwachsenenzeit sind wir relativ (wenn auch in ständig abnehmendem Maß) abhängig und verwundbar, d. h. wir wachsen im ureigensten Sinne des Wortes.

Der »Übergang in die Kindheit« beginnt schon vor der Geburt und dauert anschließend noch etwa zwei bis drei Jahre. In diesem Abschnitt entwickelt sich das Kleinkind zu einer eigenen Person. Es lernt, das »Ich« von dem »Nicht-Ich« zu unterscheiden und ein erstes Gefühl für das Selbst zu entwickeln. In dieser Zeit wird ihm auch klar, daß andere Menschen eine dauerhafte Existenz und einen dauerhaften Charakter haben. Ein weiterer Übergang im Alter von 5 oder 6 führt von der frühen in die mittlere Kindheit. Das Kind erweitert seine soziale Umwelt von der unmittelbaren Familie auf einen größeren Kreis, zu dem die Schule, mehr Gleichaltrige und die Nachbarschaft gehören. Das Kind beginnt, seine emotionalen Konflikte innerhalb der Familie auszutragen und disziplinierter, fleißiger und geschickter zu werden. Die Pubertät setzt gewöhnlich mit 12 oder 13 (plus oder minus 2 Jahre) ein und bildet einen Übergang von der mittleren Kindheit zur Jugend. Sie wird durch die körperlichen Veränderungen ausgelöst, die zur geschlechtlichen Reife führen, aber sie bringt auch eine Vielfalt von anderen Veränderungen mit sich, die schließlich zum Erwachsenen hinführen. Die Jugend ist der Gipfelpunkt der Vor-Erwachsenenzeit.

Der *Übergang ins frühe Erwachsenenalter* vollzieht sich etwa zwischen 17 und 22. Er bildet eine Brücke von der Jugend zum frühen Erwachsenenalter und ist Teil von beiden. Wie alle Übergangsstadien zwischen den Epochen ist er ein entscheidender Wendepunkt im Lebenszyklus. In diesem Abschnitt ist der Heranwachsende sowohl Junge als auch Mann; er läßt sein noch-nicht-erwachsenes Selbst und seinen Platz in der Vor-Erwachsenenwelt hinter sich und beginnt gleichzeitig, sein erstes erwachsenes Selbst zu formen und die Entscheidungen zu treffen, mit denen er seine neue Mitgliedschaft in der Erwachsenenwelt sichert.

Heute ergeben Kindheit und Jugend zusammen etwa ein Viertel der zu erwartenden Lebenszeit. Die Vor-Erwachsenenzeit ist durch außergewöhnliches Wachstum geprägt, aber sie ist nur ein Vorspiel des Erwachsenenlebens. An ihrem Ende steht ein unreifes und immer noch verwundbares Individuum, das sich anschickt, die Erwachsenenwelt zu betreten.

Das frühe Erwachsenenalter

Das frühe Erwachsenenalter bildet die zweite Epoche des Lebenszyklus. Es beginnt gewöhnlich mit 17 oder 18 und endet ungefähr mit 45. Es wird eingeleitet durch den Übergang ins frühe Erwachsenenalter und endet mit dem Übergang zur Lebensmitte, der die Verbindung zum mittleren Erwachsenenalter herstellt. Das frühe Erwachsenenalter ist vielleicht die dramatischste aller Epochen. Zwischen 20 und 40 ist die biologische Leistungsfähigkeit des Mannes am höchsten. Der junge Mann mit 20 steht auf dem Gipfel seiner Vitalität und schickt sich an, seinen Platz als Mann in der Gesellschaft der Erwachsenen einzunehmen. Wenn er am Ende der Epoche die 40 überschreitet, macht sich ein neuer Lebensabschnitt spürbar; es wird ihm langsam klar, daß der Sommer seines Lebens sich zu neigen beginnt und daß sich der Herbst rasch nähert.

Beim 20jährigen haben die meisten der in den Vor-Erwachsenenjahren herangereiften geistigen und körperlichen Eigenschaften den höchsten Punkt erreicht oder sind ihm nahe. Der junge Mann ist mehr oder weniger ausgewachsen, und seine Körperkraft, seine sexuelle Leistungskraft, sein Herz- und Lungenvolumen und seine allgemeine biologische Vitalität haben ihren Höchststand erreicht. Ähnliches gilt auch für seine Intelligenz und jene intellektuellen Fähigkeiten, die in der Vor-Erwachsenenzeit so stark gewachsen sind, etwa das Erinnerungsvermögen, die Fähigkeit zum abstrakten Denken, zum Erlernen spezifischer Fertigkeiten und zur Lösung exakt definierter Probleme.

Diese Eigenschaften bleiben relativ stabil und halten ihren hohen Stand bis etwa zum 40. Lebensjahr. Biologen, die altersbedingte Veränderungen untersuchen, beziehen sich oft auf das 30. Lebensjahr, da die meisten biologischen Funktionen bis dahin maximal bleiben und dann während der verbleibenden Jahre allmählich nachlassen. Ende 30 ist ein Mann normalerweise immer noch auf dem Gipfel (oder fast auf dem Gipfel) seiner biologischen und psychologischen Fähigkeiten, und er befindet sich immer noch in der Epoche des frühen Erwachsenenalters.

Wenn man von krankheits- oder unfallbedingten Beeinträchtigungen absieht, hat ein Mann mit 40 noch kaum etwas vom Maximum seiner körperlichen Leistungsfähigkeit eingebüßt. Das geringe Nachlassen reicht aber oft schon aus, ihm in diesem Alter das sichere *Gefühl* zu vermitteln, daß der körperliche Verfall einsetzt. Die sichtbaren »kosmetischen« Veränderungen, etwa Glatze, Falten und Bauch, symbolisieren den Verlust der Jugend und das nahe Bevorstehen des »mittleren Alters«, auch wenn sie mit einem echten Nachlassen körperlicher Gesundheit und Leistungsfähigkeit kaum etwas zu tun haben.

Zwischen 20 und 40 ist das biologische Vermögen des Mannes am größten, aber auch die innere Zerrissenheit und der Streß. Seine Triebenergien sind jetzt am stärksten. Es drängt ihn nach persönlicher Befriedigung der verschiedensten Art, aber die Reste von Kindheitskonflikten, die im Zusammenhang mit dieser Befriedigung stehen, lasten auf ihm. Er kämpft um seinen Platz in der Gesellschaft. Auch diese Anstrengung bringt sowohl Befriedigung als auch erhöhten Streß.

In den Zwanzigern formt ein junger Mann normalerweise eine vorläufige Erwachsenenidentität. Er trifft seine ersten wichtigen Entscheidungen, etwa im Hinblick auf eine Ehe, den Beruf, Wohnsitz und Lebensstil, und diese Entscheidungen bestimmen seinen Platz in der Erwachsenenwelt. Das frühe Erwachsenenalter ist die Zeit, in der er seinen entscheidenden Teil zur Erhaltung der Art beiträgt: es gilt, Kinder zu zeugen und großzuziehen, eine Ehe und Familie aufrechtzuerhalten und seine Arbeitskraft der Wirtschaft und dem Wohlergehen des »Stammes« zur Verfügung zu stellen – dem Teil der Spezies, zu dem er die stärksten Bindungen hat. Wenn er Glück hat, ist er vernünftig genug, für sich selbst ebenso etwas zu tun wie für andere, seine eigenen Bedürfnisse zu befriedigen und einen Beitrag für die Gesellschaft zu leisten.

In dieser Epoche finden wir eine grundsätzliche Reihe von Veränderungen. In ihrem Verlauf bewegt sich ein Mann normalerweise von seiner Ausgangsposition als »Neu-Erwachsener« über eine Reihe von Zwischenstufen bis hin zu dem Punkt, wo er im Rahmen seiner Arbeit, seiner Familie und seiner Gemeinde eine »fortgeschrittenere« Position einnehmen kann. Im Laufe seines beruflichen Werdegangs (zu dem oft mehr als nur eine provisorische Entscheidung gehört) etabliert er sich zunächst auf einer unteren Ebene und klettert dann nach feststehenden Regeln – oder auch ohne – die Leiter hoch, bis er mit etwa 40 den Gipfel seines jugendlichen Strebens erreicht. Er beendet nun seine frühe Erwachsenenzeit und tritt in eine neue Epoche ein.

Auch in Ehe und Familie ist der junge Mann zunächst in seinen Rollen als Liebhaber, Ehemann und Vater ein Anfänger. In einem langsamen und oft schmerzhaften Prozeß wachsen sein Verständnis und sein Verantwortungsgefühl, bis es ihm besser gelingt, sich Befriedigung zu verschaffen und die Last des Erwachsenseins zu tragen. Die ersten paar Jahre in der Entwicklung einer Familie bedeuten meistens eine große Belastung: kleine Kinder komplizieren das Eheleben noch zusätzlich und verstärken den finanziellen Druck, unter dem der Mann steht. Dabei sind seine Verdienstmöglichkeiten und seine Fähigkeit, sich allen Verpflichtungen zu stellen, noch ziemlich begrenzt.

Wenn ein Mann in den Zwanzigerjahren eine Familie gründet, sind seine Kinder im Jugendalter oder stehen kurz davor, wenn er die 40 überschreitet. Sein Verhältnis zu ihnen ist nun drastischen Veränderungen ausgesetzt. Das Nest leert sich, und die Kernfamilie spaltet sich; es gibt getrennte Haushalte. Der Mann und die Frau müssen gemeinsam starke emotionale Verluste und Belastungen durchstehen. Gleichzeitig reduzieren sich die mit dem Aufziehen einer Familie verbundenen finanziellen, sozialen und emotionalen Belastungen ganz erheblich.

Im frühen Erwachsenenalter ändern sich auch die Beziehungen eines Mannes zu seinen Eltern und zu den Mitgliedern seiner erweiterten Familie. Mit 20 liegt ihm sehr viel dran, daß sie ihn nicht mehr als »kleinen Jungen« behandeln, sondern ihn als gleichwertig und als Mann gelten lassen. Mit 40 übernimmt er die elterliche Verantwortung für die eigenen Eltern, für Verwandte und für die Generation der Älteren, die darauf zählen, daß er sich um sie kümmert und ihnen den Weg weist. Und als 40jähriger gehört er für die Jungen zu den »Älteren«, zu einer anderen Generation.

Verglichen mit späteren Epochen wird also das frühe Erwachsenenalter dadurch geprägt, daß es voller Energie, voller Fähigkeiten und Potential steckt und starkem Druck von außen ausgesetzt ist. Persönliche Bestrebungen und Anforderungen der Gesellschaft prallen heftig aufeinander; manchmal befruchten sie sich gegenseitig, manchmal kommt es aber auch zu heftigem Widerstreit.

Das mittlere Erwachsenenalter

Etwa mit 40 kommt es in der Entwicklung zu einer einschneidenden Veränderung. Die frühe Erwachsenenzeit geht zu Ende, und ein neuer Lebensabschnitt macht sich bemerkbar. Der Übergang zur Lebensmitte, der etwa zwischen 40 und 45 stattfindet, bildet den Abschluß des frühen Erwachsenenalters und den Beginn des mittleren Erwachsenenalters. Er ist Teil von beiden. Unsere Entdeckung dieses Übergangs und unsere Auffassung, daß er ein Bindeglied zwischen zwei getrennten Epochen im Lebenszyklus darstellt, gehören zu den umstrittensten Aspekten unserer Arbeit. Wir gingen nicht von der Hypothese aus, daß in der Lebensmitte ein genau umrissener Übergang stattfindet; das ergab sich erst im Laufe unserer Untersuchungen. Die Belege dafür finden sich in den folgenden Kapiteln. Hier geht es mir hauptsächlich darum, die mittlere Erwachsenenzeit kurz als eine Epoche darzustellen, die, grob gerechnet, etwa vom 40. bis zum 65. Lebensjahr reicht.

Meiner Meinung nach wäre die Unterscheidung zwischen einem frühen und einem mittleren Erwachsenenalter schon lange entdeckt und akzeptiert worden, wenn es ein ganz bestimmtes Ereignis gäbe, das jeden 40jährigen trifft, und zwar so trifft, daß die Grundlagen seines Lebens ins Wanken geraten. Ein konkretes, greifbares Ereignis dieser Art – eine körperliche Veränderung, ein dramatisches soziales Ereignis oder ein grundlegender psychologischer Wandel – liefert einen nützlichen Bezugspunkt für die Theorie und für praktische Untersuchungen. Wissenschaftler können dann feststellen, ob dieser Vorfall Teil eines elementaren Wandels in der Entwicklung ist. Das beste Beispiel für einen solchen Bezugspunkt ist die Pubertät, die allenthalben den Sprung von der Kindheit zur Jugend markiert. Man hat einmal gehofft, die Menopause könnte eine ähnliche Funktion ausüben, aber sie hat sich bisher kaum als brauchbarer Orientierungspunkt bei der Untersuchung der Erwachsenenentwicklung von Frauen erwiesen.

Die Wissenschaft hat bisher kein einzelnes Ereignis gefunden, das ganz allgemein das Ende des frühen Erwachsenenalters ankündigt. Es sind zwar verschiedene bedeutsame Vorfälle untersucht worden, etwa Scheidung, Depressionen, Krankheit und »das leere Nest«; aber sie fallen nicht ins gleiche Alter, und es gibt für sie die verschiedensten Gründe. Sie liefern keine Grundlage für eine allgemeinere Darstellung der individuellen Entwicklung. Ähnlich lassen physische Merkmale wie das Herzvolumen oder die Sehschärfe im Laufe der Erwachsenenjahre allmählich nach. Es gibt kein bestimmtes Alter, in dem eine Reihe biologischer oder psychologischer Merkmale eine drastische Veränderung aufweisen, die einen zugrunde liegenden Entwicklungsprozeß widerspiegeln könnte. Die Ablösung der Epochen enthüllt sich einem nicht, wenn man konkrete Variablen oder Ereignisse untersucht.

Ganz anders sieht das Bild aus, wenn wir das *gelebte Leben in seiner Entwicklung* untersuchen, anstatt nach einem einzelnen, spezifischen Kriterium zu suchen. Wir haben mit unserer Arbeit versucht, das Leben eines Mannes als Ganzes zu untersuchen, so wie es sich im Lauf der Zeit entfaltet. In diesem Zusammenhang untersuchen wir dann bestimmte Bereiche des Lebens, beispielsweise Arbeit, Familie und körperliche Gesundheit. Um die einzelnen Epochen identifizieren zu können, müssen wir den individuellen Lebenslauf über viele Jahre hinweg verfolgen. Wenn wir verstärkt biographisch vorgehen, geben sich die Epochen deutlicher zu erkennen.

Auf den folgenden Seiten gebe ich eine schematische Darstellung der mittleren Erwachsenenzeit. Ich untersuche diese Epoche aus drei kontrastierenden Perspektiven: 1. Veränderungen der biologischen und psychologischen Funktionen, 2. die Aufeinanderfolge der Generationen und 3. die Entwicklung von Karrieren und Unternehmungen. Jede Perspektive liefert einen anderen Ausgangspunkt, von dem aus sich beschreiben läßt, wie sich der Lebenscharakter von einer Epoche zur nächsten verändert. Ich werde zu zeigen versuchen, daß sie verschiedene, aber ineinandergreifende Elemente im Leben des Individuums hervorheben. In jedem dieser Elemente sind viele Aspekte der Persönlichkeit eines Mannes und der äußeren Umstände enthalten.

Veränderungen der biologischen und psychologischen Funktionen

Auch wenn die körperlichen und geistigen Kräfte eines Mannes nach 40 etwas nachlassen, so sind sie gewöhnlich immer noch mehr als ausreichend, um für die ganze mittlere Erwachsenenzeit ein aktives, erfülltes Leben zu ermöglichen. Vielleicht zwingt ihn eine besondere Krankheit, ein Unfall oder irgendein Gebrechen, sich in bestimmten Dingen zurückzuhalten; er muß vielleicht das Skilaufen aufgeben oder seine sexuellen

Aktivitäten einschränken oder seinen Arbeitseifer reduzieren. Aber wenn er nicht ernsthaft krank oder behindert ist und wenn seine normale Entwicklung nicht schwer gehemmt worden ist, dann kann er, wenn er will, die meisten seiner bisherigen Interessen weiterverfolgen.

Auch die Triebenergien überschreiten ihren Höhepunkt und sind im mittleren Erwachsenenalter etwas reduziert. Zwar fehlt es einem Mann dann keineswegs an jugendlichen Trieben – an erotischen Leidenschaften, an der Fähigkeit zu Zornausbrüchen und moralischer Entrüstung, an Geltungsbedürfnis und Ehrgeiz, an Verlangen nach Zuneigung und Unterstützung. Aber er leidet weniger unter der Diktatur dieser Triebe.

Außerdem kann der leichte Rückgang der elementaren Triebe zusammen mit der Entwicklung um die Lebensmitte dem Mann ein reicheres Leben ermöglichen. Er kann sich eher von den kleinen Eitelkeiten, Feindseligkeiten, Eifersüchteleien und moralischen Vorbehalten des frühen Erwachsenenalters freimachen. Seine normale sexuelle Leistungsfähigkeit ist im mittleren Alter mehr als ausreichend, um ihm ein befriedigendes Sexualleben zu ermöglichen. Die Qualität seiner Liebesbeziehungen wird möglicherweise besser, da er eine größere Bereitschaft zur Intimität entwickelt und die zärtlicheren, »femininen« Aspekte seines Selbst stärker mit einbezieht. Ihm steht die Möglichkeit offen, sowohl Männern als auch Frauen gegenüber ein einfühlsamerer Freund zu werden. Er kann als Vater seinen jugendlichen oder fast erwachsenen Kindern mehr geben, wenn er einsieht, daß sie keine kleinen Kinder mehr sind und daß er nicht mehr der junge kontrollierende Vater ist. Er kann seinen alternden Eltern (für die er mehr und mehr die elterliche Verantwortung übernimmt) ein liebevollerer Sohn sein und den jungen Erwachsenen eine Autorität und ein Lehrer mit viel stärkerem Einfühlungsvermögen.

Normalerweise vollzieht sich der biologische Verfall zwar ganz allmählich, aber nach vierzig führen oft ein paar kleine Veränderungen zu einem wesentlichen qualitativen Abfall der Körperfunktionen. Diese Veränderung erzwingt meist eine beträchtliche Anpassung im Lebensstil des Mannes und in seinen sozialen Rollen, insbesondere im Hinblick auf seine Arbeit. Die Auswirkung zeigt sich in vielen Berufen, die ein höchst präzises und anstrengendes Arbeiten erfordern. Da gibt es dann eine obere Altersgrenze, gewöhnlich in den Dreißigern, die einen Mann dazu zwingt, ganz aus dem Beruf auszuscheiden oder doch einen anderen Posten zu übernehmen, in der Verwaltung oder als Berater, wo er körperlich nicht so beansprucht wird.

Der Berufssportler, der mit 30 seine Aktivenzeit beendet, hat noch zehn Jahre im Erwachsenenalter, in denen er in einem neuen Beruf Fuß fassen oder eine andere Funktion in seinem Sport übernehmen kann. Wer jedoch bis Ende Dreißig herumhängt, muß einen schwierigen Berufswechsel gerade zu einem Zeitpunkt vollziehen, wo er in das Übergangsstadium zur Lebensmitte eintritt und dadurch ohnehin einer starken Beanspruchung ausgesetzt ist. Diejenigen, die aus verschiedenen inneren und äußeren Gründen keine andere Arbeit übernehmen können, gehen daran zugrunde oder geraten an den Rand der Gesellschaft.

Die meisten Männer machen in der Lebensmitte einen Wandel in ihrer Arbeits- und Lebensweise durch. Im frühen Erwachsenenalter entfalten sich Qualitäten wie Stärke, Schnelligkeit, Ausdauer und Energie. Das mittlere Erwachsenenalter ist eine Zeit, in der andere Qualitäten reifen: Weisheit, Klugheit, Großmut, unsentimentales Mitgefühl, großzügigeres perspektivisches Denken, Sinn für das Tragische. Große Künstler, die auch nach ihrem 40. Lebensjahr schöpferisch tätig sind, produzieren dann, wie Elliott Jaques gezeigt hat, häufig profundere, »rundere« Werke. Im mittleren Erwachsenenalter kann ein Mann den wirksamsten Beitrag zur Politik, Diplomatie und Philosophie leisten. Der kreative Naturwissenschaftler macht zwar seine brillantesten Entdeckungen oft im frühen Erwachsenenalter, doch meistens leistet er im mittleren Erwachsenenalter mehr integrierende theoretische Arbeit und weist der kommenden Generation neue Richtungen. Um die Mitte des Lebens wenden sich viele begabte Wissenschaftler zunehmend Aufgaben in der Verwaltung, in der Beratung und im Unterrichtsbetrieb zu. Im besten Fall haben die neuen Rollen großen persönlichen und sozialen Wert. Im schlimmsten Fall sorgen sie lediglich dafür, daß der Mann sein Gesicht nicht verliert und irgend etwas zu tun hat, bringen aber ihn selbst oder die Gesellschaft kaum weiter – eine tragische Vergeudung menschlichen Lebens.

In der Mitte des Lebens büßt ein Mann einen Teil seiner jugendlichen Vitalität ein und wird häufig auch in seinem jugendlichen narzißtischen Stolz verletzt. Obwohl von eigentlicher Todesnähe oder einem ernsthaften körperlichen Verfall noch nichts zu spüren ist, erfährt er diese Veränderungen bezeichnenderweise als eine elementare Bedrohung. Es ist, als stünde er an der Schwelle zum Greisenalter oder gar zum Tod.

Jaques hat diese »Krise um die Lebensmitte« als eine normale Entwicklungsphase identifiziert, die in den späten Dreißigerjahren einsetzt und einige Jahre andauert. Nach seiner Auffassung bildet die Erfahrung der eigenen *Sterblichkeit* den Kern dieser Krise. Wir bezeichnen diese Phase zwar lieber mit dem Wort »Übergang«, doch unsere Auffassung lehnt sich stark an seine an. Der Übergang zur Lebensmitte kann sich ziemlich mild vollziehen. Wenn er starke Unruhe und Zerrissenheit mit sich bringt, sprechen wir von einer »Krise um die Lebensmitte«.

In diesem Lebensabschnitt eine Krise durchzumachen, ist an sich noch nicht pathologisch. Wer nur geringes Unbehagen empfindet, verschließt sich vielleicht der Tatsache, daß sich sein Leben – zum Guten oder Schlechten – ändern muß. Damit verpaßt er eine Chance zur persönlichen Weiterentwicklung. Wer die Gefahren und Möglichkeiten dieser Phase erlebt, öffnet allerdings eine Pandorabüchse voll unbewußter Phantasien und Ängste. Ein Mann, der sich mit seiner Sterblichkeit auseinandersetzt, muß dem sterbenden Selbst seiner Jugend nachtrauern, damit das Selbst vollständiger werden kann. Er muß bis zu einem gewissen Grad diese Krise und Verzweiflung durchmachen. Der Prozeß beginnt während des Übergangs zur Lebensmitte, zieht sich aber durch das mittlere Erwachsenenalter und nimmt in der nächsten Epoche eine neue Form an. Er ist nie abgeschlossen.

Es ist natürlich keineswegs sicher, daß sich im mittleren Erwachsenenalter eine Entwicklung abspielt. Für sehr viele Männer ist das Leben in den mittleren Jahren ein Prozeß der langsamen oder rapiden Stagnation, eine Zeit, in der sie sich der Welt und dem eigenen Selbst entfremden. Es kommt oft genug zu so starken Verfallserscheinungen und Beeinträchtigungen, daß sie immer wieder als für das mittlere Alter normal hingenommen werden. In vielen Völkern ist ein starker Verfall *statistisch* normal, d. h. er kommt häufig vor. Aus der Perspektive der *Entwicklung* ist er jedoch nicht normal. Zu einem drastischen Verfall kommt es nur, wenn die Entwicklung durch widrige psychologische, soziale und biologische Umstände beeinträchtigt worden ist.

Wenn die Bedingungen für die Entwicklung einigermaßen günstig sind und wenn die aus der Vergangenheit stammenden Beeinträchtigungen nicht zu schwerwiegend sind, dann kann das mittlere Erwachsenenalter eine Zeit der persönlichen Erfüllung und des sozialen Engagements sein. Das setzt jedoch voraus, daß sich ein Mann den Entwicklungsaufgaben stellt, die der Übergang zur Lebensmitte mit sich bringt. (Diese werden in den Kapiteln 13 bis 16 erörtert.)

Der Wechsel der Generationen

Zum Wechsel vom frühen ins mittlere Erwachsenenalter und zum Lebenscharakter in den mittleren Jahren gehört auch ein Wechsel der Generationen. Die Zugehörigkeit zu einer bestimmten Generation ist Sache der individuellen und kollektiven Erfahrung, und sie richtet sich nach der kulturell definierten Altersstufe, nach dem Verlauf der familiären, beruflichen und sonstigen Entwicklung und nach dem geschichtlichen Auf und Ab der aufeinanderfolgenden Generationen. Die Bedeutung der Generationen wird durch Biologie, Geschichte, Kultur und soziale Institutionen geprägt. Ein Mann formt seine eigenen individuellen Bedeutungen, indem er sich bemüht, seine Erfahrung in der Abfolge der Generationen zu begreifen.

Der Begriff der »Generation« ist – wenn auch immer noch kaum verstanden und selten verwendet – für die Untersuchung des Erwachsenenlebens von großer Bedeutung. Angehörige einer Generation befinden sich – im Gegensatz zu jüngeren und älteren Generationen – auf derselben Altersstufe. Im Lauf der Jahre hat ein junger Erwachsener das Gefühl, sich von einer Generation zur nächsten zu begeben und zu den anderen Generationen in seiner Welt neue Beziehungen anzuknüpfen.

Diese Alterskategorien werden nach meiner Überzeugung von den meisten im Erwachsenenalter erfahren: andere Menschen sind etwa gleich alt wie ich (Altersgenossen, Gleichaltrige), wenn der Altersunterschied nicht mehr als 6 oder 7 Jahre beträgt. »Meine Generation« umfaßt also eine Zeitspanne von 12 bis 15 Jahren. Ist der Altersunterschied etwas größer, sagen wir 8 bis 15 Jahre nach oben oder unten, dann sehen wir in diesem Abstand oft eine halbe Generation; der Ältere ist in der Position des großen Bruders, dem stillschweigend die größere Autorität zugestanden wird. Wächst der Altersunterschied auf 20 und mehr Jahre, sind wir eine ganze Generation auseinander, und der Ältere scheint eher die Rolle des Vaters als die des Bruders zu spielen. Bei einem Unterschied von 40 Jahren besteht ein Abstand von zwei Generationen, und der Ältere schlüpft in die symbolische Rolle des Großvaters.

Diese Beziehungen von Generation zu Generation sind in allen Gesellschaften wichtig. Mit der Einsicht in die Unterschiede zwischen den Generationen können wir auch lernen, die Interaktion zwischen ihnen zu erweitern. Wir alle, gleich wie alt wir sind, tragen Aspekte jeder Generation in uns. Es ist für jede Altersstufe wichtig, diese Aspekte zu erkennen und gebrauchen zu lernen. In der Kindheit und auch noch im frühen Erwachsenenalter ist es schwierig, mit dem »älteren« Selbst Verbindung aufzunehmen und sich gut auf Leute einzustellen, die mehr als zehn Jahre älter sind. Eine besondere Aufgabe im mittleren Erwachsenenalter besteht darin, sich sowohl des Kindes als auch des älteren Menschen im eigenen Innern und in anderen bewußt zu werden. Fortschritte bei der Bewältigung dieser Aufgabe machen es uns möglich, die Generationsschranken bis zu einem gewissen Grad zu überschreiten und zu Angehörigen aller Altersgruppen eine menschlich befriedigendere Beziehung herzustellen.

Ein Mann zwischen 30 und 35 wird von Leuten in den Zwanzigern gewöhnlich als großer Bruder (eine halbe Generation entfernt) angesehen. Vielleicht wünscht er sich das auch so. Er hält sich selbst immer noch für »jung« und durch und durch für einen Vertreter der jungen Generation. Solange er noch in den Zwanzigern ist, hat er oft Angst, mit 30 werde er »alt«. Er ist dann erleichtert, wenn er Anfang Dreißig entdeckt, daß er immer noch seinen jugendlichen Schwung hat, auch wenn er vielleicht feststellt, daß es ihm nun natürlicher scheint, in seinen Beziehungen zu Jugendlichen den großen Bruder zu spielen.

Der Übergang in die nächste Generation beginnt gewöhnlich Ende Dreißig und ist spätestens Mitte Vierzig abgeschlossen. Ein Vierzigjähriger repräsentiert für Leute in den Zwanzigern üblicherweise die ältere Generation; er hat sich weitgehend etabliert, ja, er gehört für sie zum Establishment. Er spielt für sie eher die Elternrolle als die Rolle des großen Bruders, ist eher »Dad« als »Kumpel«. Diese nun immer häufiger und deutlicher zu vernehmende Botschaft kommt für den Mann an der Schwelle zur Lebensmitte oft ganz überraschend. Zuerst ist er vielleicht verwirrt, irritiert oder deprimiert. Er möchte sagen: »Das ist doch lächerlich! Ich hab mich praktisch nicht verändert – ich gehöre immer noch zu euch, nicht zu *denen*!« Das »euch« in dieser Aussage verkörpert die junge Generation in der Gesellschaft, aber auch die jugendlichen Aspekte des Selbst. Das »denen« ist nicht so eindeutig definiert und wird auch nicht so eindeutig empfunden. Auf einer tiefer liegenden Ebene bezieht es sich auf die »Alten«, auf die Generation, die ihren Platz in der Gesellschaft und ihren jugendlichen Elan eingebüßt hat. Unmittelbarer spricht aus der Aussage seine wachsende Erkenntnis, daß er der jungen Generation entwächst und demnächst der am schwersten zu definierenden und am meisten beunruhigenden Generation angehört – der »mittelalten«.

Es ist also wichtig, sich die Aufeinanderfolge der Generationen klarzumachen. Es gibt keine allgemein übliche Definition für die Generationen im individuellen Lebenszyklus. Einen nützlichen Ausgangspunkt liefert uns jedoch der spanische Philosoph José Ortega y Gasset mit seiner Darstellung der Generationen in der Geschichte der Gesellschaft und im Lebenszyklus. Er unterscheidet fünf Generationen:

1. Kindheit: 0–15 Jahre
2. Jugend: 15–30 Jahre
3. Initiation: 30–45 Jahre
4. Dominanz: 45–60 Jahre
5. Alter: über 60 Jahre

Die Jugend- und die Initiationsgenerationen fallen in die Zeit des frühen Erwachsenenalters. Die »Jugend« (15–30 Jahre) beginnt mit dem Übergang ins frühe Erwachsenenalter und umfaßt die ganze »Lehrzeit« des frühen Erwachsenenalters. Diese Generation ist, wie wir noch sehen werden, damit beschäftigt, in die Erwachsenenwelt einzutreten und sich dort erst mal einen Platz zu erobern. Die Initiationsgeneration (30–45 Jahre) schließt den Übergang zur Lebensmitte und das Ende der frühen Erwachsenenzeit ein. Sie liegt zwischen der Generation der »Jugendlichen«, die noch keine voll verantwortlichen Mitglieder der Erwachsenengesellschaft sind, und der Generation der »Dominierenden«, die die Hauptlast (und -befriedigung) einer erfahrenen Führung und Autorität trägt.

Die Generation der »Dominierenden« (45–60 Jahre) sorgt dafür, daß ihre Ideen und Ziele jeden Teil der Gesellschaft beherrschen (in bezug auf Politik, Geschäfte, Religion, Kunst und Wissenschaft), und sie bemüht sich, diese Ziele durchzusetzen. Die nachfolgende Initiationsgeneration lernt von der Weisheit der Älteren, beginnt, die eigene Autorität geltend zu machen, und kommt mit gemäßigten oder radikalen neuen Ideen und Zielen. Und sie wird ihre eigenen Ziele durchsetzen, nachdem sie in den Vierzigern und Fünfzigern die Macht übernommen hat.

In jedem Moment in der Geschichte – so Ortega – sind die Initiationsgeneration und die Generation der »Dominierenden« die zwei entscheidenden Generationen, und die Beziehungen zwischen ihnen sind für die Zukunft der Gesellschaft von schicksalhafter Bedeutung. Selbst in einer Zeit, in der eine jugendliche »Protest«-Generation im Leben der Gesellschaft eine dramatische Rolle spielt (wie in den 1960er Jahren), wird das unmittelbare historische Ergebnis des Protestes von den zwei älteren Generationen getragen. Die jetzige junge Generation wird einen unmittelbareren Einfluß ausüben, wenn sie Positionen wachsender Macht einnimmt und zwischen 30 und 60 nacheinander die ihrer Generation zukommenden Rollen spielt.

Erik H. Erikson, der im Lebenszyklus eine Folge von acht Ich-Stadien sieht, teilt das Erwachsenenalter in mehrere Generationen ein. Seine ersten vier Stadien fallen in die frühe und mittlere Kindheit. Die fünfte, *Identität gegen Identitätskonfusion*, fällt in die Jugend (Adoleszenz) und den Übergang zum frühen Erwachsenenalter. Das sechste Stadium, *Intimität gegen Isolierung*, wird in den Zwanzigerjahren erreicht, *Generativität gegen Stagnation* etwa mit 40, und *Integrität gegen Verzweiflung* mit 60. Eriksons letzte vier Ich-Stadien entfalten sich also mit den aufeinanderfolgenden Epochen der frühen, mittleren und späten Erwachsenenzeit.

Eriksons siebtes Stadium, Generativität gegen Stagnation, ist hier von besonderer Relevanz. Es setzt mit dem Beginn des Übergangs zur Lebensmitte ein, und es bleibt während des ganzen mittleren Erwachsenenalters ein beherrschendes Thema. Unter »Generativität« wird oft das Schaffen einer neuen Generation von Nachkommen verstanden. Die Rolle eines Vaters junger Kinder gehört jedoch ins frühe Erwachsenenalter. Wenn ein Mann 40 wird, hat er die Aufgabe, die Verantwortung für neue Generationen von Erwachsenen zu übernehmen – in Ortegas Sinn die Initiations- und Jugend-Generationen. Er muß eine neue väterliche Einstellung zu jüngeren Erwachsenen finden. Er kann sie nicht behandeln, als seien sie Kinder unter seiner gütigen Aufsicht. Er muß neue Möglichkeiten finden, wie sich Autorität und gegenseitiges Vertrauen vereinigen lassen – er muß seine eigene Verantwortung akzeptieren und die Führerrolle übernehmen, sie aber gleichzeitig als Erwachsene ernst nehmen, sie zum Mitmachen auffordern und dafür sorgen, daß sie zu größerer Selbständigkeit und Autorität heranwachsen. Während er zu den Älteren in der Erwachsenenwelt vorrückt, muß er Dreißigjährige als jüngere, aber voll erwachsene Menschen behandeln, die ihn bald ablösen werden; und Leute, die in ihren Zwanzigern sind, muß er als Neulinge sehen, die ihre erste Entwicklungsstufe in der Erwachsenenwelt durchlaufen.

In jedem Stadium ist die Entwicklung ein Prozeß, bei dem entgegengesetzte Extreme bis zu einem gewissen Grad in Einklang gebracht werden und sich ergänzen. Sowohl die Generativität als auch ihr Gegenpol, die

Stagnation, sind für die Entwicklung eines Mannes von wesentlicher Bedeutung. Um generativ zu werden, muß ein Mann wissen, wie das ist, wenn man stagniert – wenn man das Gefühl hat, nicht mehr zu wachsen, statisch zu sein, festzusitzen, auszutrocknen, sich in einem Leben voller Verpflichtungen und ohne jede Selbst-Erfüllung festgefahren zu haben. Er muß mit der Erfahrung des Sterbens vertraut sein, mit einem Leben im Schatten des Todes.

Die Fähigkeit, Stagnation zu erfahren, durchzustehen und zu bekämpfen, ist ein wesentlicher Aspekt des Ringens um Generativität im mittleren Erwachsenenalter. Stagnation ist nicht rein negativ zu sehen und sollte nicht total umgangen werden. Sie spielt eine notwendige und fortlaufende Rolle in der Entwicklung um die Lebensmitte. Die Erkenntnis, daß ich verwundbar bin, wird zu einer Quelle der Weisheit, des Einfühlungsvermögens und des Mitgefühls für andere. Ich kann das Leiden anderer nur dann echt verstehen, wenn ich mich mit ihnen identifizieren kann, weil ich mir der eigenen Schwäche und Destruktivität bewußt bin. Ohne dieses Bewußtsein bin ich nur zu jener Art von Mitleid, Nächstenliebe und Altruismus fähig, die zwar die Not des anderen lindert, ihn aber trotzdem in der Rolle des Opfers beläßt.

Die Entwicklung von Karrieren und Unternehmungen

Die Eigenart jedes Lebensabschnittes spiegelt sich in der Entwicklung der Karrieren eines Mannes – im Beruf, in der Familie und anderswo –, im Ausmaß seiner individuellen und sozialen Unternehmungen und in seinen allgemeineren Lebensplänen und -zielen. Die Struktur seines Lebens ändert sich etwa mit 40, mit dem Beginn des mittleren Erwachsenenalters. Wenn er 40 wird, hat er ausreichend Gelegenheit gehabt, sich ein Leben aufzubauen und seine jugendlichen Ambitionen zu verwirklichen. Zu Beginn des Übergangs zur Lebensmitte wird er wahrscheinlich zurückblicken und sich fragen: »Was habe ich geleistet? Wo stehe ich jetzt? Welchen Wert hat mein Leben für die Gesellschaft, für andere Menschen und vor allem für mich selbst?« Er muß sich damit auseinandersetzen, daß es einen Unterschied gibt zwischen dem, was ist, und dem, was er sich einmal erträumt hat.

Diese Fragen stellen sich ungeachtet des Ergebnisses, das er mit seinen bisherigen Bemühungen erreicht hat. Wenn es einem Mann mit 40 noch nicht gelungen ist, seine liebsten Träume zu verwirklichen, muß er beginnen, sich damit abzufinden und sich neue Ziele zu setzen, auf die er sein Leben ausrichten kann. Wenn er sehr erfolgreich gewesen ist, muß er über die Bedeutung und den Wert dieses Erfolges nachdenken. Vielleicht empfindet er sein derzeitiges Leben als befriedigend und sieht darin eine Basis für ein gutes Leben in der Zukunft. Doch selbst in diesem seltenen Glücksfall steht er vor einem Wendepunkt. Sein neues Leben mag direkt auf das der frühen Erwachsenenzeit zurückgehen, aber es wird sich trotzdem in einigen entscheidenden Punkten ändern. Oft hat jemand, der seine Ziele erreicht hat, das Gefühl, in der Falle zu sitzen: sein Erfolg ist bedeutungslos, und er fühlt sich zum Narren gehalten. Viele Männer sind mit ihrem Leben in mancher Hinsicht verhältnismäßig zufrieden, finden es aber in anderen Punkten enttäuschend oder destruktiv. Jeder Mann in den frühen Vierzigern muß – ganz gleich, wie sein Leben aussieht – Bilanz ziehen, sich seiner Grenzen klarwerden und sich über die nächsten Schritte auf seinem Weg Gedanken machen.

Ein Mann um die Vierzig hat den Eindruck, einen Gipfel, einen Wendepunkt erreicht zu haben. Oft dient ihm ein besonderer Vorfall als Zeichen, wo er steht und wie weit er gehen kann. Dieses *kulminierende Ereignis* stellt irgendeine Form des Erfolgs oder Mißerfolgs, einer Vorwärts- oder Rückwärtsbewegung auf dem Lebensweg dar. Mehrere sehr bedeutsame Ereignisse können in die späten Dreißiger- oder frühen Vierzigerjahre fallen: Beförderungen oder Mißerfolge im Beruf, größere Schwierigkeiten oder Freuden im Familienleben, persönliche Krankheit, Krankheit oder Tod im Familien- oder Freundeskreis, Anerkennung oder Herabsetzung durch die Umwelt. Das, was er für das kulminierende Ereignis hält, nimmt einen besonderen Rang ein: für ihn symbolisiert es das Ergebnis seiner jugendlichen Ambitionen; es verkörpert die höchste Bestätigung, die er in dieser Phase seines Lebens erhalten wird, und er mißt daran seine Chancen zur Verwirklichung seiner Ziele in der Zukunft.

Ein Beispiel gibt der große Philosoph Bertrand Russell (1872–1970). Der zweite Band seiner Autobiographie beginnt so:

> Die Jahre von 1910 bis 1914 waren eine Zeit des Übergangs. Zwischen meinem Leben vor 1910 und meinem Leben nach 1914 gab es eine so scharfe Trennung wie in dem Leben Fausts vor und nach seiner Begegnung mit Mephisto. Ich machte einen Verjüngungsprozeß durch, der von Ottoline Morrell bewirkt und durch den Krieg weitergeführt

wurde. Es mag seltsam erscheinen, daß der Krieg verjüngen kann, aber tatsächlich rüttelte er mich aus meinen Vorurteilen wach und ließ mich eine Reihe von grundlegenden Fragen neu überdenken. Er brachte mir außerdem eine neue Art von Aktivität, bei der ich nicht jene Schalheit empfand, die mich jedesmal überkam, wenn ich zur mathematischen Logik zurückzukehren versuchte. Ich habe mir daher angewöhnt, in mir einen nicht übernatürlichen Faust zu sehen, für den der Weltkrieg Mephisto war.

Dieser bemerkenswerte Übergang vollzog sich deutlich während der ersten paar Jahre des Ersten Weltkriegs; er dauerte also vom 38. bis zum 44. Lebensjahr. Das kulminierende Ereignis des frühen Erwachsenenalters war für Russell die Vollendung der *Principia Mathematica* mit 38 Jahren. Dieses monumentale Werk begründete seinen Ruhm und brachte ihm einige Jahre später den Nobelpreis ein. Es war das Ergebnis von neun Jahren schwerer Arbeit mit seinem Kollegen und Mentor Alfred North Whitehead, der elf Jahre älter war. In dieser ganzen Zeit führte Russell eine emotional kalte, sexuell enthaltsame Ehe, und so drehte sich sein ganzes Leben um die leidenschaftliche intellektuelle Arbeit mit Whitehead. In den Monaten nach Vollendung des Buchs wurde ihm klar, daß er als Philosoph äußerst erfolgreich und als Mensch ein Versager war. In seinem Leben fehlten fast alle Vergnügungen und menschlichen Gefühle; ja, er fühlte sich gerade deshalb von der Mathematik angezogen, »weil sie nicht *menschlich* ist«.

Mit 39 lernte Russell Lady Ottoline Morrell kennen, mit der er eine heftige Liebesaffäre hatte. Sie eröffnete ihm eine neue Welt – eine Welt größerer sexueller Freiheit und, was noch wichtiger war, tieferer Gefühle, ästhetischer Feinfühligkeit und sozialer Anteilnahme. Als drei Jahre danach der Erste Weltkrieg begann, bekamen sein wachsender Pazifismus und sein Interesse an Ruhm und Macht neue Nahrung. Seine Liebe zu Ottoline Morrell und sein Haß gegen den Krieg spielten in diesem Prozeß eine entscheidende Rolle. Doch sein Wandel war mehr als nur eine Reaktion auf diese äußeren Ereignisse. Diese Ereignisse waren vielmehr Bestandteile in einem Entwicklungsprozeß – im Übergang zur Lebensmitte –, durch den er verjüngt und sein Leben drastisch verändert wurde. Als er Mitte Vierzig war, nahm diese Umwandlung klare Formen an: er bemühte sich verzweifelt, nicht mehr nur eine »logische Maschine« zu sein, die ihre Befriedigung aus der Produktion guter Ideen und der Zunichtemachung schlechter Ideen (und ihrer Befürworter) bezog; und er versuchte, ein volleres, reichhaltigeres Leben zu führen.

Dieser Kampf prägte den Rest seines 98 Jahre langen Lebens. Russell wechselte den Beruf – der »reine« akademische Philosoph wurde zum vielseitigen Bindestrich-Hybriden: Philosoph-Politiker-Volksschriftsteller-Moralist-und-so-weiter. In seinen Schriften und mit seinem eigenen Beispiel verfocht er die sexuelle Befreiung. Einige seiner frühen Neigungen legte er nie ganz ab – er hielt Intellekt und Gefühle auseinander, war von einer egozentrischen Halsstarrigkeit, vermengte auf beklemmende Weise Elitäres und Humanitäres und suchte destruktive Tendenzen eher bei anderen als bei sich selbst. Und doch war in seiner Kreativität und in seinem persönlichen Leben eine kontinuierliche Entfaltung zu beobachten. Diese Entfaltung – und nicht das Erreichen irgendeines bestimmten Endzustandes – entspricht ganz dem Wesen der menschlichen Entwicklung.

Ein kulminierendes Ereignis hat oft entscheidenden Anteil daran, daß der Übergang zur Lebensmitte eingeleitet wird. Zu einem anderen Zeitpunkt hätte jedoch das gleiche Ereignis eine andere Bedeutung und andere Konsequenzen. Ein Mann um 40 reagiert nicht einfach auf eine äußere Situation. Ihm geht es um eine Neubewertung seines Lebens. Er ist bemüht, die Richtung zu überprüfen, die sein Leben genommen hat, das Schicksal seiner Jugendträume, die Möglichkeiten für ein besseres (oder schlimmeres) Leben in der Zukunft. In diesem Zusammenhang wertet er das kulminierende Ereignis und andere Vorfälle. Darauf müssen auch wir mit unserer Analyse eingehen: auf die Ambitionen des jungen Erwachsenen und auf sein Engagement im Beruf, in der Familie, in der Politik, in der Religion, in der Freizeit, in freundschaftlichen Beziehungen – wir müssen alle Lebensbereiche berücksichtigen, die ihm etwas bedeuten, und genau verfolgen, wie sie sich im Lauf der Jahre entwickeln.

Die erste moderne Definition des Übergangs zur Lebensmitte stammt von C. G. Jung. Er unterschied eine erste von einer zweiten Lebenshälfte und setzte die Übergangszeit bei etwa 40 Jahren an. Obwohl er sich nicht auf Abschnitte festlegt, wird aus seinen Überlegungen deutlich, daß er zwischen frühem und mittlerem Erwachsenenalter unterscheidet. Jung stellte fest, daß die »Individuation« ungefähr mit 40 – im »Mittag des Lebens«, wie er es nannte – wiederaufleben und sich durch den Nachmittag und Abend des Lebens ziehen kann.

So wie Jung den Begriff versteht und wie er von Psychologen im allgemeinen verwendet wird, ist die Individuation ein Entwicklungsprozeß, der zu einem individuelleren Selbst führt. Wer eine eindeutigere und vollere eigene Identität erwirbt, ist besser in der Lage, seine persönlichen Fähigkeiten einzusetzen und seine eigenen Ziele zu verfolgen. Er schafft neue Ebenen des Bewußtseins, des Wollens und Verstehens. Man weiß, daß die Individuation ein entscheidender Aspekt der Entwicklung in der Kindheit und Jugend ist. Jung erkannte als erster, daß sich die Individuation auch noch in der Lebensmitte und danach vollzieht und daß sie dringend gebraucht wird.

Nach Jung ist das Leben eines Mannes bis in die späten Dreißigerjahre zwangsläufig ziemlich einseitig und unausgewogen. Viele wertvolle Aspekte des Selbst sind vernachlässigt oder unterdrückt worden. Von den vier psychologischen Funktionen – Denken, Fühlen, Intuition, Empfindung –, die jede Persönlichkeit ausüben muß, haben sich meist nur eine oder zwei sehr weit entwickelt. Obschon niemand alle vier Funktionen in gleichem Maße entwickelt, besteht die Möglichkeit, im mittleren Erwachsenenalter die vorher schwächeren Funktionen zu stärken und ein ausgewogeneres Leben zu führen.

Die Individuation in der Lebensmitte versetzt uns in die Lage, die Tyrannei der Ansprüche abzuschwächen, die einmal die Gesellschaft an uns stellt, zum anderen das eigene verdrängte (triebhafte) Unbewußte. Wir können mehr und mehr Aufmerksamkeit dem »archetypischen Unbewußten« (Jung) zuwenden, einer inneren Quelle der Selbstbestimmung und Befriedigung. Archetypen sind gewissermaßen eine Schatzkammer voll Saatgut im Selbst. Die meisten von ihnen schlummern während des frühen Erwachsenenalters. Durch den Individuationsprozeß im mittleren Erwachsenenalter, wenn ein Mann die archetypischen Vorstellungen nährt und ihnen einen höher bewerteten Platz in seinem Leben einräumt, können sie sich entfalten und sein Leben in einer Weise bereichern, wie er es sich nie hätte träumen lassen. Die Individuation vollzieht sich nicht ohne schmerzende Übergänge und wiederholte Rückschläge, aber sie birgt die Möglichkeit zu fortgesetzter Selbsterneuerung und zu einer schöpferischen Beschäftigung mit dem eigenen Leben und dem Leben anderer. In den Kapiteln über den Übergang zur Lebensmitte werde ich noch einmal auf dieses Thema zu sprechen kommen.

Das späte Erwachsenenalter

Wie bereits erwähnt, befaßt sich unsere Untersuchung mit der Zeitspanne zwischen den späten Teens und den späten Vierzigerjahren. Aus der Perspektive der Entwicklung ist das die Phase vom Übergang ins frühe Erwachsenenalter bis zum endgültigen Eintritt ins mittlere Erwachsenenalter. Wenn ich mich mit dem Ende dieser Epoche und der Eigenart der sich anschließenden Epochen befasse, bin ich in stärkerem Maße auf Spekulationen angewiesen. Um aber diesen Überblick über den Lebenszyklus zu vervollständigen, möchte ich trotzdem eine vorsichtige Schilderung des späten Erwachsenenalters geben.

Anfang 60 geht normalerweise die mittlere Erwachsenenzeit zu Ende, und die späte Erwachsenenzeit beginnt. Es kommt zu einem grundlegenden Wandel des Lebenscharakters, da sich zahllose biologische, psychologische und soziale Veränderungen abspielen. Diese Epoche muß als ein herausragender und erfüllender Lebensabschnitt gesehen werden. Er dauert nach unserer Auffassung etwa vom 60. bis zum 85. Lebensjahr.

Das mittlere und das späte Erwachsenenalter sind – wie die anderen Epochen – nicht durch ein einziges, universelles Ereignis getrennt. Verschiedene einschneidende Ereignisse, etwa eine Krankheit oder die Pensionierung, können das Ende des mittleren Erwachsenenalters hervorheben und den Übergangsprozeß prägen. Der Übergang ins späte Erwachsenenalter dauert von etwa 60 bis 65. Es gibt ihn aus den gleichen Gründen wie den Übergang zur Lebensmitte, auch wenn sie sich inhaltlich unterscheiden.

Mit 60 muß man sich der Realität und der Erfahrung des körperlichen Verfalls stellen. Wie schon erwähnt, gibt es statistisch einen allmählichen Verfall, der etwa mit 30 einsetzt und in den verbleibenden Jahren unerbittlich voranschreitet. Ein Mann wird nicht plötzlich mit 50 oder 60 oder 80 plötzlich »alt«. In den Fünfzigern und Sechzigern verstärken jedoch viele geistige und körperliche Veränderungen die Erfahrung seines eigenen Alterns und seiner Sterblichkeit. Sie erinnern ihn daran, daß er vom »mittleren Alter« in eine spätere Generation überwechselt, die man gemeinhin als »Alter« bezeichnet. Keine dieser Veränderungen widerfährt allen Männern. Aber in der Regel lernt jeder Mann einige davon kennen, und sie berühren ihn tief.

Häufiger kommen nun der Tod und schwere Krankheiten zu Menschen, die ihm nahestehen, zu Bekannten und Kollegen. Auch wenn er selbst noch ganz gesund und körperlich aktiv ist, wird er oft daran erinnert, daß seine Kraft und seine Fähigkeiten nachlassen, und sei es nur dadurch, daß ihn häufiger irgendwelche Schmerzen heimsuchen. Wahrscheinlicher ist allerdings, daß er mindestens eine schwere Krankheit oder Behinderung hat – sei es eine Herzkrankheit, Krebs, Drüsenstörungen, mangelhaftes Seh- oder Hörvermögen, Depressionen oder sonstige emotionale Störungen. Der Arzt sagt ihm, er müsse gewisse Vorsichtsmaßnahmen befolgen, sonst riskiere er eine Verschlimmerung der Krankheit, die zum Tod führen könne. Auch die inneren Botschaften, die ihm sein eigener Körper schickt, sagen ihm, er müsse sich in seinem Lebensstil anpassen oder gewaltig umstellen. Natürlich gibt es unter 60jährigen große Unterschiede. Während die einen im späten Erwachsenenalter mit einer schweren Krankheit oder Behinderung werden leben müssen, führen andere noch ein aktives, energiegeladenes Leben. Doch im Übergang zum späten Erwachsenenalter muß sich jeder Mann mit dem Verfall oder Verlust einiger Kräfte auseinandersetzen, die ihm noch im mittleren Erwachsenenalter zur Verfügung standen.

Außerdem kommt es in den Sechzigerjahren zu einem kulturell bedingten Generationswechsel. Ist schon der Begriff »mittleres Alter« vage und einschüchternd, was ist dann erst mit unserer Terminologie (und Bildersprache) für die darauffolgenden Jahre? Die üblichen Wörter wie »älterer Herr« oder »Senior« gewinnen einen negativen Beiklang, der unsere persönliche und die kulturelle Angst vor dem Altern widerspiegelt. Solange man noch in den Zwanzigern ist, kommt es einem so vor, als gehe es vom 30. Lebensjahr an bergab. Ist man dann in den Dreißigern, stellt der 40. Geburtstag eine starke Bedrohung dar. An jedem Punkt im Leben befürchtet man, das Überschreiten der nächsten Altersschwelle bedeute den totalen Verlust der Jugend, der Vitalität, ja des Lebens selbst.

Was heißt das also, auf 60 zuzugehen und das Gefühl zu haben, daß alle Aspekte der Jugend – selbst die scheinbar letzten Reste, die noch das mittlere Alter begleiten – im Begriff sind, zu verschwinden, so daß einem nur noch das »Alter« bleibt? Im Rahmen der Entwicklung geht es darum, die Aufspaltung von Jugend und Alter zu überwinden und die beiden in jedem Lebensabschnitt in ein harmonisches Verhältnis zu bringen. In der späten Erwachsenenzeit dominiert der Archetyp des Alten, aber er kann verschiedene Formen des schöpferischen, weisen Alten annehmen, solange ein Mann Verbindung zur jugendlichen Vitalität hält, zu den Kräften des Wachstums im Selbst und in der Welt. Während des Übergangs ins späte Erwachsenenalter fürchtet ein Mann, daß der Jüngling in ihm stirbt und daß nur der alte Mann – eine leere, ausgetrocknete Hülle ohne Energie, Interessen oder innere Kraft – für ein kurzes, lächerliches Alter überlebt. Ihm stellt sich die Aufgabe, seine Jugendlichkeit in einer neuen, dem späten Erwachsenenalter angemessenen Form aufrechtzuerhalten. Er muß den bisherigen Aufbau seines Lebens abschließen und umwandeln.

Wieder einmal bringt das Ende einer Epoche den Gipfelpunkt der Bestrebungen, die in dieser Epoche wichtig waren. Im späten Erwachsenenalter kann ein Mann nicht mehr der Mittelpunkt seiner Umwelt sein. Er wird aufgefordert und fordert zunehmend auch sich selbst auf, die schweren Verantwortungen der mittleren Erwachsenenzeit zu reduzieren und in eine neue Beziehung zur Gesellschaft und zu sich selbst einzutreten. Sich aus dem Mittelpunkt des Interesses zurückzuziehen, kann ein traumatisches Erlebnis sein. Ein Mann erhält weniger Anerkennung und hat weniger Autorität und Macht. Seine Generation dominiert nicht mehr. Als Teil der »großelterlichen« Generation in der Familie kann er im besten Fall seinen erwachsenen Kindern noch eine bescheidene Hilfe sein und seinen Enkelkindern ein Hort der Geduld und eine moralische Stütze. Doch für seine Kinder, die auf das mittlere Erwachsenenalter zugehen, wird es Zeit, die Hauptverantwortung und Autorität in der Familie zu übernehmen. Wenn er seine Autorität nicht abgibt, läuft er Gefahr, zum tyrannischen Herrscher zu werden – despotisch, unklug, ungeliebt und lieblos –, und seine herangewachsenen Kinder werden möglicherweise zu kindischen Erwachsenen, die unfähig sind, ihn oder sich selbst zu lieben.

Auch im Berufsleben kommt es zu ernsthaften Schwierigkeiten, wenn ein Mann über 65 oder 70 eine mit maßgebender Autorität verbundene Stellung behält. Er ist dann nicht mehr »im gleichen Schritt« wie seine Generation, und er gerät in Konflikte, weil die jetzt im mittleren Erwachsenenalter stehende Generation bereit ist, mehr Verantwortung zu übernehmen. Es kommt gelegentlich vor, daß ein Mann in den Siebzigern oder darüber in einer Regierung, in der Kirche, im Geschäftsleben oder in anderen Institutionen eine überragende Position behält. Es fallen einem schnell Namen ein: Mao Tse-tung, Tschu En-lai, Churchill, Ben Gurion, Gandhi, de Gaulle und John D. Rockefeller. Doch selbst ein Mann mit besonders viel Energie und Erfahrung ist nicht gut beraten, wenn er bis weit ins späte Erwachsenenalter hinein an der Macht bleibt. Er wird leicht zum einsamen Mann an der Spitze, der kaum mehr Kontakt zu seinen Anhängern hat und von ihnen übermäßig idealisiert oder gehaßt wird. Die Kontinuität der Generationen ist unterbrochen. Die Generation im mittleren Erwachsenenalter leidet unter der Machtlosigkeit und dem Konformismus, die Generation im frühen Erwachsenenalter unter dem Mangel an Neuerungen, an moralischer Unterstützung und Belehrung, die sie von denen erhalten sollten, die ihnen altersmäßig am nächsten stehen.

Manche Männer können schon mit 50 mit Würde und innerer Sicherheit abtreten, andere noch mit 70. An welchem Punkt in dieser Zeitspanne ein Mann aus seinem Arbeitsverhältnis ausscheidet, insbesondere aus einer Position, in der ihm andere unmittelbar unterstellt sind, das sollte von seinen eigenen Bedürfnissen, Fähigkeiten und Lebensumständen abhängen. Wenn er in diesem Sinne in den »Ruhestand« getreten ist, kann er sich trotzdem mit einer hochgeachteten Arbeit beschäftigen, aber nun entspringt sie eher seinen eigenen schöpferischen Energien als äußerem Druck oder finanzieller Notwendigkeit. Nachdem er der Gesellschaft seinen Tribut gezollt hat, hat er sich das Recht verdient, das zu sein und zu tun, was ihm selbst am wichtigsten ist. Es gibt für ihn keinen Unterschied mehr zwischen Arbeit und Spiel. Er kann sich auf eine ernsthaft-spielerische Weise den Interessen hingeben, die ganz unmittelbar aus den Tiefen des Selbst fließen. Mit der Jugendlichkeit, die immer noch in ihm ist, kann er die schöpferischen Möglichkeiten dieses Lebensabschnitts genießen. Finanzielle und soziale Sicherheit sind die äußeren Bedingungen für diese Entscheidungsfreiheit. Wir beginnen eben erst zu lernen, wie man günstige Bedingungen für die Entwicklung im frühen und mittleren Erwachsenenalter schafft, damit mehr Männer in ihren späteren Jahren die innere Kraft haben, sich mit sinnvollen »Arbeitsspielen« zu beschäftigen.

Eine wichtige Entwicklungsaufgabe des späten Erwachsenenalters besteht darin, die Anforderungen der Gesellschaft und des eigenen Selbst in ein neues Gleichgewicht zu bringen. In diesem Alter wird einem Mann der Prozeß des Sterbens stärker bewußt, und er sollte die Möglichkeit haben, seinen Lebensstil freier zu wählen. Ohne die Liebe zur Menschheit, zum eigenen »Stamm« und zu seinem Selbst zu verlieren, kann er seine Perspektive erweitern und zu einem tieferen Verständnis unserer menschlichen Widersprüche, unserer Kreativität und Destruktivität kommen. Zu größerer Weisheit hinsichtlich der äußeren Welt kann man nur durch eine stärkere Konzentration auf das eigene Selbst gelangen. Das heißt nicht, daß ein Mann egoistischer oder eitler wird. Im Gegenteil: sein

Interesse an den Belohnungen, die die Gesellschaft zu bieten hat, läßt nach, und er ist mehr daran interessiert, seine eigenen inneren Möglichkeiten nutzbar zu machen. Man könnte sagen, daß die Stimmen in seinem Innern lauter werden und nun eher seine Aufmerksamkeit verdienen. Er befaßt sich zwar auch weiterhin mit den Stimmen und Realitäten der äußeren Welt, aber er strebt ein neues Verhältnis an, in dem das Selbst den Vorrang hat. (Welche Rolle diese Frage im mittleren Erwachsenenalter spielt, wird in Kapitel 15 erläutert.)

Wenn ein Mann eine neue Form des Selbst-in-der-Welt schafft, kann das späte Erwachsenenalter zu einem Lebensabschnitt werden, der ebenso erfüllt und reichhaltig ist wie die anderen. Einige der größten intellektuellen und künstlerischen Leistungen sind von Männern in den Sechzigern, Siebzigern und sogar Achtzigern vollbracht worden. Beispiele dafür gibt es genug: Picasso, Yeats, Verdi, Frank Lloyd Wright, Freud, Jung, Sophokles, Michelangelo, Tolstoi. Zahllose andere Männer haben als Berater, Erzieher und Helfer in den verschiedensten Funktionen ihre Altersweisheit der Familie und der Allgemeinheit zur Verfügung gestellt.

In Sigmund Freuds späten Erwachsenenjahren lag eine leidenschaftliche Vitalität in ständigem Streit mit einem morbiden Pessimismus. Ernest Jones teilt in seiner großen Biographie Freuds Leben in drei Abschnitte ein, die den hier dargestellten Epochen entsprechen. Band 1, *Die Entwicklung zur Persönlichkeit und die großen Entdeckungen, 1856–1900*, schildert Freud während des Übergangs zur Lebensmitte und seiner Umstellung von der Neurologie auf die Psychoanalyse. Band 2, *Jahre der Reife, 1901–1919*, behandelt die mittleren Erwachsenenjahre vom 44. bis zum 63. Lebensjahr. In dieser Zeit bemühte sich Freud, die Psychoanalyse als klinisches Spezialfach, als wissenschaftliche Theorie und als eine Bewegung durchzusetzen, die einen starken Einfluß auf die Universitäten und auf die Psychiatrie im allgemeinen ausüben sollte. Dieser Kampf nahm ihn voll in Anspruch.

Band 3, *Die letzte Phase, 1919–1939*, schildert seine späten Erwachsenenjahre. In diesem Abschnitt nahm Freuds Kreativität neue Formen an. 1916 wurde er 60, und der Erste Weltkrieg war während seines Übergangs ins späte Erwachsenenalter ein wesentlicher Faktor. Wieder einmal sehen wir, wie sich die allgemeine Geschichte und die individuelle Entwicklung überschneiden: als für Freud die besten Jahre seiner mittleren Erwachsenenzeit zu Ende gingen, begann für die westliche Welt ein Übergangsstadium nach einem Zeitalter (beherrscht vom Glauben an die Vernunft, die

Naturwissenschaften und den allmählichen und stetigen Fortschritt hin zu einer guten Gesellschaft), das über zweihundert Jahre angehalten hatte. Er mußte sich sowohl mit seinem eigenen Verfall als auch mit dem Verfall einer Kultur auseinandersetzen, an die ihn so ambivalente Gefühle banden. Seine bisherigen wissenschaftlichen und klinischen Interessen bestanden zwar weiterhin, aber sie standen nun im Schatten seiner zunehmenden Auseinandersetzung mit philosophisch-religiösen Fragen und mit den Ursprüngen und dem weiteren Schicksal der menschlichen Zivilisation.

Die späten Erwachsenenjahre sind eine Zeit des Verfalls, aber sie bieten auch Gelegenheit zur Weiterentwicklung. Eriksons letztes Ich-Stadium fällt in diese Zeit. Es beginnt mit etwa 60, und seine entscheidende Polarität lautet *Integrität gegen Verzweiflung*. Wenn ein Mann das späte Erwachsenenalter erreicht, hat er das Gefühl, sein Lebenswerk zum größten Teil – vielleicht sogar ganz – abgeschlossen zu haben. Sein Beitrag zur Gesellschaft und zur eigenen Unsterblichkeit ist weitgehend abgeschlossen. Er muß zu irgendeiner Bewertung seines Lebens finden. Von der Entwicklung her stellt sich ihm nun die Aufgabe, ein Gefühl für die Integrität seines Lebens zu bekommen – nicht einfach seiner Tüchtigkeit oder Leistung, sondern seines Lebens insgesamt. Wenn ihm das gelingt, kann er seine späten Erwachsenenjahre ohne Bitterkeit oder Verzweiflung erleben. Wenn er in seinem Leben – und sei es noch so unvollkommen – Sinn und Wert findet, kann er sich mit dem Tod abfinden.

Um ein echtes Gefühl für die Integrität zu gewinnen, muß ein Mann den Mangel an Integrität in seinem Leben sehen. Während des Übergangs ins späte Erwachsenenalter überkommt jeden einmal das Gefühl äußerster Verzweiflung. Seinen Ausgangspunkt hat das immer zum Teil in Tatsachen, zum Teil aber auch in einer irrationalen Selbstanklage. Der Betreffende meint dann, sein Leben sei für ihn selbst oder für andere wertlos gewesen, seine guten Qualitäten bedeuteten nichts, gemessen an der immer wiederkehrenden Destruktivität und Dummheit und dem Verrat jener Werte, an denen ihm am meisten liegt. Und was am schlimmsten ist: es ist alles vorbei, es gibt keine Gelegenheit mehr, den Schaden wiedergutzumachen.

Gleich wie unsere Werte auch aussehen, wir können ihnen nie ganz gerecht werden. Am Ende müssen wir uns mit den Ursachen der Fehler und Verirrungen in unserem Leben aussöhnen. Es gibt viele solcher Ursachen: sie liegen in uns selbst, in unseren Feinden und Freunden, in der unvollkommenen Welt, in der wir alle versuchen, ein Leben voller Integrität aufzubauen. Mit all den Feinden im eigenen Selbst und in der Welt Frieden zu schließen, ist ein wichtiger Teil dieser Aufgabe. In diesem inneren Sinn Frieden zu schließen, hält einen Mann nicht davon ab, für seine Überzeugungen zu kämpfen; aber es versetzt ihn in die Lage, mit weniger Erbitterung, mit weniger Illusionen und mit einer offeneren Perspektive zu kämpfen.

Das späte späte Erwachsenenalter

Viele Menschen werden heute 80 Jahre und älter, aber wir wissen sehr wenig über die Entwicklung in diesen Jahren. Es ist offensichtlich eine allzu große Vereinfachung, alles, was über 60 oder 65 hinausgeht, als eine einzige Epoche zu verstehen. Da es an Untersuchungsergebnissen fehlt, können wir über diesen Schlußabschnitt des Lebenszyklus nur spekulieren. Die folgende Hypothese ist hauptsächlich als Ausgangspunkt gedacht und soll zu einer weiteren Beschäftigung mit dieser Frage anregen. Wir sind der Ansicht, daß um 80 eine neue Epoche beginnt, das späte späte Erwachsenenalter.

Die meisten leiden, wenn sie in die Achtzigerjahre kommen, an verschiedenen Gebrechlichkeiten und mindestens einer chronischen Krankheit. Der Prozeß des Alterns ist viel evidenter als der Prozeß des Wachsens. Das Leben umfaßt meist nur noch einen kleinen Bereich, ein paar wichtige Beziehungen und eine Inanspruchnahme durch unmittelbare körperliche Bedürfnisse und das persönliche Wohlbefinden. Bei starkem körperlichem Verfall und sozialer Vereinsamung kann das Leben in dieser Epoche jeden Sinn verlieren. Unter günstigeren Bedingungen findet jedoch auch während des Altwerdens eine psychosoziale Entwicklung statt.

Was bedeutet eine Entwicklung ganz am Ende des Lebenszyklus? Sie besagt, daß ein Mann eine Einstellung zum Prozeß des Sterbens findet und sich auf seinen eigenen Tod vorbereitet. Am Ende aller vorausgegangenen Epochen bestand ein Teil der Entwicklung in der Vorbereitung auf eine neue Epoche, im Schaffen einer neuen Lebensgrundlage. Ein Mann in den Achtzigern weiß, daß sein Tod unmittelbar bevorsteht. Er kann in ein paar Monaten kommen oder in zwanzig Jahren, aber der Mann lebt im Schatten des Todes, sozusagen abrufbereit. Um am Leben richtig teilhaben zu können, muß er sich mit dem Sterben abfinden. Wenn er an die

Unsterblichkeit der Seele glaubt, muß er sich auf irgendeine Art des Lebens nach dem Tod vorbereiten. Wenn nicht, ist er vielleicht noch am Schicksal der Menschheit interessiert und an seiner eigenen Unsterblichkeit als Teil der menschlichen Evolution. Eine Entwicklung findet in dem Maße statt, in dem er dem Leben und Sterben ganz allgemein und seinem eigenen Leben und Sterben im besonderen einen neuen Sinn gibt. Wenn er sich seine Lebenskraft erhält, kann er weiterhin am Leben der Gesellschaft beteiligt sein. Vielleicht kann er dann anderen mit seiner Weisheit und seiner persönlichen Würde ein Beispiel geben.

Vor allem kommt er zum Höhepunkt seiner Auseinandersetzung mit dem Selbst. Entscheidend ist nun seine endgültige Einstellung zum Sinn des Lebens, der »Blick von der Brücke« am Ende des Lebenszyklus. Letztlich bleiben ihm nur das Selbst und die vom Selbst hervorgebrachten wesentlichen Gestalten in seinem Innern. Er muß sich endlich mit dem Selbst aussöhnen – nun, da er es kennen und leidlich lieben gelernt hat und bereit ist, es aufzugeben.

3. Entwicklungsphasen: Die Entfaltung der individuellen Lebensstruktur

Die im vorangehenden Kapitel beschriebene Aufeinanderfolge der Epochen bildet das grobe Gerüst des Lebenszyklus. In diesem Rahmen können wir der grundlegenden Frage dieser Untersuchung nachgehen: Gibt es im frühen und mittleren Erwachsenenalter einen normalen Prozeß der individuellen Entwicklung? Im Verlauf unserer Untersuchung kamen wir immer mehr von der Vorstellung eines gleichmäßigen, stetigen Entwicklungsprozesses ab und statt dessen auf qualitativ unterschiedliche Entwicklungs*phasen*. Wir begannen eine Reihe von Phasen zu identifizieren, die vom Ende der Jugend bis etwa Mitte Vierzig reichten und von allen unseren Zielpersonen durchlaufen wurden.

Einige Hinweise auf die Eigenart der einzelnen Phasen sind schon bei der Erörterung der Epochen gegeben worden. Ich sprach davon, daß der Übergang von einer Epoche zur nächsten einen entscheidenden Wandel in der Entwicklung darstellt. Er vollzieht sich nicht leicht oder rasch. Vielmehr kommt es zu einem Übergangsstadium zwischen den Epochen, zu einer Entwicklungsphase, die normalerweise vier bis fünf Jahre dauert. Im Übergang zum frühen Erwachsenenalter (zwischen 17 und 22) beschließen wir unsere Vor-Erwachsenenzeit und beginnen mit unserem Eintritt in die frühen Erwachsenenjahre. Der Übergang zur Mitte des Lebens (zwischen 40 und 45) läßt einen Mann seine frühe Erwachsenenzeit beenden und in die mittlere Erwachsenenzeit eintreten. Die Entdeckung dieser Phasen ließ uns fragen, ob es nicht in jeder Epoche zusätzliche Entwicklungsphasen gibt.

Wir stellten auch fest, daß sich die Epochen durch Veränderungen im gesamten Lebenscharakter unterscheiden. Die Epochen sind nicht ohne weiteres zu erkennen, wenn man sich – so wie die meisten Wissenschaftler bisher – auf einen einzigen Aspekt des Lebens konzentriert. Um das Wesen der Erwachsenenentwicklung zu begreifen, mußten wir mit dem individuellen Leben und seiner Struktur zu einem bestimmten Zeitpunkt beginnen und dann seine Entfaltung über die Jahre hinweg verfolgen. Als wir von diesem Ausgangspunkt das Leben jedes Mannes betrachteten, konnten wir zum erstenmal die Epochen und die Übergänge zwischen den Epochen in groben Umrissen erkennen. Als wir uns dann eingehender mit dem Lebenslauf befaßten, fanden wir in jeder Epoche eine Reihe von Entwicklungsphasen, die in den Grundzügen den Übergängen zwischen den Epochen ähnlich waren.

Es gibt viele Verfahren und Techniken zur Untersuchung spezifischer Aspekte des Lebens. Wie untersuchen wir aber den gesamten Lebenscharakter und seine Entwicklung über eine Reihe von Jahren hinweg? Viele werden sagen, das sei eine zu schwierige Aufgabe, die zu viele »Variablen« enthalte und uns über die Grenzen einer einzelnen Disziplin hinausführe. Ich kann dazu nur sagen: ja, die Untersuchung eines individuellen Lebens übersteigt die Möglichkeiten jeder Einzeldisziplin, und es ist sehr schwierig, gute Arbeit zu leisten – aber es ist zu schaffen! Mit der vorliegenden Untersuchung haben wir, glaube ich, einen bedeutenden Anfang gemacht, aber eben nur einen Anfang: es bleibt eine Menge zu tun.

Die Grundkonzeption, die wir zu diesem Zweck entworfen haben – und es ist die zentrale Konzeption in unserer ganzen Arbeit –, geht von der individuellen Lebensstruktur aus. Mit »Lebensstruktur« meinen wir die Ordnung oder Gesetzmäßigkeit, die dem Leben eines Menschen zu einem gegebenen Zeitpunkt zugrunde liegt. Zum Leben eines Mannes gehören viele Komponenten: sein Beruf, seine Liebesbeziehungen, seine Ehe und Familie, sein Verhältnis zu sich selbst, sein Umgang mit der Einsamkeit, seine Rollen in verschiedenen sozialen Zusammenhängen – all die Beziehungen zu Individuen, Gruppen und Institutionen, die ihm etwas bedeuten. In all diesen Beziehungen übt er durch seine Persönlichkeit einen Einfluß aus und wird gleichzeitig selbst beeinflußt. Wir müssen jedoch mit der Gesamt-Lebensstruktur anfangen. Haben wir erst mal den individuellen Lebenscharakter identifiziert, können wir uns eingehender mit den Veränderungen befassen, die sich in der Persönlichkeit, im Ehe- und Berufsleben und in anderen Teilbereichen des Lebens abspielen.

Wir haben herausgefunden, daß sich die Lebensstruktur im Lauf der Jahre in einer ganz bestimmten Abfolge von Phasen entfaltet. Die Entwicklungsphasen, die ich im folgenden beschreiben werde, sind also Phasen in der Entfaltung der Lebensstruktur. Ich möchte diesen Punkt ganz besonders hervorheben, da er häufig mißverstanden wird. Ich rede *nicht* von Stufen in der Ich-Entwicklung oder der beruflichen Entwicklung oder der Entwicklung in irgendeinem Einzelaspekt des Lebens. Ich rede von *Phasen in der Entfaltung der individuellen Lebensstruktur.*

Diese Phasen – und die Epochen, in die sie gehören – stellen ein elementares Ordnungsprinzip im Lebenszyklus dar. Die Ordnung existiert auf einer tieferliegenden Ebene. Auf der oberflächlichen Ebene des Alltags mit seinen konkreten Handlungen, Ereignissen und Erlebnissen kommt es in unserem Leben oft zu sehr raschen Veränderungen und Aufsplitterungen.

Wir sind nun bereit, zu behaupten, daß jeder im Erwachsenenalter – wie im Kindesalter – die gleichen Entwicklungsphasen durchläuft, auch wenn es dabei von Mensch zu Mensch drastische Unterschiede gibt. Jedes einzelne Leben hat seinen ganz spezifischen Charakter. Eine vertretbare Entwicklungstheorie kann keine modellhafte Anleitung sein, die einen einzigen »normalen« Kurs angibt, dem jedermann folgen muß. Sie hat vielmehr die Funktion, die Entwicklungsaufgaben anzudeuten, denen sich jeder in aufeinanderfolgenden Phasen zu widmen hat, und sie soll zeigen, daß die Auseinandersetzung mit diesen Aufgaben für verschiedene Individuen, die unter verschiedenen Bedingungen leben, unendlich vielfältige Formen annehmen kann. Eine solche Theorie erweitert unser Bewußtsein von den Fähigkeiten des Menschen und von der Vielfalt der individuellen Lebensabläufe; sie zwingt das individuelle Leben nicht in eine Schablone der Konformität.

Die individuelle Lebensstruktur

Die Konzeption der Lebensstruktur – die grundlegende Ordnung oder Gesetzmäßigkeit im Leben eines Menschen zu einem gegebenen Zeitpunkt – gibt uns die Möglichkeit, das Individuum daraufhin anzusehen, wie es sich in der Gesellschaft engagiert. Wir sind gezwungen, sowohl das Selbst und die Welt als auch die Beziehungen zwischen ihnen zu berücksichtigen. Unsere Untersuchung hat ergeben, daß die Lebensstruktur im Erwachsenenalter einem Entwicklungsprozeß unterworfen ist. Darauf konzentriert sich unsere Analyse in erster Linie. Wenn ich von Erwachsenenentwicklung spreche, meine ich die Entfaltung der Lebensstruktur während der Erwachsenenjahre.

Mit dem Begriff der Lebensstruktur haben wir ein Instrument zur Analyse dessen, was manchmal als »Gewebe des Lebens« bezeichnet wird. Wir können damit die Wechselbeziehungen zwischen dem Selbst und der Welt untersuchen – um zu sehen, wie sich das Selbst in der Welt und wie sich die Welt im Selbst wiederfindet. Wenn ein äußeres Ereignis eine einschneidende Wirkung erzielt, überlegen wir uns, wie Vorgänge im Selbst dazu beigetragen haben könnten, es auszulösen und seine Auswirkungen zu vermitteln. Wenn ein innerer Konflikt zu dramatischen Handlungen führt, überlegen wir uns, wie äußere Einflüsse den Konflikt ausgelöst und darüber hinaus entschieden haben könnten, wie er auszutragen sei. Wir versuchten festzustellen, wie die verschiedenen Aspekte des Selbst und der Welt das Entstehen einer Lebensstruktur beeinflussen und sie mit der Zeit verändern.

Die Lebensstruktur läßt sich aus drei Perspektiven betrachten:

a. Das Individuum steht unter dem Einfluß seiner *soziokulturellen Welt* und deren Bedeutung und Folgen. Wir müssen also, wenn wir das Leben eines Mannes verstehen wollen, auch die Gesellschaft berücksichtigen, in der er lebt. Wir müssen den sozialen Kontext einbeziehen – Klasse, Religion, ethnische Zugehörigkeit, Familie, politisches System, Struktur des Berufs – und begreifen, welche Bedeutung die einzelnen Punkte für ihn haben. Sein Leben verwandelt sich mit den Veränderungen in der ihn umgebenden Kultur, in sozialen Bewegungen und Institutionen, in der Wirtschaft und im politischen Klima. Er ist dem Einfluß historischer Vorgänge wie Krieg und Depression ausgesetzt, aber auch besonderen Umständen an seinem Arbeitsplatz, in der Familie und im kommunalen Bereich.

b. Einige *Aspekte seines Selbst* treten in seinem Leben offen zutage, andere werden zurückgehalten oder vernachlässigt. Zum Selbst gehört ein vielschichtiges Netz aus Wünschen, Konflikten und Ängsten und aus Möglichkeiten, sie loszuwerden oder zu kontrollieren. Es enthält Phantasien, moralische Werte und Ideale, Begabungen und Fertigkeiten, Charakterzüge, Gefühlsregungen, Denken und Handeln. Ein Teil des Selbst ist bewußt; ein großer Teil ist unbewußt; und wir müssen beide Teile mit einbeziehen. Wichtige Aspekte des Selbst, die ursprünglich in der Vor-Erwachsenenzeit geformt worden sind, beeinflussen das Leben eines Mannes auch noch im Erwachsenenalter. Wir müssen erkennen, wie er im täglichen Leben sich auf das Selbst bezieht oder es ignoriert. Das Selbst ist ein wesentliches Element der Lebensstruktur und kein eigenständiges Gebilde.

c. Wir müssen untersuchen, in welchem Ausmaß der Mann *an der Welt teilnimmt.* Die Außenwelt liefert die Szenerie, die handelnden Personen und eine Vielfalt an Möglichkeiten und Einschränkungen, aus denen ein

Mann sein eigenes Leben gestaltet. Dadurch, daß er die Welt selektiv benutzt und von ihr in gleicher Weise benutzt wird, entfalten sich seine Beziehungen und Rollen als Bürger, Liebhaber, Arbeiter, Chef, Freund, Ehemann, Vater, Mitglied verschiedener Gruppen und Unternehmungen. Zur Teilnahme gehören Abmachungen zwischen dem Selbst und der Welt. Die Abmachungen nehmen eindeutige Formen an, aber subtile Bedeutungen und Gefühle spielen dabei eine wichtige Rolle.

Wenn wir uns mit der Entfaltung der Lebensstruktur befassen, gehen wir im fundamentalsten Sinne biographisch vor: Wir gehen vom konkreten Lebenslauf aus und verfolgen, wie er sich mit der Zeit entfaltet. Die Aufgabe des Biographen besteht darin, ein vollständiges Bild vom Leben der Person zu präsentieren. Er bemüht sich um eine Auslegung, die faktisch genau ist und der Eigenart und dem Verlauf dieses Lebens »Sinn verleiht«. Er stellt seinen Akteur in den richtigen sozialen und historischen Kontext und geht gleichzeitig dem Selbst auf den Grund, im Bemühen, die persönlichsten Sehnsüchte, Charaktereigenschaften, Qualen und Befriedigungen zu erfassen. Er will darstellen, daß sein Mann sowohl ein Spiegelbild der Gesellschaft als auch ein kreativer Vermittler ist, der zum Fortbestand und Wandel dieser Welt seinen eigenen – großen oder kleinen – Beitrag leistet. Der Begriff »Biographie« bezieht sich also auf ein vielschichtiges Unterfangen; es umfaßt eine Aufgabe, eine Arbeitsmethode, eine theoretische Konzeption und ein Produkt. Der Biograph ist sozusagen ein Hybride: er ist Historiker-Psychologe-Soziologe-Literat. Während er verschiedene theoretische Betrachtungsweisen und Informationsquellen zusammenbringt, muß er dem einzigartigen, idiosynkratischen Leben seiner Hauptperson die Treue halten. Wir sind hier einer Form von Biographie verpflichtet.

Wie fangen wir nun am besten mit unserer Beschreibung und Analyse der Lebensstruktur an? Mir scheint es zunächst am nützlichsten, die *Entscheidungen* anzusehen, die einer trifft, und dann zu verfolgen, wie er mit ihren Konsequenzen zurechtkommt. Die wichtigsten Entscheidungen im Erwachsenenleben betreffen den Beruf, die Familie, Freundschaften und verschiedene Arten von Liebesbeziehungen, die Wahl des Wohnorts, Freizeitbelange, die Beteiligung am kirchlichen, politischen und kommunalen Leben, kurzfristige und langfristige Ziele.

Eine Entscheidung fürs Leben zu treffen, ist immer eine komplexe Angelegenheit. Die Entscheidung für einen Beruf ist etwas anderes als die Entscheidung für einen Nachtisch oder eine Seifenmarke (obwohl viele

Ratgeber so tun, als gäbe es da keinen Unterschied). Die Entscheidung zur Heirat fußt auf einer vorehelichen Beziehung und ist der Ausgangspunkt für eine sich entfaltende eheliche Beziehung. Das Selbst und die Welt eines Mannes sind in hohem Maße am Wesen der anfänglichen Beziehung wie an der Entscheidung zur Heirat und am weiteren Schicksal der Ehe beteiligt.

Wenn man also die wichtigen Entscheidungen beschreiben will, die ein Mann zu einem bestimmten Zeitpunkt in seinem Leben trifft, reicht es nicht aus, sich allein mit der Entscheidung – ohne den Kontext – zu befassen. Mit anderen Worten, es reicht nicht aus, einfach zu sagen, er ist mit einer bestimmten Frau verheiratet, er hat den Beruf X ergriffen und arbeitet bei der Firma Y, oder er ist bei der Kirche A, der politischen Partei B und der Interessengemeinschaft C. Man muß über eine bloße Aufzählung hinausgehen. Wir müssen die Bedeutungen und Funktionen jeder Entscheidung innerhalb der individuellen Lebensstruktur berücksichtigen. Als eine Komponente der Lebensstruktur ist jede Entscheidung sowohl vom Selbst als auch von der Welt durchdrungen. Wenn man sich für etwas entscheidet, heißt das, daß man eine *Beziehung* dazu hat. Die Beziehung wird zu einem Medium für die Verwirklichung gewisser Aspekte des Selbst und für eine aktive Beteiligung an der Welt.

Die hauptsächlichen Komponenten der Lebensstruktur sind Entscheidungen in dem eben beschriebenen Sinn. Die Komponenten sind keine charakteristischen Merkmale des Selbst, wie etwa Motive und Fähigkeiten, und sie sind auch keine charakteristischen Merkmale der Welt, wie etwa Institutionen, Gruppen und Objekte. Um aber jede Entscheidung charakterisieren zu können, ist es erforderlich, die Art der Beziehung, die der Mann dazu hat, zu begreifen, sie innerhalb der Lebensstruktur zu plazieren und zu sehen, wie sie mit dem Selbst und der Welt zusammenhängt.

Die Komponenten der Lebensstruktur sind keine willkürliche Ansammlung von verschiedenen Punkten, wie angeschwemmte Kieselsteine am Meeresstrand. Vielmehr sind sie – wie Fäden in einem Teppich – zu einem umfassenden Muster verwoben. Einzelne Themen wiederholen sich in verschiedenen Abschnitten und tragen so zu einem einheitlichen Gesamtmuster bei. Wenn man ein Leben mit einem anderen vergleicht, gibt es große Unterschiede in der Art und Zusammensetzung der Komponenten.

Eine oder zwei Komponenten (ganz selten einmal drei) befinden sich im Zentrum der Struktur. Andere, die ebenfalls wichtig sind, liegen weiter außen, und der Rest sind nur unbedeutende Randerscheinungen. Die zentralen Komponenten sind für das Selbst und den sich entfaltenden Lebenslauf von größter Wichtigkeit. Auf sie wird der größte Teil der Zeit und Energie verwendet, und sie wirken sich stark auf die Entscheidungen aus, die zu anderen Aspekten des Lebens getroffen werden. Die peripheren Komponenten lassen sich leichter ablösen und ändern; sie fordern nicht den ganzen Einsatz des Selbst, und sie sind für das Gewebe des Lebens nicht so entscheidend.

Die Lebensstruktur kann sich auf mancherlei Art verändern. Eine Komponente bewegt sich vielleicht vom Zentrum zum Rand hin, oder umgekehrt, etwa wenn ein Mann, der bisher ganz in seiner Arbeit aufgegangen ist, sich davon zu lösen beginnt und sich stärker aufs Familienleben verlegt. Eine früher wichtige Komponente kann ganz eliminiert werden. Die Art der Beziehungen eines Mannes innerhalb einer gegebenen Komponente kann sich ein wenig oder drastisch ändern. Er kann beispielsweise die existierende Ehe weiterführen, dabei aber die eheliche Beziehung bereichern und vertiefen; er kann das Wesen und den Sinn seiner Arbeit umwandeln, ohne den Beruf zu wechseln; oder er kann sich für eine neue Frau oder einen neuen Beruf entscheiden, so daß es zu einer qualitativen Veränderung in seinem Lebenscharakter kommt.

Die Komponenten, die bei Männern am häufigsten im Zentrum des Lebens stehen, sind Beruf, Ehe und Familie, Freundschaften und Beziehungen zu Gleichaltrigen, ethnische Zugehörigkeit und Religion. Auch die Freizeit nimmt oft einen zentralen Platz ein, wenn sie eine wichtige Funktion für das Selbst ausübt und nicht nur am Rande mitläuft. Nach der Arbeit Sport zu treiben oder Sportübertragungen im Fernsehen zu verfolgen, ist für viele Männer eine ernste Angelegenheit.

Wir machten die Erfahrung, daß Beruf und Ehe/Familie gewöhnlich die zentralsten Komponenten sind, obschon es in ihrer relativen Geltung und in der Wichtigkeit der anderen Komponenten bedeutende Unterschiede gibt. Arbeit und Beruf sind universale Bestandteile des menschlichen Lebens. Sehen wir uns diese Komponenten etwas näher an.

– BERUF. In allen Gesellschaften ist die Arbeit ein wesentlicher Teil des individuellen Lebens und der sozialen Struktur. Jeder Mann muß mit seiner Arbeitskraft in irgendeiner Form einen nützlichen Beitrag für seinen »Stamm« leisten. Die berufliche Tätigkeit eines Mannes gehört zu den Hauptfaktoren, die sein Einkommen, sein Prestige und seinen Platz in der Gesellschaft bestimmen. Überall in der Welt ist die Arbeit in eine Reihe von gesellschaftlich definierten Berufen gegliedert; diese Berufe werden gelehrt, unterschiedlich hoch bewertet und belohnt und in einfache oder komplizierte Wirtschaftsstrukturen integriert.

In einem jahrelangen Prozeß wählt ein Mann einen Beruf und formt ihn nach seinen Vorstellungen. Alle Männer verändern sich in ihrem ursprünglichen Beruf ein oder mehrere Male – oft ganz drastisch – oder wechseln den Beruf. Der Beruf bestimmt den Platz des Mannes in der sozio-ökonomischen Skala und in der Arbeitswelt. Er bestimmt weitgehend die Möglichkeiten, die ihm offenstehen, die Entscheidungen, die er im Rahmen dieser Möglichkeiten trifft, und seine Chancen, weiter aufzusteigen und Befriedigung zu finden. Seine Arbeitswelt wirkt sich auch auf die Entscheidungen aus, die er in anderen Lebensbereichen trifft.

Die berufliche Tätigkeit hat wichtige Wurzeln im Selbst und wichtige Konsequenzen für das Selbst. Sie ist oft das hauptsächliche Medium, in dem die Zukunftsträume eines jungen Mannes definiert sind, und er bedient sich auch dieses Mediums, um seinen Träumen nachzujagen. Im besten Fall bietet ihm sein Beruf die Erfüllung von Grundwerten und Lebenszielen. Im schlimmsten Fall wird der berufliche Alltag des Mannes im Lauf der Jahre deprimierend und demoralisierend und trägt dazu bei, daß er dem eigenen Selbst, der Arbeit und der Gesellschaft immer mehr entfremdet wird. Wenn wir uns mit dem Leben eines Mannes befassen, müssen wir die Bedeutung der Arbeit ebenso verstehen wie die vielfältigen Möglichkeiten, mit denen sie zur Erfüllung, zum bloßen Überleben oder zur Zerstörung des Selbst führen kann.

– EHE UND FAMILIE. In allen Gesellschaften wird vom Mann erwartet, daß er heiratet und gewisse Verantwortungen innerhalb eines Familiensystems übernimmt. Natürlich herrscht eine bunte Vielfalt in den kulturell definierten Rollen des Ehemanns und Vaters und in der Struktur der Familie. Ein Mann will normalerweise heiraten und seine Familie zu einer zentralen Komponente in seiner Lebensstruktur machen.

Die Heirat bringt dem jungen Mann gewöhnlich ein neues Zuhause. Es bildet einen Mittelpunkt, von dem aus er seine Stellung in der Gemeinde und seine sich wandelnden Beziehungen zu Freunden, Eltern und zu der erweiterten Familie aufbaut. Es ist ein Vehikel, das ihn im frühen Erwachsenenalter einen ganz bestimmten Weg einschlagen läßt. Seine Partnerwahl spiegelt einige seiner zutage tretenden Wertvorstellungen, verstößt aber gleichzeitig gegen andere. Sie stellt ihn in gewisse soziale Zusammenhänge und trennt ihn gleichzeitig von anderen.

Wenn er »das Mädchen von nebenan« heiratet, sorgt die Ehe vielleicht für Stabilität und Kontinuität in seinem Leben. In dem Fall ist die Wahrscheinlichkeit größer, daß er in derselben Gegend weiterlebt, daß er mit seinem Beruf und Lebensstil den elterlichen Wertvorstellungen entspricht und daß er sein Leben in den ethnischen und religiösen Bahnen seiner Vorfahren weiterführt. Wenn er dagegen eine Frau von ganz anderer Herkunft und mit anderen Ambitionen heiratet, wird sie wahrscheinlich ihren Teil zu einer wesentlichen Veränderung in seinem Leben beitragen. Viele der Bedeutungen und Funktionen einer Ehe sind implizit oder bleiben gar unbewußt: sie erledigen sich im Lauf der Zeit auf unterschiedliche und oft unerwartete Weise von selbst.

Das Familienleben eines Mannes nimmt gewöhnlich großen Einfluß auf sein Leben insgesamt. Seine engere Familie verbindet ihn mit verschiedenen anderen Komponenten des Lebens, etwa mit der Familie, aus der er selbst stammt, mit seiner ethnischen Herkunft und mit seinem Beruf. Sie stellt ihn in eine größere Welt und liefert ihm ein Vehikel, das sich für bestimmte Lebensweisen gut eignet und für andere schlecht. Sie macht es ihm möglich, gewisse Teile des Selbst auszuleben und andere ruhen zu lassen oder zu verdrängen.

Leute, die sich beruflich oder wissenschaftlich mit Biographien befassen, konzentrieren sich oft auf eine Lebenskomponente und lassen die anderen so gut wie unbeachtet. So haben sich beispielsweise Theoretiker und Praktiker auf diesem Gebiet ausgiebig mit beruflichen Karrieren befaßt. Wissenschaftler bestätigen, daß der berufliche Werdegang eines Mannes von anderen Faktoren beeinflußt wird, etwa von der Persönlichkeit, dem Familienleben und dem ethnischen Aspekt. Im allgemeinen neigen sie jedoch dazu, die nicht-beruflichen Komponenten zu übergehen oder nur beiläufig zu streifen. Sie hatten bisher keinen theoretischen Rahmen, in dem sie die verschiedenen Komponenten in eine Beziehung zueinander bringen konnten. In gleicher Weise haben sich Wissenschaftler und Berater ausgiebig mit Ehe und Familie auseinandergesetzt. Für das Verständnis des Erwachsenenlebens sind jedoch Familie und Beruf nur selten zusammengebracht worden.

In den Bereichen der Persönlichkeitsforschung und der klinischen Praxis gilt das Hauptinteresse gewöhnlich dem Selbst, während die Faktoren der Arbeit, der Ehe, der ethnischen Herkunft und der Klassenzugehörigkeit als die tatsächlichen Gegebenheiten im Leben eines Mannes außer acht gelassen werden. Die Persönlichkeitstheorie und die Psychotherapie werden nur gewinnen, wenn sie stärker auf das erwachsene Selbst eingehen, auf seine Verstrickung mit den gesellschaftlichen Einrichtungen und mit der Aufsplitterung, der Destruktivität und den kreativen Möglichkeiten, die das Erwachsenenleben ausmachen.

Das Selbst ist in der Welt – die Welt ist im Selbst

In der wissenschaftlichen Beschäftigung mit den Menschen hat es eine starke Tendenz in allen Fachrichtungen gegeben, sich auf einige wenige Aspekte des menschlichen Lebens zu konzentrieren und die anderen zu vernachlässigen. Eine der wichtigsten Unterteilungen ist die zwischen dem Individuum und der Gesellschaft. Die Psychologie und die Psychiatrie konzentrieren sich in erster Linie auf das Individuum. Die Sozialwissenschaften, etwa die Soziologie, Sozialanthropologie und die Politologie, konzentrieren sich in erster Linie auf die Gesellschaft und das Kollektivleben. Sie neigen dazu, das Individuum ganz zu ignorieren oder als einfaches Produkt der formenden Kräfte in der Gesellschaft zu betrachten. Obwohl das Studium des individuellen Lebenszyklus allgemein als ein zur Sozialwissenschaft gehörendes Forschungsgebiet betrachtet wird, hat man sich praktisch nie damit befaßt.

Wir müssen in unsere Betrachtung sowohl das Selbst als auch die Gesellschaft einbeziehen, ohne das eine als haupt- und das andere als nebensächlich oder sekundär zu sehen. Wir müssen die Vorstellung, daß es eine Erwachsenenentwicklung gibt – eine grundlegende Ordnung im Lebenszyklus – ebenso ernst nehmen wie die Vorstellung, daß der Erwachsene eine Sozialisierung durchmacht – daß das Selbst in einer Welt existiert und daß seine Entfaltung aufs engste mit dieser Welt verknüpft ist. Der Begriff der Lebensstruktur bildet die Basis für diese Betrachtungsweise.

Die individuelle Lebensstruktur ist ein vom Selbst und der Welt gebildetes Netz. Doch das Selbst und die Welt sind keine getrennten Gebilde. Es sind keine Billardkugeln, die beim Zusammenprall nur ihre Richtung ändern, nicht aber ihre Beschaffenheit. Ein wesentliches Merkmal des menschlichen Lebens ist die *gegenseitige Durchdringung* des Selbst und der Welt. Das eine ist im anderen enthalten. Wenn wir uns über das eine Gedanken machen, müssen wir das andere mit einbeziehen.

Arthur Miller hat diese gegenseitige Durchdringung des Selbst und der Welt in seinen Dramen und Essays sehr schön dargestellt. Seine sozialpsychologische Auffassung vom Schauspiel läuft fast parallel zu unserer Auffassung von der Erwachsenenentwicklung:

> ... die Gesellschaft ist im Menschen, und der Mensch ist in der Gesellschaft, und man kann nicht mal ein genau gezeichnetes psychologisches Wesen für die Bühne schaffen, solange man nicht seine sozialen Beziehungen und deren Macht begreift, das aus ihm zu machen, was er ist, und zu verhindern, daß er das wird, was er nicht ist. Der Fisch ist im Wasser, und das Wasser ist im Fisch.

Miller kritisiert den »sozialen Realismus«, der im amerikanischen Theater der 1930er Jahre vorherrschte. Schauspiele aus dieser Zeit schildern die Konflikte und Widersprüche in der Gesellschaft, aber ihren Charakteren fehlt es an Individualität. Er kritisiert auch viele Stücke aus den 50er Jahren, die das subjektive Erleben von Heranwachsenden schildern, aber kaum etwas über das erwachsene Selbst zu sagen wissen, das sich mit den Verantwortlichkeiten und Möglichkeiten des Lebens in einer vielschichtigen Gesellschaft auseinanderzusetzen hat. Miller schreibt:

> Wenn es unser Theater nicht schafft, die Gefühlswelt zu durchstoßen und zu einer Bewertung der Welt zu gelangen, dann bleibt es nach meiner Meinung bei einer unbedeutenden – und außerdem unkundigen – Psychiatrie stehen. Wir werden uns dann darauf beschränken, einen »Ödipus« ohne die Pest zu schreiben, einen »Ödipus«, dessen Katastrophe persönlich ist und mit dem Überleben seines Volkes nichts zu tun hat, einen »Ödipus«, der sich die Augen nicht ausreißen kann, weil es keinen Standard gibt, an dem er sich messen kann; einen »Ödipus« also, der, als er von seiner Blutschande erfährt, nicht die Augen ausreißt, sondern nur die Tränen wegwischt, um seine Einsamkeit zu bekunden.

Wenn wir ein ehrlicheres Erwachsenentheater haben wollen, sagt Miller – und eine angemessenere Basis zur Untersuchung der Erwachsenenentwicklung, sage ich –, dann müssen wir diese gegenseitige Durchdringung des Selbst und der Welt erkennen. Das Selbst ist ein wesentlicher Teil der Außenwelt. Wir können die Welt eines Mannes nicht richtig begreifen, wenn wir nicht sehen, wie sie von seinem Selbst und dem Selbst anderer gefärbt und geformt wird. Und die Außenwelt ist ein wesentlicher Teil des Selbst. Wir können das eigentliche Wesen des Selbst nicht begreifen, wenn wir nicht sehen, daß sich verschiedene Aspekte der Welt in ihm spiegeln und wiederfinden.

Die Struktur der Gesellschaft spiegelt sich im Selbst und in der Lebensstruktur. Das Leben jedes Mannes legt von der Weisheit und Integration seiner Gesellschaft Zeugnis ab, aber auch von den Konflikten, dem Druck und der Destruktivität dieser Gesellschaft. Sie bietet jedem ihrer Mitglieder eine begrenzte Auswahl an Individuen, Gruppen, materiellen Möglichkeiten, beruflichen Tätigkeiten und Chancen zu sozialem Engagement und zur Selbstverwirklichung. Sie beeinflußt seine Wahl unter diesen Möglichkeiten und macht manche reizvoller und lohnenswerter als andere. Durch ihre eigene Struktur bringt die Gesellschaft eine Gliederung in die Entscheidungen, die ein Mann trifft. Eine bestimmte Entscheidung stellt einen Mann in eine gegebene Umwelt oder stärkt seine Position in dieser Umwelt; und gleichzeitig entfernt sie ihn aus anderen Umwelten, an denen er interessiert war.

Die äußere Welt trägt auch zur Substanz der sich wandelnden Bindungen, Sehnsüchte, Ängste, Identifizierungen und kreativen Erzeugnisse eines Mannes bei. Jede Organisation und gesellschaftliche Gruppierung hat eine Kultur, eine soziale Struktur und materielle Bedingungen, die sich auf die Art der Beziehungen zwischen ihren Mitgliedern auswirken. Die spezifische Umwelt eines Mannes bietet ihm wesentliche Bedeutungen, Gefühle, Identitäten und Mythen, die er selektiv gebraucht und verinnerlicht. Sie fordert ihn zum Helden- oder Märtyrertum heraus, zu leerer Konformität oder zu bitteren oder genußreichen Kämpfen. Sie ermuntert ihn, gewisse Teile des Selbst weiterzuentwickeln, und verhindert gleichzeitig die Entwicklung anderer.

Obwohl die Lebensstruktur jedes Mannes die Struktur der Gesellschaft widerspiegelt, ist sie in mancher Hinsicht einmalig – ein Spiegelbild des Selbst und der besonderen Umstände. Aus den in seiner Umgebung gegebenen Möglichkeiten und Zwängen trifft er seine Wahl und baut sich seine eigene Welt auf. Beim Aufbau und der Umwandlung der Welt jedes Individuums ist das Selbst ein entscheidender Faktor.

Um sich in dieser Welt richtig zu engagieren, muß ein Mann wichtige Teile seines Selbst investieren, und in gleichem Maße muß er die Welt in sein Selbst eindringen und sich von ihr bereichern, ausbeuten und verderben lassen. Auf zahllosen Wegen durchdringt er die Welt und nimmt die Welt in sich auf. Die Erwachsenenentwicklung ist die Geschichte des fortlaufenden Prozesses der gegenseitigen Durchdringung. Wenn wir das begreifen wollen, müssen wir lernen, was Miller so plastisch ausdrückt, daß nämlich der Fisch im Wasser und das Wasser im Fisch ist.

Aufgaben und Phasen in der Entfaltung der Lebensstruktur

Als wir beim Verfassen unserer 40 Biographien mit dem Begriff der Lebensstruktur arbeiteten, machten wir eine bemerkenswerte Entdekkung: *die Entfaltung der Lebensstruktur folgt während der Erwachsenenjahre einem relativ ordentlichen Ablauf.* Bei *allen* Männern in unserer Untersuchung und bei den anderen Männern, deren Biographien wir geprüft haben, sieht dieser Ablauf in wesentlichen Punkten gleich aus. Er besteht aus einer Reihe von Phasen, die einander ständig abwechseln: auf eine stabile Phase (in der die Struktur aufgebaut wird) folgt eine Übergangsphase (in der die Struktur verändert wird). Diese Phasen bestimmen den Verlauf der psychosozialen Entwicklung im Erwachsenenalter.

Die Hauptaufgabe jeder stabilen Phase besteht darin, eine Lebensstruktur aufzubauen: ein Mann muß gewisse Schlüsselentscheidungen treffen, um sie her eine Struktur aufbauen und innerhalb dieser Struktur seine Ziele und Wertvorstellungen verfolgen. Zu sagen, daß eine Phase in diesem Sinne stabil ist, bedeutet nicht unbedingt, daß sie ruhig und ohne Probleme abläuft. Wichtige Entscheidungen fürs Leben zu treffen und eine Struktur aufzubauen, ist oft tatsächlich eine anstrengende Aufgabe und kann viele Umstellungen erforderlich machen.

Jede stabile Phase bringt eigene Zusatzaufgaben mit sich, die ihren Platz im Lebenszyklus widerspiegeln und sie von anderen stabilen Phasen unterscheiden. Keine zwei Phasen im Lebenszyklus sind identisch. Sie mögen einige gemeinsame Elemente haben, aber sie unterscheiden sich auch in wesentlichen Punkten. Das hohe Alter ist nicht »nur« eine zweite Kindheit, auch wenn es der Kindheit in gewissen Aspekten ähnlich ist, und der Übergang zur Lebensmitte ist nicht »nur« eine zweite Jugendzeit, auch wenn Entwicklungsaspekte der Jugend (und anderer Phasen) reaktiviert werden. Eine stabile Phase dauert gewöhnlich sechs oder sieben, höchstens aber zehn Jahre. Aus verschiedenen inneren und äußeren Gründen wird die Lebensstruktur, die die Grundlage der Stabilität geschaffen hat, in Frage gestellt und muß modifiziert werden.

Eine Übergangsphase beendet, wie wir gesehen haben, die existierende Lebensstruktur und schafft die Möglichkeit für eine neue. Es sind die Hauptaufgaben jeder Übergangsphase, die existierende Struktur in Frage zu stellen und neu zu bewerten, verschiedene Möglichkeiten einer Veränderung im Selbst und in der Welt auszukundschaften und sich nach und nach auf die kritischen Entscheidungen festzulegen, die in der folgenden stabilen Phase die Grundlage für eine neue Lebensstruktur bilden. In jeder Übergangsphase stellen sich andere, charakteristische Aufgaben, die ihre Stellung im Lebenszyklus widerspiegeln. Diese Phasen dauern gewöhnlich vier bis fünf Jahre.

Da die Übergangsphasen in der Entwicklung eine so wichtige Rolle spielen, will ich etwas ausführlicher auf ihre Merkmale eingehen. Ein Übergang ist eine Brücke oder ein Grenzbereich zwischen zwei Phasen größerer Stabilität. Zum Übergang gehört ein Veränderungsprozeß, ein Wechsel von einer Struktur zu einer anderen.

So ist zum Beispiel der Übergang zur Lebensmitte ein Grenzbereich zwischen zwei großen Epochen im Lebenszyklus. Zu Beginn des Übergangs ist die Person hauptsächlich noch in der Epoche der frühen Erwachsenenzeit, an seinem Ende hat die mittlere Erwachsenenzeit längst eingesetzt. Während des Übergangs selbst ist jedoch die Person echt in einem Grenzbereich: sie befindet sich sowohl im frühen als auch im mittleren Erwachsenenalter. Dieser Übergang trennt die zwei Epochen; er läßt die eine enden, damit die andere beginnen kann. Er dient auch dazu, die beiden zu verbinden: er sorgt für einen Austausch, so daß die Vergangenheit herangezogen und beim Aufbau der Zukunft selektiv benutzt werden kann. Er ist ein wesentlicher Bestandteil beider Epochen und ist nur aus der gemeinsamen Perspektive beider zu verstehen. Eine ähnliche Funktion hat, wie wir noch sehen werden, der Übergang um 30: er dient dazu, die erste erwachsene Lebensstruktur zu beenden und eine neue Struktur zum Abschluß des frühen Erwachsenenalters einzuführen.

Wenn eine Epoche beendet wird, dann ist das ein Prozeß der Trennung oder des Verlustes. In manchen Fällen ist die Trennung vollkommen: ich mache Schluß mit einer beiläufigen Bekanntschaft, einem Job, der Mitgliedschaft in einer Gruppe oder Gemeinschaft, mit dem Besitz eines Hauses oder Buches – und sie verschwinden vollkommen aus meinem

Leben. Ich habe keinerlei Kontakt mehr mit ihnen, ich denke kaum mehr an sie, und mir bleibt nur noch ein verschwindend kleiner Rest von ihnen.

Wenn jedoch die Beziehung zu einem Objekt (einer Person, einer Gruppe, einem Milieu, einer Sache, einem Symbol) große Bedeutung für mich hat, ist die Tatsache, daß ich Schluß damit mache, nicht gleichbedeutend mit dem Ende der Beziehung. Die Beziehung bleibt bestehen, wenn auch in veränderter und sich verändernder Form. Die prägnantesten und dramatischsten Trennungen dieser Art bringen den totalen Verlust eines bedeutenden Objekts: ein Mensch, den ich liebe, stirbt; ein Streit führt zu einer endgültigen Trennung von einem Freund oder Mentor; ich ziehe in eine andere Gegend und lasse eine Welt hinter mir. Ich erleide einen schweren Verlust und muß mit schmerzlichen Gefühlen des Verlassenseins, des Kummers und der Wut fertigwerden. Mit der Zeit wird das verlorene Objekt immer stärker verinnerlicht, und die Beziehung entwikkelt sich in meinem Selbst und in meinem Leben weiter. Zwar sind wichtige Aspekte der Beziehung abgeschlossen, aber andere Aspekte bleiben bestehen, und neue werden geschaffen. Ich habe das äußere Objekt verloren, aber ich erhalte die Beziehung zu dem nun verinnerlichten Objekt aufrecht.

Oft ist es keine totale, sondern nur eine partielle Trennung. Ich habe mit der Person oder der Gruppe weiterhin Kontakt, aber es kommt zu einer einschneidenden Veränderung in der Art der Beziehung: aus einer romantischen Liebesbeziehung wird eine bescheidene Freundschaft; aus einem intensiven Mentor-Verhältnis wird eine eher beiläufige Zusammenarbeit; eine Ehe endet mit der Scheidung, und die Beziehung nimmt neue Formen an, sei es in freundschaftlicher Teilung der Elternpflichten, sei es in fortgesetzten Feindseligkeiten und Beschuldigungen. Die Beziehung kommt an einen Wendepunkt und muß, wenn sie fortbestehen soll, abgeschwächt oder umgewandelt werden. Eine Übergangsphase muß der Vergangenheit ein Ende machen und der Zukunft den Weg bereiten.

Ein gutes Beispiel liefert der junge Erwachsene, der im Begriff ist, sich von seinen Eltern zu lösen. Seine Entwicklungsaufgabe besteht nicht darin, die Beziehung völlig abzubrechen. Vielmehr muß er gewisse Aspekte zurückweisen (zum Beispiel die, in denen er das gehorsame oder trotzige Kind ist, das allmächtigen Eltern gegenübersteht), um andere Aspekte zu erhalten und neue Qualitäten entstehen zu lassen, etwa gegenseitige Achtung zwischen eigenständigen Individuen, die sowohl verschiedene als auch gemeinsame Interessen haben. Das ist weder für den jungen Erwachsenen noch für seine Eltern eine leichte Aufgabe.

Wie Untersuchungen der Kindesentwicklung gezeigt haben, sind die Prozesse der *Trennung* und *Individuation* eng verknüpft. Der drastische Wechsel und Verlust mag Schaden anrichten, aber unter einigermaßen günstigen Bedingungen führt der Trennungsprozeß zu einer Bereicherung, Differenzierung und Weiterentwicklung des Selbst. Das gilt für das Erwachsenenalter ebenso wie für die Kindheit.

Die Aufgabe eines Übergangsstadiums in der Entwicklung besteht für einen Menschen darin, eine Zeit in seinem Leben zu beenden: die damit verbundenen Verluste zu akzeptieren; die Vergangenheit zu überprüfen und zu bewerten; zu entscheiden, welche Aspekte der Vergangenheit er behalten und welche er verwerfen soll; und über seine Wünsche und Möglichkeiten für die Zukunft nachzudenken. Man hängt zwischen der Vergangenheit und der Zukunft und kämpft darum, die trennende Lücke zu überwinden. Vieles aus der Vergangenheit muß man aufgeben – man muß sich davon trennen, es aus seinem Leben verbannen, es wütend abweisen, voll Trauer oder Schmerz darauf verzichten. Und vieles kann als Basis für die Zukunft verwendet werden. Veränderungen müssen sowohl im Selbst als auch in der Welt angestrebt werden.

Diese Aufgaben bringen Besonderheiten mit sich, die allen Übergängen gemeinsam sind. Häufig sind es Krisenzeiten – Zeiten voll schwerer innerer Konflikte, in denen man sich scheintot fühlt, wie sich einer unserer Männer ausdrückte. Ein junger Mann, der einen Vortrag über den Übergang zur Lebensmitte gehört hatte, fragte mich: »Wie kommt es, daß ich mit 31 viele der Erfahrungen mache, die Sie den 41jährigen zuschreiben – bin ich schon vorzeitig im Übergang zur Lebensmitte?« Die Antwort ist natürlich nein: er durchlebt einen anderen Übergang, der seinem Platz im Lebenszyklus angemessen ist, aber viele Eigenschaften mit den anderen Übergängen – etwa dem zur Lebensmitte oder in der Pubertät – gemeinsam hat.

Neben den gemeinsamen Merkmalen hat jede Phase ihre ganz spezifischen und für sie charakteristischen Entwicklungsaufgaben und Lebensprobleme. Den Übergang um 30 kennzeichnet zum Beispiel die Tatsache, daß das Seßhaft-Werden unmittelbar bevorsteht und daß das Bedürfnis besteht, eine Lebensstruktur aufzubauen, mit der sich die eigenen Jugendträume und Wertvorstellungen verwirklichen lassen. Der Übergang zur Lebensmitte bringt neue Sorgen: nun geht es um den Verlust der Jugend, die Übernahme einer für Ältere reservierten Position in der eigenen Welt und die Umschichtung innerer Polaritäten. Eine gewisse Beschäftigung mit dem Tod – man hat Angst vor ihm, fühlt sich zu ihm hingezogen, will ihn abstrahieren – ist in Übergangszeiten nichts Ungewöhnliches, denn der Prozeß des Schlußmachens und Neubeginns weckt die Vorstellung von Tod und Wiedergeburt. Doch die Bedeutung des Todes und die Art der zu bewältigenden Entwicklung unterscheiden sich in den einzelnen Übergangsphasen beträchtlich.

Wenn ein Übergangsstadium zu Ende geht, ist es Zeit, wichtige Entscheidungen zu treffen und diesen Entscheidungen Sinn und Gewicht zu verleihen und um sie herum eine neue Lebensstruktur aufzubauen. Die Entscheidungen kennzeichnen den Beginn der nächsten Phase. In gewissem Sinn sind sie das wesentliche Produkt der Übergangszeit. Wenn all die Bemühungen der letzten paar Jahre abgeschlossen sind – all die Kämpfe um Verbesserungen im Beruf oder in der Ehe, um mögliche Alternativen zum bisherigen Lebensstil, um eine harmonischere Beziehung zum eigenen Selbst – dann muß ein Mann seine Entscheidung treffen und etwas riskieren. Er muß beschließen: »Damit gebe ich mich zufrieden« und anfangen, eine Lebensstruktur aufzubauen, die ihm als Vehikel für den nächsten Abschnitt der Reise dienen wird.

Ein Mann kann seine Bindung an einen existierenden Teil seines Lebens neu bekräftigen. Er entscheidet sich für ein Verbleiben in der Ehe und hofft, sie auf diese Weise zu verbessern. Er gibt eine ernsthafte außereheliche Beziehung auf – oder er geht eine solche Beziehung neu ein, in der Hoffnung, damit sein Leben bereichern zu können, ohne Ehe und Familie aufgeben zu müssen. Ähnlich kann er sich dafür entscheiden, seinen derzeitigen Job beizubehalten und auf einen drastischen Wechsel und die damit verbundenen Risiken und Unsicherheiten zu verzichten. Wenn dies eine bewußte Entscheidung ist, erreicht er damit bedeutende Verbesserungen in der Art der Arbeit, selbst wenn die Berufsbezeichnung die gleiche bleibt.

Die Entscheidung, alles beim alten zu belassen, stützt sich nicht immer auf die bewußte Erneuerung einer alten Bindung. Sie kann auch auf Resignation, Trägheit, passives Sichfügen oder beherrschte Verzweiflung zurückgehen – eine Selbstbeschränkung im Zusammenhang mit schwerwiegenden Zwängen von außen. Diese Art einer oberflächlichen Stabilität kennzeichnet den Beginn eines langfristigen Verfalls, es sei denn, neue

Faktoren tauchen auf (vielleicht in der nächsten Übergangsphase) und ermöglichen ihm den Aufbau einer befriedigenderen Lebensstruktur.

Die Entscheidungen, die in einer Übergangsphase getroffen werden, führen gewöhnlich zu einer gemäßigten oder drastischen Veränderung in der Lebensstruktur. Ein Mann mag sich scheiden lassen, wieder heiraten, die Stelle oder den Beruf wechseln, an einen anderen Ort ziehen oder neuen Interessen nachgehen, die sein Leben verändern und bereichern. Eine Entscheidung wird oft durch ein Ereignis offenkundig, das nur ein paar Tage oder Wochen dauert. Das Ereignis ist jedoch nur Teil eines Veränderungsprozesses, der sich normalerweise über mehrere Jahre erstreckt. So ist etwa eine Scheidung oder ein Wechsel des Arbeitsplatzes nur die auffälligste Aktion innerhalb eines vielschichtigen Übergangs, der viele andere Veränderungen enthält. In der Übergangsphase muß ein Mann die existierende Lebensstruktur abbauen, eine Reihe von grundlegenden Entwicklungsaufgaben bewältigen und eine neue Lebensstruktur aufbauen.

Eine Übergangsphase geht zu Ende, wenn sich ein bestimmtes Ereignis einstellt oder wenn eine Entwicklung in einem Lebensaspekt abgeschlossen ist. Sie endet, wenn die Aufgaben des Fragens und Suchens ihre Dringlichkeit verloren haben, wenn ein Mann seine entscheidenden Bindungen eingeht und bereit ist, die neuen Aufgaben anzupacken: eine neue Lebensstruktur auf- und auszubauen und sich darin einzurichten.

Wir machten uns an diese Untersuchung nicht von vornherein mit der Hypothese, daß es einen Zusammenhang zwischen der Entfaltung der Entwicklungsphasen und den einzelnen Altersstufen gibt. Wir wurden von diesen Entdeckungen genauso überrascht wie alle anderen. Was wir im Hinblick auf das *Lebensalter* herausfanden, läßt sich folgendermaßen zusammenfassen: Es gibt ein bestimmtes, am häufigsten vorkommendes Alter für den Beginn jeder Phase. Abweichungen betragen im allgemeinen nicht mehr als zwei Jahre nach oben oder unten. Der Übergang um 30 setzt also am häufigsten mit 28 ein, und die Streuungsbreite reicht von 26 bis 29. Die nächste Phase, das Seßhaft-Werden, beginnt gewöhnlich mit 33 – und, in unserem Sample, nie vor 30 oder nach 34. Die vier Berufsgruppen in unserer Untersuchung zeigten in bezug auf das Alter, in dem die einzelnen Phasen begannen und endeten, nur geringfügige Unterschiede. Genauere Angaben zum Alter finden sich in den Kapiteln über die einzelnen Phasen.

Die *Entwicklungsaufgaben* sind für die Entfaltung der Phasen von entscheidender Bedeutung. Der spezifische Charakter einer Phase leitet sich von der Art ihrer Aufgaben ab. Eine Phase beginnt, wenn ihre hauptsächlichen Aufgaben im Leben eines Mannes die Oberhand gewinnen. Eine Phase geht zu Ende, wenn ihre Aufgaben die Vorrangstellung einbüßen und das Auftauchen neuer Aufgaben eine neue Phase ankündigen. Die geordnete Aufeinanderfolge der Phasen hängt mit der periodisch wiederkehrenden Änderung der Aufgaben zusammen. Die grundlegendsten Aufgaben einer stabilen Phase bestehen darin, feste Entscheidungen zu treffen, die Lebensstruktur neu aufzubauen und das Leben in der neuen Struktur zu intensivieren. In einer Übergangsphase bestehen sie darin, die vorhandene Struktur in Frage zu stellen und neu einzuschätzen, nach neuen Möglichkeiten im Selbst und in der Welt zu suchen und die gegenwärtige Struktur so stark abzuschwächen, daß eine neue gebildet werden kann.

Es gehört zum Wesen einer Aufgabe, daß sie gut oder schlecht ausgeführt werden kann. Wenn eine Aufgabe einigermaßen spezifisch und konkret ist, kann man gewöhnlich ohne Schwierigkeiten beurteilen, wie gut sie bewältigt worden ist. Sehr viel schwieriger ist die Bewertung von Entwicklungsaufgaben. Es gibt zwar Fälle, in denen klar zu sein scheint, daß die Aufgaben einer Phase sehr schlecht oder sehr gut gelöst worden sind, doch in den meisten Fällen ergibt sich ein verworrenes Bild. Die Bewertung kann sich nicht auf einige wenige Kriterien stützen. Es ist wichtig, die Entwicklungsaufgaben und -prozesse in ihrer ganzen Vielschichtigkeit zu verstehen und sich nicht zu voreiligen und stark vereinfachten Urteilen hinsichtlich der Bewältigung der Aufgabe hinreißen zu lassen.

Wir haben jedoch begonnen, uns mit dem Problem der Bewertung auseinanderzusetzen. Da die Entwicklungsaufgaben so viel mit dem Aufbau, der Umwandlung und dem Neuaufbau der Lebensstruktur zu tun haben, kommt es darauf an, zu definieren und zu beurteilen, wann eine Struktur »zufriedenstellend« ist. In einer stabilen Phase versucht ein Mann eine Struktur aufzubauen, die in irgendeinem Sinn für ihn zufriedenstellend sein wird. In einer Übergangsphase versucht er die derzeitige Struktur neu einzuschätzen und zu einer neuen zu gelangen, die ihn eher zufriedenstellt. Was heißt für ihn »zufriedenstellend«, und wie sollen wir diesen Begriff für unsere eigenen Zwecke verwenden?

Ganz allgemein gesagt, ist eine Lebensstruktur in dem Maße zufriedenstellend, wie sie *in der Gesellschaft lebensfähig* und *für das Selbst geeignet* ist. Auf beides kommt es hier an. Eine Struktur ist in dem Maße lebensfähig, wie sie in der Welt funktioniert. In ihr kann ein Mann seine verschiedenen Rollen übernehmen und beibehalten und ausreichende Belohnungen erhalten. Eine Struktur kann nach außen lebensfähig und nach innen trotzdem nicht geeignet sein, wenn sie es dem Mann nicht ermöglicht, die wichtigsten Aspekte seines Selbst zu verwirklichen. Andererseits kann eine Struktur im Hinblick auf seine inneren Träume und Wertvorstellungen geeignet sein und trotzdem in der Welt nicht funktionieren. Oft ist die Lebensstruktur eines Mannes »ziemlich zufriedenstellend«: sie ist in der Welt einigermaßen brauchbar, auch wenn sie dem Mann nicht all die erhofften Belohnungen bringt, und sie ist für das Selbst halbwegs geeignet, auch wenn er ihretwegen einige wichtige Wünsche und Wertvorstellungen nicht verwirklichen kann.

Jede Lebensstruktur bringt dem Mann selbst, anderen und der Gesellschaft vielfältige Vor- und Nachteile. Die Elemente, die ihre großen Stärken ausmachen, sind auch Quellen der Schwäche und fordern ihren Tribut. Eine Struktur ist nie aus einem Guß. Sie enthält eine Mischung aus Ordnung und Unordnung, Einheitlichkeit und Vielförmigkeit, Integration und Zersplitterung. Sie hat immer ihre Fehler. Sie enthält Widersprüche und Lücken, die sich nur durch grundlegende Veränderungen in der Struktur selbst abschwächen lassen. Die Widersprüche haben oft schmerzliche Folgen, aber sie können auch den Prozeß des Lebens bereichern und eine echte Basis für Veränderungen und für die weitere Entwicklung bilden.

Mag eine Struktur auch noch so zufriedenstellend sein, mit der Zeit läßt ihre Brauchbarkeit nach, und ihre Fehler erzeugen Konflikte, die zu einer Abschwächung oder Umwandlung der Struktur führen. Marx sagte ganz richtig: jedes System enthält in sich selbst den Keim zur eigenen Vernichtung. Die einst stabile Struktur gerät in eine neue Übergangsphase. Ein neuer Abschnitt beginnt. Neue Entwicklungsaufgaben werden übernommen, und die Lektionen des Wachstums werden in Erwartung der neuen Phase gesammelt und aufgehäuft. Der vorgezeichnete Verlauf der Erwachsenenentwicklung geht weiter.

Eine Phase wird im Sinne ihrer Entwicklungsaufgaben definiert. Die Definition geht *nicht* von konkreten Ereignissen wie Heirat oder Pensionierung aus. Viele Wissenschaftler haben nach bedeutsamen Ereignissen gesucht, die als Wegweiser für Entwicklungsphasen dienen könnten. Diese Suche hat zwar zur Erforschung der Probleme in der Erwachsenenwelt beigetragen, aber sie brachte keine Entwicklungstheorie hervor. Es ist nach meiner Überzeugung ergiebiger, die Entwicklung im Sinne von Aufgaben und Phasen in der Entfaltung der Lebensstruktur zu sehen. Wir können uns dann aus dieser Entwicklungsperspektive heraus bemühen, die Bedeutung bestimmter Ereignisse zu verstehen.

Es gibt viele Ereignisse, die in unserem Leben Akzente setzen: Heirat, Scheidung, Krankheit, Geburt oder Tod von uns nahestehenden Menschen, unerwartete Schicksalsschläge oder Glücksfälle, Erfolg oder Versagen im Beruf, Pensionierung, Krieg, glückliche Zeiten und Zeiten des Elends. Wir verwenden den Begriff *Markstein-Ereignis*, um einen Vorfall zu identifizieren, der beträchtliche Wirkung auf das Leben eines Menschen ausübt. Markstein-Ereignisse werden gewöhnlich unter dem Gesichtspunkt der *Anpassung* betrachtet, die sie erforderlich machen. Sie verändern die Lebenssituation eines Mannes, und er muß irgendwie mit ihnen fertigwerden. Die weiteren Veränderungen in seinen Beziehungen, seinen Rollen und seiner Persönlichkeit werden dann als Teil seiner Anpassung an die neue Situation verstanden.

Wir müssen Markstein-Ereignisse aber auch aus dem Blickwinkel der *Entwicklung* sehen. Sie können in verschiedene Altersstufen fallen und verursachen an sich noch nicht den Beginn oder das Ende einer Phase. Doch das Alter, in dem ein Ereignis stattfindet, ist wichtig. Die Bedeutung eines Markstein-Ereignisses für ein Individuum hängt teilweise von dem Platz ab, den es in der Folge der Entwicklungsphasen einnimmt.

Die Heirat ist zum Beispiel ein Markstein-Ereignis im Leben eines Mannes, ungeachtet des Alters oder der äußeren Umstände. Es kommt jedoch entscheidend darauf an, an welchem Punkt in der Folge der Entwicklungsphasen sie stattfindet. Wenn ein Mann zu Beginn des Übergangs ins frühe Erwachsenenalter heiratet, etwa mit 18 oder 19, wirken sich seine augenblicklichen Entwicklungsaufgaben in hohem Maße auf diesen Entschluß und auf die Art der ehelichen Beziehung aus. Er ist mitten im Prozeß der Loslösung von den Eltern und der Schaffung einer ersten Erwachsenenidentität. Er will selbständiger und »erwachsener« sein, fühlt sich aber auf das Erwachsenenleben nicht vorbereitet und neigt dazu, ein Abhängigkeitsverhältnis zu einer beschützenden, fürsorglichen, dominierenden Person (Vater und Mutter ausgenommen) zu suchen. Wenn er an diesem Punkt in seiner Entwicklung heiratet, besteht die Gefahr, daß seine Auseinandersetzungen mit den Eltern nun in der ehelichen Beziehung fortbestehen. Die Folge ist oft, daß er die kindlichen

Eigenschaften, die er bewußt von sich gewiesen hatte, beibehält und nicht zu einer angemesseneren Erwachsenenidentität findet. Für die Frau gibt es in diesem Stadium ähnliche Gefahren, und so wird jeder der zwei Partner in die Entwicklungskämpfe des anderen verstrickt.

Ähnlich wird eine eheliche Beziehung, die in der Anfangsphase des Eintritts in die Erwachsenenwelt – etwa mit 23 oder 24 – aufgenommen wird, die Entwicklungsaufgaben dieser Zeit widerspiegeln: die Möglichkeiten der Erwachsenenwelt auszukundschaften und eine vorläufige Lebensstruktur aufzubauen. Die Wahl eines Ehepartners beeinflußt den Gesamtcharakter dieser Struktur und wird von ihr beeinflußt. Ein Mann versucht, eine Struktur aufzubauen, in der er seinem besonderen Traum oder seiner Vision nachjagen kann; er heiratet eine Frau, die den gleichen Traum hat und sich gemeinsam mit ihm an die Verwirklichung machen will. Ein anderer Mann verrät seinen Traum: im Bemühen, eine Struktur aufzubauen, die für seine Eltern akzeptabler ist oder die in irgendeinem inneren Sinne »sicherer« ist, heiratet er eine Frau, die diese konservative Haltung achten und unterstützen wird. Später macht er ihr dann vielleicht – berechtigte oder unberechtigte – Vorwürfe, weil sie dazu beigetragen habe, ihn von seinem Traum abzubringen. Die Bedeutung der ehelichen Beziehung und künftige Veränderungen werden in den zwei Fällen grundverschieden ausfallen. Es gibt endlos viele Variationsmöglichkeiten.

Wenn die Heirat in den Beginn einer Phase fällt, wo der Entwicklungsprozeß eben erst anläuft, wird die eheliche Beziehung anfänglich aufs engste mit den Kämpfen verbunden sein, die der Eintritt in eine neue Phase mit sich bringt. Im Gegensatz dazu wird eine Ehe, die gegen Ende einer Phase geschlossen wird, wahrscheinlich zu einem Höhepunkt oder Ergebnis der Entwicklungsbemühungen in dieser Phase und ein Anzeichen dafür, daß eine neue Phase im Anzug ist.

In vielen Fällen ist das Markstein-Ereignis nicht das Ergebnis der bewußten Anstrengungen oder der freien Entscheidung eines Mannes, sondern eine Folge von Umständen, die sich seiner Kontrolle entziehen (eine Folge des Krieges etwa oder einer wirtschaftlichen Depression oder einer Erkrankung oder eines Sterbefalls). Seine derzeitige Entwicklungsphase hat auf den Zeitpunkt dieses Ereignisses keinen Einfluß, aber sie bestimmt, wie er sich dem Ereignis anpaßt und wie es sich auf sein künftiges Leben auswirkt.

Vorschau auf die Phasen in der Erwachsenenentwicklung

Die Reihe der Phasen beginnt mit dem »Übergang ins frühe Erwachsenenalter« (zwischen 17 und 22), der die Jugendjahre mit den frühen Erwachsenenjahren verbindet. Darauf folgt eine Phase, in der die Struktur aufgebaut wird, der »Eintritt in die Erwachsenenwelt«, der etwa vom 22. bis zum 28. Lebensjahr dauert; die Hauptaufgabe in dieser Phase besteht darin, eine erste Struktur für das Erwachsenenleben zu schaffen. Diese Struktur wird während des »Übergangs in die Dreißigerjahre« abgeschwächt. In der Phase des »Seßhaft-Werdens« (33–40) baut ein Mann eine zweite Struktur auf und erreicht den Gipfelpunkt des frühen Erwach-

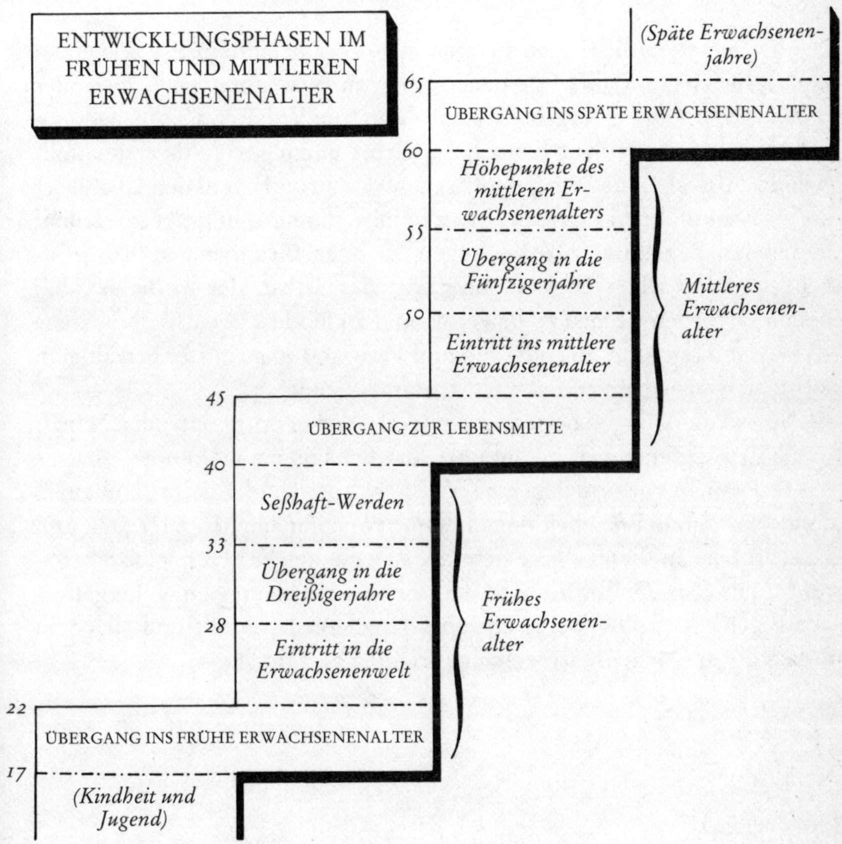

senenalters. Der »Übergang zur Lebensmitte«, etwa von 40 bis 45, verbindet das frühe und das mittlere Erwachsenenalter. Ihm folgt eine stabilere Phase von Mitte bis Ende Vierzig, in der ein Mann eine erste Lebensstruktur für das mittlere Erwachsenenalter aufbaut.

Eine schematische Darstellung auf S. 91 zeigt die Aufeinanderfolge der Phasen. Sie werden in späteren Kapiteln eingehend untersucht werden. Hier wollen wir lediglich einen kurzen Überblick über die Phasen geben und ein erstes Bild von ihren Aufgaben und ihrem Platz in der Entwicklung zeichnen.

Der Übergang in die frühen Erwachsenenjahre: Von der Vor-Erwachsenenzeit ins frühe Erwachsenenalter

Der Übergang in die frühen Erwachsenenjahre beginnt mit 17 und endet mit 22, bei einer möglichen Abweichung von zwei Jahren nach oben oder unten. Seine Doppelaufgabe besteht darin, die Vor-Erwachsenenzeit zu beenden und die frühen Erwachsenenjahre einzuleiten. Als erstes stellt sich die Aufgabe, die Vor-Erwachsenenwelt zu verlassen: den Charakter dieser Welt und den Platz, den man in ihr einnimmt, in Frage zu stellen; bestehende Beziehungen zu wichtigen Personen, Gruppen und Institutionen abzuschwächen oder zu beenden; das Selbst, das in dieser Welt gestaltet worden ist, neu zu bewerten und zu modifizieren. Verschiedene Arten der Trennung, Beendigung und Umwandlung sind zu bewältigen, wenn man einen ganzen Lebensabschnitt vollendet.

Die zweite Aufgabe besteht darin, einen ersten vorbereitenden Schritt in die Erwachsenenwelt zu tun: ihre Möglichkeiten zu erkunden, sich als ein Teil von ihr vorzustellen, eine erste Erwachsenenidentität aufzubauen, einige vorläufige Entscheidungen zum Erwachsenenleben zu treffen und zu erproben. In dieser Phase befindet sich ein junger Mann im Grenzbereich zwischen der Jugend und dem Erwachsenenalter. Die Übergangsphase geht zu Ende, wenn er den Grenzbereich verläßt und sich sein Leben in der Erwachsenenwelt einzurichten beginnt.

Die erste Lebensstruktur des Erwachsenen: Der Eintritt in die Erwachsenenwelt

Diese Phase geht etwa von 22 bis 28. Ihre wichtigste Aufgabe ist es, eine vorläufige Struktur zu bilden, die ein brauchbares Bindeglied zwischen dem taxierten Selbst und der Erwachsenengesellschaft darstellt. Ein junger Mann muß den Schwerpunkt seines Lebens verschieben; da er nicht mehr als Kind in seiner Herkunftsfamilie lebt, muß er als »Neuling« in die Erwachsenenwelt eintreten und braucht dazu sein eigenes Zuhause. Er trifft und erprobt eine ganze Reihe von Entscheidungen in bezug auf den Beruf, Liebesbeziehungen (meist mit Ehe und Familie), Beziehungen zu seinesgleichen, seine Wertvorstellungen und seinen Lebensstil.

Der junge Mann hat zwei vorrangige, jedoch gegensätzliche Aufgaben: a. Er muß die Möglichkeiten des Erwachsenenlebens *erkunden*: er muß sich seine Entscheidungsfreiheit bewahren, bindende Verpflichtungen meiden und möglichst viele Alternativen aufspüren. Diese Aufgabe macht ihn zum staunenden Abenteurer, den der Wunsch antreibt, alle Schätze aufzuspüren, die die neue Welt zu bieten hat. b. Die gegensätzliche Aufgabe besteht darin, *eine stabile Lebensstruktur aufzubauen*: er möchte mehr Verantwortung übernehmen und »etwas aus meinem Leben machen«. Jede Aufgabe hat ihre Wurzeln und ihre Stützen in der Außenwelt und im Selbst.

Es ist nicht leicht, ein Gleichgewicht zwischen diesen Aufgaben herzustellen. Wenn die erste überwiegt, kommt es zu einem äußerst wechselhaften Leben, dem die festen Bindungen fehlen. Überwiegt dagegen die zweite, besteht die Gefahr, daß man sich zu früh an eine Struktur bindet, ohne sich ausreichend nach Alternativen umgesehen zu haben. Es ist ein erregender, aber oft verwirrender und schmerzhafter Prozeß, die neue Erwachsenenwelt auszukundschaften und gleichzeitig zu versuchen, ein stabiles Leben in ihr aufzubauen. Meist kommt es zu einem mehr oder weniger starken Bruch zwischen der Vor-Erwachsenenwelt, in der ein Mann aufwuchs, und der Erwachsenenwelt, in der er seine erste Lebensstruktur aufbaut.

Der Übergang in die Dreißigerjahre: Die erste Lebensstruktur erfährt Veränderungen

Dieser Übergang, der sich ungefähr zwischen dem 28. und dem 33. Lebensjahr vollzieht, bietet die Möglichkeit, die Fehler und Einschränkungen der ersten Struktur des Erwachsenenlebens zu korrigieren und die Grundlage für eine zufriedenstellendere Struktur zu schaffen, mit der die Epoche der frühen Erwachsenenzeit abgeschlossen werden kann. Etwa mit 28 wird der Charakter des Vorläufigen, der die Zwanzigerjahre prägt, zurückgedrängt, und der »Ernst des Lebens« beginnt. Eine innere Stimme sagt: »Wenn ich mein Leben ändern möchte – wenn es Dinge darin gibt, die ich verringern oder ausschließen möchte, oder wenn Dinge fehlen, die ich gerne in meinem Leben hätte – dann muß ich das jetzt in Angriff nehmen, denn bald wird es zu spät sein.«

Es sind ganz verschiedene Änderungen, die Männer in diesem Alter vornehmen, aber die Lebensstruktur sieht am Ende des Übergangs in die Dreißigerjahre immer anders aus als am Anfang. Für manche Männer ist es ein ziemlich glatter Übergang, ohne einen offenen Bruch oder ein Gefühl der Krise. Sie modifizieren ihr Leben in gewisser Hinsicht, aber sie bauen direkt auf der Vergangenheit auf und verzichten auf fundamentale Veränderungen. Es ist eine Zeit der Reform, nicht der Revolution.

Nach unseren Erkenntnissen bedeutet jedoch für die meisten Männer dieser Übergang eine starke Belastung; sie geraten in die *Krise der Dreißigjährigen.* Zu einer Entwicklungskrise kommt es, wenn ein Mann große Schwierigkeiten mit den Entwicklungsaufgaben einer Phase hat; er findet seine augenblickliche Lebensstruktur unerträglich, scheint aber nicht fähig, eine bessere aufzubauen. In einer schweren Krise fühlt er sogar sein Leben bedroht, er erfährt die Gefahr von Chaos und Zusammenbruch, vom Verlust jeder Hoffnung für die Zukunft. Eine leichte oder schwere Krise ist in dieser Phase sehr oft zu beobachten.

Diese ersten drei Phasen – der Übergang ins frühe Erwachsenenalter, der Eintritt in die Erwachsenenwelt und der Übergang in die Dreißigerjahre – dauern gewöhnlich etwa fünfzehn Jahre, von 17 oder 18 bis 32 oder 33. Zusammen bilden sie die Vorbereitungs- oder »Lehr«-Zeit des frühen Erwachsenenalters.

Vom Ende des »Übergangs in die Dreißigerjahre« zum Beginn der nächsten Phase überzuwechseln, bedeutet einen der kritischen Schritte in der Erwachsenenentwicklung. An dieser Stelle kann ein Mann wichtige neue Entscheidungen treffen, oder er kann alte Entscheidungen bekräftigen. Wenn diese Entscheidungen mit seinen Träumen, Talenten und äußeren Möglichkeiten vereinbar sind, dann liefern sie die Grundlage für eine relativ zufriedenstellende Lebensstruktur. Sind aber die Entscheidungen schlecht getroffen und die neue Struktur weist schwere Fehler auf, dann wird er dafür in der nächsten Phase einen hohen Preis zahlen. Selbst die beste Struktur hat ihre Widersprüche und muß mit der Zeit verändert werden.

Die zweite Lebensstruktur des Erwachsenen: Das Seßhaft-Werden

Die zweite Lebensstruktur nimmt am Ende des »Übergangs in die Dreißigerjahre« Gestalt an und hält etwa bis zum 40. Lebensjahr. Diese Struktur ist das Vehikel für den Höhepunkt der frühen Erwachsenenjahre. Ein Mann ist bemüht, sich ganz den hauptsächlichen Komponenten der Struktur (Arbeit, Familie, Freundschaften, Freizeit, Gemeinde – was ihm eben am wichtigsten ist) zu widmen und seine jugendlichen Träume und Ziele zu verwirklichen.

In dieser Phase hat ein Mann zwei Hauptaufgaben: a. Er versucht, in der Gesellschaft *einen Platz zu erringen*: sein Leben fester zu verankern, im selbstgewählten Beruf voranzukommen, zu einem geschätzten Mitglied einer geschätzten Welt zu werden. b. Er ist bemüht, *es zu schaffen*: er will vorwärtskommen, Fortschritte machen und seinen Zeitplan einhalten. Ich sagte bewußt, daß er »es schaffen« will, denn dieser allgemeine Begriff enthält alle Bemühungen, für sich selbst ein besseres Leben zu erreichen und vom »Stamm« anerkannt zu werden.

Bis in die frühen Dreißigerjahre war der junge Mann ein »Lehrling« unter den Erwachsenen. Er hat ein Erwachsenenleben geformt und auf einen festeren Platz in der Gesellschaft hingearbeitet. Seine Aufgabe in der Phase des Seßhaft-Werdens besteht darin, ein voll entwickelter Erwachsener innerhalb seiner eigenen Welt zu werden. Er entwirft einen *persönlichen Plan*, ein Ziel, das er anstreben will, eine Perspektive für die Zukunft, ein »Projekt«, wie Jean-Paul Sartre es ausgedrückt hat. Der Plan kann von Anfang an genau umrissen sein, oder er kann nach und nach während des Ablaufs der Phase Gestalt annehmen.

Die *Leiter* ist ein zentrales Bild für das Projekt des Seßhaft-Werdens.

Sie spiegelt das Verlangen nach dem Vorankommen und nach Anerkennung wider, das in dieser Phase so im Mittelpunkt steht. Mit dem Bild der Leiter beziehen wir uns auf alle Dimensionen des Vorankommens – Verbesserungen der sozialen Stellung, Einkommen, Macht, Ruhm, Kreativität, Qualität des Familienlebens, Leistungen für die Gesellschaft – da sie alle für den Mann und seine Welt wichtig sind. Die Leiter hat objektive und subjektive Aspekte: sie spiegelt die Realitäten der äußeren sozialen Welt, entspricht aber auch der Definition des Mannes und seinen eigenen Überzeugungen und Ambitionen.

Am Beginn dieser Phase steht der Mann auf der untersten Sprosse seiner Leiter und betritt eine Welt, in der er ein *unerfahrener Neuling* ist. Er hat das Ziel, voranzukommen, die Leiter hochzusteigen und zu einem *vollwertigen Mitglied* dieser Welt zu werden. Wie wohl er sich in dieser Phase fühlt, hängt sehr stark davon ab, wie er selbst und andere seinen Fortschritt auf dem Weg zu diesen Zielen beurteilen.

Der letzte Teil der Phase des Seßhaft-Werdens, etwa zwischen dem 36. und 40. Lebensjahr, hat seinen eigenen Charakter; wir sprechen von der Zeit des *Selbständig-Werdens.* Die hauptsächlichen Entwicklungsaufgaben dieser Zeit bestehen darin, die Ziele des Unternehmens »Seßhaft-Werden« zu erreichen, zu einem vollwertigen Mitglied der eigenen Umwelt zu werden, vermehrt die eigenen Meinungen zu vertreten und ein höheres Maß an Autorität zu gewinnen.

Es ist eine schicksalhafte Zeit im Leben eines Mannes. Als vollwertig anerkannt zu werden und die oberste Sprosse der Leiter anzugehen, sind für ihn Zeichen dafür, daß er ein Mann wird (nicht einfach eine Person, sondern ein erwachsener Mann). Obwohl ihm diese Fortschritte neue Belohnungen bringen, hat er auch die Bürde größerer Verantwortungen und Belastungen zu tragen. Er muß also noch mehr von dem kleinen Jungen in seinem Innern aufgeben – einer verinnerlichten Figur, über die er nie ganz hinauswächst, und schon gar nicht im frühen Erwachsenenalter.

Der Übergang zur Lebensmitte: Der Schritt vom frühen ins mittlere Erwachsenenalter

Die späten Dreißigerjahre bilden den Höhepunkt des frühen Erwachsenenalters. Der Übergang zur Lebensmitte, der sich etwa zwischen 40 und

45 abspielt, bildet eine Brücke vom frühen zum mittleren Erwachsenenalter und bringt eine Reihe neuer Entwicklungsaufgaben mit sich. Erneut wird die Lebensstruktur in Frage gestellt, und es wird wichtig, sich zu überlegen: »Was habe ich aus meinem Leben gemacht? Was gebe ich eigentlich und was bekomme ich von meiner Frau, meinen Kindern, meinen Freunden, meinem Beruf, meiner Gemeinde – und meinem Selbst? Was will ich denn wirklich für mich und für andere?« Ein Mann sehnt sich nach einem Leben, in dem er seine eigentlichen Wünsche, Werte, Talente und Träume ausdrücken kann.

Manche Männer geben sich während des Übergangs zur Lebensmitte kaum damit ab, etwas in Frage zu stellen oder nach neuen Wegen zu suchen. Offenbar quälen sie keine schwierigen Fragen hinsichtlich der Bedeutung, des Wertes und der Richtung ihres Lebens. Anderen Männern ist zwar klar, daß sich der Charakter ihres Lebens verändert, aber der Prozeß ist für sie nicht schmerzhaft. Sie bewältigen den Übergang ohne Krise. Doch für die überwiegende Mehrzahl der Männer ist dies eine Phase schwerer Kämpfe innerhalb des Selbst und mit der äußeren Welt. Für sie ist der Übergang zur Lebensmitte eine mehr oder weniger schwere Krisenzeit. Sie zweifeln an fast jedem Aspekt ihres Lebens und haben das Gefühl, daß sie nicht weiterleben können wie bisher. Sie werden mehrere Jahre brauchen, um einen neuen Weg zu finden oder den alten umzuwandeln.

Wir brauchen Übergänge in der Erwachsenenentwicklung zum Teil schon deshalb, weil keine Lebensstruktur die Möglichkeit bietet, alle Aspekte des Selbst zu erproben. Wenn ich eine Lebensstruktur aufbaue, muß ich Entscheidungen treffen und Prioritäten setzen. Mit jeder Entscheidung, die ich treffe, verwerfe ich viele andere Möglichkeiten. Wenn ich mich auf eine Struktur festlege, versuche ich für eine bestimmte Zeitspanne mein Leben in dieser Struktur auszubauen, sein Potential zu verwirklichen, die damit verbundenen Verantwortungen und Kosten zu tragen. In einer Übergangsphase – und vor allem im Übergang zur Lebensmitte – drängen die vernachlässigten Teile des Selbst besonders stark darauf, ausgedrückt zu werden, und so animieren sie zu einer Umwandlung der vorhandenen Struktur.

Der Eintritt in die mittleren Erwachsenenjahre: Aufbau einer neuen Lebensstruktur

Von den Aufgaben, die sich während des Übergangs zur Lebensmitte stellen, muß man etwa im Alter von 45 Jahren loskommen. Dann ist die Zeit abgelaufen, in der der Mann sein Leben neu taxieren, neue Wege suchen, Entscheidungen erproben und die Basis für ein neues Leben schaffen konnte. Die Gelegenheit, Altes in Frage zu stellen und nach Neuem zu suchen, besteht während des ganzen mittleren Erwachsenenalters und darüber hinaus, doch nun gewinnen neue Aufgaben die Oberhand. Er muß seine Entscheidungen treffen und mit dem Aufbau einer neuen Lebensstruktur beginnen.

Wie bei allen Übergängen zwischen den einzelnen Phasen kündigt sich auch beim Übergang zur Lebensmitte das Ende durch eine ganze Reihe von Veränderungen und nicht durch ein einziges dramatisches Ereignis an. Es wird einem Mann vielleicht erst einige Jahre später im Rückblick klar, daß er tatsächlich an den Entscheidungen festhielt, die die Grundlage für eine neu entstehende Lebensstruktur bildeten.

Im Leben mancher Männer wird der Wechsel durch ein einschneidendes Markstein-Ereignis angezeigt – eine drastische Veränderung am Arbeitsplatz oder im Beruf, eine Scheidung oder eine Liebesaffäre, eine schwere Erkrankung, den Tod eines geliebten Menschen, den Umzug in eine andere Stadt. Im Leben anderer Männer zeigt sich keine auffällige Veränderung: das Leben sieht mit 45 nicht anders aus als mit 39. Bei näherem Hinsehen entdecken wir jedoch scheinbar geringfügige Veränderungen, die einen erheblichen Unterschied ausmachen. Ein Mann ist vielleicht immer noch mit derselben Frau verheiratet, doch die Familienverhältnisse haben sich bemerkenswert verbessert oder verschlimmert. Oder seine Einstellung zur Arbeit hat sich geändert: er tritt ruhig auf der Stelle und wartet auf den Ruhestand; seine Arbeit ist bedrückend und erniedrigend geworden; oder durch scheinbar kleine Veränderungen in seiner Arbeitsweise ist sein beruflicher Alltag zufriedenstellender und kreativer geworden. Wir haben jedenfalls festgestellt, daß es im Verlauf des Übergangs zur Lebensmitte in der Lebensstruktur eines Mannes zwangsläufig Veränderungen in einigen entscheidenden Punkten geben muß.

Die Lebensstruktur, die Mitte Vierzig entsteht, fällt sehr unterschiedlich aus, wenn man sie daraufhin ansieht, ob sie »zufriedenstellend« ist,

d. h. ob sie für das Selbst geeignet ist und in der Welt funktioniert. Manche Männer hatten in der Kindheit und im frühen Erwachsenenalter so schwere, nicht wiedergutzumachende Niederlagen einzustecken und waren in so geringem Maße fähig, die Aufgaben ihres Übergangs zur Lebensmitte zu bewältigen, daß ihnen nun die inneren und äußeren Mittel zum Aufbau einer auch nur im geringsten angemessenen Struktur fehlen. Sie gehen einer mittleren Erwachsenenzeit voller Einschränkungen und Verfallserscheinungen entgegen. Andere Männer bauen eine Lebensstruktur auf, die in der Welt einigermaßen lebensfähig ist, aber nur schwache Verbindungen zum Selbst hat. Sie tun zwar sich selbst und anderen gegenüber ihre Pflicht, aber ihrem Leben fehlt es an innerer Spannung und Bedeutung. Und es gibt Männer, die in ein mittleres Erwachsenenalter eingetreten sind, das seine ganz besonderen befriedigenden und erfüllenden Momente haben wird. Für diese Männer ist das mittlere Erwachsenenalter oft der reichste und kreativste Abschnitt im Lebenszyklus. Sie werden in geringerem Maße von den Ambitionen, Leidenschaften und Illusionen ihrer Jugend tyrannisiert. Sie können tiefere Bindungen zu anderen eingehen und dennoch mehr für sich bleiben, sich stärker auf das Selbst einstellen. Für sie verläuft dieser Lebensabschnitt in seinem besten, höchst befriedigenden Rhythmus.

Die späteren Phasen im mittleren Erwachsenenalter

Ende Vierzig hat ein Mann eine erste Lebensstruktur für die mittleren Erwachsenenjahre aufgebaut. Wie geht sein Weg weiter? Auch wenn wir uns mit den folgenden Jahren nicht befaßt haben, gibt es doch Anzeichen, daß sich während des gesamten Lebenszyklus stabile Phasen mit Übergangsphasen abwechseln. Der Entwicklungsprozeß aus Wachstum, Verfall und Veränderung geht weiter. Hier ist ein vorläufiger Überblick über die späteren Phasen im mittleren Erwachsenenalter.

Es gibt einen *Übergang in die Fünfzigerjahre*, der normalerweise zwischen 50 und 55 liegt. Die Funktionen dieser Phase im mittleren Erwachsenenalter ähneln denen des Übergangs in die Dreißigerjahre im frühen Erwachsenenalter. In dieser Zeit kann sich ein Mann weiterhin mit den Aufgaben des Übergangs zur Lebensmitte befassen und die in den Mittvierzigern gebildete Lebensstruktur modifizieren. Es ist oft eine Krisenzeit für die Männer, die in ihrem Übergang zur Lebensmitte zu wenig geändert und dann eine unbefriedigende Lebensstruktur aufgebaut haben. Nach unserer Meinung ist es nicht möglich, die mittleren Erwachsenenjahre hinter sich zu bringen, ohne zumindest eine leichte Krise zu erleben, entweder im Übergang zur Lebensmitte oder im Übergang in die Fünfzigerjahre.

Etwa zwischen 55 und 60 folgt in einer stabilen Phase der *Aufbau einer zweiten Lebensstruktur für das mittlere Erwachsenenalter*, die ein Vehikel für die Vollendung dieses Lebensabschnittes liefert. Für Männer, denen es gelingt, ihr Selbst zu verjüngen und ihr Leben zu bereichern, können die Fünfzigerjahre ein Jahrzehnt großer Erfüllung sein. Diese Phase entspricht dem Seßhaft-Werden im frühen Erwachsenenalter. Schließlich beendet der zwischen 60 und 65 liegende *Übergang ins späte Erwachsenenalter* die mittlere Erwachsenenzeit und schafft eine Basis für den Beginn der späten Erwachsenenzeit. Die Aufgaben dieses Übergangs bestehen darin, die Anstrengungen der mittleren Erwachsenenjahre abzuschließen und sich auf die kommende Epoche vorzubereiten. In dieser Phase findet eine bedeutsame Entwicklung statt, und sie stellt einen wesentlichen Wendepunkt im Lebenszyklus dar.

In jedem Übergang zwischen den Epochen wird ein neuer Lebensabschnitt geboren und nimmt erste Gestalt an. Diese Übergänge haben eine große Auswirkung auf die Zukunft, ohne je über alle Aspekte des Lebens Aufschluß zu geben. Jede neue Phase leistet ihren wesentlichen Beitrag zum Lebenslauf. In jeder Phase büßen wir für die unerledigten Entwicklungsaufgaben der vorhergehenden Phasen – denn letztlich holen sie uns immer ein –, aber wir haben auch die Gelegenheit, weiter an unserer Entwicklung zu arbeiten und ein Leben zu schaffen, das unserem Selbst eher angemessen ist.

4. Vier Männer

Jedes Leben ist – das war unsere erste Beobachtung und Erfahrung – idiosynkratisch, ohne Ordnung und bunt gefleckt. Die Unterschiede sind viel stärker ausgeprägt als die Ähnlichkeiten. Doch die Grundthese dieses Buches besagt, daß auch den unterschiedlichsten Lebensläufen die gleiche Ordnung zugrunde liegt – eine bestimmte Reihenfolge von Epochen und Entwicklungsphasen. Diese Ordnung ist oft nicht auf Anhieb zu erkennen. Sie muß aus einer wahrhaft überwältigenden Ansammlung biographischer Daten hergeleitet werden. Doch wenn unsere Theorie von der Erwachsenenentwicklung irgendeine Gültigkeit haben soll – und ich bin überzeugt, daß sie diese Gültigkeit hat –, dann wird sie es uns ermöglichen, in *jedem* individuellen Lebenslauf eine gewisse Form und Bedeutung zu finden. Und sie wird das erreichen, ohne das Rohmaterial – die herrlich vielfältigen Details aus der Existenz jedes einzelnen Menschen – auf ein paar einfache Kategorien oder Rezepte für die Normalität zu reduzieren.

Diese Untersuchung ist aufgrund des theoretischen Vorgehens, der Methodik und des Themas von biographischem Charakter. Vor allem anderen interessiert uns das individuelle Leben und seine Entwicklung im Lauf der Jahre. Es ist deshalb angebracht, daß wir uns wirklicher Biographien bedienen, um von unseren Entdeckungen und Erkenntnissen zu berichten. Die Biographien verdeutlichen die Art des Materials, aus dem wir unsere Gedanken herleiteten, aber auch die außergewöhnliche Anwendbarkeit dieser Gedanken auf eine breite Palette von Persönlichkeiten und sozialen Bedingungen. Wir werden im laufenden Text auf viele der vierzig Männer zu sprechen kommen. Doch mit dem Leben von vier Männern wollen wir uns ausführlicher beschäftigen. Ihre Biographien liegen irgendwo zwischen einer langen Skizze und einem kurzen Buch.

In diesen Biographien – wie überhaupt in diesem Buch – konzentrieren wir uns in erster Linie auf die Erwachsenenzeit im Lebenslauf. Wir versuchen, ausführlich genug über die inneren psychologischen Prozesse eines Mannes und über seine äußeren Lebensumstände und seine soziale Umwelt zu berichten, um zeigen zu können, wie das alles im Gewebe seines sich entfaltenden Lebens verflochten ist. Wir wollen keineswegs behaupten, bei den biographischen Skizzen handle es sich um vollständige Porträts. Ja, sie weisen darauf hin, daß es sowohl an ausführlicheren Biographien fehlt, als auch an Methoden zum Verfassen von Kurzbiographien, die dazu dienen könnten, besondere Aspekte der Erwachsenenentwicklung zu untersuchen.

Die vier Männer repräsentieren die vier Berufsgruppen in unserer Untersuchung – leitende Angestellte, Arbeiter, Biologen und Schriftsteller. Ich betone aber ausdrücklich – auch wenn das widersprüchlich klingen mag –, daß sie für uns nicht in einem spezifischen Sinn »repräsentative« Vertreter ihres Berufs sind. Kein Individuum kann die üppige Vielfalt im Leben anderer voll verkörpern, selbst wenn sie die gleiche Art von Arbeit verrichten. Jeder dieser vier Männer ist in gewisser Hinsicht etwas »Besonderes«, aber schließlich hatte jeder der vierzig seine ganz spezifische Besonderheit.

Um zu entscheiden, welche vier Männer hier eingehender dargestellt werden sollten, hielten wir uns an mehrere Kriterien. Erstens mußte ein Mann zum Zeitpunkt der Interviews über 42 sein, damit sich das Protokoll seines Lebens über den größten Teil der in dieser Untersuchung behandelten Zeitspanne erstreckte. Zweitens wollten wir vier Männer, die von vier verschiedenen Mitgliedern unseres derzeit an dem Projekt arbeitenden Forschungsteams interviewt worden waren (einige Mitglieder des Teams waren inzwischen verzogen). Diese beiden Kriterien beschränkten die Auswahl auf etwa ein Dutzend Männer. Als wir dann aus dieser Gruppe vier Männer aus vier verschiedenen Berufen aussuchten, bemühten wir uns, eine größtmögliche Vielfalt hinsichtlich der sozialen Herkunft und des Lebenslaufs zu erhalten. Wir stützten unsere Entscheidung *nicht* darauf, ob einer interessant oder langweilig war, neurotisch oder innerlich ausgeglichen, erfolgreich oder ein Versager, redselig oder schweigsam. Die Männer unterschieden sich in diesen Punkten etwa im gleichen Maß wie das Sample insgesamt.

Die vier Männer, die aus diesem Auswahlprozeß hervorgingen, weisen bemerkenswerte Unterschiede auf. Wenn man sie einzeln betrachtet, ist es auf Anhieb schwierig, irgendein gemeinsames Entwicklungsprinzip zu sehen. Sie unterschieden sich ganz erheblich in bezug auf ihre Persönlichkeit, ihren augenblicklichen Gemütszustand, ihre äußeren Lebensumstände und die Abfolge von Ereignissen in ihrem Leben. Wir wollen sie nun in der Reihenfolge ihres Auftretens vorstellen.

Unser erster Mann ist Jim Tracy (ein Pseudonym, wie alle Namen in unserer Untersuchung), ein leitender Angestellter. Er wurde von Edward Klein insgesamt etwa 12 Stunden interviewt, und zwar im Herbst 1968, im Frühjahr 1969 und in einem Nach-Interview 1971. 1969 war Tracy 44, einer der Vizepräsidenten und Generaldirektor der Schußwaffenabteilung der Ajax-Gesellschaft mit der Verfügungsgewalt über mehrere Tausend Beschäftigte in Hartford und in zwei Werken im mittleren Westen.

Tracy, ein kräftiger, gepflegt wirkender Mann mit einem dichten, graumelierten und kurz geschnittenen Haarschopf, trat dem Interviewer als ein Mann gegenüber, der in der Welt eine Menge erreicht hatte und stolz darauf war. Die meisten Jahre in seinem Leben pflegte er ein zentrales Selbst-Bild: Jim Tracy, der verantwortungsvolle Führer seiner Mitmenschen, der vorbildliche Held in der militärisch-industriellen Welt. Er war sehr stark auf seine Arbeit fixiert, ein extrem aktiver Mann, der mit Befriedigung auf seine Karriere als Marineoffizier und dann als kaufmännische Führungskraft zurückblicken konnte. Doch zur Zeit der Interviews durchlebte Tracy eine tiefgreifende und schwierige Neubewertung. Seine berufliche Laufbahn schien ihren Höhepunkt erreicht zu haben. Ein paar Jahre vorher hatte er eine lange, aber unglückliche Ehe abgeschlossen; seine zweite Ehe sah – nach einer sehr glücklichen Anfangszeit – problematisch aus.

In späteren Kapiteln werden wir Tracys Leben Schritt um Schritt untersuchen und zeigen, wie die Entwicklungseinflüsse – die Abfolge der Epochen und Phasen – es formen halfen. Kapitel 7 wird ihn durch die ersten drei Phasen des frühen Erwachsenenalters begleiten, bis zum 34. Lebensjahr und zum Abschluß seines Übergangs in die Dreißigerjahre. Kapitel 11 wird sein Leben in der Phase des Seßhaft-Werdens, zwischen 34 und 41, schildern, während sich Kapitel 19 auf Tracys Übergang zur Lebensmitte und seinen Eintritt ins mittlere Erwachsenenalter konzentriert – die schwierige Zeit also, die er durchlebte, als wir mit ihm redeten.

William Paulsen war 44 und als Arbeiter bei »United Electronics« beschäftigt, als ihn Braxton McKee 1969 interviewte. McKee widmete ihm in diesem Jahr etwa acht Stunden und machte ein zusätzliches Interview mit Paulsens Frau Ruth. Zwei Jahre danach trafen sich McKee und Paulsen noch einmal zu einem Interview, und sie hatten ein paar Jahre später noch einmal ein kurzes Gespräch.

Paulsen, in einer Arbeiterfamilie in Brooklyn geboren und aufgewachsen, war in seinen Vierzigern ein hagerer, drahtiger Mann, flink in seinen

Bewegungen, immer gepflegt gekleidet, vorsichtig in seinem Auftreten. Er trug einen Bürstenschnitt und hatte tiefe Furchen in seinem lebhaften und ausdrucksvollen Gesicht. Er zeigte oft ein schiefes Lächeln, was nach McKees Auffassung für eine gewisse Keckheit sprach. Doch dem widersprachen seine traurigen Augen und die Geschichten, die er über sein Leben erzählte. Diese Geschichten wirkten auf McKee häufig wie ein Versuch, das Gegenüber zu beeindrucken und Paulsens leicht angeschlagene Selbstachtung zu heben. Ein Thema stach dabei besonders stark hervor: um sich wohler in seiner Haut zu fühlen, gab er sich über die wahre Natur einer Situation und seine Rolle darin konsequent Selbsttäuschungen hin. Immer und immer wieder hatte er sich während seines Erwachsenenlebens mehr zugemutet, als er verkraften konnte.

In den zurückliegenden fünf Jahren hatte Paulsen mehrmals den Job gewechselt und so immer wieder den Kreislauf von Mißerfolg und Neubeginn erlebt. Jeder neue Job hatte seine Hoffnungen genährt, endlich in die mittlere Führungsschicht aufzusteigen. Nun, mit 43 und 44 Jahren, hatte er angefangen, seinen Illusionen entgegenzutreten und seine Grenzen realistisch einzuschätzen. Er befreundete sich mit dem Gedanken an einen Job, der ihm Sicherheit und ein bescheidenes Einkommen bot, aber nur wenig Befriedigung und kaum Aufstiegschancen. Es schien möglich, daß Paulsen nicht einmal dieses begrenzte Ziel erreichen würde. Aus dem Studium seiner ganzen Biographie wurde aber auch klar, daß Fehler und Mißerfolge in ganz bestimmten Entwicklungsstadien – Schwierigkeiten, die ihre Ursache in ihm selbst und in seinen Lebensumständen hatten – zu seiner jetzigen Misere beigetragen hatten. Um mit dieser Misere fertigzuwerden, war er wieder darauf angewiesen, Entwicklungsprobleme zu verstehen und zu bewältigen.

Kapitel 8 beschäftigt sich eingehend mit Paulsens Leben bis zum 32. Lebensjahr – dem Ende des »Übergangs in die Dreißigerjahre« und der Lehrlingszeit im frühen Erwachsenenalter. Kapitel 18 wird dann seine Geschichte bis in die späten Vierzigerjahre abrunden.

Das Schreiben war für Paul Namson immer ein zentraler Traum gewesen, ein Traum jedoch, der regelmäßig mit anderen beruflichen Möglichkeiten und Ansprüchen der Gesellschaft in Konflikt geriet. In diesem Sinne glich er den meisten Romanschriftstellern in unserem Sample, nicht jedoch in einigen anderen Punkten: Namson, der in den Zwanzigern ein erfolgreicher Finanzexperte und in den Dreißigern bereits Millionär war, führte ein vielschichtiges, aufregendes und unruhiges Leben, in dem sich Befriedigungen und Enttäuschungen abwechselten.

Als Namson 1969 mit 43 Jahren von Charlotte Darrow interviewt wurde, war er sechs Jahre vorher aus der Maklerfirma seiner Familie ausgeschieden, versuchte, seinen Traum vom Romanschreiber zu verwirklichen und durchlebte eine Midlife-Krise. Obwohl er als Schriftsteller bei der Kritik einen gewissen Erfolg hatte, kam er nur schwer vorwärts. Bei einem Nach-Interview, das fünfzehn Monate später mit dem nun 44jährigen stattfand, zeigte sich, daß er nun dabei war, die Bruchstellen in seinem Leben zu überwinden und als Schriftsteller, Ehemann und Vater neue Verpflichtungen einzugehen. Es kam in dieser Zeit auch zu einem Interview mit seiner Frau Sarah.

Namson war ein empfindsamer, sanfter Mann, groß und schlank, mit einer Neigung zur Selbstbeobachtung und von offensichtlicher Intelligenz. Vielleicht weil ihm das Bemühen, Gefühle und Motive zu analysieren, als Schriftsteller vertraut war, ging er bei der Schilderung seines Lebens gerne analytisch vor. Wir werden in Kapitel 12 von Namsons ersten 40 Lebensjahren berichten und uns dabei vor allem auf die letzten 12 Jahre dieser Zeitspanne verlegen: auf den Übergang in die Dreißigerjahre und die Phasen des Seßhaft- und des Selbständig-Werdens. Sein Leben in den Vierzigerjahren wird in Kapitel 18 beschrieben.

Unser vierter Mann, John Barnes, war Biologieprofessor an der Columbia-Universität und genoß internationales Ansehen. Er galt als starke Persönlichkeit und überzeugender Redner, ein fähiger Lehrer und Verwaltungsmann. Als ich ihn zum erstenmal interviewte, stand er kurz vor seinem 44. Geburtstag. Ich unterhielt mich auch mit seiner Frau Ann. Nach-Interviews folgten, als er 46, und ein weiteres, als er 50 war. Die Analyse seines Lebens erstellte Maria Levinson.

Barnes war ein ruhiger Mann mit einem offenen Gesicht und der Figur eines Sportlers. Sein Auftreten vermittelte ein Gefühl der Stärke, der kontrollierten Energie und einer zielstrebigen Tatkraft. Was er sagte, klang oft pedantisch, aber es war auch unkompliziert und direkt. Barnes hatte das sichere Auftreten und den Stolz, die Selbstbeherrschung und die Achtung vor der Privatsphäre und den elitären Glauben an eine gesellschaftliche Verantwortung, die einen Abkömmling aus vornehmen Yankee-Kreisen auszeichnen. Man konnte sich gut vorstellen, wie er mit der Bedächtigkeit eines Farmers aus Neuengland Bäume fällte oder Zimmermannsarbeiten verrichtete. Am eindrucksvollsten war er, wenn es konkrete Fragen rational zu analysieren galt; mehr Schwierigkeiten bereitete es ihm, sich mit Emotionen und persönlichen Beziehungen auseinanderzusetzen. Als er jedoch eine schwere Krise um die Lebensmitte durchmachte, gab er eine eindringliche und inhaltsreiche Darstellung seiner persönlichen Erfahrungen.

Zum Zeitpunkt unseres ersten Interviews war Barnes trotz seiner beträchtlichen Leistungen und seines Erfolgs in der Öffentlichkeit mit seinem Leben in eine echte Sackgasse geraten. Nun, da er nicht mehr der »vielversprechende junge Mann« war, stand er vor der Notwendigkeit, sich selbst in einem ganz neuen Licht zu sehen. Er hoffte, in seinem Beruf eine bedeutsame Aufgabe zu finden, der er den Rest seines Arbeitslebens widmen konnte. Aber es war ihm völlig unklar, wie diese Aufgabe aussehen könnte.

Die Wegweiser, die die Stufen in John Barnes' Leben markieren – erste Heirat und Familie, wissenschaftliche Leistungen, Scheidung und zweite Ehe, Aufstieg innerhalb der akademischen Hierarchie – können als rein äußerliche Erscheinungen betrachtet werden. Doch ihre Bedeutung und ihre zeitliche Anordnung sind ungemein wichtig, denn sie verweisen auf eine tiefer liegende Gesetzmäßigkeit. In Kapitel 17 werden wir uns ausführlicher mit seinem Leben befassen und unsere Aufmerksamkeit insbesondere dem dramatischsten Abschnitt zuwenden, jener Phase, die wir den »Übergang zur Lebensmitte« nennen.

In den folgenden Kapiteln werden wir der Reihe nach die einzelnen Entwicklungsphasen durchgehen. Zuerst untersuchen wir den Übergang ins frühe Erwachsenenalter, den Eintritt in die Erwachsenenwelt und den Übergang in die Dreißigerjahre, die drei Phasen also, die die Lehrzeit des frühen Erwachsenenalters ausmachen (Kapitel 5 und 8). Es folgen die Phasen des Seßhaft- und des Selbständigwerdens, in denen ein Mann den Höhepunkt des frühen Erwachsenenalters erreicht (Kapitel 9 bis 12). Schließlich kommen dann der Übergang zur Lebensmitte und der Eintritt ins mittlere Erwachsenenalter, die Zeit also, in der der junge Mann ins mittlere Alter überwechselt (Kapitel 13 bis 19).

II. Die Lehrzeit des frühen Erwachsenenalters

5. Die Lehrzeit: Der Übergang ins frühe Erwachsenenalter, der Eintritt in die Erwachsenenwelt und der Übergang in die Dreißigerjahre

Der Prozeß des Eintretens in die Erwachsenenwelt ist langwieriger und komplexer, als man sich das üblicherweise vorgestellt hat. Er setzt mit etwa 17 Jahren ein und geht bis 33 (plus/minus zwei Jahre am Anfang und am Ende). Ein junger Mann braucht etwa fünfzehn Jahre, um der Jugend zu entwachsen, seinen Platz in der Erwachsenengesellschaft zu finden und sich auf ein stabileres Leben festzulegen. Diese Zeit nimmt in den Erwachsenenjahren einen wichtigen Platz ein. Sie ist selbst in ihrer chaotischsten oder unreifsten Form keine »verzögerte Adoleszenz«. Ungelöste Probleme aus der Jugendzeit mögen alles schwieriger machen, doch die hauptsächlichen Entwicklungsaufgaben, die zu bewältigen sind, haben mit dem Erwachsensein zu tun.

So wichtig ist diese Entwicklungsstufe, daß wir ihr einen eigenen Namen gegeben haben: die Lehrzeit. Sie setzt sich aus drei deutlich zu unterscheidenden Phasen zusammen: dem Übergang ins Erwachsenenalter, dem Eintritt in die Erwachsenenwelt und dem Übergang in die Dreißigerjahre. Jede dieser Phasen hat ihre eigenen Aufgaben. Zusammen bilden sie eine einzige Stufe in der Entwicklung und haben in ihr eine entscheidende Funktion: es ist *der Prozeß des Erwachsenwerdens.*

Die Lehrzeit beginnt mit dem Übergang ins frühe Erwachsenenalter (ungefähr zwischen 17 und 22). Ein junger Mann steht nun an der Grenze zwischen den Vor-Erwachsenenjahren und den frühen Erwachsenenjahren. Er schafft eine Basis für das Erwachsenenleben, ohne schon voll drin zu sein. Die zweite Phase, der Eintritt in die Erwachsenenwelt, geht von etwa 22 bis 28. Er hat nun die Aufgaben, die Möglichkeiten dieser Welt zu erkunden, einige erste Entscheidungen zu erproben und eine erste, vorläufige Lebensstruktur aufzubauen. Die dritte Phase, der Übergang in die Dreißigerjahre, gibt die Gelegenheit, die erste Struktur zu revidieren und auf eine zweite Struktur hinzuarbeiten.

Der Übergang in die Dreißigerjahre beginnt für den jungen Mann oft mit einem vagen Unbehagen, einem Gefühl, daß in seinem Leben etwas fehlt oder nicht stimmt und daß sich irgend etwas ändern muß, wenn die Zukunft einen Sinn haben soll. Anfänglich gelten die Hauptfragen dem Leben, das er geschaffen hat: Welche Teile muß ich aufgeben oder deutlich verändern? Was fehlt in meinem Leben? Gegen Ende des Übergangs in die Dreißigerjahre orientiert sich der Mann mehr in die Zukunft – er muß eine neue Richtung für sein Leben finden und neue Entscheidungen treffen oder sich stärker an die bereits getroffenen Entscheidungen binden.

Wenn der Übergang in die Dreißigerjahre zu Ende geht (etwa mit 33), muß auch die Vorbereitungszeit abgeschlossen werden. Ein Mann ist nun ein vollwertiger Erwachsener, der sich auf eine neue Lebensstruktur festlegt, mit deren Hilfe er den Höhepunkt des frühen Erwachsenenalters erreichen wird. Die neue Struktur wird in der nächsten Phase, der Phase des Seßhaft-Werdens, aufgebaut, aber sie muß als Ergebnis und wichtigstes Produkt der Lehrlingszeit gesehen werden. Diese Struktur bildet ein Fundament für seine Bestrebungen, während der Dreißigerjahre seine Jugendträume zu verwirklichen.

Die Lehrzeit erstreckt sich also vom Einsetzen des Übergangs ins frühe Erwachsenenalter bis zum Abschluß des Übergangs in die Dreißigerjahre. In unserem Sample insgesamt beträgt das Durchschnittsalter für den Beginn der Lehrzeit 17,4 Jahre, für den Abschluß 32,7. Ihre durchschnittliche Dauer beträgt 15,3 Jahre, bei einer Streuungsbreite von 13 bis 18. Wieder gab es geringfügige Unterschiede zwischen den Berufsgruppen. Bei den Arbeitern endete der Übergang in die Dreißigerjahre im Durchschnitt mit 32,1 Jahren, bei den leitenden Angestellten mit 32,4, den Romanschriftstellern mit 32,8 und den Biologen mit 33,6.

Die hauptsächliche, überragende Aufgabe in der Lehrzeit besteht darin, sich einen Platz in der Erwachsenenwelt zu erobern und eine Lebensstruktur zu schaffen, die in der Welt lebensfähig und für das Selbst geeignet ist. Ein Mann glaubt oft, er erledige das mit Anfang zwanzig, wenn er eine erste Erwachsenenstruktur aufbaut. Doch bei der ersten Struktur gibt es naturgemäß schwere Fehler und Einschränkungen. Der Übergang in die Dreißigerjahre gibt ihm die Gelegenheit, die frühen Entscheidungen zu überdenken und an seiner Situation und seinem Selbst größere oder kleinere Veränderungen vorzunehmen. Am Ende des Übergangs in die Dreißigerjahre muß ein Mann die zweite Struktur in Angriff nehmen und in der Gesellschaft Fuß fassen, insbesondere im Hinblick auf den Beruf und auf Ehe und Familie. Diese Struktur bleibt gewöhnlich für den Rest der Dreißigerjahre stabil, obschon wichtige Veränderungen in ihr vorgehen. Manche Männer versuchen in ihren späten Dreißigerjahren, eine mangelhafte Struktur für das Seßhaft-Werden abzuändern, doch dies ist immer ein schmerzhafter, langwieriger Prozeß, wie wir bei Jim Tracy und Paul Namson sehen werden. Die Struktur, die sich am Ende der Lehrzeit herauszuschälen beginnt, hat für das künftige Leben und die weitere Entwicklung ungeheure Folgen.

Nach diesem Überblick über die Lehrzeit in ihrer Gesamtheit wollen wir uns nun die drei Phasen ansehen, aus denen sie sich zusammensetzt: den Übergang ins frühe Erwachsenenalter, den Eintritt in die Erwachsenenwelt und den Übergang in die Dreißigerjahre. Jede Phase hat ihre ganz spezifischen Aufgaben, ihren Verlauf und ihre Resultate, aber auch Züge, die die gesamte Lehrzeit kennzeichnen.

Der Übergang ins frühe Erwachsenenalter

Der Übergang ins frühe Erwachsenenalter ist in der Entwicklung eine Brücke zwischen den Epochen der Vor-Erwachsenenzeit und der frühen Erwachsenenzeit. Es formt sich ein Selbst für die frühen Erwachsenenjahre, das das Selbst der Kindheit und Jugend enthält und bis zu einem gewissen Grad verwandelt. Der Junge/Mann steht an der Grenze zwischen der Epoche der Kindheit, die in der Herkunftsfamilie ihren Mittelpunkt hatte, und der Epoche der frühen Erwachsenenzeit mit ihren neuen Verantwortlichkeiten, Rollen und Lebensentscheidungen. Er ist zur Hälfte innerhalb und zur Hälfte außerhalb beider Welten. Er steckt immer noch sehr tief in der Adoleszenz, aber er greift auch nach der verlockenden – und drohenden – Erwachsenenwelt, die vor ihm liegt.

In unserem Sample begann der Übergang ins frühe Erwachsenenalter typischerweise mit 17 oder 18, dauerte 5 Jahre und endete mit 22 oder 23. In keinem Fall begann er vor 16 oder nach 18, und er war nie kürzer als 4 und nie länger als 7 Jahre. Diese Phase setzte in allen 4 Berufsgruppen etwa im gleichen Alter ein. Im Schnitt dauerte sie bei den Romanschriftstellern 5,2 Jahre, bei den Biologen 5,0 Jahre und bei den Arbeitern und leitenden Angestellten 4,7 Jahre.

Der Übergang ins frühe Erwachsenenalter stellt zwei Hauptaufgaben. Zum einen gilt es, die Lebensstruktur der Adoleszenz zu Ende zu führen und *die Vor-Erwachsenenwelt zu verlassen.* Ein junger Mann muß das

Wesen dieser Welt und seinen Platz in ihr in Frage stellen. Es ist erforderlich, bestehende Beziehungen zu wichtigen Personen und Institutionen abzuschwächen und auch das Selbst zu modifizieren, das sich in der Vor-Erwachsenenzeit gebildet hat. Zahllose Trennungen, Verluste und Umwandlungen sind erforderlich. Die zweite Aufgabe besteht darin, *einen ersten Schritt in die Erwachsenenwelt zu wagen*: ihre Möglichkeiten zu erkunden, sich selbst als Mitglied dieser Welt vorzustellen und vor dem endgültigen Übertritt einige vorläufige Entscheidungen zu treffen und zu erproben. Die erste Aufgabe bringt einen Prozeß der Beendigung mit sich, die zweite einen Prozeß des Neuanfangs. Beide sind für eine Übergangsphase wesentlich.

– VERLASSEN DER VOR-ERWACHSENENWELT. Eine Hauptkomponente dieser Aufgabe ist die Trennung von der Herkunftsfamilie. Dieser Trennungsprozeß vollzieht sich auf vielen Ebenen. Zu den rein äußerlichen Aspekten gehört vielleicht, daß man aus dem elterlichen Haus auszieht, finanziell unabhängiger wird und durch neue Rollen und durch das Belegen einer eigenen Wohnung autonomer wird und mehr Verantwortung übernimmt. Innerlich geht es um Aspekte wie eine wachsende Differenzierung zwischen dem Selbst und den Eltern, eine größere psychologische Distanz von der Familie und eine kleiner werdende Abhängigkeit von der Unterstützung und Autorität der Eltern.

Die Familienverhältnisse von Jugendlichen können große Unterschiede aufweisen. Das eine Extrem ist ein junger Mensch, der schon in der Kindheit oder in der frühen Jugend das Elternhaus verläßt: es kommt zu einem Todesfall oder er wird im Stich gelassen, er läuft von zu Hause weg, kommt in ein Erziehungsheim oder eine Privatschule. Seine neuer Lebensbereich bietet ihm vielleicht so etwas ähnliches wie ein Zuhause, wo er teilweise als Kind in einem Verhältnis zu Ersatz-Eltern leben kann, so daß er die Möglichkeit hat, den Übergang ins frühe Erwachsenenalter abzuwarten, ehe er sich an die Aufgabe macht, das Vor-Erwachsenenleben zu beenden. Andernfalls wird dieser Junge vielleicht zu früh (sagen wir mit 12 oder 14) gezwungen, seinen Status als Kind und seine Beziehungen zu Eltern aufzugeben. Dies ist ein sehr früher Zeitpunkt für die Beschäftigung mit den Entwicklungsaufgaben, die zum Übergang ins frühe Erwachsenenalter gehören. Da er sich äußerlich viel zu früh von den Eltern gelöst hat, bleibt er als Erwachsener innerlich an die Familie gebunden. Er wird vielleicht zu einem Pseudo-Erwachsenen, dessen Verlangen nach elterlicher Fürsorge und Gram wegen der verlorenen Familie auch künftig die Entstehung eines vollwertigen erwachsenen Selbst beeinträchtigen.

Andererseits kann einer bis in seine frühen Zwanzigerjahre und darüber hinaus im Elternhaus leben. Unter solchen Umständen kann er vielleicht trotzdem die Entwicklungsaufgaben des Übergangs ins frühe Erwachsenenalter angehen, indem er sich innerlich stärker von den Eltern löst und äußerlich in solchen Dingen selbständiger wird, die mit den Wohnverhältnissen nichts zu tun haben. Entscheidend ist, daß man sich weit genug löst, um eine Basis errichten zu können, die ein authentischeres Erwachsenenleben in der nächsten Phase ermöglicht.

Die vierzig Männer in unserem Sample wichen in ihren Beziehungen zu den Eltern während der Lehrzeit stark voneinander ab. Nur sieben Männer (18 Prozent) blieben in ihren Zwanzigerjahren emotional und geographisch den Eltern eng verbunden. Diese Gruppe enthielt drei Arbeiter, drei Angestellte und einen Biologen. Das andere Extrem verkörperten acht Männer (20 Prozent): sie waren mit ihren Eltern – am häufigsten mit dem Vater – in einen größeren Konflikt geraten, der erst nach mehreren Jahren – und in ein paar Fällen überhaupt nie – beigelegt wurde. Sechs dieser Männer waren Romanschreiber, die beiden anderen Arbeiter.

Zwischen diesen Extremen lagen fünfundzwanzig Männer (62 Prozent), die sich ohne wesentliche Streitereien – und in einigen Fällen zur Vermeidung von Streitereien – geographisch oder gesellschaftlich ein gutes Stück von der Welt der Eltern entfernten. Einige dieser Männer erhielten enge Beziehungen zu den Eltern aufrecht und errichteten eine Lebensstruktur, die den Eltern »vernünftig« schien. Für die meisten von ihnen zerfielen jedoch während der Zwanzigerjahre die Beziehungen zu den Eltern immer mehr. Dieser Zerfall hatte einen starken emotionalen Aspekt – eine wachsende Gleichgültigkeit oder Entfremdung. Doch der gesamte Zerfallsprozeß war *psychosozialer* Natur: der junge Mann trat in eine Welt ein, die seinen Eltern fremd und verwirrend und unverständlich schien. Wenn wir die beiden Gruppen – die, die einen größeren Streit hatten, und die anderen, die fortzogen – zusammenfassen, kommen wir auf 82 Prozent unserer gesamten Erhebungsauswahl!

Der Prozeß der Loslösung von den Eltern setzt sich während des ganzen Lebens fort. Er ist nie abgeschlossen. Genaugenommen sollte man also nicht von Trennung sprechen, sondern von graduellen und qualitativen Veränderungen, die die Beziehung zu den Eltern in verschiedenen

Schlüsselphasen erfährt. Das Kind lernt in den ersten zwei oder drei Jahren seines Lebens zwischen dem Selbst und dem Nicht-Selbst zu unterscheiden. Das bringt schon eine erste Loslösung von der Mutter, wenn auch die Bindung sehr stark bleibt, denn die Mutter stellt zunächst den Mittelpunkt im Leben des Kindes dar. Wenn es dann mit fünf oder sechs vom frühen ins mittlere Kindesalter überwechselt, dehnt es seinen Lebensbereich über die engere Familie hinaus auf weitere Beziehungen und Institutionen aus. Die Welt des Jugendlichen ist dann viel komplexer, bleibt aber im wesentlichen eine Vor-Erwachsenenwelt, in der sich alles um die Familie und um *peer groups* (Gruppen von Gleichaltrigen) dreht. Erwachsene treten als Autoritäten, Lehrer, Helfer und Gegner auf, aber nicht als Gleichrangige. Der Junge mag manchmal ihre Welt betreten, aber er ist noch kein Teil von ihr.

Während des Übergangs ins frühe Erwachsenenalter muß er sich auf neue Weise von der Familie lösen. Er muß die Familie aus dem Mittelpunkt seines Lebens entfernen und einen Prozeß der Veränderung einleiten, der zu einer neuen Basis für ein Leben als junger Erwachsener in einer Erwachsenenwelt führt. Das heißt natürlich nicht, daß die ambivalente Bindung an die Familie gelöst ist. Jeder ist ein ganzes Leben lang Sohn oder Tochter, Bruder oder Schwester. Lediglich der Charakter der Beziehung ändert sich.

Der Trennungsprozeß während des Übergangs ins frühe Erwachsenenalter erstreckt sich nicht nur auf die Herkunftsfamilie. Zu den Beziehungen, die ein junger Mann abschwächen oder aufgeben muß, gehören die zu anderen wichtigen Personen und Gruppen, zu vor-erwachsenen Komponenten seines Selbst, zu der Jugend als einer Altersstufe in der Gesellschaft – zu der gesamten Vor-Erwachsenenwelt. Ein solcher Abschluß bringt immer ein Gefühl des Verlustes mit sich, einen bekümmerten Abschied von den Dingen, die aufgegeben werden müssen, die Befürchtung, daß das zukünftige Leben insgesamt nicht so befriedigend verlaufen wird wie die Vergangenheit – aber auch die Hoffnung und Erwartung, daß die Zukunft die Vergangenheit überstrahlen wird. Während des Übergangs ins frühe Erwachsenenalter muß man anfangen, gewisse Aspekte des Selbst und der Welt aus der Vor-Erwachsenenzeit aufzugeben und gleichzeitig andere Aspekte zu verinnerlichen, damit ein Fundament für die Erwachsenenentwicklung entstehen kann.

– VORBEREITUNG AUF DIE FRÜHE ERWACHSENENZEIT. Die zweite Hauptaufgabe des Übergangs ins frühe Erwachsenenalter besteht darin, eine Basis für das Leben in der Erwachsenenwelt zu schaffen, bevor man selbst ein Teil davon wird. Bei Beginn dieser Phase sind die Kenntnisse, Wertvorstellungen und Ambitionen eines jungen Mannes in bezug auf eine ganz bestimmte Art des Erwachsenenlebens ziemlich verschwommen und durch seine ganz persönlichen Phantasien gefärbt. Er ist noch nicht genügend darauf vorbereitet und muß noch mehr über sich selbst und die Welt lernen. Nach und nach verdeutlicht er seine früheren Phantasien und Hoffnungen zu spezifischeren Wunschvorstellungen über das Erwachsenenleben. Am Ende der Übergangsphase wird er festere Entscheidungen treffen, spezifischere Ziele entwerfen und ein höheres Maß an Selbstverständnis als Erwachsener erreichen.

Die meisten Männer in unserem Sample waren im Zweiten Weltkrieg oder im Koreakrieg beim Militär gewesen, eine Erfahrung, die sich auf die Trennung vom Vor-Erwachsenenalter und den Eintritt ins frühe Erwachsenenalter auswirkte. Während ihres Übergangs ins frühe Erwachsenenalter waren 26 Männer (65 Prozent) beim Militär: zwei verbrachten diese ganze Phase beim Militär, fünf teilten sie in Militär und Arbeit und neunzehn zwischen Militär und College.

Das College ist eine weitere Institution, in der viele junge Männer die Trennung von der Familie einleiten und sich an die Bewältigung der Entwicklungsaufgaben machen, die ihnen der Übergang ins frühe Erwachsenenalter stellt. Achtundzwanzig Männer (70 Prozent) schlossen ihre College-Ausbildung ab: alle zehn Biologen, neun Romanschreiber und neun Angestellte. Zwei der Arbeiter waren vorübergehend auf dem College. Durch das College erweiterte sich oft der Horizont eines jungen Mannes, und er entwickelte sich in eine neue Richtung. Diejenigen, die aus eher bescheidenen Verhältnissen kamen, nahmen oft berufliche Laufbahnen ins Visier, die ihnen zu einem höheren Ansehen verhelfen würden. Und viele aus wohlhabenderen Industriellen- und Akademikerfamilien wandten sich von dem ihnen vorgezeichneten Weg ab und dafür einem Beruf und einem Lebensstil zu, der ihnen befriedigender und sozial lohnender schien. Einer unserer Biologen, Sohn eines Verbandsanwalts, stellte auf dem College mit Erstaunen fest, daß sich sein seit langem bestehendes Interesse an der Natur und an den Tieren mit dem Beruf des Biologen verbinden ließ – und ihm das Schicksal ersparen konnte, Anwalt zu werden.

Militär, College und andere Veränderungen führten bei den meisten Männern dazu, daß sie während des Übergangs ins frühe Erwachsenenalter aus dem Elternhaus auszogen. Es sollte trotzdem festgehalten werden, daß siebzehn Männer (42 Prozent) für einen großen Teil des Übergangs ins frühe Erwachsenenalter ihren Hauptwohnsitz bei den Eltern oder bei nahen Verwandten hatten. Das traf auf sieben Arbeiter und sechs Angestellte zu (die überwiegend aus Arbeiterfamilien stammten). Junge Männer aus der Arbeiterklasse gehen früher arbeiten als die wohlhabendere Bevölkerung mit mehr Schulbildung, aber sie erhalten auch die direkten Beziehungen zu ihren Familien länger aufrecht.

– KONTINUITÄT UND DISKONTINUITÄT BEIM WECHSEL VOM VOR-ERWACHSENENALTER INS FRÜHE ERWACHSENENALTER. Es gibt große graduelle Unterschiede in der Kontinuität, wenn man aus der Vor-Erwachsenen- in die frühe Erwachsenenwelt überwechselt. In einer verhältnismäßig stabilen, undifferenzierten Gesellschaft ist die Entscheidungsfreiheit eines jungen Mannes stark begrenzt. Seine Vor-Erwachsenenwelt zeichnet ihm bereits die Rollen und äußeren Umstände seiner Erwachsenenjahre vor. In einer technologisch fortgeschrittenen, pluralistischen und sich ständig verändernden Gesellschaft, wie wir sie in den Vereinigten Staaten haben, hat er die Vorteile und Belastungen einer größeren Entscheidungsfreiheit. Ihm stehen in seiner Umwelt mehr Möglichkeiten zur Verfügung. Er wird dazu angeregt, lieber seinen eigenen Weg zu gehen, als buchstäblich in die Fußstapfen seines Vaters zu treten. Die Folge ist, daß sich seine frühe Erwachsenenwelt meist in wichtigen Punkten von seiner Vor-Erwachsenenwelt unterscheidet. Die Unterschiede zwischen traditionellen und modernen Gesellschaften sind aber keineswegs absolut. Auch in den stabilsten Gesellschaften gibt es Möglichkeiten, die Richtung des individuellen Lebenslaufs zu bestimmen und zu verändern. Und in den beweglichsten Gesellschaften gibt es starke formative Kräfte, die die Entscheidungsfreiheit des Individuums einschränken.

Wir untersuchten, wie die vierzig Männer Bindungen an ihre alte Welt beibehielten und wie sie sich veränderten. Das Ergebnis läßt sich in einem Satz wiedergeben: die *meisten Männer gestalteten im frühen Erwachsenenalter ein Leben, das sich von dem ihrer Eltern stark unterschied.* Der Wechsel setzte gewöhnlich während des Übergangs ins frühe Erwachsenenalter ein und wurde stetig oder in einer Reihe von Sprüngen durch das ganze Erwachsenenalter fortgeführt. Es waren nur ganz wenige Männer, die mit 40 in einer Welt lebten, die viel mit der Welt ihrer Kindheit gemeinsam hatte.

Die meisten der leitenden Angestellten und einige Arbeiter haben die Gesellschafts- und Einkommensklasse ihrer Eltern hinter sich gelassen. Die meisten der Biologen und Romanschriftsteller stammten aus wohlhabenden Familien der Oberschicht und wechselten dann in eine Akademiker- und Künstlerwelt über, die sich sehr stark von der Welt unterschied, aus der sie ursprünglich kamen. Was die Gesellschafts- und Einkommensklasse betrifft, so unterschieden sie sich nicht wesentlich von ihren Eltern. Der große Unterschied liegt in den Wertvorstellungen und im Lebensstil, und in den meisten Fällen ist die Diskontinuität enorm.

Nur wenige der Männer wehren sich entschieden gegen ihre Herkunft, doch die große Mehrzahl von ihnen hat nur dürftige Beziehungen zu den ethnischen und religiösen Traditionen ihrer Familie. Viele haben die Religion gewechselt oder eine Frau mit einer anderen Religion geheiratet. So haben achtzehn von den 40 Männern (45 Prozent) Frauen mit einer anderen kirchlichen oder ethnischen Zugehörigkeit geheiratet. Bei den Arbeitern waren das zwei, bei den anderen Berufen jeweils fünf oder sechs. In 16 Fällen (40 Prozent) war die Wahl der Ehefrau Teil der ganz allgemeinen Bestrebung, aufzusteigen: die Frau wurde nicht allein wegen ihres Geldes oder ihrer gesellschaftlichen Herkunft gewählt, sondern als Teil eines Prozesses, mit dem ein Mann seine Vor-Erwachsenenwelt verließ und eine andere Welt ansteuerte, die seinen Ambitionen, Wertvorstellungen und Interessen eher entsprach. Im Gegensatz dazu trugen die Ehen von 14 Männern (35 Prozent) aktiv dazu bei, die Bindungen an die Vor-Erwachsenenwelt zu stärken.

Alle bis auf einen heirateten in der Lehrzeit: Zwanzig Männer (50 Prozent) während des Übergangs ins frühe Erwachsenenalter, elf (28 Prozent) während des Eintritts in die Erwachsenenwelt, acht (20 Prozent) während des Übergangs in die Dreißigerjahre und einer in der Phase des Seßhaft-Werdens. Das Durchschnittsalter bei der ersten Heirat betrug 24,6 Jahre, die Streuungsbreite zwischen 17 und 35. Das durchschnittliche Alter der Arbeiter (22,9) lag dem der leitenden Angestellten (23,2) und Romanschriftsteller (24,3) nahe. In jeder dieser Gruppen heirateten 60 Prozent während des Übergangs ins frühe Erwachsenenalter. Die Biologen waren mit der Eheschließung eindeutig später dran: bei ihnen betrug das Durchschnittsalter 28,1 Jahre, und nur einer heiratete während des Übergangs ins frühe Erwachsenenalter. Sie waren in ihrer Sexualität und ganz allgemein in ihren Beziehungen zu Frauen am zurückhaltendsten von den vier Berufsgruppen.

Jeder zweite Mann in unserer Erhebungsauswahl heiratete während des Übergangs ins frühe Erwachsenenalter. Diese frühe Heirat war ein Teil des Prozesses der Loslösung von den Eltern und dem Vor-Erwachsenenleben. Sie war in hohem Maße eine Folge der Bemühungen des jungen Mannes, die Beziehungen zu den Eltern und zu den vor-erwachsenen Aspekten des Selbst zu beenden und gleichzeitig weiterbestehen zu lassen. Sie ging oft auf eine bewußte Anstrengung zurück, die Familie zu verlassen und erwachsener zu werden, aber sie diente auch einem unbewußten Bedürfnis, die Abhängigkeit fortzusetzen und an einer unreifen Kind-Mutter-Beziehung festzuhalten. (In Kapitel 6 werden wir uns noch einmal mit der frühen und späteren Eheschließung befassen.)

Vom Übergang ins frühe Erwachsenenalter an und während der ganzen Lehrzeit trifft ein junger Mann Entscheidungen und geht Beziehungen ein, die seinen Lebenscharakter im frühen Erwachsenenalter bestimmen werden. In manchen Fällen steht sein frühes Erwachsenenleben in Einklang mit dem seiner Eltern und seiner Vor-Erwachsenenwelt: er lebt vielleicht in einer ähnlich gearteten Gemeinde, hat die gleichen ethnischen und religiösen Bindungen, tritt in einen Beruf und in eine Ehe ein, die dieser Welt angemessen sind, und wird zu einer Person, die den Erwartungen seiner Eltern und Jugendfreunde entspricht. Mag sich auch sein Erwachsenenleben in spezifischen Punkten von dem seiner Eltern unterscheiden, so sind doch seine grundsätzliche Lebensweise und sein Platz in der Gesellschaft ganz wie bei seinen Eltern. In solchen Fällen besteht ein hoher Grad an *Kontinuität* zwischen der Vor-Erwachsenenzeit und der frühen Erwachsenenzeit.

Umgekehrt haben wir eine *Diskontinuität*, wenn es im Lebenslauf zu einer deutlichen Richtungsänderung kommt, wenn sich das Leben eines Mannes in seinen späten Zwanzigerjahren stark von dem Leben unterscheidet, das noch in seinen Teens vor ihm zu liegen schien. Die Diskontinuität kann viele Formen annehmen: Veränderung der ethnischen Bindungen und Lebensweise; Veränderung der Religionszugehörigkeit oder -identität; Ehe mit einer Frau aus anderen Gesellschaftskreisen (wenn auch die Unterschiede durch die Art des gemeinsam entwickelten Familienlebens eingeebnet werden können); Überwechseln in eine Klasse oder Subkultur, in der völlig andere Werte und Auffassungen gelten als in der Welt der Eltern.

Um uns ein ungefähres Bild von diesen Veränderungen zu verschaffen, bewerteten wir für jeden der 40 Männer den »Grad der Diskontinuität zwischen der Vor-Erwachsenen- und der frühen Erwachsenenwelt«. Um zu dieser Bewertung zu kommen, verglichen wir den Lebenscharakter eines Mannes in den späten Teens und in den späten Zwanzigerjahren. »Hoch« wurde die Diskontinuität bei 40 Prozent der Erhebungsauswahl eingestuft, »mittel« bei 42 Prozent und »niedrig« bei 18 Prozent. Unter den Berufsgruppen gab es die größte Diskontinuität bei den Romanschriftstellern, die nur knapp vor den Biologen lagen. Die Arbeiter und Angestellten zeigten etwas weniger Diskontinuität, aber die Bewertung »niedrig« gab es nur für vier Arbeiter und zwei Angestellte.

Wie groß auch die Diskontinuität im Leben eines jungen Mannes sein mag, der Übergang ins frühe Erwachsenenalter ist immer eine Zeit tiefgreifender Veränderungen im Selbst und in der Welt. Er steckt in mancher Hinsicht noch in der Adoleszenz, doch er befindet sich auch schon in der Lehrzeit des Erwachsenenalters. Er hat immer noch damit zu tun, seine Beziehungen zu den Eltern und anderen Familienmitgliedern, zu den Stätten und Institutionen seiner Jugend und zu seinen *peer groups* und Freunden abzuschwächen und zu beenden. Er versucht die Entscheidungen zu treffen, die die Grundlage für die erste Struktur seines Erwachsenenlebens bilden werden.

Eintritt in die Erwachsenenwelt: eine erste Lebensstruktur wird aufgebaut

Dem Übergang ins frühe Erwachsenenalter folgt, wie allen Übergangsphasen in der Entwicklung, eine stabilere Phase, in der eine neue Lebensstruktur aufgebaut werden muß. Wir nennen diese neue Phase den »Eintritt in die Erwachsenenwelt«. Auf den jungen Mann warten eine Reihe von grundlegenden Prozessen: er muß das Selbst und die Welt auskundschaften, vorläufige Entscheidungen treffen und erproben (vorsichtig oder mit großer Begeisterung, die ihren vorläufigen Charakter verschleiert), nach Alternativen suchen, seine Bindungen vertiefen und eine umfassendere Lebensstruktur errichten.

Diese Phase setzt gewöhnlich mit 22 (plus/minus 2 Jahre) ein. Sie dauert etwa sechs Jahre – in unserem Sample nie mehr als acht oder weniger als vier – und endet mit 28 oder 29. Unter den vier Berufsgruppen gab es nur unbedeutende Unterschiede in bezug auf das Alter, in dem diese Phase einsetzte. Bei den Biologen und Romanschriftstellern dauerte sie geringfügig länger als bei den Arbeitern und Angestellten, nämlich knapp über sechs Jahre gegenüber knapp unter sechs Jahren. Wir sehen also, daß der zeitliche Ablauf bei den verschiedenen Berufsgruppen gleich ist und daß es im Hinblick auf das typische (modale) Alter eine breite individuelle Vielfalt gibt.

Während des Eintritts in die Erwachsenenwelt formt und erprobt ein junger Mann eine erste Lebensstruktur, die ein entwicklungsfähiges Bindeglied zwischen dem eingeschätzten Selbst und der Erwachsenengesellschaft darstellt. Er muß nun den Schwerpunkt seines Lebens verlagern: von der Position des Kindes in der Herkunftsfamilie auf die Position des Neu-Erwachsenen mit einem neuen Zuhause, das stärker von ihm geprägt ist. Es ist Zeit für den totalen Eintritt in die Erwachsenenwelt. Das erfordert mannigfaltige Anstrengungen: es gilt, die verfügbaren Möglichkeiten zu erkunden, zu einer konkreten (wenn auch keineswegs endgültigen) Definition von sich selbst als einem Erwachsenen zu kommen und die ersten Entscheidungen im Hinblick auf den Beruf, auf Liebesbeziehungen, auf den Lebensstil und auf Wertvorstellungen zu treffen und mit diesen Entscheidungen zu leben. Er steht vor zwei Hauptaufgaben:

– AUSKUNDSCHAFTEN. Ein junger Mann muß alternative Möglichkeiten entdecken und entwickeln. Dazu muß er »in Wartestellung gehen«, seine Entscheidungsfreiheit wahren und starke Bindungen meiden. Die Ausgangspunkte für diese Aufgabe liegen im Selbst und in der Welt. In unterschiedlichem Maße liefert die Außenwelt vielfältige Möglichkeiten und fordert den jungen Mann auf, verschiedene Dinge auszuprobieren, bevor er sich fest bindet. Außerdem bringt seine jugendliche Vitalität eine gewisse Abenteuerlust und Neugier mit sich, das Verlangen, all die Schätze der für ihn neuen Welt aufzustöbern und zu entdecken. Auch wenn er mit seinen ersten Entscheidungen in bezug auf Ehe und Beruf relativ feste Bindungen eingeht, haben sie doch etwas Vorläufiges an sich: wenn es mit ihnen nicht klappt, ist immer noch ein Wechsel möglich.

– EINE STABILE STRUKTUR AUFBAUEN. Jede Phase stellt mehrere Entwicklungsaufgaben, die gegensätzlich oder antithetisch sind. Wie der Übergang ins frühe Erwachsenenalter von einem jungen Mann verlangt, eine Epoche zu beenden und die nächste einzuleiten, so verlangt der Eintritt in die Erwachsenenwelt von ihm, ohne Einschränkung zu sondieren und feste Entscheidungen zu treffen. Er muß die Verantwortungen eines Erwachsenen übernehmen und »etwas aus seinem Leben machen«. Auch diese Aufgage hat ihre Quellen in der äußeren Umwelt und im Selbst. Von außen kommt der Druck, »erwachsen zu werden«, zu heiraten, einen Beruf zu ergreifen, sich klare Ziele zu setzen und ein fester gefügtes Leben zu führen. Aus dem Selbst kommt das Bedürfnis nach Stabilität und Ordnung, nach Wurzeln, nach der Zugehörigkeit zum »Stamm«, nach dauerhaften Bindungen, nach der Erfüllung ethischer Grundwerte.

Die charakteristische Eigenart dieser Entwicklungsphase liegt in dem Nebeneinander ihrer zwei Aufgaben: man muß einerseits sondieren, den eigenen Horizont erweitern und feste Bindungen vermeiden, bis sich die gebotenen Möglichkeiten deutlicher erkennen lassen; und man muß andererseits eine erste Struktur für das Erwachsenenleben aufbauen, Wurzeln schlagen und für Stabilität und Kontinuität sorgen. Die Beschäftigung mit einer Aufgabe mag überwiegen, aber die andere ist nie völlig vergessen. Wieviel Aufmerksamkeit jeder der beiden Aufgaben zuteil wird, das ist von Mann zu Mann höchst verschieden.

Das eine Extrem bilden Männer, die sich vorwiegend der Aufgabe des Sondierens widmen. Sie stützen sich während der ganzen Phase auf eine höchst provisorische Basis und lassen sich nicht auf dauerhafte Bindungen oder Ziele ein. Zum Teil führen diese Männer ein rastloses Leben mit immer neuen Jobs, Wohnungen und persönlichen Beziehungen. Sie knüpfen eine lose Struktur, gekennzeichnet durch ständigen Wechsel und viel Bewegung. Sie investieren nicht viel von ihrem Selbst in die Welt und nehmen kaum etwas von der Welt in ihr Selbst auf. Andere Männer führen zwar ein stabileres Leben, sind aber mit ihren Entscheidungen ebenfalls sehr zaghaft und gehen nur kurzfristige Bindungen ein. Doch gegen Ende der Zwanzigerjahre, wenn die Phase des Eintritts in die Erwachsenenwelt ausläuft, werden die Grenzen dieser vorläufigen Lebensstruktur offenkundig. Die Männer verspüren immer mehr das innere Bedürfnis und den äußeren Druck, die andere Aufgabe anzupacken und mehr Ordnung, Zielstrebigkeit und feste Bindungen in ihr Leben zu bringen.

Das andere Extrem bilden Männer, die schon früh in dieser Phase starke Verpflichtungen eingehen und beginnen, eine – so hoffen sie jedenfalls – stabile und dauerhafte Lebensstruktur aufzubauen. Diese Männer treffen ihre wichtigen Entscheidungen, vor allem in bezug auf Ehe und Beruf, gewöhnlich schon während des Übergangs ins frühe Erwachsenenalter und versuchen, eine große Kontinuität mit der Vor-Erwachsenenwelt zu erreichen. Sie zeigen keine Neigung, alternative Möglichkeiten auszukundschaften oder die bisherige Lebensstruktur in Frage zu stellen. Doch selbst diese Männer sehen die erste Lebensstruktur als vorläufig an und nicht als endgültige, unabänderliche Entscheidung. Es ist ein Vehikel zum Eintritt in die Erwachsenenwelt, aber es braucht nicht von Dauer zu sein. Wenn dann diese Phase ihrem Ende zugeht, stellen sich selbst diese Männer einige Fragen: Habe ich mich zu früh gebunden? Hätte ich nicht meinen Horizont erweitern sollen? Will ich ewig so weiterleben oder gibt es erstrebenswerte Alternativen, die mich mehr befriedigen würden?

Die meisten Männer liegen irgendwo zwischen diesen beiden Extremen. Man kann auf so manche Art versuchen, das Sondieren und den Aufbau einer stabilen Struktur aufeinander abzustimmen. Ein junger Mann entscheidet sich vielleicht für Stabilität in einem Teil seines Lebens und Flüchtigkeit in einem anderen: Er geht vielleicht eine stabile Ehe ein und bleibt beruflich ungebunden; oder er stürzt sich voll Leidenschaft auf die Erfüllung seiner beruflichen Träume, während seine Beziehungen zu Frauen nichts anderes sind als heftige, aber beschwerliche Liebesaffären, gelegentliche Promiskuität oder bestenfalls unverbindliche Freundschaften. Er mag ein solches Nomadenleben vielleicht bis zum 25. oder 26. Lebensjahr führen und erst dann anfangen, eine stabilere Struktur aufzubauen.

Ein Mann muß – ganz gleich, wie sein Leben in den Zwanzigerjahren verläuft – damit rechnen, während des Übergangs ins frühe Erwachsenenalter und/oder während des Eintritts in die Erwachsenenwelt, zwischen den späten Teens und den späten Zwanzigerjahren also, zumindest eine leichte Krise durchzumachen. Von unseren Männern erlebten 70 Prozent in diesem Zeitraum eine leichte oder schwere Krise. Nur in fünf von den vierzig Fällen war das Leben ganz unproblematisch verlaufen. (In sieben Fällen konnten wir nicht eindeutig entscheiden, ob es schwerwiegende Probleme gegeben hatte.) Es gab Unterschiede zwischen den Berufsgruppen: Krisen gab es im Leben von neun Romanschriftstellern, acht Arbeitern und sieben Biologen. Nur vier der leitenden Angestellten zeigten deutliche Anzeichen einer Krise, bei weiteren vier ließ es sich nicht eindeutig klären.

Für die *Romanschriftsteller* war es, wie man sich vielleicht denken kann, äußerst problematisch, aus dem Schreiben einen Beruf zu machen. Sie konnten sich damit nicht den Lebensunterhalt verdienen, doch wenn sie einer geregelten Arbeit nachgingen, blieb ihnen nur wenig Zeit zum

Schreiben. Dazu kam, daß sich die Eltern in den meisten Fällen aktiv dagegen wehrten, das Schreiben von Romanen als Beruf zu akzeptieren. Um ihren literarischen Träumen nachgehen zu können, mußten sie erst einen eindeutigen Bruch mit den Eltern und der Vor-Erwachsenenwelt herbeiführen. Es überrascht nicht, daß gerade die Romanschriftsteller heftige, intime und stürmische Beziehungen zu Frauen unterhielten; der Aspekt der Liebe-Ehe-Familie war in ihrem Leben oft problematisch.

Der Eintritt in die Erwachsenenwelt brachte auch für die *Arbeiter* Probleme mit sich. Es wird im allgemeinen angenommen, daß sich junge Männer aus der Arbeiterklasse mit Mitte Zwanzig in einem stabilen, wenn auch beschränkten Leben etabliert haben. Tatsächlich aber hatten acht von unseren zehn Arbeitern in ihren Zwanzigerjahren Schwierigkeiten, die kritische Proportionen annahmen. Für fünf von ihnen war das eine »besonders schlimme« Zeit. Viele Arbeiter machten mindestens eine Phase durch, in der es unwahrscheinlich erschien, daß sie jemals heiraten und in einer stabilen Familie leben würden, oder daß sie eine feste Anstellung finden würden, die ihnen eine interessante Arbeit und Aufstiegsmöglichkeiten bot.

Die meisten unserer *leitenden Angestellten* waren weit über dreißig, als sie in die Betriebsleitung aufrückten. Bis dahin arbeiteten sie als Ingenieure, Buchhalter, Verkäufer, Offiziere, Techniker. Viele von ihnen kamen, wie bereits erwähnt, aus Arbeiterfamilien oder aus dem unteren Mittelstand. Sie hatten in ihren Zwanzigerjahren nicht nur mit beruflichen Veränderungen zu tun, sondern mußten noch mit ganz anderen Veränderungen fertig werden: in der Klassenzugehörigkeit, in dem von der Bildung (und oft von der Religion) geprägten Milieu, im Familienleben, im kommunalen Bereich und in ihrem Lebensstil. Die Herausforderung und der Reiz des »Aufsteigens« machten im allgemeinen die Belastung wett, doch die Belastung war meistens groß und manchmal fast nicht zu bewältigen.

Bei oberflächlicher Betrachtung sind die *Biologen* in einer anderen Lage. Sie verbringen gewöhnlich die ganze Phase des Eintritts in die Erwachsenenwelt an der Universität, um zu promovieren, und verbringen vielleicht auch anschließend noch ein, zwei Jahre dort, mit einem Forschungsauftrag oder als ganz junges Mitglied des Lehrkörpers. Vom Beruflichen her sind sie Teil eines prestige-verheißenden Systems, das hartes Arbeiten verlangt, aber für den Erfolgreichen auch große Belohnungen bereithält. Doch auch diese Gruppe hat ihre Belastungen: der junge Mann muß seinen Doktorgrad erwerben, sich dem erbitterten Wettkampf innerhalb des akademischen Systems (der nicht weniger hart ist als in der Industrie) stellen, sich als »hoffnungsvoller junger Wissenschaftler« etablieren und eine Professur an einer renommierten Universität ergattern, die seine weitere Laufbahn in Forschung und Lehre fördern wird. Dazu kommt, wie bereits erwähnt, daß Biologen gewöhnlich in ihren Beziehungen zu Frauen ziemlich gehemmt sind. Sie heiraten oft spät, und es bereitet ihnen Schwierigkeiten, sich in einem Ehe- und Familienleben zurechtzufinden.

Diese Erkenntnisse lassen Zweifel an der weitverbreiteten Ansicht aufkommen, nach der junge Männer schon mit Anfang Zwanzig ihre »jugendliche« Unsicherheit und ihre Tastversuche hinter sich bringen und sich dann für einen Weg entscheiden, den sie relativ zielstrebig gehen. Sehr wenige junge Männer schaffen jene erste Struktur für das Erwachsenenleben ohne beträchtliche Schwierigkeiten und eine gelegentliche Krise. Außerdem hat derjenige, der einen glatten Eintritt in die Erwachsenenwelt schafft, keine Garantie, daß er eine rundum befriedigende Lebensstruktur aufbaut.

Die Schwierigkeiten, mit denen ein Mann in dieser Phase kämpft, verschärfen sich oft noch durch spezifische Aspekte seiner Lage – Wirtschaftsflaute, Diskriminierung, Rivalitäten in einer ganz vom Konkurrenzdenken beherrschten Welt – und durch seine eigenen emotionalen Probleme im Zusammenhang mit seinem beruflichen Engagement, seinen Beziehungen zu Frauen und der Loslösung vom Elternhaus. Zu diesen spezifischen Hindernissen kommt noch ein grundsätzlicheres Problem: die Entwicklungsaufgaben des Eintritts in die Erwachsenenwelt sind ihrem Wesen nach schwierig und widersprüchlich. Niemand kann sie optimal erfüllen. Es ist unmöglich, gleich beim ersten Mal eine in idealem Maße zufriedenstellende Lebensstruktur aufzubauen. Die Aufgaben dieser Phase sind von Natur aus antithetisch, und wir sind zu jung, zu unerfahren und zu sehr zwischen unseren Wünschen hin- und hergerissen, als daß wir die Widersprüche auflösen könnten. Wir können zufrieden sein, wenn wir nur eine leichtere Krise erleben, eine einigermaßen zufriedenstellende Struktur schaffen und eine Basis bilden, auf der sich in darauffolgenden Phasen ein volleres, ausgewogeneres Leben entwickeln kann.

Gegen Ende der Zwanzigerjahre ist der Eintritt in die Erwachsenenwelt abgeschlossen. Ein Mann hat ungefähr bis zum 28. oder 29. Lebensjahr

Zeit, die Möglichkeiten des Erwachsenenlebens auszuloten und eine erste, vorläufige Lebensstruktur zu formen. Diese Struktur hat mannigfaltige Aspekte: ein Muster für Beziehungen zu Frauen, die gewöhnlich in Ehe und Familie münden; eine aktive Auseinandersetzung mit der Arbeit, die zur Ergreifung eines Berufs führt; ein Zuhause als Junggeselle oder Ehemann, in einer bestimmten Wohnung, Nachbarschaft und Gemeinde; ein Muster für Beziehungen zu den Eltern und zur Herkunftsfamilie; eine – große oder kleine – Beteiligung an religiösen, politischen, geselligen und anderen Gruppen. Verschiedene Teile des Selbst können sich in diesen Aspekten der Lebensstruktur in unterschiedlicher Intensität ausleben. Einige wichtige Teile des Selbst müssen jedoch ignoriert werden oder dürfen nur unvollständig zum Ausdruck kommen.

Diese erste Lebensstruktur kann ein relativ abgerundetes Ganzes sein: die wichtigsten Komponenten befinden sich in der Mitte, die anderen drum herum, und diese Komponenten stützen einander gegenseitig. Beruf und Ehe/Familie sind die Komponenten, denen meistens zentrale Bedeutung beigemessen wird. Eine Aufgabe besteht darin, eine berufliche Richtung auszuwählen und einzuschlagen, die dem Mann die Möglichkeit gibt, wichtige Teile des Selbst auszuleben. Eine verwandte Aufgabe verlangt von ihm, eine eheliche Beziehung mit einer Frau einzugehen, die ihn in seinen Bemühungen unterstützt und die bereit und fähig ist, ihn auf seiner Reise zu begleiten. Wenn er in beiden Punkten eine kluge Entscheidung getroffen hat, die zu einem verträglichen Nebeneinander im Mittelpunkt seines Lebens führt, dann hat er damit eine Basis für eine zufriedenstellende, abgerundete Struktur.

Niemand kann jedoch diese Aufgaben vollkommen bewältigen. Für die meisten Männer ist die Lebensstruktur der späten Zwanzigerjahre unvollständig oder aufgesplittert. Wichtige Entscheidungen sind noch offen, und die Richtung des Lebens ist ungewiß oder unbefriedigend. Um uns ein genaueres Bild davon zu verschaffen, führten wir eine Bewertung durch, aus der hervorging, wie befriedigend oder unbefriedigend die Lebensstruktur am Ende des Eintritts in die Erwachsenenwelt war. Wir fanden heraus, daß 57 Prozent der Männer in unserem Sample ihr Leben als unvollständig oder bedrückend empfanden; es schien ihnen nirgendwohin oder in die falsche Richtung zu führen. Eine in wichtigen Punkten unbefriedigende Lebensstruktur fand sich bei acht Romanschriftstellern, sechs Arbeitern, fünf leitenden Angestellten und vier Biologen.

Die Schwierigkeit kann viele Formen annehmen. Manche Männer

schaffen zwar ein relativ stabiles, geordnetes Leben, doch für wichtige Teile des Selbst ist darin kein Platz. In diesem Fall hat ein Mann das Gefühl, sein Leben sei ein Schwindel, eine ungewollte Unterwerfung unter das Diktat der Eltern oder der Gesellschaft und ein Verrat an dem, was ihm am teuersten ist. Er hat vielleicht mehrere starke Interessen, die in verschiedene Berufsrichtungen führen, und nun quälen ihn die Möglichkeiten und Widersprüche. Vielleicht ist er mit einer Frau verheiratet, an der ihm liegt, zweifelt aber doch an seiner Liebe für sie, an ihren Gefühlen für ihn, an der Haltbarkeit der Beziehung oder an der Möglichkeit, Ehe/Familie und Arbeit auf einen Nenner zu bringen.

Für die meisten Männer ist die Lebensstruktur der späten Zwanzigerjahre unstabil, unvollständig und voller Brüche. Ein Mann hat vielleicht eine Reihe von Jobs hinter sich und hat doch keinen Beruf oder noch nicht mal eine klare Vorstellung von einem künftigen Beruf. Auch wenn ihm ein wechselhaftes Leben ohne schwere Verantwortungen eine Weile ganz gut gefallen haben mag, fängt dieses unsichere Leben ohne feste Wurzeln doch an, ihn zu belasten. Falls er noch ledig ist, wird die Frage der Verheiratung langsam dringlicher, und er fängt an, über die übliche Form seiner Beziehungen zu Frauen nachzudenken, ob es sich nun um ein schüchternes Vermeiden echter Kontakte handelt oder um sexuelle Promiskuität, um lang anhaltende, aber nichtsexuelle Freundschaften oder um intensive, aber bald in die Brüche gehende Affären. Die Mängel und Grenzen seiner Lebensstruktur werden unerträglich. Es bedrückt ihn immer mehr, keine Frau oder keinen Beruf oder kein eigenes Zuhause zu haben. Es wird ihm stärker bewußt, daß sein Leben keinen Mittelpunkt hat, daß es aus Bruchstücken besteht, die er nicht zu einem Ganzen zusammenfassen kann. Oder es wird ihm klar, daß er bei den wichtigen Entscheidungen kaum eine Verpflichtung eingegangen ist, kaum etwas von seinem Selbst investiert hat. Er spürt, daß sich etwas ändern muß.

Mag sein Leben auch noch so befriedigend gewesen sein und mag die augenblickliche Struktur auch noch so harmonisch oder zerrissen sein, in den späten Zwanzigerjahren drängen auf jeden Fall neue Entwicklungsaufgaben in den Vordergrund. Die Phase des Eintritts in die Erwachsenenwelt neigt sich ihrem Ende zu, und eine neue Phase beginnt.

Der Übergang in die Dreißigerjahre

Der Übergang in die Dreißigerjahre ist Geschenk und Bürde zugleich. Er bietet die Gelegenheit, die Fehler der in der vorangegangenen Phase aufgebauten Lebensstruktur zu verbessern und die Basis für eine befriedigendere Struktur zu schaffen, die in der folgenden Phase gebaut werden wird.

Wie wir gesehen haben, bestanden die Hauptaufgaben des Eintritts in die Erwachsenenwelt darin, die Erwachsenenwelt zu erkunden und eine erste, vorläufige Lebensstruktur zu bilden. Diese Arbeit ist gewöhnlich mit 28 oder 29 abgeschlossen. Wäre das Erwachsenenleben statischer, bestünde die nächste Aufgabe einfach darin, sich in dieser Struktur einzurichten und in ihrem Rahmen neue Ziele zu verfolgen. Würde sich das Erwachsenenleben typischerweise in einem einfachen, kontinuierlichen Verlauf entfalten, dann wäre die erste Lebensstruktur verhältnismäßig stabil; sie würde sich über viele Jahre hinweg allmählich und in kleinen Schritten ändern. Statt dessen stellen wir fest, daß sich die Lebensstruktur durch eine Reihe von qualitativ ganz verschiedenen Phasen entfaltet. Die Phase des Seßhaft-Werdens beginnt gewöhnlich mit 32 oder 33. An diesem Punkt fängt das Leben an, seinen provisorischen Charakter zu verlieren. Ein Mann muß stärkere Verpflichtungen eingehen, fester Fuß fassen und (mit einer Mischung aus Freude, Apathie oder Resignation) eine neue Lebensstruktur akzeptieren, die sein Leben für die verbleibende frühe Erwachsenenzeit formen wird.

Diese beiden Phasen des Strukturaufbaus – den Eintritt in die Erwachsenenwelt in den Zwanzigern und das Seßhaft-Werden in den Dreißigern – verbindet der »Übergang in die Dreißigerjahre«. Er dient, wie alle Übergangsphasen, dazu, eine Struktur abzuschließen und mit dem Aufbau einer neuen zu beginnen. Ein Mann hat eine Zeitspanne von mehreren Jahren, um die Vergangenheit zu beurteilen und sich über die Zukunft Gedanken zu machen. Er fragt sich: Was habe ich mit meinem Leben angefangen? Was will ich aus ihm machen? Welche neuen Richtungen soll ich einschlagen?

Für unser Sample insgesamt setzte der Übergang in die Dreißigerjahre typischerweise mit 28 ein, bei einer Streuungsbreite von 26 bis 29. Zu Ende ging diese Phase zwischen 31 und 34, am häufigsten mit 33. Gewöhnlich dauerte sie fünf Jahre. Es gab da zwischen den vier Berufsgruppen nur geringfügige Unterschiede. Das Durchschnittsalter bei Beginn des Übergangs in die Dreißigerjahre lag bei den Arbeitern bei 27,6 Jahren, bei den anderen zwischen 28,2 und 28,4. Am längsten dauerte diese Phase bei den Biologen (5,1 Jahre), am kürzesten war sie bei den leitenden Angestellten (4,1 Jahre). Auch bei der zeitlichen Begrenzung dieser Phase sind die Unterschiede klein genug, um uns auf einen gemeinsamen »Fahrplan« schließen zu lassen, andererseits aber groß genug, um unser Interesse an individuellen und gruppenspezifischen Eigenheiten zu wecken.

Während des Übergangs in die Dreißigerjahre verliert sich die provisorische, tastende Qualität der Zwanzigerjahre, und ein Mann spürt einen stärkeren Zeitdruck. Sein Leben wird ernster, legt ihm mehr Einschränkungen auf. Er hat das Gefühl: »Wenn ich mein Leben ändern will – wenn es da Dinge gibt, die mir nicht gefallen, oder wenn Dinge in ihm fehlen, die ich gerne drin hätte – dann ist jetzt die Zeit gekommen, etwas zu tun, denn bald wird es zu spät sein.« Der Übergang in die Dreißigerjahre gibt ihm eine »zweite Chance«, eine befriedigendere Lebensstruktur innerhalb des frühen Erwachsenenalters zu schaffen.

Alle Männer nehmen in dieser Phase einige Änderungen vor, so daß die Lebensstruktur an ihrem Ende zwangsläufig anders – besser oder schlechter – aussieht als zu Beginn. Wie bei allen Übergängen gibt es im Auftakt, Verlauf und Ergebnis dieser Phase feine individuelle Unterschiede. Es stellte sich als zweckmäßig heraus, zwischen ein paar ausgeprägten Abläufen zu unterscheiden.

– DIE VERÄNDERUNG VERLÄUFT GLATT. Für manche Männer vollzieht sich der Übergang in die Dreißigerjahre ganz glatt und kontinuierlich, ohne einen offenen Bruch oder das Gefühl einer Krise. Wenn sie auf die 30 zugehen, kommt ihnen ihr Leben ziemlich vollständig und zufriedenstellend vor. Ihre Beziehungen zur Familie und zu Freunden sind befriedigend. Sie gehen beruflich einen Weg, der ihnen zusagt und der die erwünschten Belohnungen bereitstellt. Ihre Entwicklung steht in Einklang mit ihrem eigenen »Fahrplan«. Ihre in den Zwanzigerjahren geformte vorläufige Lebensstruktur stellt ein Fundament dar, auf dem die zweite Struktur aufgebaut werden kann.

Unter diesen Umständen nutzt ein Mann den Übergang in die Dreißigerjahre dazu, sein Leben leicht abzuändern und zu bereichern. Der Übergang kann so glatt verlaufen, daß er kaum zu bemerken ist, aber er findet auf jeden Fall statt, und sein Ergebnis ist eine Lebensstruktur, die direkt auf der vorherigen aufbaut, sich aber wesentlich von ihr unterscheidet. Ein leichter Übergang, der keine drastische Veränderung oder Unruhe bringt, mag in erster Linie dann erfolgen, wenn das Leben eines Mannes glatt läuft und nur geringfügige Anpassungen erfordert. Es ist auch möglich, daß die Lebensstruktur schwere Fehler aufweist, daß er aber (aus verschiedenen inneren und äußeren Gründen) nicht fähig ist, die Fehler zu erkennen und dagegen anzugehen. Die Illusionen und unerkannten Schwierigkeiten kommen oft später an die Oberfläche und sind dann teurer zu bezahlen.

Für einen der leitenden Angestellten, Leo Heinz, verlief der Übergang in die Dreißigerjahre ziemlich glatt. Mit 23 hatte er seinen College-Abschluß, heiratete und begann als Buchhalter für eine große Gesellschaft zu arbeiten. Seine Frau hatte die gleichen Ambitionen wie er: eine große, eng verbundene Familie und ein gut bürgerliches Leben, gestützt auf religiöse Werte und aktive Mitgliedschaft in der Kirche. Er wollte in seinem Beruf zwar weiterkommen, war aber nicht sonderlich ehrgeizig oder auf eine ganz bestimmte Tätigkeit versessen. Sie zogen in den Wohnort der Frau, wurden Teil ihrer erweiterten Familie und ihrer religiös-ethnischen Welt und hatten bald das erste ihrer sechs Kinder.

Mit 27 hatte Heinz eine verhältnismäßig gefestigte Lebensstruktur. Ihre zentralen Elemente waren die Familie, die kirchlich-ethnische Gemeinschaft und ein sicherer, wenn auch in den Möglichkeiten begrenzter Job als Buchhalter. Er nahm dann eine Stelle auf der mittleren Führungsebene in der Verwaltung einer großen Gesellschaft an. Das markierte für ihn den Beginn des Übergangs in die Dreißigerjahre. Fünf Jahre danach, mit 32, hatte er sich innerhalb dieser mittleren Führungsschicht als vielversprechender Verwaltungsfachmann fest etabliert. In dieser fünfjährigen Übergangsphase hatte sich sein Leben merklich verändert: er zog aus der Stadt hinaus in Vororte, stieg vom stabilen unteren Mittelstand zum nach oben beweglichen Mittelstand auf, gehörte nicht mehr zu einer kirchlich-ethnischen Enklave, sondern zu einer vielschichtigen und von kirchlichen Einflüssen weitgehend freien Gemeinde, war nicht mehr Teil eines großen Familien-Clans, sondern hatte seine eigenständige Kernfamilie. Kurzum, aus einer bescheidenen, sicheren und geordneten Welt wechselte er über in eine wohlhabende, auf Konkurrenzkampf beruhende, anspruchsvolle und turbulente Welt. Er gab dem beruflichen Ehrgeiz und allem, was dazugehört, einen zentraleren Platz in seinem Leben. Seine neue Lebensstruktur ging zwar aus der alten hervor, war aber doch von anderer

Qualität. Er brauchte noch zehn Jahre, ehe er begriff, was er mit der Veränderung gewonnen – und verloren – hatte.

– DER ÜBERGANG MACHT KUMMER: DIE KRISE MIT DREISSIG. Für die meisten Männer bringt der Übergang in die Dreißigerjahre mehr Schwierigkeiten und Belastungen mit sich. Wir sprechen dann von der Krise um dreißig. Ein Mann stößt auf große Probleme, wenn er die Entwicklungsaufgaben dieser Phase angeht. So groß können die Schwierigkeiten werden, daß er das Gefühl hat, er könne nicht weitermachen. Es ist, als fehle ihm die Basis zum Weiterleben.

Man kann eine Entwicklungskrise mit einem anschaulichen Bild verdeutlichen: ein Mann ist allein irgendwo im Meer und versucht, von der Insel Vergangenheit zur Insel Zukunft zu schwimmen. Er fürchtet, er werde die Insel Zukunft nicht erreichen. Er hat das Gefühl, er könne sich weder vorwärts noch rückwärts bewegen und stehe kurz vor dem Ertrinken. Ein Mann kann das so erleben, als schwimme er allein, als rudere er in einem leck geschlagenen Boot, oder als sei er Kapitän eines schwer beschädigten Luxusdampfers in schwerer See. Es gibt alle Variationen in der Art des Vehikels, im Ursprung der Drohung und in der Art der Vergangenheit und Zukunft. Entscheidend daran ist, daß die Integrität des Unternehmens ernsthaft bezweifelt wird: der Mann erfährt die drohende Gefahr, sieht sich von Chaos, Auflösung und Verlust der Zukunft bedroht.

Entwicklungskrisen haben gewisse Gemeinsamkeiten, ob sie nun in der Jugend, mit 30, mit 40 oder zu einem anderen Zeitpunkt auftreten. Doch die Eigenart jeder Krise wird durch die Entwicklungsprobleme der jeweiligen Phase bestimmt. Wenn also im Alter von 30 besondere Schwierigkeiten auftreten, so muß man das im Zusammenhang mit dem Übergang in die Dreißigerjahre sehen. Eine Krise um 30 ist nicht »nur« eine verzögerte Jugendkrise, auch wenn in ihr ungelöste Konflikte aus der Jugend wieder auftauchen und vielleicht endgültig gelöst werden. Es ist auch keine »vorzeitige« Midlife-Krise, auch wenn sie viel mit den Übergangsproblemen von Leuten gemeinsam hat, die sich um die 40 an eine Lebensstruktur gefesselt fühlen, die unerträglich geworden ist.

Ein durch Streß gekennzeichneter Übergang in die Dreißigerjahre war in unserer Untersuchung eher die Regel als die Ausnahme. Fünfundzwanzig der Männer (62 Prozent) machten eine leichte oder schwere Krise durch. Nur sieben (18 Prozent) erlebten einen einigermaßen glatten Übergang, und bei acht Männern (20 Prozent) ergab sich ein uneinheitliches oder unklares Bild. Krisen durchlebten neun der Romanschreiber und acht der Arbeiter. Deutliche Zeichen einer Krise gab es bei fünf der Biologen; bei weiteren vier ergab sich kein einheitliches Bild, und einer hatte es eindeutig ohne Krise geschafft. Von den leitenden Angestellten machten drei eine größere Krise durch, drei hatten einen relativ glatten Übergang, und bei vier gab es kein klares Bild.

Es gibt keine sicheren Anhaltspunkte für eine Klärung, ob die Krise mit 30 in dieser zwischen 1924 und 1934 geborenen Generation häufiger ist als in anderen. Der Übergang in die Dreißigerjahre ist auch für die Generation schwierig, deren Angehörige zwischen 1940 und 1949 geboren wurden: sie traten während der 60er Jahre – im »Protest«-Jahrzehnt – ins Erwachsenenalter ein und erreichten ihr 30. Lebensjahr in den 70er Jahren. In jeder Generation gibt es viele junge Erwachsene, die beim Übertritt in die Dreißigerjahre ernsthaft an den Werten und der Entwicklungsfähigkeit unserer Gesellschaft zweifeln und deshalb auch an der Möglichkeit, eine lohnende Lebensstruktur zu formen. Vielleicht hat jede Generation das Gefühl, ihre Lebensprobleme seien einmalig in ihrer Art und in ihrer Tragweite – und sie mögen alle recht haben. Wir werden es erst wissen, wenn wir lernen, das Erwachsenenleben in seiner Tiefe auszuloten und seine ganze Vielschichtigkeit zu würdigen.

Unter den vier Berufsgruppen hatten die Romanschriftsteller die größten Schwierigkeiten mit dem Übergang in die Dreißigerjahre, und sie nutzten ihn am aktivsten zur Verbesserung ihres Lebens. Neun der zehn Schriftsteller hatten eine Krise um 30, und fünf von ihnen suchten in dieser Zeit Hilfe bei der Psychotherapie oder der Psychoanalyse. (Zum Vergleich: vier der Biologen waren in psychotherapeutischer Behandlung, aber keiner der Arbeiter oder Angestellten, obwohl von den letzteren viele eine Krise durchmachten.)

Die Krisen der Romanschriftsteller spiegelten zum Teil die neurotischen Probleme wider, die für kreative und selbstkritische Menschen typisch sind. Um sie zu verstehen, müssen wir jedoch den größeren Rahmen sehen, in dem sich ihr Leben während der Lehrzeit abspielte. Diese Männer versuchten viele Jahre lang, unter schwierigsten Umständen Romanschriftsteller zu werden und diese Beschäftigung zum Mittelpunkt ihrer Lebensstruktur zu machen. Die meisten von ihnen kamen aus einer Vor-Erwachsenenwelt, in der man dem Schreiben von Romanen Gleichgültigkeit, wenn nicht Verachtung entgegenbrachte. So kam es zu einer passiven oder aktiven Entfremdung von den Eltern und anderen wichtigen Teilen der Vor-Erwachsenenwelt. In ihren Zwanzigerjahren kämpften sie um den Eintritt in eine Erwachsenenwelt, die sich – ebenso wie das Leben, das sie sich zu schaffen suchten – drastisch von dem ihrer Kindheit unterschied.

Nur einer der zehn Romanschreiber, Allen Perry, war in der Lage, sich in seinen Zwanzigerjahren ganz aufs Schreiben zu konzentrieren, zuerst aufgrund einer kleinen finanziellen Unterstützung und seines Talents zum Schnorren, und danach, mit 26, aufgrund der Einkünfte aus einem erfolgreichen Erstlingsroman. Trotz allem hatte er Schwierigkeiten, die zu einer ungenügenden Lebensstruktur in den Zwanzigerjahren führten. Nach einer Krise um 30 – gekennzeichnet durch inneren Aufruhr und seine Unfähigkeit, zu schreiben – gelang es ihm in den frühen Dreißigerjahren, eine befriedigendere Lebensstruktur aufzubauen, in deren Mittelpunkt das Schreiben und seine Ehe standen.

Die meisten unserer Schriftsteller verdienten sich in ihren Zwanzigerjahren den Lebensunterhalt auf andere Weise: Sie wurden nicht nur Romanschreiber, sondern auch Journalisten, Lehrer oder Geschäftsleute. Es war viele Jahre lang nicht geklärt (oft bis weit in ihre Dreißiger oder gar Vierziger hinein), ob das Schreiben von Romanen zur Hauptbeschäftigung in ihrem Leben werden konnte, ja, ob sie es überhaupt würden weiter betreiben können. Am Ende des Eintritts in die Erwachsenenwelt, in ihren späten Zwanzigerjahren, war es ihnen noch nicht gelungen, das Schreiben zu ihrer Hauptbeschäftigung zu machen und eine Lebensstruktur aufzubauen, in der Platz dafür war. Viele nutzten den Übergang in die Dreißigerjahre zu größeren Veränderungen. Mit 33 oder 34 kamen sie zu einem stabileren Leben, in dem das Schreiben einen bedeutenden, wenn auch selten unproblematischen Platz einnahm.

Richard Taylor war einer der zwei Schwarzen unter unseren Romanschriftstellern. Nach einer langen Militärzeit im Zweiten Weltkrieg begann er als 21jähriger mit dem College, heiratete ein Jahr später, und schon bald kam das erste Kind. Seine Frau arbeitete weiterhin als Sekretärin, um zu seinen Einkünften aus der G. I.-Bill etwas dazu zu verdienen. Sie sehnte sich nach einem sicheren Leben innerhalb des schwarzen Mittelstands. Doch er schrieb bereits Lyrik und Prosa, und seine kulturellen Interessen zogen ihn zu einer Welt hin, die sie nicht mit ihm teilen konnte. Seine Träume blieben ihr fremd, und er konnte ihr nicht die Stabilität bieten, die sie sich so sehr für ihr Leben wünschte. Drei Jahre lang versuchte er nach dem College, einem geregelten Job nachzugehen, um die Rechnungen bezahlen zu können und nebenher trotzdem zu schreiben, aber es funktionierte nicht.

Mit 28 war ihm klar, daß er kein Leben aufbauen konnte, das seinen und ihren Träumen gerecht wurde. Das Leben, das sie führten, war für sie und die Kinder untauglich. Er gab den Kampf auf, ließ sich scheiden und riß die zerbrechliche Struktur ein. Die Familie auseinanderzureißen – und zu dem quälenden Thema des schwarzen Vaters, der Frau und Kinder im Stich läßt, aktiv beizutragen – ging nur auf Kosten innerer Wunden, die erst nach Jahren verheilten. Nach der Trennung gab er sich mehr Mühe, ein guter Vater zu sein, als das die meisten Väter in intakten Familien tun.

Taylor verbrachte den Übergang in die Dreißigerjahre, zwischen 28 und 34, in einer Art Betäubung: Er wechselte häufig die Wohnung, lebte oft von der Hand in den Mund, arbeitete in vielen Jobs, war völlig am Ende, wollte sich das Leben nehmen und schaffte es beinahe, ging zum Psychotherapeuten, begann ein ernsthaftes Liebesverhältnis – und fand bei all dem Zeit, seine Romane zu schreiben. Mit etwa 34 kam in sein Leben eine gewisse Ordnung und Stabilität, und eine neue Struktur entstand. Die zentralen Elemente dieser Struktur waren das Schreiben von Romanen und eine dauerhafte Liebesbeziehung. Finanziell möglich wurde die Struktur durch einen Doppelberuf: Er verdiente sich das Geld hauptsächlich als Journalist und Publizist. So stand am Ende seines Übergangs in die Dreißigerjahre eine Lebensstruktur, in der das Romanschreiben Platz hatte, wenn auch nicht viel Platz. Er brauchte noch einige Jahre, um die Struktur sicherer zu machen und seine Tätigkeit als Schriftsteller in den Mittelpunkt zu rücken.

Taylors Krise beim Übergang in die Dreißigerjahre ähnelte im Ausmaß der Krise vieler weißer Schriftsteller, aber die rassischen Aspekte gaben ihr eine besondere Bitterkeit und Schärfe. Es ist für einen Schwarzen in dieser Gesellschaft nie leicht, seinem Traum treu zu bleiben. Und ein Schwarzer mit heroischen – literarischen, politischen, wissenschaftlichen oder sonstigen – Bestrebungen zieht mit zunehmender Heftigkeit all die destruktiven Kräfte des individuellen und institutionellen Rassismus auf sich. Diese Kräfte müssen wir berücksichtigen, wenn wir die Erwachsenenentwicklung von Schwarzen verstehen wollen.

6. Die hauptsächlichen Aufgaben in der Lehrzeit

Wir haben die Aufeinanderfolge der Entwicklungsphasen in der Lehrzeit untersucht. Die Phasen beginnen mit dem Übergang ins frühe Erwachsenenalter, jenen Grenzbereich, in dem der junge Mann seine Vor-Erwachsenenzeit abschließt und die Grundlage für den vollen Eintritt in die frühe Erwachsenenzeit legt. Sie gehen weiter mit dem Eintritt in die Erwachsenenwelt, dessen wichtigste Aufgaben darin bestehen, die Möglichkeiten dieser Welt zu erkunden und eine erste, vorläufige Lebensstruktur aufzubauen. Und sie gehen zu Ende mit dem Übergang in die Dreißigerjahre, der die Gelegenheit bietet, die erste Struktur des Erwachsenenlebens neu zu beurteilen, zu überprüfen, ob sie sich für das Selbst eignet, und nach Möglichkeiten einer Erneuerung oder drastischen Umstrukturierung zu suchen.

Jede Phase der Lehrzeit hat ihre besonderen Aufgaben, die mit dem Aufbau oder der Umwandlung der Lebensstruktur zu tun haben. Zusätzlich haben die drei Phasen gemeinsame Aufgaben, die für den Prozeß des Eintritts in die Erwachsenenwelt wesentlich sind. Diese gemeinsamen Aufgaben machen den Gesamtcharakter der Lehrzeit aus. Was zur Lösung dieser Aufgaben getan wird, ändert sich von Phase zu Phase, aber die Aufgaben selbst sind für die gesamte Lehrzeit von entscheidender Bedeutung. An der Bewältigung der Aufgaben wird nicht stetig und gleichmäßig gearbeitet; es ist vielmehr ein ungleichmäßiger Prozeß, ein ständiges Auf und Ab. Keine der Aufgaben kann vor Ablauf der Lehrzeit voll erfüllt werden. Ja, es ist schon eine Leistung, wenn man Anfang 30 mit allen Aufgaben auch nur ein Stück vorangekommen ist.

Vier Hauptaufgaben der Lehrzeit sind:

1. Einen *Traum* entwickeln und in der Lebensstruktur unterbringen
2. *Mentor-Beziehungen* anknüpfen
3. Eine *berufliche Tätigkeit* ausbauen
4. *Liebesbeziehungen, Ehe und Familie* gestalten

Es gibt noch andere gemeinsame Aufgaben: so muß man beispielsweise ein Verhältnis zu Autoritäten finden und selbst größere Autorität erlangen; ein Verhältnis zu Männern und Frauen als ebenbürtigen Partnern finden; als Erwachsener zu Leuten verschiedener Altersstufen eine Beziehung herstellen; eine erwachsene Auffassung und Einstellung zu religiösen, politischen, ethnischen und kommunalen Fragen finden. Diese Punkte wurden in unseren Interviews erörtert. Als wir uns jedoch mit dem Leben unserer Männer auseinandersetzten, fanden wir heraus, daß die oben aufgeführten vier Aufgaben herausragten und besondere Aufmerksamkeit verdienten. Diese Aufgaben geben der Lehrzeit ihre Gestalt und Substanz. Sie haben mit der Bildung eminent wichtiger Aspekte der Lebensstruktur zu tun.

Den Traum entwickeln und verwirklichen

In der Lehrzeit der frühen Erwachsenenjahre erforscht ein Mann die Erwachsenenwelt, entwickelt Interessen und Wertvorstellungen eines Erwachsenen, trifft wichtige Entscheidungen in bezug auf Beruf, Ehe und Familie und entwickelt eine Erwachsenenidentität. Der Prozeß des Sondierens und Entscheidens unterliegt in hohem Maße den Einflüssen von Familie, Klasse, Subkultur und sozialen Institutionen. Dazu kommt der Einfluß seines eigenen Strebens, seiner Kompetenz und rationalen Abwägung von Alternativen. Verschiedene Aspekte seiner Persönlichkeit fördern und behindern den Prozeß: Motive, Werte, Talente, Ängste und Lebensziele. Im Verlauf unserer Untersuchung entdeckten wir einen weiteren Faktor, der in der frühen Erwachsenenzeit eine nachdrückliche Rolle spielt. Dieser in Mythologie und Literatur oft porträtierte Faktor wird in der wissenschaftlichen Literatur kaum einmal berücksichtigt. Es ist »der Traum«. (Wir verwenden Anführungszeichen, um unseren spezifischen Gebrauch des Wortes deutlich zu machen und hervorzuheben.)

In der Alltagssprache sagen wir von einem über Erwarten erfolgreichen Menschen, er habe »seine kühnsten Träume übertroffen«, oder von einem anderen, er habe »von einer Welt geträumt, die er nie haben konnte«. Hier handelt es sich weder um nächtliche Träume noch um beiläufige Tagträume. Ein derartiger Traum ist fester umrissen als eine reine Fantasie, aber nicht so deutlich formuliert wie ein genau durchdachter Plan. Er steht im Mittelpunkt der historischen »I have a dream«-Ansprache Martin Luther

Kings. Er ist das, was Delmore Schwartz mit dem Titel seines Gedichtbandes »In Dreams Begin Responsibilities« sagen wollte. Viele junge Männer haben einen »Traum« von dem Leben, das sie als Erwachsene führen wollen. Das wechselvolle Schicksal des »Traums« hat für die Erwachsenenentwicklung grundlegende Konsequenzen.

In seiner ursprünglichen Form ist der »Traum« eine vage Vorstellung vom »Selbst-in-der-Erwachsenenwelt«. Er hat die Eigenschaften einer Vision, einer eingebildeten Möglichkeit, die Spannung und Lebenskraft erzeugt. Anfänglich ist der »Traum« noch sehr vage und nur spärlich mit der Realität verknüpft, obschon sich durchaus konkrete Vorstellungen damit verbinden können, vom Gewinn des Nobelpreises etwa oder von einem Auftritt in der Nationalmannschaft. Der »Traum« kann dramatische Gestalt annehmen wie im Heldenmythos: der große Künstler, der Wirtschaftskapitän, der sportliche oder intellektuelle Superstar, dem wegen seiner phantastischen Leistungen besondere Ehren zuteil werden. Der »Traum« kann aber auch einfacher aussehen und dennoch Ansporn und Stütze sein: der exzellente Handwerker, der Ehemann/Vater in einer bestimmten Art von Familie, das hoch angesehene Gemeindemitglied.

Ein junger Mann hat nun die Entwicklungsaufgabe, seinen »Traum« näher zu definieren und Möglichkeiten zu seiner Verwirklichung zu finden. Für sein Wachstum ist es ein großer Unterschied, ob die ursprüngliche Lebensstruktur mit dem »Traum« übereinstimmt und von ihm erfüllt ist oder ob sie sich ihm entgegenstellt. Wenn es zu keiner Verbindung zwischen dem »Traum« und seinem Leben kommt, kann das das Ende des »Traums« sein, und der junge Mann büßt das Gefühl ein, ein aktives, zielstrebiges Leben zu führen.

Bei vielen jungen Männern kommt es zum Konflikt zwischen einer Lebensrichtung, die den »Traum« ausdrückt, und einer völlig anderen Richtung. In diese andere Richtung wird er vielleicht von seinen Eltern gedrängt oder von äußeren Zwängen – etwa wenn ihm Geld oder die richtige Gelegenheit fehlt – oder von verschiedenen Aspekten seiner Persönlichkeit – Schuld, Passivität, Konkurrenzdenken, besonderen Talenten. So kann es dazu kommen, daß er in einem Beruf Erfolg hat, der ihn eigentlich gar nicht interessiert. Der Konflikt kann sich über viele Jahre erstrecken und sich in unterschiedlicher Form entfalten. Wer den »Traum« in seinen Zwanzigerjahren verrät, wird sich später mit den Konsequenzen auseinandersetzen müssen. Wer im frühen Erwachsenenalter um den »Traum« herum eine Lebensstruktur aufbaut, hat bessere

Chancen, seine persönlichen Wünsche erfüllt zu sehen, auch wenn vielleicht ein jahrelanges Ringen erforderlich ist, um an dem »Traum« festzuhalten und auf seine Verwirklichung hinzuarbeiten. Während des Übergangs zur Lebensmitte wird er die magischen Aspekte des »Traums« neu beurteilen und ihm im mittleren Erwachsenenleben einen neuen Platz zuweisen müssen.

Unsere Auffassung von Übergängen in der Erwachsenenentwicklung und insbesondere vom »Traum« im frühen Erwachsenenalter profitierte ganz erheblich von Donald W. Winnicotts Darstellung der »Übergangsphänomene« in der frühen Kindheit. Nach Winnicott stellt sich das Kind in einer Übergangsphase verschiedene Zukunftsmöglichkeiten für sein Selbst und die Welt vor. Diese Vorstellungen setzt es in Tagträume, Spiele und andere »Schein«-Sondierungen um. Glaubt das Kind, daß es wirklich die Person ist, die es im Spiel geschaffen hat? Winnicotts Antwort: Ja und nein; und eben diese Ambiguität ist der springende Punkt. Das Kind spielt im Grenzbereich zwischen Realität und Illusion, zwischen den eindeutigen Bereichen des »Ich« und »Nicht-Ich«, zwischen dem, was »ist« und was »sein könnte«. Die Welt des Spiels ist ein Grenzbereich zwischen der konkret objektiven äußeren Wirklichkeit und der vollkommen subjektiven inneren Vorstellung oder Hoffnung. Im Spiel verwandelt das Kind Vorstellungen von dem, was sein könnte, in Illusionen dessen, was jetzt ist, und bereitet sich so auf die schwere Aufgabe vor, die Illusionen in der äußeren Welt realer zu machen. Es kann ein neues Selbst-in-der-Welt, das eben erst Gestalt annimmt, schaffen, erproben und langsam verwirklichen.

Eine entscheidende Aufgabe der Mutter besteht nach Winnicott darin, für eine Umgebung zu sorgen, die den Spielen des Kindes entgegenkommt. Winnicott erläutert seine Vorstellung von einer »zulänglichen« Mutter – er zeichnet keine einschüchternd ideale Mutter, aber doch eine, die ihrer komplexen Aufgabe gewachsen ist. Die »zulängliche« Mutter trägt dazu bei, daß zwischen ihr und dem Kind ein Freiraum entsteht, wo es kreaktiv spielen kann – das heißt, ohne sich um die Unterscheidung von Realität und Illusion kümmern zu müssen. Wir können also von einem *Grenzbereich zwischen dem Kind und der Mutter* sprechen, in dem es sich vor äußeren und inneren Gefahren sicher fühlt. In diesem Raum kann es ein neu entstehendes Selbst allmählich definieren und erproben, und es kann für das, was es werden möchte, den Segen der Mutter bekommen. Die »zulängliche« Mutter duldet die spielerisch-ernsten Inszenierungen des Kindes, ohne von ihm zu verlangen, diese als »Ich« oder »Nicht-Ich«

zu identifizieren. Sie wird seine spielerischen Illusionen weder in Frage stellen noch geringschätzen.

Diese Beziehung wird von Mutter und Kind gemeinsam geschaffen und aufrechterhalten. In ihrem Rahmen wird ein Spielen möglich, das dem Kind ein Gefühl des »Ich bin« gibt, des »Ich existiere in der Welt«. Dieses Gefühl liegt seinen oft schwierigen Bemühungen zugrunde, die Welt zu erkunden und sich in ihr einen Platz zu schaffen, und es ist für das Kind eine Quelle der Hoffnung, der Selbstachtung und der persönlichen Integrität. In der Entwicklung dienen Übergangsphänomene als Vorläufer späterer, realistischerer und anpassungsfähigerer Bemühungen in der sozialen Umwelt. Winnicott zieht Parallelen zwischen der »zulänglichen« Mutter und dem »zulänglichen« Therapeuten, der einen Freiraum schaffen hilft, in dem der Patient schöpferisch arbeiten und spielen kann. Er verweist auf wahrhaft künstlerische und religiöse Erfahrungen als Übergangs- und Umwandlungsphänomene des Erwachsenenlebens.

Ähnlich entsteht ein »Traum« vom Erwachsenenleben als ein Übergangsphänomen während des Übergangs ins frühe Erwachsenenalter und des Eintritts in die Erwachsenenwelt. Wenn ein Junge/Mann mit seinem Eintritt ins Erwachsenenalter beginnt, malt er sich erregende Möglichkeiten für sein Erwachsenenleben aus und ringt um das Gefühl des »Ich bin« in dem Selbst und in der Welt, von denen er träumt. Sein »Traum« vom Erwachsenenleben ist anfänglich so brüchig wie der des kleinen Kindes. Die Ursprünge liegen zwar in der Kindheit und Adoleszenz, doch der »Traum« ist eindeutig ein Phänomen der Erwachsenenzeit: Er nimmt während des Übergangs ins frühe Erwachsenenalter Gestalt an und wird nach und nach im frühen Erwachsenenalter in die Struktur des Erwachsenenlebens einbezogen (oder – in vielen Fällen – von ihr ausgeschlossen). In der Lehrlingszeit kommt es dann entscheidend darauf an, daß man den »Traum« fest in seinem Leben etabliert.

Der junge Erwachsene, der versucht, sich von seiner Familie zu lösen und aus der Vor-Erwachsenenwelt in die Erwachsenenwelt überzutreten, muß bedeutungsvolle Beziehungen zu anderen Erwachsenen aufbauen, die ihm die Verwirklichung des »Traums« erleichtern. Zwei der wichtigsten Rollen in diesem Stück spielen der »Mentor« und die »besondere Frau«. Ich werde gleich noch auf sie zu sprechen kommen.

Vorher möchte ich jedoch untersuchen, wie die verschiedenen Berufsgruppen in unserem Sample während der Lehrlingszeit den »Traum« gestalteten oder vernachlässigten.

Biologen

Für etwa die Hälfte der Biologen war der Einstieg in diesen Beruf die Verwirklichung eines großen, erregenden »Traums«. Sie interessierten sich schon in der Kindheit für die Natur und die Naturwissenschaften. In den letzten Schuljahren erwogen sie ernsthaft, Biologen zu werden, und auf dem College entschieden sie sich dann endgültig dafür. Sie knieten sich während der ganzen Lehrzeit mit viel Engagement und Energie in ihre Arbeit.

Aber selbst als mit der Entscheidung zum Biologiestudium der »Traum« immer konkreter wurde, waren oft immer noch innere Konflikte und äußere Schwierigkeiten zu überwinden. In manchen Fällen wollte der Vater unbedingt, daß sein Sohn einen anderen Beruf ergriff, etwa den des Juristen oder Kaufmanns. Der Vater spürte meist intuitiv richtig, daß die Berufswahl des Sohnes zum Teil auf einer Zurückweisung der Werte und persönlichen Qualitäten des Vaters beruhte. Der Sohn, der den Vater auch liebte und gegen solche Kritik empfindlich war, verfing sich in dem Konflikt und konnte sich nicht mit vollem Engagement seiner Arbeit widmen. Einer dieser Männer wurde erst in seinen frühen Dreißigerjahren nach dem Tod des Vaters viel kreativer und freier in seiner Forschertätigkeit.

Bei mehreren Biologen war der »Traum« unbestimmt oder nicht ausgeprägt genug. Als sie am Ende ihrer College-Zeit verschiedene Berufsmöglichkeiten erwogen, entschieden sie sich für die Biologie, weil sie das Fach interessierte und weil ihre Professoren sie dazu ermunterten, aber nicht mit dem Gefühl, daß es für sie genau das Richtige sei. Weil sich ihre Begeisterung an der wissenschaftlichen Biologie in Grenzen hielt und sie nur einen Teil ihres Selbst in die Arbeit investierten, kam es immer wieder zu Problemen in ihrer Laufbahn.

Romanschriftsteller

Mehrere Romanschriftsteller hatten in der Jugend den »Traum«, Schriftsteller zu werden, und auch bei ihnen nahm der »Traum« einen unterschiedlichen Verlauf. Vier der Romanschriftsteller fingen in der Oberschule oder früher mit dem Schreiben an, beschlossen auf dem College, einen Beruf daraus zu machen, und entwickelten sich in der Lehrzeit zu versierten Schriftstellern. In dieser Zeit rangen alle erbittert darum, ihr Handwerk zu erlernen, sich von ständig lauernden Irrwegen und Fallgruben fernzuhalten und der Muse treu zu bleiben. Mit Beginn der Phase des Seßhaft-Werdens hatten sich drei als ernsthafte, hoffnungsvolle Romanschreiber etabliert. Der vierte, der inzwischen mehrere Romane und dokumentarische Sachbücher geschrieben hatte, entschloß sich in diesem Stadium, die Romane aufzugeben. Er verlegte sich ganz auf Sachbücher, was seiner Begabung und seinem Charakter eher entsprach. Mit dieser Entscheidung wandte er sich teilweise vom ursprünglichen »Traum« und der ersten Tätigkeit als Romanschriftsteller ab, doch er baute weiterhin auf seine Kreativität und wurde ein erstklassiger Sachbuchautor.

Die anderen sechs Romanschreiber hatten – in sich und in ihren Lebensumständen – wesentlich größere Hindernisse vor sich, die ihre Bemühungen um die Verwirklichung ihres »Traums« komplizierten. In einigen Fällen konkurrierte der »Traum« vom Romanschriftsteller mit anderen Wünschen und mit mächtigen äußeren Einflüssen. Paul Namson wurde zum Beispiel von einem überzeugend argumentierenden Onkel und von dem Teil in ihm selbst, der ein erfolgreicher Geschäftsmann werden wollte, in die Maklerfirma seiner Familie hineingezogen (vgl. Kapitel 12). Er schrieb zwar ein paar Dinge in seinen Zwanzigerjahren, aber er mußte erst eine ziemlich schwere Krise während des Übergangs in die Dreißigerjahre durchmachen, ehe er dem Schreiben einen bescheidenen Platz in seinem Leben einräumen konnte.

Bei einigen Romanschriftstellern ist der Traum verkümmert. Bei Carl Berg wurden zwar auf dem College literarische Interessen geweckt, aber er ging davon aus, daß er eines Tages das Geschäft des Vaters übernehmen würde. Der Konflikt mit dem Vater war aber so gravierend, daß er sich absetzte und beschloß, Schriftsteller zu werden. In seinen Zwanzigern veröffentlichte er zwei Romane, hatte aber ein sehr zwiespältiges Verhältnis zum Schreiben. Die konfliktreiche Beziehung zu seinem Vater, für den das Romanschreiben als Beruf eine absurde Vorstellung war, machte ihm gewaltig zu schaffen. Seine Mutter konnte nicht verstehen, was ihm das Schreiben bedeutete, und war ihm emotional ziemlich entfremdet. Zwischen seiner anti-intellektuellen Vor-Erwachsenenwelt und der Welt des Schriftstellers, in die er eintreten wollte, lag ein Abgrund. Unter diesen Voraussetzungen konnte der Traum vom Schriftsteller nicht wachsen. Erst mit Anfang Dreißig, als er mit der Lösung seiner inneren Konflikte etwas weitergekommen war und eine liebende Frau geheiratet hatte, konnte er sich etwas stärker aufs Schreiben konzentrieren. Doch für eine volle Entfaltung seiner Talente war es nun zu spät. Der ursprüngliche »Traum«, ein angesehener Romanschriftsteller zu werden, schien von der Verwirklichung weit entfernt. Es ist eigentlich ein Wunder, daß der »Traum« überhaupt weiterbesteht, daß aus dem schwächlichen Pflänzchen auch nur ein kleiner Baum wurde.

Leitende Angestellte

Der frühe »Traum« spielte für viele Biologen und Romanschriftsteller bei der Berufswahl eine wichtige Rolle. Dagegen fühlten sich nur ein paar der zehn leitenden Angestellten von einem jugendlichen »Traum« angetrieben. Einer davon ist Frank Radovich. Als Student spann er den »Traum«, den unteren Mittelstand hinter sich zu lassen und bis zur Spitze eines großen Unternehmens aufzusteigen. Mit 32 hatte er es bereits zum stellvertretenden Direktor in der Verwaltung einer großen Firma gebracht und ein Privatvermögen von über einer Million Dollar angehäuft. Doch das war erst gegen Ende der Lehrzeit: Nun schickte er sich an, es in der neuen Welt zu etwas zu bringen. Als der Übergang in die Dreißigerjahre zu Ende ging, gründete er seine eigene kleine Gesellschaft. Er hatte die feste Absicht, aus seiner Firma einen Giganten zu machen und selbst zu einer führenden Persönlichkeit auf internationaler Ebene zu werden.

Vier leitende Angestellte banden sich sehr stark an ihre Arbeit, aber sie hatten keinen besonderen Traum hinsichtlich ihrer beruflichen Zukunft. Sie befaßten sich in ihrem »Traum« mit dem künftigen Leben in der Familie und in der Gemeinde. Sie bemühten sich zwar um berufliches Fortkommen als Lohn für gutes Arbeiten, aber sie waren nicht bereit, familiäre und kommunale Bindungen irgendwelchen beruflichen Ambitionen zu opfern. Sie hatten alle die Lehrzeit in ihrem ursprünglichen Beruf verbracht (etwa als Ingenieure oder im Rechnungswesen) und stiegen Anfang 30 in die mittlere Führungsschicht auf. Sie kamen aus dem unteren Mittelstand und hatten auch weiterhin starke Bindungen an das ethnische Milieu ihrer Vor-Erwachsenenwelt. Drei von ihnen – alle in den Vierzigern – lebten in oder in der Nähe der Stadt, in der sie geboren worden waren, und sie hatten nie zugegriffen, wenn sich ihnen die Gelegenheit zum Umzug bot. Der vierte hatte zwei größere Umzüge hinter sich, aber nun, da er über 40 war, reduzierte er seinen beruflichen Ehrgeiz zugunsten eines stabilen Lebens in der Familie und Gemeinde. Sie alle gaben sich größte Mühe, die konträren Anforderungen des beruflichen Aufstiegs und der Stabilität innerhalb der Familie und Gemeinde aufeinander abzustimmen. Es war kein leichtes Unterfangen, und in den meisten Fällen forderte es einen hohen Preis.

Die meisten der Angestellten wechselten während des Übergangs in die Dreißigerjahre in die Verwaltung über, ohne eine solide Basis zu haben, die Leistung und Befriedigung auf lange Sicht versprach. Ihre vorrangigen Interessen, Fähigkeiten und Ambitionen lagen nicht im Bereich von Führungsaufgaben, sondern in ihrem ursprünglichen Arbeitsbereich (etwa im Ingenieur- oder Rechnungswesen) und in außerberuflichen Tätigkeiten, die sich um die Familie, Natur oder Gemeinde drehten. Viele von ihnen kamen vor allem deshalb in die Verwaltung, weil ihre Firma eine Menge Leute für die mittlere Führungsebene brauchte. Die Firma nährte ihre Hoffnungen und Illusionen, immer weiter aufsteigen zu können. Ende Dreißig oder Anfang Vierzig haben jedoch die meisten leitenden Angestellten den Endpunkt ihres Aufstiegs erreicht. Sie haben dann oft eine Stellung, die ihre Kompetenz übersteigt und sie nicht befriedigt. Sie üben weder die berufliche Tätigkeit aus, die sie ursprünglich einmal anstrebten, noch haben sie eine Führungsrolle, in der sie wichtige Aspekte des Selbst verwirklichen können.

Arbeiter

Auch für Arbeiter ist die Entwicklung des »Traums« während der Lehrzeit schwierig. Keiner von ihnen gestaltete und verwirklichte einen beruflichen »Traum«, der sich mit den oben erwähnten vergleichen ließe. Nur einer der Arbeiter, Ralph Ochs, durchlief in der Lehrzeit die relativ einfache Reihe von Stabilisierung im Beruf, Heirat und Familiengründung. Nach dem Schulabgang machte er eine Klempnerlehre bei seinem Vater in einem Industriebetrieb. Im Laufe der nächsten fünfzehn Jahre brachte er es zum Klempnermeister, gründete eine Familie, setzte sich von seinem Vater ab und beteiligte sich aktiv an der Gründung einer Gewerkschaft. Anfang Dreißig war er in seinem Beruf und an seinem Arbeitsplatz ebenso fest etabliert wie in Familie und Gemeinde. Er war stolz auf seine Arbeit, doch es war das ganze Zusammenspiel von Arbeit, Familie und

Gemeinde, das sein Leben so angenehm machte. Seine Erwachsenenwelt zeigte ein hohes Maß an Kontinuität mit der Vor-Erwachsenenwelt, aus der er stammte, aber innerhalb dieser Welt baute er ein Leben auf, das seine spezifischen Wünsche, Ambitionen und Wertmaßstäbe widerspiegelte.

Alle anderen Arbeiter in unserem Sample durchliefen eine komplexere Lehrzeit mit immer neuen Schwierigkeiten. Die meisten hatten einen berufsbezogenen »Traum«, konnten ihn aber nicht verwirklichen. Zwei träumten davon, prominente Berufssportler zu werden. Alby Russell war schon in der Schule ein herausragender Sportler und wollte Profispieler werden. Nach der Schule ging er zum Militär und blieb fast zwanzig Jahre dabei. Mit 19 heiratete er, und schon bald kam Nachwuchs. Beim Militär konzentrierte er sich vor allem darauf, Football, Baseball und Basketball zu spielen. Erst während des Übergangs in die Dreißigerjahre rückte er von dem Traum ab, ein berühmter Profi zu werden – und vielleicht von der Illusion, es bereits zu sein. Anfang Dreißig begann er, sich ernsthaft seinem Familienleben zu widmen. Er wurde Trainer für Jugendmannschaften und Lehrer und Ratgeber für junge Soldaten. In seiner reichlich bemessenen Freizeit verfolgte er im Fernsehen und als gieriger Zeitungsleser das Abschneiden von Mannschaften in mehreren Sportarten, und in seiner Einbildung betätigte er sich für sie alle als Besitzer, Manager und Talentsucher. Seine Kenntnisse auf diesem Gebiet waren erstaunlich. So verfolgte er auf seine eigene Weise auch weiterhin den »Traum«; es war praktisch seine Hauptbeschäftigung, aber er konnte daraus keinen eigentlichen Beruf machen.

Die meisten Arbeiter hatten während der Lehrzeit verschiedene Jobs, aber keinen durchgehenden Beruf, den sie weiterentwickelten. Fünf von ihnen schufen sich nach einer Reihe von vorübergehenden Jobs erst am Ende des Übergangs in die Dreißigerjahre eine stabile berufliche Position. Zwei andere hatten zu dem Zeitpunkt immer noch keine spezielle Befähigung und keinen definierbaren Beruf. Den ganzen Entwicklungsprozeß des beruflichen »Traums« – man muß ihn erst definieren, dann die erforderliche Unterstützung und Ausbildung erhalten und ihn schließlich in sein Leben integrieren – durchlaufen nur sehr wenige Arbeiter während der Lehrzeit. Für manche gehört zur Vorstellung von einem schönen Leben, daß sie sich am Arbeitsplatz, in der Familie und in der Gemeinde engagieren. Für andere bleibt der »Traum« immer im Anfangsstadium. Für eine dritte – wahrscheinlich größte – Gruppe beginnt der Übergang ins frühe Erwachsenenalter mit Phantasievorstellungen von einem tollen Beruf und tollen Leistungen, doch der ursprüngliche »Traum« läßt sich nicht formulieren oder weiterverfolgen. Er wird nach und nach von den dringenderen Problemen des Überlebens zugedeckt.

Das Mentor-Verhältnis

Das Mentor-Verhältnis gehört zu den vielschichtigsten und für die Entwicklung wichtigsten Beziehungen, die ein Mann im frühen Erwachsenenalter haben kann. Der Mentor ist gewöhnlich etliche Jahre älter und hat größere Erfahrung in der Welt, die der junge Mann erst betritt. Keine der gebräuchlichen Bezeichnungen beschreibt genau das Verhältnis, das uns hier vorschwebt. Wörter wie »Ratgeber« oder »Guru« lassen zwar ahnen, was gemeint ist, aber sie haben noch weitere Begriffsinhalte, die irreführen würden. Der Begriff »Mentor« ist im allgemeinen viel enger zu verstehen: als Lehrer, Berater oder Förderer. So wie wir den Ausdruck verwenden, bedeutet er all das und noch mehr.

Das Mentor-Verhältnis ergibt sich oft aus einer beruflichen Beziehung, in der ein Lehrer, Chef, Redakteur oder älterer Kollege die Funktionen des Mentors übernimmt. Es kann auch ganz zwanglos entstehen, wenn der Mentor ein Freund, Nachbar oder Verwandter ist. Eine solche Beziehung wird nicht durch festgefügte Rollen bestimmt, sondern durch die Art des Verhältnisses und durch seine Funktionen. Ein Student empfindet vielleicht seinen Lehrer/Ratgeber überhaupt nicht als Mentor, während ein älterer Freund oder Verwandter in dieser Rolle sehr wichtig für ihn ist. Wir müssen uns eine Beziehung genau ansehen, um feststellen zu können, in welchem Umfang und auf welche Weise sie als Mentor-Verhältnis fungiert.

Ich werde von Mentoren im männlichen Geschlecht reden. Das gibt die augenblickliche Realität wieder: Die Männer in unserer Untersuchung hatten fast ausschließlich männliche Mentoren. Ja, sie waren kaum einmal mit Frauen befreundet. Das ist nur ein weiterer Beweis für die Kluft zwischen den Geschlechtern in unserer Gesellschaft. Im Prinzip kann ein Mentor vom gleichen oder vom anderen Geschlecht sein. Die Beziehung zu einem weiblichen Mentor kann für einen jungen Mann eine ungemein wertvolle Erfahrung sein, wie ich aus eigenem Erleben weiß. Das zunehmende Vordringen von Frauen in Berufe, die zur Zeit noch von Männern beherrscht werden, wird der Entwicklung von Männern und Frauen zugute kommen.

Es gibt Anzeichen dafür, daß Frauen noch seltener einen – männlichen oder weiblichen – Mentor haben als Männer. Es gehört zu den großen Problemen der Frauen, daß es so wenige weibliche Mentoren gibt, vor allem in der Welt der Arbeit. Und die wenigen, die als Mentoren fungieren könnten, stehen oft zu sehr unter dem Druck, sich in einer von Männern beherrschten Arbeitswelt durchsetzen zu müssen, als daß sie gute Mentoren für jüngere Frauen abgeben könnten. Für manche junge Frauen spielt der Lehrer oder Chef die Rolle des Mentors, und ein solches Verhältnis kann sehr wertvoll sein. Allerdings wird dieser Wert oft durch die immer wieder bei beiden zu beobachtende Tendenz herabgemindert, die Frau kleiner zu machen als sie wirklich ist: sie als attraktiv anzusehen, aber nicht begabt; als begabte Frau, deren sexuelle Reize ihr bei der Arbeit und in Freundschaften im Wege sind; als intelligentes, aber menschlich uninteressantes Mannweib; oder als reizendes, aber nicht ernstzunehmendes kleines Mädchen.

Wie sehen die verschiedenen Funktionen des Mentors aus? Er kann als *Lehrer* agieren, der den Fertigkeiten und der intellektuellen Entwicklung des jungen Mannes weiterhilft. Als *Förderer* kann er seinen Einfluß geltend machen, um dem jungen Mann das Vorankommen und den Eintritt in die Erwachsenenwelt zu erleichtern. Er kann als *Gastgeber und Führer* den Anfänger in eine neue berufliche und gesellschaftliche Umgebung einführen und ihn mit deren Werten, Bräuchen, Möglichkeiten und wichtigsten Personen bekannt machen. Der Mentor kann mit seinen eigenen Tugenden, Leistungen und Einstellungen ein *Vorbild* sein, das sein Schützling bewundern und nachahmen kann. Er kann in Krisenzeiten seinen *Rat* und seine moralische Unterstützung beisteuern.

Der Mentor hat aber noch eine Funktion, und für die Entwicklung ist das die wichtigste: Er kann die *Verwirklichung des »Traums«* unterstützen und erleichtern. Der wahre Mentor, so wie wir ihn verstehen, ist in der Erwachsenenwelt das, was »zulängliche« Eltern für das Kind sind. Er begünstigt die Entwicklung des jungen Erwachsenen, indem er an ihn glaubt, seinen Jugend-»Traum« teilt und absegnet, zur Standortbestimmung des neu entstehenden Selbst in der neu entdeckten Welt beiträgt und einen Freiraum schafft, in dem der junge Mann auf eine einigermaßen zufriedenstellende Lebensstruktur hinarbeiten kann, die den »Traum« enthält.

Der Mentor vertritt weder direkt noch indirekt die Funktion der Eltern. Er hat vielmehr die Aufgabe einer Übergangsfigur. Im frühen Erwachsenenalter muß ein junger Mann einen Wechsel bewältigen: von seinem Dasein als Kind, dessen Beziehung zu Erwachsenen sich auf die Eltern beschränkt, zu einem Dasein als Erwachsener, dessen Beziehungen zu Erwachsenen nun die Beziehungen zu Gleichgestellten sind. Im Mentor sind zum Teil die Eltern, zum Teil die Gleichgestellten repräsentiert. Er muß beides verkörpern. Als völlig Gleichrangiger kann er nicht jene höhere Stufe darstellen, nach der der junge Mann strebt. Ist er dagegen ganz auf die Elternrolle fixiert, bereitet es beiden Schwierigkeiten, den Generationsunterschied zu überwinden und dem Status der Gleichrangigkeit näherzukommen, der das höchste (wenn auch nie restlos verwirklichte) Ziel der Beziehung ist. Die wirklichen Eltern können gewisse Mentorfunktionen übernehmen, aber die Bindung an die Entwicklung ihres Kindes in der Vor-Erwachsenenzeit ist zu eng (für das Kind ebenso wie für sie), als daß sie die Rolle des wichtigsten Mentors spielen könnten.

Der Mentor, der diese Übergangsfunktionen ausübt, ist gewöhnlich eine halbe Generation älter als sein Schützling, grob gerechnet um acht bis fünfzehn Jahre. Er ist wie ein vertrauenswürdiger, bewundernswerter älterer Bruder. Wesentlich größere oder kleinere Altersunterschiede sind nicht üblich, und sie bringen besondere Probleme mit sich. Ist der Mentor eine ganze Generation älter – sagen wir, zwanzig Jahre oder darüber – wächst die Gefahr, daß beide ihr Verhältnis als eine Art Eltern-Kind-Beziehung sehen. Das kann leicht dazu führen, daß starke Gefühle entstehen, etwa übertrieben mütterliche oder väterliche Gefühle bei der älteren und eine Abhängigkeit oder Ödipuskonflikte bei der jüngeren Person – Gefühle, die die Mentorfunktionen beeinträchtigen. Ist der Altersunterschied geringer als sechs bis acht Jahre, laufen die beiden Gefahr, sich als ebenbürtig zu erfahren. Sie mögen dann eng befreundet sein oder sehr gut zusammenarbeiten, doch ein wirkungsvolles Mentor-Verhältnis ist kaum gegeben.

Trotzdem kann einer, auch wenn er zwanzig oder gar fünfzig Jahre älter ist, eine bedeutsame Mentor-Figur abgeben, solange er nur mit seinen eigenen Jugend-»Träumen« und denen des anderen in enger Verbindung bleibt. Und auch ein Gleichaltriger oder gar Jüngerer kann wichtige Mentorfunktionen ausüben, wenn er besonders viel Geschick und Verständnis mitbringt und wenn beide reif genug sind, von den Tugenden des Mentors guten Gebrauch zu machen.

Im üblichen Verlauf sieht sich ein junger Mann zunächst als Neuling oder Lehrling gegenüber einem Erwachsenen, der schon weiter fortgeschritten ist und mehr Erfahrung und Autorität hat. Wenn sich die Beziehung weiterentwickelt, wird ihm seine eigene Autorität und seine Fähigkeit zu selbständigem und verantwortungsvollem Handeln immer stärker bewußt. Das Konto des Gebens und Nehmens wird immer ausgeglichener. Der jüngere Mann macht zunehmend die Erfahrung des »Ich bin« als Erwachsener, und die Beziehung lebt immer mehr von einer Gegenseitigkeit. Die Veränderung hat in der Entwicklung des jungen Mannes eine entscheidende Funktion: Sie ist Teil des Prozesses, mit dem er die alte Trennlinie zwischen Vater und Sohn, zwischen Mann und Kind, überwindet. Auch wenn er mit 18 oder 21 offiziell als Erwachsener gilt und unbedingt einer sein möchte, braucht er doch viele Jahre, um das Gefühl zu überwinden, gegenüber »richtigen« Erwachsenen einfach ein Sohn oder ein Junge zu sein. Der Prozeß erstreckt sich über die gesamte Lehrzeit des frühen Erwachsenenalters und wird in den späten Dreißigerjahren noch einmal problematisch (vgl. Kapitel 9). Mentoren können also während der ganzen frühen Erwachsenenzeit eine bedeutsame Rolle spielen.

Ich habe das Mentor-Verhältnis in seiner am weitesten entwickelten und konstruktivsten Form geschildert. Natürlich können sich solche Verhältnisse hinsichtlich des Grades und der Form der Mentor-Tätigkeit stark unterscheiden. Mit einem Entweder-Oder wird man ihr nicht gerecht. Ein Mentor-Verhältnis kann für den Jüngeren bemerkenswert nützlich sein und trotzdem schwere Mängel aufweisen. Ein Lehrer oder Chef hat zum Beispiel einen Schützling, um den er sich kümmert und den er fördert, doch aus lauter Angst, von seinem Schützling übertroffen zu werden, legt er in entscheidenden Augenblicken ein destruktives Verhalten an den Tag. Eine Beziehung kann sich in engen Grenzen halten und trotzdem in gewisser Hinsicht sehr wertvoll sein. Manche Männer haben einen rein symbolischen Mentor, den sie nie persönlich kennenlernen. So bewundert vielleicht ein aufstrebender junger Romanschreiber einen älteren Schriftsteller, verschlingt seine Bücher, lernt alles mögliche über sein Leben und schafft eine idealisierte verinnerlichte Gestalt, zu der er eine komplexe Beziehung unterhält.

In einem »zulänglichen« Verhältnis empfindet der junge Mann Bewunderung, Achtung, Verständnis, Dankbarkeit und Liebe für den Mentor. Diese Gefühle überwiegen ihre Gegensätze, ohne sie ganz ausschließen zu können: Haß, Minderwertigkeit, Neid, Einschüchterung. Zwischen ihnen gibt es eine Resonanz. Der Ältere zeigt soviel Charakter, Sachkenntnis und Verständnis, daß ihn der Jüngere in diesen Punkten bewundert und ihm nacheifern möchte. Der junge Mann wird dadurch, daß der Ältere seine Zukunftserwartungen teilt, angeregt und angespornt. Aber er ist auch voller Selbstzweifel: Kann er je all das werden, was beide von ihm erwarten? Zu verschiedenen Zeiten – und manchmal sogar im selben Augenblick – sieht er in sich den unwissenden Anfänger, den betrügerischen Hochstapler, den ebenbürtigen Kollegen und den kommenden Star, der eines Tages seinen Mentor weit hinter sich lassen wird.

Man versteht das Mentor-Verhältnis am besten als eine Art Liebesbeziehung. Es läßt sich nur schwer auf eine vernünftige, gesittete Art beenden. In diesem wie in anderen Punkten ähnelt es dem angespannten Verhältnis zwischen Eltern und erwachsenen Kindern oder zwischen Liebenden oder Ehepartnern.

Das Mentor-Verhältnis besteht im Durchschnitt vielleicht zwei oder drei Jahre, höchstens aber acht bis zehn Jahre. Es geht meist zu Ende, wenn einer der zwei Männer wegzieht, den Job wechselt oder stirbt. Manchmal kommt es zu einem natürlichen Ende, und nach einer Phase des Abkühlens entwickelt sich eine herzliche, aber nicht allzu innige Freundschaft. Das Verhältnis kann auch völlig auseinandergehen, wenn sich das Interesse nach und nach verliert. Am häufigsten endet jedoch ein engagiertes Mentor-Verhältnis mit einem ausgeprägten Konflikt und bösen Gefühlen auf beiden Seiten. Bei dem jungen Mann sind es vielleicht heftige Gefühle der Verbitterung, des Grolls, des Kummers, der Preisgabe, der Befreiung und Verjüngung. Das Gefühl einer Resonanz ist verloren. Den vorher geliebten und bewunderten Mentor empfindet er nun als geradezu destruktiv kritisch und anspruchsvoll oder als einen Mann, der den Jüngeren nach seinem eigenen Bild formen will, anstatt seine Individualität und Selbständigkeit zu fördern. Aus dem Mentor, der noch gestern als hilfreicher Lehrer und Freund galt, ist ein tyrannischer Vater oder eine allzu überschwengliche Mutter geworden. Der Mentor dagegen findet den jungen Mann auf einmal überempfindlich, selbst den besten Ratschlägen verschlossen, auf unsinnige Weise rebellisch und undankbar. Sind sie erst miteinander fertig, ist im allgemeinen etwas Wahres an ihrer gegenseitigen Beurteilung.

Und so geht das Verhältnis zu Ende. Was es wert war, wird oft – wie bei Liebesbeziehungen üblich – erst hinterher so richtig deutlich. Mit dem

Abschluß der Hauptphase hat das Mentorverhältnis aber seinen Sinn noch nicht verloren. Nach der Trennung kann der jüngere Mann die bewunderten Eigenschaften seines Mentors in stärkerem Maße zu seinen eigenen machen. Vielleicht versteht er es jetzt besser, von sich selbst zu lernen, auf die Stimmen in seinem Innern zu hören. Seine Persönlichkeit wird bereichert, wenn er den Mentor zu einem wesentlicheren Teil seiner selbst macht. Die Verinnerlichung bedeutender Persönlichkeiten leistet einen wichtigen Beitrag zur Entwicklung im Erwachsenenalter.

Eine berufliche Tätigkeit ausbauen

Es wird oft angenommen, mit Anfang Zwanzig sollte ein Mann normalerweise ein festes Berufsbild vor sich haben und in einem klar umrissenen Arbeitsbereich tätig sein. Diese Annahme ist falsch. Sie spiegelt die vorherrschende Auffassung wider, nach der die Entwicklung mit dem Ende der Adoleszenz normalerweise abgeschlossen ist.

Wir haben festgestellt, daß der Prozeß länger und schwieriger ist, als die obige Darstellung vermuten läßt. Die Vorstellung von der *Entscheidung* für einen Beruf ist zu begrenzt und oberflächlich. Es ist weit sinnvoller, vom *Ausbau* einer beruflichen Tätigkeit zu reden, einem vielschichtigen, sozial-psychologischen Prozeß, der sich über die gesamte Lehrlingszeit und oft noch darüber hinaus erstreckt.

Eine erste ernsthafte Entscheidung wird gewöhnlich während des Übergangs ins frühe Erwachsenenalter oder während des Eintritts in die Erwachsenenwelt getroffen, irgendwann zwischen 17 und 29. Auch wenn die erste Entscheidung sehr endgültig zu sein scheint, stellt es sich gewöhnlich heraus, daß sie nur eine vorläufige Definition von Interessen und Werten darstellt. Die Umwandlung von *Interessen* in eine *berufliche Tätigkeit* ist selten ein einfacher oder unmittelbarer Prozeß. Es kann für einen jungen Mann ein jahrelanger Kampf sein, seine vielfachen Interessen richtig einzustufen, die beruflichen Tätigkeiten zu entdecken – falls es sie überhaupt gibt –, in denen er seine Interessen in die Praxis umsetzen kann, und sich auf eine ganz bestimmte Arbeit festzulegen. Oft erwägt er ernsthaft zwei oder mehr Berufsrichtungen. Ein treffendes Beispiel liefert unser Romanschriftsteller Paul Namson (vgl. Kapitel 12).

Junge Männer, die in den frühen Zwanzigerjahren eine starke berufliche Bindung eingehen, ohne die praktischen Möglichkeiten und die persönlichen Neigungen ausreichend erforscht zu haben, bereuen oft später ihre Entscheidung. Andererseits bringen sich diejenigen, die sich erst in den Dreißigerjahren oder überhaupt nie festlegen, um die Befriedigung, konstant eine Arbeit zu leisten, die dem Selbst angepaßt und für die Gesellschaft wertvoll ist. Es gehört zu den größten Widersprüchen der menschlichen Entwicklung, daß wir zu kritischen Entscheidungen gezwungen werden, bevor wir das Wissen, das Urteilsvermögen und das Selbstverständnis haben, um klug wählen zu können. Wenn wir aber diese Entscheidungen hinausschieben, bis wir uns wirklich reif dafür fühlen, kann diese Verzögerung andere und höhere Kosten herbeiführen. Das gilt insbesondere für die zwei großen Entscheidungen der frühen Erwachsenenzeit: Beruf und Ehe.

Hat ein Mann seine erste Berufswahl getroffen, muß er sich Fertigkeiten, Wertmaßstäbe und einen allgemeinen Befähigungsnachweis aneignen. Er muß eine stärker differenzierte berufliche Identität entwickeln und sich innerhalb der Berufswelt etablieren. Dabei kann es passieren, daß er versagt oder abspringt, um einen neuen Weg einzuschlagen. Er kann auf einem eng begrenzten Weg in der gleichen Richtung weitersuchen oder mehrere Richtungen ausprobieren, ehe er sich stärker auf eine von ihnen festlegt.

Dieser Prozeß dauert mehrere Jahre. Wer einen wissenschaftlichen oder akademischen Beruf ergreift (etwa den des Hochschulbiologen), verbringt mehrere Jahre als Student an einer Universität. Ein Romanschriftsteller muß sich an Selbstdisziplin gewöhnen, um auf sich allein gestellt aus der eigenen Einbildungskraft heraus schreiben zu können. Leitende Angestellte verbringen ihre Zwanzigerjahre gewöhnlich als Techniker, im Verkauf und in der unteren Verwaltungsebene. Industriearbeiter brauchen mehrere Jahre, um sich in der Welt der Arbeit zurechtzufinden, um sich Kenntnisse und Erfahrung anzueignen, um den jeweiligen Industriezweig und die Gewerkschaft kennenzulernen, um über den Lehrlingsstatus hinauszukommen und eine stabilere Position in ihrem Beruf einzunehmen. Der Prozeß verläuft zwar unterschiedlich, aber er erstreckt sich für alle Berufe über die ganze Lehrzeit. Erst wenn der Übergang in die Dreißigerjahre zu Ende geht, hat ein Mann seine berufliche Anfängerzeit abgeschlossen und kann in der Welt der Arbeit den Status eines vollwertigen Erwachsenen einnehmen.

Die Leistungsebene, die ein Mann mit 33 oder 34 erreicht, ist ebenfalls sehr unterschiedlich. Ein Biologe kann bereits ein Professor sein, den man im ganzen Land kennt, oder er ist gerade erst Dozent, der die ersten selbständigen Forschungsarbeiten durchführt. Ein Romanschreiber wird vielleicht als »hoffnungsvoller junger Autor« gefeiert, oder er ist völlig unbekannt. Ein Angestellter kann auf der untersten Sprosse der Leiter stehen, er kann aber auch schon bis in die Nähe der Spitze aufgestiegen sein. Ein Arbeiter kann hochqualifizierter Facharbeiter und Vertrauensmann der Gewerkschaft sein, ebensogut aber auch ein Hilfsarbeiter ohne gesicherten Arbeitsplatz.

Der Ausbau der beruflichen Tätigkeit verläuft in manchen Fällen relativ direkt und monoton, in einem geradlinigen Prozeß ohne größere Konflikte oder Richtungswechsel. Ein Mann schlägt einen bestimmten Kurs ein und bleibt beharrlich auf diesem Weg, bis er voll »im Beruf steht« und bereit ist, seßhaft zu werden. Gute Beispiele für einen solchen Ablauf liefern mehrere (wenn auch nicht alle) Biologen in unserer Untersuchung. Auf dem College treffen sie die Entscheidung, später einmal als Biologen an einer Universität zu arbeiten. Diese Entscheidung steht im Einklang mit ausgeprägten früheren Interessen, etwa an der Bewegung an freier Luft, am Wandern, an Aspekten der Fortpflanzung, an einem Chemielabor im Keller, an kniffligen Handarbeiten. Vielleicht erwägen sie noch andere berufliche Möglichkeiten, Medizin oder Maschinenbau etwa, doch am Ende ihrer College-Tage stellen sie diese Alternativen erst mal zurück, vielleicht, um sie in einer späteren Phase wieder aufzugreifen. Nach vier oder fünf Jahren an der Universität folgt nach dem Doktorexamen oft eine ein- bis zweijährige Forschungsperiode und dann die Einstellung als Dozent an einer Universität. Manche schließen zu diesem Zeitpunkt den Übergang in die Dreißigerjahre ab, andere nach ein paar Jahren im Lehrkörper. Erst mit dem Ende des Übergangs in die Dreißigerjahre schließt jedoch ein Mann die vorbereitende Phase seiner beruflichen Entwicklung ab. Ein Beispiel für einen derartigen Verlauf stellt John Barnes dar, dessen Biographie in Kapitel 17 steht.

Man nimmt gewöhnlich an, daß Männer normalerweise ihre berufliche Tätigkeit in dieser geradlinigen, eingleisigen Art ausbauen. Ein solcher Verlauf war jedoch bei keiner unserer Berufsgruppen die Norm. Er ist nicht zwangsläufig »normaler« oder gesünder als ein anderer Verlauf. Selbst bei den Biologen, die dem weitgehend vereinheitlichenden Ausbildungssystem der Universitäten ausgesetzt sind, nimmt der Prozeß ebenso oft oder noch öfter einen anderen Verlauf.

So ging beispielsweise einer der kreativsten Biologen in unserer Untersuchung, Barry Morgan, gegen den Willen seiner Eltern mit 16 von der Schule ab. Nach drei Jahren beim Militär kam er nach Hause zurück und machte mit 24 seinen College-Abschluß. Da er noch nicht bereit war, ins Berufsleben einzusteigen, blieb er noch zwei Jahre für Fortgeschrittenenkurse und leistete selbständig ausgezeichnete Forschungsarbeit. Daraufhin konnte er als Doktorand an ein erstklassiges biologisches Institut überwechseln, wo er dann mit 31 promovierte.

Morgans Entscheidung für die Biologie fiel während der Zeit auf dem College, im Übergang ins frühe Erwachsenenalter. Diese Wahl entsprach seinen frühen Interessen und seinem »Traum« vom Erwachsenenleben. Trotzdem kamen ihm immer wieder Zweifel, und er machte eine dreijährige »Bindungskrise« durch, ehe er sein Doktorexamen abgeschlossen hatte. Nach einem einjährigen Forschungsstipendium und einem weiteren Jahr als Lehrer an einer Elite-Universität schloß er dann mit 33 seine Lehrzeit ab und ließ sich auf eine verantwortungsvollere, unabhängigere Karriere ein. Nun war er auch endlich in der Lage zu heiraten.

Die Romanschriftsteller hatten in dieser formativen Phase mit anderen Komplikationen zu kämpfen. Sie waren im allgemeinen schon in der Vor-Erwachsenenzeit stark am Schreiben interessiert. Beim Übergang ins frühe Erwachsenenalter war ein angehender Romanautor in den meisten Fällen schon aktiv mit dem Schreiben beschäftigt, und der »Traum« von einem künftigen Leben als Schriftsteller hatte sich herausgebildet. Das Schicksal dieses »Traums« entwickelte sich in den nächsten fünfzehn Jahren bei den einzelnen Schriftstellern sehr unterschiedlich. In keinem Fall war es ein einfacher oder monotoner Prozeß. Einer unserer Autoren, Kevin Tyrone, stand mit 23 kurz vor seinem College-Abschluß, als er heiratete und seinen ersten Roman zu Ende schrieb. Die nächsten vier Jahre verbrachte er in einer stark abgekapselten Lebensstruktur, die hauptsächlich aus seiner Ehe und seiner Schriftstellerei bestand. Arbeit und Ehe waren durch die Rolle seiner Frau organisch verbunden, denn sie unterstützte seinen »Traum« und seine literarischen Bemühungen. Ihre Arbeit und sein eigener Teilzeit-Job sorgten für ein Einkommen ohne größere emotionelle Belastung. Mit 28 hatte er drei Bücher veröffentlicht und sich ein Ansehen als kreativer (wenn auch kommerziell nicht erfolgreicher) Romanschriftsteller erworben. Nun konnte er allmählich daran glauben, er werde einmal ein richtiger Schriftsteller werden.

Mit 28 war Tyrone zwar ein harter und ernsthafter Arbeiter, aber mit dieser schriftstellerischen Arbeit konnte er sich nicht den Lebensunterhalt verdienen. Die geradlinige Entwicklung mußte in einen Zickzackkurs übergehen. Er fing an, mit dem Segen und der Unterstützung seines treuen Mentors an einer ausgezeichneten Universität Schreibkurse zu geben. Während der nächsten vier Jahre – bei seinem Übergang in die Dreißigerjahre – wurde er Professor für Englisch an einer anderen Universität; er betätigte sich weiterhin als Schriftsteller und gab das Mentor-Verhältnis auf, das zehn Jahre lang so gute Dienste geleistet hatte.

Wie viele andere Männer und praktisch alle Romanschreiber hatte Tyrone nun einen Doppelberuf. Er selbst sah sich als Schriftsteller und Professor. In der Phase des Eintritts in die Erwachsenenwelt hatte er das Fundament für eine Identität und Karriere als Romanschriftsteller gelegt; und er lernte, daß er nicht damit rechnen konnte, sich mit dem Schreiben von Romanen den Lebensunterhalt zu verdienen. Daraufhin verwendete er den Übergang in die Dreißigerjahre dazu, einen neuen, akademischen Beruf zu ergreifen. Anfang Dreißig begann er die Phase des Seßhaft-Werdens mit einer Lebensstruktur, die sich um seinen doppelten Beruf und seine Familie drehte.

Es wird oft angenommen, daß Männer aus der Arbeiterklasse im frühen Erwachsenenalter ein einfaches und statisches Leben führen: Sie machen – in den meisten Fällen – den normalen Schulabschluß, beginnen zu arbeiten, heiraten und gründen eine Familie, und mit Mitte Zwanzig befinden sie sich auf einem Weg, der mit minimalen Veränderungen – sieht man von überraschenden Glücks- oder Unglücksfällen ab – viele Jahre lang so weiterläuft. Unsere Erkenntnisse widersprechen dieser Auffassung. Angehörige der Arbeiterklasse durchlaufen die gleichen grundlegenden Entwicklungsphasen wie die anderer Klassen und Berufe, auch wenn sie ihre eigenen klassenbezogenen Probleme haben, wenn sie in die Erwachsenenwelt eintreten, um sich dort einen Platz zu erobern. Acht der zehn Arbeiter in unserer Erhebungsauswahl hatten große Schwierigkeiten damit, beim Eintritt in die Erwachsenenwelt eine zufriedenstellende berufliche Tätigkeit auszubauen, und sie machten beim Übergang in die Dreißigerjahre eine leichte oder schwere Krise durch.

Ein Beispiel dafür ist Floyd Thomas, einer der drei Schwarzen unter unseren Arbeitern. In seiner Kindheit galt Thomas als der »böse« Sohn, »genau wie sein Vater« (der die Familie im Stich gelassen hatte), im Gegensatz zu dem »guten« Bruder, der eifriger und fleißiger war, wie alle in der Familie der Mutter. Thomas gab die Schule in der vorletzten Klasse auf, arbeitete in einer Gießerei und trat mit 18 zur Zeit des Koreakrieges in die Armee ein. Noch während der Grundausbildung heiratete er eine Frau, die das College besucht hatte und ein stabileres gutbürgerliches Leben führte. Er zeichnete sich in Korea als Sprengtechniker aus und wurde zum Feldwebel befördert; wegen »unerlaubter Entfernung von der Truppe« wurde er dann jedoch entlassen.

Mit 22 war Thomas wieder Zivilist und fuhr zu seiner Frau in deren Heimatort zurück. Ein paar Monate lang war er Hilfsarbeiter und führte mit seiner Frau und ihrer Familie ein konventionelles Leben, doch dann verließ er sie und kehrte in seine alte Heimat zurück. Die nächsten vier Jahre führte er ein reichlich ungeregeltes Leben »auf der Straße«. Er arbeitete hauptsächlich in Spielhöllen und für illegale Wettbüros und ging auch gelegentlich einer herkömmlicheren Arbeit nach, bis sie ihn zu sehr bedrückte. Er hatte in dieser Zeit den »Traum«, ein Box-Champion zu werden. Es war ihm nicht möglich, das Boxen zu seiner Hauptbeschäftigung zu machen, aber er hatte einen Manager (in manchen Dingen ein wichtiger Mentor für ihn) und brachte es am Ort zu einer gewissen Bekanntheit. Zwei- oder dreimal sah er seine Frau wieder, die ihm half, sich stärker von seiner Mutter zu lösen. Mit 26 bedrückte ihn sein chaotisches Leben immer mehr, und er war sich im klaren darüber, daß er seinen Traum vom Boxer nie verwirklichen würde.

Thomas' Übergang in die Dreißigerjahre (von 27 bis 31) war eine Zeit voller Kämpfe und Krisen. Er nutzte die Zeit dazu, mit seiner zerrissenen Lebensstruktur Schluß zu machen und die Basis für ein neues Leben zu schaffen. Mit Hilfe seines Managers und seiner Frau gab er seine mißratene Boxerkarriere auf und betätigte sich statt dessen am Gemeindezentrum als Boxlehrer für Jungen. Er schränkte seine außerehelichen sexuellen Beziehungen ein und band sich wieder stärker an seine Ehe. Mit 28 schloß er sich wieder der Kirche an und hielt auch weiterhin losen Kontakt zu ihr. Er fand in einer Fabrik am Ort einen Job als Maschinist und stellte sich so geschickt an, daß er mehrmals befördert wurde.

Mit 31 hatte Thomas die Struktur seines neuen Lebens aufgebaut. Da sie beide arbeiteten, konnten er und seine Frau sich zwei Wagen, regelmäßige Ferien und einen zunehmend bürgerlichen Lebensstil leisten. Die Spannungen in der Ehe waren nicht mehr so schwerwiegend, wurden aber immer wieder akut. Geselligkeit suchte er hauptsächlich »bei den Jungs«: Er spielte Golf und pflegte, wenn auch in gemäßigter Form, seine alten Leidenschaften: Glücksspiel, Trinken, sexuelle Promiskuität. Beide hatten weitgehend ihre eigene Welt. Seine Bindung an seine Frau war immer noch konfliktbeladen: Er fand sie zu brav, ohne sexuellen Reiz und ohne Verständnis für seine sorglose, sinnliche Art. Doch sie war der stabile Mittelpunkt, den er brauchte und den er sonst nirgends fand. Am Ende seiner Lehrzeit baute er eine Lebensstruktur auf, die diese widersprüchlichen Aspekte seines Selbst enthalten und ausdrücken konnte, doch sie existierten in einem unbehaglichen Waffenstillstand weiter und waren nicht voll integriert. Es mußte künftigen Entwicklungsphasen überlassen bleiben, diese Struktur zu integrieren, teilweise umzuwandeln oder drastisch zu verändern.

Für alle Berufe kamen wir zu diesem allgemeinen Ergebnis: Der Prozeß des Ausbaus einer beruflichen Tätigkeit erstreckt sich über die ganze Lehrzeit des frühen Erwachsenenalters. Er läuft für diejenigen, die sich frühzeitig und intensiv auf eine berufliche Tätigkeit festlegen, ebenso ab wie für die, die sich noch nicht entscheiden, und für die, die sich in den Zwanzigerjahren beruflich mehrmals stark verändern. Wenn der Übergang in die Dreißigerjahre zu Ende geht, ist die noch offene, formative Phase abgeschlossen. Ein Mann muß nun Entscheidungen treffen, die länger gültig bleiben, und er muß auf dem Fundament aufbauen, das er bis zu diesem Zeitpunkt geschaffen hat. Der formative Prozeß geht während des ganzen frühen Erwachsenenalters weiter, aber er verläuft gewöhnlich in den Bahnen, die in den frühen Dreißigerjahren festgelegt sind.

Eine Ehe und Familie gestalten

Die Hochzeit und die Geburt des ersten Kindes sind zwar wichtige Markstein-Ereignisse in der Geschichte der Familie, doch der Aufbau einer Ehe und Familie ist ein Prozeß, der lange vor den Markstein-Ereignissen beginnt und noch lange nachher weiterläuft. Wie die berufliche Tätigkeit eines Mannes durchlaufen auch seine Ehe und Familie einen ausgeprägten Entwicklungsprozeß, während der gesamten Lehrlingszeit und oft darüber hinaus.

Der Prozeß setzt während des Übergangs ins frühe Erwachsenenalter ein und geht in den darauffolgenden Phasen weiter. Als erste Entwicklungsaufgabe muß der Mann die Fähigkeit erlernen, *als Erwachsener zu erwachsenen Frauen Beziehungen zu unterhalten.* Diese Beziehungen können viele Komponenten in vielen Kombinationen enthalten: Zuneigung, Sexualität, emotionale Vertrautheit, Abhängigkeit, Fürsorge, romantische Liebe, Freundschaft, Zusammenarbeit, Achtung, Bewunderung, dauerhafte Bindung. Ein junger Mann braucht Zeit, um seine inneren Stärken und Schwächen in bezug auf Frauen kennenzulernen und um herauszufinden, was sie ihm bieten, von ihm fordern und ihm vorenthalten. Er hat eine Menge über die besonderen Merkmale zu lernen, die ihn zu Frauen hinziehen, und er muß lernen, was die Frauen an ihm anziehend finden. Seine Entwicklung in der Vor-Erwachsenenzeit bereitet ihn – teilweise, aber nie ausreichend – darauf vor, diese Entwicklungsaufgaben anzugehen. Sie hinterläßt ihm aber auch ein Vermächtnis aus Schuld, Angst und Verwirrung. Dieses Vermächtnis kompliziert seine Bemühungen, Frauen kennenzulernen, sie ernst zu nehmen und sich mit einer Frau zusammenzutun, um in einem langfristigen Unterfangen eine Ehe und Familie aufzubauen. Im Licht dieser Schwierigkeiten ist es nicht verwunderlich, daß ein Mann bis in seine frühen Dreißigerjahre auf diesem Gebiet ein Anfänger bleibt und daß es eine Entwicklungsaufgabe für das ganze Leben ist, sich auf das Weibliche in anderen und im eigenen Selbst einzustellen.

Und trotzdem haben zahllose Generationen junger Männer aus allen Kulturen, ob sie nun bereit waren oder nicht, während der Lehrlingszeit geheiratet und eine Familie gegründet. Es hat wahrscheinlich noch nie eine Gesellschaft gegeben, in der das Durchschnittsalter bei der ersten Eheschließung über 25 lag. (Das moderne China wird möglicherweise durch rigorose Maßnahmen der Regierung zu einer Ausnahme; doch das bleibt abzuwarten.) Es gibt natürlich Individuen und Untergruppen, die später oder gar nicht heiraten. Starke Kräfte, die uns zu irgendeiner Form der Ehe und Familie drängen, scheinen in der biologischen und psychologischen Konstitution des Individuums und in der Natur der menschlichen Gesellschaft vorgegeben. Die Frage ist nicht, *ob* man die Familie als eine soziale Einrichtung haben will, sondern *welche Form* einer familiären Einrichtung sich am besten dazu eignet, die Entwicklung von Kindern und Eltern unter bestimmten gesellschaftlichen Bedingungen zu fördern.

Ein Mann im frühen Erwachsenenalter muß sowohl zu Frauen als auch zu Männern relativ dauerhafte Beziehungen eingehen. Er muß auch die Verantwortung und die Freuden der Elternschaft akzeptieren und bis zu einem gewissen Grad die »maskulinen« und die »femininen« Aspekte seines Selbst im Leben verwirklichen. Unter einigermaßen günstigen Bedingungen ist es seiner Entwicklung förderlich, Ehemann und Vater zu sein. Es ist zum Teil ein Entwicklungsfehler, wenn ein junger Mann unfähig ist, sich in der Familie angemessen zu verhalten. Geschieht das in großem Umfang, dann spiegelt sich darin auch ein Versagen der Gesellschaft, und destruktive Folgen für die Gesellschaft bleiben nicht aus.

Wie gut diese Entwicklungsaufgaben in bezug auf Mann-Frau-Beziehungen, Ehe und Familie bewältigt werden, ist für das Wohlergehen des Individuums, der Gesellschaft und der Spezies Mensch von entscheidender Bedeutung. Angesichts der fundamentalen Bedeutung dieser Aufgaben ist es erstaunlich, daß die zeitliche Koordinierung der Natur so schlecht ist: Wir müssen einen Partner wählen und eine Familie gründen, bevor wir richtig wissen, was wir da machen oder wie man es gut macht. Wir müssen uns – wie so oft in unserer Entwicklung – an den eigenen Haaren aus dem Sumpf ziehen: ein weiterer Aspekt der Vielschichtigkeit, des Wachstums und der Irrationalität des Menschen.

Wenn sich ein junger Mann zur Heirat entschließt, gelobt er, eine lang dauernde Beziehung aufrechtzuerhalten und in der Regel auch eine Familie zu gründen und Kinder großzuziehen. Die Tatsache, daß er diese Verpflichtung eingeht, bedeutet aber nicht unbedingt, daß er darauf vorbereitet ist. Die meisten Männer sind in ihren Zwanzigern nicht bereit, eine dauerhafte innere Bindung an Frau und Familie einzugehen, und sie sind zu einer in hohem Maße liebevollen, sexuell freien und emotional intimen Beziehung gar nicht fähig.

Wenn ein Mann während seines Übergangs ins frühe Erwachsenenalter (zwischen 17 und 22) heiratet, so wie etwa jeder zweite in unserem Sample, hat er noch kaum Erfahrungen damit, wie man als Erwachsener zu erwachsenen Frauen Beziehungen gestaltet. Höchstwahrscheinlich sind die Werbung um die Frau und der Entschluß zur Heirat eng mit den Aufgaben des Übergangs ins frühe Erwachsenenalter verflochten, ganz besonders mit seinen Bemühungen, sich von den Eltern zu lösen. Er möchte gleichzeitig sehr erwachsen sein und seine aus der Vor-Erwachsenenzeit bestehenden Bindungen an die Eltern und andere aufrechterhalten. Er ist noch kaum aus dem Jugendalter heraus, in dem der Sex so oft etwas einschüchternd Rätselhaftes oder ein Akt der Ausbeutung ist. Während des Übergangs ins frühe Erwachsenenalter werden die Bemühungen eines jungen Mannes um eine intime eheliche Beziehung dadurch kompliziert, daß er sich weiterhin als kleiner Junge fühlt, dem eine mächtige Mutterfigur gegenübersteht. Er ringt darum, seine verschiedenen Fantasien von dieser Figur – verschlingende Hexe, nährende Brust, sexuelle Verführerin, abweisende Unnahbare, willfährige Dienerin und gebieterische Herrin – sowohl auszudrücken als auch zu bezähmen. Er fühlt sich zum Teil deshalb zu seiner Frau hingezogen, weil ihr die Eigenschaften zu fehlen scheinen, die er bei seiner verinnerlichten Mutterfigur fürchtet und haßt. Trotzdem kann ihre Beziehung diese und andere Aspekte der Mutter-Sohn-Interaktion enthalten (etwa wie sie ihn verwöhnt und bewundert), und aller Wahrscheinlichkeit nach werden diese Aspekte mit der Zeit zu einem größeren Problem.

Etwa 30 Prozent der Männer in unserer Untersuchung heirateten in der Phase des Eintritts in die Erwachsenenwelt (grob gerechnet zwischen 22 und 28). Diese Ehen unterliegen dem Einfluß der Aufgaben dieser Phase, und sie profitieren von der Entwicklungsarbeit, die während des Übergangs ins frühe Erwachsenenalter geleistet wurde. Nun hat ein Mann endgültig seine Vor-Erwachsenenzeit abgeschlossen und ist im Begriff, die erste Struktur für sein Erwachsenenleben aufzubauen. Er sucht eine Frau, die für seine immer deutlicher werdenden Bestrebungen Verständnis hat und sein projiziertes Leben mit ihm teilen will. Eine Heirat in dieser Phase entspringt und entspricht gewöhnlich der Erwachsenenwelt, in die er eintritt, und den Lebenszielen, die er sich setzt.

Dennoch warten auch auf diese Ehen viele Schwierigkeiten. Oft kennt sich das Paar, das in dieser Phase heiratet, seit dem Übergang ins frühe Erwachsenenalter oder noch länger. Doch die Beziehung, die sich früher herausgebildet hat, eignet sich weniger gut für die darauffolgenden Phasen. Das ist nur ein Grund, weshalb von Teenagern begonnene Liebesaffären gewöhnlich nach mehreren Jahren scheinbarer Unzertrennlichkeit in die Brüche gehen. Heiratet das Paar trotzdem, dann hat dabei oft einer der Partner – oder alle beide – schwere Bedenken, die er aber unterdrückt, weil er sich dem Partner oder der Familie und dem sozialen Netz verpflichtet fühlt.

Wenn ein Mann Ende Zwanzig noch Junggeselle ist, so ist damit zu rechnen, daß er während des Übergangs in die Dreißigerjahre »ernsthafter« ans Heiraten denkt. Er wird von Eltern, Freunden und Arbeitskollegen und von Stimmen in seinem Innern zum Heiraten ermuntert oder gedrängt. Sein bisheriges Junggesellendasein war vielleicht ein Vergnügen: Er konnte alles mögliche ausprobieren, häufig den Geschlechtspartner wechseln, ein paar ernstere (aber nicht makellose) Liebesaffären haben oder gar Frauen von seinem Gefühlsleben fernhalten, ohne sich gleich wegen eines »Problems« Sorgen zu machen. Beim Übergang in die Dreißigerjahre hat ein Lediger jedoch meistens das Gefühl, daß in seinem

Leben etwas fehlt, daß seine Lebensstruktur eine Lücke aufweist. Der Mann, der – wie 20 Prozent in unserem Sample – in dieser Phase die Ehe eingeht, hat möglicherweise den Vorteil, daß er besser über sich selbst und seine Beziehungen zu Frauen Bescheid weiß und daß er die Lösung einiger Konflikte aus der Vergangenheit weiter vorangetrieben hat. Möglicherweise hat er aber den Nachteil, unter Druck geheiratet zu haben. Aus dem Gefühl heraus, daß das seine letzte Chance sein könnte, geht es ihm vielleicht eher darum, sein Leben zu »normalisieren«, als eine tiefgehende Liebesbeziehung zu festigen.

Ungeachtet der Phase, in die die Heirat fällt, beginnen alle ehelichen Beziehungen mit einer Kombination aus starken und schwachen Punkten. Ein Paar ist nie hundertprozentig auf die Ehe vorbereitet, ganz gleich, wie lange und wie gut die Partner einander kennen. Paare, die sich frühzeitig mit einer sehr beschränkten Beziehung zufriedengeben, mögen dies eine Weile ausreichend finden, doch mit der Zeit führt die Unzufriedenheit zum offenen Konflikt oder zu einer stagnierenden Ehe. Sowohl Einzelne als auch Paare müssen in folgenden Lebensabschnitten Entwicklungsarbeit leisten, wenn die Ehe eine für beide Teile befriedigende Entwicklung nehmen soll. Die Stabilität der Ehe als einer Institution lebt traditionell von den bindenden Kräften der Kultur und Religion, der erweiterten Familie und des Rechts – und häufig von der stillschweigenden Einwilligung in diskrete außereheliche Beziehungen. In der heutigen Gesellschaft, in der der Rechtsanspruch von Autoritäten und die Bande sozialer Integration schwächer geworden sind, erhält die Stabilität einer Ehe weniger institutionelle Unterstützung und ist verstärkt auf die Bemühungen der beiden Partner angewiesen.

Die Liebesbeziehungen zu Frauen können bei einem Mann viele Formen annehmen und viele Funktionen erfüllen. Ich möchte einen Typ einer Beziehung beschreiben, in der sie für ihn die *besondere (geliebte und liebende) Frau* darstellt. (Möglicherweise empfindet auch sie ihn als den besonderen Mann.) Es ist eine einzigartige Beziehung, zu der gewöhnlich liebende, romantische, zärtliche und sexuelle Gefühle gehören, aber es ist noch mehr als das. Die besondere Frau ist wie der wahre Mentor: Ihre Besonderheit liegt in ihrer Verbindung mit dem »Traum« des jungen Mannes. Sie hilft den Teil des Selbst zu beleben, der den »Traum« enthält. Sie erleichtert ihm den Eintritt in die Erwachsenenwelt und die Verwirklichung seines »Traums«. Sie erreicht das zum Teil durch ihre aktiven Bemühungen als Lehrerin, Ratgeberin, Begleiterin, Kritikerin, Gönnerin.

Auf einer tiefer liegenden psychologischen Ebene gibt sie ihm die Möglichkeit, sein inneres weibliches Wesen – C. G. Jungs »Anima« –, das seine heroischen Bemühungen hervorbringt und unterstützt, auf *sie* zu projizieren. Die besondere Frau hilft ihm, den »Traum« zu gestalten und zu verwirklichen: Sie teilt den »Traum« mit ihm, glaubt an ihn als den Helden dieses »Traums«, dem sie ihren Segen gibt; sie begleitet ihn auf seiner Reise und schafft einen »Grenzbereich«, in dem er seine Zukunftsträume ausmalen und seine Hoffnungen nähren kann.

Wie der Mentor ist auch die besondere Frau eine Übergangsfigur. Im frühen Erwachsenenalter bemüht sich ein Mann darum, über den in ihm steckenden kleinen Jungen hinauszuwachsen und zu einem unabhängigeren Erwachsenen zu werden. Die besondere Frau fördert diese Bestrebungen, akzeptiert aber gleichzeitig seine Abhängigkeit, seine Unfertigkeit und sein Bedürfnis, mehr (oder weniger) aus ihr zu machen, als sie tatsächlich ist. Später, während des Übergangs zur Lebensmitte, wird er mehr für seine Individualität tun müssen. Mit der weiteren Entwicklung wird er in sich vollkommener sein und die tatsächlichen oder eingebildeten Beiträge der besonderen Frau nicht mehr so sehr brauchen.

Ein Paar kann eine dauerhafte Beziehung, die die Entwicklung des Mannes fördert, nur aufbauen, wenn auch die Entwicklung der Frau dabei gefördert wird. Wenn sein Bewußtsein von ihr als der besonderen Frau hauptsächlich seinem Wunschdenken entspringt und fast gar nicht ihren eigenen Wünschen und Bemühungen entspricht, dann wird früher oder später die Seifenblase platzen, und beide werden sich betrogen fühlen. Wenn sie bei der Unterstützung seines »Traums« ihren eigenen einbüßt, dann leidet ihre Entwicklung darunter, und später müssen sie beide dafür bezahlen. Solche Ungleichheiten kommen oft in Übergangsphasen an die Oberfläche, etwa während des Übergangs in die Dreißigerjahre oder zur Lebensmitte.

Eine Ehefrau kann für einen Mann die »besondere Frau« in dem eben beschriebenen Sinn sein. Andererseits können sie aber auch eine auf Liebe und gegenseitiger Unterstützung beruhende Beziehung haben, die kaum etwas mit seinem »Traum« zu tun hat. Die Frau kann sogar in entscheidenden Punkten in Antithese zu seinem »Traum« stehen. Was sie an ihm liebt und was sie in ihr gemeinsames Leben einbauen will, mag eine Verwirklichung seines »Traums« erschweren oder verhindern. Mit der Entscheidung, sie zu heiraten, hat er sich praktisch für eine Richtung entschieden, die vom »Traum« wegführt. Wenn sich ihr »Traum« von seinem unterscheidet oder ihm gar entgegenwirkt, beginnt ihre Ehe mit einem Widerspruch, der früher oder später ausgeräumt werden muß. Eine solche Ungleichheit tritt oft erst nach Jahren zutage und kann dann bittere Unzufriedenheit und Konflikte auslösen.

Dies ist ein Aspekt der derzeitigen Kontroverse um die verschiedenen »traditionellen« und »emanzipierten« Auffassungen vom Leben der Frau. Für die eher traditionell orientierte Frau, die hauptsächlich an ihren Rollen als Ehefrau und Mutter interessiert ist, kreist der »Traum« um eine gewisse Art des Familien- und Gemeindelebens. Ihre Identität ist weitgehend der ihres Mannes angepaßt und angehängt. Sie hilft ihm bei der Verwirklichung seines »Traums«, solange der ihn nicht allzu sehr beschäftigt und ihn zu weit von Ehe und Familie fortzieht. Sein »Traum« bildet also den Rahmen, in dem auch sie ihre Interessen definiert und verfolgt. Ihre große Herausforderung kommt dann in den Dreißiger- und Vierzigerjahren: Der Mann und die Kinder brauchen sie immer weniger und bieten ihr immer weniger, und sie muß nun eine stärker ausgeprägte eigene Identität entwickeln.

Die stärker emanzipierte Frau versucht, ihren eigenen spezifischen »Traum« zu gestalten. Wenn sie sich beruflich stark engagiert, müssen sie und ihr Mann größte Anstrengungen unternehmen, um sich aufeinander einzustellen und eine individuelle Entwicklung zu ermöglichen. Die Ungleichheiten in ihren »Träumen« zu akzeptieren und damit fertigzuwerden, ist für Liebes- und Ehepaare ein entscheidendes Problem. Es ist schwierig genug, eine Lebensstruktur auf dem »Traum« einer Person aufzubauen. Eine Struktur aufzubauen, die die »Träume« beider Partner enthalten kann, ist tatsächlich eine gewaltige Aufgabe, auf die Evolution und Geschichte uns nur unzureichend vorbereitet haben.

Ich habe dieses Thema hauptsächlich vom Standpunkt des Mannes aus erörtert. Es muß letztlich natürlich aus den mannigfaltigen Perspektiven des Mannes, der Frau, der Ehe, Familie und Gesellschaft untersucht werden.

Das Ende der Lehrzeit

Wie befriedigend waren die Lebensstrukturen unserer Männer gegen Ende des Übergangs in die Dreißigerjahre? Um diese Frage zu beantworten, teilten wir die Erhebungsauswahl in drei Gruppen ein: a) überwiegend positive Lebensstruktur; b) Lebensstruktur mit positiven und negativen Aspekten oder unklar; c) überwiegend negative Lebensstruktur. Wir hatten fünfzehn Männer in Kategorie a, zwanzig in b und fünf in c. Die Gruppe mit »überwiegend positiver« Lebensstruktur umfaßte drei Arbeiter und vier aus jeder der anderen Berufsgruppen. Die »überwiegend negative« Struktur fand sich bei drei Biologen, einem Angestellten und einem Romanschriftsteller.

Manche Lebensstrukturen befriedigen zwar mehr als andere, aber es gibt keine Struktur ohne Makel und Widersprüche. Auch die beste Struktur hat ihre Grenzen und muß mit der Zeit geändert werden. Jede stabile Phase wird dazu genutzt, eine bestimmte Struktur auf- und auszubauen und mit Leben zu füllen. In der sich anschließenden Übergangsphase wird diese Struktur abgeschwächt oder zerstört, und es entsteht die Basis für eine neue, aber nie dauerhafte Stabilität.

Der Entwicklungsprozeß, der sich in der Lehrzeit vollzieht, wird einem deutlich bewußt, wenn man das Leben eines Mannes mit 17 und mit 33 vergleicht. Der Kontrast ist bemerkenswert. Eine qualitativ neue Struktur entsteht. Sie enthält immer einige Elemente aus der Vergangenheit, aber ihre Bedeutung hat sich im Kontext eines neuen Lebens gewandelt. Beim Übergang ins frühe Erwachsenenalter ist das Leben eines Mannes immer noch stark in seiner Herkunftsfamilie und in der Vor-Erwachsenenwelt verwurzelt; der Prozeß der Loslösung hat gerade erst eingesetzt. Der junge Mann hat einen »Traum«, unfertig oder differenziert, und verschiedene Hoffnungen, Ängste, Fantasien und Zukunftspläne.

Fünfzehn Jahre danach, in den frühen Dreißigerjahren, scheint seine Jugend Teil einer längst abgeschlossenen Vergangenheit, von der Welt der Gegenwart weit entfernt. Selbst wenn er immer noch in derselben Gemeinde und in derselben sozialen Umwelt lebt, haben sich die Zeiten geändert und damit auch das Gefüge seines Lebens. In den meisten Fällen lebt er jedoch in einer ganz neuen Umgebung und in einer neuen soziokulturellen Welt. Fast mit Sicherheit hat er inzwischen eine Frau und Familie – vielleicht ist er bereits geschieden und zum zweitenmal verheiratet –, und seine Auffassung von der Rolle eines Ehemannes und Vaters hat sich dramatisch verändert. Das gilt auch für die Rolle des Sohnes: Die Eltern sind vielleicht gestorben, und wenn sie noch leben, so verschieben sich doch die Gewichte: Er übernimmt ihnen gegenüber die Rolle der Eltern oder verliert den Kontakt zu ihnen. Seine berufliche Tätigkeit nimmt eine neue Gestalt an. Selbst wenn er nun die Tätigkeit ausübt, die er sich einmal erhofft hat, so enthält sie doch Möglichkeiten und Einschränkungen, die er sich beim Übergang ins frühe Erwachsenenalter nicht vorgestellt hat. In den meisten Fällen weicht die berufliche Tätigkeit in wichtigen Punkten von seinen früheren Erwartungen ab.

Wenn der Übergang in die Dreißigerjahre zu Ende geht, bewegt sich ein Mann auf wichtige neue Entscheidungen zu, oder er bindet sich von neuem an bereits getroffene Entscheidungen. Von diesen Entscheidungen hängt sehr viel ab. Sind sie gut getroffen – gemessen am »Traum«, den Wertvorstellungen, Talenten und Möglichkeiten des Mannes –, dann liefern sie den Mittelpunkt für eine relative befriedigende Lebensstruktur. War aber die vorbereitende Arbeit ungenügend und die Struktur weist Fehler auf, dann wird das Leben in der Phase des Seßhaft-Werdens immer beschwerlicher werden, und die Bemühungen um eine zufriedenstellendere Struktur werden schwieriger sein und einen höheren Preis fordern.

7. Das Leben des leitenden Angestellten James Tracy (I)

James Bradford Tracy wurde 1924 in Exeter (New Hampshire) geboren. Seine Eltern waren zu dem Zeitpunkt beide etwa 27 Jahre alt. 1929 zogen sie nach Haverstraw, einem kleinen Ort im Staat New York, und noch im selben Jahr kam Jims einziger Bruder George (Schwestern hatte er keine) auf die Welt. In der Familie drehte sich alles um Jims Mutter.

> Sie und ich lebten wie Katze und Hund zusammen. Wir waren beide jähzornig, und ich geriet dauernd in Wut über sie, und sie über mich. Sie hämmerte mir ein, daß es falsch war, in Wut zu geraten. Sie war eine sehr starke, sehr intelligente Person; sie führte ein strenges Regiment und gab im Haus eindeutig den Ton an.

Seine Mutter hatte mit Auszeichnung das »Sweet Briar College« in Virginia absolviert. Sie war ehrgeizig, eigensinnig, gescheit und despotisch:

> Wir sind uns in der Persönlichkeit sehr ähnlich. Sie war der Herr im Haus, keine Frage, und sie ist es heute noch. Sie war in der Gemeinde immer sehr aktiv. Sie war Präsidentin der Gartenfreunde und stand dem örtlichen Wohlfahrtsverband vor, eine stadtbekannte Persönlichkeit. Ich würde sagen, meine Eltern kamen sehr gut miteinander aus, und das gilt auch heute noch. Sie sind fast 50 Jahre verheiratet; sie sind um 75. Ich bin wohl ziemlich normal aufgewachsen, falls es so etwas gibt. Ich hatte Freunde, spielte Baseball und Football. Ich hatte immer ein starkes Interesse an Sport.

Jims Erinnerungen an seine frühen Jahre drehten sich um seine Mutter. Über seinen Vater wußte er weniger zu sagen:

> Mein Vater stammte aus einer sehr armen Familie in Maine. Sein Vater starb, als er drei Jahre alt war; er wurde von seiner Mutter großgezogen und fing schon als Kind an zu arbeiten. Er war das jüngste von sieben Kindern in einem winzigen Ort. Er bekam von der Schule weg ein Stipendium der Universität von Maine, doch nach drei Jahren an der

Universität packte ihn das Kriegsfieber, und er ging in den Ersten Weltkrieg. Er wurde Pilot und schloß das College nie ab. Eine »G. I.-Bill« oder so etwas gab es noch nicht.

Mein Vater ist intelligent, ich will nicht sagen überdurchschnittlich intelligent, aber er ist clever und hatte einen sehr guten Job bei Owens-Corning. Er war Chef-Betriebsingenieur und hatte eine Menge Verantwortung zu tragen. Als es uns während der Depression nicht gut ging, hatten wir jedenfalls immer etwas zu essen und anzuziehen, und es ging uns verdammt viel besser als vielen anderen. Mir hat es nie an etwas gefehlt.

Die Familie seiner Mutter war in puncto Klasse, Kreativität und Bildung eindeutig überlegen. Als gebildete, wohlerzogene junge Dame aus einer wohlhabenden protestantischen Familie heiratete sie einen Aufsteiger aus den unteren Klassen, einen katholischen Neuengländer ohne College-Abschluß. Obwohl sie in ihm einen charakterfesten und treusorgenden Mann hatte, könnte man in ihrer Ehe ohne weiteres eine Auflehnung gegen ihren Vater, Robert Bradford, sehen, der viel mehr Überzeugungskraft und Charisma besaß als ihr Mann. Die Bradfords waren einst auf der Mayflower gekommen und hatten sich in Boston niedergelassen. Für den jungen Jim war der Großvater mütterlicherseits eine heroische Figur:

Mein Großvater besuchte das »Rensselaer Polytechnical Institute«. Einen Vierjahreskurs in Elektrotechnik absolvierte er in drei Jahren und hatte das beste Abschlußzeugnis, das dort je registriert wurde. Er wurde schließlich Erfinder im Bereich der Elektrotechnik. Mein Großvater war ein großer, bärenstarker Mann, über einsneunzig groß, heftig und ungezügelt – ein Riese von einem Mann. Viele Leute hatten Angst vor ihm, aber ich verstand mich aus irgendeinem Grund sehr gut mit ihm, und dabei war ich nur ein kleiner Junge. Eines Tages kam Kettering, der Erfinder des elektrischen Anlassers für Autos, zu uns und versuchte, ihn einzustellen und mit nach Detroit zu nehmen. Mein Großvater war immer sehr stolz auf die Tatsache, daß er Kettering eigenhändig aus seiner Werkstatt warf. Er hatte keine Lust, den lächerlichen Handlanger zu spielen. Er hatte zahllose Stammpatente, die er an General Electric verkaufte.

Mit 34 büßte er durch einen Unfall die Sehkraft auf einem Auge ganz und auf dem anderen teilweise ein. Er mußte seine Erfindertätigkeit aufgeben, weil er nichts mehr sehen konnte, und er lebte für den Rest seines Lebens von den Lizenzgebühren. Er lebte sehr gut. Er hatte einen Cadillac und ein großes Haus in Darien in Connecticut. Er besaß etwa vier Morgen Land, genau in der Ortsmitte von Darien – Wälder, Gärten und Baumwiesen. Ich hatte immer meine festen Aufgaben, mußte jeden Vormittag in seinem Garten arbeiten und durfte dann nachmittags spielen.

Er fing an, historische Bücher über die Pilgerväter zu schreiben. In seinem Testament hinterließ er mir eine fantastische Sammlung von Büchern über die Pilgerväter. Er war in seinen letzten Jahren ein streitsüchtiges altes Ekel, aber blitzgescheit. Ich glaube, ich stand ihm von allen am nächsten, und das war eigentlich merkwürdig, denn mein Vetter wohnte bei ihm. Aber ich bekam die Bücher über die Pilgerväter, seinen kostbarsten Besitz.

Er hat der Welt Dinge geschenkt, die meiner Ansicht nach sehr wichtig sind. Er war der erste, der Druckerpressen elektrisch anstatt mit Dampf antrieb, und das gleiche schaffte er für viele andere Industriezweige.

Jims Mutter hatte viel vom Charakter und der Kraft dieses Mannes. Sie hatte sein Temperament, und Jim hatte es ebenfalls. Sie hatte seinen Ehrgeiz, seine Intelligenz und seine Willenskraft. Sie gab Jim das Gefühl, etwas Besonderes zu sein, der Liebling. Sie lenkte ihn und trieb ihn manchmal an. Während der Großvater als Modell diente, war die Mutter diejenige, die Jims Traum von sich selbst als einem Menschen-Führer nährte und unterstützte:

Ich habe den gleichen Vorwärtsdrang wie einst meine Mutter. Ich bin einigermaßen intelligent, und ich glaube, da schlage ich eher ihr nach. Ich denke ähnlich wie sie. Ich denke schneller als mein Vater, der langsamer und methodischer vorgeht. Meine Mutter ist sehr schnell.

Der Vater verblaßte im Vergleich. »Er ist immer eine Art Schatten gewesen«, sagte Jim. »Er hat eigentlich nie viel Einfluß auf mich gehabt. Er war immer da, und ich mag ihn auch, aber besonderen Einfluß hat er nie auf mich gehabt.« Der Vater blieb im Hintergrund, im Schatten der energischen Mutter und des genialen Großvaters. Mutter und Großvater verkörperten die Initiative, das Leistungsvermögen und den Erfolg des

Individuums; der Vater vertrat die Stabilität, aber es war eine sich selbst beschränkende Stabilität.

Der jüngere Bruder George schlug eher dem Vater nach – ein zurückhaltender, passiver, unauffälliger Typ. George galt nicht so viel; er tat sich weder mit schulischen noch mit sportlichen Leistungen hervor. Er war kräftig, sah gut aus und war vergleichsweise extravertiert, aber er konnte mit seinem älteren Bruder nicht mithalten.

Jim Tracy war schüchtern und introvertiert. Von seiner Mutter lernte er Selbstbeherrschung und die Fähigkeit, nur in solchen Situationen aus sich herauszugehen, aus denen er letztlich als Sieger hervorgehen würde. »Es war mir sehr wichtig, nicht als *Narr* dazustehen«, sagte er mit 44, als er interviewt wurde. »Heute habe ich das weitgehend überwunden, aber ich stehe immer noch nicht gern als Narr da, und mein Sohn ist da genauso. Ich lasse mich höchst ungern auf eine Sache ein, die ich möglicherweise nicht gut beherrsche. Es widerstrebt mir einfach, etwas zu tun, was mich bloßstellen oder lächerlich machen könnte.«

Unterstützt von der Mutter, begann in Haverstraw ein Nachbar und ehemaliger Kapitän der Marine, der »nur Töchter« hatte, Jim wie den eigenen Sohn zu behandeln. Als Jim zehn war, ging er öfter mit dem Nachbarn zu Footballspielen nach Annapolis. Bald stand für sie fest, daß er eines Tages die dortige Marine-Akademie besuchen würde.

Jim hatte als Junge Freude am Sport. Mit seinem Ehrgeiz und seiner Zielstrebigkeit machte er den Mangel an besonderen Fähigkeiten wett und zeichnete sich immer wieder aus. Er besuchte ein YMCA-Ferienlager, bei dem es einen Preis für den herausragenden Lagerteilnehmer zu gewinnen gab. »Wer den Preis gewann, stieg im nächsten Jahr automatisch zum Betreuer auf. Nun, ich gewann das verdammte Ding! Es war das erstemal, daß ich überhaupt etwas gewann. Klar, daß ich mich riesig freute. Die nächsten zwei Jahre ging ich dann als Betreuer hin. So verbrachte ich meine Sommerferien.« Der Gewinn dieses Preises war ein symbolisches Ereignis. Jim war gegen Gleichaltrige angetreten und hatte gewonnen. Diese Leistung vollbrachte er ganz allein, ohne Einfluß der Eltern, Hunderte von Meilen von zu Hause entfernt.

Weil seine Mutter der Meinung war, die örtliche High School sei für ihren Sohn nicht gut genug, beschloß sie, ihn auf eine erstklassige Privatschule zu schicken. Sein Vater hielt das für riskant: Jim mußte dort möglicherweise ein Schuljahr wiederholen. Der Vater sträubte sich also, aber die Mutter behielt, wie gewöhnlich, die Oberhand. Sie schaltete alte

Familienfreunde ein und brachte ihren Sohn in der elitären »Exeter Academy« für Jungen unter. Mit 17 kam er dorthin: »Ich mußte in diesem Jahr zusätzliche Stunden belegen und Ferienkurse mitmachen. So verlor ich nur ein Jahr statt zwei. In fünf Jahren hatte ich die High School absolviert.«

Gesellschaftlich brachte Exeter nach dem zwanglosen Schulleben in Haverstraw erhebliche Veränderungen mit sich:

> Während der letzten zwei High-School-Jahre war ich lange mit einem Mädchen befreundet. Als ich in die Privatschule kam, machte ich dann Schluß mit ihr. Die Jungs, mit denen ich an der High School immer zusammen war, interessierten sich für Sport. Wir verbrachten die meiste Zeit mit den in den verschiedenen Jahreszeiten üblichen Ballspielen. Ich wurde in der Leichtathletik aktiv und lief vor allem die langen Strecken. Tagsüber trieben wir Sport, und am Freitag- und Samstagabend gingen wir mit Mädchen ins Kino.
> Exeter war, gemessen an anderen Privatschulen, ziemlich großzügig. Man bekam, wenn man gute Noten hatte, ein Wochenende im Monat, an dem man nach Boston gehen und Rabatz machen konnte. Wir hielten uns an die einheimischen Mädchen. Es war ein komischer Zufall, daß eine Frau, mit der meine Mutter auf dem College ein Zimmer teilte, eine Mädchenschule am Ort leitete; ich dachte mir, da kannst du aus dem vollen schöpfen, wenn du mal ein Mädchen brauchst. Ich hab es einmal versucht, aber sie gab mir die größte Schreckschraube der ganzen Schule, und ich ging nie wieder hin. Schulisch hatte Exeter einen sehr hohen Standard. Ich mußte unheimlich lernen. Neben dem Lernen und dem Sport blieb mir für nichts anderes mehr Zeit.

Als der Schulabschluß bevorstand, ging der Nachbar und Exkapitän zu seinem Kongreßabgeordneten und erreichte, daß er Jim für Annapolis vorschlug. In einer Ausleseprüfung in diesem Sommer schnitt er als Zweitbester ab.

> Ich hatte schon ein irres Glück. Die zwei Kurse, die ich während des Sommers in Exeter absolvieren mußte, waren in Algebra und Geometrie. Dann machte ich die siebenstündige Prüfung für die Marine-Akademie – über Algebra und Geometrie! Ich war der Zweitbeste von 200.

Dann wurde mein Freund, der Kapitän Anderson, erst richtig aktiv. Er ging zu seinem Kongreßabgeordneten, der dann einen Studienplatz von der Akademie in West Point auf Annapolis übertrug; anstatt jeder Akademie einen Studenten zuzuweisen, schickte er zwei nach Annapolis.

Jims Mutter arbeitete darauf hin, den Mann aus ihm zu machen, den sie am meisten achtete. Sie war es, die seine ganze Ausbildung für ihn plante und durch die Hilfestellung ihrer Freunde aus Exeter, Kapitän Anderson und den Abgeordneten aus New York, ermöglichte. Der Traum der Mutter, ihr Sohn könnte zu einer Führerpersönlichkeit werden, war nun auch sein »Traum«. Ihre Familie war einst in Plymouth Rock an Land gegangen. Dieses Erbe wurde vom Großvater weitergeführt, der die heroischen Aspekte des amerikanischen Einfallsreichtums und des industriellen Könnens symbolisierte. Er übertrug dieses Erbe auf Jim, dem er seinen Bücherschatz vermachte. Die Mutter übertrug auf ihren Erstgeborenen ähnliche Leitmotive: Leistung und Führungsqualitäten. Der Vater hatte zwar gegen diese Orientierung nichts einzuwenden, aber er verkörperte oder vermittelte sie nicht in der gleichen Weise wie die Mutter und ihre Familie.

Der Übergang ins frühe Erwachsenenalter

Jim kam 1943 mit 19 Jahren nach Annapolis. Es war der Beginn einer Übergangsphase, die ihn ins frühe Erwachsenenalter brachte. Wegen des Krieges hatte die Akademie die Studiendauer auf drei Jahre beschränkt. In seinem ersten Jahr brachte Jim hervorragende Leistungen und stand mit an der Spitze seiner Klasse. Er beobachtete sich selbst sehr genau und hatte jederzeit die Kontrolle über seine Freundschaften und seine schulischen Leistungen.

Es ging dort extrem streng zu. Ich habe versucht, mich an meine ersten drei Wochen dort zu erinnern, aber es ist absolut nichts hängengeblieben. Im ersten Jahr waren meine Leistungen sehr gut, hauptsächlich deshalb, weil ich keine Schwierigkeiten haben wollte ... Exeter ist akademisch eine ausgezeichnete Schule und bereitete mich bestens vor. Ich hatte gute Zeugnisse. Während des Krieges stopften sie den Stoff von vier Jahren in drei und ließen alle »unwesentlichen« Fächer beiseite. Ich hatte nie viele Kurse, die ich gerne gehabt hätte, etwa Philosophie. Wir hatten jede Menge Geschichte, Mathematik, Naturwissenschaften, Strategie, das ging wirklich zack zack.

Da die Marine-Akademie Autorität, Führerschaft und Mannschaftsgeist in den Vordergrund stellte, fand Jims »Traum« dort eine günstige Umgebung. Die traditionellen Werte seiner Familie fanden in seinem Leben an der Akademie ihren Ausdruck. Er unterrichtete in der Sonntagsschule in Annapolis. Im zweiten Jahr wurden seine Noten schlechter, und als er das Studium abschloß, war er nur noch Durchschnitt. Er meldete sich daraufhin freiwillig zum Marineinfanteriekorps.

Auf der Marine-Akademie hatte Jim in seinen Beziehungen zu Frauen wenig Initiative gezeigt. Begeistert sprach er von seinem Zimmergenossen in Annapolis, einem tollen Sportler, und dabei erzählte er mehrere Geschichten, die sich um das Thema der männermordenden Frau drehten:

Wir wohnten sechs Monate zusammen, bis er wegen schlechter Leistungen von der Akademie flog. Er war unheimlich nett. Er heiratete einen Filmstar aus Hollywood, oder sie heiratete ihn. Sie nagelte ihn fest. Ein toller Sportler . . . aber er war einfach vollkommen ahnungslos, und die Leute nützten ihn dauernd aus, weil er so schrecklich naiv war. Und sie war am schlimmsten! Sie hat ihn ausgenommen wie eine Weihnachtsgans.

Jim konnte so etwas nicht passieren. Er ließ sich auf nichts Ernsthaftes ein, bis er in seinem letzten Jahr Victoria kennenlernte. Sie war katholisch, das einzige Kind eines Admirals, der im Zweiten Weltkrieg gefallen war. Jim lernte sie an einem Wochenende kennen, als ein Studienkamerad sie zu einem Ball nach Annapolis brachte. Es war der Beginn einer einjährigen Freundschaft, die sich hauptsächlich auf Briefe beschränkte: »Eine ganze Reihe von meinen Studienkollegen kannten und mochten sie. Sie stand bei verschiedenen Leuten in relativ hohem Ansehen. Ich ging viel mit ihr aus, und wir verstanden uns sehr gut. Sie war eine gute Tänzerin.«

Victoria war zwar noch Jungfrau, doch Jim hatte vorher ein wenig sexuelle Erfahrung gesammelt. Wie seinen anderen Beziehungen zu Frauen fehlte es auch der »Fernbeziehung« zu Victoria an Tiefgang und Reife.

Während des Übergangs ins frühe Erwachsenenalter, den Jim in dieser

Zeit abschloß, muß ein Mann vorläufige Entscheidungen treffen, aus denen in der nächsten Phase eine neue Lebensstruktur aufgebaut werden kann. Beim Abgang von der Marine-Akademie konnte Jim Tracy auf eine hervorragende Karriere als Offizier im Marinekorps hoffen. Zielstrebig ging er diesen traditionellen Weg, den seine Mutter und andere ihm vorgezeichnet hatten. Aber er verwendete kaum Zeit oder Energie auf persönliche Beziehungen, schon gar nicht zu Frauen. Während des Übergangs ins frühe Erwachsenenalter konzentrierte er sich auf die Karriere, zum Nachteil seines Privatlebens. Diese Entscheidungen hatten Konsequenzen für Jims weitere Entwicklung.

Eintritt in die Erwachsenenwelt

Nach dem Abschluß an der Akademie wurde Jim Tracy mit 22 Jahren einem Stützpunkt des Marinekorps in Virginia zugewiesen. Er fühlte sich einsam. Zwei Monate später machte er Victoria einen Heiratsantrag, und sie heirateten. »Von der Akademie weg ging ich runter nach Virginia. Ich fühlte mich verdammt einsam«, sagte er. »Einige der anderen waren verheiratet, und ich hatte den Eindruck, daß es ihnen blendend ging. Ich dachte, es wäre eine gute Idee ... Ich war schließlich drei Jahre lang eingesperrt gewesen. Es war reine Dummheit, aber ich hab's getan.«

Als »Admiralsgöre« schien Victoria die richtige Frau für einen, der es beim Militär zu etwas bringen will. Doch es gab von Anfang an Probleme. Da war beispielsweise Victorias Religion:

> Ich hatte die Nase voll von der katholischen Kirche. Ich mußte ein belehrendes Buch von 1500 Seiten lesen. Der Pfarrer, ein feiner Kerl, gab es mir, und ich las es von der ersten bis zur letzten Seite. Je mehr ich davon las, desto klarer wurde mir, daß ich nie katholisch werden würde. Ich konnte einfach nicht dran glauben. Und dann heiratete ich Victoria. Sie ging in eine katholische Kirche. Eine Zeitlang ging ich mit ihr und ließ es dann einfach bleiben. Ich ging nie wieder in die Kirche und hatte deshalb immer mal wieder Schuldgefühle.

Victoria war ziemlich oberflächlich: Sie verbrachte die meiste Zeit mit den Frauen der anderen Offiziere beim Golf, Kegeln und Tennis. Sie war

»irgendwie kalt, halb frigide, schlampig und eine schlechte Hausfrau«. Und doch war das »die beste Zeit in meiner Ehe«:

Sie war für sexuelle Dinge nicht sehr empfänglich. Es war der körperliche Akt selbst, den sie nicht mochte. Am Vorspiel war sie sehr interessiert. Ich glaube nicht, daß sie den körperlichen Akt als abstoßend empfand, sie hatte einfach verdammt wenig Spaß dran ... Wir waren ziemlich glücklich. Sie war im Bett immer noch erbärmlich, aber ich würde sagen, es war in den ersten anderthalb Jahren – oder jedenfalls solange wir da unten waren – eine recht gute Ehe. Wir amüsierten uns prächtig. Sie war ein guter Kumpel.

Das erste Kind, Linda, das nicht geplant war, kam zwei Jahre nach der Hochzeit auf die Welt. Bald danach gingen die Tracys nach England, wo Jim anfing, Affären mit allerlei Frauen zu haben; manche waren verheiratet, andere alleinstehend, aber bis auf eine Ausnahme waren sie alle jünger als er. Als er gerade eine heftige Affäre mit einer Irin hatte, wurde Victoria wieder schwanger. Ein Sohn, Robert, wurde nach ihrer Rückkehr in die Vereinigten Staaten geboren. Tracy war 27. Die zwei ungeplanten Kinder waren ihre wichtigste Verbindung. Linda »wurde mir so teuer wie mein Augapfel ... Ich überschüttete Linda mit meiner Liebe, weil ich kein Verlangen hatte, Victoria damit zu überschütten. So habe ich das immer gesehen. Ich will mich da gar nicht rechtfertigen.«

Seine Beziehung zu Robert war äußerst dürftig:

Er wurde gleich behandelt wie Linda. Ich glaube, er muß gespürt haben, daß ich ihm nicht die gleiche Zuneigung entgegenbrachte wie Linda. So augenfällig war das gar nicht. Es war ja nicht so, daß ich ihn nicht mochte und sie mochte. Es war einfach so, daß ich sie mehr liebte, wenn es möglich ist, jemand mehr zu lieben.

Seine Gefühle für seine Kinder standen im krassen Gegensatz zu seinen kalten, zurückhaltenden, unpersönlichen Beziehungen zu Frauen. Die Frauen hatten keinen Namen; sie waren für ihn buchstäblich Sexobjekte:

Die erste Affäre, die wirklich mehr war als etwas völlig Beiläufiges, war ein Fall von blinder Leidenschaft. Ich kann nicht sagen, daß ich sie liebte; ich glaube, so stark war das nicht, aber ich hatte großes Verlangen nach ihr. Ich ging gerne mit ihr ins Bett, es war ein alles verzehrendes Verlangen. Die Frauen waren eine Mischung aus ganz zufälligen Bekanntschaften, die ich aus einer spontanen Laune heraus machte, und anderen, die nicht ganz so beiläufig waren. Es gab da keine erkennbaren Gemeinsamkeiten. Sie waren praktisch austauschbar.

Jims idealistische, aber unreflektierte Hoffnungen auf eine gute Ehe hatten sich zerschlagen. Seine Beziehungen zu anderen Frauen sorgten dafür, daß er sich als Ehemann und Vater als Versager vorkam.

Was Victoria betraf, so hatte ich ihr gegenüber keine Schuldgefühle. Schuldgefühle hatte ich im Hinblick auf die Situation in der Familie, denn inzwischen hatte ich ein Gefühl der Loyalität gegenüber Linda, die ich wirklich sehr liebte. Ich glaube, meine Tochter war das, was mich eigentlich in der Familie hielt.

Als Offizier des Marinekorps kam Jim Tracy in diesen sechs Jahren gut voran. Beförderungen ließen auf eine glanzvolle Zukunft hoffen. Seine Vorgesetzten waren immer ältere Männer. In England war ein General des Marinekorps von Jim beeindruckt und machte ihn zu seinem Adjutanten. Jim diente ihm ein Jahr lang und ging in dieser Zeit mit ihm an die Kriegsakademie. »Ich lernte allerlei Leute kennen, hörte alles mögliche und hatte mit einer Menge hochgestellter Leute in der Marine zu tun. Die meisten von ihnen sind heute Admiral oder außer Dienst.«

Diese mächtigen Männer boten ihm zahllose Möglichkeiten und verantwortungsvolle Aufgaben. Tracy kam voran, stieg vom Kompanieoffizier zum Führergehilfen G-3 auf, der für den Einsatzplan einer großen Zahl von Menschen zuständig war. Er besuchte mehrere Militärakademien, meldete sich freiwillig zu den Fallschirmjägern, lernte fliegen und wurde schließlich Adjutant eines Generals. Als Hauptmann wurde er zum Ausbilder bekannter Admirale.

Zwischen 24 und 27 kannte Jim Tracy viele Frauen. Nur eine von ihnen hatte so etwas wie eine Identität für ihn – und wie Victoria war auch sie die Tochter eines Admirals. Sie lernten sich in der Zeit kennen, als Jim auf der Kriegsakademie war.

Die einzige, bei der ich richtig aus dem Häuschen geriet, war eine Admiralstochter. Ich arbeitete für den Admiral, und es hätte eine Art politischen Skandal gegeben, da sie mit einem anderen Offizier verlobt war. Wir tobten uns in den letzten paar Monaten ganz schön aus, und dann heiratete sie. Ich war einer der Brautführer bei der Hochzeit, das war ganz lustig. Ich werde das mein ganzes Leben nicht vergessen. Damals war mir nicht gerade nach Lachen zumute! Dann zog sie fort mit diesem Typ. Wir schrieben uns noch vier oder fünf Monate und machten dann irgendwie Schluß . . . hört sich ziemlich gemein an. Das war es wohl auch.

Als er sich mit der Tochter seines Admirals einließ, ging Tracy ein Risiko ein. »Heute kann ich darüber lachen, aber so ein Standort ist natürlich eine ziemlich kleine Gemeinschaft. Ich würde mir solche Dinge nie wieder leisten.«

Sein Sexualleben hatte etwas Hektisches an sich, so als sei er dauernd auf der Suche nach Beute:

Ich hatte ein sehr schlechtes Gewissen. Ich sagte mir immer wieder, was für ein Schwein ich doch war, all diesen verheirateten Frauen nachzustellen. Was ich tat, war unmöglich. Aber ich tat es. Ich hatte ein starkes sexuelles Verlangen nach diesen Mädchen. Es war wie eine unersättliche Gier, irgend etwas trieb mich vorwärts. Ich war immer auf der Pirsch, wirklich immer.

Hinter diesem Lauern auf Beute stand eine vage Sehnsucht:

Irgendwie fühlte ich mich als Versager. Ich hatte einfach ein großes, starkes Verlangen, Leuten nachzujagen. Nicht wegen Victoria fühlte ich mich schuldig, sondern wegen des Prinzips. Irgend etwas war mit mir nicht in Ordnung. Ich hatte immer das Gefühl, daß ich in Wirklichkeit nichts anderes wollte, als einen Menschen zu lieben und ihm absolut treu zu sein. Das war wirklich mein ganzer Ehrgeiz. Das war nach meiner Verheiratung, und wahrscheinlich waren das krampfhafte Versuche einer Rechtfertigung. Ich wollte wirklich jemandem treu sein, während ich wie ein Verrückter hinter anderen Frauen her war.

Was mich immer weiterjagen ließ, war neben allem anderen die Tatsache, daß ich für niemand besonders starke Gefühle entwickelte. Ich war zwar immer wieder schrecklich verknallt, aber wenn ich dann tatsächlich vor der Frage stand, ob ich mich scheiden lassen und die Familie und meine Kinder aufgeben sollte, machte ich einen Rückzieher.

In Tracys frühen Zwanzigerjahren hatte seine Lebensstruktur zwei Hauptelemente: seine sich entfaltende Karriere als Offizier und seine neue Ehe. Er heiratete eine Frau, die er kaum kannte. Ihr fehlten viele der Eigenschaften, die in dieser Berufswelt erforderlich sind. Sie konnte seinen heroischen »Traum« nicht unterstützen. Bald zeigte die Ehe erste Auflösungserscheinungen, doch anstatt dagegen anzugehen, zog er sich zurück.

Mit 28 hatte er drei Elemente in seiner Lebensstruktur: Arbeit, Familie und die »andere Frau«. Die Arbeit stand im Mittelpunkt, auch wenn Jim ernstlich an seiner Eignung für das militärische Leben zweifelte. Die Familie war wichtig, aber die Beziehung zu Victoria wurde für sie beide immer destruktiver. Er war gegen die Veränderungen im Verhältnis zu Victoria nicht gleichgültig; er wollte mehr, aber als sich alles verschlimmerte, gab er weniger und bemühte sich kaum, die Ehe zu verbessern.

Die »andere Frau« spielte eine wichtige Rolle: sie machte es Jim möglich, sich vor dem Hindergrund zweier verschiedenener Frauen mit Spannungen auseinanderzusetzen. Beiläufige Affären mit einer Reihe von Frauen gipfelten in dem intensiven Liebesverhältnis mit der Tochter des Admirals, als Jim 27 war. Zum erstenmal erlebte er, daß ihn eine Frau zurückwies.

Der Übergang in die Dreißigerjahre

1952 lagen sechs Jahre Ehe und Marinekorps hinter dem 28jährigen Jim Tracy, und nun begann er sich zu fragen: Hat das Leben nicht mehr zu bieten als den Gleichschritt des Militärs, eine abgekühlte Ehe und sexuell erregende, aber leere Begegnungen mit Frauen? Die von älteren Herren sparsam verteilten Belohnungen konnten ihn nicht angemessen dafür entschädigen, daß er nur langsam vorankam und persönliche Niederlagen einstecken mußte. Er hatte weder eine besondere Frau noch einen Mentor, die ihm hätten helfen können, seinen »Traum« aufrechtzuerhalten und auszudrücken. Unbeholfen suchte er so auf eigene Faust einen neuen Weg.

Er konnte zwar seine Familie nicht verlassen, aber er erwog ernstlich, das Marinekorps zu verlassen. Er war mehrfach befördert worden, aber er wußte, daß für ihn nicht die geringste Aussicht bestand, General zu werden. Dazu kam, daß er keine Lust verspürte, ewig das Leben eines Militärs zu führen. Monatelang grübelte er über seine Situation nach, und dann meldete er sich freiwillig zum Kampfeinsatz nach Korea: »Auf mich war noch nie geschossen worden, und ich hatte dazu meine eigene Ansicht. Es hört sich vielleicht schwülstig an, aber mir war es wirklich ernst damit: Ich sagte mir, mein Land hat für meine Ausbildung gesorgt, jetzt bin ich denen etwas schuldig. Da der Zweite Weltkrieg zu früh für mich gekommen war, meldete ich mich nun für Korea.«

Diese freiwillige Meldung zum Kampfeinsatz war ein kritischer Vorgang. Damit war seine Entscheidung zum Ausdruck gebracht, seine militärische Laufbahn zu beenden. Mit dem schweren Fronteinsatz konnte er der Gesellschaft, der Familie und dem Militär alles zurückerstatten und den Militärdienst quittieren, ohne seine Würde zu verlieren. In diesem Entschluß spiegelte sich auch sein Verlangen, neue Lebensweisen zu erforschen. Schließlich zeigte sich darin auch eine Abwendung von der Mutter und ihren Zielsetzungen für ihn; er ging einer unbekannten Zukunft entgegen, die er aber selber gestaltete.

Ein Jahr später, 1953, kam Tracy nach Korea. Es war ein bemerkenswertes Erlebnis:

> Der Korpskommandeur sagte: »Ich gebe Ihnen nicht nur die übelste Kompanie in der Division, sondern die übelste Kompanie in ganz Korea. Ihre Aufgabe ist es, sie auf Vordermann zu bringen.« Das war die ganze Unterredung. Ich sagte: »Yes, Sir«, stieg in den Jeep und fuhr zu dieser Kompanie. Ich war in meinem ganzen Leben noch nie so niedergeschlagen. Diese Kompanie war in einem unglaublichen Zustand. Sie schickten in dieser Nacht einen Spähtrupp unter Führung eines Feldwebels los. Ich fragte den stellvertretenden Kompaniechef: »Was meinen Sie, wo soll ich mich aufhalten, solange der Spähtrupp unterwegs ist?« Er sagte: »Sie können sich in den Beobachtungsstand setzen und über Funk mithören.« Der Spähtrupp sollte einen Überfall aus dem Hinterhalt vorbereiten, doch sie wurden selbst überfallen. Noch vor Mitternacht war einer von ihnen tot und vier verwundet. Wir brachten einen von ihnen ins Bataillonslazarett. Sie hatten ihm die Eier wegschossen. Davor hatte ich immer große Angst: daß sie mir in einem

Gefecht die Eier wegschossen. Ich ging gegen drei Uhr morgens zur Kompanie zurück. Es war ein ziemlich langer Tag.

Ich stellte fest, daß sie Nacht für Nacht auf Patrouille gewesen waren und die Arbeit der Infanterie-Bataillone erledigten, die die Kampffront vorne bildeten. Sie mußten Verluste hinnehmen, ohne für ihre Leistungen Anerkennung zu finden – eine ganz und gar demoralisierende Lage. Am nächsten Morgen ging ich zum G-3 und sagte: »Herr Oberst, ich möchte, daß meine Kompanie von Kampfeinsätzen befreit wird. Ich brauche eine Woche, um sie aufzurichten, dann sind wir wieder bereit.« Er war einverstanden. Ich ging zur Kompanie zurück, machte allen klar, was auf sie wartete, und der Anfang war gemacht. Hinterher hatten wir eine verdammt gute Kompanie.

Die Männer reagierten positiv auf den Wechsel. Jim hatte mehr und mehr das Gefühl, daß es seine Kompanie war, und damit verband sich das Gefühl, eine große Leistung vollbracht zu haben. Er war allerdings überzeugt, daß er die Glücksgöttin auf seiner Seite hatte:

Das ist eine verdammt komische Sache mit dem Glück. Am dritten Tag dort – es war Winter – brausten wir die Straße entlang, und ich hatte meine 45er unter meinem Anorak. Plötzlich sah ich zwei koreanische Fasane. Ich sagte dem Fahrer, er solle halten, und sprang aus dem Jeep. In dem Augenblick flog der erste Fasan auf, und ich versuchte, an mein Halfter zu kommen. Als ich dann die Pistole in der Hand hatte, flog der zweite Fasan auf. Ich jagte eine Runde Munition durch die Patronenkammer, und das Ding ging los wie eine Kanone, und plötzlich liefen alle möglichen Fasane durcheinander. Wir schritten die Entfernung ab. Es waren 48 Schritte, und das wäre selbst für eine Schrotflinte eine ganz schöne Entfernung. Ich will nur sagen, es war ein absoluter Glückstreffer. Wir holten uns den Fasan und brachten ihn ins Lager der Kompanie zurück. Der Jeepfahrer erzählte überall herum, der Alte sei ein Meisterschütze mit der 45er. Wohin ich auch kam, überall drehte sich das Gespräch um meine 45er. Solche kleinen Dinge können unheimlich wichtig sein, nichts als ein lächerlicher Sonntagsschuß. Ich weiß nicht mal, warum ich auf den Fasan schoß; ich werd's auch nie wissen.

Seine Geschichten hatten einen bescheidenen Unterton, ließen aber an seinem Erfolg keinen Zweifel. Er ließ ständig durchblicken, daß er einfach das Glück hatte, zur richtigen Zeit am richtigen Ort gewesen zu sein. Er war stets der bescheidene, keineswegs anmaßende Held, aber es war gar keine Frage, daß ihn die heroischen Eigenschaften immer noch im Griff hatten.

Jim zeigte seinen Vorgesetzten wieder einmal, wozu er fähig war: Er machte aus seiner Einheit »die beste im ganzen Kommandobereich«. Nach fünf Monaten an der Front suchte der General per Hubschrauber Tracy auf und sagte ihm: »Jetzt, wo Sie sich eine blutige Nase geholt haben, will ich Sie im Oberkommando haben.« Zum erstenmal in seiner militärischen Laufbahn hatte er nichts mit Frauen zu tun und bekam die Befehlsgewalt über jüngere Männer. Er hatte das großartige Gefühl, etwas geleistet zu haben: Seine Schuld an die Gesellschaft hatte er abgetragen, und seine Führerqualitäten waren bestätigt worden.

Nach einer kurzen Dienstzeit in den Vereinigten Staaten zog Jim 1954 eine Zwischenbilanz. Der Krieg ging zu Ende, und er war ein 30jähriger Hauptmann mit einer Dienstzeit von 8 Jahren. Er wußte, daß »von 800 Männern, die Annapolis absolvierten, nur drei die Chance hatten, Admiral oder Marinekorps-General zu werden«. Es war Zeit, sich zu entscheiden: »Bleibe ich beim Marinekorps, oder fange ich etwas anderes an?« Er bereitete sich darauf vor, seinen Abschied zu nehmen.

> Ich hatte einfach das Bedürfnis, einmal selber zu bestimmen, wie schnell und auf welche Weise es voranging, anstatt das ganz dem Marinekorps zu überlassen. Es waren viele Kleinigkeiten, die zu meinem Entschluß beitrugen, aber das war wohl der entscheidende Punkt. Ich wäre sehr gerne General geworden.

Er stellte nicht nur den Militärdienst in Frage, sondern seine ganze Lebensstruktur. Obwohl seine Ehe ebenso unhaltbar war wie seine militärische Laufbahn, entschloß er sich, die Stabilität der Familie beizubehalten, um mit der Instabilität, die der Abschied vom Marinekorps mit sich brachte, fertigzuwerden.

Tracy begann, sich nach einem Job in der Industrie umzusehen. Sein Vater riet ihm zu »Ajax Industries«, einem Waffenhersteller. Zum erstenmal bot sein Vater an, ihm zu helfen, und Jim ließ ihn gewähren. Objektiv gesehen war sein Vater sehr wohl in der Lage, diese Rolle zu spielen, denn er war Ingenieur und Betriebsleiter und kannte sich in der Industrie gut aus. Daß Jim nun die Hilfe seines Vaters annehmen konnte, lag vielleicht auch an seinem Bemühen, das alte Ungleichgewicht zwischen den Eltern zu revidieren. Bis zu einem gewissen Grad wies er nun die aggressive Mutter und ihren Traum von ihm als einem Militärhelden zurück, um sich dem hilfreichen Vater und seinem eigenen Wunsch zuzuwenden, eine Führerposition in der Industrie zu erreichen. Ein neues Leben warf seine Schatten voraus, auch wenn noch nicht genau feststand, welche Form es annehmen würde.

Als er in der Marinewerft in Brooklyn stationiert war, zog er Zivilkleidung an und ging über den East River zu einem Einstellungsgespräch. Anfänglich war das Gespräch langweilig, bis »ein Hüne von einem Mann mit aufgekrempelten Ärmeln mit mir zu reden begann«. Es wurde eine einstündige aufregende Unterhaltung.

> Ich ging hinaus zur Empfangsdame und fragte sie: »Was für eine Arbeit macht er?« Sie sagte: »Er ist der zweite Mann in der Betriebsführung, und vier Abteilungen sind ihm unmittelbar unterstellt.« Er hieß Albert Hugo. Ich ging nach Hause und besorgte mir einen Artikel über Ajax in der Zeitschrift *Fortune*. Ich sagte mir augenblicklich: »Junge, der Mann ist clever.« Er rief mich am nächsten Vormittag um zehn an und machte mir ein Angebot. Es war genau der Betrag, den ich als Hauptmann im Marinekorps verdiente, $ 6.000 im Jahr. Ich nahm an. Das war etwa Mitte Juni, und ich sagte zu ihm: »Und was hab ich jetzt zu tun?« Er antwortete: »Wann können Sie anfangen?« Ich sagte: »Am 23. August«, das war der Geburtstag meines Bruders. Er sagte nur: »Schön.« Ich bekam nie etwas Schriftliches in die Hand. Ich verließ das Marinekorps, zog Zivilkleider an und stieg in den Zug. Ich begann am 23. August und arbeitete bis April für ihn. Er war der fantastischste Typ, den ich je gekannt gabe. Er war Woodrow-Wilson-Stipendiat, Doktor der Physik, Tennismeister (im Doppel) von Massachusetts und etwa 1,95 Meter groß. Er hatte alle Vorteile auf seiner Seite. Er war ein verdammt netter Kerl und hochintelligent dazu. Leute wie ihn gibt es sehr selten. Ich liebte ihn.

Nachdem Jim sechs Monate bei Ajax in New York gearbeitet hatte, informierte ihn Al Hugo, daß Hercules, ein Zweigbetrieb von Ajax in Chikago, in Schwierigkeiten war. Tracy mußte vorübergehend bei Hercules arbeiten. Innerhalb von sechs Monaten hatte er den Betrieb auf Erfolgskurs und galt als Spitzenkraft.

Tracy bewunderte Al Hugos Arbeitsphilosophie.

Al sagte mir, es gebe nur sehr wenige Leute, die wirklich Verantwortung übernehmen wollen. Er sagte, bei mir sehe er nicht nur den Wunsch, sondern das starke Verlangen, Verantwortung zu übernehmen. Er sagte, die meisten Menschen wehrten sich instinktiv dagegen, während ich richtig begierig darauf sei. Ich wollte in dem Stadium meines Lebens etwas riskieren, wollte einfach beweisen, daß ich etwas leisten konnte.

Tracy hatte wieder einmal einen älteren Mann mit Autorität gefunden, der ihn unterstützte und ihn lenken half. Er stand Al Hugo näher als vorher den Admiralen und Generalen, aber es war die gleiche Art der Heldenverehrung, eine Eigenschaft, die sich erstmals in seiner Einstellung zu einem anderen starken und intelligenten Mann zeigte: seinem Großvater. Al erkannte Jims Bedürfnis nach einer verantwortungsvollen Führungsposition, und er half ihm, die Kluft zwischen der militärischen und der privatwirtschaftlichen Organisation zu überbrücken.

Für Jim Tracy stellte sich mit 33 die Schlüsselfrage, ob er sich auf die Führung eines privatwirtschaftlichen Unternehmens umstellen konnte. Nach seinem Erfolg in Chikago stieg er in die Geschäftsleitung in Hartford auf. Er kam also aus einem Tochterbetrieb mit ein paar hundert Arbeitern in die »Schaltstelle«, in die »Schußwaffenabteilung« der »Ajax Industries«. Die nächste Ebene war die Unternehmensleitung in New York City! Die Schußwaffenabteilung war erfolgreich, aber die Geschäftsleitung befand sich in einem Übergangsstadium. Durch diese Veränderungen fühlte er sich erst recht herausgefordert und angespornt.

Noch während seiner ersten vier Wochen in Hartford wurde ihm eine Sekretärin, Joan, zugeteilt; sie war verheiratet und zehn Jahre jünger als er. Sie hatten bald ein Verhältnis miteinander, scheinbar nur ein weiteres Glied in der Kette seiner vielen Eroberungen. Doch etwas war anders geworden. Nach ein paar Monaten besorgte er ihr im gegenseitigen Einvernehmen einen Job bei der Handelskammer, und sie behielten ihr Verhältnis bei. Jim stellte fest, daß er in Joan mehr investierte als vorher in andere Frauen. Daß er ihr einen Job besorgte, symbolisierte seinen Wunsch – und seine ursprüngliche Verpflichtung –, ihre Beziehung enger und dauerhafter zu gestalten. Später beschrieb er sie so:

Ich sah sie als mir ebenbürtig an. Sie ist sehr intelligent, gutaussehend, versteht sich in Gesellschaft zu bewegen und spricht ein sehr gepflegtes

Englisch. Irgendwie hat sich Joan das alles selbst beigebracht. Sie ist blitzgescheit, aber nicht sehr belesen, und deshalb macht sie sich Gedanken, wie sie auf andere wirkt . . . Sie war immer ein Einzelgänger. Ich glaube, ich bin der erste Mensch, bei dem sie je aus sich herausging. Sie hat einfach ihr ganzes Leben alles für sich behalten. Sie stammt aus einer armen, großen Familie. Sie ist völlig anders als der Rest der Familie. Ich glaube, die verstehen sie nicht . . . Was ihre Ehe betrifft, so dachte sie ernsthaft an Scheidung, bevor sie mich kennenlernte, ist aber wieder davon abgekommen. Ich glaube, sie entdeckte nach ihrer Heirat, daß sie mit ihrem Mann nie gut ausgekommen war. Als sie sich nun plötzlich allein mit ihm im Haus wiederfand, war das wie ein Schock für sie, und sie wollte nichts mehr mit ihm zu tun haben.

Seine Beziehung zu Joan festigte sich, und er interessierte sich nicht mehr für andere Frauen. Die gehetzte, aggressive Stimme in seinem Innern beruhigte sich; er wurde fürsorglicher und liebevoller. Er blieb bei seiner Familie und hielt Joan am Rand, aber er hatte zum erstenmal eine ernsthafte Beziehung zu einer Frau.

Jim modifizierte also sowohl seinen »Traum« als auch sein Liebesleben. Die Erfahrung in Korea machte es ihm möglich, seinen früheren Wunsch zu verwirklichen und den Militärdienst zu verlassen. Er würde nun nicht General werden, sondern ein Wirtschaftsführer. Zur Rückkehr ins zivile Leben gehörte auch, daß er mehr Achtung für seinen vorher so abgewerteten Vater empfand. Mit dem Wechsel im beruflichen Leben fing er an, auch sein Privatleben allmählich zu ändern. Daß er an direkte Maßnahmen so langsam heranging, hing mit seinen Schwierigkeiten zusammen, eine intime Beziehung zu einer erwachsenen Frau herzustellen. Vielleicht mußte Jim erst seine Mutter und den »Traum«, den sie für ihn hegte, aus seinem Leben verbannen, ehe er ein reiferes Verhältnis zu einer anderen Frau gestalten konnte.

Die Verschlechterung der Ehe hatten sie gemeinsam zu verantworten. Jims übertrieben negative Einschätzung Victorias läßt darauf schließen, daß er in diesem Abschnitt seines Lebens noch nicht bereit war, sein eigenes Versagen als Ehemann einzugestehen. Das hätte eine ausgewogenere Beurteilung der Beziehung vorausgesetzt, aber auch die Fähigkeit, sich selbst und seine eigene Rolle in dieser Beziehung zu erforschen. Das wäre aber nur mit einer dramatischen Abkehr von seiner charakteristischen zielstrebigen Haltung möglich gewesen: Er hätte seine Vergangenheit in Frage stellen und bereit sein müssen, neue Lebensformen zu erproben. Dazu war er noch nicht bereit.

Mit 28 hatte Tracy angefangen, die erste Struktur seines Erwachsenenlebens in Frage zu stellen und zu überlegen, was ihm das Leben wohl sonst noch bieten konnte. Mit 34 hatte er die Antwort. Er traf drei kritische Entscheidungen, die die Basis für eine neue Lebensstruktur bildeten. Sie markierten den Abschluß seines Übergangs in die Dreißigerjahre und den Beginn der Phase des Seßhaft-Werdens.

Erstens beschloß er, mit Victoria und den Kindern weiterzumachen. Die Vaterrolle blieb ihm wichtig. Er blieb seiner konventionellen Erziehung treu, auch wenn es ihn schmerzte, sein Familienleben aufrechtzuerhalten.

Zweitens bestätigte er seinen früheren, zögernden Entschluß, ein Wirtschaftsführer zu werden. Tracy faßte bei Ajax Fuß und war ehrgeizig genug, bis zur Spitze der Unternehmensleitung vorstoßen zu wollen.

Drittens entschloß er sich, eine engere und dauerhaftere Beziehung zu einer Frau einzugehen. Die Frage der Heirat hatte sich noch nicht gestellt, aber er fing an zu hoffen, sie würde eine besondere Frau für ihn werden.

In Kapitel 11 werden wir sehen, welche Lebensstruktur er um diese Entscheidungen herum aufbaute und wie sich sein Leben während der Phase des Seßhaft-Werdens weiterentwickelte.

8. Das Leben des Arbeiters William Paulsen

William Paulsen wurde 1925 geboren und wuchs in einer skandinavisch-irischen Gemeinde im Brooklyner Stadtteil Bay Ridge auf. Seine Großmutter, eine zentrale Figur in seinen frühen Jahren, war als Kind aus Norwegen in dieses Land gekommen. Sie war der Mittelpunkt der Familie. Es gab laufend Reibungen zwischen der dominierenden Großmutter und ihrer Tochter, und das hallt in Bills Überzeugung nach, daß es zwangsläufig Ärger geben muß, wenn zwei Frauen unter einem Dach wohnen.

Jeden Sommer verließ Bills Großmutter Brooklyn und ging in den Norden des Staates New York, wo sie eine Pension mit 28 Zimmern unterhielt. Bill begleitete sie dorthin, zusammen mit seiner Mutter und seiner Schwester. Er war während des Sommers dort für viele Aufgaben in der Pension und auf der Farm verantwortlich: Er mußte sich um die Hühner kümmern, die Kühe melken, das Heu einfahren. Es war »ein hartes, aber gutes Leben«. Er arbeitete von 5.30 morgens bis um 7 Uhr abends und nannte sich den »Farmer aus Brooklyn«.

Bill erfuhr frühzeitig, daß seine Großmutter in seiner Familie das Regiment führte. Sie war eine »kluge Geschäftsfrau, eine knauserige Skandinavierin«, und Bill bewunderte ihre Robustheit. Sie arbeitete hart, hatte alles fest in ihrer Hand und sorgte dafür, daß alles nach ihren Vorstellungen lief. »Sie wußte, was sie wollte«, sagte Bill, »und wenn sie's mal nicht bekam, dann war was los.« Sie lieferte die Struktur und Disziplin für Bills Leben.

Bills Mutter war ganz anders. Sie stand im Schatten ihrer Mutter. Sie war eine geplagte Frau, überempfindlich und nervös, und es fiel ihr schwer, selbständig zu handeln. Sie war sehr stark auf ihre eigene Mutter angewiesen, ärgerte sich aber über deren Einfluß. Das zeigte sich in ihrer Arbeit als Kellnerin in der Pension ihrer Mutter. Als Mutter umsorgte und verwöhnte sie Bill: Wenn er etwas haben wollte, gab sie es ihm, auch wenn dann andere in der Familie zu kurz kamen. Indem sie Bill verwöhnte, ermunterte sie ihn praktisch dazu, sich auf sie zu verlassen, sich lieber von ihr versorgen zu lassen, als für sich selbst zu sorgen. Sie scheint eine hilflose Person gewesen zu sein, die mit ihrem Tun Bill aufforderte, so zu sein wie sie.

Bills Vater war ein guter Mann ohne großen Ehrgeiz, bereit, sich mit einem bescheidenen Plätzchen im Leben zufriedenzugeben. 38 Jahre lang machte er im Büro eines Börsenmaklers an der Wall Street die gleiche Arbeit. Er bekam nie mehr als eine Gehaltserhöhung um 10 Dollar die Woche – für Bill ein Ärgernis –, aber er schätzte sich glücklich, in den Jahren der Depression überhaupt Arbeit zu haben. Er hatte sehr vernünftige Ansichten und war immer mit Rat und Tat zur Stelle. Wenn es Schwierigkeiten gab, setzten sich er und Bill zusammen und redeten darüber. Er war »eher ein Kumpel als ein Vater«. Aus Bills Beschreibung ging hervor, daß er in seinem Vater einen gütigen Mann sah, dem es nicht gelungen war, die Dinge zu erreichen, die Bill wollte. Gleichzeitig war er Bills »bester Freund«.

Bills Familie bot nur begrenzte Mittel und Vorbilder für seine spätere Entwicklung. An seiner Großmutter bewunderte er den Ehrgeiz, den Fleiß, die Robustheit und das Bemühen um Gerechtigkeit. Wie sie sollte Bill später arbeiten, um sich ein besseres Leben zu schaffen. Von seinen Eltern kamen andere Eigenschaften. Wie seine Mutter mußte er später ständig gegen das Verlangen ankämpfen, sich von anderen geben zu lassen, was er wollte, gegen das Verlangen also, die Waffen zu strecken und andere für sich sorgen zu lassen. Wie sein Vater war er bestrebt, mit der Welt in Frieden zu leben und sich mit einem bescheidenen Plätzchen darin zufriedenzugeben. Wie er liebte Bill seine Freizeitbeschäftigungen und sah in ihnen eine Hauptquelle des Vergnügens und der Befriedigung in seinem Erwachsenenleben.

Diese verschiedenen Aspekte aus Bills Vor-Erwachsenenzeit schufen die Spannungen, die sich durch den Kern seines Erwachsenenlebens zogen: die Spannung zwischen dem Kämpfen und Aufgeben; zwischen dem eigenen Bemühen und dem Sich-geben-lassen; zwischen dem Ehrgeiz und der Zufriedenheit mit einem bescheidenen Leben. Wenige Leute konnten ihn als Vorbilder für ein Erwachsenenleben inspirieren. Er bewunderte zwar den Lebensstil seiner Großmutter, wollte aber nicht dasselbe tun wie sie. Seiner Mutter gegenüber war er sehr kritisch und versuchte, sich ihrem Lebensstil zu widersetzen. Er liebte und bewunderte seinen Vater, störte sich aber daran, daß er sich mit so wenig zufriedengab. Es gab keinen Lehrer, Verwandten oder Freund, den Bill bewundern und dem er nacheifern konnte. Alles in allem fand er in seinem Leben kaum Vorbilder oder Möglichkeiten. Welche Bedeutung das hatte, geht deutlich aus der Beschreibung hervor, die Bill von sich selbst als 18jährigem gab:

». . . einfach ein grüner Junge, war nie von zu Hause weg gewesen, lief mit jedem Problem gleich zu meiner Mutter oder meinem Vater, mußte mich nie um meine Kleider oder sonst was kümmern.« Als seine Jugend zu Ende ging, hatte er das Gefühl, keine besonderen Fähigkeiten oder Interessen zu besitzen. Er wußte nicht, was er mit seinem Leben anfangen sollte.

Der Übergang ins frühe Erwachsenenalter

Mit 18 hatte der »grüne Junge« nichts, was er tun wollte oder glaubte, tun zu können. Doch das war 1943, und die Realitäten des Zweiten Weltkriegs rissen ihn mit sich: Kurz nach seinem 18. Geburtstag wurde er eingezogen. Dieses Ereignis markierte den Beginn einer Übergangsphase in Bills Leben.

Er wurde bei der Feldartillerie für die Aufklärungstruppen ausgebildet, und er kam drei Tage nach der Landung der Alliierten in der Normandie nach Europa. Eineinhalb Jahre war er mit einer gefährlichen und aufregenden Aufgabe im Fronteinsatz. Es war sein Job, in vorderster Linie Beobachtungsposten einzurichten und die feindlichen Stellungen ausfindig zu machen. Bill war in General Pattons Dritter Armee und mit ihr am Vorstoß durch Frankreich nach Deutschland beteiligt. Auch wenn ihn oft genug die Angst packte, hält er das Ganze für eine wertvolle Erfahrung: »Das hat aus uns kleinen Jungen Männer gemacht.«

Die Erfahrung beim Militär trug dazu bei, daß Paulsen lernte, für sich selbst und für seinen Platz in einem größeren Unternehmen die Verantwortung zu übernehmen. Er fand heraus, daß er sein eigenes Leben in die Hand nehmen und effektive Arbeit leisten konnte. Der Rahmen dafür war allerdings eine klar gegliederte Organisation, so daß er im allgemeinen wußte, was von ihm erwartet wurde. Er konnte zwar auf eigene Faust handeln, aber es wurde nicht von ihm verlangt, sich eigene Ziele zu setzen oder seinen eigenen Weg zu gehen. Nach seiner Militärzeit mußte sich Bill alten, unerledigten Entwicklungsaufgaben zuwenden. Er brauchte ein klareres Bewußtsein von sich selbst, eine vollständigere persönliche Identität. Er brauchte eine wegweisende Vision seiner selbst in der Erwachsenenwelt, einen »Traum«, der seinen Bemühungen um den Aufbau eines eigenen Lebens die Richtung weisen konnte.

Bill verließ die Armee 1954. Die Rückkehr ins Zivilleben fiel ihm schwer. Er wußte nicht, was er wollte, und war unfähig, die für die Festlegung seines weiteren Lebenslaufs so wichtigen kritischen Entscheidungen zu treffen. Es fehlten die Ziele, und er hatte das Gefühl, daß der Einstieg ins Erwachsenen- und Berufsleben für ihn sehr spät kam. Grundlegende Entscheidungen traf er fast aufs Geratewohl.

> Wie jeder andere Kriegsteilnehmer, der heimkam, tobten wir uns aus und hauten auf den Putz und hatten natürlich keine Ahnung, in welche Richtung unser Leben führen sollte. Ich war nicht verheiratet und hatte in der Zeit auch keine feste Freundin, und das ging etwa drei, vier Monate so. Ich ging nicht mal zur Arbeit. Wußte nicht, was ich eigentlich anfangen wollte. Hatte nichts gelernt. Mit meinem besten Freund und dessen Bruder saß ich an einem Nachmittag herum, und ich wandte mich an Ed und sagte: »He, gehn wir doch ein paar Jahre aufs College!« Und wir beschlossen, Ed und ich, aufs Technikum zu gehen. Wir fanden eine landwirtschaftliche Hochschule, die gerade eine technische Abteilung einrichtete. Wir hatten Glück und bildeten die erste Gruppe, die in der neuen Abteilung ausgebildet wurde. Dann kam die nächste Entscheidung: Was studieren wir? Er sieht mich an und sagt: »Überleg mal, wir haben doch viel mit Transformatoren und Lampen herumgespielt und elektrische Leitungen in unseren Kellern verlegt, und das macht uns eigentlich auch Spaß. Warum versuchen wir's nicht mit Elektrotechnik?« Und das machten wir dann auch ... Bei der Abschlußprüfung war ich unter den besten 20 oder 25. Wir hatten hervorragende Zeugnisse, was ihn und mich und unsere Eltern überraschte, denn die glaubten immer, na ja, wir drei galten als der Schrecken von ganz Brooklyn, und sie glaubten, aus uns würde nie etwas werden. Wir haben wohl bewiesen, daß sie schief lagen.

Paulsen lernte ein Handwerk, das ihm einen Job und den Lebensunterhalt sicherte. Aber die Arbeit bedeutete nicht die Verwirklichung eines Plans, und sie hatte auch nicht viel mit höheren Werten, Zielen oder Aspekten des Selbst zu tun.

In seinem letzten Jahr auf dem Technikum lernte Bill Ruth kennen, die zwei Jahre älter war. Er hatte das Gefühl, daß sie viel gemeinsam hatten, und war gern mit ihr zusammen. Doch seine Mutter war mit seiner Wahl nicht einverstanden. Laut Bill hatte sie das Gefühl, Ruth werde ihn ihr wegnehmen, und sie wollte ihn für sich behalten. Wahrscheinlich war sie auch der Meinung – und Bill und Ruth redeten selbst darüber –, er sei für die Ehe noch nicht »reif« genug.

Der Streit entzündete sich dann nicht an der Frage, ob Bill »reif« genug war, sondern an dem Problem, daß er protestantisch und Ruth katholisch war. Sie wollte, daß er konvertierte. Seine Mutter war gegen die Konversion und gegen die Heirat. Bill trotzte ihr. Er ließ sich in der katholischen Kirche unterweisen, konvertierte und heiratete Ruth Anfang 1949, als er 23 war.

Es war wichtig, daß Bill Brooklyn verließ und mit Ruth in einer gewissen Entfernung von seiner Familie wohnte. Sie kauften ein »ordentliches Haus im Cape-Cod-Stil« auf Long Island, gut hundert Kilometer von seinen Eltern entfernt. Zum erstenmal zeigte Bill die Bereitschaft, sich von seiner Familie zu lösen und gegen den Protest seiner Mutter für das zu kämpfen, was er haben wollte.

Als Bill heiratete, arbeitete er für IBM und pendelte nach New York City. Er verließ das Haus morgens um sechs und kehrte abends um acht oder neun zum Abendessen zurück. Er fand, daß sein Job zuviel von ihm forderte und ihm nicht genug Zeit für seine Frau ließ. Obwohl es ihm bei IBM gefiel, hörte er nach einem Jahr dort auf. Mit 23 trat er eine Stelle bei der »Long Island Lighting Company« an, einer Elektrofirma, und behielt diesen Job sechs Jahre lang. Als er diese Entscheidung traf, dachte er nicht darüber nach, welche Firma ihm in puncto Aufstiegsmöglichkeiten und Befriedigung mehr zu bieten hatte. Er dachte in erster Linie an die Qualität seines Lebens zu Hause und nicht an die langfristigen Konsequenzen seiner Entscheidung.

Der Übergang ins frühe Erwachsenenalter dauerte bei ihm von 18 bis 23. In dieser Phase wechselte er von einer Lebensstruktur, die für die späte Adoleszenz charakteristisch war, zu einer für das frühe Erwachsenenalter charakteristischen Lebensstruktur. Mit 18 war er ein »grüner Junge«, der eng an seine Familie gebunden war, der nicht wußte, was er aus seinem Leben machen wollte, und der das Gefühl hatte, er »könne nichts«. Sein Leben drehte sich um seine Beziehungen zu der Familie und zu Freunden in Bay Ridge. In den nächsten fünf Jahren bewirkte er eine radikale Umwandlung dieser Struktur: Er fing an, in der Arbeitswelt seinen eigenen Weg zu gehen, heiratete und zog von den Eltern weg in sein eigenes Haus. Er lebte in einer Umgebung, die sich sehr stark von der unterschied, in der er aufgewachsen war. Er hatte die ethnischen Bindungen gelöst, die in seinen ersten Lebensjahren eine so wichtige Rolle gespielt hatten, und er hatte eine neue kirchliche und politische Zugehörigkeit. Diese Veränderungen zeigten, daß er sich den Entwicklungsaufgaben dieser Phase stellte.

Die neue Struktur wurde jedoch durch Paulsens Versäumnis beeinträchtigt, andere wichtige Entwicklungsaufgaben zu bewältigen. Ihm fehlte immer noch ein klares Bewußtsein von sich selbst als Person. Er versäumte es auch, einen »Traum« zu entwickeln. In diesen Punkten unterließ er es, die Entwicklungsaufgaben des Übergangs ins frühe Erwachsenenalter zu erledigen. Die zentralen Entscheidungen dieser Phase waren hauptsächlich von seinem Wunsch bestimmt, die Vergangenheit hinter sich zu bringen. Er war gegenwartsorientiert und hatte wenig Gefühl für die Zukunft. Beide, Bill und Ruth, hatten dazu etwas zu sagen. Bill redete von seiner Unreife. Ruth sprach von ihrem Gefühl, daß er noch nicht bereit gewesen sei, zu heiraten:

> Vor unserer Heirat sagte er manchmal: »Wir gehen mindestens dreimal in der Woche ins Kino.« Und ich sagte dann: »Wir werden ins Kino gehen, wenn wir das Geld dazu haben, aber wenn uns das Geld fehlt, gehen wir nicht.« Er war es gewohnt, zu tun, was er wollte und wann er es wollte.

Eintritt in die Erwachsenenwelt

Die mit 23 begonnene Lebensstruktur, mit seiner Ehe und dem neuen Job, blieb während der nächsten sechs Jahre relativ stabil. Paulsen hatte seine Arbeit im Bereitschaftsdienst der »Long Island Lighting Company«. Er begann als Telefonist, der in der Telefonzentrale Notrufe entgegennahm und den Einsatz der Mechaniker koordinierte. Er arbeitete sich zum »Einsatzleiter« hoch, der eine der Arbeitsschichten unter sich hatte. Dazu sagte Bill: »Die Arbeit, mit der ich da meine Zeit verplemperte, befriedigte mich überhaupt nicht. Ich wußte nicht, was ich sonst tun sollte, ich konnte ja nichts.«

Der Job bot ihm Sicherheit, brachte gutes Geld und stillte seine unmittelbaren Bedürfnisse. Aber er führte nicht weiter, und Bill wußte das. Weder seine Kenntnisse in der Elektronik noch seine Ausbildung bei IBM waren gefragt, und es war auch keine Vorbereitung auf andere Positionen bei der »Long Island Lighting«. Es gab kaum etwas, auf dem er eine Karriere hätte aufbauen können.

Damals störte das Paulsen nicht. Er hatte einen sicheren Job mit einem ordentlichen Gehalt, und Ruth arbeitete als Buchhalterin. Sie lebten so, wie sie das zu der Zeit wollten. Sie kauften Möbel für ihr Haus, Bill richtete sich im Untergeschoß eine Tischlerwerkstatt ein (wie einst sein Vater), und sie eröffneten »ein hübsches kleines Bankkonto«. Er genoß es, mit alten Freunden Bier zu trinken, mit seinem Vater Tennis zu spielen und in seiner Werkstatt zu basteln.

Es fiel sowohl Bill als auch Ruth schwer, über persönliche Dinge zu reden, die über die praktischen Belange des Alltags hinausgingen. Da zudem beide dazu neigten, sich aus jeder ernsthaften Meinungsverschiedenheit in verstocktem Zorn zurückzuziehen, war es für sie schwierig, ihre Differenzen zu überwinden.

Beide wollten Kinder, aber »der liebe Gott hielt es nicht für richtig, uns zu dem Zeitpunkt eins zu schenken«. Die Ärzte fanden dafür keine physische Ursache. Es war eine ständige Quelle der Sorge und Enttäuschung; sie fürchteten, mit einem von ihnen oder mit allen beiden könne etwas nicht in Ordnung sein. Diese Spannung zog sich durch die ersten zehn Jahre ihrer Ehe, und es wurde so gut wie nie darüber gesprochen.

Es bedeutete für Bill sehr viel, daß die Mutter seiner Frau in dieser Phase bei ihnen wohnte. Sie war ein wunderbarer Mensch, »mehr meine Mutter als die Mutter ihrer Tochter«. Er mochte seine Schwiegermutter sehr gern; es war so, als habe er eine neue, liebende Mutter.

> Mom hielt mehr zu mir als zu ihrer eigenen Tochter. Ich war einfach immer im Recht. Ich konnte jederzeit mit Mom reden. Ob ich nun irgendwelche beruflichen Probleme hatte oder ob wir lieber dies tun sollten oder doch lieber das – Mom gab immer ihren Rat.

Bill stand auch seinem Vater weiterhin nahe und verließ sich in so mancher Frage auf seinen guten Rat. Er kam sich vor wie ein kleiner Junge, »der keinen Topf hatte, in den er pinkeln konnte«. Sobald er sich unsicher fühlte – etwa als er sein Haus kaufte –, rief er seinen Vater an, der immer gerne seinen Rat gab.

Paulsen schien zu Beginn des Eintritts in die Erwachsenenwelt in einer ziemlich soliden Ausgangsposition, aber seine erste Lebensstruktur war auf einem schwachen Fundament aufgebaut. Die Schwäche hatte hauptsächlich drei Ursachen. Erstens hatte er es in der späten Adoleszenz versäumt, sich eine feste persönliche Identität zu schaffen. Es war schwer für ihn, erwachsen zu werden, solange er den starken Wunsch hatte, ein Junge zu bleiben und sich von anderen in allen Schwierigkeiten des Lebens helfen zu lassen. Zweitens hatte er immer noch keinen »Traum«, eine Vision von dem künftigen Leben, das er für sich und seine Familie schaffen wollte. Drittens fand er keinen Mentor, der seinen Eintritt ins Erwachsenenleben fördern konnte und ihm half, sich dort einen Platz zu erobern.

Beruflich gesehen war der Job bei der »Long Island Lighting« für Paulsen ein totes Gewässer, in dem er über sechs Jahre lang herumwatete – er schränkte seine Interessen ein, erwarb kaum neue Kenntnisse und erfuhr fast nichts über Fähigkeiten, die ihm zu einer beruflichen Karriere verhelfen konnten. Er ließ sich durch seine Zwanzigerjahre treiben, genoß nach Möglichkeit den Augenblick, dachte nicht an die Zukunft und gab sich keine Mühe, die Möglichkeiten in der Erwachsenenwelt zu erkunden. Mit einiger Unterstützung von seiner Schwiegermutter, seinem Vater und seiner Frau blieb er in diesem toten Gewässer.

Mit 29 präsentierte sich Bill Paulsen der Welt als ein verantwortungsvoller Erwachsener, während er sich in vielen Dingen weiterhin als kleiner Junge mit engen Bindungen an die Familie aufführte. Mit seinem nicht unerheblichen Talent zur Selbsttäuschung sagte er sich, er sei erwachsen, bereit und fähig, sein Leben zu meistern. Tatsächlich aber war er das nicht. Das wurde ihm in den nächsten paar Jahren auf höchst schmerzhafte Art zu Bewußtsein gebracht.

Der Übergang in die Dreißigerjahre

Als Paulsen 29 war, konfrontierte ihn eine Reihe von Vorfällen mit Verlusten und Verantwortungen, denen er nicht gewachsen war. Das beschleunigte den Zusammenbruch der Lebensstruktur, die er während der vorangegangenen sechs Jahre aufrechterhalten hatte.

Nach sechs- bis achtmonatiger Krankheit starb sein Vater im Alter von 53 Jahren. Sein Tod, sagte Bill, »traf mich schwer. Ich war sehr niedergeschlagen nach seinem Tod . . . sehr niedergeschlagen. Ich war mit den Nerven völlig runter, ein, zwei Jahre lang.«

Paulsens Mutter hatte sich fast in allem auf seinen Vater gestützt. Nach Großmutters Tod – er war damals 23 – war seine Mutter unfähig gewesen, für sich selbst zu sorgen. Als nun sein Vater starb, wandte sie sich Bill zu.

Die ganze Familie erwartete, daß er sie in sein Haus nehmen und sich so um sie kümmern würde wie vorher sein Vater.

> Die Verantwortung, die mich da plötzlich traf ... Ich konnte das zu der Zeit einfach nicht bewältigen. Ich weiß nicht ... es war für mich unmöglich, all die wichtigen Entscheidungen für meine Mutter zu treffen. Ich glaube, ich war nicht darauf vorbereitet. Vielleicht war ich nicht reif genug. Das könnte sein ..., wahrscheinlich war es so.

Bill nahm sie auf, doch es ging nicht lange gut. Nach sechsjähriger Ehe näherte sich Ruth dem Ende ihrer ersten Schwangerschaft. Die Schwangerschaft beschäftigte sie sehr, und es war ihr unbehaglich, mit Bills Mutter zusammenzuleben. Sie waren nie gut miteinander ausgekommen, und es stellte sich bald als unerträglich heraus, sie im Haus zu haben. Seine Mutter war völlig außerstande, für sich selbst zu sorgen und brauchte sehr viel Pflege – viel mehr, als Bill oder Ruth ihr geben konnten. Bill schlug vor, sie in ein Pflegeheim zu geben. Sie widersetzte sich, und der Rest der Familie verübelte Bill, daß er diesen Vorschlag gemacht hatte. Sie blieb also bei ihnen, und die Situation verschlechterte sich: »Meine Frau war schließlich ein nervliches Wrack. Meine Mutter verkroch sich wie in einem Schneckenhaus und redete überhaupt nichts mehr. Ich war am Durchdrehen.«

Ruth geriet nach eigener Aussage so aus dem Gleichgewicht, daß »ich damals versuchte, mir das Leben zu nehmen, weil ich es einfach nicht mehr aushalten konnte«. Im neunten Monat der Schwangerschaft wurde Ruths Kind tot geboren. In ihrem Kummer und Zorn verlangten Bill und Ruth, Bills Mutter solle zu ihrer Schwester ziehen. Doch sie ging nicht. Es kam zur Auseinandersetzung. »Sie sagte, ich liebe sie nicht, ich wolle sie nur loswerden. Das ging mir sehr an die Nerven. Ich wurde reizbar und trank ein bißchen zuviel.«

Drei Monate nachdem sie zu ihnen gekommen war, zog Bills Mutter tatsächlich zu ihrer Schwester. Daraufhin wurde es etwas ruhiger im Haus der Paulsens. Aber er hatte das Gefühl, daß er als verantwortlicher Nachfolger seines Vaters versagt hatte. Diese Scham- und Schuldgefühle wurden durch andere Mitglieder der Familie noch verschlimmert:

> Als der Erstgeborene und der Mann der Familie dachte ich damals, ich sei verantwortlich. Aber ich konnte einfach nicht. Plötzlich war ich das

schwarze Schaf der Familie. Sie hörten mir einfach nicht zu. Das war überhaupt das Schlimmste. Sie redeten fast zehn Jahre lang nicht mehr mit mir, niemand. Sie meinten, als der Mann in der Familie müsse ich dafür sorgen . . ., daß Mutter zu mir zog und den Rest ihres Lebens in meinem Haus verbrachte.

In dieser bewegten Zeit traf die Paulsens noch ein Unglück. Während Bills Mutter noch bei ihnen war, erkrankte Ruths Mutter. Sie zog sich »ein Lungenleiden und Arterienverkalkung« zu, war ein Jahr lang bettlägerig und starb. Wie Bills Vater stand sie Bill sehr nahe, und ihr Tod war für ihn ein herber Verlust.

Innerhalb eines einzigen Jahres, zwischen 29 und 30, hatte Bill seinen Vater und seine Schwiegermutter verloren, die beide in seinen Zwanzigerjahren eine entscheidende Rolle spielten, weil er bei ihnen stets Trost und Unterstützung fand. Er wurde zu einem »nervlichen Wrack« und immer mehr zu einem starken Trinker, und das wirkte sich auf seine Arbeit aus. Er hatte Angst, seinen Job zu verlieren. »Ich kam mir vor wie auf hoher See ohne Schwimmweste«, sagte er. »Ich wußte nicht, in welche Richtung ich trieb.«

Ruths Bruder war für Bill in dieser Zeit eine Hilfe. Er war aus Oregon, wo seine kranke Mutter lebte, nach Long Island gekommen. Er lebte mehrere Monate bei den Paulsens, bis seine Scheidung über die Bühne gegangen war. Er heiratete wieder, zog nach Florida und fand einen Job, der ihm gefiel. Sobald er dort Fuß gefaßt hatte, ermunterte er Bill und Ruth, nachzukommen. Sie entschlossen sich, den Schritt zu wagen.

Mit 31 war Bill reif für eine Veränderung. Er hatte das starke Gefühl, daß ihm das Leben auf Long Island nichts gebracht hatte, und er wollte anderswo von vorn anfangen. Warum also nicht nach Florida gehen. Schlimmer konnte es dort auch nicht sein. Paulsen war sich wieder einmal nicht im klaren darüber, wohin er ging. Er wußte nicht, was ihn dort erwartete, was für Leute er kennenlernen würde, was für Jobs es dort geben würde. Wichtig war nur, erst mal wegzukommen. Er spürte ein starkes Verlangen und gab ihm unmittelbar nach.

Es fiel Bill und Ruth schwer, in Florida einen neuen Anfang zu machen. In den ersten sechs Monaten arbeitete Bill als Mechaniker für einen Kühlschrankhändler und verdiente $ 62 in der Woche. Dann arbeitete er acht Monate für eine Baufirma, bezog aber immer noch einen »Sklavenlohn«. Der kleine Notgroschen war bald aufgebraucht.

Nach über einem Jahr in Florida fühlte sich Bill entmutigt. Er kam nicht voran, solange er für einen »Hungerlohn« arbeitete. Mit neuem Schwung beschloß er, etwas Besseres zu suchen. Bowles & White, eine Computerfirma, hatte eben ein neues Werk in Fort Lauderdale eröffnet, und er bewarb sich dort um eine Stelle. Jetzt nutzten ihm seine Kenntnisse in der Elektronik und seine Zeit bei IBM. Sie stellten ihn ein und schickten ihn nach Boston, wo er lernte, mit ihren neuen Computern umzugehen. Nach seiner Rückkehr war er der erste IBM-Datentechniker am Forschungs- und Entwicklungszentrum von Bowles & White in Florida. Sein Anfangsgehalt betrug $ 75 in der Woche, und er faßte neuen Mut.

Mit 32 fing Paulsen an, in Florida Fuß zu fassen. Er hatte eine Stellung, in der er seine Ausbildung und seine Fertigkeiten nutzen konnte, und das bei einer Gesellschaft, die ihm Aufstiegsmöglichkeiten bot. Er blickte voraus und machte Pläne für die Zukunft. Er hatte eine berufliche Tätigkeit, die ihn befriedigte und die seiner Familie auf lange Sicht ein besseres Leben ermöglichen würde. Der neue Job setzte den Schlußstrich unter drei Jahre Krise und Chaos in seinem Leben.

In der Übergangsphase von 29 bis 32 wurde seine erste Lebensstruktur eingerissen, und nach einer chaotischen Zeit begann eine neue Struktur Gestalt anzunehmen. Größere Veränderungen in seiner Familie setzten diese Entwicklungsarbeit in Gang. Der Tod seines Vaters machte ihn zum Familienoberhaupt, und der Tod seiner Schwiegermutter beraubte ihn einer »Mom«. Diese Todesfälle zwangen und befähigten ihn, erwachsener zu werden und mehr Verantwortung für sein eigenes Leben zu übernehmen. Er und Ruth konnten endlich ihre eigene Familie aufbauen. Ruths Mutter und Bills Vater konnten sie in diesem Unterfangen nicht mehr lenken, unterstützen und beeinflussen. Es war schwer, aus eigener Kraft ein Leben aufzubauen, aber zum erstenmal hatten sie die Chance, es zu versuchen und die Verantwortung für ihr eigenes Leben zu übernehmen.

Paulsen war ganz von diesen persönlichen Aufgaben in Anspruch genommen, als er nach Florida zog. Seine ersten Jobs dort gewährten ein gewisses Maß an finanzieller Sicherheit, die es ihm ermöglichte, sich den Entwicklungsaufgaben zu widmen. Nachdem er sich fester als Mann in der Familie etabliert hatte, konnte er sich mehr den beruflichen Fragen zuwenden. Zum erstenmal suchte er eine Stellung, die seiner Begabung und Ausbildung entsprach. Die Entscheidung, sich bei Bowles & White zu bewerben, ließ eine bedeutsame Veränderung erkennen. Er war nicht mehr bereit, für einen »Hungerlohn« zu arbeiten, und bemühte sich deshalb entschlossen um eine Stellung, die ihm Aufstiegsmöglichkeiten bot.

Diese Veränderungen stellten einen wesentlichen Fortschritt in seiner Entwicklung dar. Paulsens Verhalten zeigte immer weniger den sorglosen Jungen und immer mehr den Mann, der sich einen Platz in der Welt erobern will und der bereit ist, dafür selbst die Verantwortung zu übernehmen. Er hatte jedoch noch keinen »Traum« entwickelt, und er hatte auch noch keinen Mentor gefunden, der ihm helfen konnte, sich in der Erwachsenenwelt zu etablieren.

In Kapitel 18 werden wir Paulsens Leben weiter verfolgen, durch die verbleibenden Phasen des frühen Erwachsenenalters und des Eintritts in die mittlere Erwachsenenwelt.

III. Die Phase des Seßhaft-Werdens

9. Das Seßhaft-Werden: Aufbau einer zweiten Struktur für das Erwachsenenleben

Das Ende des Übergangs in die Dreißigerjahre ist das Ende der Vorbereitungsphase im frühen Erwachsenenalter. Die Zeit, die dazu bestimmt ist, die Erwachsenenwelt auszukundschaften und in ihr Fuß zu fassen, ist abgelaufen. Es ist Zeit, in die Phase des Seßhaft-Werdens einzutreten, die den Höhepunkt der frühen Erwachsenenzeit bildet und die endgültigen Früchte und Dornen dieser Epoche hervorbringt. Der Wechsel vom Übergang in die Dreißigerjahre zur Phase des Seßhaft-Werdens ist einer der entscheidenden Schritte in der Erwachsenenentwicklung.

Die grundlegende Aufgabe besteht darin, sich mit ein paar Schlüsselentscheidungen zu begnügen, um sie herum eine solidere Struktur zu schaffen, sich selbst so umfassend wie möglich in die verschiedenen Komponenten dieser Struktur (Arbeit, Familie, Gemeinde, individuelle Interessen, Freundschaften) zu investieren und in ihr langfristige Pläne und Ziele zu verfolgen. Ein Mann spürt ein stärkeres Verlangen, »Ernst zu machen«, Verantwortung zu übernehmen, zu entscheiden, was wirklich wichtig ist und dann sein Leben entsprechend zu gestalten.

Wie ich in Kapitel 5 ausführte, beginnt die Phase des Seßhaft-Werdens gewöhnlich mit 32 oder 33. In unserem Sample endete sie gewöhnlich mit 40 oder 41 – nicht vor 39 und nicht nach 42. Sie dauerte normalerweise sechs bis neun Jahre (7, 8 im Durchschnitt). Am längsten dauerte sie bei den Arbeitern und Angestellten (8,3 bzw. 8, 4 Jahre), während es bei den Romanschreibern 7,7 und bei den Biologen nur 6,8 Jahre waren. Die Unterschiede beruhen hauptsächlich auf der Tatsache, daß das Seßhaft-Werden bei den Romanautoren und Biologen später kam als bei den anderen. Es gab zwischen den Berufsgruppen nur geringfügige Unterschiede hinsichtlich des Alters, in dem das Seßhaft-Werden zu Ende ging und der Übergang zur Lebensmitte begann.

Die Lebensstruktur in der Phase des Seßhaft-Werdens gibt gewissen Beziehungen, Ambitionen und Aspekten des Selbst einen herausragenden Platz im Leben des Mannes und verlangt, daß andere abgewertet oder ganz beiseite geschoben werden. Sie kann zulassen, daß viele oder wenige Aspekte des Selbst ausgedrückt werden. Eine verhältnismäßig vollständige Struktur hat ein paar zentrale Elemente, die der Gesamtstruktur als

Brennpunkte dienen, und daneben Randelemente, die die Struktur bereichern und erweitern. Aber selbst eine umfassende, komplexe Struktur kann den Mann nicht in die Lage versetzen, alle Aspekte des Selbst zu verwirklichen. Wie wir sehen werden, kehren die Aspekte, die ausgeschlossen bleiben, oft in späteren Phasen zurück und machen ihre Ansprüche geltend. In dem Maße, in dem die ursprüngliche Struktur des Seßhaft-Werdens in der Welt entwicklungsfähig und dem Selbst angemessen ist, hilft sie, ein relativ stabiles und befriedigendes Leben zu ermöglichen. Sie ändert sich normalerweise nicht, bis die nächste Phase, der Übergang zur Lebensmitte, neue Entwicklungsaufgaben mit sich bringt. Wenn die erste Struktur ernsthafte Fehler aufweist, wird sie starken Druck erzeugen, der eine Veränderung bewirken soll. Unsere Untersuchung hat jedoch gezeigt, daß es sehr schwierig ist, die Lebensstruktur in dieser Phase zu verändern.

Die Phase des Seßhaft-Werdens präsentiert zwei Hauptaufgaben. Es gibt beträchtliche individuelle Unterschiede in der relativen Bedeutung, die diesen Aufgaben zugemessen wird, und in der Art und Weise, wie sie bewältigt werden.

Aufgabe 1: Sich in der Gesellschaft einen Platz erobern. Sich hineinknien, ein Nest bauen und die eigenen Interessen nach einem fest umrissenen Schema verfolgen. Das ist der erste Schritt zum Seßhaft-Werden. Ein Mann braucht ein ausreichend geordnetes, stabiles Leben. Es ist Zeit, Wurzeln zu schlagen, das Leben fester in der Familie, im Beruf und in der Gemeinde zu verankern. Er empfindet größeren Stolz darauf, daß er weiß, wer er ist, daß er sein eigenes Zuhause hat, daß er im gewählten Beruf größere Fertigkeiten entwickelt, daß er »dazugehört«, daß er ein geschätztes Mitglied einer geschätzten kollektiven Einheit ist.

Aufgabe 2: Sich bemühen, voranzukommen. Planen, um den Erfolg ringen, sich nach vorn und nach oben bewegen, sich nach einem Zeitplan weiterentwickeln. Während die erste Aufgabe zu der Stabilität und Ordnung einer fest umrissenen Struktur beiträgt, bringt die zweite eine Weiterentwicklung innerhalb der Struktur mit sich. Wenn ich von »vorankommen« spreche, dann meine ich das im weitesten Sinn: ein besseres Leben aufbauen, die eigenen Fertigkeiten verbessern und nutzen, kreativer werden, zur Gesellschaft beitragen und von ihr bestätigt werden, und zwar entsprechend den eigenen Wertvorstellungen. Die Ziele können sein: Wohlstand, Macht, Prestige, Anerkennung, wissenschaftliche oder künstlerische Leistungen, bestimmte Formen eines Familien- und Gemeindelebens. Die Phase des Seßhaft-Werdens ist für einen Mann die Zeit, in der er seinen »Traum« erfüllt, seine Ambitionen verwirklicht und der Held im »Drehbuch« des frühen Erwachsenenalters wird. Zu Beginn hat er das Gefühl, auf der untersten Sprosse einer Leiter zu stehen und sich auf den Weg nach oben zu machen. Das Bild der Leiter spielt in dieser Phase des Lebens eine wichtige Rolle.

Die beiden Aufgaben sind bis zu einem gewissen Grad antithetisch. Allgemein kann man sagen, daß die Familie und die örtliche Gemeinschaft die hauptsächlichen Kräfte sind, die die Stabilität bewirken, während der Beruf die wichtigste Kraft ist, die für Bewegung und Veränderung sorgt. In dem Maße, in dem ein Mann Ordnung und feste Wurzeln haben will, muß er bereit sein, das Streben nach oben einzuschränken, denn es könnte Unruhe bringen und die Stabilität seines Lebens bedrohen. Umgekehrt kann ein Mann, der sich mit aller Macht einen Namen machen will und große Höhen an Macht, Tugend oder Leistung erreichen will – Cäsar, Shakespeares Könige, Abraham, Faust und Gauguin fallen einem da ein –, es sich nicht leisten, starke Bindungen an bestimmte Personen einzugehen oder großen Wert auf Stabilität zu legen. Eine dieser Aufgaben mag zwar überwiegen, aber die andere ist stets da und macht Schwierigkeiten, wenn man sie zu sehr vernachlässigt. Die zweite Aufgabe schiebt sich meistens in den späten Dreißigerjahren in den Vordergrund, wenn die frühe Erwachsenenzeit mit dem Stadium des Selbständig-Werdens ihren Höhepunkt erreicht.

Beide Aufgaben spiegeln den besonderen Charakter des Seßhaft-Werdens wider. Es wird Zeit für einen Mann, sich zu Bedingungen, die er akzeptieren kann, als voller Erwachsener dem »Stamm« anzuschließen: Zeit, sich seinen Platz zu sichern, sich mit größerem Engagement und mehr Verantwortung in die Gesellschaft einzureihen, eine Familie großzuziehen und einen Beruf auszuüben und sein Teil zum Überleben und Wohlergehen des »Stammes« beizutragen. In der modernen vielschichtigen Gesellschaft hat das Wort »Stamm« eine Reihe von Bedeutungen. Es kann die Gemeinde sein, in der der Mann wohnt, die kirchlich-ethnische Gruppe, der Beruf oder die Nation oder die gesamte Menschheit – es ist damit immer der Teil der Rasse Mensch gemeint, der für ihn die größte Bedeutung hat. Doch jeder fühlt sich während der Phase des Seßhaft-Werdens stark mit einem Teil seiner Gesellschaft verbunden, ist für die

Ansprüche dieser Teilgesellschaft empfänglich und sucht die Bestätigung und die Belohnungen, die sie ihm bietet.

Wir haben festgestellt, daß das Seßhaft-Werden deutlich in zwei Stufen erfolgt, die beide drei bis vier Jahre dauern. Die erste nennen wir die »Frühphase des Seßhaft-Werdens« und die zweite, die gewöhnlich mit 36 oder 37 einsetzt, das »Selbständig-Werden«.

Die Frühphase des Seßhaft-Werdens

In seinen Zwanzigerjahren ist ein Mann als Erwachsener noch »Anfänger« oder »Lehrling«. Mit Beginn der Phase des Seßhaft-Werdens hat er nun die Aufgabe, die Lehrzeit hinter sich zu bringen und zu einem voll entwickelten Erwachsenen zu werden. Die ursprüngliche Lebensstruktur dieser Phase liefert eine Grundlage, auf der er die Zukunft planen und langfristige Ziele definieren kann. Ich führe den Begriff des »persönlichen Vorhabens« ein, um damit die zentralen Merkmale der Lebensstruktur eines Mannes zu bezeichnen, aber auch das, was er mit ihnen erreichen will – die Richtung seines Lebens, die allgemeinen Ambitionen und spezifischen Ziele –, so eindeutig oder so vage, wie sie nun mal definiert sind. Das Vorhaben des Seßhaft-Werdens ist für einen Mann das wichtigste Vehikel zur Verwirklichung seiner jugendlichen Ambitionen und Ziele.

Dieses Vorhaben enthält in irgendeiner Form das Bild der *Leiter*. Ein Mann hat sich bis in seine frühen Dreißigerjahre darauf konzentriert, eine Grundlage zu schaffen, auf der die Leiter aufgebaut werden kann. Je mehr er erreicht hat, desto höher ist die Ebene, auf der er das Vorhaben beginnt. Der eine ist zu Beginn dieser Phase vielleicht in der mittleren Führungsschicht und hofft, an die Spitze seiner Abteilung aufzusteigen. Ein anderer ist bereits an der Spitze einer Abteilung und beginnt die Phase des Seßhaft-Werdens damit, daß er sein eigenes kleines Unternehmen gründet, mit dem Ziel, auf seinem Gebiet ein Riese zu werden. Beide beginnen die Phase des Seßhaft-Werdens auf der untersten Sprosse einer Leiter. Sie mögen von der obersten Sprosse eine klare oder undeutliche Vorstellung haben, doch sie haben das sehr starke Gefühl, an einem Ausgangspunkt zu stehen und aufsteigen zu wollen. Wenn ein Mann schon bald entdeckt, daß ein Fortschritt auf seine Ziele zu unmöglich ist oder daß er daraus keine Befriedigung zieht, dann wird es für ihn im letzten Abschnitt des Seßhaft-Werdens schwieriger werden.

Auch für Romanschriftsteller gibt es eine Leiter, auch wenn sie nichts mit der Rangordnung innerhalb einer Organisation zu tun hat. Mit 33 hat einer drei Romane geschrieben und gilt als »hoffnungsvoller junger Autor«, aber er muß erst noch beweisen, daß er ein Gesamtwerk von dem Kaliber hervorbringen kann, daß er sich am meisten wünscht. Ein anderer hat einen einzigen Roman geschrieben, der sich gut verkaufte, aber schlechte Rezensionen erhielt; er ist nun bereit, das Schreiben zu seiner Hauptbeschäftigung zu machen, aber seine Möglichkeiten sind noch gar nicht erprobt. Ein dritter, der mehrere unveröffentlichte Romane geschrieben hat, beschließt, seine Mitarbeit in einer Firma zur Hauptbeschäftigung zu machen und dem Romanschreiben einen peripheren Platz in der Struktur seines Seßhaft-Werdens zuzuweisen, in der Hoffnung, irgendwann einmal aus der Geschäftswelt ausscheiden und das Romanschreiben zu seiner zentralen Beschäftigung machen zu können. (Dieser Fall wird durch Paul Namson verkörpert, dessen Leben wir in Kapitel 12 darstellen werden.)

Andere Männer denken bei ihren Plänen für einen weiteren Aufstieg nicht an die berufliche Tätigkeit, sondern an ihre Familie oder Gemeinde oder andere Zusammenhänge, die nichts mit ihrer Arbeit zu tun haben. Doch fast alle Männer haben, ungeachtet ihrer spezifischen Lebensumstände, zu Beginn der Phase des Seßhaft-Werdens Hoffnungen auf weiteren Aufstieg.

Die Leiter kann viele Sprossen haben oder wenige. Der Ehrgeiz kann umfassend und verzehrend sein, oder bescheiden und realistisch. Die Leiter kann zur Verwirklichung des »Traumes« führen oder in eine andere Richtung. Sie hat äußere und innere Aspekte, und der Weg, den ein Mann auf ihr geht, wird sowohl durch äußere als auch durch innere Kräfte bestimmt. Äußerlich kann es um Dinge gehen wie den Status in der Hierarchie einer Organisation (Bewertung des Arbeitsplatzes, Rang innerhalb des Betriebsgefüges oder der akademischen Welt) und um die Reputation in der Gemeinde oder unter Kollegen. Die berufliche Tätigkeit liefert gewöhnlich einen groben Zeitplan, nach dem verschiedene Stufen des Aufstiegs zu erreichen sind. Bleibt ein Mann hinter dem Zeitplan zurück, fürchtet er, ein weiterer Aufstieg sei unwahrscheinlich, und sein ganzes Vorhaben könnte in Gefahr sein. Innerlich richtet sich die Bedeutung der Leiter nach dem Interesse eines Mannes am Ruhm, an kreativer Leistung, Macht, menschlicher Fürsorge, Über- oder Unterlegenheit seiner Klasse oder seines religiösen oder ethnischen Hintergrunds und an elterlichen Verboten und Zurückweisungen in der fernen Vergangenheit. Diese und viele andere innere Kräfte tragen mit dazu bei, die Leiter zu definieren und die Bedeutung von Erfolg und Mißerfolg festzulegen.

In der Frühphase des Seßhaft-Werdens beginnt also ein Mann mit einem neuen persönlichen Vorhaben auf der untersten Sprosse seiner psychologischen Leiter. Er tritt in eine Welt ein, in der er zunächst ein *unmündiges Mitglied* ist, und will nun sein Vorhaben vorantreiben und die Leiter erklimmen, um zu einem *mündigen Mitglied* dieser Welt zu werden. Sein Selbstwertgefühl wird in den nächsten Jahren davon abhängen, wie er selbst seine Fortschritte auf dem Weg zu diesen Zielen beurteilt. »Mündig« zu werden, ist in der zweiten Stufe des Seßhaft-Werdens ein entscheidender Faktor.

Mit dem Beginn der Phase des Seßhaft-Werdens ändert sich auch das Engagement eines Mannes in seiner Ehe und Familie. Wenn er nicht verheiratet ist, fühlt er sich aller Wahrscheinlichkeit nach starkem Druck ausgesetzt, zu heiraten oder sich formal zu irgendeiner Art des Junggesellendaseins zu bekennen. Der Entschluß zur Ehe geht nicht nur auf Zuneigung oder Liebe zurück, sondern auch auf das Bedürfnis nach einem stabileren, ausgeglicheneren Leben, in dem Ehe und Familie ein zentrales Element darstellen.

Mit Ende zwanzig haben die meisten Männer Familie. Wie bereits erwähnt, wird die Ehe während des Übergangs in die Dreißigerjahre oft von beiden Partnern in Frage gestellt und neu bewertet. Das kann, wenn die Phase des Seßhaft-Werdens einsetzt, die gegenseitigen Bindungen stärken und das Eheleben für beide Teile bereichern. Wenn das Paar eine befriedigende Liebesbeziehung unterhält, wenn die Frau sein Vorhaben im Rahmen des Seßhaft-Werdens schätzt und bis zu einem gewissen Grad mit ihm teilt, und wenn er das umgekehrt auch für sie tun kann, dann ist die Gesamtstruktur ihres Lebens im Kern gefestigt. (Später kann er natürlich zu dem Schluß kommen, daß diese Struktur für ihn völlig falsch war, und er wirft ihr dann möglicherweise vor, sie habe ihn in diese Struktur hineingezogen oder darin festgehalten.)

Wenn ein Mann in die Phase des Seßhaft-Werdens eintritt, hat er das große Bedürfnis, eine stabile Struktur aufrechtzuerhalten. Er setzt sich mit Problemen lieber dadurch auseinander, daß er sich innerhalb des vorhandenen Rahmens anpaßt, als daß er sich auf größere Strukturveränderungen einläßt. Er entschließt sich vielleicht dazu, seine Ehe aufrechtzuerhalten, obschon es in der ehelichen Beziehung, im Familienleben oder in der erweiterten Lebensstruktur, in der die Familie ein wesentliches Element darstellt, ernste Probleme gibt. Die Entscheidung, eine fragwürdige Ehe fortzusetzen, spiegelt nicht nur seine Gefühle der Liebe und Verpflichtung gegenüber seiner Frau wider, sondern auch seine Bindung an die Familie und die Lebensstruktur, die die Familie enthält. Er geht vielleicht eine Beziehung zu einer anderen Frau ein, in der Absicht, daraus nur ein begrenztes Element der Struktur und keine Bedrohung der Ehe werden zu lassen – auch wenn das vielleicht auf lange Sicht nicht gehen wird, wie Jim Tracy entdecken mußte (vgl. Kapitel 11). Die vier Männer in unseren Biographien zeigen vier gegensätzliche Bilder der Ehe und des Familienlebens während des Übergangs in die Dreißigerjahre und der Phase des Seßhaft-Werdens.

In jedem Fall wird die Frühphase des Seßhaft-Werdens dazu verwendet, um die ursprünglichen Entscheidungen herum ein Leben aufzubauen. Es ist eine Zeit, in der man sich in der Gesellschaft einen Platz erobert, ein Vorhaben definiert, sich an die Arbeit macht, »das Geschäftliche regelt«. Nach drei oder vier Jahren beginnt die zweite Stufe innerhalb der Phase des Seßhaft-Werdens. Sie enthält das Resultat des früher begonnenen Vorhabens, hat aber qualitativ andere Merkmale.

Die Spätphase des Seßhaft-Werdens: Das Selbständig-Werden

Daß sich einer bemüht, in stärkerem Maße sein eigener Herr zu sein – weniger abhängig zu sein, weniger auf fremde Hilfe angewiesen, weniger der Kontrolle anderer unterworfen –, das findet sich auf vielen Altersstufen. Die Form dieser Bemühungen spiegelt den Charakter der jeweiligen Entwicklungsebene wider. Wir sehen es beispielsweise bei dem Zweijährigen, der beharrlich auf seinen Rechten besteht und in einer Welt, die ihn ständig einzuengen scheint, mit seiner eigenen Initiative durchzukommen versucht. Der Jugendliche an der Schwelle zum Erwachsenen ist – während des Übergangs ins frühe Erwachsenenalter – besonders um seine eigene Unabhängigkeit bemüht, und er ringt um eine vollständigere Trennung von den Eltern und dem vor-erwachsenen Selbst, das mit ihnen immer noch so stark verbunden ist.

Dieses Bemühen gewinnt in der Endphase des Seßhaft-Werdens eine neue Form und neue Bedeutung. Dieses letzte Stadium des Seßhaft-Werdens ist so ausgeprägt, daß wir ihm eine eigene Bezeichnung gegeben haben: das Selbständig-Werden. Es erstreckt sich gewöhnlich von 36 oder 37 bis 40 oder 41. Es bildet den Höhepunkt der Phase des Seßhaft-Werdens und, allgemeiner gesehen, den Gipfel der frühen Erwachsenenzeit und bringt die ersten Vorboten der späteren Entwicklung.

Die wichtigsten Entwicklungsaufgaben im Stadium des Selbständig-Werdens bestehen für einen Mann darin, die Ziele des Seßhaft-Werdens zu erreichen, auf seiner Leiter genügend voranzukommen, ein mündiger Anwalt seines Vorhabens zu werden, eindeutiger seine eigene Meinung zu vertreten, ein größeres Maß an Autorität zu haben und (innerlich wie äußerlich) die Abhängigkeit von anderen Individuen und Institutionen in seinem Leben zu verringern.

Wir haben es hier mit einem unvermeidlichen Dilemma zu tun: Auf der einen Seite will ein Mann *unabhängiger* werden, gegen sich selbst aufrichtiger und weniger anfällig für Druck und Schmeicheleien von anderen. Auf der anderen Seite sucht er nach *Bestätigung* in der Gesellschaft. Daß er seine eigene Meinung vertritt, ist wichtig, selbst wenn keiner zuhört –, aber es geht ihm ganz besonders darum, gehört und geachtet zu werden und die ihm zustehenden Belohnungen zu erhalten. Der Wunsch nach Unabhängigkeit läßt ihn das tun, was allein er für wesentlich hält, ungeachtet der Folgen; der Wunsch nach Bestätigung macht ihn empfindlich gegen die Reaktionen anderer und empfänglich für deren Einflüsse.

Es ist nicht klar, warum es zu diesem Zeitpunkt zu einem Entwicklungsstadium kommt, das diese Aufgaben stellt. Wir erwarteten nichts Derartiges, als wir mit unserer Untersuchung begannen. Wir stießen erst im Lauf unserer Arbeit darauf. Der Beginn dieses Abschnitts ist ebensowenig bei anderen Phasen an irgendeinen dramatischen Vorfall oder Umstand geknüpft. Er hat keinen bestimmten Ausgangspunkt in der biologischen, psychologischen oder soziokulturellen Entfaltung des Individuums. Sie alle liefern die elementaren Ausgangspunkte, und viele spezifische Faktoren wirken sich in verschiedenen Individuen und Gesellschaften unterschiedlich aus. Ende Dreißig liegt ein Mann eine volle Generation vor denen, die eben erst ins Erwachsenenalter eintreten. Er muß mündiger werden, sich fester etablieren. Er ist auf – oder kurz vor – dem Gipfel seines Aufstiegs im frühen Erwachsenenalter, und die Möglichkeiten für sein künftiges Leben werden in hohem Maße von den Ereignissen in diesem Stadium beeinflußt. Für viele Männer ist das Gefühl des körperlichen Verfalls ein Ansporn zu verstärkten Anstrengungen. Die Besinnung auf den körperlichen Verfall und den Tod verstärkt sich noch in der nächsten Phase und erhält zusätzliche Bedeutungen.

Die Entwicklungsaufgaben im Stadium des Selbständig-Werdens – das Vorhaben des Seßhaft-Werdens durchzuführen, mündiger und erfahrener zu werden und in der Gesellschaft Bestätigung zu finden – gewinnen in den späten Dreißigerjahren entscheidende Bedeutung. Ein Mann reagiert meistens sehr empfindlich, ja gereizt, auf alles in seiner Umgebung oder in ihm selbst, was diesen Zielen im Wege steht. Da ein erfolgreicher Abschluß dieser Phase nicht gesichert ist, hat er oft das Gefühl, er habe nicht genügend erreicht und er sei nicht selbständig genug. Er hat vielleicht das Gefühl, er werde zurückgehalten – von anderen unterdrückt und durch seine eigenen Konflikte und Hemmungen behindert.

Diese besorgten Gedanken spiegeln äußere Realitäten und innere Prozesse wider, und wir müssen beide berücksichtigen, wenn wir dieses Stadium der Entwicklung verstehen wollen. Äußere Umstände sind in diesen Jahren tatsächlich oft einengend und schaden der Selbstachtung. Organisationen werden oft so starr oder korrupt geführt, daß ein einzelner seine Karriere aufs Spiel setzt, wenn er sehr direkt ist oder unbedingt auf eigene Faust handeln will. Es ist im allgemeinen sicherer, Kontroversen aus dem Weg zu gehen und sich als ein loyales Mitglied des »Teams« zu geben – und nicht zu laut die eigene Meinung zu vertreten. Wenn ein Mann aufsteigt, bringt ihn das in näheren Kontakt mit dienstälteren Männern, die ihre Territorien zu verteidigen und zu beschützen haben. Ihr Interesse an ihm enthält oft eine feine Mischung aus Unterstützung und Einschüchterung. Er empfängt eine doppelte Botschaft: »Sei ein braver Junge, und du kannst es weit bringen«, und: »Wenn du Ärger machst, bist du erledigt.«

Die Schwierigkeiten eines Mannes in dieser Phase haben aber auch wichtige innere Ursachen. Mit seinem Wunsch nach Bestätigung und Aufstieg wird er für sozialen Druck besonders anfällig. Ein Mann, der stolz auf seine Fähigkeit zum autonomen Handeln war, merkt nun, daß er gar nicht so unabhängig ist, wie er geglaubt hatte. In kritischen Situationen paßte er sich zu bereitwillig an, war zu empfindlich gegen Kritik und zu unterwürfig, als daß er nach seiner eigenen Überzeugung hätte reden und handeln können. Er möchte sein eigener Herr sein, aber es liegt ihm auch sehr viel daran, verstanden und anerkannt zu werden, seine Begabungen bestätigt zu bekommen und sein Vorhaben erfolgreich zu Ende zu führen.

Doch die Schwierigkeiten liegen noch tiefer. Das Stadium des Selbständig-Werdens krönt die Bestrebungen des frühen Erwachsenenalters. Ein Mann möchte ein »mündiger« Erwachsener werden, möchte die Früchte seiner Arbeit aus den letzten fünfzehn oder zwanzig Jahren ernten, er möchte Ziele erreichen, die dann für sein zukünftiges Leben eine Grundlage bilden werden. Kurzum, er möchte in einem unfassenderen Sinne als je zuvor ein Mann werden. Doch gerade weil er sich so dringlich wünscht, ins Mannesalter zu kommen, lebt im Erwachsenen der *kleine Junge* wieder auf.

Es muß nicht unbedingt von einer pathologischen oder beeinträchtigten Entwicklung im frühen Erwachsenenalter zeugen, wenn sich viele jungenhafte Eigenschaften mit großem Nachdruck bemerkbar machen. Das Selbst, das in den Zwanzigerjahren Gestalt annimmt, geht nur einen kleinen Schritt über die Adoleszenz hinaus und enthält normalerweise viele Aspekte des kindlichen und jugendlichen Selbst. Der Junge existiert weiterhin und liefert viele der Stärken, aber auch der Anfälligkeiten des jungen Mannes. Wenn ein Mann Glück hat, gelingt es ihm, seine kindlichen Eigenschaften und seine Jugendlichkeit in veränderter Form für seinen gesamten Lebenszyklus zu bewahren.

Die Aktivierung des jungenhaften Selbst in den späten Dreißigerjahren ist Teil der normalen psychosozialen Entwicklung. Das Bestreben, selbständig zu werden, aktiviert die ungelösten Konflikte aus der Vor-Erwachsenenzeit, einschließlich der Sehnsüchte und Ängste des kleinen Jungen. Tatsächlich ist es ein Schritt nach vorn, wenn der Konflikt zwischen dem Jungen und dem Mann intensiviert wird. Dadurch entsteht die Möglichkeit, den Konflikt auf einer höheren Ebene zu lösen.

Während dieser Phase wird der intensivierte Konflikt jedoch zu einer inneren Quelle von Schwierigkeiten. Das erwachsene Selbst hat das Verlangen, gewissen Wertmaßstäben gerecht zu werden, ein produktives Mitglied der Gesellschaft zu sein und nach bestem Können die Verantwortungen zu tragen, die sich daraus ergeben. Das jungenhafte Selbst unterstützt dieses Bemühen auf mancherlei Art, denn es besitzt Vorstellungskraft, Energie und Idealismus und ist für Abenteuerliches und Wunderbares aufgeschlossen. Aber das jungenhafte Selbst ist auch eine Quelle des Widerstands und der Unzufriedenheit. Der Junge in dem Mann will große Höhen lieber durch magische Omnipotenz als durch harte Arbeit erreichen. Er hätte gern, daß ihm alles in den Schoß fällt, ohne daß er auf die entgegenwirkenden Bedürfnisse und Ansprüche anderer Rücksicht nehmen muß. Wenn er nicht genügend Anerkennung findet, fühlt sich der kleine Junge völlig vernachlässigt und erniedrigt. Wenn ein Chef oder eine andere Autorität Einschränkungen oder Auflagen macht, ist es der kleine Junge, der so eingeschüchtert ist, daß er sich nicht mehr zu helfen weiß. Das jungenhafte Selbst wird zum nachgiebigen Kriecher, zum nie aufmuckenden »netten Kerl« oder zum impulsiven, selbstzerstörerischen Rebellen – aber nicht zum beharrlichen Arbeiter oder zu dem Führer, der seine Autorität für konstruktive, menschenfreundliche Zwecke nutzt. Es ist der kleine Junge in dem Mann, der die gewöhnlichen Sterblichen, mit denen er zu tun hat – Chefs, Ehefrauen, Mentoren, Kollegen –, in Tyrannen, Intriganten, gemeine Rivalen, Verführer und Hexen verwandelt.

Solche Erfahrungen sind immer eine Mischung aus Realität und Verzerrung. Bis zu einem gewissen Grad sind die Menschen und Institutionen im Leben eines Mannes tyrannisch, korrumpierend und selbstsüchtig. Es fällt ihm oft schwer, alles richtig einzustufen. Er schwankt in dieser Zeit oft zwischen den Extremen depressiver Selbstvorwürfe (wenn er sich absolut ungeeignet, unfähig und ohne innere Reserven fühlt) und paranoider Wut (wenn er einer böswilligen oder gleichgültigen Welt vorwirft, sie unterdrücke seine enormen Talente und Tugenden). Wenn diese inneren Konflikte und äußeren Belastungen auf dem Höhepunkt sind, ist es in der Tat schwer, sich ein gutes Urteil und den Willen zur Initiative zu bewahren.

In der Phase des Selbständig-Werdens sind oft *Mentor-Verhältnisse* besonders stürmisch und anfällig. Wenn die enge Bindung an einen Mentor in dieser Zeit gelöst wird, dann ist das oft für beide Seiten ein schmerzhafter und quälender Prozeß. Ein Mann in seinen späten Dreißigern gibt nicht nur seinen augenblicklichen Mentor auf, sondern auch die Bereitschaft, der Schützling einer älteren Person zu sein. Er muß das Mentor-Verhältnis nicht zurückweisen, weil es an sich schädlich ist, sondern weil es seinen Zweck erfüllt hat. Es hat wesentlich zu seiner Weiterentwicklung beigetragen.

War er in der Vor-Erwachsenenzeit ein Junge und Sohn im Verhältnis zu einem Vater, so ist er in der frühen Erwachsenenzeit ein junger Mann und Lehrling im Verhältnis zu einem bewunderten Mentor geworden. Der Mentor wiederum sah ihn als einen ausgewachsenen, aber jungen (unmündigen) Erwachsenen. In den späten Dreißigerjahren stellt sich eine neue Aufgabe: ein Mann muß zu einem mündigen Erwachsenen werden, der seinen früheren Mentoren, Chefs und Lehrern ebenbürtig ist. Er muß nun selbst zu einem Mentor werden, zu einer konstruktiven Autorität, zu einem Vater und Freund anderer Erwachsener. Die Bewältigung dieser Entwicklungsaufgabe ist für das Erwachsensein von elementarer Bedeutung. Wenn ein Mann im mittleren Erwachsenenalter für andere und für sich selbst Verantwortung übernehmen soll, dann muß er diese »Mündigkeit« erlangen. Die formativen Schritte in diesem Prozeß werden in der Zeit des Selbständig-Werdens und während des Übergangs zur Lebensmitte vollzogen.

Die Kämpfe eines Mannes mit seinem Mentor und seiner beschwerlichen Rolle als Schützling werden im Stadium des Selbständig-Werdens dadurch verstärkt, daß der Kampf mit dem kleinen Jungen in seinem Innern erneut aufflammt. Der kleine Junge sehnt sich verzweifelt danach, daß ihm der Mentor ein guter Vater ist, und zwar in einem höchst kindlichen Sinn – ein Vater, der ihn zu etwas Besonderem macht, der ihm magische Kräfte verleiht und der nicht von ihm verlangt, gegen mögliche Rivalen anzutreten und sich zu beweisen. Es ist auch der kleine Junge, der in seiner Angst den Mentor zu einem schlechten Vater macht – zu einem mißgünstigen, autoritären Diktator, der keine echte Liebe empfindet und einen nur für die eigenen Bedürfnisse ausnützt. Mit der Sehnsucht nach dem guten Vater und der Angst vor dem schlechten Vater wird das Verhältnis unhaltbar, zumal diese beiden verinnerlichten Figuren auf den Mentor projiziert werden, der dadurch in eine Zwickmühle gerät.

Zentrale Merkmale des vor-erwachsenen Selbst – etwa das elementare Ringen des Jungen mit der Abhängigkeit, Sexualität, Autorität und ähnlichem – treten oft während der Phase des Selbständig-Werdens besonders stark in Erscheinung. Wenn in diesem Stadium ernste Konflikte und Schwierigkeiten auftreten, muß man in ihnen sowohl ein Wiederaufleben der Probleme aus der Vor-Erwachsenenzeit sehen als auch eine Auswirkung der Entwicklungsarbeit, die den »vollwertigen« Erwachsenen zum Ziel hat. Der Bruch mit dem Mentor ist nicht nur eine irrationale Neuauflage des jungenhaften ödipalen Aufbegehrens. In stärkerem Maße noch ist es Teil des Entwicklungsprozesses, durch den ein junger Mann selbst zum Erwachsenen und Mentor wird. Dieser Prozeß kann nicht in rein rationalen Bahnen verlaufen. Viele Menschen haben im frühen Erwachsenenalter das Zeug zu einem hervorragenden Lehrer und Berater. Doch die im Stadium des Selbständig-Werdens zu leistende Entwicklungsarbeit ist eine wesentliche Voraussetzung für das Weiterkommen und die Reife, die erst den weisen Mentor ausmacht.

Einer unserer Romanschriftsteller, Allen Perry, lieferte uns ein anschauliches Beispiel für ein bedeutsames Mentor-Verhältnis. Mit 44 erinnert er sich an die Geschichte, als sei sie gestern passiert. Nach dem College und dem Militär ging Perry, als er Anfang Zwanzig war, nach New York und hatte dabei nur ein Ziel: er wollte Schriftsteller werden. Er besuchte dort einen Abendkurs, den Calvin Randall leitete, damals Lektor bei einem führenden Verlag. Es kam sofort zu einer persönlichen Beziehung:

> Randall hat mir unheimlich geholfen und mir Mut gemacht. Ich stand diesem Mann sehr nahe – ja, es war eine überwältigende, tiefe Bindung. Er hatte eine wundervolle Art, aber später wurde mir klar, daß das nur galt, solange man selber noch sehr jung war; denn wenn man dann zum Mann wurde, kam fast so etwas wie Rivalität auf. Ich mußte die Beziehung abbrechen, und das war ein Jammer, weil er, glaube ich, jede Einsicht vermissen ließ.

Doch der Bruch kam erst einige Jahre danach. Die Beziehung war sehr gut, als Perry Mitte Zwanzig war und seinen ersten Roman schrieb und veröffentlichte. Das Buch war ein kommerzieller und literarischer Erfolg und stempelte ihn zum vielversprechenden Autor. In den folgenden Jahren reiste er eine Menge und schrieb ein paar kleinere Dinge, aber es gelang ihm nicht, den Roman zu Ende zu schreiben, den er sich vorgenommen hatte. Die Beziehung zu Randall bestand zwar weiter, aber sie hatten keinen engen Kontakt mehr.

Das nächste Kapitel begann, als Perry 35 war. Er hatte eben den zweiten Roman abgeschlossen und war damit zu seinem Mentor gegangen. Randall war inzwischen Cheflektor und im ganzen Land bekannt, »zum Teil wegen der Verbindung mit meiner Arbeit«. Es vergingen zwei Wochen, ehe er sich das Manuskript vornahm. Und als sie sich dann endlich trafen, war die Enttäuschung groß:

> Mir wurde klar, daß er weniger an meiner Arbeit als vielmehr an seiner eigenen Karriere interessiert war. Wenn sich je ein Mensch der Hybris und ihrer traurigen Auswirkungen schuldig gemacht hat, dann war er es. Er verlor jede Bindung zu seinen Schützlingen, mich eingeschlossen. Ich war gekommen, um ein Manuskript mit ihm zu erörtern, und er erzählte mir zwei, drei Stunden lang von seinen großen verlegerischen

Plänen. Als er zu einem anderen Verlag ging, forderte er mich auf, den Wechsel mitzumachen. Wäre unser Verhältnis noch das alte gewesen, hätte ich nicht gezögert. So aber beschloß ich, ihn aufzugeben. Ich kann mich noch genau an den Brief erinnern, den ich ihm vor fast zehn Jahren schrieb. Das ist annähernd der Wortlaut dieses Briefes: »Wenn ich jetzt mit Ihnen ginge, dann würde ich – selbst unter Berücksichtigung der Tatsache, daß ich Sie so sehr bewundere – damit doch zugeben, daß Sie für meine Entwicklung unentbehrlich sind; daß das in Wirklichkeit nicht zutrifft, müßte Ihnen inzwischen klargeworden sein. Das setzt weder Sie noch Ihre Leistung oder Ihr Können herab, aber meine Integrität als Schriftsteller würde darunter leiden.«
Von einem Augenzeugen erfuhr ich später, daß er in Tränen ausbrach, als er den Brief las. Er war lange Zeit gekränkt, denn seiner Meinung nach hatte ich ihn verraten. Für mich war es eher ein Akt der Befreiung. Es ist zwar schön, einen verständnisvollen Menschen zu haben, der einem stets zuhört, aber man kommt dann an einen Punkt, wo man von solchen Leuten nicht mehr abhängig ist. Ich weiß heute, daß man mit 35 in einem sehr anfälligen Alter ist. Ich weiß noch genau, daß ich in den Zwanzigern dachte, wenn ich mal 35 bin, dann bin ich der munterste, liebenswürdigste, freieste Mensch auf Gottes Erdboden. Doch die Wirklichkeit sah dann anders aus. Der Bruch mit Calvin Randall war erst der Beginn eines Befreiungsprozesses.

Perrys Verbitterung tat seiner Zuneigung zu Randall keinen Abbruch. Sein Sohn, der in den Tagen geboren wurde, als es zum Bruch mit Randall kam, wurde nach dem Mentor benannt. Heute ist das Verhältnis freundschaftlich, aber reserviert – vielleicht so gut, wie nur möglich.

Ich bin jetzt sehr dankbar, daß wir uns ausgesöhnt haben. Ich bin schließlich ein erwachsener Mann und nicht sein Junge. Ich habe heute einen hervorragenden Lektor. Wir sind befreundet, aber es ist nicht das fast leidenschaftliche Verhältnis, das mich mit Randall verband. Ich glaube nicht, daß es dazu noch einmal kommen wird, und ich hab auch gar nicht das Verlangen. Jetzt ist es an mir, anderen auf diese Weise zu helfen, auch wenn ich das nie mit Calvins Engagement und Talent werde tun können.

Männer über 40 haben selten einen Mentor. Ein Mann mag wertvolle Beziehungen zu Familienmitgliedern, Freunden, Beratern und Arbeitskollegen unterhalten, doch das Mentor-Verhältnis in seiner ausgeprägten Form ist selten. Es wird im Stadium des Selbständig-Werdens zusammen mit anderen Dingen über Bord geworfen. Das bringt unter anderem eine größere Bereitschaft und Fähigkeit mit sich, Mentor für andere zu sein.

10. Fünf Möglichkeiten in der Phase des Seßhaft-Werdens

Die Phase des Seßhaft-Werdens ist der Höhepunkt des frühen Erwachsenenalters, die Zeit, in der ein Mann die Hoffnungen seiner Jugend verwirklicht. Wie sehen die verschiedenen Wege durch diese Phase aus, und was steht an ihrem Ende? Es stellte sich als nützlich heraus, fünf Möglichkeiten zu unterscheiden, wie ein Mann eine zweite Struktur für das Erwachsenenleben aufbauen und sein eigener Herr werden kann. Diese fünf Kategorien haben nichts Absolutes an sich; sie sind einfach ein praktisches Instrument zur Beschreibung von Varianten. Doch alle unsere vierzig Männer – und andere, deren Leben wir untersucht haben – gingen einen dieser fünf Wege:

A. Fortschritte innerhalb einer stabilen Lebensstruktur
B. Ernste Mißerfolge oder Verfallserscheinungen innerhalb einer stabilen Lebensstruktur
C. Ausbruch: das Bemühen um eine neue Lebensstruktur
D. Fortschritte, die von sich aus eine veränderte Lebensstruktur bewirken
E. Unstabile Lebensstruktur

Bei A verläuft das Leben zumindest einigermaßen gut, und ein Mann kommt seinen wichtigsten Zielen näher. Bei B erlebt er beträchtliche Mißerfolge oder Verfallserscheinungen. Die Lebensstruktur ist in beiden Fällen relativ stabil.

In den Fällen C und D schafft der Mann zu Beginn der Phase eine stabile Struktur, doch verschiedene innere und äußere Kräfte bewirken eine Veränderung. Bei C stellt sich die in der Frühphase des Seßhaft-Werdens (zwischen 33 und 36) errichtete Struktur als unerträglich heraus. In der Phase des Selbständig-Werdens (zwischen 36 und 40) versucht der Mann auszubrechen, sein augenblickliches Leben zu demontieren und ein neues zu schaffen. Bei D macht er in den späten Dreißigerjahren in bezug auf sein Einkommen und seinen Status solche Fortschritte, daß ihn das – oft unerwartet – in eine neue Welt aufsteigen läßt.

Fall E unterscheidet sich von den anderen, da gar keine stabile Struktur aufgebaut ist. Statt dessen beginnt die Phase des Seßhaft-Werdens mit sehr dürftigen Entscheidungen, die sich nicht nutzen lassen, und die Lebensstruktur bleibt für die gesamte Phase des Seßhaft-Werdens im Fluß.

Fall A. Fortschritte innerhalb einer stabilen Lebensstruktur

Hier verläuft das Leben mehr oder weniger so wie erwartet. In der Frühphase des Seßhaft-Werdens geht ein Mann seine hauptsächlichen Verpflichtungen ein, definiert ein Vorhaben und geht daran, die ursprüngliche Lebensstruktur nach und nach zu bereichern und auszubauen. Im Stadium des Selbständig-Werdens wächst sein Ehrgeiz von innen heraus, und von außen her erhält der Gedanke des Aufsteigens mehr Gewicht. Er macht sich ein genaueres Bild von den letzten paar Sprossen seiner Leiter und verstärkt seine Anstrengungen, zur Spitze zu kommen. Weitgehend gelingt ihm das. Es mag ihm erhebliche Mühe machen, aber die Belastungen sind auszuhalten, und die Befriedigung wiegt schwerer als die Schwierigkeiten.

In unserer Untersuchung gingen 55 Prozent der Männer überwiegend Weg A, und bei mehreren anderen zeigten sich wesentliche Aspekte dieses Ablaufs (vgl. die Tabelle auf S. 214). Die verbleibenden 45 Prozent hatten in dieser Phase größere Schwierigkeiten, und das Resultat war für sie weniger zufriedenstellend. Unter denen, die Weg A gingen, waren mehr Romanschreiber und Biologen als Arbeiter und Angestellte, aber die Unterschiede waren nicht sehr groß. Da in unserem Sample – gemessen an der Gesamtbevölkerung – der Mittelstand etwas stärker vertreten ist und die Stabilität im Berufs- und Familienleben bei uns etwas über dem Durchschnitt liegen dürfte, mögen diese Zahlen die Schwierigkeiten, denen Männer in ihren Dreißigerjahren ausgesetzt sind, etwas unterbewerten.

Das endgültige Ziel des Aufstiegs im Fall A wird oft konkret als ein Schlüsselereignis wiedergegeben, das in den Vorstellungen des Mannes den wahren Erfolg symbolisiert. Dieses Ereignis enthält die endgültige Botschaft, daß er in der Gesellschaft die ersehnte Bestätigung findet. Der junge Schriftsteller will nicht einfach ein weiteres Buch schreiben. Er möchte mit seinem Schreiben den entscheidenden Sprung nach vorne tun. Mehr als alles hofft er, als etablierter Schriftsteller einer bestimmten Art und von einer bestimmten Qualität anerkannt zu werden. Der Hochschulbiologe hat den Ehrgeiz, einen ordentlichen Lehrstuhl zu bekom-

Wege durch die Phase des Seßhaft-Werdens					
Art des Weges	Leitende Angestellte	Arbeiter	Romanautoren	Biologen	*Anzahl im gesamten Sample*
A. Fortschritte in einer stabilen Struktur					
1. Vorwiegend positives Ergebnis	F. Radovich M. Kowalski	N. D'Amico R. Ochs	B. Loeb* K. Tyrone D. McLean*	B. Edwards B. Morgan	9
2. Gemischtes Ergebnis	R. Wiese* D. Jaffe	V. Minelli L. Strode F. Thomas*	L. Newman C. Berg* A. Perry R. Taylor	J. Barnes G. Marabian W. Mead E. Northrop	13
B. Verfallserscheinungen – Mißerfolge	O. Angstrom M. Gallagher L. Heinz	W. Paulsen L. Doby	keiner	S. Brenner* N. Kromer*	7
C. Veränderung durch Ausbruch	P. Maloney J. Tracy	A. Russell P. Abbott*	P. Namson	keiner	5
D. Veränderung durch Fortschritte	R. Mohn	keiner	H. Parker	A. Treloar*	3
E. Unstabile Struktur	keiner	H. McCloud*	D. Osborn	C. Ruger*	3

* Die Phase des Seßhaft-Werdens ist noch nicht abgeschlossen, aber der Weg ist deutlich vorgezeichnet.

men, die Nummer Eins an seiner Universität und in seinem Fach zu werden, in seiner Forschungsarbeit einen entscheidenden Durchbruch zu schaffen oder, wenn er ganz ehrlich ist, den Nobelpreis zu gewinnen. Der Angestellte weiß mit 35, daß er mit 40 eine bestimmte Position erreicht haben muß. Sonst wird es für ihn keinen weiteren Aufstieg mehr geben. Er sitzt in seiner Stellung fest, wird höchstens »horizontal« befördert, was einem Versagen gleichkommt, oder er wird gar zurückgestuft, weil jüngere Männer nachdrängen. Auch der Arbeiter bemüht sich um eine qualifiziertere Arbeit oder eine Stelle als Vorarbeiter. Vielleicht kommt er in den Betriebsrat und wird gar Vertrauensmann und dokumentiert so seinen Aufstieg. Oder aber seine Ziele liegen weniger im beruflichen Bereich und stärker im Bereich der Familie, der Freizeitgestaltung oder der Gemeinde.

Ungeachtet ihrer Ziele schaffen die Männer, die Weg A gehen, schon früh in der Phase des Seßhaft-Werdens eine Lebensstruktur, die sie dann für die gesamte Phase beibehalten. Es mag durchaus zu Veränderungen kommen – in bezug auf die Wohnverhältnisse, den Job, das Einkommen, den Lebensstil, die Familienstruktur –, doch dabei handelt es sich um Fortschritte, Bereicherungen oder Schwierigkeiten innerhalb des vorhandenen Rahmens und nicht um Veränderungen in der grundsätzlichen Struktur. Die Fortschritte können sehr mühselig sein: es mag Zeiten geben, da das Vorankommen ernsthaft in Frage gestellt ist, es mag Probleme in der Ehe und im Familienleben geben, schwere Krankheits- oder Todesfälle in der engsten Umgebung, häufige Wohnungswechsel und allerlei belastende Lebensumstände. Doch die Belastungen sind erträglich, und insgesamt werden während der Phase des Seßhaft-Werdens innerhalb eines relativ stabilen Vorhabens Fortschritte erzielt.

Um 40 erreichen diese Männer die oberste Sprosse ihrer Leiter; sie kommen an ein Ziel, das den Höhepunkt jahrelanger Bemühungen darstellt. Mit dem Erreichen dieser Stufe sind sie aber noch nicht am Ende. Es gibt neue Höhen zu erklimmen – doch der nächste Schritt ist nicht einfach eine weitere Sprosse auf derselben Leiter. Die oberste Sprosse der ersten Leiter wird zur untersten Sprosse einer neuen Leiter. Die Erfolge in dieser Phase versetzen den Mann in eine neue und andersgeartete Welt. Er ist ein Neuling, der eine »mündige« Welt betritt. Während er sich selbst etabliert hat, ist er Teil einer bereits fest etablierten Welt geworden. Diese »Etablierten« tragen die Verantwortung für viele Menschen – in der Industrie, an der Universität, in Verlagen, in der Gewerkschaft oder in der erweiterten Familie. Er fängt in dieser Welt neu an, und wenn er drinbleibt, wird sich seine Lebensstruktur im Verlauf des mittleren Erwachsenenalters in nicht vorhersehbarer Weise entfalten. Er macht sich nicht unmittelbar daran, nach der Lebensstruktur aus der Phase des Seßhaft-Werdens nun eine neue Struktur zu schaffen. Es gibt eine dazwischenliegende Entwicklungsphase – den Übergang zur Lebensmitte –, in der entscheidende Veränderungen stattfinden können. Diese Veränderungen wirken sich stark auf die Gestalt seines künftigen Lebens aus.

Angesichts des beträchtlichen Fortschritts, den die Männer auf dem Weg A machen, ist es nicht verwunderlich, daß sie im allgemeinen viel Selbstachtung haben und überzeugt sind, daß sie sich bewähren und das bekommen, was sie wirklich wollen. Hinter diesen Gefühlen steckt immer eine Mischung aus Realität und Illusion. Das Gefühl der Befriedigung und des Wohlergehens, das ein Mann empfindet, ist echt, 1. sofern sein Vorhaben des Seßhaft-Werdens mit seinem »Traum« vereinbar ist, 2. sofern es ihm die Verwirklichung wichtiger Aspekte des Selbst ermöglicht und 3. sofern sein Gefühl, etwas vollbracht und beigesteuert zu haben, mit dem tatsächlichen Wert seiner Leistung übereinstimmt. Es ist klar, daß es dabei graduelle Abstufungen gibt.

Die Erfahrung des Aufstiegs und Erfolgs beruht bis zu einem gewissen Grad immer auf Illusion. Selbst wenn ein Mann rein äußerlich erfolgreich ist, erntet er vielleicht Belohnungen, die letztlich wenig Bedeutung oder Wert für ihn haben. Vielleicht gibt ihm sein Leben echte Befriedigung, aber er zahlt innerlich dafür einen hohen Preis. Um sich gewissen Zielen widmen zu können, muß er vielleicht wichtige Teile des Selbst vernachlässigen oder verdrängen. Schließlich hat das Vorwärtsstreben eines Mannes oft einen fantastischen Hintergrund, der die magischen Qualitäten eines Märchens aufweist: »Wenn ich erst meine Leiter erklommen habe, dann hab ich alles, was ich wirklich wollte, und lebe fortan glücklich und zufrieden.« Diese allgewaltige Fantasie ist ihm während der Phase des Selbständig-Werdens kaum bewußt, aber für andere ist sie oft offenkundig. Dem Mann selbst wird sie vielleicht während des Übergangs zur Lebensmitte bewußt, wenn er versucht, sein Leben kritisch zu bewerten und seinen Illusionen auf den Grund zu gehen. Der Biologe John Barnes gehört in diese Kategorie, wie wir in Kapitel 17 sehen werden.

Es ist häufig zu beobachten, daß Männer, die den Weg A gehen, entweder idealisiert oder abgewertet werden. Wer sie unkritisch in positivem Licht sieht, beeindruckt von den Zeugnissen stetigen Aufstiegs oder kometenhaften Erfolgs, nimmt vielleicht an, daß das Leben für einen Menschen, der so viel Anerkennung und Belohnung erntet, einfach gut sein *muß*. Andere, die die Dinge nüchterner betrachten, heben vielleicht die Einschränkungen hervor, die der Erfolg mit sich bringt, und den hohen Preis, den man für den Erfolg bezahlen muß. Keine dieser beiden Haltungen erlaubt ein abgewogenes Urteil über das Leben eines Menschen. Die Frage ist viel komplizierter. Jedes individuelle Leben setzt sich aus Verlust und Gewinn zusammen.

A ist nur eine Möglichkeit in der Phase des Seßhaft-Werdens. In diesem Fall stimmen die Fortschritte eines Mannes mit seinem eigenen Zeitplan überein, die Belastungen sind auszuhalten, die Kosten des Kampfes werden durch den Gewinn leicht wettgemacht, und sein inneres Erfolgsgefühl übertrifft sein Gefühl, versagt zu haben. In der nächsten Entwicklungsphase, die etwa mit 40 beginnt, wird sich ihm die Aufgabe stellen, den Verlauf und das Resultat seines Lebens in den Dreißigerjahren neu zu bewerten. Vielleicht findet er es dann absolut notwendig, seine Ziele zu überprüfen und eine ganz neue Richtung einzuschlagen.

Fall B. Ernste Mißerfolge oder Verfallserscheinungen innerhalb einer stabilen Lebensstruktur

Etwa 20 Prozent unserer Männer gehören in diese Kategorie. Einige von ihnen versagen im Verlauf des Seßhaft-Werdens ganz klar und deutlich. Andere sind zwar äußerlich ganz erfolgreich, versagen aber in einigen wichtigen Punkten, die das ganze Vorhaben in ihren eigenen Augen scheitern lassen. Wir fanden diesen Verlauf bei zwei Arbeitern, drei Angestellten und zwei Biologen (vgl. die Tabelle auf S. 214).

Keiner der Arbeiter fand es möglich, in seinen späten Dreißigerjahren beruflich bedeutsame Fortschritte zu erzielen. Ein paar fanden sich damit ab und verschafften sich auf andere Weise – durch die Gewerkschaft, die Familie oder das Leben in ihrer Gemeinde – das Gefühl, sich zur Mündigkeit weiterentwickelt zu haben. Doch zwei der zehn Arbeiter saßen in einer beengenden, bedrückenden Lebenssituation fest, die für die Zukunft kaum Besserung versprach.

Luke Doby, ein Schwarzer, hatte seinen festen Job als Bauarbeiter. Mit 39 sah er sich jedoch nach einer Reihe von Krankheiten und Operationen gezwungen, die schwere körperliche Arbeit aufzugeben. Er wurde Hausmeister und fand das demütigend. Als sein Verdienst unter die Mindesteinkommensgrenze rutschte, wurde es durch Fürsorgegelder aufgebessert. Das aber untergrub seine Position in der Familie, die bis dahin verhältnismäßig kompakt und stabil gewesen war. Sein Leben wurde für die Familie, für die Gesellschaft und für ihn selbst immer wertloser. Der Verfallsprozeß war offenkundig geworden, als wir ihn im Alter von 43 sahen: es ging mit ihm geistig und körperlich bergab. (Sein Leben nach 39 ist in Kapitel 18 dargestellt.)

Ein Beispiel für gemäßigten Mißerfolg ist der Arbeiter William Paulsen, dessen Leben in der »Lehrzeit« in Kapitel 8 geschildert worden ist. Wir werden seine Geschichte in Kapitel 18 fortsetzen.

Entsprechende Mißerfolge in der Phase des Seßhaft-Werdens fanden sich bei drei von unseren zehn leitenden Angestellten. Alle drei hatten es mit großem Einsatz Mitte Dreißig geschafft, eine Position in der mittleren Führungsschicht einzunehmen. Als das Stadium des Selbständig-Werdens begann, hatten sie große Hoffnungen, weiter aufzusteigen, und als der Erfolg ausblieb, waren sie bitter enttäuscht. Mike Gallagher hatte am »Carnegie Institute of Technology« seinen Ingenieur gemacht; mit 34 wurde ihm eine wichtige Abteilung in seiner Firma unterstellt, und er galt als der kommende Mann. Mit 37 wurde er jedoch »horizontal« befördert, d. h. er geriet innerhalb der Firma ins Exil, und seine Karriere war verpfuscht. Als wir ihn mit 39 sahen, war er in einem Zustand stiller Verzweiflung: er kam nicht mehr weiter voran, und er war nicht bereit, anderswo neu zu beginnen.

Andere Angestellte im mittleren Management wurden wenigstens gelegentlich befördert und konnten in der Firma bleiben, ohne sich zu sehr erniedrigt zu fühlen. Doch mit Ende Dreißig hatten sie ihre Möglichkeiten erschöpft: sie verfehlten ihr Ziel und büßten darüber hinaus ihre Zielstrebigkeit und ihre Zukunftsaussichten ein. Der Verwaltungsaufbau in der Industrie ist pyramidenförmig: auf 15 bis 20 Leute im mittleren Management kommt nur eine Spitzenposition. Da in Angestelltenkreisen dem Aufsteigen größter Wert beigemessen wird, sind die meisten Beschäftigten im mittleren Management zum persönlichen Scheitern verurteilt, mit mal milden, mal verheerenden Folgen.

Eine ähnliche Pyramide, wenn auch mit anderen Kennzeichen, gibt es an unseren Universitäten. Es herrscht ein Konkurrenzkampf, der sich ebenso verheerend auswirken kann wie in der Industrie. Zwei unserer zehn Biologen gingen den Weg B, und die Erfahrung des Scheiterns spielte auch im Leben mehrerer anderer in dieser Phase eine große Rolle. Einigen von ihnen, die zum Lehrkörper einer erstklassigen Universität gehörten, wurde in ihren späten Dreißigerjahren mitgeteilt, eine feste Anstellung sei für sie nicht vorgesehen, und sie müßten im nächsten Jahr gehen. Das ist an solchen Universitäten eher die Regel als die Ausnahme: die jüngeren Mitglieder des Lehrkörpers – wie die Angestellten im mittleren Management – erhalten in der Mehrzahl keine ordentliche Professur. Die meisten gehen an andere Universitäten, wo sie auf unterschiedlichen Stufen in der Hierarchie und zu unterschiedlichen Gehältern arbeiten. In jedem Fall bedeutet die Veränderung sowohl einen Aufstieg als auch eine Art Degradierung. Sie wird von den widersprüchlichsten Selbsteinschätzungen und Gefühlen begleitet.

Norman Kromer, ein Biologe, der mit 39 den Laufpaß bekam, hatte sehr stark das Gefühl, als Wissenschaftler und als Mensch versagt zu haben. Er meinte, er sei nicht fähig gewesen, seine eigene Meinung zu äußern, und habe deshalb nicht als herausragender Biologe anerkannt werden können. Seine Planung für die weitere Zukunft konnte er nicht mit der Frage beginnen: »Wo finde ich einen Job?« Er mußte mit grundsätzlicheren Fragen beginnen: »Habe ich als Wissenschaftler irgend etwas Bedeutendes beizusteuern? Soll ich mich weiterhin vorrangig in Theorie und Forschung betätigen, obwohl sich da mein Erfolg in Grenzen hielt? Oder soll ich mich um eine Stelle bemühen, die weitgehend mit Lehre und Verwaltung ausgefüllt ist, auch wenn ich diese – in Übereinstimmung mit meinen Kollegen – geringer bewerte? Oder vielleicht sollte ich ganz aus dem Universitätsbetrieb raus und anderen Interessen nachgehen, die ich seit Jahren vernachlässige.«

Ein zweiter Biologe, Steven Brenner, war in einer völlig anderen Lage. Mit 37 war er in ganz Amerika bekannt und wurde als Außerordentlicher Professor fest angestellt. Die Beförderung geschah in Anerkennung vergangener Leistungen und, mehr noch, in Vorwegnahme seiner künftigen Beiträge. Als er die Beförderung akzeptierte, unterschrieb er praktisch einen Wechsel auf künftige Leistungen. Er begann daraufhin ein Forschungsprojekt zusammen mit einem Kollegen, der an einer anderen Universität arbeitete. Als Brenner 39 wurde, war das Projekt abgeschlossen; es wurde mit viel Lob bedacht, doch das Labor seines Kollegen hatte den größeren Teil der Arbeit geleistet und erntete nun den meisten Beifall. Obwohl Brenner als wesentlicher Mitarbeiter an dem Projekt Anerkennung fand, galt der andere Mann als die schöpferische Kraft, die den eigentlichen Durchbruch geschafft hatte. Es war nicht klar, wieviel Brenner zu seiner eigenen Niederlage beitrug und in welchem Ausmaß ihm Unrecht getan wurde. Trotz seines beträchtlichen Erfolges sah er mit 39 sich und sein Leben im wesentlichen als gescheitert.

Fall C. Ausbruch: Das Bemühen um eine neue Lebensstruktur

Im Fall C werden einem Mann in seinen späten Dreißigerjahren immer stärker und dringlicher die Makel der Lebensstruktur bewußt, die zu Beginn der Phase des Seßhaft-Werdens angelegt wurden. Er war zwar schon vorher mit dieser Struktur nicht ganz zufrieden, doch jetzt, mit 36 oder 37, wird sein Leben unerträglich. Er mag dabei einen einzelnen Bereich – etwa die Arbeit oder die Ehe – im Auge haben oder er fühlt sich seiner gesamten Welt zutiefst entfremdet. Er glaubt zu ersticken, fühlt sich eingeengt und ohne den Spielraum, in dem er er selbst sein und das tun kann, was ihm am meisten bedeutet. Er kann nicht weitermachen wie bisher.

Derartige Lebenserfahrungen kann es in jedem Alter geben. Sie sind keineswegs an eine bestimmte Phase gebunden. Was hier chrakteristisch ist, ist die Gesamtstruktur des Selbst-in-der-Welt, der Entwicklungsrahmen, in dem es zu dieser Erfahrung kommt. Erst wenige Jahre vorher hatte sich der Mann auf bestimmte Entscheidungen festgelegt und eine Lebensstruktur aufzubauen begonnen, von der er hoffte, sie werde ihm und seiner Familie eine Zeitlang dienen können. In den meisten dieser Fälle gehörte zur Struktur des Seßhaft-Werdens eine neue Bestätigung von Entscheidungen (vor allem im Bereich der Ehe und der Arbeit), die in den Zwanzigerjahren getroffen wurden. Paradox daran ist, daß der Mann jetzt, nachdem er und seine Familie soviel Zeit und Mühe darauf verwendet haben, von dieser Struktur immer mehr unterdrückt zu werden glaubt und sich gezwungen sieht, auszubrechen.

Der Weg C ist vielleicht das dramatischste Beispiel dafür, daß die späten Dreißigerjahre für den Mann eine Zeit der Krise sind. Genau zu der Zeit, da er es kaum erwarten kann, sein eigener Herr zu werden und seine Ambitionen als Erwachsener zu verwirklichen, hat er das Gefühl, daß etwas von Grund auf falsch ist. Nachdem er sich sein Leben (in der Ehe, im Beruf und anderweitig) nach eigenen Vorstellungen eingerichtet hat, hält er es darin nicht mehr aus. Doch eine Veränderung bedingt, daß er das

Gefüge seines Lebens einreißt, daß er viel von dem zerstört, was er in den letzten zehn oder fünfzehn Jahren aufgebaut hat. Solange er um die schicksalhafte Entscheidung mit sich ringt – ob er ausbrechen oder sich anpassen soll – ist er meistens launisch, verschlossen, mal wütend auf andere, mal voller Selbstvorwürfe.

Die Schwierigkeit liegt zum Teil in den Gegebenheiten seines Lebens. Die Lebensstruktur dieses Mannes hat tatsächlich Fehler. Sie verhindert, daß er ganz entscheidende Aspekte des Selbst verwirklicht, und verlangt von ihm ein Leben, das er nicht mehr akzeptieren kann. Diese Fehler gibt es aber schon länger, und sie sind bisher toleriert worden. Nun werden sie unerträglich, weil die Aufgaben des Selbständig-Werdens so dringlich sind: es gilt, den »Traum« zu verfolgen, eine unabhängige und integre Person und in umfassenderem Sinne ein Mann zu sein, sich weniger von dem kleinen Jungen im Innern unterjochen zu lassen, der unbedingt beachtet werden will und der von seinen inneren Bindungen an mächtige ausbeutende Erwachsene gequält wird.

Der Prozeß des »Ausbrechens« kann sich in der *Ehe* und in anderen Beziehungen zu Frauen abspielen. Ähnlich wie ein Mann mit dem kleinen Jungen in seinem Innern kämpft, ringt er auch mit den mütterlichen Figuren in ihm und in seiner Frau. Er erfährt seine Frau weitgehend in ihren mütterlichen Funktionen: im besten Fall als gute Mutter, die für ihre Schäfchen sorgt und das Familienleben in Gang hält; im schlimmsten Fall als eine destruktive Hexe oder als gemeine Egoistin, die ihre Stärke und ihre Schwäche dazu benutzt, ihn zu gängeln und zu verhindern, daß er das wird, was er wirklich sein möchte.

Nach seinem Eindruck kann seine Frau nicht hören, was er ihr zu sagen versucht, und sie kann nicht verstehen, daß er ein größeres Maß an Autonomie und inniger Gemeinsamkeit braucht. Aus ihrer Sicht ist er aus unerfindlichen Gründen reizbar, voll starker, aber unausgegorener Ressentiments, kritisiert plötzlich an ihr und an dem Leben herum, das sie unter viel Mühen gemeinsam aufgebaut haben, kann ihr aber nicht sagen, was er nun eigentlich will. Es ist schwer, die verschiedenen Elemente in dieser Situation auseinanderzuhalten: wie sie tatsächlich ist; was er in sie projiziert; in welchem Umfang sie daran beteiligt sind, daß eine Beziehung geschaffen und aufrechterhalten wird, die beiden wehtut; inwiefern jeder von ihnen bereit ist, eine stärker auf Gegenseitigkeit beruhende, erwachsenere Beziehung herzustellen, in der das Gemeinsame und das Getrennte ein besseres Gleichgewicht bilden. Beide – das muß betont werden – trugen dazu bei, daß die Beziehung entstand, und beide werden mit bestimmen, was aus ihr wird.

Es kann zu Trennung und Scheidung kommen, aber es gibt auch noch andere Möglichkeiten. Eine Phase des offenen Krieges oder des stummen Konflikts endet vielleicht mit einer Art Waffenstillstand: eine schlechte Ehe wird auf Grund verschiedener äußerer und innerer Zwänge aufrechterhalten. In manchen Fällen gelingt es den Partnern, sich und ihr Leben zu ändern und eine befriedigendere Ehe zu führen als vorher.

Fünf unserer vierzig Männer (13 Prozent) gehörten überwiegend in Kategorie C (vgl. die Tabelle auf S. 214), nämlich zwei Arbeiter, zwei Angestellte und ein Romanschriftsteller. Bei etlichen anderen, darunter einigen Biologen, erfolgte der »Ausbruch« auf andere Weise oder in einer späteren Entwicklungsphase. Der Weg C kommt in der Gesamtbevölkerung wahrscheinlich häufiger vor als in unserer Erhebungsauswahl, da Männer, die im Alter von 40 bis 45 Jahren leitende Angestellte, Romanschreiber und Biologen sind, in der Regel diesen Beruf einige Jahre lang ausgeübt haben, ohne auszubrechen.

Weg C verdeutlicht, welche Schwierigkeiten sich ergeben und welch hohen Preis man eventuell bezahlen muß, wenn zu Beginn der Phase des Seßhaft-Werdens eine Lebensstruktur mit schweren Fehlern aufgebaut wird. Wenn ein Mann ins Stadium des Selbständig-Werdens eintritt, werden diese Fehler langsam unerträglich, und er sieht sich einem schrecklichen Dilemma gegenüber. Bleibt er in dieser Struktur, besteht die Gefahr, daß er es nicht schaffen wird, sein eigener Herr zu werden. Andererseits hat er innerhalb der Struktur aus der Frühphase des Seßhaft-Werdens bereits bindende Verpflichtungen übernommen; wenn er die nun ändert, könnte das seiner Familie, seinen Arbeitskollegen und anderen, die von ihm abhängig sind, schaden. Aus dieser Struktur auszubrechen, ist in der Tat ein schwieriges Unterfangen.

Wenn sich ein Mann entschließt, mit seiner beruflichen Tätigkeit oder seiner Ehe Schluß zu machen, dann dauert es mehrere Jahre, bis der Trennungsprozeß abgeschlossen ist. Der erste Beruf und die erste Ehe/Familie werden in seinem Leben auch weiterhin einen bedeutenden Platz einnehmen, wenngleich sie eine neue Bedeutung und einen neuen Platz in der Struktur bekommen. Der Ausbruch kann durch einen einzelnen entscheidenden Akt, ein Markstein-Ereignis, dramatische Akzente erhalten: der Mann zieht aus der Wohnung aus, oder er kündigt seine Stellung, oder er zieht in einen anderen Teil des Landes. Doch der Prozeß des

Ausbrechens hat schon vorher eingesetzt und dauert viel länger, als im allgemeinen gesehen wird. Auch der *Wiederaufstieg* dauert seine Zeit: neue Entscheidungen müssen getroffen und ein neues Leben aufgebaut werden. Ein Mann mag schon bald nach der Trennung von seiner ersten Frau wieder heiraten, aber es vergehen mehrere Jahre, ehe eine neue Ehe (und oft eine neue Familie) aufgebaut ist. Wenn er sich beruflich verändert, durchläuft er eine Übergangsphase, in der er sich von einer Berufswelt löst und langsam eine andere betritt.

Schließlich, und das ist der schwerste Schlag von allen: bevor ein Mann, der mit 37 ausbricht, eine neue Lebensstruktur aufbauen kann, die eine Verwirklichung seiner aus der frühen Erwachsenenzeit stammenden Ambitionen zuläßt, gerät er mit 40 oder 41 in den Übergang zur Lebensmitte. Plötzlich werden alle seine Ambitionen und Illusionen in Frage gestellt. Wir machten die Erfahrung, daß jeder Mann, der Ende Dreißig eine wesentliche Veränderung in seinem Leben herbeiführen wollte, eine Phase der Instabilität durchlief, die acht bis zehn Jahre dauerte und in der alles im Fluß schien. Es ist unmöglich, eine neue Struktur aufzubauen, bevor der Übergang zur Lebensmitte vorbei ist und eine neue stabile Phase, der Eintritt ins mittlere Erwachsenenalter, Mitte Vierzig einsetzt (vgl. Kapitel 18).

Sind die Kosten bei Weg C höher oder niedriger als der Gewinn? Sollte eine mit vielen Fehlern behaftete Struktur aus der Phase des Seßhaft-Werdens eingerissen werden, oder sollte ein Mann stillhalten und versuchen, sie zu reparieren oder zu ertragen? Es gibt da keine einfachen Antworten. Das Problem besteht darin, daß die Schlüsselentscheidungen, die ein Mann beim Aufbau seiner Lebensstruktur zu Beginn der Phase des Seßhaft-Werdens trifft, sehr schwer abzuwandeln sind. Eine stark fehlerhafte Struktur wird ihn auf jeden Fall sehr teuer zu stehen kommen, gleich ob er stillhält oder ausbricht. Zum Teil liegt die Schwierigkeit darin begründet, daß ein Mann in seiner Lage Kosten und Gewinn nicht voraussagen kann, ganz gleich, wie er seine Zukunft gestalten will. Es ist deshalb kein Wunder, daß er sich von den negativen Aussichten beider Entscheidungen bedrängt sieht: stillzuhalten könnte heißen, daß er sich selbst bei lebendigem Leib begräbt; ein Ausbruch könnte sich für seine Familie verheerend auswirken und ihm nicht das bessere Leben bringen, nach dem er sich sehnt.

Es gibt natürlich Zwischenstufen zwischen einem passiven Verharren innerhalb der vorhandenen Struktur und den drastischen Veränderungen, die dem Mann und seiner Familie große Opfer abverlangen. Bescheidenere Anpassungen in der Lebensstruktur wären wohl die klügere, »vernünftigere« Lösung. Weil aber in einer Entwicklungskrise so viel auf dem Spiel steht und die Leidenschaften hochschlagen, ist eine mäßige Veränderung oft gar nicht möglich. Bevor eine realistische Entscheidung getroffen werden kann, ist es unbedingt erforderlich, daß das Problem in einem größeren Zusammenhang gesehen wird. Wenn es in den späten Dreißigerjahren zu Eheproblemen oder zu Unzufriedenheit im Beruf kommt, dann spiegelt sich darin häufig ein grundlegender Fehler in der Lebensstruktur wider. Will man die Situation verbessern, muß man erst diese Struktur und ihre Wurzeln im Selbst und in der Welt verstehen.

Verschiedene Erörterungen der »Krise in der Mitte des Lebens« sprechen von Zeiten großer Schwierigkeiten in »den mittleren Jahren«, die irgendwo zwischen 35 und 65 liegen können. Krisen, die zu verschiedenen Zeiten innerhalb dieser Spanne eintreten, haben vieles gemeinsam. Doch das Wesen, die Ursachen und Folgen der Krise sehen in den verschiedenen Entwicklungsphasen unterschiedlich aus. Eine Krise in den späten Dreißigerjahren wird in ihrem Ablauf von der Entwicklungsstufe des Selbständig-Werdens beeinflußt. Und eine Krise Anfang Vierzig spiegelt die Entwicklungsprobleme des Übergangs zur Lebensmitte wider. Wir verwenden den Begriff der »Krise in der Lebensmitte« nur dann, wenn die Krise innerhalb des Übergangs zur Lebensmitte eintritt; andere Krisen bezeichnen wir mit der Phase, in der sie sich abspielen. So zeigte zum Beispiel Jaques, daß viele Künstler in ihren späten Dreißigerjahren (vor allem um 37) Krisen durchmachen. Nach unserer Auffassung sind das Krisen des Selbständig-Werdens, auch wenn sie gewöhnlich in den Übergang zur Lebensmitte hineinreichen.

Zwei der vier Männer, deren Biographien wir ausführlich wiedergeben, liefern Beispiele für ein Ausbrechen während der Phase des Seßhaft-Werdens. In Kapitel 11 werden wir schildern, wie der Angestellte James Tracy in dieser Phase aus seiner ersten Ehe ausbrach; in Kapitel 12 folgt die Phase des Seßhaft-Werdens bei Paul Namson, dem Romanschriftsteller, der aus seiner ersten beruflichen Tätigkeit ausbrach.

Sehen wir uns in einer kürzeren Fassung das Beispiel Philip Abbotts an, eines Technikers in der Elektroindustrie. Er ging nach einem Jahr vom College, heiratete mit 19 und erhielt eine Grundausbildung als Ingenieur in der Armee, bevor er in seinen Heimatort zurückkehrte. Während der nächsten zehn Jahre besuchte er gelegentlich Kurse am College, las sich durch eine Menge technischer, aber auch humanistisch-psychologischer Literatur und bekam zunehmend bessere Jobs in »Forschung und Entwicklung« oder als Produktionsleiter. Anfang Dreißig wurde er Betriebsleiter einer kleineren Fabrik und hätte auf dieser Ebene bleiben können. Aber er kündigte bald. Er sagte sich, daß er als Betriebsleiter gnadenlos mit anderen Betriebsleitern konkurrieren mußte und Betriebsgewinne über die mehr menschlichen Werte zu stellen hatte, und dazu war er nicht bereit.

Mit 34 übernahm er auf Stundenlohnbasis eine Aufsichtsstellung in einer anderen Firma. Er fand sich nun in einem Zwischenbereich zwischen den Arbeitern und der Verwaltung. Mit seiner Erfahrung als ehemaliger Betriebsleiter konnte er sehen, wie schlechtes Management Probleme in der Produktion und in den zwischenmenschlichen Beziehungen verursachte. Aber als Arbeiter war er nicht in der Lage, etwas dagegen zu tun. Es tat weh, Teil eines Schaden anrichtenden Systems zu sein und nicht für Abhilfe sorgen zu können. Obwohl er versuchte, sich emotional aus der Arbeitssituation zu lösen, spürte er auch weiterhin eine Entfremdung und hilflose Wut. Mit 37 fingen er und seine Frau an, von Alternativen zu reden. Auch sie war im Begriff, ihren Horizont zu erweitern, und wollte ein besseres Leben für sie beide. Als er 38 war, zogen sie nach Westen, mit der Vorstellung, mehr in der Natur zu leben (eine alte Liebe) und eine Beschäftigung außerhalb eines Industriebetriebs zu finden. Der Umzug geschah im Zusammenhang mit dem Selbständig-Werden. Wir wissen nicht, wie es weiterging.

Fall D. Fortschritte, die von sich aus eine veränderte Lebensstruktur bewirken

Auf dem Weg A kommt ein Mann, wie wir gesehen haben, innerhalb einer stabilen Lebensstruktur voran. Es mag zwar zu Veränderungen in seinem Job, seinem Einkommen, seiner Familie, seinem sozialen Gefüge und seinem Lebensstil kommen, doch der Grundcharakter der Lebensstruktur bleibt relativ unverändert. Auf dem Weg D bringen jedoch die Fortschritte eine bedeutsame Veränderung der Lebensstruktur mit sich.

Im Prinzip sieht das so aus: Ein Mann erhält eine Beförderung oder eine drastische Einkommenserhöhung. Auf den ersten Blick scheint diese Erhöhung ein großer Segen, eine Gelegenheit, besser zu leben und Dinge anzupacken, die er schon lange tun wollte. Doch der Aufstieg versetzt ihn in eine neue Welt, in der es für ihn neue Rollen und Beziehungen gibt. Sie aktiviert neue Aspekte des Selbst und läßt kaum Raum zur Verwirklichung anderer, früher wichtiger Aspekte. Kurz, es kommt zu einer Veränderung seiner Lebensstruktur. Der Fortschritt ist ein Segen mit Einschränkungen, und er wird sich möglicherweise einmal als Fluch herausstellen.

Drei unserer vierzig Männer – ein Biologe, ein leitender Angestellter und ein Romanschreiber – gingen den Weg D (vgl. die Tabelle auf 214). Weitere drei Fälle waren »Mischtypen«: bei ihnen kam es Ende Dreißig zu einer Veränderung der Lebensstruktur, die teilweise eine Folge von Fortschritten war, aber andere Faktoren (etwa ein Ausbruch) spielten eine wichtigere Rolle.

Ein gutes Beispiel für Fall D ist der Angestellte Roger Mohn. Als graduierter Ingenieur kehrte er in seinen Heimatort zurück und trat eine Stelle in einem großen Herstellungsbetrieb an, für den er heute noch arbeitet. Mit 24 heiratete er und führte bis Mitte Dreißig ein sehr stabiles Leben. Er arbeitete in dieser Zeit in einer Werkstatt, die Spezialerzeugnisse herstellte. Er fand die Arbeit interessant und hatte kein Bedürfnis, aufzusteigen. Anfang Dreißig war Mohn Werkstattleiter und reiste im Land umher, um neue Produkte zu entwickeln und zu testen. Er und seine Frau kauften sich ein Haus in einer bescheidenen gutbürgerlichen Gegend. Ihre beiden Kinder wurden geboren, als er 31 und 35 war. Diese Zeit – die Frühphase des Seßhaft-Werdens – bildete den Höhepunkt seines Erwachsenenlebens. Er liebte seine Arbeit und widmete ihr viele Stunden. Er hatte das für ihn optimale Maß an Verantwortung: »In der metallverarbeitenden Werkstatt war ich der Herrgott persönlich.« Er hatte eine stabile Familie und war in seinem Geburtsort fest etabliert.

Als Mohn 37 war, belohnte ihn die Firma mit einem Posten im mittleren Management: er bekam die Leitung des Einkaufs angetragen. Außerstande, die Beförderung zurückzuweisen, betrat er einen neuen Arbeitsbereich und eine neue Welt. Es war ein erster Schritt auf dem Weg zur Veränderung seiner Lebensstruktur. Er verzichtete auf die Führungsposition in der kleinen Welt, in der sich alles um die Fertigung drehte und die er so sehr liebte, und übernahm Funktionen in der Verwaltung, in einer unpersönlichen, auf Konkurrenzdenken aufgebauten Welt, die außerhalb seines bisherigen Gesichtskreises lag. Es machte ihm zwar weniger Spaß, doch die Herausforderung reizte ihn, und er leistete gute Arbeit. Als er

40 wurde, bekam er eine Spitzenposition angeboten: er wurde Leiter der Fertigung und war nun für 400 Leute verantwortlich.

Zwischen 37 und 40 machte Roger Mohn berufliche Fortschritte, die seine kühnsten Träume übertrafen. Doch der Aufstieg veränderte den Charakter seines Lebens. Er schaltete das zentrale Element seiner früheren Lebensstruktur aus – die metallverarbeitende Werkstatt und seine herausragende Rolle in ihr. Ein wichtiges neues Element wurde eingeführt: eine leitende Stellung, für die ihm Erfahrung und Motivation fehlten und für die ihm nur eine minimale Vorbereitungszeit eingeräumt wurde. Die neue Position verdreifachte sein Einkommen und stellte ihn auf eine Stufe mit Arbeitskollegen, die deutlich einer höheren Gesellschaftsschicht angehörten. Er konnte – oder mußte – den unteren Mittelstand verlassen, in dem er durch seine Herkunftsfamilie und durch seine eigenen Bindungen fest verwurzelt gewesen war. Kurz, Roger Mohns Beförderungen in der Phase des Selbständig-Werdens – zwischen 37 und 40 – zwangen ihn von der Leiter, die er sich früher ausgesucht hatte. Die neue Leiter ließ viel größere äußerliche Erfolge zu, lag aber jenseits seiner vorrangigen Ziele und paßte nicht in den Rahmen seiner kulturellen Interessen. Er übernahm sich. Die Jahre zwischen 41 und 44 bildeten den Tiefpunkt in seinem Leben (vgl. die Kapitel 13 und 18).

Der Biologe Arthur Treloar liefert uns ein etwas anderes Beispiel dafür, daß es durch Fortschritte während des Seßhaft-Werdens zu Veränderungen kommen kann. Nach einer Ausbildung zum Biochemiker begann er seine Hochschulkarriere mit 32 als Außerplanmäßiger Professor und »hoffnungsvoller junger Forscher« an einer angesehenen Universität. In den folgenden Jahren wurde ihm bewußt, daß er am Unterrichten sehr viel Spaß hatte. Ihm wurde auch klar, daß er für Forschungsaufgaben wenig Talent und noch weniger Interesse hatte. Zu uns sagte er: »Den Nobelpreis gewinne ich nie.« Mit 38 erhielt er seine feste Anstellung, und das gab ihm die Freiheit, wegzugehen. Im Jahr darauf akzeptierte er eine Stelle als Professor an einer aufstrebenden, aber noch nicht so berühmten Universität im Westen. Seine Hauptaufgabe in der neuen Abteilung – und das, was ihn am meisten reizte – bestand darin, selbständig neue Kurse zu entwickeln und ein neues Curriculum für die ersten vier Studienjahre zu entwerfen. Seine Produktivität als Forscher war hier weniger gefragt.

Der Stellenwechsel stellte sowohl einen Fortschritt (Fall D) als auch einen Ausbruch (Fall C) dar. Der Fortschritt zeigte sich im akademischen Rang und der gewachsenen Autorität. Aus der Sicht der Kollegen überwog das Negative: die Universität hatte weniger Prestige, und sein Ruf als Forscher litt. Treloar selbst sah einen großen Schritt vorwärts, aber er stand auf einer neuen Leiter. In der Frühphase des Seßhaft-Werdens existierten Forschung und Lehre in einem unbehaglichen Nebeneinander als zentrale Elemente in seiner Lebensstruktur. Er war zwar weiterhin Hochschulbiologe, aber in seiner Karriere hatte es eine wesentliche Veränderung gegeben: vom Wissenschaftler war er zum Erzieher geworden.

Erst im Stadium des Selbständig-Werdens konnte Treloar die Änderung vornehmen, und die Unterschiede waren enorm. Die Forschung war in der neuen Lebensstruktur nur noch ein Randelement, und die Lehre war zentral. Er wurde an der Universität zu einem Verwaltungsfachmann. Es war nur eine Frage der Zeit, bis er zum Leiter seines Fachbereichs oder zum Verwaltungschef der ganzen Universität aufstieg.

Der Wechsel an eine Universität im Westen stellte also eine Abkehr von der ursprünglichen Karriere dar, die auf der »Forschungsleiter« – symbolisiert durch den Nobelpreis – aufbaute. Es kam aber auch in anderer Hinsicht zu Veränderungen. Er träumte davon, in einer neuen Welt ein neues Leben zu beginnen. Die neue Universität würde stärker für humanistische Erziehungsideale eintreten. Er würde mehr Zeit für seine Familie und seine Freizeitinteressen aufbringen können – Skilaufen, Bergsteigen, Freude an den Schönheiten der Natur.

Treloar nahm diesen Wechsel auf dem Höhepunkt des Selbständig-Werdens vor, als er sich bemühte, mehr Autonomie und Erfüllung in seinem Leben zu finden. Erst nach gründlicher Selbst-Analyse, Planung und Erkundung entschied er sich für den Szenenwechsel. Triftige Gründe bewegten ihn dazu, seine zarten Wurzeln auszureißen und die neue Richtung einzuschlagen. Gleichzeitig ging er ein großes Risiko ein: er mußte damit rechnen, daß die neue Welt nicht seinen Erwartungen entsprach und daß ihm die erforderliche Begabung und der Charakter fehlten, ohne die er in dem neuen Vorhaben keinen Erfolg haben würde. Er blickte mit vorsichtiger Hoffnung in die Zukunft – und mit zügellosem Optimismus. Seine Pläne waren realistisch – und voller Illusionen.

An diesem Punkt endet unsere Geschichte. Arthur Treloar ist 40 und beginnt ein neues Leben. Er schickt sich an, in den Übergang zur Lebensmitte einzutreten, die Phase also, in der die vorhandene Struktur in Frage gestellt wird, in der Illusionen entlarvt werden, in der neue Aspekte des Selbst ausgedrückt werden wollen und neue Wege gefunden werden müssen. Der Charakter seines Lebens wird sich ändern, zum Teil deshalb, weil die neue Situation neue Gelegenheiten und Anforderungen mit sich bringen wird, mehr aber noch, weil er sich in einem Prozeß inneren Wachstums befindet, das ihn in unerwartete Richtungen führen wird.

Fall E. Unstabile Lebensstruktur

In den vier Fällen, die wir bisher erörtert haben, wurde immer in der Frühphase des Seßhaft-Werdens eine relativ stabile Lebensstruktur aufgebaut. In A und B wird diese Struktur bis zum Ende des Seßhaft-Werdens beibehalten, während es bei C und D im Stadium des Selbständig-Werdens zu einer größeren Veränderung kommt.

Im Fall E bleibt die Lebensstruktur durch die ganze Phase des Seßhaft-Werdens relativ unstabil und im Fluß. Keiner der Männer, die diesen Weg gingen, suchte oder begrüßte die periodisch wiederkehrenden Veränderungen und Wechsel in seinem Leben. Sie gaben sich alle Mühe, die Aufgaben des Seßhaft-Werdens zu bewältigen. In jedem Fall traf eine Vielfalt von äußeren Umständen und inneren Schwierigkeiten zusammen und verhinderte, daß der Mann seine Ziele erreichte. Keiner, dessen Lebensstruktur in den Dreißigerjahren häufigen Wechseln unterworfen war, erlebte dieses Jahrzehnt als eine Zeit persönlicher Erfüllung oder auch nur einigermaßen glücklicher freier Entscheidungen. Es mag Männer geben, die in dieser Zeit auf solche Weise ein glückliches Leben führen, aber nach unserer Meinung sind sie selten. Wer in seinen Dreißigerjahren Weg E geht, bezahlt dafür in der Regel in den darauffolgenden Jahren hohe psychologische und soziale Kosten.

Diesen Weg gingen drei unserer vierzig Männer: ein Arbeiter, ein Biologe und ein Romanschriftsteller (vgl. die Tabelle auf S. 214). Bei drei anderen, einem Biologen und zwei Angestellten, war die Lebensstruktur zwar ziemlich gefährdet, aber doch stabil genug für eine der anderen Kategorien. Unser Auswahlmodus führte wahrscheinlich dazu, daß die stabileren Strukturen bei uns überrepräsentiert sind.

Der Arbeiter Hank McCloud ging Weg E. Er war in der Armut und Isolation der Bergwelt West-Virginias aufgewachsen. Mit 17 meldete er sich freiwillig zur Armee und verbrachte dort zwei Jahre als Einzelgänger, der kaum Schulbildung hatte und auf keinen Beruf vorbereitet war. Dann wurde er – Glück oder Pech? – verwundet und verbrachte drei Jahre im Lazarett. Diese Jahre waren ein Lichtblick in seinem Leben. Zum erstenmal hatte er die Zeit, die sozialen Stützen und erforderlichen Mittel, um ein interessantes Leben zu führen. Ohne formale Ausbildung wurde er zu einem Rundfunkspezialisten, richtete im Lazarett einen Sender ein, engagierte und lenkte einen Mitarbeiterstab und entwickelte den »Traum«, zu einer Rundfunk- oder Fernsehpersönlichkeit zu werden.

Mit 22 verließ Hank McCloud die Armee, »wie ein Adler bei seinem ersten Flug vom Horst«. Unglücklicherweise hatte ihn das Lazarett in der Hoffnung bestärkt, er könne fliegen, ihm aber praktisch keine Ausbildung, berufliche Fertigkeit oder Vorbereitung aufs zivile Leben mitgegeben. Nach einer Schulung als Rundfunksprecher hatte er an verschiedenen Orten eine Reihe von Jobs. Er war ein attraktiver, redegewandter junger Mann, »der bei Teenagern groß ankam«. Er hatte viele beiläufige Verhältnisse mit Frauen, aber keine starken Bindungen oder Verpflichtungen. Mit der Zeit wurden ihm die emotionale Leere und Zwecklosigkeit seines Lebens stärker bewußt. In regelmäßigen Abständen fuhr er zu seinem Vater nach West-Virginia zurück, denn er klammerte sich an die Hoffnung, die Beziehung zu seinem Vater festigen und dort ein neues Leben anfangen zu können – und jedesmal erfuhr er von neuem, daß die Beziehung unmöglich und die Situation unerträglich war.

Zwischen 27 und 29 Jahren erlebte McCloud einen Tiefpunkt. Er begann sein Nomadenleben zu hassen und sich nach einem stabileren, zweckvolleren Leben im Osten umzusehen. Mit 29 flackerte noch einmal seine Krankheit aus der Militärzeit auf, und er verbrachte mehrere Monate in einem Genesungsheim. In dieser Zeit kehrte sein altes Interesse an der Natur zurück, und er fing an, Landschaften zu malen. Die nächsten Jahre arbeitete er als Handelsvertreter, Einkäufer und Berater in einem Erziehungsheim für Jungen, aber er brachte es nicht zu einer eindeutigen beruflichen Richtung oder zu stabilen Arbeitsverhältnissen.

Mit 33 heiratete er eine Frau, die neun Jahre jünger war als er. Sie war eine sanfte, aber starke Person, die die Liebe zur Natur mit ihm teilte. Ihm schien sie fast zu gut, um wahr zu sein – die besondere Frau. Er war immer noch der hilflose Junge vom Lande, der versuchte, in der feinen städtischen Welt zurechtzukommen. Sie kam aus dieser Welt, das einzige Kind in einer stabilen Familie aus dem unteren Mittelstand, der absolute Liebling der Eltern. Er hoffte, sie in den Mittelpunkt des Lebens stellen zu können, das er so verzweifelt aufbauen wollte. Die Ehe half ihm, den Prozeß des Seßhaft-Werdens einzuleiten, aber seine Hoffnungen auf eine sichere berufliche Grundlage erfüllten sich nicht. Während der nächsten vier Jahre übte er bei drei verschiedenen Firmen Bürotätigkeiten aus, und jedesmal bekam er Streit mit dem Chef und kündigte oder wurde gefeuert. Kurz nach Beginn unserer Interviews – er war inzwischen 37 – kündigte ihm sein derzeitiger Arbeitgeber.

Das Bild, das das Leben des 37jährigen McCloud bot, war also sehr gemischt. Er war seit vier Jahren verheiratet, besaß ein kleines Haus und hatte ein erstes Kind. Seine Familie stand im Mittelpunkt seines Lebens und war ihm eine starke Stütze. Im übrigen aber war noch alles völlig offen. In seinen Zwanzigerjahren hatte er jede Beziehung zu seiner Vor-Erwachsenenwelt in West-Virginia verloren, doch mit 37 begann er eben, erste feine Wurzeln in der Welt seiner Frau – Neuengland – zu schlagen. Er würde sich bald entscheiden müssen, ob er versuchen sollte, sich in der Geschäftswelt beruflich zu etablieren, oder ob er eine Arbeit suchen sollte, die unmittelbarer mit seiner früheren Identität und Tätigkeit zu tun hatte, auch wenn sie nicht in den Rahmen des Mittelstands paßte.

Hank McCloud wußte, daß er mit dieser Entscheidung spät dran war – spät im Zeitplan der beruflichen Entwicklung, spät im Kontext seiner eigenen Ziele und familiären Anforderungen. Es war auch ein später Zeitpunkt im Hinblick auf die Bewältigung seiner Entwicklungsaufgaben in der Phase des Seßhaft- und Selbständig-Werdens. Als er von seinen Aussichten sprach, nachdem er gerade wieder einen Job verloren hatte, sagte er: »Schlimmstenfalls kann ich immer noch als Zimmermann oder Tankwart arbeiten.« Er versuchte, sich an diesen Gedanken zu gewöhnen, und war sich dabei der finsteren Begleiterscheinungen voll bewußt. Es bedeutete, daß er seine Bestrebungen nach einem Leben in größerem Wohlstand genau zu dem Zeitpunkt einschränken mußte, da die Fortschritte so wichtig waren. Seine Frau würde vielleicht wieder als Krankenschwester arbeiten und das Baby ihren Eltern überlassen müssen. Und dann würden ihre Eltern ihnen beiden zu verstehen geben, daß sich ja nur das bestätigte, was sie schon immer von ihm dachten. Er mußte sich mit der Tatsache auseinandersetzen, daß er auf seinem eigenen Schiff noch nicht der souveräne Kapitän war, und daß das Schiff sich in stürmischem Gewässer bewegte.

Das sind die Möglichkeiten – und die Tragödien – der Phase des Seßhaft-Werdens. Die Grundzüge dieser Phase sind für alle Männer gleich. Sie rühren von den hauptsächlichen Entwicklungsaufgaben her, denen wir uns alle stellen müssen. Gleichzeitig setzen sich jedoch Männer auf unendlich vielfältige Weise mit diesen Aufgaben auseinander, und es gibt unbegrenzt viele Möglichkeiten für den Verlauf des individuellen Lebens. Gleich wie der Verlauf und das Resultat dieser Phase aussehen, sie endet jedenfalls um 40, wenn sich neue Entwicklungsaufgaben in den Vordergrund schieben und eine neue Phase beginnt.

11. Das Leben des James Tracy (II)

In Kapitel 7 verfolgten wir James Tracys Leben bis zum Ende des Übergangs in die Dreißigerjahre. Als wir den 34jährigen verließen, hatte er gerade die Umstellung vom Militär zum Zivilleben geschafft. Er richtete sich ein neues Leben ein, das auf drei Hauptkomponenten aufbaute: seiner neuen Führungsposition bei der Ajax Corporation in Hartford; seinem weiterbestehenden Familienleben mit seiner Frau und den Kindern; und seiner zerbrechlichen, aber wachsenden Liebesbeziehung zu Joan. Diese Lebensstruktur hatte ihre Widersprüche und Spannungen, aber es war die beste Basis, die er für den Eintritt in die Phase des Seßhaft-Werdens schaffen konnte.

Genau in der Zeit, als sich alles stabilisierte, nahm Tracys Mentor, Al Hugo, Abschied von Ajax.

> Ich hatte eine ungeheure Achtung vor Al. Ich liebte ihn buchstäblich. Er war es, der mich eingestellt und mir die erste Aufgabe zugewiesen hatte. Dann geriet er in eine Auseinandersetzung mit dem Präsidenten von Ajax. Sie verfolgten entgegengesetzte Ziele, und Al gab nach. Ob ihm gekündigt wurde oder nicht, werde ich wohl nie erfahren. Ich bezweifle es allerdings. Keiner würde ihm kündigen. Der Präsident war allerdings ziemlich bescheuert, dem wär's zuzutrauen. Ich habe Al seither einige Male getroffen. Er arbeitet inzwischen als geschäftsführender Vizepräsident für eine kleinere Gesellschaft.

Auch Tracy dachte daran, Ajax zu verlassen. Seine Beschreibungen der Firma aus dieser Zeit sind gespickt mit kritischen Aussagen über ihre Cliquen und die gesellschaftlichen Zwänge. Er fühlte sich verwundbar, weil er sich nicht anpaßte. Um in der Clique der Firma mitzumachen, hätte er seine Frau mit einbeziehen müssen. Aber er wußte, daß ihre Beziehung kaputt war, daß er und Victoria nicht in eine gesellige Gruppe paßten.

Als Al Hugo ging, bedeutete die Arbeit Jim nicht mehr viel. Ohne einen Mentor war es für ihn nur ein Job. Er rückte seine Träume in den Hintergrund, bereit, sie wieder hervorzuholen, wenn sich die Bedingungen besserten. Ajax befand sich in einem Übergangsstadium, Hugo war weg – konnte er da seinen Job halten? Konnte er – der Vaterrolle zuliebe – seine Ehe verbessern? Konnte er, wenn er ein innigeres Verhältnis mit einer Frau haben wollte, die erforderliche Anstrengung zuwege bringen?

Zwischen 34 und 37 sah er sich vermehrt diesen Fragen und Spannungen ausgesetzt. Jim Tracys Position wurde immer schwieriger und absurder. Er wollte Joan im Mittelpunkt seines Lebens haben und nicht Victoria. Er dachte ständig an Joan und an die Möglichkeit einer gemeinsamen Zukunft. Er wollte aus seiner augenblicklichen Situation ausbrechen und ein neues Leben aufbauen. Joan bot ihm diese Gelegenheit, aber er konnte sich nicht zu einem Entschluß durchringen. Es war schwer, das totale Scheitern seiner Ehe einzugestehen und mit einer anderen Frau, die offenbar Liebe zu bieten hatte, das Risiko einzugehen. Er war immer stolz darauf gewesen, ein pflichtbewußter Vater zu sein; nun stand er vor dem Konflikt zwischen der Verantwortung gegenüber seinen Kindern und der Verantwortung gegenüber sich selbst.

Die konkreten Errungenschaften, die ihm in der Jugend und im frühen Erwachsenenalter so wichtig vorgekommen waren, verkörperten nicht mehr den ganzen Traum. Die drei hauptsächlichen Elemente – Arbeit, Ehe und die »andere Frau« – ergaben schlimmere Konflikte denn je; er mußte sie umwandeln und die zerstückelte Lebensstruktur wieder zu einem Ganzen machen.

Das Selbständig-Werden

Erst mit 37 war Jim Tracy imstande, einen entscheidenden Schritt zu unternehmen. In diesem Stadium wurde ihm klar, wie unfair er gegen sich selbst und gegen Joan gewesen war: »Ich hatte sie immer nur damit vertröstet: wenn die Kinder mal größer sind, dann tun wir uns zusammen.« Joan war in ihrer eigenen Ehe furchtbar unglücklich und erpicht darauf, Jim zu heiraten. Er verstand die Duplizität in ihrer Beziehung und mußte endlich etwas unternehmen.

> Da ich die Kinder nicht verlassen wollte, mußte es schon etwas sehr Starkes sein, was mich von ihnen wegzog. Joan war schließlich stark genug oder meine Gefühle für sie waren stark genug, mir klarzumachen: es lohnt sich . . . Ich kann mich noch genau an den Augenblick

erinnern. Ich saß in einem Hotelzimmer in Los Angeles und dachte darüber nach und sagte mir schließlich: was bist du doch für ein verdammter Narr. Ich rief sie an und sagte: »Mir reicht's. Ich habe mich soeben entschlossen.« Sowie ich nach Hause kam, wollte ich mit Victoria reden. Und das tat ich dann auch.

Jim und Joan trafen eine komplizierte Vereinbarung, die es beiden ermöglichen sollte, aus ihren Ehen freizukommen. Jim sagte Victoria, er könne nicht mehr mit ihr zusammenleben, und zog aus.

Ich liebte sie schon seit Jahren nicht mehr, und sie ging mir auf die Nerven. Ich sagte ihr einfach, daß ich die Nase voll hatte. Sie sträubte sich mit aller Kraft dagegen. Schließlich stimmte sie zu, daß ich eine Zeitlang allein leben sollte. Sie hoffte, es würde sich alles einrenken, und ich würde zurückkommen. Sie verschleppte die Geschichte über ein Jahr lang, ehe sie dann endlich in die Scheidung und eine sehr großzügige finanzielle Regelung einwilligte. Ein paar Tage lang hatte sie immer wieder hysterische Weinkrämpfe, und ich wappnete mich einfach dagegen.

Inzwischen neigte Jim kaum mehr dazu, Mitgefühl für Victoria zu empfinden. Er wartete voller Ungeduld auf die Aufgabe, ein neues Leben aufzubauen. Ihr jetzt zuviel Gefühl zu zeigen, würde seinen Entschluß wieder in Frage stellen. Für Selbstzweifel war kein Platz; es gab keine Umkehr mehr und keinen Blick zurück.

Im Verlauf von vierzehn Monaten erhielten Jim und Joan ihre Scheidungen und heirateten. Er war 38 und sie 28, mit einem dreijährigen Sohn. Jim erzählte von dieser Phase der Trennung und Wiederverheiratung mit einer Begeisterung und Erregung und einer Art Stolz, so daß es ein wenig klang wie die Schilderung seiner Fronterlebnisse:

Sie zogen mir bei der Scheidung wirklich das Fell über die Ohren. Auf meinem Bankkonto blieben mir $ 75,60. Ich hatte ein 1957er Ford-Kabrio und gerade noch die Kleider, die ich am Leib trug. Ich hatte mein Monatsgehalt und dann den hohen Unterhaltsbeitrag, doch wir begannen bei Null. Joan hatte überhaupt kein Geld. Ich zahlte all die Rechnungen auf einmal. Für das erste Jahr mieteten wir ein Haus in Glastonbury, und dann machte sich Joan auf die Suche und fand auch ein sehr nettes, aber kleines Haus mit vier Zimmern, darunter einem großen Wohnzimmer. Wir kauften es und bauten zweimal an und kauften ein angrenzendes Grundstück dazu. Hinter dem Haus floß ein hübscher Bach, doch das ganze Grundstück war in üblem Zustand und erforderte viel Arbeit. Ich war so verdammt glücklich über die ganze Entwicklung, daß ich mir gar nicht im klaren darüber war, wie schwierig die erste Zeit werden würde. Aber es klappte dann alles.

Jims Begeisterung half ihm, den Problemen zu trotzen, die sich aus der Scheidung und Wiederverheiratung ergaben. Er spielte die damit verbundenen emotionalen und finanziellen Kosten herab. Er unterstützte Victoria und ihre beiden Kinder und lebte selbst mit Joan und ihrem Sohn in einem kleinen gemieteten Haus.

Einen Mann der Tat mußten die neuen Ungewißheiten irritieren. Er unterdrückte seine Zweifel und Befürchtungen und schlug einen objektiven Kurs ein. Seine Pläne und Strategien verdeckten das Chaos in seinem Innern. Tracy verteidigte sich vehement gegen alle inneren Zweifel. Dahinter mag die Angst gestanden haben, er könnte wegen des Verstoßes gegen eine herkömmliche Verhaltensweise zur Rechenschaft gezogen werden.

Tracy rückte seine neue Familie stärker in den Mittelpunkt seines Lebens: er widmete ihr mehr Zeit, kaufte Land, baute ein neues Zuhause auf. Sicher, es gab wirtschaftliche und emotionale Belastungen. Aber er hatte eine Veränderung bewirkt, und sie barg reizvolle Aussichten für die Zukunft. Er war aus dem alten Gefüge ausgebrochen, und er konnte hoffen, daß ihm das neue mehr Stabilität, Intimität und Liebe bringen würde.

Kurz nach Jims Trennung von Victoria gab es bei Ajax eine größere Umschichtung. Aus Chikago kamen Donald Bond und Walter Johnson, »um Ajax umzustülpen«. Bond, acht Jahre älter als Tracy, ging kompromißlos vor. Das von ihm betriebene Großreinemachen überlebte Tracy als einziger der bisherigen leitenden Angestellten. Es war eine sehr erregende Zeit. Tracy hatte große Achtung vor Bond, der ihn ins Vertrauen zog, ihm zu einem tieferen Verständnis der Firma verhalf und ihm – was am wichtigsten war – die persönlichen Eigenheiten der führenden Leute des Unternehmens verriet.

Don war ein ungemein harter Geschäftsmann, der Ajax buchstäblich umstülpte und auf Gegenkurs brachte. Nachdem wir mit der Schußwaffenproduktion Millionen verloren hatten, schafften wir nun eine 10prozentige Verzinsung der Investitionen. Er war der Typ, der genau weiß, was er tut, und der einen starken Willen hat. Als ich für Bond arbeitete, war das so, als ginge ich jeden Tag in die Schule. Gierig verschlang ich jedes Detail. Ich beobachtete jeden Schritt, den er machte. Wir hatten eine enge geschäftliche Beziehung. Irgendwie kamen wir gut miteinander aus. Es war das Größte, was mir in meinem Leben passiert ist, daß ich drei Jahre lang direkt für diesen Mann arbeiten konnte ... Er war ein sehr guter Manager und konnte sich phantastisch auf andere Menschen einstellen. Er tat unheimlich viel für mich, ließ mich wachsen, brachte mir alles Mögliche bei. Don erzählte mir oft Geschichten, Herrgott noch mal, die erzählte er sonst keinem Menschen in der Welt, nicht mal seiner Frau, Geschichten über seine Beziehungen zu Leuten in New York, von denen ich nie hätte wissen dürfen. Dann stellte er mir dazu Fragen, ließ einfach alles so aus sich heraus, ich war für ihn so was wie ein Resonanzboden.

Don Bond war nicht viel älter als Tracy, doch er entpuppte sich als eindeutige Mentorfigur. Er spielte in Jims Leben eine viel persönlichere Rolle – nachdem er sogar auf der Hochzeit von Jim und Joan gewesen war – als irgendeiner der anderen einflußreichen Männer, die bis dahin seiner Karriere weitergeholfen hatten. Und Tracy war für diese Art einer tiefen Beziehung viel empfänglicher als früher.

In seinen späten Dreißigerjahren war Tracy beruflich außerordentlich erfolgreich. Der Einfluß der Mutter spielte nicht mehr die große Rolle von früher; dafür wirkten sich mehr und mehr die positiveren Seiten seines Vaters aus. Er ging engere Beziehungen zu Männern und zu Frauen ein. Die neue Verpflichtung, die er Joan gegenüber eingegangen war, hatte ihn aufgeschlossener gemacht und dazu geführt, daß er auch zu einem Mann eine intimere Beziehung haben konnte. Als Don den Schauplatz betrat und sich ein Mentor-Verhältnis entwickelte, förderte das sein Wachstum und sein Selbstwertgefühl. Diese Phase, zwischen 38 und 40, wurde durch erregende Aspekte, Errungenschaften und Hinweise auf zukünftige Möglichkeiten geprägt. Jim wurde selbständig, wurde sein eigener Herr.

Die Tracys kauften einen Bauplatz in Glastonbury und fingen an, ihr »Traumhaus« zu entwerfen. Ursprünglich war es ein kleines Häuschen mit fünf Zimmern, doch es wurde nach und nach erweitert. Die Pläne des Architekten wurden ständig revidiert, damit alles »genau richtig« wurde. Als Jim 40 war, wurde ihr Sohn Tommy geboren. Jim sah in Joan eine »Gefährtin«, die ihm helfen würde, ein neues Leben zu entwickeln und damit die rastlose hektische Suche früherer Tage abzulösen. Sie war eine besondere Frau, die ihm helfen würde, sein Leben in den Griff zu bekommen, zu bereichern und seine Hoffnungen und Träume auszudrücken.

Dann verließ Don Bond plötzlich Ajax, um Vorstandsvorsitzender einer kleineren Gesellschaft zu werden. Walter Johnson erhielt Bonds Position und wurde zum ersten Mann in Hartford. Tracy war Nummer Zwei; er war nun Generaldirektor der Schußwaffenabteilung, zunächst allerdings auf Probe. Er mußte sich auf dieser Ebene erst noch bewähren. Mit 40 hatte Tracy das Gefühl, sein Mentor habe ihn im Stich gelassen und ihn den intriganten Machenschaften innerhalb der Organisation überantwortet. Er begann, sich »lustlos« nach einem anderen Job umzusehen. Er erfuhr das Jahr zwischen 40 und 41 als eine Zeit der Prüfung.

Dazu kam, daß sich Tracy über das eigene Älterwerden Gedanken machte.

> Als ich 40 wurde, war das eine wahrhaft traumatische Erfahrung. Solange ich noch in den Dreißigern war, sah ich mich immer als jungen Burschen. Als ich 40 wurde, traf mich das wirklich. Ich hatte mich immer als jungen Burschen gesehen, der sich ziemlich gut schlägt, der auf dem Weg nach oben ist, und nun bin ich ganz plötzlich kein junger Bursche mehr. Ich kann nicht mehr all das tun, was ich früher mal tat. Das ist irgendwie beängstigend.

Mit 41 wurde Jim von der Firma zum Generaldirektor und Vizepräsidenten der Schußwaffenabteilung befördert, einer der größten und einträglichsten Abteilungen der Gesellschaft. Er hatte nun Tausende von Arbeitnehmern in Hartford und in zwei Zweigbetrieben im mittleren Westen unter sich. Dies war das »kulminierende Ereignis« in seinem frühen Erwachsenenalter. Er hatte für die Phase des Seßhaft-Werdens die oberste Sprosse seiner Leiter erreicht. Was dieser Wendepunkt wirklich bedeutete, stellte sich erst in den nächsten paar Jahren heraus. Er brachte Jim in eine neue Welt – und in seinen Übergang zur Lebensmitte. Wir werden die Geschichte in Kapitel 19 fortsetzen.

12. Das Leben des Romanschriftstellers Paul Namson

Paul Namson kam im Sommer 1926 auf die Welt. Zwei Jahre später kam sein einziger Bruder Joel (Schwestern hatte er nicht). Sein Zuhause lag in der West End Avenue in Manhattan – einer ordentlichen, angenehmen jüdischen Gegend. Sie waren eine Familie von Geschäftsleuten. Beide Großväter waren Anfang des Jahrhunderts erfolgreiche New Yorker Kaufleute gewesen. Der Vater seines Vaters war in Budapest in der Kosmetikbranche tätig gewesen und in den 1880er Jahren in die Vereinigten Staaten gekommen. Auch Pauls Vater war in diesem Geschäft einigermaßen erfolgreich. Er war zwar ein gutaussehender, anziehender Mann, aber auch ein »großer Schwätzer«, der oft gegen sich selbst und gegen seine Kinder unehrlich war.

Seine Mutter war dagegen »absolut aufrichtig«. Sie war eine schüchterne Frau, die gerne populäre Bücher las und mit alten Freundinnen aus ihrer Kindheit und dem Mädchenpensionat in ein Konzert oder ins Theater ging. Dem geselligen Leben, das ihr Mann liebte – Kartenspielen in den Klubs – konnte sie weniger abgewinnen. Es war ihre Familie, die Aschs, die im Hause Namson dominierte, als Paul aufwuchs. Die zwei Männer, die Paul am meisten respektierte, waren Cyril Asch, der Bruder seiner Mutter (und Pauls Patenonkel), und ihr Lieblings-Cousin Noah Handler. Cyril spielte nach und nach eine zentrale Rolle in Pauls Leben. Er war ein brillanter und dynamischer Geschäftsmann, mit dreißig bereits mehrfacher Millionär, ein typischer Vertreter der gebildeten Führungsschicht Manhattans, ein nachahmenswertes Vorbild. Noah, der ein berühmter Dichter wurde, fand Bewunderung, weil er sich in der Welt der Künste auszeichnete; allerdings wurde er auch – von den Männern in der Familie – mit einer gewissen Geringschätzung betrachtet, weil er homosexuell war, sich nur als Künstler hervortat und vom Geschäftsleben nichts wissen wollte.

Von der Mutter hatte Paul ein »ganz verschwommenes« Bild. »Schon früh in meinem Leben verschwand meine Mutter; sie schien nie da zu sein.« Er sah diese Abwesenheit im Zusammenhang mit der Geburt seines Bruders: er wurde damals ausquartiert und bei einer Tante untergebracht, um seinem Bruder die erste Zeit leichter zu machen. Paul meinte, er habe das enge Verhältnis mit seiner Mutter gleich zu Beginn eingebüßt und nie wiedergewonnen. Er hatte eine viel stärkere emotionale Bindung an den Vater. Sein Bruder stand dagegen der Mutter nahe, die ihn »verhätschelte«.

Pauls Bruder Joel wußte schon sehr früh in seinem Leben, daß er eine künstlerische Tätigkeit ausüben wollte. Er wollte Schauspieler, Schriftsteller und Regisseur werden. »Mit acht oder neun wußte Joel ganz genau, was er wollte, und er verlor dieses Ziel keine Sekunde aus den Augen.« Aus der engen Beziehung zu seiner Mutter heraus konnte Joel relativ bequem zu einem Leben mit künstlerischen Ambitionen finden, und später zu einem Leben als Homosexueller.

Für Paul, der stärker an den Vater gebunden war, stellte ein künstlerischer Beruf keine akzeptable Möglichkeit dar – in einer Männerwelt war dafür kein Platz. Doch in welche Richtung sollte sein Weg führen? Schon als Junge hatte er beschlossen, seinem Vater nicht in die Kosmetikbranche zu folgen. Der Vater war zwar beliebt und konnte jedermann jeden Artikel verkaufen, aber er war ein kartenspielender Schwindler, der von der Familie seiner Frau von oben herab behandelt wurde. Paul mußte sich anderweitig nach einem Mann umsehen, dem er nacheifern konnte.

Obschon sein Vater verhältnismäßig ungebildet war, ein »einfacher Mann«, hatte er doch gesellschaftlichen Ehrgeiz und sorgte gut für seine Familie. Trotz der Depression kam er aus eigener Kraft in der Welt voran. In den Depressionsjahren waren die Barrieren niedriger geworden, die die ungarischen Juden aus der im oberen Mittelstand angesiedelten deutsch-jüdischen Welt ferngehalten hatten, eine Welt, in die er einziehen wollte. Als sie 1937 ein neues Haus bezogen, konnte Paul die öffentliche Schule verlassen und auf eine Privatschule für Jungen überwechseln. Er wurde von seinen Schulkameraden und ihren Freunden akzeptiert, von denen viele aus deutsch-jüdischen Familien der Oberschicht stammten. Er verbrachte glückliche Jahre auf dieser Schule; seine Schilderung davon enthält viele Namen und Szenen und Leute, denen er sich verbunden fühlte.

In der Privatschule entwickelte er zum erstenmal eine Vorstellung davon, was er als Erwachsener einmal tun wollte:

> Ich war zwar sehr verwirrt, wenn ich mir überlegte, was ich einmal tun wollte, aber ich hatte eine vage Vorstellung, daß ich Psychiater werden wollte. Ich hatte eine Menge psychiatrische Fachliteratur gelesen und war in den naturkundlichen Fächern in der Schule immer gut gewesen.

Ich war in eine Arzttochter verknallt. Die Medizin schien mir ein guter Beruf.

Beim Schulabgang, kurz vor seinem 16. Geburtstag, wurde er im Jahrbuch als »Mitglied der Angeber-Clique« beschrieben.

Er entschied sich für die Brown University, vor allem deshalb, weil er von New York und seiner Familie weg wollte. Paul trug nun den »Traum« seiner Eltern. Er eroberte sich einen Platz im deutsch-jüdischen Milieu und würde möglicherweise die Hoffnungen seines Vaters verwirklichen und in dieser Welt ganz nach oben kommen. Als nächste Schritte mußte Paul ein gutes College absolvieren, in eine gute Firma eintreten oder einen akademischen Beruf ergreifen und in diese Welt einheiraten.

Mit 16 fühlte sich Paul an seinen Vater – einen der »schönen Namsons« – gebunden, und doch lehnte er viel von dem ab, was sein Vater repräsentierte. Ähnlich gespalten war seine Beziehung zu seiner Mutter. Er fühlte sich zu ihren Charaktereigenschaften und den geschäftlichen und künstlerischen Wertmaßstäben ihrer Familie hingezogen. Gleichzeitig bedrückte ihn die Einstellung ihrer Familie zu den Künsten. Er sollte Interesse daran haben, dabei aber verstehen, daß ein Mann kein Künstler wird. Diese inneren Kämpfe, die aus seinen frühen Jahren in der Familie stammten, spielten in Pauls Erwachsenenleben immer wieder eine Rolle. Er mochte sich wünschen, ein Geschäftsmann wie Cyril zu sein, aber kein »großer Schwätzer« wie sein Vater. Er mochte sich wünschen, ein Künstler wie Noah zu sein. Aber Künstler zu sein, hieß, eine feminine, homosexuelle Welt zu betreten. Das war nichts für einen Mann.

Der Übergang ins frühe Erwachsenenalter

Paul lebte immer noch sehr stark in der Welt seiner Eltern, als er in diesem Herbst ans College kam. Es schien deshalb nur natürlich, einer »sehr schicken« jüdischen Studentenverbindung beizutreten, die »fast durch die Bank aus deutschstämmigen Juden« bestand. Doch im Gegensatz zu seiner Schilderung seiner Schuljahre mit all den namentlich genannten Freunden und engen Beziehungen enthielten die Erzählungen aus seiner Studentenzeit eine relativ anonyme Gruppe junger Männer, die alle »auf eine Zukunft im Familienbetrieb zusteuerten«.

Drei Ereignisse ragen aus Namsons Darstellung seiner ersten beiden

College-Jahre heraus: der Eintritt in die Verbindung; der Entschluß, nicht Medizin zu studieren; und »meine Entdeckung der Literatur«. Sein Interesse wandte sich rasch von der Psychiatrie und den Naturwissenschaften ab und der Literatur zu. Er las eine Menge und fing insgeheim an zu schreiben. Er fühlte sich plötzlich wie neu belebt.

Als er gerade sein drittes Semester an der Brown University abschloß, landeten im Juni 1944 die Alliierten in Europa, und er meldete sich freiwillig zur Marine. »Diese Erfahrung erweiterte – wie keine zweite in meinem Leben – meinen Horizont.« Er hatte noch nie Antisemitismus erlebt; nun wurde er mit einer Gruppe weißer Südstaatler einem Panzer-Landungsschiff zugeteilt – und war »der einzige jüdische Junge« auf dem Schiff. »Das wurde mir sehr schnell klargemacht. Es war mir, solange ich auf dem Schiff war, in jedem Augenblick bewußt.« Es war eine der Erfahrungen bei der Marine, daß er lernte, sich zu wehren. Und es war eine Erfahrung, die »meine ganzen Wertvorstellungen durcheinanderwarf«. Er begriff, daß er in einer »anmaßenden, selbstzufriedenen Atmosphäre« aufgewachsen war. »Die Marine stieß mich unsanft in die große Welt, aber sie machte aus mir auch einen Menschen mit mehr Mitgefühl.«

Er wurde im Sommer 1946, kurz nach seinem 20. Geburtstag, aus der Marine entlassen. Nun, da er sich sicher war, daß er kein Arzt werden wollte, brach er das vorklinische Studium ab und wählte Englisch als Haupt- und Volkswirtschaft als Nebenfach. Er belegte Kurse für angehende Schriftsteller und schrieb für die humoristische Zeitschrift des College. Er schrieb auch – mehr oder weniger heimlich – ernsthafte Texte über seine Erfahrungen in der Marine und über die Konflikte zwischen den Werten seiner Familie und denen, die ihm in jener »großen Welt« begegnet waren. Er fand auch Unterstützung für diese Arbeit. Ein älterer Mann führte ihn in die Welt des Schreibens ein: »Ich absolvierte eine Menge Kurse im Schreiben, einige davon bei Austin Garrison. Er gründete eine literarische Zeitschrift und veröffentlichte eine Geschichte, die ich in meinem letzten Jahr am College schrieb.«

Gleichzeitig wuchs sein Interesse an geschäftlichen Dingen. Einmal arbeitete er während der Sommerferien in der neuen Versicherungsagentur »Asch und Co.«, die Cyril Asch gerade aufgemacht hatte. Paul wollte selbst herausfinden, wie die Geschäftswelt seines Helden aussah.

In dieser Zeit ließ er sich auch ernsthaft mit zwei Frauen ein, die gegensätzliche Neigungen und Werte verkörperten. Nora gehörte zu seiner Schriftstellerwelt. Sie war für sein Schreiben aufgeschlossen und wollte selbst Schriftstellerin werden. Für Paul war sie »wie Rebekka am Brunnen, groß, reif, ernst«. Sie war die Person, der er seine ernsthaften Schreibversuche zeigte. Als sie eine Geschichte gelesen hatte, »kam sie und fand mich und küßte mich ganz scheu und sagte: ›Du hast es wirklich geschafft, Paul.‹«

Die andere Frau in Pauls damaligem Leben war Sarah, die er bei einer Tanzveranstaltung kennengelernt hatte. »Sie hatte so ein sinnliches Gesicht.« Sarah und Norah sprachen zwei verschiedene Seiten in Paul an. Nora war ernst, intellektuell, eine Schriftstellerin. Sarah war lebhaft, selbständig, »eine der besten Tänzerinnen meiner Generation«, eine perfekte Gefährtin für einen aufstrebenden jungen Geschäftsmann. In Sarah verliebte er sich schließlich und beschloß, sie zu heiraten. Als Nora dahinterkam, sagte sie ihm unter Tränen: »Ich hoffe, du wirst mit diesem lebensfrohen Schmetterling glücklich.«

Er heiratete Sarah mit 21, kurz bevor er vom College abging. Als er uns Jahre danach seine Lebensgeschichte erzählte, begann er mit diesen Worten: »Es begann alles damit, daß ich mit meiner Frau zusammen ausriß, damals auf dem College vor über zwanzig Jahren.« Er heiratete eine Frau, die die familienbewußte jüdische Geschäftswelt repräsentierte und seine Verbindung zu dieser Welt unterstützte. Gleichzeitig war diese Ehe zum Teil ein Akt des Aufbegehrens und ein entscheidendes Ereignis im Prozeß seiner Loslösung von den Eltern.

Das Paar heiratete plötzlich und heimlich. Nach der Trauung kehrten sie nach New York zurück und informierten ihre Familien. Pauls Vater hatte einen Tobsuchtsanfall. Seine Tirade gipfelte in dem Vorwurf, Paul habe unter seinem Niveau geheiratet. »Das hatte ich nun aus all den Chancen gemacht, die er und meine Mutter mir geboten hatten. Seiner Meinung nach hätte ich ein Mädchen von höherem gesellschaftlichen Ansehen heiraten können.« Namson fuhr fort:

> Ich heiratete, um nicht heimkehren zu müssen. Ich war fast 22 und seit meinem 16. Lebensjahr von zuhause weggewesen. Was mich am Ende meines Studiums am meisten schreckte, war die Aussicht, nach Hause zurückkehren zu müssen. Da kam ich auf eine brillante irrationale Lösung für das ganze Problem. Ich würde eine Frau kapern und mit ihr durchgehen. Was später werden sollte, darüber machte ich mir keine Gedanken.

Paul hatte keine Zukunftspläne. Er und Sarah hatten daran gedacht, nach Mexiko zu gehen, »und ich würde dort schreiben«. Leben wollten sie von den Einkünften aus einer $ 20000-Erbschaft, die er gemacht hatte. Ihre Heirat schuf aber in Pauls Familie so viel Aufruhr und Kummer, daß sie es nicht taten. Voller Schuldgefühle beschloß er, in New York zu bleiben. Nach einigen kleineren Jobs im Sommer stand er im Herbst ohne Stellung da.

Paul hatte die Zeit zwischen 16 und 22 dazu genutzt, die schwierige Aufgabe der Trennung von seiner Familie anzupacken. Er hatte außerdem angefangen, einem »Traum« Gestalt zu verleihen: er sah sich selbst als literarischen Schriftsteller. Er wurde in diesem Punkt von Austin Garrison und Nora unterstützt, die ihn in diesem Selbst-Verständnis bestätigten. Entsprechend seinem Nebenfach auf dem College hatte er nun einen zweiten, kleineren »Traum« – er sah sich als einen gebildeten Geschäftsmann wie Cyril. Als er für Cyrils Firma arbeitete, war das eine zaghafte Annäherung an die Geschäftswelt. Als er dann Sarah heiratete, machte er einen weiteren Schritt auf diese Welt und ihre Werte zu. Er ging also gleichzeitig in zwei Richtungen; er bewegte sich auf den Schriftsteller und auf den Geschäftsmann zu. Die Spannung zwischen diesen zwei Welten sollte sein Leben durch die ganze frühe Erwachsenenzeit beherrschen.

Der Eintritt in die Erwachsenenwelt

Als Namson 22 war, präsentierte Cyril Asch im Herbst 1948 einen Plan, der die kaufmännische Tätigkeit mit der schriftstellerischen kombinierte. Er überzeugte Paul, daß seine Chancen, ein erfolgreicher Schriftsteller zu werden, weit geringer waren als die, ein erfolgreicher Geschäftsmann zu werden. Wenigstens sollte Paul es einmal mit dem Geschäftsleben versuchen. Er konnte ja nebenher schreiben. Cyril hatte gerade ein Mietshaus gekauft. Paul sollte die Stelle des Hausverwalters übernehmen und die Modernisierung der Küchen beaufsichtigen. Cyril bot ihm $ 50 die Woche und eine Wohnung in dem Haus.

Paul nahm das Angebot an und machte den Versuch, gleichzeitig Geschäftsmann und Schriftsteller zu sein:

> Ich hatte vor, nur so lange zu bleiben, bis ich einen Bestseller geschrieben hatte, und dann zu gehen. Ich nahm mir, zumindest für den

Anfang, vor, abends und an Wochenenden zu schreiben. Am Anfang hatte ich eine Menge Zeit, und ich saß in diesem Büro und schrieb. Ich hielt mich an die Kleinformen – Kurzgeschichten, Lyrik, Prosagedichte, kurze Essays –, da es sehr schwierig war, längere Zeit beim Schreiben zu bleiben. Irgend jemand hatte immer einen tropfenden Wasserhahn oder eine kaputte Wasserspülung.

Er schrieb in diesem ersten Jahr eine ganze Menge, aber »die Ablehnungsbescheide kamen mit einer schockierenden Promptheit ins Haus«. Es war eine entmutigende Erfahrung. Dafür kam er mit der Arbeit in dem Mietshaus gut zurecht. Als das erste Jahr verstrichen war, schlug ihm Cyril vor, er solle bei einem anderen Makler in die Lehre gehen und Aktien und Wertpapiere verkaufen. Wieder ging Paul auf seinen Vorschlag ein.

Er arbeitete für eine gut eingeführte Firma und bekam Einblicke in die Welt der Hochfinanz. Er schaffte einige beachtliche Transaktionen und kassierte fette Provisionen, das erste Geld, das er durch eigenes Dazutun verdient hatte. Als freier Mitarbeiter hatte er eine Menge Freizeit. Er fing an, sich immer mehr für die Malerei und die Welt der Kunst zu interessieren. »Ich kam in immer mehr Kunstgalerien; die Gemälde waren für mich eine sehr reale und bedeutungsvolle Welt.« Die Kunstgalerien waren ein Ausgleich für die Anstrengung, die es für ihn bedeutete, »mechanisch mit Charme und Ehrlichkeit aufzuwarten«, um Wertpapiere zu verkaufen.

Nach Abschluß dieses Jahres – Paul war 24 – forderte Cyril ihn auf, bei Asch und Co. einzusteigen. Wie üblich behielt Cyril recht: Paul versagte als Schriftsteller und hatte Erfolg als Geschäftsmann. Die Möglichkeiten des Geschäftslebens zogen ihn an. Zum drittenmal beherzigte er Cyrils Rat und stieg ins Familienunternehmen ein.

Mit Mitte Zwanzig wurden also Paul und Sarah Namson in Manhattan heimisch, ein junges, attraktives Paar voll Erlebnishunger.

Mal gerieten wir wegen einer Stadtwohnung aus dem Häuschen, dann wollten wir wieder etwas anderes, und so wurden wir immer mehr vom Leben der feinen Leute angezogen. Wir wollten die schicken Partys besuchen und die interessanten Dachterrassen. Daran waren wir beide interessiert. Und ich glaube, in manchen Dingen waren wir ein bißchen wie Scott und Zelda Fitzgerald. Damit will ich natürlich nicht sagen, daß ich sein Talent besitze oder jemals so erfolgreich sein werde wie er.

Die Arbeit für Cyril Asch bildete die Grundlage seines Eintritts in »das Leben der feinen Leute«. Die Anlageberatungsfirma war ein kleines, aber florierendes Unternehmen, und er und Asch wurden füreinander wichtig.

Ich war Cyrils rechte Hand oder so was. Er war wohl für mich lange Zeit ein sehr anregendes Beispiel, dem ich nacheiferte. Je tiefer ich in die Anlageberatung hineingeriet, desto mehr Verantwortung hatte ich. Ich interessierte mich zunehmend für die Dynamik des Geldmachens und fand das immer faszinierender. Ich leistete sehr gute Arbeit.

Während Paul zum Geschäftsmann wurde, schaffte er es, auch weiterhin zu schreiben. In seinen Zwanzigerjahren schrieb er fünf Romane. In seinen Augen waren es keine guten Bücher, und es gelang ihm nicht, einen Verleger dafür zu finden. An diesen Enttäuschungen hatte er »schwer zu kauen«, und sie beeinflußten seine Entscheidung, Kritiken für die Kunstmagazine der 1950er Jahre zu schreiben.

Als ich damit anfing, tat ich es eigentlich fast nur für mich selbst, um dazuzulernen. Am Samstagvormittag besuchte ich eine Galerie, in der eine Ausstellung eröffnet wurde, und machte meine Notizen. Am Sonntag schrieb ich dann bis in die Nacht hinein, um es fertigzubekommen. Ich stellte fest, daß sich diese Kunstkritiken viel leichter veröffentlichen ließen als meine anderen Arbeiten.

Mit 28 schrieb Namson in Kunstzeitschriften und kaufte wichtige Bilder des abstrakten Expressionismus. Die frühen 50er Jahre waren eine erregende Zeit in dieser Welt. Er wuchs mit dieser Zeit und wurde zum Kenner, Sammler und Kritiker in den bildenden Künsten. Das Sammeln war wahrscheinlich die wichtigste Betätigungsmöglichkeit für sein schöpferisches Bedürfnis in dieser Zeit. Die Kunstkritiken waren eher Werbetexte, mit denen er die Arbeit seiner Freunde unterstützte. Das Schreiben gehörte also überwiegend zu seinem Leben als Geschäftsmann und nicht so sehr zu seinem Leben als ernsthafter Schriftsteller.

Die Gemälde hatten jedoch ihre eigene Bedeutung und verwickelten ihn in eine komplizierte und interessante Welt. Als Geschäftsmann verfügte er über finanzielle Mittel, um sich in dieser Welt zu engagieren. Aber als Geschäftsmann hatte er auch in einer Welt des Handelns und der Macht zu tun, und Namson genoß das. Überdies war es das, was seine

Familie wollte. Nachdem sie gesehen hatten, daß er im Geschäftsleben Fuß gefaßt hatte, brachte sie sein peripheres Interesse an der Kunst nicht mehr aus der Fassung. Ende Zwanzig hatte er seinen früheren »Traum« vom literarischen Schriftsteller weitgehend einschlafen lassen. Durch seine Kunstkritiken war er nur dürftig mit der Welt des Schreibens verbunden. Wenn er sich einmal als Schriftsteller gesehen hatte, so war diese Vorstellung verblaßt und diente allenfalls seinem übrigen Leben als Hintergrund.

Als Paul in seinen Zwanzigerjahren eine erste Struktur für sein Erwachsenenleben schuf, bewegte er sich auf Cyril und seine Welt zu. Er und Sarah fühlten sich zum »Leben der feinen Leute« in Manhattan hingezogen, einer romantischen Welt, wie sie einst Scott und Zelda Fitzgerald erlebten. Die Kunst wurde zu einem Anhängsel dieses herrlichen Lebens. Seine schöpferische Schriftstellertätigkeit verkümmerte. Der Teil in Paul, der wie sein Vater war und wie Cyril werden wollte, wurde stärker. Er war auf dem Weg zu einem Leben als gebildeter Geschäftsmann, und wurde auf diese Weise der Mann, den seine Familie in ihm sehen wollte. Das war auch das Leben, das Sarah wollte und unterstützen konnte. Sie waren einander in dieser Zeit näher als in den vor ihnen liegenden Jahren.

Der Übergang in die Dreißigerjahre

Namson war 28, als seine Beziehungen in der Kunstszene zu einem intensiven Mentor-Verhältnis mit Sheridan Fisher führten, einem Bildhauer und einer zentralen Figur in dieser Szene. Fisher verkörperte den Vorrang des Schreibens und die Zurückweisung der Geschäftswelt. Auf Grund dieses Verhältnisses wurde die Spannung zwischen diesen zwei Polen in Namson wieder zum zentralen Thema in seinem Leben.

Im Herbst 1954 kaufte der 28jährige Namson eine Skulptur von Sheridan Fisher. Er schrieb auch einen kritischen Artikel über Fishers Arbeit und wurde so in den kleinen Kreis von Leuten hineingezogen, die sich für ihn interessierten. Nur wenige von Fishers Arbeiten waren bis dahin von Sammlern gekauft worden, und so brachte ein gemeinsamer Freund die beiden zusammen. Die Freundschaft begann mit ihrer ersten Begegnung. Namson fühlte sich zu Fisher hingezogen und hatte den Eindruck, daß es auch Fisher zu ihm hinzog. Im darauffolgenden Frühjahr gingen sie oft zweimal in der Woche miteinander zum Essen. Fisher war in psychoanalytischer Behandlung und fuhr von seiner Wohnung auf dem Land nach New York. Er blieb dann zwei oder drei Tage in der Stadt und verbrachte die Abende oft mit Namson. Die Freundschaft vertiefte sich.

> Im Grunde faszinierte mich die Vorstellung von einem Mann, der in der Kunst konsequent seinen Weg gegangen war und irgendwie überlebt hatte. Ich kann nur raten, was er mir gegenüber empfand. Auf sicherem Boden bin ich wohl, wenn ich davon rede, was ich ihm gegenüber empfand. Ich meine, er war für mich so etwas wie eine heroische Figur, im Sinne des Helden in der Kunst. Die Kunst ist eine weglose Wüste; für einen Künstler von der Art Fishers gibt es keine Regeln und keine Wegweiser. Er verkörperte auch eine Phantasie mit einem wilderen, amerikanischen Hintergrund, als ich ihn zu haben glaubte. Sicher spielte auf meiner Seite eine romantische Identifizierung mit ihm eine Rolle. Er war außergewöhnlich direkt. Er war nicht besonders redegewandt, betonte aber immer wieder, man müsse über seine eigenen Gefühle reden. Wenn ich dazu neigte, in Kunsttheorie abzuschweifen oder viel intellektueller zu sein, als ich das heute bin, dann holte er mich zurück. Er sagte einfach: »Aber was bedeutet Ihnen das, Paul? Warum interessiert Sie das? Inwiefern betrifft Sie das? Weshalb engagieren Sie sich so?« Das waren ohnehin seine Lieblingswörter, »Betroffenheit«, »Engagement« und so weiter. »Woher rührt Ihr Engagement?«

Fisher durchschaute Namsons Kompromisse und bedrängte ihn mit beunruhigenden Fragen. Wie konnte er sich gleichzeitig in zwei Richtungen engagieren? Wie konnte er nur ein »schizophrenes Leben« führen? Paul mußte sich mit dem Konflikt in seinem Innern auseinandersetzen, dem Konflikt »zwischen der erregenden New Yorker Finanzwelt und einem wachsenden Verlangen, das Schreiben zu meiner Hauptbeschäftigung zu machen«. Mit der Entdeckung eines Mentors, dem er sich als kreativer Künstler anschließen wollte, wuchs erneut sein Verlangen, sich ganz aufs Schreiben zu verlegen.

> Er war vierzehn Jahre älter als ich, und ich hatte für ihn etwa die Gefühle, die man für einen erträumten Vater oder älteren Bruder hat, jedenfalls so ähnlich. Die Bezeichnung »Held« ist bestimmt keine Übertreibung. Für mich war er ein Held, eine romantische, heroische Figur. Gewöhnlich redeten wir nicht von Kunst. Wir tranken zusam-

men, gingen zusammen den Strand entlang, schwammen zusammen. Ich kann mich erinnern, daß wir Krocket spielten. Es war eine gespielte Derbheit zwischen uns, vorgetäuschte Fausthiebe, diese besondere Ausgelassenheit und männliche Kameraderie. Aber es gab auch eine sehr liebevolle und zärtliche Seite. Es war eine der freiesten Beziehungen zu einem anderen Mann, an die ich mich erinnern kann. Es hört sich vielleicht komisch an, dieses Boxen und die derben Umarmungen, die große Bewunderung und Zuneigung, aber ich glaube, zwischen uns war so etwas wie Liebe.

Im folgenden Sommer, zwei Wochen nach Pauls dreißigstem Geburtstag, starb Fisher plötzlich nach einem Herzanfall. Es war ein »entsetzlicher Schock« für Paul. Die Beerdigung machte ihm noch intensiver bewußt, wie wichtig Fisher für ihn gewesen war.

Wie ein Schock traf mich die Erkenntnis, daß es gut tat, weinen zu können. Es war für mich eine ganz erstaunliche Erfahrung. Ich hatte seit meiner Kindheit nicht mehr richtig geweint. Mein ganzes Leben bis hin zu diesem Augenblick zog an mir vorbei. Vielleicht ist also das Wort »Liebe« nicht zu stark. Es war eine intensive Verbundenheit mit dem Mann und mit dem, wofür er eintrat.

Nach Fishers Tod begann Paul, einen Roman, den er in der Welt der Kunst angesiedelt hatte, drastisch umzubauen. Er hieß *Der Händler.* Ein alternder Kunsthändler, ein Mann von Geschmack und Eleganz, der sich langsam selbst kaputtmacht, weil die Welt, der er einst angehörte, so gut wie verschwunden ist, gerät mit einem überschwenglichen, arroganten jungen Maler in einen Streit. Zwischen ihnen steht eine schöne junge Frau, die einerseits die Geliebte des Kunsthändlers ist, andererseits in den Maler halb verliebt ist. Am Ende verläßt sie beide und mit ihnen die Kunst, die sie repräsentieren, und versucht, einen Mittelpunkt für ihr eigenes Leben zu finden.

Namson erkannte, daß all diese Charaktere Teile seiner selbst repräsentierten, Teile, über die er sich klarzuwerden versuchte. Die Frau hat Beziehungen zu dem Kunsthändler und dem Maler, aber sie hat keine eigene, auf einer beruflichen Tätigkeit beruhende Identität. Ihre Geschichte ist in hohem Maße die Geschichte Pauls und reflektiert seine Suche. Wie diese Frau in seiner Geschichte hatte Paul nach seinem Erlebnis mit Sheridan das Gefühl, von neuem Leben erfüllt zu sein und wieder zu wachsen. Dazu kam das Gefühl der Verwunderung und des Glücks – und eine Ungewißheit, wohin das führen würde.

In diesen zwei Jahren zerriß Fishers Einbruch in ihr »Leben der feinen Leute« das romantische Verhältnis, das Paul und Sarah in ihren Zwanzigerjahren aufrechterhalten hatten. Gleichzeitig versuchte Sarah auf andere Weise, dieses Leben zu ändern. Sie hatte immer Kinder gewollt, im Gegensatz zu Paul. Er war der Meinung, mit dem Geschäft und dem Schreiben sei er völlig ausgelastet; wenn auch noch Kinder in die Familie kämen, würde ihn das erdrücken. Als sie auf die 30 zugingen, wurde Sarahs Bedürfnis so groß, daß er ihrem Wunsch nach einem Kind nachgab. Als es zu keiner Schwangerschaft kam, fügte er sich erneut ihren Wünschen, und sie beschlossen, ein Kind zu adoptieren.

Während er mit 32 seinen Roman umschrieb, adoptierten sie einen kleinen Sohn und nannten ihn Sheridan Namson. »Als Sheridan kam, faßten wir den ziemlich festen Entschluß, wenigstens ein weiteres Kind zu haben, und das hieß, daß wir mehr Platz brauchten.« Sie kauften ein elegantes 12-Zimmer-Haus aus braunem Sandstein mit Blick auf einen Garten und den East River. Sie machten sich daran, es so einzurichten, daß sich eine Familie drin wohl fühlen konnte. Sarah hatte eine Haushälterin-Köchin und ein Au-pair-Mädchen für Sheridan. Paul bekam ein Schreibzimmer, in dem er sich abkapseln konnte, »eine einsame Figur in einem unmöblierten Zimmer«.

Während des Übergangs in die Dreißigerjahre kam es zu zwei Entwicklungen, die die von Namson in der vorausgegangenen Phase geschaffene vorläufige Lebensstruktur gründlich änderten. Das Verhältnis zu seinem Mentor Sheridan Fisher führte dazu, daß er dem Schreiben einen prominenteren Platz in seinem Leben einräumte. Er war entschlossen, sich dieser einsamen Arbeit in seinem »unmöblierten Zimmer« zu verschreiben. Der kleine Sheridan und das neue Haus gaben Sarahs Leben neue Mittelpunkte. Diese beiden Veränderungen, für Paul und Sarah von entscheidender Bedeutung, waren geeignet, die zwei auseinanderzubringen. Es war, als isoliere sich Paul in seinem Schreibzimmer, während sich Sarah mit dem Kind und dem Haushalt beschäftigte.

Die Grundlage seines Lebens war die Rolle des gebildeten Geschäftsmanns, der im Grenzbereich zwischen den Welten des Geschäfts und der Kunst zuhause ist. Namson war tagsüber Geschäftsmann und abends und am Wochenende Schriftsteller. Die einander widersprechenden Anforderungen dieser Berufe kosteten viel Kraft. Da er sich ganz diesen zwei Teilen seines Lebens hingab, blieb für Sarah und das Kind nicht viel übrig. Das bißchen Zeit und Energie, das ihm noch blieb, brauchten sie für das »Leben der feinen Leute«. Die Spannung in dieser Struktur war enorm: »Ich mußte damit leben, pausenlos Magenkrämpfe zu haben.« Dennoch war das die Lebensstruktur, mit der er in die Phase des Seßhaft-Werdens ging.

Das Seßhaft-Werden

1959 war Cyril Asch so weit, daß er einen Teil des Jahres in Florida verbrachte, und Paul war nun mit 33 einer der Vizepräsidenten und der Direktor der Gesellschaft.

> Ich steckte immer tiefer im Geschäft, auf zunehmend höherer Ebene. Da Cyril einen Teil des Jahres weg war, leitete ich praktisch die Gesellschaft. Die Auswahl der Wertpapiere und die Beurteilung ihrer weiteren Entwicklung fiel hauptsächlich in meinen Verantwortungsbereich.

1959 war zwar Asch und Co. immer noch im Familienbesitz, aber sie hatten vor, die Firma in eine Aktiengesellschaft umzuwandeln. Es war eine aufregende Zeit. »Es ging um immer noch größere Summen.« In ungefähr zehn Jahren waren aus den 7 oder 8 Angestellten der Firma 140 geworden, und der Nettowert war von $ 200000 auf $ 100 Millionen gestiegen. Als einem der leitenden Angestellten wurde Paul das Aktienbezugsrecht eingeräumt, und in einem finanziellen Kraftakt machte er sich daran, so viele Aktien zu kaufen, wie ihm nur angeboten wurden.

> Es schien heller Wahnsinn. Ich nahm Kredite auf, um diese Anteile kaufen zu können. Elf Jahre lang hatte ich nun gearbeitet, und ich hatte ungefähr $ 600000 Schulden und ein Bankguthaben von $ 1000. Aber die ungeheuren Möglichkeiten, die da drin steckten ... Mit 33 war ich sehr versucht, einiges davon zu Geld zu machen, aber ich war immer noch ein paar Stufen vom Millionär entfernt, und die erregende Welt der Hochfinanz an der Wall Street hatte mich immer noch fest im Griff.

In derselben Zeit erreichte sein Engagement in den darstellenden Künsten einen neuen Höhepunkt: er wurde Vorsitzender des Bauausschusses für ein bedeutendes neues Museum für moderne Kunst. Er fand seinen Platz unter den New Yorkern, die seine Familie so sehr bewunderte: er war ein exzellenter Geschäftsmann, der sich gleichzeitig dem kulturellen Leben New Yorks verpflichtet fühlte.

Das gesellschaftliche Leben, das Paul und Sarah im Zusammenhang mit der Kunstszene aufbauten, half, ihre Lebensstruktur in diesen Jahren zusammenzuhalten. Sie lebten in einem »weit verzweigten Netz aus gesellschaftlichen Bindungen« und gingen zu Vernissagen und Partys, tanzten bis zum Morgengrauen und schlossen Freundschaften mit Künstlern und anderen. Dieses Netz erweiterte sich noch im Sommer und schloß Southampton und die internationale Szene in Paris und London ein. Das »Leben der feinen Leute« nahm sie immer mehr in Anspruch.

Inmitten all dieser Aktivitäten versuchte Paul, seine »Schriftstellerwelt« intakt zu halten, abgekapselt in dem kleinen Zimmer hinter ihrem Schlafzimmer. Hier war er bemüht, seinen »destillierten Phantasien« Form zu geben. Er erreichte das, indem er sich mehr als früher von Sarah löste. Die romantische Ehe der »ersten zehn Jahre« mußte weichen:

> Es sah so aus, als würde die Kluft zwischen uns größer. Meine Position im Geschäft beanspruchte immer mehr Zeit. Und mein Interesse am Schreiben wurde immer ernsthafter. Nicht genug damit, daß ich sie während des Tages nicht sah: ich war wohl auch abends etwas unwillig, denn ich wollte nur Zeit zum Lesen und Schreiben.

Mit 34 schrieb er »den ersten Teil von *Currents*, eine sehr lyrische Einleitung«. An diesem Roman arbeitete er die nächsten paar Jahre. Von Zeit zu Zeit wurden Teile davon veröffentlicht. Als eine Art Tagebuch zog es sich wie ein heller Faden durch das Gewebe seines Lebens zwischen 34 und 42. Im Gegensatz zu anderen größeren Texten, die er in dieser Phase schrieb, enthielt das *Currents*-Tagebuch seine positive Einstellung zum Leben, an dem er sich freute und das er verherrlichte.

Sein Triumph bei der ersten Geschichte von *Currents* bestand darin, daß er endlich eine phantasiereiche Geschichte aus seinem eigenen inneren Erleben heraus schrieb. Sie ist authentisch, unmittelbar, lebendig. Der Leser wird von Namson in Bann geschlagen, wenn er von der Welt der Wolkenkratzer und Börsensäle in Manhattan schreibt, von Restaurants und Theatern, von dem üppigen Luxus, mit dem er so vertraut war. Durch diese Welt tanzt sein Held, ein Geschäftsmann und Poet mit »einem so sorgfältig um meinen Hals geschlungenen Traum«. Die Geschichte ist zugleich komisch und bitter. Der Held ist nachdenklich und distanziert, auch wenn er nach außen hin alles zu genießen scheint; und hinter seiner Verherrlichung lauert eine grundlegende Kritik und ein Wunsch, das alles hinter sich zu lassen. Es ist ein bemerkenswertes Selbstporträt, eine Darstellung seiner selbst und des Lebens, das er führte. »Du brauchst nur dem Kellner – ruhig – zu sagen, daß du *mehr* willst«, schrieb er.

Als Namson 34 wurde, teilte ihnen die Adoptionsbehörde mit, ihr Antrag auf ein weiteres Kind werde genehmigt. Kurz danach kam die große Überraschung: Sarah war schwanger. Sie strichen die zweite Adoption und fieberten der Geburt entgegen. Es war der Beginn eines ereignisreichen Jahres. Die erste Geschichte aus *Currents* wurde in einer kleinen Zeitschrift abgedruckt – ein erster Höhepunkt in seiner Laufbahn als Schriftsteller, ihr kleines Mädchen wurde geboren, und er wurde Millionär. Seine Kompromisse schienen sich zu bewähren; es sah so aus, als könne er alles haben. Vielleicht konnte er wirklich das Schreiben, das Geschäft, die Familie und das gesellschaftliche Leben zu einer einzigen fest zusammenhaltenden Lebensstruktur vereinigen.

Mit 35 war jedoch dieses Leben bedrückend geworden. Was wie eine gelungene Integration ausgesehen hatte, schmeckte immer bitterer. »Nach außen war ich erfolgreich. Tief in meinem Innern war ich es nicht.« Er wurde so sehr von »schrecklichen Magenkrämpfen« gequält, daß er trank und mehr Marihuana rauchte, um seinen Schmerz zu lindern. Außerdem war sein Bedürfnis, den »Traum« zu verwirklichen, größer geworden.

Namson hatte den sehnlichen Wunsch, Asch und Co. zu verlassen und nur noch zu schreiben. Er sehnte sich nach der Autonomie, die er als Schriftsteller haben konnte, die er aber nie bekommen würde, solange er für Cyril arbeitete.

> Irgendwann Ende der 50er oder Anfang der 60er Jahre war ich mir absolut sicher, daß ich weg wollte. Sicher deshalb, weil ich nun endgültig wußte, daß ich wirklich nur ein Leben als Schriftsteller führen wollte, und sicher auch deshalb, weil ich genug Geld verdient hatte.

Er hatte sich erst im Geschäftsleben durchsetzen und zum Millionär werden müssen. Als es nun geschafft war, fiel es ihm leichter, aus dem Geschäft auszuscheiden und das Schreiben zum Mittelpunkt seines Lebens zu machen. Er fühlte sich dem Schreiben auf eine neue Weise verbunden, ein Gefühl, das noch dadurch gestärkt wurde, daß er nun als Schriftsteller anerkannt wurde. Mit der Veröffentlichung seiner Geschichte im Jahr 1961 »wurde ich als Schriftsteller zur Kenntnis genommen«. Ein seriöser Kritiker, der eine Übersicht über literarische Magazine gab, hob seine Geschichte hervor als »einen bemerkenswerten Fund ... ein sanft brodelndes Porträt«.

Gleichzeitig wußte er, daß sein Entschluß, sich ganz aufs Schreiben zu verlegen, bei seinen Eltern und Onkeln auf Unverständnis stoßen würde. Aus dem Geschäft auszusteigen und nur noch zu schreiben, würde von Cyril und den anderen als Verrat aufgefaßt werden – als Verrat an ihnen persönlich und an ihren Werten. Sein Abschied von Asch und Co. würde nicht freundschaftlich über die Bühne gehen. Nach Meinung Cyrils konnte Paul in seiner Freizeit schreiben. Er wollte Paul an seiner Seite haben, einen vertrauenswürdigen Neffen und »Kronprinzen«, der das Familienunternehmen weiterführen und einmal erben würde. »Cyril kann Proust lesen und verstehen, aber er ist unfähig zu begreifen, wie ein junger Mann in seiner eigenen Familie sich von der Welt abkehren kann, um seine Zeit mit dem Schreiben von Romanen zu verbringen.«

Während sich Paul noch mit diesem »nagenden Konflikt« herumquälte, kam Hilfe aus unerwarteter Richtung. Er wurde nach Boston eingeladen, wo Timothy Leary die Wirkung von Halluzinogenen untersuchte. Paul meldete sich als Versuchsperson. Zu seiner eigenen Überraschung wurde es zu einer hilfreichen Erfahrung. Er erhielt einen objektiven Eindruck von seinen Kämpfen. Er hatte nun, wie er meinte, ein deutlicheres Bild von dem elementaren Konflikt zwischen seinen und Cyrils Werten. Mit 35 beschloß er, sich Asch zu stellen:

> 1962 hielt ich schließlich meine Ansprache. Ich hatte zwar von meinem ersten Tag an darüber nachgedacht, aber in den vorausgegangenen Monaten schritt ich oft zu Hause auf und ab und sagte zu Sarah: »Ich werde das mit Cyril besprechen. Ich werde die Verpflichtungen, die ich noch habe, zu Ende bringen, und dann werden wir – werde ich – dort aufhören, und wir werden ein anderes Leben führen.«

Er sagte Cyril, er werde alle seine derzeitigen Verpflichtungen zu Ende bringen, aber »Cyril kam mit immer neuen Verpflichtungen«. Diese banden Namson noch zwei weitere Jahre an Asch und Co. »Flinker und tüchtiger war ich in all den Jahren dort nicht gewesen.« Aber er schluckte regelmäßig Pillen, und seine Schlaflosigkeit wurde langsam chronisch. Daß er, obwohl er genau wußte, wie sehr er gebraucht wurde, von Cyril wegging, verursachte ihm Schuldgefühle, mit denen er kaum fertig wurde.

Seine Zerrissenheit schlug sich in seiner schriftstellerischen Arbeit nieder, wo er, wie immer, darum rang, mit dem Aufruhr in seinem Innern zurechtzukommen. Er begann einen Roman über seine dunkleren, verzweifelnden Gefühle im Zusammenhang mit der Geschäftswelt. Dieser Roman, *The Bridge Game*, war sein »erster ernsthafter Versuch«, ein umfangreiches Werk von höchstem Niveau zu schreiben. Das Kartenspiel Bridge symbolisiert die »Spiele« der Hochfinanz, die der Held – wie Namson – als Spiele respektiert, die er aber nicht als eine Lebensform achten kann. Der Held ist ein professioneller Bridge-Spieler, der in einem Traumland aus hochkarätigen Bridge-Turnieren, Drogenerlebnissen und Partys lebt. Es ist ein leeres, zynisches Leben, und er kommt mit 29 bei einem sinnlosen Unfall um.

Zwischen 34 und 36 arbeitete Paul gleichmäßig an *Currents* und *The Bridge Game*. Das eine spiegelte hauptsächlich seine Liebe zu der Geschäftswelt wider, das andere seinen Überdruß. Diese Werke entstanden aus seiner ambivalenten Beziehung zu dieser Welt und halfen ihm letztlich, sie zu verlassen.

Kurz vor seinem 37. Geburtstag nahm Paul seinen ganzen Mut zusammen und brach endgültig mit Cyril. Es war »die schwerste Arbeit, die ich je angepackt habe«.

> Als alles gesagt war, war daraus eine völlige Ablehnung der Werte Cyrils geworden. Es war, als ließe ich die Familie im Stich. Er glaubte, während der letzten zwölf Jahre hätte ich mich auf eine Lebensweise und auf Wertvorstellungen festgelegt, die ihre Lebensweise und ihre Wertvorstellungen waren. Und vorübergehend hatte ich das auch getan. Ich glaube nicht, daß er begriff, wie ernst es mir mit dem Schreiben war.

Von Schuldgefühlen und Bitterkeit bedrängt gingen sie auseinander. Als Cyril eingesehen hatte, daß er Paul nicht zurückhalten konnte, wandte er sich wütend ab. Sie hatten seither praktisch keinen Kontakt mehr.

Namson schied im Juni 1963 bei Asch und Co. aus. Die Namsons begannen mit einem Sommer auf Cape Cod. Sheridan war sechs, Lucy zwei. Er wollte *The Bridge Game* zu Ende schreiben, den Roman, an dem er die letzten zwei Jahre gearbeitet hatte. Dieses Buch spiegelte die Ernüchterung wider, mit der er das Geschäftsleben, Drogen und sich selbst sah, und es führte zu Sheridan Fisher zurück. Es enthielt Fishers Erfahrung des bitteren Überdrusses am Ende seines Lebens, so wie Paul ihn begriff, zusammen mit Pauls Erfahrung eines jahrelangen bitteren Überdrusses gegenüber Cyril. Der Held in dem Roman nimmt Drogen, um trotz seines Überdrusses und seiner Verzweiflung weiterhin den Turnierpreisen nachjagen zu können. Er kann diese Welt der Wettbewerbe nicht verlassen und findet es unerträglich, darin zu verbleiben. Paul schloß das Buch in diesem Sommer ab. »Ich schrieb die erste Hälfte in einem Zeitraum von zwei Jahren, die zweite Hälfte in drei Monaten.«

Als sie im September nach New York zurückkehrten, wurde *The Bridge Game* zur Veröffentlichung angenommen, und Namson begann die Arbeit an seinem nächsten Roman, *Markers,* in dem die Geschichte seines Lebens in der Geschäftswelt nachgezeichnet werden sollte. Alles sah bestens aus. Mit dem Ausscheiden bei Asch und Co. waren auch seine »Magenkrämpfe« weg. Er erlebte einen erfreulichen Energieausbruch, der ihm dreihundert neue Manuskriptseiten einbrachte. Es sah alles danach aus, als könne er sich ohne größere Schwierigkeiten als Schriftsteller etablieren.

In diesem Herbst begann ihm jedoch klarzuwerden, daß der Übergang mehr Zeit und Mühe erfordern würde, als er sich vorgestellt hatte. Er mußte zum Beispiel erfahren, daß er sein Engagement in der Geschäftswelt weder leicht noch schnell beenden konnte. Namson arbeitete zwar nicht mehr bei Asch und Co., aber er war immer noch in Geschäftsangelegenheiten verwickelt. »Ich richtete Treuhandkonten für die Kinder ein und spendete eine ganze Menge. Das braucht Zeit. Ich hatte so vieles um die Ohren, was andere Schriftsteller nicht haben, Grundbesitz zum Beispiel, und dann immer wieder die Anrufe von Banken und Börsenmaklern.« Sein Vermögen von $ 5 Millionen entlastete ihn nicht in dem Maße, wie er sich das vorgestellt hatte; vielmehr hielt es ihn in der Welt der Hochfinanz und der Philanthropie fest. Er stiftete Geld für verschiedene Einrichtungen, so auch für die Gordon-Archive, wo er einer der Treuhänder wurde.

Während der ersten paar Jahre, in denen er versuchte, das Schreiben zu seiner Hauptbeschäftigung zu machen, änderte sich die Struktur seines Lebens und blieb doch gleich. Es gelang Namson, das Schreiben mehr ins Zentrum seines Lebens zu rücken. Er stellte eine Sekretärin ein, die ihm die geschäftlichen Dinge abnehmen sollte. »Ich übernahm Sarahs Ankleidezimmer und machte daraus ein Büro für die Sekretärin. Ich mußte feststellen, daß ich ohne Sekretärin nicht die Zeit hatte, die ich zum Arbeiten brauchte.« Solche Maßnahmen halfen ihm zwar, seine finanziellen Aktivitäten etwas einzuschränken, aber sie trugen nicht dazu bei, die Anforderungen des »Lebens der feinen Leute« für ihn und Sarah zu reduzieren.

Er versuchte, auch als Schriftsteller das Leben mit Sarah so weiterzuführen wie vorher, da ihm dieses gemeinsame Leben immer noch viel bedeutete. Doch die alten Konflikte zwischen dem Schreiben, der Geschäftswelt und dem »Leben der feinen Leute« blieben – in veränderter Form – erhalten. Überdies kämpfte er noch gegen den Schmerz an, den ihm der Verlust seiner Stellung im Geschäftsleben bereitete, wie auch gegen die Schwierigkeiten, die es ihm bereitete, einen Platz in der literarischen Welt zu erobern.

> Es war ein gründlicher Schock, aber auch eine gründliche Veränderung. Die Veränderung bestand darin, daß ich meine Energie in den Morgenstunden – und das ist meine beste Energie – genauso einsetzte, wie ich mir das wünschte. Der größte Schock war die Erkenntnis, daß ich aus der Perspektive der Gesellschaft keine nützliche Tätigkeit verrichtete. Meine frühere Tätigkeit genoß – bei aller Ambivalenz des Anlagegeschäfts – hohes Ansehen. Meine Position dort war so, daß pausenlos Leute zu mir kamen und etwas von mir wollten, und ich hatte die Macht, es ihnen zu geben. Die Position verlieh mir viel Macht und schenkte mir reiche Belohnungen.
>
> Nun arbeitete ich auf einmal noch schwerer, auch wenn das der übrigen Welt fraglich erscheint. Doch vier Stunden am Vormittag konzentriert zu schreiben, ist viel anstrengender als acht Stunden im Büro. Man muß alles aus sich selbst herausholen, und es ist eine sehr intensive Tätigkeit, ohne jede Hilfe von außen. Ich meine, es wird einem nichts per Post oder per Telefon zugetragen – es kommt alles aus der eigenen Vergangenheit und dem Unbewußten und so fort.

Das Schreiben war »in sehr viel stärkerem Maße die Leistung eines einzelnen«, und er wollte sich selbst beweisen, daß er es »ganz allein schaffen« konnte. Ihm fehlte dabei das Gefühl, eine Aufgabe bewältigt zu haben, und die Bestätigung, die er im Geschäftsleben bekommen hatte. Er wollte als Schriftsteller eine ähnliche Erfahrung machen. Er wartete auf die Nachricht, die ihm bestätigte, daß er ein Schriftsteller war.

> Da sitze ich und arbeite an diesen Büchern, und plötzlich wird mir klar, daß das keine Tätigkeit ist, die von der Welt anerkannt wird, keine Zusammenballung von Dollarmillionen. Nach der Definition der amerikanischen Gesellschaft war es eine unnütze Beschäftigung, und es gab dafür keine Belohnung. Das Gefühl der Sinnlosigkeit war viel ausgeprägter als beim Umgang mit dem großen Geld. Plötzlich ist das, was ich tue, für die Welt ohne Bedeutung. Plötzlich existiere ich gar nicht mehr. Ich lebte in einer Art Leere, bis das Buch herauskam.

Aber nach der Veröffentlichung gab es noch einen weiteren Kampf. Er war als Autor erst anerkannt, wenn die Welt das Buch las und die Lektüre lohnend fand. Dann existierte das Produkt, dann existierte er, dann war die »einsame Leistung« vollbracht. Wenn die Welt aber keine Kenntnis davon nahm?

The Bridge Game kam im Herbst 1964 heraus, kurz nach Pauls 38. Geburtstag, in einer Zeit, als er eine Bestätigung am dringendsten brauchte. Die Bestätigung blieb jedoch höchst bescheiden. Sie klang gedämpft und kam aus seiner Vergangenheit: »*The Bridge Game* wurde in der *Saturday Review of Literature* und in der *New York Times* besprochen. Doch die beste Kritik wurde von meinem alten Lehrer Austin Garrison geschrieben und in seinem kleinen Magazin veröffentlicht.« Tatsächlich waren die Rezensionen eine bittere Enttäuschung.

Sein zweiter – und bisher ehrgeizigster – veröffentlichter Roman gab ihm also sehr wenig. Ihm blieb das furchtbare Gefühl der Sinnlosigkeit, des Nicht-Vorhandenseins. Was er im Juni 1963 mit so großen Hoffnungen und ernsthaften Absichten begonnen hatte, lief achtzehn Monate später nicht mehr gut. Zu diesem Zeitpunkt arbeitete er schon ein Jahr lang an *Markers*, und er kam gut voran. Er klammerte sich an die Hoffnung, mit *Markers* den Erfolg zu haben, der ihm mit *The Bridge Game* versagt blieb. Er war enttäuscht, gab sich aber nicht geschlagen.

Namson begann sich nach einer Tätigkeit umzusehen, die ihm das Gefühl gab, etwas Sinnvolles zu tun, und die ihm gleichzeitig die Möglichkeit ließ, an *Markers* weiterzuschreiben. Er beschloß, von New York wegzugehen. Wenn er das »Leben der feinen Leute« hinter sich ließ, konnte er vielleicht produktiver schreiben.

> Ich fühlte mich in New York einem wachsenden Druck ausgesetzt und ständiger Ablenkung. Es hatte in den Jahren begonnen, als ich mich aufs Schreiben von Kunstkritiken konzentrierte, was nicht schwer für mich war, solange ich im Geschäftsleben stand. Doch in diesen Jahren hatte sich in der Kunstszene ein immer hektischeres Gesellschaftsleben entwickelt, und ich hatte einfach den Eindruck, daß wir zuviel Energie auf Partys verschwendeten. Wenn man jeden Abend ausgeht und eine Menge trinkt und so weiter, dann ist es nun mal am anderen Morgen nicht leicht, zu schreiben. Man kann mit einem Kater ins Geschäft gehen, aber man kann nicht schreiben.

Er dachte ans Unterrichten als eine Möglichkeit. Dann würde er von New York wegkommen und eine Tätigkeit ausüben, die ihm ausgesprochen nützlich schien. Seine Stellensuche führte ihn zurück zur Brown University und zu Austin Garrison, der ihm für ein Jahr eine Stelle als Außerplanmäßiger Professor in der Abteilung für kreatives Schreiben anbot.

> Es schien genau das zu sein, was wir wollten. Es hatte einen besonderen Reiz, einen nostalgischen Wert. Ich hatte sehr bestimmte Vorstellungen von dem, was ich an nützlichen Dingen Studenten beibringen konnte, die das Schreiben lernen wollten. Ich hatte durchaus das Gefühl, daß ich den Leuten auf der Universität einiges zeigen konnte.

Paul begann im Januar 1965, nicht lange nachdem *The Bridge Game* erschienen war, sich um einen Lehrauftrag zu bemühen. Im Herbst 1966, also eineinhalb Jahre danach, trat er seine Stellung an der Brown University an. In der dazwischenliegenden Zeit arbeitete er an *Markers* weiter. Dies war sein »großes Projekt« – der Versuch, ein Buch zu schreiben, das alles übertraf, was er bis dahin hervorgebracht hatte; er wollte damit sich selbst und der Welt beweisen, daß er seinen vorausgegangenen Fehlschlag überwinden konnte. Im Frühjahr 1966, ein paar Monate vor seinem 40. Geburtstag, war es geschafft.

Markers wurde vom Verleger sofort angenommen. Doch sie boten mir einen Vorschuß an, den ich als beleidigend empfand. Für *The Bridge Game* hatte ich einen Vorschuß von $ 2500 bekommen, und das neue Buch schien mir ambitionierter, ich glaubte, einen Schritt weiter gekommen zu sein. Außerdem war es das am stärksten autobiographische meiner Bücher. Irgendwie hatte ich nun das Gefühl, daß ich aufgefordert wurde, mich zu billig zu verkaufen. Ich hatte das Gefühl, daß sie mich auf diese Weise kaufen wollten, und so billig konnte ich es einfach nicht hergeben.

Sein Verleger hatte ihn im Stich gelassen. Er hatte nur verlangt, von ihnen als ernsthafter Schriftsteller behandelt zu werden. Sie verweigerten ihm zwar nicht jegliche Aufmunterung, aber es kam nicht viel. Für Paul, der so dringend auf Bestätigung wartete, war es zu wenig. Er war »empört und angewidert«. »Ich bat meinen Agenten, den Roman zurückzuziehen, und ich habe ihn nie wieder einem Verlag angeboten.«

Es war seine zweite schwere Niederlage und nach unserer Auffassung das »kulminierende Ereignis« seiner frühen Erwachsenenzeit. Den Sommer verbrachte er auf Cape Cod. An seinem vierzigsten Geburtstag fühlte er sich entmutigt und suchte die Abgeschiedenheit. Er hatte alles gegeben, um sich als Autor ernsthafter Literatur zu etablieren, und die Bestätigung war ausgeblieben. Nun war sogar sein ganzes Schriftstellerdasein in Frage gestellt, nur drei Jahre, nachdem er aus der Geschäftswelt ausgebrochen war, um seinem »Traum« nachzujagen.

Während der ersten fünf Jahre in der Phase des Seßhaft-Werdens, von 32 bis 37, war Namsons Lebensstruktur verhältnismäßig stabil. Das Schreiben war nur ein kleiner Bestandteil, ein Anhängsel seines Lebens als gebildeter Geschäftsmann in Manhattan. Diese Struktur war aber, wie wir gesehen haben, mit unüberbrückbaren Gegensätzen durchsetzt. Ihm war klar, daß er von Cyril und der Geschäftswelt wegkommen mußte. Es war unerläßlich, daß er sein Leben um seine eigenen Werte herum – und nicht um die der Familie – aufbaute; daß er seinen »Traum« verfolgte und nicht den Traum, den Cyril für ihn erdachte; daß er klar und deutlich seine eigene Meinung vertrat.

Im Alter von 37 Jahren brach er mit dem Mann, der ihm Onkel, Vater, Mentor und Chef gewesen war, und verlegte sich ausschließlich aufs Schreiben. Er versuchte, das Geschäft an den Rand seiner Lebensstruktur zu drängen und das Schreiben ins Zentrum zu rücken. Als er diesen Schritt vollzog, baute er darauf, daß er Schriftsteller werden konnte, daß die Welt seine Arbeit als Schriftsteller so betätigen würde, wie sie seine Arbeit in der Wirtschaft bestätigt hatte. Er versuchte, sein eigener Herr zu werden.

Bis zu seinem vierzigsten Geburtstag hatte er zwei Romane vollendet. Keiner brachte ihm die so dringend benötigte Bestätigung und das Gefühl, etwas Nützliches zu leisten. So betrachtet, hatte er aufs falsche Pferd gesetzt. Was konnte er nun noch vernünftigerweise von sich erwarten? Welche Abwandlung seines »Traums« würde ihn mehr in Übereinstimmung mit seiner Begabung bringen?

Um seinem »Traum« treu zu bleiben, mußte Namson eine Lebensstruktur errichten, die seine Tätigkeit als Schriftsteller stärker unterstützte. Er stellte sich diesem Problem, als er das Jahr an der Brown University plante. Seine damalige Lebensstruktur ließ den geschäftlichen Dingen und dem »Leben der feinen Leute« zuviel Raum; dadurch konnte das Schreiben nicht den ihm zustehenden Platz einnehmen. Eine radikale Veränderung war erforderlich.

Zur gleichen Zeit begann aber Namson auch einzusehen, daß die Geschäftswelt wertvolle Funktionen für ihn erfüllt hatte. Er mußte sich einige Teile davon erhalten, oder er brauchte etwas Entsprechendes in seinem Leben. Ihm fehlten viele Dinge, die ihn dort fasziniert hatten. Er benötigte irgendein Engagement in der Welt außerhalb seines Schreibzimmers, etwas, das seine Schreibtätigkeit stützte und aufrechterhielt. Obwohl er zum Schreiben ein »kahles Zimmer« brauchte, ging es nicht ohne einen »geschäftigen Raum«, der ihm die Erfahrungen lieferte, die er dann als Schriftsteller verwerten konnte. Früher war ihm die Geschäftswelt als eine übermächtige Ablenkung erschienen. Nun konnte er sehen, daß sie auch eine wichtige Quelle war, aus der er beim Schreiben schöpfen konnte. Sie lieferte den Stoff, aus dem er *The Bridge Game* und *Markers* geschaffen hatte. Als diese beiden Romane abgeschlossen waren, hatte er das Gefühl, »daß meine subjektive Phantasie erschöpft war«. Wo sollte er jetzt sein Material hernehmen? Dieses Problem begann ihm bewußt zu werden, und auch aus diesem Grund entschloß er sich, einen Lehrauftrag anzustreben. Wenn ihn die akademische Welt so anregte wie vorher die Geschäftswelt, dann könnte sie ihm neues Material für seine schriftstellerische Arbeit liefern.

Mit 40 trat Paul Namson deshalb in eine neue Phase seines Lebens ein. Er stand vor der Aufgabe, seine Lebensstruktur neu zu bewerten und abzuwandeln und vom frühen ins mittlere Erwachsenenalter überzuwechseln. In Kapitel 18 werden wir sein Leben durch den Übergang zur Lebensmitte und dessen Nachwirkungen verfolgen. Zunächst müssen wir uns jedoch mit den besonderen Merkmalen befassen, die den Übergang zur Lebensmitte als eine Entwicklungsphase auszeichnen.

IV. Der Übergang zur Lebensmitte und der Eintritt ins mittlere Erwachsenenalter

13. Der Übergang zur Lebensmitte

Die späten Dreißigerjahre bilden den Höhepunkt der frühen Erwachsenenzeit. Etwa mit vierzig kann ein Mann ziemlich gut beurteilen, ob er nun bei der Verwirklichung der Ziele, die er sich im Rahmen des Selbständig-Werdens gesetzt hat, Erfolg gehabt hat oder nicht. Erfolg heißt hier, daß ihm das Vorhaben gelungen ist: er hat die erwünschte Position auf seiner »Leiter« erreicht; er hat innerhalb seiner beruflichen und gesellschaftlichen Welt Bestätigung gefunden; er wird zu einem mündigen Mitglied dieser Welt mit all den Belohnungen und Verantwortungen, die dieser Status mit sich bringt.

Oft sieht ein Mann erwartungsvoll einem Schlüsselereignis entgegen, das in seiner Vorstellung endgültig die Bestätigung der Gesellschaft bringen wird. Dieses »kulminierende Ereignis« nimmt in seiner persönlichen Phantasie magische Qualitäten an. Läuft es gut ab, dann weiß er, daß er wirklich Erfolg gehabt hat und daß ihm eine glückliche Zukunft sicher ist. Läuft es dagegen schief, dann bedeutet das für ihn, daß er gründlich versagt hat, daß nicht nur seine Arbeit, sondern auch er als Mensch als unzureichend und wertlos erkannt worden sind.

Wenn ein Mann mit Ende Dreißig eine Entwicklungskrise durchmacht, dann rührt sie von dem überwältigenden Gefühl her, daß er die Aufgaben des Selbständig-Werdens nicht lösen kann: er kommt auf der selbstgewählten Leiter nicht schnell genug voran; er kann die Bestätigung, Unabhängigkeit und Mündigkeit, die er will, nicht bekommen; er kann in dem Rahmen, den ihm seine derzeitige Lebensstruktur vorschreibt, nicht sein eigener Herr werden. Wie groß auch das Ausmaß seines Erfolgs oder Mißerfolgs sein mag, ob er nun glänzende Fortschritte macht oder in den Tiefen einer Krise steckt – solange ein Mann hauptsächlich mit diesen Fragen zu tun hat, hat er die Phase des Selbständig-Werdens noch nicht hinter sich gebracht.

Etwa um 40 beginnt eine neue Phase. Der Übergang zur Lebensmitte setzt gewöhnlich etwa mit 40 oder 41 ein und dauert ungefähr fünf Jahre. Für die fünfzehn Männer in unserer Erhebungsauswahl, die diese Phase abgeschlossen haben, lag am Ende dieser Phase das Durchschnittsalter bei 45,5 Jahren, bei einer Streuungsbreite von 44 bis 47. Wir bezweifeln, daß ein echter Übergang zur Lebensmitte vor 38 und nach 43 einsetzen kann.

Der Übergang zur Lebensmitte ist eine Brücke zwischen dem frühen und dem mittleren Erwachsenenalter. Wie in allen Übergangsphasen geht es für den Mann darum, mit der Vergangenheit abzuschließen und sich auf die Zukunft vorzubereiten. Er hat hauptsächlich drei Aufgaben zu bewältigen:

– Eine Aufgabe besteht darin, die Epoche des frühen Erwachsenenalters abzuschließen. Er muß sein Leben in dieser Epoche überprüfen und neu bewerten, was er daraus gemacht hat.
– Eine zweite Aufgabe verlangt von ihm, daß er die ersten Schritte im Hinblick auf den Eintritt ins mittlere Erwachsenenalter unternimmt. Auch wenn er noch nicht bereit ist, mit dem Aufbau einer neuen Lebensstruktur zu beginnen, so kann er doch anfangen, die negativen Elemente der augenblicklichen Struktur abzuwandeln und neue Möglichkeiten zu erproben.
– Eine dritte Aufgabe besteht darin, sich mit den Polaritäten auseinanderzusetzen, die die Ursachen einer tiefen Spaltung in seinem Leben sind.

Sehen wir uns die drei Aufgaben der Reihe nach an.

Die Vergangenheit neu bewerten

Zunächst gilt während des Übergangs zur Lebensmitte das Interesse der Vergangenheit. Die Hauptaufgabe ist es, die Lebensstruktur aus der Phase des Seßhaft-Werdens neu zu bewerten; sie muß innerhalb der größeren Perspektive des frühen Erwachsenenalters insgesamt und sogar der Vor-Erwachsenenzeit gesehen werden. Die Überprüfung der Vergangenheit spielt sich für den Mann im Schatten der Zukunft ab. Sein Bedürfnis, sich noch einmal die Vergangenheit vorzunehmen, geht zum Teil auf ein gestärktes Bewußtsein der eigenen Sterblichkeit zurück, aber auch auf den Wunsch, die verbleibende Zeit vernünftiger zu nutzen. Vergangenheit und Zukunft koexistieren in der Gegenwart, doch ihn plagen nagende Zweifel, daß sie sich zusammenfügen lassen.

Nun wird die Lebensstruktur selbst in Frage gestellt und kann nicht mehr als selbstverständlich betrachtet werden. Es wird für den Mann wichtig, sich zu fragen: was habe ich mit meinem Leben gemacht? Was gebe und was bekomme ich eigentlich von meiner Frau, meinen Kindern, meinen Freunden, meiner Arbeit, meiner Gemeinde – und mir selbst?

Was will ich denn wirklich für mich selbst und für andere? Was sind für mich die zentralen Werte, und wie spiegeln sie sich in meinem Leben wider? Was sind meine größten Talente, und wie nutze (oder vergeude) ich sie? Was ist aus meinem früheren »Traum« geworden, und wie stehe ich heute zu ihm? Kann ich so leben, daß sich meine augenblicklichen Wünsche, Werte und Talente verbinden lassen? Wie befriedigend ist meine gegenwärtige Lebensstruktur – eignet sie sich für das Selbst? Kann sie in der Welt überleben? – und wie soll ich sie abändern, um eine bessere Basis für die Zukunft zu schaffen?

Wenn ein Mann versucht, sein Leben neu zu bewerten, entdeckt er, wie sehr es auf Illusionen aufgebaut war, und er steht vor der Aufgabe einer *Desillusionierung.* Er muß seine Illusionen abbauen und erkennen, daß seine langjährigen Vermutungen und Überzeugungen über das Selbst und die Welt falsch sind. Dieser Prozeß verdient besondere Aufmerksamkeit, weil Illusionen den ganzen Lebenszyklus hindurch eine so grundlegende Rolle in unserem Leben spielen.

Wie widersprüchlich unsere Gefühle gegenüber den Illusionen sind, zeigt sich auch in der Alltagssprache. Auf der einen Seite hat der Begriff der Illusion einen negativen Beiklang. Man verbindet damit Magie, Taschenspielerei, Zauberei, Sinnestäuschung und Irrglaube. In einer Zivilisation, die sich in hohem Maße den Naturwissenschaften, der Technik und der Vernunft ausgeliefert hat, wird die Illusion im allgemeinen als unpassend oder gar gefährlich angesehen. Das Wort selbst leitet sich aus dem lateinischen *ludere* (= spielen) ab. Während spielerische Illusionen als Teil der Phantasiewelt der Kindheit akzeptiert werden können, erwartet man von einem Erwachsenen, daß er realistischer, praktischer, erdverbundener ist. Der Verlust von Illusionen ist deshalb ein erwünschtes und normales Resultat des Reifeprozesses.

Andererseits räumt unsere Kultur ein, daß Illusionen auch fürs Erwachsenenleben ihren Wert haben und daß es oft schmerzhaft ist, sie aufzugeben. Wir haben unsere Freude am Zaubern als einem Spiel der Illusion. Wir verwenden den Begriff der Desillusionierung, um einen schmerzhaften Prozeß zu bezeichnen, bei dem ein Mensch seiner liebsten Überzeugungen und Werte beraubt wird. Desillusioniert zu sein, heißt nicht einfach, seine Illusionen verloren zu haben; wer desillusioniert ist, wird zynisch, entfremdet, »unfähig, an irgend etwas zu glauben«. Das ist *ein* mögliches Ergebnis des Illusionsverlusts, aber nicht das einzige.

Wenn ich von »Desillusionierung« spreche, so meine ich damit den umfassenderen Prozeß, der für den Übergang zur Lebensmitte so wichtig ist. Der Prozeß des Verlustes oder des Abbaus von Illusionen bringt unterschiedliche Gefühle mit sich – Enttäuschung, Freude, Erleichterung, Verbitterung, Kummer, Staunen, Befreiung –, und er führt zu unterschiedlichen Ergebnissen. Ein Mann kann sich beraubt fühlen, so als habe er einen nicht wiedergutzumachenden Verlust erlitten. Aber er kann sich auch befreit fühlen, denn nun kann er flexiblere Wertvorstellungen entwickeln und andere aufrichtiger bewundern, ohne sie zu idealisieren.

Illusionen können ungeheuer schädlich sein; aber sie können auch zu Werken von wahrer Größe und Vollkommenheit anregen. Sie spielen eine entscheidende, hilfreiche und schädliche Rolle im Leben der meisten Menschen im frühen Erwachsenenalter. Nun ist es angebracht und nützlich, einige Illusionen abzubauen, aber es ist weder möglich noch wünschenswert, *alle* Illusionen im Übergang zur Lebensmitte oder auch nur bis zum Ende des mittleren Erwachsenenalters aufzugeben. Illusionen – sie mögen mehr ein Segen oder mehr ein Fluch sein – haben auch weiterhin ihren Platz im gesamten Lebenszyklus. Am besten lassen sich Illusionen dann vermeiden, wenn man nach nichts ein besonders großes Verlangen hat. Und das ist kaum ein Rezept für ein erfülltes Leben.

Die frühe Erwachsenenzeit ist ein fruchtbarer Boden für Illusionen. Individuelle Fähigkeiten und Neigungen befinden sich auf ihrem Höhepunkt. Ein Mann muß – notfalls auch gegen den Augenschein der Wirklichkeit – an sich, an bedeutsame Personen, Gruppen und Ideologien »glauben«, damit er auf Grund seiner Erkenntnisse Kurs auf ein besseres Leben für sich und andere nehmen kann. Eine »zulängliche« Entwicklung im frühen Erwachsenenalter besagt, daß er Träume hat, sich auf Personen und Vorhaben festlegt und mit einiger Begeisterung und Disziplin Ziele ansteuert, die ihm etwas bedeuten.

Die Lebensstruktur abwandeln

Mit fortlaufendem Übergang zur Lebensmitte hin verschiebt sich der Schwerpunkt allmählich von der Vergangenheit auf die Zukunft. Ein Mann muß Entscheidungen treffen, die die vorhandene Lebensstruktur abwandeln und die zentralen Elemente für eine neue Struktur bilden. Er muß anfangen, für das nächste Stadium zu planen. Sobald er sich auf diese Entscheidungen festlegt und sich auf eine neue Daseinsform einläßt, ist der Übergang vorbei, und eine neue Phase – der Eintritt ins mittlere Erwachsenenalter – beginnt.

Manche Männer nehmen während des Übergangs zur Lebensmitte einschneidende Änderungen in den *äußerlichen* Aspekten ihrer Lebensstruktur vor. Zu den drastischeren Änderungen gehören eine Scheidung, Wiederverheiratung, größere Umstellungen im Beruf und im Lebensstil, ein deutliches Nachlassen der Leistungsfähigkeit, eine bemerkenswerte Zunahme der Kreativität oder eine Statusverbesserung innerhalb der Gesellschaft.

Bei anderen Männern kommt es äußerlich zu weniger und schwerer wahrnehmbaren Änderungen. Sie ziehen es vor, »die Stellung zu halten«; sie bleiben während des Übergangs zur Lebensmitte in derselben Ehe und Familie, in derselben Umwelt, in demselben Beruf und sogar am selben Arbeitsplatz. Wenn wir aber genauer hinsehen, stellen wir fest, daß wichtige, wenn auch weniger offenkundige, Veränderungen stattgefunden haben. Die eheliche Beziehung eines Mannes hat sich verändert – zum Schlechten oder zum Guten. Seine Kinder werden erwachsen, und das Familienleben nimmt neue Formen an. Seine Eltern sind gestorben oder sind abhängiger geworden, und das hat beträchtliche Auswirkungen auf seine Rolle als Sohn und Familienmitglied. Selbst wenn er noch am alten Arbeitsplatz ist, so hat sich doch die Art seiner Arbeit geändert, weil es Veränderungen in der Technologie, im Organisationsgefüge oder in ihm selbst gegeben hat. Scheinbar unwichtige Beförderungen oder Zurückstufungen haben seine beruflichen Aktivitäten, seine Position in der Arbeitswelt und seine persönliche Einstellung zur Arbeit stark beeinflußt. Schließlich haben ihn nationale und internationale Veränderungen beeinflußt, etwa Kriege, Depressionen und soziale Umschichtungen aller Art. Diese Veränderungen beeinflussen jeden von uns in irgendeiner Weise, doch die Auswirkungen unterliegen auch dem Alter und der Entwicklungsphase des Mannes.

Der Übergang zur Lebensmitte bringt auch für die *innerlichen* Aspekte in der Lebensstruktur eines Mannes bedeutsame Veränderungen. Er arbeitet an verschiedenen Entwicklungsaufgaben, die in der Lebensmitte besonders dringend sind. Vielleicht ändert er sich stark in seinen sozialen Ansichten, in seinen persönlichen Wertmaßstäben, in dem, was er der Welt geben will, und in dem, was er selbst darstellen möchte. Die inneren Veränderungen können sich ganz bewußt vollziehen und offen ausgedrückt werden, oder sie können subtil und verborgen sein. Sie können in dramatischen äußeren Veränderungen zum Ausdruck kommen. Selbst wenn die Veränderungen nur das Gefüge seines Lebens etwas verfärben, ohne es drastisch umzustülpen, so geben sie ihm doch in der Substanz eine andere Bedeutung.

Zu den Hauptaufgaben des Übergangs zur Lebensmitte gehört es, die Lebensstruktur der Dreißigerjahre abzuwandeln und die Basis für eine dem mittleren Erwachsenenalter angemessene neue Struktur zu schaffen. Der Erfolg dieser Entwicklungsarbeit läßt sich, wie immer in Übergangsphasen, an der Lebensstruktur ablesen, die daraus entsteht. Wie auch diese Entwicklungsarbeit aussehen mag, wie bescheiden oder profund die strukturellen Änderungen auch sein mögen, das Leben des Individuums wird sich Mitte Vierzig in wesentlichen Punkten von seinem Leben Ende Dreißig unterscheiden. In Kapitel 16 werden wir uns eingehender mit den Veränderungen befassen, die in verschiedenen Elementen der Lebensstruktur stattfinden.

Der Individuationsprozeß

Während des ganzen Lebenszyklus, vor allem aber in den entscheidenden Übergangsphasen wie im Kindesalter, der Pubertät und im Übergang zur Lebensmitte, vollzieht sich der Entwicklungsprozeß der *Individuation*. Dieser Begriff bezieht sich auf die Veränderungen in der Beziehung eines Menschen zu sich selbst und zu der äußeren Welt. Der Säugling, der den Mutterleib verläßt, muß eine gewisse Vorstellung von seiner eigenen Existenz gewinnen. Er muß feststellen, wo er aufhört und wo die Welt beginnt. Er muß sich von seiner Mutter lösen und doch eine Bindung zu ihr beibehalten. Er muß ein Gefühl für die »Realität« entwickeln, das ihm die Einsicht ermöglicht, daß seine Umgebung unabhängig von ihm existiert und nicht unbedingt seiner Kontrolle untersteht. Die Welt des Kindes wird langsam größer und schließt seine Familie, seine Nachbarschaft und seine Freunde ein; und sein Selbst wird durch die Beziehungen zu anderen Menschen und Einrichtungen immer komplexer.

Diese Veränderungen sind Teil des Individuationsprozesses. Durch diesen Prozeß zieht der Mensch in aufeinanderfolgenden Entwicklungsphasen eine klarere Grenze zwischen dem Selbst und der Welt. Er entwikkelt ein stärkeres Gefühl für das, was er ist und was er will, und ein realistischeres, komplexeres Verständnis der Welt: wie sie aussieht, was sie ihm bietet und was sie von ihm verlangt. Eine weitergehende Individuation erlaubt es ihm, sich mehr von der Welt abzusetzen, unabhängiger zu sein und sich immer mehr aus sich selbst heraus zu entfalten. Aber sie gibt ihm auch das Vertrauen und die Einsicht, festere Bindungen in der Welt einzugehen und sich verstärkt als ein Teil dieser Welt zu fühlen.

Jede Übergangsphase in der Entwicklung enthält, wie bereits erwähnt, einen Abschluß und eine Überleitung: den Abschluß einer vorhandenen Lebensstruktur und die Überleitung zu einer neuen. Um das zu schaffen, muß ein Mann die vorhandene Lebensstruktur neu bewerten und abwandeln. Das ist eine anspruchsvolle und schwierige Aufgabe; sie wäre vielleicht nicht zu lösen, wenn nicht gleichzeitig die Individuation eine Rolle spielte. In einer Übergangsphase ist die Individuation der zugrundeliegende Prozeß, der den Abschluß und die Überleitung miteinander verknüpft. Er bereitet den inneren Grund vor, schafft eine innere Grundlage, auf der die Vergangenheit teilweise aufgegeben und die Zukunft begonnen werden kann.

Während des Übergangs ins frühe Erwachsenenalter beginnt ein Junge/Mann seine Lehrzeit in der Erwachsenenwelt und bewältigt einen wichtigen Schritt im Individuationsprozeß. Er muß seine Bindungen an die Vor-Erwachsenenwelt und das vor-erwachsene Selbst lockern. Es hängt nun weitgehend davon ab, wie gut die Individuation in diesem Zeitabschnitt verläuft; entsprechend gelingt es ihm nämlich, eine geachtete Erwachsenenidentität zu formen und mit einer immer größer werdenden Autonomie zu leben. Er hat mehr Verantwortung für sich selbst und andere und wird immer fähiger, seine verschiedenen sozialen Rollen zu spielen.

Mit Mitte Zwanzig ist jedoch ein Mann im besten Fall einen Schritt über seine Adoleszenz hinaus. Sein vor-erwachsenes Selbst, das enge Bindungen an die Eltern und die Vor Erwachsenenwelt hat, übt während des ganzen frühen Erwachsenenalters einen starken Einfluß aus. Auch wenn während des Übergangs in die Dreißigerjahre die Entwicklung ein wenig vorankommen mag, ist er mit der Individuation Ende Dreißig kaum weiter als mit fünfundzwanzig. Nach dem Übergang ins frühe Erwachsenenalter kommt die nächste große Gelegenheit, die Individuation voranzutreiben, erst mit dem Übergang zur Mitte des Lebens. In dieser Phase muß ein Mann das Selbst aus der frühen Erwachsenenzeit (mit all seinen ungelösten Problemen aus der Kindheit und Adoleszenz) und die Lebensstruktur der späten Dreißigerjahre abwandeln. Eine weitergehende Individuation ist erforderlich, wenn er eine dem mittleren Erwachsenenalter angemessenere Lebensstruktur schaffen will.

Wie sehen die bedeutsamsten Veränderungen aus, die die Individuation in der Lebensmitte bringen muß? Die meisten Wissenschaftler heben einen einzigen Aspekt des Prozesses hervor. Erikson legt besonderen Nachdruck auf »Generativität gegen Stagnation« als ein Stadium der Ich-Entwicklung in den mittleren Jahren. Nach Jaques besteht die zentrale Aufgabe in der Lebensmitte darin, sich mit der eigenen Sterblichkeit abzufinden: In dieser Zeit muß ein Mann begreifen – gründlicher, als das bis dahin möglich war –, daß sein eigener Tod unausweichlich ist und daß er und andere zu großer Destruktivität fähig sind. Martha Wolfenstein vertritt in ihrer Goya-Biographie die Auffassung, daß die Umarbeitung der Destruktivität der grundlegende Prozeß war, der Goya in seinen Vierzigerjahren verwandelte und aus einem hervorragenden Hofmaler einen Künstler machte, der sich mit den allgemeingültigen Aspekten der menschlichen Tragödie auseinandersetzen konnte. Bernice Neugarten definierte den grundlegenden Wandel in der Lebensmitte als eine wachsende »Innerlichkeit«: ein Mann wendet sich nach innen, seinem Selbst zu; er legt nicht mehr so viel Wert auf ein selbstbewußtes Auftreten und auf eine Beherrschung seiner Umwelt, genießt mehr den Prozeß des Lebens selbst als das Erreichen spezifischer Ziele.

Jung machte als erster die Unterscheidung zwischen der ersten und der zweiten Lebenshälfte, wobei er die Jahre um vierzig als den »Mittag des Lebens« ansetzte. Er zeigte, daß in der Lebensmitte ein neues Bemühen um Individuation einsetzt und während der verbleibenden Jahre anhält. Im Gegensatz zu vielen späteren Autoren, die zwar Jungs Begriff, nicht aber seinen komplexen Bedeutungsinhalt – so wie Jung ihn verstand – übernahmen, unterschied er viele Aspekte des Individuationsprozesses.

Zwischen der Hervorhebung eines einzelnen Faktors, die bei einigen Wissenschaftlern zu finden ist, und der ungeheuer komplexen Betrachtungsweise Jungs suchen wir einen Mittelweg und erörtern vier Aufgaben der Individuation in der Lebensmitte. Für den einzelnen mögen einige dieser Aufgaben problematischer oder auffälliger sein als andere, aber sie sind alle vorhanden, und sie müssen alle berücksichtigt werden, wenn man zu einem allgemeinen Verständnis der Erwachsenenentwicklung kommen will. Jede Aufgabe verlangt von einem Mann, sich einer Polarität zu stellen und die beiden Pole wieder zusammenzuführen – d. h. zwei Tendenzen oder Zustände, die üblicherweise als polare Gegensätze empfunden werden, so als könne ein Mensch nur das eine oder das andere sein, nicht aber beides zusammen. Mit zunehmender Individuation im mittleren Erwachsenenalter kann ein Mann die Gegensätze teilweise überwinden und die Polaritäten wieder zu einem Ganzen zusammenfassen.

Vier Aufgaben der Individuation in der Lebensmitte

Die vier Polaritäten, deren Auflösung die Hauptaufgabe der Individuation in der Lebensmitte darstellt, sind: (1) jung/alt; (2) Destruktion/Kreation; (3) maskulin/feminin; und (4) Verbundenheit/Abkapselung.

Jedes dieser Paare stellt eine Polarität in dem Sinn dar, daß die zwei Begriffe entgegengesetzte Tendenzen oder Zustände verkörpern. Auf den ersten Blick sieht es so aus, als könnte ein Mensch nur das eine oder das andere, nicht aber beides sein. Tatsächlich aber schließen sich die zu Paaren zusammengestellten Tendenzen nicht gegenseitig aus. Beide Teile jeder Polarität existieren nebeneinander in jedem Selbst. Um die Lebensmitte fühlt sich ein Mann in vielerlei Hinsicht jung, aber er hat auch das Gefühl, alt zu sein. Er fühlt sich älter als der Jüngling, ist aber nicht bereit, sich als Mann im mittleren Alter zu sehen. Er fühlt sich abwechselnd alt, jung und »dazwischen«. Ihm stellt sich nun die Entwicklungsaufgabe, zu diesem Zustand des Dazwischenliegens eine vernünftige Einstellung zu finden und auf eine neue Weise – anders als in der frühen Erwachsenenzeit – jung/alt zu werden.

Die Polarität »Destruktion/Kreation« präsentiert ähnliche Probleme des Konflikts und der Re-Integration. Im Übergang zur Lebensmitte beschäftigt sich ein Mann verstärkt mit Tod und Destruktion. Ihm werden die eigene Sterblichkeit und der tatsächliche oder nahe bevorstehende Tod anderer deutlicher bewußt. Er erkennt immer deutlicher, daß andere Menschen, darunter selbst die, die ihm am nächsten stehen, sich auf vielfältige Weise ihm gegenüber destruktiv verhalten haben (böswillig oder oft auch in guter Absicht). Noch schlimmer ist vielleicht seine Erkenntnis, daß er seinen Eltern, Geliebten, seiner Frau, seinen Kindern, Freunden, Rivalen nicht wiedergutzumachenden Schaden zugefügt hat (und wieder kann das böswillig oder in bester Absicht geschehen sein). Gleichzeitig hat er das starke Verlangen, kreativer zu werden: Dinge zu schaffen, die für ihn und andere einen Wert darstellen; sich an kollektiven

Unternehmungen zu beteiligen, die dem Gemeinwohl der Menschheit dienen; mehr zum Nutzen kommender Generationen in der Gesellschaft beizutragen. Im mittleren Erwachsenenalter kann ein Mann stärker als je zuvor erfahren, daß gewaltige destruktive und kreative Kräfte nebeneinander in der menschlichen Seele – in meiner Seele! – existieren, und er kann sie auf neue Weise integrieren.

Gleichermaßen muß ein Mann in der Lebensmitte zu einem volleren Verständnis für die Koexistenz maskuliner und femininer Teile des Selbst kommen. Und er muß sein starkes Bedürfnis nach zwischenmenschlichen Bindungen mit seinem gegensätzlichen – aber ebenso wichtigen – Bedürfnis nach Abkapselung integrieren.

Alle diese Polaritäten existieren während des gesamten Lebenszyklus. Sie können nie ganz aufgelöst oder überwunden werden, wenn das auch einige utopische Denker versprochen haben und diese Leistung auch einigen großen Religionspropheten zugeschrieben worden ist (allerdings selten von ihnen selbst). Diese Polaritäten sind keine spezifischen Kennzeichen des Übergangs zur Lebensmitte, doch sie sind in dieser Phase besonders stark zu spüren.

Mit jeder Übergangsphase ergibt sich die Gelegenheit und die Notwendigkeit, für jede Polarität eine neue Integration anzustreben. Je weiter ein Mann damit kommt, desto fester wird die Basis, die er für das Leben in der nächsten Phase aufbaut. Je weniger ihm die Integration gelingt, desto mehr innere Widersprüche schafft er, die sich in den Fehlern seiner nächsten Lebensstruktur widerspiegeln werden. Es ist menschlich, diese Aufgaben zu bewältigen oder an ihnen zu scheitern: auch wenn wir alte Konflikte lösen und neue Integrationen zustande bringen, schaffen wir gleichzeitig die Widersprüche, die mit der Zeit neue Veränderungen und Entwicklungen anregen werden.

Der Individuationsprozeß und die Integration der Polaritäten sind letztlich etwas Innerliches und müssen im Innern der Person durchgeführt werden. Ich möchte jedoch betonen, daß eine Polarität nicht ausschließlich eine innere Angelegenheit ist. Sie gehört zum Leben des Mannes. Die entgegengesetzten Tendenzen existieren sowohl im Selbst als auch in der Außenwelt. Mit dem Verlauf des Individuationsprozesses wird ein Mensch nicht nur innerlich differenzierter und komplexer, sondern er entwickelt auch wirksamere Grenzzonen, die ihn mit der Außenwelt verbinden und einen umfassenderen Austausch mit ihr möglich machen. Überdies sind die Faktoren, die ihn bei der Auseinandersetzung mit einer Polarität beeinflussen, sowohl äußerlich als auch innerlich. Die Aufspaltung von jung und alt oder von maskulin und feminin findet sich in unserer Kultur und unseren sozialen Institutionen ebenso wie in jeder einzelnen Persönlichkeit. Wir können die Bemühungen eines Mannes um die neue Integration einer Polarität nur verstehen, wenn wir diese Bemühungen im Kontext seines Lebens sehen und dabei das Selbst und die Welt berücksichtigen. Wie die Entwicklungsarbeit an den vier Polaritäten im einzelnen aussieht, werden wir in den Kapiteln 14 und 15 erörtern.

Der Übergang zur Lebensmitte als Entwicklungskrise

Es gibt Männer, die während des Übergangs zur Lebensmitte nur sehr wenig in Frage stellen oder überprüfen. Ihr Leben zeigt in dieser Phase ein hohes Maß an Stabilität und Kontinuität. Offenbar plagen sie keine schwierigen Fragen hinsichtlich des Sinnes, des Wertes und der Richtung ihres Lebens. Möglicherweise befassen sie sich unbewußt mit solchen Fragen; was dabei herauskommt, wird dann in späteren Phasen sichtbar werden. Kümmern sie sich aber überhaupt nicht um diese Fragen, dann zahlen sie dafür später mit einer Entwicklungskrise oder mit einem zunehmenden Verfall des Selbst und einer Lebensstruktur, die mit dem Selbst nur noch minimal verbunden ist.

Anderen Männern ist Anfang Vierzig bewußt, daß sie wichtige Veränderungen mitmachen, und sie wissen, daß mit ihrem Lebenscharakter eine bemerkenswerte Verwandlung vorgeht. Sie versuchen, das Wesen dieser Veränderungen zu verstehen, mit den Schmerzen und Verlusten fertigzuwerden und die Möglichkeiten zu einer Weiterentwicklung und Bereicherung ihres Lebens zu nutzen. Für sie ist es allerdings kein allzu schmerzhafter Prozeß. Sie befinden sich in einem erträglichen Übergang und nicht in einer Krise.

Doch für die überwiegende Mehrzahl der Männer – etwa 80 Prozent unserer Erhebungsauswahl – beschwört diese Phase heftige Kämpfe innerhalb des Selbst und mit der Außenwelt herauf. Bei ihnen ist der Übergang zur Lebensmitte die Zeit einer milden oder schweren Krise. Jeder Aspekt ihres Lebens wird in Frage gestellt, und sie sind über vieles, was dabei an die Oberfläche kommt, entsetzt. Sie wehren sich mit vielen Vorwürfen gegen sich selbst und andere. Sie können nicht weitermachen wie bisher, brauchen aber Zeit, um einen neuen Weg zu finden oder den alten zu modifizieren.

Weil ein Mann in dieser Krise oft etwas unvernünftig ist, halten ihn andere vielleicht für »verwirrt« oder »krank«. In den meisten Fällen ist er das nicht. Der Mann selbst und diejenigen, die ihn schätzen, sollten sehen, daß er eine normale Entwicklungsphase durchläuft und an normalen Aufgaben arbeitet, die sich ihm um die Lebensmitte stellen. Das Verlangen, sein Leben in Frage zu stellen und zu modifizieren, kommt aus dem gesündesten Teil des Selbst. Das Zweifeln und Suchen sind dieser Phase angemessen; die eigentliche Frage ist, wie sie sich am besten nutzen lassen. Das Problem wird durch die Tatsache erschwert, daß der Prozeß der Neubewertung unbewußte Konflikte aktiviert – der unbewußte Ballast aus schwierigen Zeiten in der Vergangenheit, der nun zutage tritt und die Änderungsbestrebungen behindert. Pathologisch ist nicht der Wunsch, das Leben zu verbessern, sondern das, was der Verfolgung dieses Ziels im Wege steht. Es sind die pathologischen Angst- und Schuldgefühle, die Abhängigkeiten, Haßgefühle und Verblendungen früherer Jahre, die einen Mann davon abhalten, sich mit den eigentlichen Problemen der Lebensmitte zu befassen. Sie machen es schwierig für ihn, eine bedrückende Lebensstruktur umzuwandeln.

Eine gründliche Neubewertung dieser Art kann kein kühler, intellektueller Prozeß sein. Ein Aufruhr der Gefühle gehört dazu; Verzweiflung; das Gefühl, nicht mehr zu wissen, wie es weitergehen soll, zu stagnieren, sich überhaupt nicht mehr bewegen zu können. Ein Mann nimmt in diesem Zustand oft einen falschen Anlauf. Zaghaft versucht er es mit einer Vielfalt neuer Möglichkeiten, nicht nur aus einer Verwirrung oder Impulsivität heraus, sondern ebensosehr aus einem Bedürfnis, zu sehen, was möglich ist, herauszufinden, wie das ist, wenn er sich in ein bestimmtes Liebesverhältnis einläßt oder es mit einem bestimmten Beruf versucht oder einer einsamen Beschäftigung nachgeht. Jede echte Neubewertung muß qualvoll sein, da sie gegen die Illusionen und althergebrachten Interessen vorgeht, auf denen die vorhandene Struktur aufgebaut ist.

Die Lebensstruktur der Dreißigerjahre wurde durch starke Kräfte in dem Mann und seiner Umwelt angeregt und stabilisiert. Diese Kräfte machen sich weiterhin bemerkbar; sie wollen den Status quo aufrechterhalten. Ein Mann, der sein Leben um vierzig einer radikalen Kritik unterziehen will, rennt gegen die Teile seiner selbst an, die ein starkes Interesse an der Aufrechterhaltung der augenblicklichen Struktur haben. Oft werden sich ihm andere Personen und Institutionen widersetzen – seine Frau, seine Kinder, sein Chef, seine Eltern, Kollegen, das berufliche

System, in dem er arbeitet, das unsichtbare Netz sozialer Konformität –, denn sie alle wollen die Ordnung beibehalten und eine Änderung verhindern. Wenn er Glück hat, erhält er aber auch von sich selbst und von anderen Unterstützung bei seinen Bemühungen, sein Leben zu überprüfen und zu verbessern.

Warum durchlaufen wir diesen schmerzhaften Prozeß? Warum bekommen wir es so oft zur Lebensmitte mit einer Krise zu tun? In Kapitel 2 führte ich mehrere Ursachen für die Schwierigkeiten an, die auf den Wechsel vom frühen ins mittlere Erwachsenenalter zurückgehen. Außerdem brauchen wir Übergänge in der Erwachsenenentwicklung zum Teil schon deshalb, weil keine Lebensstruktur die Verwirklichung aller Aspekte des Selbst zulassen kann. Um eine Lebensstruktur zu schaffen, muß ich Entscheidungen treffen und Prioritäten setzen. Wenn ich eine Entscheidung treffe, wähle ich eine Möglichkeit aus und weise viele andere zurück. Wenn ich mich auf eine Struktur festlege, versuche ich, über eine bestimmte Zeitspanne hinweg innerhalb dieser Struktur mein Leben zu erweitern, sein Potential zu verwirklichen, die damit verbundenen Verantwortungen und Kosten zu tragen.

Jede Lebensstruktur räumt zwangsläufig gewissen Aspekten des Selbst Priorität ein und vernachlässigt oder verkleinert andere Aspekte. Das gilt für die Struktur des Seßhaft-Werdens in den Dreißigerjahren ebenso wie für alle anderen. Im Übergang zur Lebensmitte drängen diese vernachlässigten Teile des Selbst darauf, ausgedrückt zu werden. Ein Mann erfährt sie als »andere Stimmen in anderen Räumen« (um Truman Capotes reizvollen Ausdruck zu verwenden). Innere Stimmen, die seit Jahren stumm sind, verlangen nun lauthals, gehört zu werden. Manchmal sind sie als ein vages Geflüster zu hören, dessen Inhalt unklar ist, dessen Ton aber verschiedene Empfindungen wiedergibt: Kummer wegen ausgelassener Gelegenheiten, Empörung wegen eines Verrats durch andere oder Schuldgefühle wegen eines Verrats an sich selbst. Manchmal klingen sie auch wie donnerndes Gebrüll, inhaltlich nur allzu deutlich zu verstehen: sie nennen Namen und Zeiten und Orte und verlangen, daß etwas geschieht, um das Gleichgewicht wiederherzustellen. Ein Mann hört die Stimme einer Identität, die er vorzeitig zurückgewiesen hat; einer verlorenen oder nicht weiter verfolgten Liebe; einer lohnenden Beschäftigung oder Beziehung, die er auf Drängen der Eltern oder einer anderen Autorität aufgegeben hat; einer verinnerlichten Figur, die Sportler oder Nomade oder Künstler werden will, die eine Liebesheirat eingehen oder Junggeselle bleiben will, die reich werden oder ins Kloster gehen oder ein sinnenfreudiges sorgloses Leben führen will – Möglichkeiten, die er früher ausgeschlagen hat, um das zu werden, was er heute ist. Während des Übergangs zur Lebensmitte muß er lernen, sorgfältiger auf diese Stimmen zu hören und bewußt zu entscheiden, welchen Platz er ihnen in seinem Leben einräumen will.

Möglichkeiten während des Übergangs zur Lebensmitte

In Kapitel 10 erläuterten wir mehrere Möglichkeiten in der Phase des Seßhaft-Werdens: a. Fortschritte innerhalb einer stabilen Lebensstruktur; b. ernste Mißerfolge oder Verfallserscheinungen innerhalb einer stabilen Lebensstruktur; c. Ausbruch: das Bemühen um eine neue Lebensstruktur; d. Fortschritte, die von sich aus eine veränderte Lebensstruktur bewirken; e. unstabile Lebensstruktur. Der Weg eines Mannes durch die Phase des Seßhaft-Werdens wirkt sich darauf aus, wie er in den Übergang zur Lebensmitte hineinkommt und mit den neuen Aufgaben fertig wird. Um einen Überblick über die verschiedenen Formen des Lebenslaufs zu bekommen, wollen wir uns kurz ansehen, wie es Männern aus jeder der fünf Kategorien zwischen dem Seßhaft-Werden und dem Übergang zur Lebensmitte erging.

Fall A. Fortschritte innerhalb einer stabilen Lebensstruktur

Die zweiundzwanzig Männer, die diesen Weg gingen, hatten nach der Phase des Seßhaft-Werdens bescheidene oder bemerkenswerte Erfolge erreicht, je nach Definition ihres Vorhabens (vgl. die Tabelle auf S. 214). Sie hatten in ihren Dreißigerjahren einen weiten Weg zurückgelegt und waren in ihrer Welt von untergeordneten Positionen in maßgebliche Stellungen aufgerückt. Dennoch ist der Kampf gegen Ende der Phase des Selbständig-Werdens oft noch im Gange. Ein Mann wartet auf ein kulminierendes Ereignis, das deutlich erkennen läßt, was er in der Phase des Seßhaft-Werdens erreicht hat.

Das kulminierende Ereignis ist ein Markstein für das Ende des Selbständig-Werdens und den Beginn des Übergangs zur Lebensmitte. Um aber seine ganze Bedeutung zu verstehen, müssen wir es in den fortlaufenden

Entwicklungsprozeß einreihen. In einigen Fällen diente dieses Ereignis dazu, mit großem Nachdruck den Übergang zur Lebensmitte herbeizuführen, so etwa bei dem Biologen John Barnes, dessen Übergang zur Lebensmitte in Kapitel 17 geschildert wird. In anderen Fällen, bei Jim Tracy etwa (vgl. Kapitel 19), stellte sich dieses Ereignis erst ein, als der Übergang zur Lebensmitte Gestalt anzunehmen begann. Die Reaktion eines Mannes auf das kulminierende Ereignis hängt stark davon ab, an welchem Punkt des Übergangsprozesses es sich einstellt.

Gelegentlich ist das kulminierende Ereignis sowohl nach außen als auch im persönlichen Erleben des Mannes ein großer Erfolg. In unserem Sample war das selten. Die große Mehrzahl unserer Männer erfuhr dieses Ereignis als einen Mißerfolg oder als einen Erfolg mit Fehlern. Gewöhnlich war das Resultat gut genug, um nicht als völlige Katastrophe angesehen zu werden, und in den Augen anderer sah es oft ganz positiv aus. Doch in einigen entscheidenden Punkten wies es Mängel auf und konnte nicht all die besonderen Hoffnungen erfüllen, die der Mann gehegt hatte.

Wir können die Hauptthemen und Varianten dieser Art des Eintritts in den Übergang zur Lebensmitte besser verdeutlichen, wenn wir die vier Berufsgruppen nacheinander betrachten.

– DIE ROMANSCHRIFTSTELLER. Ein Mann, der sich in seinen Dreißigerjahren als ernsthafter Romanautor durchgesetzt hat, gibt sich nicht mehr damit zufrieden, einfach einen beliebigen Roman zu schreiben. Wenn die Phase des Selbständig-Werdens für ihn zu Ende geht, möchte er, daß sein nächster Roman etwas Besonderes wird: er soll ihm den Pulitzerpreis einbringen, von der Kritik oder der breiten Leserschaft beifällig aufgenommen werden, ihn zum besten zeitgenössischen Autor einer bestimmten Gattung (klassischer Roman, Kriminalroman, heiterer Roman usw.) stempeln und ihn in eine Reihe mit den Giganten von einst stellen. Dazu kommt es jedoch kaum einmal. Das Ergebnis bleibt gewöhnlich weit hinter den kühnsten Hoffnungen des Mannes zurück. Auch wenn sein Roman gut ankommt, gilt er nicht als großer, sondern höchstens als guter Autor, der noch nicht das gebracht hat, was man sich einmal von ihm versprochen hatte. Er schafft vielleicht den Sprung unter die etablierten Schriftsteller, aber er überragt sie nicht.

Ein bedingter Erfolg ist zu diesem Zeitpunkt subjektiv nicht viel besser als ein schwerer Mißerfolg. Leicht können die schlimmsten Befürchtungen eines Mannes geweckt werden: daß er sein Potential nie verwirklichen wird oder – die schrecklichste Vorstellung überhaupt – daß eigentlich nie ein echtes Potential da war. Gut, er hat bewiesen, daß er Bücher schreiben kann, die auf dem Markt oder bei der Kritik ankommen. Aber das genügt nicht. Sein einstiger »Traum« zielte höher. Was wird er der Nachwelt hinterlassen? Welchen Platz wird er in der Geschichte des Romans einnehmen? Während es vorher sein Hauptziel gewesen war, sich als Romanschreiber zu etablieren, ist nun seine Identität stärker ausgeprägt, und er sorgt sich um den Wert seines Gesamtwerkes.

– DIE LEITENDEN ANGESTELLTEN. Wie der Romanautor steuert auch der leitende Angestellte in Kategorie A während seiner Dreißigerjahre auf ein Markstein-Ereignis von besonderer Bedeutung zu – eine entscheidende Beförderung, einen besseren Job in einer neuen Firma oder irgendeine andere Veränderung, die ihm zeigt, daß er es »geschafft« hat. In dem Maß, in dem dieses kulminierende Ereignis positiv ausfällt, gelingt es dem Angestellten, die Leiter seines Seßhaft-Werdens zu erklimmen, so daß er beruflich und gesellschaftlich eine neue Welt betritt.

Für ein paar der Angestellten nahm dieses Ereignis einen höchst positiven Verlauf, doch für die meisten wurde es zu einem Mißerfolg oder zu einem Erfolg mit Mängeln. Auf jeden Angestellten um 40, der die angestrebte Position und Bestätigung tatsächlich erhält, kommen vielleicht zwanzig, die wenig oder gar nichts erhalten. (Der Mißerfolg ergibt sich zum Teil aus der Unfähigkeit des einzelnen, zum Teil aus den Machtkämpfen innerhalb der Organisation und zum größten Teil aus der pyramidenförmigen Struktur der Verwaltung.)

Wenn ein Mann Erfolg hat, muß er sich mit den bittersüßen Konsequenzen des Erfolgs befassen; die Welt, die er nun betritt, sieht höchstwahrscheinlich völlig anders aus, als er sich das vorgestellt hat, und es werden wohl fundamentale Fragen über ihn und sein Leben auftauchen. Wenn er in einigen entscheidenden Punkten versagt, muß er sich über die Folgen dieses Mißerfolges klar werden. Wenn ein Mann in diesem Stadium aufgehalten oder gebremst wird, kann er kaum noch auf weiteren Aufstieg hoffen. Bohrende Fragen bedrängen ihn: In welchem Umfang habe ich versagt? Was bedeutet dieses Versagen – was besagt es über mich als Mensch und über die berufliche und gesellschaftliche Welt, in der ich mich so stark engagiert habe? Gibt es Alternativen, die mich interessieren und die praktikabel sind?

Viele leitende Angestellte sitzen mehrere Jahre lang in einer bedrückenden Situation fest – sie fühlen sich erniedrigt, wissen, daß sie da keine Zukunft haben, leisten eine Arbeit, die weder ihnen noch der Firma etwas bringt –, bis schließlich die innere Bereitschaft und der Druck von außen gemeinsam bewirken, daß sie dort loskommen. So war es beispielsweise bei Jim Tracy (vgl. Kapitel 19). Diejenigen, die schneller loskommen, verbringen mehrere Jahre damit, verschiedene Möglichkeiten auszuprobieren und an die Entwicklungsaufgaben des Übergangs zur Lebensmitte heranzugehen, ehe sie damit beginnen können, eine neue Struktur aufzubauen und ihr Leben in der nächsten Phase neu zu stabilisieren.

– DIE BIOLOGEN. Die Biologen in unserem Sample gehörten dem Lehrkörper erstklassiger Universitäten an und galten mit Anfang Dreißig als hoffnungsvolle junge Wissenschaftler. Fünf von den zehn gingen Weg A und machten in ihrer Karriere weitere Fortschritte. Mit 40 hatten sie als Wissenschaftler einen gewissen Grad an nationaler Bekanntheit erreicht und gehörten in ihren Spezialgebieten zum wissenschaftlichen »Establishment«. Doch für alle fünf wurde der Einstieg in den Übergang zur Lebensmitte (zwischen 39 und 41 Jahren) nicht nur durch ein wohlverdientes Erfolgsgefühl gekennzeichnet, sondern auch durch eine schwere Enttäuschung und in einigen Fällen gar Verzweiflung.

Sie hatten in der Phase des Seßhaft-Werdens tatsächlich die oberste Sprosse der Leiter erreicht, doch nun stellte sich die Frage: wie geht es für mich weiter? Nun war es nicht mehr damit getan, mit deutlich vorgezeichneten Verhaltensweisen eine deutlich gekennzeichnete Leiter zu erklimmen. Die Regeln waren komplizierter und der Einsatz höher geworden. Ein Mann mußte nun seine wahre Kreativität zeigen und im Wettbewerb mit den Besten seines Fachs bedeutsame Ideen entwickeln, und das im Augenblick der Bestandsaufnahme, wo er deutlicher als je zuvor die Grenzen seiner bisherigen Arbeit sehen konnte und wo er sich am meisten davor fürchtete, der Brunnen seiner Kreativität könnte versiegen. Alle diese Männer arbeiteten während der nächsten paar Jahre produktiv weiter, aber alle verwendeten auch ziemlich viel Zeit und Energie auf die Entwicklungsaufgaben des Übergangs zur Lebensmitte. Und als diese Phase endete, hatten sich ihre Karriere und ihr Leben in wichtigen Aspekten verändert. Der Biologe John Barnes ist das klassische Beispiel für einen Mann, der nach außen Erfolg hat und im Innern verzweifelt, wie wir in Kapitel 17 sehen werden.

– DIE ARBEITER. Für den Arbeiter, der die 40 überschreitet, gibt es nur noch äußerst begrenzte Möglichkeiten, sich beruflich weiterhin zu verbessern. Mit Mitte Dreißig ist für ihn die allgemeine Art seiner Tätigkeit in der Firma praktisch festgelegt. Danach mag ihm die langjährige Betriebszugehörigkeit kleine Vorteile bringen, aber er hat praktisch keinerlei Aussicht, sich entscheidend zu verbessern oder in seiner Arbeit eine kreative Befriedigung zu finden. Gleichzeitig fanden wir jedoch eine größere Vielfalt im beruflichen Werdegang und im Lebenslauf, als die gängigen Vorstellungen vom Industriearbeiter vermuten lassen.

Von den zehn Arbeitern, die wir untersuchten, zeigten fünf während der Phase des Seßhaft-Werdens bestimmte Fortschritte innerhalb einer stabilen Lebensstruktur. Zwei Männer waren nach eigenen Maßstäben ganz erfolgreich, als sie in den Übergang zur Lebensmitte eintraten. Nick D'Amico hatte sich vom einfachen Handwerker zum freiberuflichen Bauzeichner und schließlich zum »Entwurfszeichner« (der höchsten Stufe des Facharbeiters) hochgearbeitet. Er war dabei, sich in einem Außenbezirk der Stadt ein neues Haus zu bauen, und es bestand die Möglichkeit, daß er zum Angestellten befördert wurde und ins untere Management kam. Ralph Ochs hatte seit seinem 18. Lebensjahr in der Klempnerei seiner Firma gearbeitet und war nicht auf weitere Beförderung aus. Er hatte in seinen Vierzigerjahren dadurch ein abwechslungsreiches Arbeitsleben, da er als Vertrauensmann fungierte, ein aktives Gewerkschaftsmitglied und im Verhältnis zu den jungen Arbeitern ein erfahrener Mann war; und die Familie war ihm eine wichtige Quelle der Befriedigung.

Drei andere Arbeiter waren ebenfalls vorangekommen, aber ihr Leben war stärkeren Zweifeln ausgesetzt. Der Hilfsarbeiter Vincent Minelli hatte mit 40 zwar einen sicheren, aber keinen befriedigenden Arbeitsplatz: er war als Weißer im Lager einer Firma beschäftigt, die immer mehr Schwarze einstellte. Er fand seine Befriedigung hauptsächlich in seiner Schwarzarbeit, seinen Kindern und seiner Führungsposition innerhalb der erweiterten ethnischen Familie. Er träumte davon, nach Australien auszuwandern. Der Schwarze Larry Strode, Facharbeiter mit fünfzehn Jahren Betriebszugehörigkeit, Vertrauensmann der Gewerkschaft und gelegentlich Vorarbeiter, empfand die Situation in der Fabrik immer mehr als bedrückend. Er machte sein eigenes Friseurgeschäft auf (ein kulminierendes Ereignis nach jahrelanger Schwarzarbeit als Friseur) und holte den High-School-Abschluß nach. Mit 41 faßte er den Plan, die Fabrik in ein paar Jahren zu verlassen und eine Beschäftigung zu finden, die für ihn und für die Gemeinschaft wertvoller war. Mit 45 wurde er tatsächlich Pfleger für Nervenkranke (vgl. Kapitel 18).

Fall B. Ernste Mißerfolge oder Verfallserscheinungen innerhalb einer stabilen Lebensstruktur

Zu dieser Gruppe gehören zwei Arbeiter, drei leitende Angestellte und zwei Biologen (vgl. Tabelle auf S. 214). Noch bevor die Phase des Seßhaft-Werdens für sie zu Ende ging, wußten sie, daß es nicht gut für sie aussah und daß sie beschränkte Aussichten hatten. Doch erst mit dem Einsetzen des Übergangs zur Lebensmitte sahen sie der traurigen Wirklichkeit ehrlich ins Gesicht und fingen an, Alternativen zu erwägen. Man möchte eigentlich annehmen, daß ein Mann, der den Ernst seiner Lage erkannt hat, innerhalb weniger Wochen oder Monate zu einer neuen Einstellung findet. Tatsächlich aber stellt sich heraus, daß der Anpassungsprozeß gewöhnlich mehrere Jahre beansprucht. Während des Übergangs zur Lebensmitte hat er Gelegenheit, sich die Tatsache einzuverleiben, daß seine früheren Ziele unerreichbar geworden sind, und er kann mit seiner angeschlagenen Selbstachtung wieder ins reine kommen. Doch erst wenn diese Phase zu Ende geht, kann ein Mann feste Entscheidungen treffen, auf denen sich ein neues Leben aufbauen läßt.

Mit dem Beginn des Übergangs zur Lebensmitte hat ein Mann, der den Weg A geht, in seiner selbstgewählten Welt eine führende Position erreicht und versucht nun, noch darüber hinauszugehen, etwas für ihn ganz Besonderes zu erreichen. Ein Mann auf Weg B erreicht dagegen im Vorhaben seiner Träume keine führende Stellung. Wenn für ihn der Übergang zur Lebensmitte beginnt, muß er entscheiden, was nun aus seinem Leben werden soll, da er weiß, daß er kein Vorarbeiter werden kann, kein großer Romanschreiber, keine echte Führungskraft im Betrieb, kein renommierter Wissenschaftler, kein allseits geachteter Bürger seiner Heimatgemeinde. Manche Männer erholen sich nie mehr von den schweren Schlappen, die sie während der Phase des Selbständig-Werdens einstecken müssen. Für sie beginnt ein Niedergang, dem sie – aus inneren und äußeren Gründen – nicht mehr entkommen können. Ein Beispiel dafür ist der schwarze Arbeiter Luke Doby, der in Kapitel 10 vorgestellt wurde. Mit 47 war er geschieden, allein, arbeitslos, zunehmend arbeitsunfähig, dem Ende nahe. Ein anderes Beispiel ist der Angestellte Mike

Gallagher: in der Phase des Seßhaft-Werdens wurde er Alkoholiker, wurde geschieden und von seiner Firma auf ein Abstellgleis geschoben. Als wir den 39jährigen interviewten, hatte er keine Zukunft mehr; mit 40 starb er an Krebs.

In manchen Fällen nutzt ein Mann, der in der Phase des Selbständig-Werdens gescheitert ist, den Übergang zur Lebensmitte dazu, die Basis für ein neues Leben zu schaffen. Sein Versagen wirkt sich in mancher Hinsicht als ein Segen aus. Es rüttelt ihn auf, bringt ihn aus dem gewohnten Trott. Er kann sich während des Übergangs zur Lebensmitte aus dem tyrannischen Griff der oft unrealistischen Verpflichtungen befreien, die er während der Phase des Seßhaft-Werdens eingegangen ist. Er findet neue Ziele, neue Befriedigungen, neue Aspekte des Selbst, die sich entwickeln und genießen lassen. Ohne sein Interesse am Vorankommen ganz aufzugeben, findet er eine allgemeinere Definition für die Leiter. Äußerliche Erfolge und Mißerfolge verlieren ihre Bedeutung als Kriterien für das innere Wohlergehen. Die Qualität seines gesamten Lebens wird für ihn wichtiger als die Quantität seines Erfolgs in einer ganz bestimmten Richtung.

Ein Beispiel dafür ist Leo Heinz (vgl. Kapitel 5), ein Angestellter im mittleren Management, der mit 39 zum Versager abgestempelt und auf ein Abstellgleis geschoben wurde. Fünf erbärmliche Jahre lang hielt er diese Stellung, ehe er mit 44 die Firma verließ und Wirtschaftsberater wurde. So konnte er sein fachliches Können nutzen, ohne sich dem Streß der innerbetrieblichen Machtkämpfe auszusetzen. Ein weiteres Beispiel ist der Arbeiter William Paulsen, dessen Leben während seiner Lehrzeit wir in Kapitel 8 untersuchten. Wir werden seinen Weg durch die darauffolgenden Phasen in Kapitel 18 aufzeichnen.

Fall C. Ausbruch: Das Bemühen um eine neue Lebensstruktur

In diesem Fall baut ein Mann während der Frühphase des Seßhaft-Werdens eine Lebensstruktur auf, lebt drei oder vier Jahre in dieser Struktur, bis er sie dann im frühen Stadium des Selbständig-Werdens (etwa im Alter von 36 oder 37 Jahren) unerträglich findet und »ausbricht«. Zum Ausbrechen gehört ein herausragendes Markstein-Ereignis: er verläßt seine Frau, gibt seinen Job auf oder zieht in eine andere Gegend. In den nächsten paar Jahren gibt er sich alle Mühe, eine neue Struktur aufzubauen, die seinen

Wertmaßstäben und Ambitionen eher angemessen ist. Unglücklicherweise ist es in dieser Lebensphase äußerst schwierig, eine radikale Veränderung zu erzwingen. Die neue Struktur ist meistens ein Kompromiß. Mit 40 mag er wichtige Veränderungen in seiner Situation herbeigeführt haben, aber er hängt immer noch an Beziehungen, die er scheinbar aufgegeben hatte, als er den entscheidenden Schritt tat, und er ist nicht imstande, sich seinen neuen Aktivitäten und selbstgewählten Interessen ausreichend zu widmen.

Wenn dieser Mann in den Übergang zur Lebensmitte kommt, findet er sich in einer Zwickmühle. Auf der einen Seite versucht er immer noch, die Ziele zu erreichen, die er sich erst vor kurzem gesetzt hat; er ist immer noch aktiv bemüht, »sein eigener Herr zu werden«. Auf der anderen Seite beginnt er, die neue Lebensstruktur in Frage zu stellen und die in ihr steckenden Illusionen und Widersprüche zu sehen. Im Übergang zur Lebensmitte muß er sich von neuem fragen, was er wirklich will. Nachdem er erst drei oder vier Jahre vorher einen entscheidenden Schritt gemacht hat, sieht er sich nun vor der Möglichkeit, daß dieser neue Kurs in der Welt vielleicht nicht entwicklungsfähig oder dem Selbst nicht angemessen ist. Er kommt in ein Übergangsstadium, das länger und profunder ist als das, das zum Selbständig-Werden führte.

Wir sehen, daß ein Mann, dessen Leben diesen Verlauf nimmt, während einer zwölf bis fünfzehn Jahre oder noch länger dauernden Zeitspanne eine Reihe schmerzhafter Veränderungen durchmacht: mit 33 bildet er eine ungenügende Lebensstruktur für das Seßhaft-Werden, mit 37 bricht er aus, entdeckt mit 41, daß die derzeitige Struktur entscheidende Mängel aufweist und nutzt den Übergang zur Lebensmitte dazu, sie umzuwandeln. Mit 46 wird er dann, wenn er genügend Entwicklungsarbeit geleistet hat, beginnen, während des Eintritts ins mittlere Erwachsenenalter eine befriedigendere Struktur aufzubauen.

Was am Ende des Übergangs zur Lebensmitte steht, ist für einige dieser Männer ziemlich enttäuschend, während für andere das jahrelange Ringen endlich ein besseres Leben ergibt – reicher als ihr früheres Leben und reicher auch als das vieler anderer, die sich weniger Mühe gegeben haben, ihre Lage zu verbessern. Zu den letzteren gehören auch zwei Männer, deren Biographie wir ausführlich bringen. Der eine ist der Romanautor Paul Namson; in Kapitel 12 haben wir sein Leben bis zum Ende der Phase des Seßhaft-Werdens verfolgt; in Kapitel 18 werden wir die Geschichte zum Abschluß bringen. Der andere ist James Tracy, der leitende Angestellte; seinen Übergang zur Lebensmitte und die Nachwirkungen werden wir in Kapitel 19 schildern.

Fall D. Fortschritte, die von sich aus eine veränderte Lebensstruktur bewirken

In diesem Fall führen Fortschritte in den späten Dreißigerjahren zu einem Wandel in der Lebensstruktur des Seßhaft-Werdens. Ein Mann kommt einen Schritt voran, der nicht nur einen Fortschritt innerhalb derselben Struktur darstellt. Er bedeutet vielmehr eine qualitative Veränderung seines Lebenscharakters. Der Mann bekommt mehr, als er erwartet hatte. Diese Veränderung hat wichtige Konsequenzen für das Einsetzen und den Verlauf des Übergangs zur Lebensmitte. Drei unserer Männer gehören in diese Kategorie (vgl. die Tabelle auf S. 214).

Einer davon ist der leitende Angestellte Roger Mohn (vgl. Kapitel 10). Anfang dreißig war er ein Arbeiter mit ziemlich viel Verantwortung, in einem Job, an dem er sehr hing. Mit 37 wurde er in seinem Betrieb zum Leiter des Einkaufs ernannt. Dieser Aufstieg veränderte seine berufliche Welt und brachte ihn in eine neue Wohngegend und zu einem neuen Lebensstil. Mit 40 kam das kulminierende Ereignis: er wurde zum Leiter der Fertigung befördert und war nun Herr über einen Etat von $ 9 Millionen und über 400 Menschen. Sein großer Erfolg war gleichzeitig sein Niedergang. Zwischen 41 und 44 erlebte er den Tiefpunkt in seinem Leben, im Gegensatz zu dem Höhepunkt zwischen 33 und 36, als er einer Werkstatt vorstand. Während des Übergangs zur Lebensmitte hatte er eine schwere Krankheit, die keine genaue Prognose zuließ, und das führte bei ihm zu einer verstärkten Beschäftigung mit dem Tod und dem Sinn des Lebens. Er überstand diese Phase hauptsächlich aufgrund seiner engen Bindungen an die Familie und der Kraft seiner immer selbständiger werdenden Frau. Als er 44 war, führte eine Umschichtung innerhalb der Firma zum Ausscheiden vieler Kollegen und zu seiner Versetzung in eine weniger verantwortungsvolle Position. Er trug gerade die Kämpfe des Übergangs zur Lebensmitte aus und versuchte zu entscheiden, ob er sich mit einer sicheren, aber demütigenden Stellung in der einzigen Firma, für die er je gearbeitet hatte, abfinden oder sich um etwas Besseres bemühen sollte. (Der nächste Schritt findet sich in Kapitel 18.)

Fall E. Unstabile Lebensstruktur

Nur drei unserer Männer – ein Arbeiter, ein Biologe und ein Romanschriftsteller – gehören in diese Kategorie. Sie waren noch unter 40, als wir sie untersuchten. Keinem gelang es, in der Phase des Seßhaft-Werdens eine Lebensstruktur zu stabilisieren. Ihr Leben schien am Ende ihrer Dreißigerjahre auf Treibsand gebaut. Es war schwer, sich vorzustellen, wie einer von ihnen zu einem echten Gefühl der Mündigkeit kommen oder die Widersprüche in seinem Erwachsenenleben auflösen würde.

Der Arbeiter Hank McCloud hatte mit 37 noch keinen festen Beruf, und er schien sich in keinem Job halten zu können. Seine Hauptstützen waren seine vor kurzem geschlossene Ehe und seine Familie. Curt Ruger wechselte mit Ende Dreißig aus der biologischen Forschung in Lehre und Verwaltung. Mit 39 war er weder Biologieprofessor noch wohlbestallter Verwaltungsfachmann seiner Universität. Er hatte das Gefühl, im Beruf, in der Ehe und in einigen anderen Aspekten des Lebens eine Reihe von Kompromissen geschlossen zu haben. Nun mußte er seine Zukunft auf einer schmalen Basis aufbauen. Darryl Osborn führte mit 36 ein chaotisches Leben – gelegentlich schrieb er Romane, verfaßte ein paar Filmdrehbücher in Hollywood, schlug sich mal mit, mal ohne Drogen durchs Land, unverheiratet und ohne stabile Beziehungen. Er hatte keine Struktur, in der er auf das Selbständig-Werden hätte hinarbeiten können.

Am Ende der Phase des Seßhaft-Werdens haben es die Männer in Gruppe C, D und E nicht geschafft, eine stabile, alles einbeziehende Lebensstruktur aufzubauen, die dem »Traum« oder anderen wichtigen Zielen einen angemessenen Platz einräumt. Diejenigen, die Weg E gegangen sind, haben die ganze Phase hindurch in einer unstabilen Struktur gelebt, und der Preis, den sie dafür zu zahlen haben, wird immer höher. Die Männer aus den Gruppen C und D haben zu Beginn der Phase des Seßhaft-Werdens eine umfassende Struktur aufgebaut und dann in den späten Dreißigerjahren versucht, sie (durch Ausbruch oder durch Fortschritte) zu verändern. Es ist jedoch sehr schwierig, zu diesem Zeitpunkt eine neue Struktur zu schaffen. Trotz der guten Absichten und der heroischen Bemühungen eines Mannes enthält die Struktur, die er im Rahmen des Selbständig-Werdens zu schaffen versucht, schwere Mängel: sie ist ein Kompromiß zwischen der bedrückenden alten Struktur und der heiß ersehnten neuen, und sie enthält Elemente von beiden in einem unbehaglichen Nebeneinander. Er kann die negativen Elemente der Vergangenheit nicht so einfach eliminieren, auch wenn sie ihm unerträglich vorkommen mögen. Ebensowenig kann er der Struktur kurzfristig neue Elemente einverleiben oder bisher nebensächlichen Elementen nun einen zentralen Platz zuweisen.

Ein Mann, der Weg C, D oder E geht, beginnt also den Übergang zur Lebensmitte mit einer Lebensstruktur, die sehr brüchig und voller Widersprüche ist, jener Widersprüche nämlich, die dazu geführt haben, daß er die Struktur während der Phase des Seßhaft-Werdens umwandeln wollte. Er muß den Übergang zur Lebensmitte auch beginnen, ohne die oberste Sprosse seiner Leiter erreicht zu haben. Während des Übergangs zur Lebensmitte zwingen ihn starke Kräfte, die Ziele des Selbständig-Werdens sowohl zu verfolgen als auch in Frage zu stellen. Wie dieser in den späten Dreißigerjahren einsetzende Prozeß ausgehen wird, wird erst zu erkennen sein, wenn die Übergangsphase mit Mitte Vierzig abgeschlossen ist.

So ließ sich etwa James Tracy mit 38 von seiner ersten Frau scheiden und heiratete ein zweites Mal, aber erst mit 46 war er imstande, beide Familien in seine Lebensstruktur einzuschließen und seine Beziehung zu seiner zweiten Frau zu stabilisieren (vgl. Kapitel 19). Paul Namson gab mit 37 seine leitende Position im Familienunternehmen auf, weil er sich ganz dem Schreiben von Romanen widmen wollte, aber erst mit 46 konnte er dem Romanschreiben einen zentralen Platz in seiner Lebensstruktur einräumen (vgl. Kapitel 18). Mit Mitte Dreißig begann William Paulsen mit dem Versuch, von seinem Dasein als Lohnarbeiter wegzukommen – eine Mischung aus Aufstieg und Ausbruch –, doch erst mit Mitte Vierzig fing er an, sich mit dem Scheitern dieser Bemühungen abzufinden (vgl. Kapitel 18).

14. Die Individuation in der Lebensmitte: Jung/Alt – die herausragende Polarität

Wie schon im vorhergehenden Kapitel erwähnt, kommt es in jedem Übergangsstadium zu einem Individuationsprozeß. Während des Übergangs zur Lebensmitte kommt es durch die Individuation zu einer Verbindung zwischen dem Ende der frühen und dem Beginn der mittleren Erwachsenenzeit. Sie liefert eine Grundlage, auf der die Lebensstruktur aus der Phase des Seßhaft-Werdens modifiziert und eine neue Lebensstruktur geschaffen wird. In Kapitel 16 werde ich über einige der spezifischen Veränderungen sprechen, die während des Übergangs zur Lebensmitte an der Lebensstruktur vorgenommen werden. In diesem und dem nächsten Kapitel möchte ich mich mehr auf den zugrundeliegenden Prozeß der Individuation konzentrieren.

Wir haben vier Hauptaufgaben des Individuationsprozesses identifiziert. Zu jeder Aufgabe gehört die Re-Integration einer fundamentalen Polarität im Lebenscharakter. Die Polarität hat ihre Wurzeln im Selbst und in der Gesellschaft. Die vier Polaritäten sind, wie schon kurz angedeutet: jung/alt, Destruktion/Kreation, maskulin/feminin und Verbundenheit/Abkapselung. Die zentralste Rolle bei jedem Richtungswechsel in der Entwicklung spielt die Jung/Alt-Polarität. Dieses Kapitel wird sich mit ihr befassen, das nächste mit den übrigen drei Polaritäten.

Im allgemeinen Sprachgebrauch sind Kinder jung, Greise alt, und wir übrigen liegen irgendwo dazwischen. Aber unsere Sprache ist vieldeutig. Der Begriff »alt« bezieht sich manchmal auf eine Altersstrufe, auf Menschen, die ein hohes Alter erreicht haben. Oft bezieht er sich aber auch auf den Prozeß des Älterwerdens, des körperlichen Verfalls, etwa wenn ein Vierzigjähriger sagt: »Ich werde langsam zu alt für solche Dinge«, und wenn er dann zur Antwort erhält: »Man ist so alt, wie man sich fühlt.«

In ihrer vollsten Bedeutung sind die Begriffe »jung« und »alt« nicht an spezifische Altersstufen gebunden. Sie sind Symbole, die sich auf psychologische, biologische und soziale Grundeigenschaften des menschlichen Lebens in jedem Alter beziehen. Wir sind in jedem Alter sowohl jung als auch alt. Mit der Geburt fangen wir an, alt zu werden, und bleiben andererseits bis ins hohe Alter in mancher Hinsicht jung.

Letztlich ist »jung« ein archetypisches Symbol mit vielen Bedeutungen.

Es verkörpert Geburt, Wachstum, Möglichkeit, Initiation, Offenheit, Energie, Potential. Es ist mit für den Sinn verantwortlich, den wir vielen konkreten Erscheinungsformen geben: dem Kleinkind, dem Sonnenaufgang, dem Neujahr, der Saat, den Blüten und Festen des Frühjahrs, dem Neuling, dem Versprechen, der Vision von künftigen Ereignissen. Wir sind – ungeachtet unseres Alters – in dem Maße jung, in dem diese Assoziationen unsere psychologischen, biologischen und sozialen Funktionen beeinflussen.

Dagegen verkörpert das Symbol »alt« Begriffe wie Abschluß, Erfüllung, Stabilität, Struktur, Vollendung, Tod. Zu seinen Metaphern gehören der Zahn der Zeit, der Sensenmann, der weise Alte, der Zittergreis, Winter, Mitternacht. Das unbewegliche Objekt des Alters steht gegen die unwiderstehlichen Kräfte der Jugend. Ich werde im folgenden durch die Verwendung von Großbuchstaben deutlich machen, wo ich die Begriffe JUNG und ALT in diesem symbolischen Sinn gebrauche; zur Bezeichnung bestimmter Altersstufen oder Wachstumsprozesse gebrauche ich die normale Schreibweise.

Das JUNGsein hat – wie das ALTsein – seine Vor- und Nachteile, seine starken und schwachen Seiten. Man kann beiden Zuständen positive und negative Bedeutungen beimessen. Wer JUNG ist, ist voller Leben, Wachstum, Heroismus, Möglichkeiten; aber er ist auch anfällig, nicht voll entwickelt, impulsiv, ohne ausreichende Erfahrung und Solidarität. Ähnlich kann man von einem ALTEN Menschen (unabhängig vom Lebensalter) sagen, er sei weise, mächtig, voll ausgebildet, »fähig, das Gesetz des Himmels zu hören« (Konfuzius) – aber auch senil, tyrannisch, ohne Kraft und ohne Kontakt zu seiner Umwelt.

Die JUNG/ALT-Polarität – die Aufspaltung von JUNG und ALT und das Bemühen, sie wieder zu integrieren – ist *die* Polarität der menschlichen Entwicklung. Es ist die Grundpolarität, an der in jeder Übergangsphase gearbeitet werden muß. Die Versinnbildlichung des Gefühls, zugleich ALT und JUNG zu sein – Tod und Wiedergeburt, Entstrukturierung und Neustrukturierung, Sterblichkeit und Unsterblichkeit –, ist untrennbar mit dem eigentlichen Wesen einer Übergangsphase verbunden. Wir fühlen uns insofern ALT, als ein Abschnitt in unserem Leben zu Ende geht und wir ihn nicht verlängern können. Aber wir fühlen uns auch JUNG, da eine neue Phase die Möglichkeiten einer Verjüngung und des weiteren Wachstums mit sich bringt.

Eine wesentliche Entwicklungsaufgabe des Übergangs zur Lebensmitte besteht darin, daß man sich dem JUNGEN und ALTEN im eigenen Innern stellt und nach neuen Möglichkeiten sucht, JUNG/ALT zu sein. Ein Mann muß einige seiner früheren jugendlichen Qualitäten aufgeben – manche mit Bedauern, andere mit Erleichterung oder Befriedigung – und andere Qualitäten, die er in sein neues Leben integrieren kann, beibehalten und verwandeln. Und er muß dafür, daß er »älter« wird, positive Bedeutungen finden.

Für Jung ist ein Archetypus ein Urbild, das sich im Laufe von Tausenden von Generationen in der menschlichen Evolution herausgebildet hat und nun in der Psyche jedes Menschen existiert. Um seine Funktion zu verstehen, müssen wir zuerst einmal untersuchen, wie wir psychische oder instinkthafte Energie einsetzen. Wir werden mit einem bestimmten Quantum solcher Energie geboren, die im Laufe der Entwicklung in eine Vielfalt spezifischerer Triebe und Impulse umgewandelt sind, die mit Aggression, Sexualität, Abhängigkeit, Macht und Kreativität zu tun haben. Das *Potential* für komplexe Motive und Gefühle ist von Anfang an da. Wie es sich entwickelt und welche Formen es im individuellen Leben annimmt, das hängt von den spezifischen Umständen und Erfahrungen ab.

In ähnlicher Weise ist ein Archetypus ein *Potential* für die weitere Entwicklung. Er entwickelt sich in der individuellen Psyche von einem anfänglich undifferenzierten Bild zu einer zunehmend komplexen »inneren Figur«, zu einer Person, die man im Kopf hat, zu einem Wesen, mit dem man eine fortlaufende Beziehung – sei es Liebe, Streit, Bewunderung oder Verachtung – unterhält, genau wie mit einer Person in der äußeren Welt. Wir haben Archetypen für das böse Selbst und das gute Selbst, die Mutter (nicht nur meine leibliche Mutter, sondern eine mütterliche Figur, die mich auf jegliche Weise unterstützt und bedroht), Gott, den Teufel, Autoritat, den Heilenden und die Muse. Die Archetypen existieren in uns als ordnende Faktoren, die im Laufe des Lebens unsere Erfahrung gestalten und von ihr gestaltet werden. In jedem Menschen entwickeln sich einige sehr weit, während andere brachliegen.

In der Jungschen Theorie ist der *Puer* der Archetyp des JUNGseins – ein Kind, ein Jüngling, eine Person von beliebigem Alter, die am Beginn eines Entwicklungsprozesses steht. In der Kindheit entfaltet sich dieser Archetypus, wenn das Kind sein eigenes Wachstum erfährt, sich Pläne und Möglichkeiten vergegenwärtigt und das Wachstum von Tieren, Blumen, Projekten, Beziehungen beobachtet. Bei einer »zulänglichen« Entwicklung (im Sinne Winnicotts) formt das Kind eine innere Gestalt von sich selbst als Puer: eine heranreifende Person mit bemerkenswertem Potential in einer Welt voller Chancen und Gefahren.

Der *Senex* ist in der Jungschen Theorie der Archetyp des ALTseins – ältlich, alternd, eine Person von beliebigem Alter, die am Ende eines Entwicklungsprozesses steht. Wir fangen bereits in der Kindheit an, ein Gefühl dafür zu entwickeln, was es heißt, zu altern, schwächer zu werden, die früheren Kräfte einzubüßen, zu sterben. Viele Erfahrungen tragen zu diesem Prozeß bei. Leute in der Umgebung des Kindes werden krank, gebrechlich, auffällig alt; sie sterben. Nicht anders ergeht es Haustieren, Pflanzen und anderen lebenden Organismen. Spielzeug und andere Gegenstände werden kaputtgemacht, existieren nicht mehr. Das Kind erleidet vielleicht eine Krankheit oder eine Verletzung, die ihm und anderen Angst macht. Da es das Altwerden und den Tod seinem Wesen nach noch nicht versteht, entwickelt es primitive Phantasien, die diesen Symbolen Bedeutung verleihen. Das Kind versucht, den Unterschied zwischen »lebenden« und »toten« Wesen zu begreifen sowie den Unterschied zwischen beseelten Lebewesen und unbeseelten Objekten.

Wie einerseits die Erfahrung des JUNGseins unter günstigen Bedingungen bis ins hohe Alter erhalten bleiben kann, beginnt andererseits die Erfahrung des ALTwerdens in der Kindheit. Die Erfahrung des Alterns, die das Kind an sich selbst und bei anderen macht, trägt dazu bei, daß es eine innere Gestalt von sich selbst als Senex bildet: eine Person, die schwächer wird, die keine vielversprechende Zukunft mehr hat, sondern die für den Puer so wesentliche Leistungskraft fahren lassen muß.

Den gesamten Lebenszyklus hindurch werden in jeder Übergangsphase die inneren Gestalten des JUNGEN und ALTEN – die Jung Puer und Senex nannte – modifiziert und in ein neues Gleichgewicht gebracht. Das Ende der vorhergehenden Phase belebt ALTE Gedanken und Gefühle über ein Leben im ewig gleichen Trott, über das langsame Verfaulen, über die Nähe des Todes. Der Beginn der neuen Phase belebt JUNGE Gedanken und Gefühle über die Wiedergeburt, über einen Neuanfang, über die Entdeckung neuer Möglichkeiten im Selbst und neuer Aussichten in der Welt. Es ist die Aufgabe jedes Übergangs, eine neue JUNG/ALT-Integration zu schaffen, die dem derzeitigen Lebensabschnitt angemessen ist. Vor allem beim Übergang zwischen den Epochen vermehren sich normalerweise die ALTEN Qualitäten der Reife, der Urteilskraft, der Selbsterkenntnis, der Großmut, der integrierten Struktur und des Weitblicks. Doch diese Qualitäten sind nur von Wert, wenn das JUNGE sie weiterhin mit seiner Energie, seiner Einbildungskraft und seiner Fähigkeit zum Staunen und zu verrückten Einfällen belebt. Die Verbindung von JUNG und ALT muß aufrechterhalten werden.

Es ist nicht leicht, das Gleichgewicht zu erhalten. In jedem Alter kann ein Mensch vorzeitig ALT werden und jugendliche Qualitäten vermissen lassen. Schon ein sechsjähriges Kind kann durch einen Mangel an Anreizen jedes Gefühl für Spannung, Spiel und Vorfreude auf die Zukunft verloren haben. Emotional ist es ein verwelkter alter Mann in einem vergeblichen Kampf gegen Leere und Verfall. Ein Heranwachsender kann durch übertriebene moralische Zwänge seiner Familie oder dadurch, daß man ihm zu früh die schweren Verantwortungen eines Erwachsenen aufbürdet, so sehr belastet sein, daß seine jugendlichen Leidenschaften erstickt werden und er die Träume, auf denen das frühe Erwachsenenalter aufbaut, nicht beibehalten kann. Ein Mann von 40 oder 50 kann dem ALTEN so sehr ausgeliefert sein, daß er stagniert, austrocknet, kaum noch Kontakt zu seiner Umwelt oder zu irgend etwas in seinem Innern hat, das ihm etwas bedeutet; er kann anderen kaum noch etwas geben und von ihnen kaum noch etwas aufnehmen. Es ist, als sei das JUNGE in ihm völlig ausgelöscht.

Ein Mann kann aber auch, und das ist das andere Extrem, eine solche Angst vor dem Altern und dem Sterben entwickeln, daß er sich diesen Sorgen völlig entzieht und versucht, ewig JUNG zu bleiben. Wir sehen das in dem Fünfundzwanzigjährigen, der die enge Bindung zu seiner Familie aufrechterhält oder ein sprunghaftes Leben führt und ernsthafte Bindungen und Verantwortungen meidet. Er bleibt gewissermaßen zwischen der Knabenzeit und der frühen Erwachsenenzeit hängen, unfähig, den Übergang ins frühe Erwachsenenalter abzuschließen und die Verpflichtungen einzugehen, auf denen eine erste Struktur für das Erwachsenenleben aufgebaut werden kann. Die Vorstellung, er könne erwachsen werden, jagt ihm Angst ein, aber er kann auch kein Kind mehr bleiben. Er lebt in einer Art Schwebezustand und gibt sich sehr »jugendlich«, fühlt sich aber verloren und ohne Halt.

Wir finden dieses Bemühen, sich an das JUNGE zu klammern, auch bei dem Mann zwischen 40 und 50, der darauf beharrt, jung im Sinne des frühen Erwachsenenalters zu bleiben, und versucht, jetzt das schöne Leben zu haben, das ihm früher entgangen war. Sein Problem ist nicht, daß er jung sein möchte, sondern daß er an einer Auffassung von JUNG und

ALT hängenbleibt, die aus der frühen Erwachsenenzeit stammt. Er hat nun die Entwicklungsaufgabe, älter zu werden, als er einmal war – das heißt, er muß ins mittlere Alter aufrücken. Zu diesem Zweck muß er die ALTEN Qualitäten stärker nutzen als bisher und gleichzeitig altersgemäße Ausdrucksformen für seine jugendlichen Qualitäten finden.

Während des gesamten Lebenszyklus koexistieren in uns die Archetypen JUNG und ALT. Die innere Gestalt des JUNGEN besitzt sehr viel Energie und die Fähigkeit, sich in viele Richtungen weiterzuentwickeln. Die innere Gestalt des ALTEN ist hochgradig strukturiert, hat ihr Potential so weit verwirklicht wie nur möglich und kann sich nun nicht mehr weiterentwickeln. Jede Epoche hat ein charakteristisches Gleichgewicht aus JUNG und ALT. In der Vor-Erwachsenenzeit überwiegt normalerweise das JUNGE, während das ALTE erst langsam Gestalt annimmt. Im frühen Erwachsenenalter sind die Anteile fast schon ausgeglichen, aber das JUNGE ist normalerweise noch stärker. Das mittlere Erwachsenenalter sollte die Zeit einer optimalen Ausgewogenheit von JUNG und ALT sein: ein Mann kann eine festere Struktur haben, in der er seine beträchtliche Energie, Vorstellungskraft und Kraft zu Veränderungen nutzen kann. In diesem Sinne ist die mittlere Erwachsenenzeit der Mittelpunkt des Lebenszyklus. In der späten Erwachsenenzeit wird die Struktur schwerer, und die inneren Reserven sind beschränkter, doch es besteht weiterhin die Möglichkeit einer vitalen Aktivität und fortdauernden Entwicklung.

Die Erfahrung der Sterblichkeit und der Wunsch nach Unsterblichkeit

Im Übergang zur Lebensmitte macht sich die JUNG/ALT-Polarität besonders stark bemerkbar. Wenn das frühe Erwachsenenalter zu Ende geht, überfallen einen Mann neue Ängste vor dem »Verlust der Jugend«. Er hat das Gefühl, daß das JUNGE – das in ihm unterschiedlich als Kind, Heranwachsender und junger Erwachsener repräsentiert wird – stirbt. Die Vorstellung von Alter und Tod hängt über ihm wie ein Leichentuch.

Eine Reihe von Veränderungen, die sich im allgemeinen um 40 einstellen, verstärken das Gefühl des Altwerdens. Ein Mann erfährt einige dieser Veränderungen als unbedeutend, und sie bereiten ihm keinen Kummer; doch andere treffen ihn hart: sie wecken seine Angst vor dem Altwerden und konfrontieren ihn mit seiner eigenen Sterblichkeit.

Eine wichtige Veränderung ist, wie wir gesehen haben, das Nachlassen der körperlichen und psychologischen Kräfte. Ende Dreißig und Anfang Vierzig fällt ein Mann deutlich hinter seine frühere Leistungsfähigkeit zurück. Er kann nicht mehr so schnell laufen, so viel heben, mit so wenig Schlaf auskommen wie früher. Er sieht und hört nicht mehr so perfekt, erinnert sich nicht mehr so gut und findet es schwieriger, umfangreiche spezifische Informationen zu lernen. Er wird häufiger von irgendwelchen Schmerzen geplagt und macht vielleicht eine schwere Krankheit durch, die ihn mit einer dauerhaften Behinderung oder gar mit dem Tod bedroht. Diese Veränderungen variieren sehr stark hinsichtlich ihrer Schwere und ihrer Auswirkungen auf das Leben eines Mannes. Ein Rückgang der Körperkraft und der Beweglichkeit macht einem Buchhalter vielleicht weniger zu schaffen als einem Berufssportler (oder einem fanatischen Tennisamateur, der es nicht ertragen kann, seinen Platz in der lokalen Rangliste zu verlieren).

Der Verfall vollzieht sich im allgemeinen ganz langsam und läßt dem Mann noch reichlich Möglichkeiten für sein Leben im mittleren Alter. Aber er wird oft wie eine Katastrophe empfunden. Ein Mann fürchtet, er werde bald alle seine jugendlichen Qualitäten einbüßen, die das Leben für ihn lebenswert machen. Wenn die Jugend total verloren ist, bleibt nichts anderes mehr, als total alt zu sein. Auf der Ebene der Archetypen ist das JUNGE unsterblich, das ALTE der unmittelbar bevorstehende Tod.

Auch die häufiger werdenden Krankheits- und Todesfälle im Bekanntenkreis erinnern an die eigene Sterblichkeit. Ein Mann kann in jedem Alter schmerzliche Verluste erleiden. Welche Bedeutung sie für ihn haben, hängt zum Teil von der Entwicklungsphase ab, in der er sich gerade befindet. Mit Ende Dreißig oder Anfang Vierzig steigt für ihn die Wahrscheinlichkeit solcher Verluste beträchtlich. Seine Eltern sind nun in ihren Sechzigern oder Siebzigern, und die Wahrscheinlichkeit wächst, daß sie sterben oder mit Problemen der Einsamkeit oder der Krankheit und Abhängigkeit fertigwerden müssen. Auf einmal scheinen sehr viel mehr Leute zu sterben oder ernsthaft krank zu werden. Es gibt mehr Unfälle und Herzanfälle, mehr Scheidungen, Depressionen, Alkoholismus, berufliche Versager, Sorgen mit Kindern oder Eltern, schmerzliche Zwischenfälle aller Art.

Die Empfindlichkeit eines Mannes gegen die wachsenden Unglücksfälle und Schwierigkeiten anderer wird dadurch gesteigert, daß er selbst in den Übergang zur Lebensmitte eintritt. Er achtet verstärkt auf diese

Probleme bei anderen und empfindet mehr Mitgefühl, weil er langsam beginnt, sich mit der eigenen Sterblichkeit abzufinden.

Die Erfahrung des Alterns und der Sterblichkeit wird noch dadurch hervorgehoben, daß um 40 ein Generationswechsel stattfindet. Nach Ortega y Gasset gehört ein Mann von etwa 30 bis 45 der »Initiationsgeneration« an (vgl. Kapitel 2). Er erobert sich einen Platz in der Gesellschaft und verfolgt seine Jugendträume. Während des Übergangs zur Lebensmitte, zwischen 40 und 45 etwa, beginnt er seinen Platz in der Generation der »Dominierenden« einzunehmen. Mit Mitte Vierzig gehört er eindeutig einer älteren Generation an als in seinen Dreißigerjahren. Die Frage ist nicht, *ob* er einer neuen Generation angehören wird, sondern unter welchen Voraussetzungen – mit wieviel Befriedigung, Achtung, Kompetenz, Status.

Schließlich ist es das Vorhaben des Seßhaft-Werdens, das ihm auf dem Höhepunkt die Sterblichkeit verstärkt ins Bewußtsein rückt. Etwa mit 40 kommt ein Mann an einen Wendepunkt. Er muß nun ein Vorhaben definieren, das sich von denen des frühen Erwachsenenalters qualitativ unterscheidet. Ob er nun den Ambitionen seiner Dreißigerjahre gerecht geworden ist oder nicht, er muß jedenfalls damit rechnen, im Übergang zur Lebensmitte eine Ernüchterung zu erleben. Selbst wenn er eine Menge erreicht hat und auf dem Weg zu noch höheren Zielen ist, fängt seine Orientierung im Hinblick auf Erfolg und Mißerfolg normalerweise an sich zu verändern. Es kommt nun nicht mehr darauf an, eine weitere Sprosse auf der Leiter zu erklimmen – ein weiteres Buch zu schreiben, noch eine Beförderung zu bekommen, noch mehr der Belohnungen einzuheimsen, die in der Vergangenheit so viel bedeutet haben.

Die intensive Jagd nach dem Erfolg aufzugeben, ist besonders schwierig, wenn ein Mann seine früheren Ziele nicht erreicht hat. Er muß sich zuerst mit seiner Verbitterung gegenüber anderen auseinandersetzen, mit seiner Verachtung für sich selbst und mit seiner Illusion, es stünde alles bestens in seinem Leben, hätte er nur den goldenen Ring zu fassen bekommen. Es mag einem Mann leichter fallen, den eigentlichen Wert des Erfolges zu bezweifeln, wenn er ihn selbst gekostet hat. Wem es aber gelingt, seine Jugendziele zu erreichen, der läßt sich oft vom Erlebnis des Erfolgs mitreißen. Er braucht vielleicht ein paar Jahre, ehe er entdeckt, wie wenig ihm der Erfolg bedeutet.

Jeder Mann fängt im Übergang zur Lebensmitte an zu sehen, daß auf den Märchenhelden kein Leben voll ewigen, einfachen Glücks wartet. Er sieht vielmehr, daß der Held ein Jüngling ist, der mit dem Ende der frühen Erwachsenenzeit sterben oder sich verwandeln muß. Ein Mann muß anfangen, den symbolischen Tod des jugendlichen Helden in ihm selbst zu beklagen und zu akzeptieren. Er wird nach und nach entdecken, welche der heroischen Eigenschaften er behalten kann, welche neuen Eigenschaften er in seinem Innern entdecken und entwickeln kann, und wie er im Kontext des mittleren Erwachsenenalters ein andersgearteter Held sein könnte. Der Menschheit fehlt es bis jetzt noch an Weisheit, um das »Porträt des Helden als eines Mannes im mittleren Alter« zu schaffen. Dieser Archetyp ist bisher nur schwach entwickelt.

Aus vielen Gründen ist also einem Mann mit 40 stärker bewußt als je zuvor, daß er sterben wird. Er spürt es in seinen Knochen, in seinen Träumen, bis ins innerste Mark. Sein Tod ist nicht einfach ein abstraktes, hypothetisches Ereignis. Ein unvorhersehbarer Unfall oder eine plötzliche Krankheit könnten ihm morgen den Tod bringen. Selbst dreißig weitere Jahre scheinen nicht so lang: er hat nun mehr Jahre hinter sich als vor sich.

Warum ist die Erkenntnis, daß wir sterblich sind, so schmerzlich? Warum können wir das nicht in der Kindheit oder Jugend ein für allemal erfahren und akzeptieren? Warum kehrt dieses Thema in jeder Übergangsphase wieder, wo es teilweise bewältigt und teilweise verleugnet wird, nur um uns im nächsten Übergangsstadium wieder zu beschäftigen?

Ich glaube, ein Hauptgrund ist unser Wunsch nach Unsterblichkeit. Es ist eines der stärksten und unverrückbarsten menschlichen Motive. Es kommt im frühen Erwachsenenalter als Archetypus JUNG sehr stark zur Geltung. Ein junger Mann hat den Wunsch, ewig zu leben, eine Rolle in einem ewigen Schauspiel zu übernehmen, sich im Himmel oder in der Geschichte einen Platz für alle Zeiten zu sichern. Wie andere Urtriebe ist auch dieser der Ausgangspunkt vieler Illusionen und Selbsttäuschungen. Aber er ist auch eine Grundlage für unsere Liebe zum Leben, für unser Selbstwertgefühl, für unser Bedürfnis, dauerhafte Werke zu schaffen, und für unseren Wunsch, an der Welt teilzuhaben und das, was sie uns bietet, in reichem Maße zu erfahren. Er spiegelt sich in dem Trauma wider, das jeden Fortschritt auf unserem Weg zu der Erkenntnis begleitet, daß unser Dasein in dieser Welt nur von kurzer Dauer ist. Wir geben diesen Wunsch nach Unsterblichkeit nie ganz auf, obwohl sich in diesem Punkt unser Bewußtsein und unser Verständnis normalerweise verändern, wenn unsere Individuation im Erwachsenenalter fortschreitet.

Um die Mitte des Lebens kollidiert die wachsende Erkenntnis von der eigenen Sterblichkeit mit dem mächtigen Wunsch nach Unsterblichkeit und den vielen Illusionen, die ihn aufrechterhalten. Die Angst eines Mannes, er könnte nicht unsterblich sein, drückt sich in seiner starken Beschäftigung mit dem körperlichen Verfall und in seinen Phantasien vom unmittelbar bevorstehenden Tod aus. Auf der elementarsten Ebene spürt er, daß er ums Überleben kämpft. Die Vorstellung, tot zu sein, nicht mehr als diese bestimmte Person zu existieren, jagt ihm Angst ein. Mit den Worten eines alten Lieds: »Jeder möchte in den Himmel kommen, aber keiner möchte sterben.«

Über die Sorge um das persönliche Überleben hinaus gibt es die Sorge um den Sinn des Lebens. Das Gefühl, daß mein Leben bald vorbei sein wird, ist schlimm genug. Noch schlimmer aber ist das Gefühl, daß mein bisheriges – und künftiges – Leben für mich und die Welt nicht genügend wert ist. Wenn ein Mann mit 40 eine Neubewertung seines Lebens vornimmt, dann spielt dabei der Wunsch nach Unsterblichkeit eine wichtige Rolle. Oft hat er das Gefühl, sein bisheriges Leben vergeudet zu haben. Selbst wenn er – in kühleren Augenblicken – versöhnliche Punkte in seinem Leben findet, hat er wahrscheinlich trotzdem noch das Gefühl, daß sich aus seinem Leben nicht genügend Werte ergeben. Er hat sich nicht ausreichend verwirklichen können und nur ungenügend zur Welt beigetragen. Was er gewesen ist und was er geschaffen hat, ist kaum von Interesse. In den verbleibenden Jahren will er mehr tun, mehr sein, seinem Leben einen Sinn geben, der nach seinem Tode weiterlebt.

Ein Mann mit 40 kann von einer bedrückenden Umwelt so entmutigt worden sein oder sich im Überlebenskampf so verbraucht haben, daß er die Entwicklungsaufgabe nicht bewältigen und seinem Leben keinen neuen Sinn geben kann. Das innere Feuer ist erloschen, und er kann keine zusätzlichen Kräfte freimachen. Er lebt ohne Hoffnung, ohne Gefühl für den Wert seines Daseins. Solche Männer sterben oft in ihren Vierzigern oder Fünfzigern. Die unmittelbare Todesursache mag eine Krankheit, ein Unfall oder Alkoholismus sein, doch die tiefere Ursache ist darin zu suchen, daß weder er noch die Gesellschaft für sein Leben einen Platz finden können, so daß er nach und nach verkümmert. Die verfügbaren – inneren und äußeren – Möglichkeiten reichen nicht aus, um sein Leben zu erhalten. Andererseits kann er ein langes und triviales Leben führen, wenn er eine schützende Umgebung findet und ein stark begrenztes Leben akzeptiert.

Ein dramatisches Beispiel für einen Verfall im mittleren Erwachsenenalter ist Howard Hughes. In diesem Lebensabschnitt machte er aus einem kleinen Vermögen ein gewaltiges Imperium. Am Ende starb der mächtige Mann – krank und emotional isoliert – den Hungertod. Er konnte sein Geld so investieren, daß es eine Menge Gewinn brachte, aber es gelang ihm nicht, sein Selbst in irgendein Vorhaben zu investieren oder psychischen Gewinn daraus zu ziehen. Er erstickte letztlich an dem Kokon, den er selbst um sich gesponnen hatte.

Die Niederlage um die Mitte des Lebens ist in zahllosen Romanen und Schauspielen dargestellt worden. Es ist ein immer wiederkehrendes Thema bei Tschechow, Ibsen und Strindberg (vor allem in den Stücken, die sie nach ihrem 40. Lebensjahr schrieben). In *Der Eismann kommt* schildert Eugene O'Neill die kleine Welt von Harry Hopes Kneipe und Absteige. Die meisten Akteure in dieser Welt sind Männer im mittleren Alter, die sich ihre Illusionen aus der Jugendzeit erhalten, aber jede echte Hoffnung aufgegeben haben. Die zentrale Figur, der etwa 40jährige Metallwarenvertreter Hickey, besucht diese Leute jedes Jahr, um ihre Träume zu nähren und in die Rolle des Retters und Weihnachtsmanns zu schlüpfen. Am Ende gibt Hickey die illusorische Rettung anderer auf und bekennt sich zu seinen eigenen Illusionen, zu seinem Kampf mit der archetypischen Gestalt des Todes (als Eismann symbolisiert) und zu den Gefühlen, die ihn bewegen, nachdem er seine Frau ermordet hat. O'Neill schrieb dieses Stück unter dem Eindruck seiner eigenen, kräftezehrenden Krise in der Lebensmitte.

Lillian Hellmans Schauspiel *The Autumn Garden* befaßt sich mit ähnlichen Themen, allerdings in der eleganteren Südstaaten-Welt. In einem späteren Kommentar zu diesem Stück sagte Hellman: »Ich wollte damit wohl sagen: du kommst an einen Punkt in deinem Leben, wo das, was du gewesen bist, festlegt, was du sein wirst. Wenn du das, was in dir ist, verschleudert hast, kannst du nicht mehr viel machen. Wenn du dich selbst in das Leben investiert hast, wird sich das mit einiger Sicherheit auszahlen. Wenn du innerlich eine ernste Person bist, wird sich das in den mittleren Jahren bezahlt machen.« Während des Übergangs zur Lebensmitte ist schwer zu erkennen, inwiefern man sich verschleudert oder ins Leben investiert hat und welche Art von Gewinn die mittleren Jahre möglicherweise bringen werden. Das war offensichtlich auch für Hellman selbst eine Frage, als sie mit Mitte Vierzig dieses Schauspiel schrieb.

Wenn die Entwicklung eines Mannes nicht schon zu starken Schaden genommen hat, fängt er im Übergang zur Lebensmitte an, seine Sterblichkeit zu akzeptieren und seine hochtrabendsten Illusionen von der Unsterblichkeit aufzugeben. Das bedeutet allerdings nicht, daß der Wunsch nach Unsterblichkeit weg ist. Im Gegenteil: bei normaler Entwicklung wird dieser Wunsch bewußter, stärker zum Gegenstand reflektierender Überlegungen, in seiner Zielsetzung bescheidener und realistischer. Der Mann, der sich bemüht, den tatsächlichen Wert seines Lebens zu steigern, verstärkt seinen Anspruch auf die Unsterblichkeit, nach der er sich immer noch von Herzen sehnt. Ungeachtet seiner religiösen Ansichten oder seiner weltlichen Lebensphilosophie glaubt er, sein Anspruch hänge weitgehend von seiner eigenen Selbstverwirklichung und seinem Beitrag für die Gesellschaft ab. Er möchte in der Geschichte der Menschheit eine Spur hinterlassen, und sei sie auch noch so klein.

Während des Übergangs zur Lebensmitte fühlt sich ein Mann durch den scheinbar unmittelbar bevorstehenden Tod bedrängt. Noch mehr setzt ihm die Angst zu, es werde ihm nicht gelingen, aus seiner Zukunft mehr zu machen als aus seiner Vergangenheit. Im Bemühen, sein Leben abzuwandeln und zu bereichern, hat er Selbstzweifel, die von mildem Pessimismus bis zu absoluter Panik reichen können: »Kann ich in den verbleibenden Jahren mein Leben wertvoller machen? Bin ich inzwischen zu alt, um einen neuen Anfang zu machen? Gehöre ich zum alten Eisen? Was soll ich versuchen, für mich selbst, für meine Lieben, für meinen ›Stamm‹, für die Menschheit zu tun oder zu sein?« Am schlimmsten ist das Gefühl, wenn man vor sich nur noch lange Jahre einer sinnlosen Existenz sieht, ohne jugendliche Leidenschaften, kreatives Streben oder soziale Mitarbeit. Verstärkt werden die Selbstzweifel noch durch das ALTE, das starke Gefühle des Zerfalls, der Verzweiflung und des Todes heraufbeschwört. Es ist seine Stimme, die im Innern zu hören ist: »Du hast keine Zeit mehr – das Ende ist da.«

Während des Übergangs zur Lebensmitte und danach versucht ein Mann, das JUNG/ALT der Jugend umzuwandeln und ein »mittelaltes« Selbst zu schaffen, das weiser und reifer ist als vorher, dabei aber immer noch mit den jugendlichen Quellen der Energie, der Einbildungskraft und des Wagemuts verbunden ist. Er beginnt den Fluß der Generationen und die Kontinuität der menschlichen Rasse besser zu begreifen. Seine persönliche Unsterblichkeit – welche Form sie auch annimmt – liegt im Rahmen jener größeren Kontinuität der Spezies Mensch. Er fühlt sich stärker für die Generationen verantwortlich, die auf seine eigene folgen werden. Mit einer stärker ausgeprägten Individualität und einem sichereren Gefühl für das, was er ist und was ihm am meisten bedeutet, entwickelt er auch ein tiefergehendes Verständnis dafür, daß er nur ein Tropfen in dem riesigen Strom der Menschheitsgeschichte ist. Allmählich weicht der omnipotente JUNGE Held zurück, und an seiner Stelle erscheint ein Mann im mittleren Alter, der seine Grenzen besser kennt und der mehr echte Macht und Autorität hat.

Der amerikanische Dichter Theodore Roethke beschreibt in einem Gedicht, das er etwa mit 50 schrieb, seine Erfahrung der Sterblichkeit. Dieses Gedicht mit dem Titel »The Dying Man« ist Yeats gewidmet. Es gibt wieder, wie Roethke in der Blüte der mittleren Erwachsenenzeit darum ringt, die Tatsache des Todes zu akzeptieren, während seine eigene Vitalität und sein Wunsch nach Unsterblichkeit ihren Höhepunkt erreicht haben:

. . . he dares to live
Who stops being a bird, yet beats his wings
Against the immense immeasurable emptiness of things.

(. . . zu leben wagt
wer aufhört ein Vogel zu sein und doch seine Flügel schlägt
gegen die ungeheure unermeßliche Leere der Dinge.)

Auch wenn mit dem Übergang zur Lebensmitte ein ernsthaftes Bestreben einsetzt, die Sterblichkeit anzuerkennen, so dauert es in der Regel doch bis ins späte Erwachsenenalter, ehe sie auf einer profunderen geistigen Ebene akzeptiert wird. Yeats' Gedicht »Vacillation«, das veröffentlicht wurde, als er 67 war, schildert diesen Prozeß. Der Titel (deutsch: »Schwanken«) läßt erkennen, daß Yeats trotz des wilden Stolzes, mit dem er sich dem Tod nähern will, im Geiste voller Ungewißheit ist:

No longer in Lethean foliage caught
Begin the preparation for your death
And from the fortieth winter by that thought
Test every work of intellect or faith,
And everything that your own hands have wrought,
And call those works extravagance of breath
That are not suited for such men as come
Proud, open-eyed and laughing to the tomb.

(Wenn du nicht mehr im Laubwerk des Vergessens gefangen bist,
sollltest du beginnen, dich auf deinen Tod vorzubereiten,
und vom vierzigsten Winter an solltest du an diesem Gedanken
alles prüfen, was du mit dem Intellekt oder dem Glauben geschaffen hast,
und alles, was deine eigenen Hände geformt haben,
und nenn diese Werke eine Verschwendung deiner Zeit,
die sich nicht für solche Männer eignen, die
stolz und mit offenen Augen und lachend in den Tod gehen.)

Yeats mag noch einige Jahre mehr gebraucht haben, ehe er sich vorstellen konnte, weder »mit offenen Augen und lachend« noch in Trauer und Angst in den Tod zu gehen, sondern mit einem ruhigen Vertrauen auf kommende Verluste und Gewinne, die jenseits der menschlichen Erkenntnis liegen.

Das Vermächtnis

Während des Übergangs zur Lebensmitte gedeihen gern Vorstellungen vom Vermächtnis; es ist ein Teil der Auseinandersetzungen mit der JUNG/ALT-Polarität. Das Vermächtnis eines Mannes ist das, was er künftigen Generationen hinterläßt: materieller Besitz, kreative Werke, Vorhaben, Einflüsse auf andere. Männer haben völlig unterschiedliche Auffassungen von dem, was ein Vermächtnis ausmacht. Obwohl sich der tatsächliche Wert eines solchen Vermächtnisses unmöglich ermessen läßt, bemißt sich nach Meinung des Mannes danach weitgehend der endgültige Wert seines Lebens – und sein Anspruch auf Unsterblichkeit.

Was den Wert des Vermächtnisses betrifft, so schätzen manche Männer das Aufziehen von Kindern und das Erhalten der Familien- und »Stammes«-Kontinuität am höchsten ein. Sie möchten, daß ihre Kinder in Übereinstimmung mit den Familientraditionen aufwachsen und als Erwachsene ein entsprechendes Leben führen. Im frühen Erwachsenenalter kann es einem Mann besonderes Vergnügen bereiten, Kinder zu zeugen und sie als Abwandlungen seines eigenen Bildes heranwachsen zu sehen. Im mittleren Erwachsenenalter sieht die Befriedigung jedoch etwas anders aus. Seine Sprößlinge nehmen ihren Platz in der Erwachsenenwelt ein. Er erfährt ihre Selbst-Entfaltung und ihre Leistungen als die Früchte seiner

Bemühungen im frühen Erwachsenenalter. Ihr Leben, ihre persönlichen Befriedigungen und Leistungen sind ein wesentlicher Teil seines Vermächtnisses. Er wird teilweise durch sie weiterleben.

Die Freude und die Verzagtheit, die Eltern im mittleren Alter empfinden, scheinen oft übertrieben. Wenn sich die Eltern ständig darum sorgen, »was die Kinder machen«, so erscheint das im Zusammenhang mit dem Vermächtnis durchaus sinnvoll: darin spiegeln sich elementare elterliche Gefühle über den Wert des eigenen Beitrags für die Nachwelt und des Anspruchs auf Unsterblichkeit. Kein Mann, dem an seiner Vaterschaft wirklich etwas liegt, kann ohne diese Gefühle sein. In gemäßigter Form bereichern sie das Leben. Im Übermaß werden sie für Eltern und Kinder zum Alptraum, der auf ihren Schultern lastet wie der Sturmvogel in Coleridges »Weise vom alten Seemann«.

Zum Vermächtnis eines Mannes kann der materielle Besitz gehören, den er seiner Familie und anderen hinterläßt. Um die Mitte des Lebens macht er sich oft in verstärktem Maße Gedanken über den Wert und die Sicherheit seines Nachlasses. Er ist nun mehr daran interessiert, Geld für wohltätige Zwecke zu stiften und verdienstvolle Anliegen zu unterstützen. Er kümmert sich mehr um das Wohlergehen seiner Gemeinde, seiner kirchlichen Organisation, seines Colleges, seiner Gewerkschaft, seiner Standesorganisation. Er legt Wert darauf, daß sie seine Unterstützung verdienen. Er muß daran glauben können, daß eine Institution von bleibendem Wert ist; nur dann wird er, wenn er ihr etwas hinterläßt, zu seinem eigenen bleibenden Wert beitragen. Die Selbstlosigkeit dient teilweise als Vehikel auf der Suche nach Unsterblichkeit.

Für viele Männer ist um die Lebensmitte die Arbeit der wichtigste Bestandteil ihrer Lebensstruktur und der Kernpunkt des Vermächtnisses. Der Künstler (Wissenschaftler, Handwerker, Bauunternehmer), der seine eigenen, ganz speziellen Erzeugnisse schafft, möchte, daß seine Arbeit einen Schatz darstellt, der ewig weiterleben kann – in seinem Namen. Dieser Gedanke steckt auch hinter dem Traum, den Nobelpreis oder den Pulitzerpreis zu gewinnen oder von der Heimatgemeinde zum »Mann des Jahres« gewählt zu werden. Ein Mann, der Institutionen aufbaut und verwaltet – ein politischer Führer, ein Verwaltungsfachmann im Schulbereich, der Besitzer eines kleinen Ladens oder einer Farm –, möchte, daß seine Institution sein Denkmal wird, ein Gebäude, das er errichten half und das Teil seines Vermächtnisses sein wird. Der Mann, der im Bereich der Gesundheit, der Erziehung oder der Wohlfahrt tätig ist, hofft, daß seine Heil-, Lehr- oder Fürsorgetätigkeit ein Vermächtnis schaffen wird, das künftigen Generationen ein besseres Leben bringt.

Während des Übergangs zur Lebensmitte muß er auf eine realistischere Einschätzung seines beruflichen Vermächtnisses hinarbeiten. Wenn er mit 40 sehr erfolgreich ist, kann es sein, daß er seine vergangenen Leistungen und künftigen Aussichten stark überschätzt. Im Übergang zur Lebensmitte kommt ihm die deprimierende Erkenntnis, daß seine vergangenen Erfolge nicht so imposant sind, wie er geglaubt hatte. Im besten Fall sind sie ein Vorspiel zu der Hauptarbeit, eine Basis, auf der ein gewichtigeres Projekt errichtet werden kann. Doch die wichtigen Leistungen muß er in der Zukunft erbringen. Sein anfänglicher Erfolg ist wie ein Schuldschein: ein Versprechen auf bessere Leistungen in der Zukunft, aber keineswegs eine Garantie. Noch ernüchternder ist die Erkenntnis, daß – selbst wenn er in seiner neuen Arbeit sehr tüchtig ist – das Ergebnis nicht so überragend sein wird, wie es der allmächtige JUNGE Mann gern gehabt hätte, und ihm auch nicht das erwartete Glück bescheren wird. In dem Maße, in dem die durch diesen Dämpfer für sein Ich entstandenen Wunden heilen, kann er mit seiner ernsthaften Arbeit fortfahren und ein Vermächtnis schaffen, das »gut genug« ist. Es kann sogar sein, daß ihm die Arbeit selbst immer interessanter vorkommt, so daß er tatsächlich produktiver wird als je zuvor. Wir werden das noch in den Fällen von Tracy, Barnes und Namson sehen.

Oft wird einem Mann, der in seinen Dreißigern schwer gearbeitet hat, im Übergang zur Lebensmitte klar, daß seine sämtlichen Leistungen und Fertigkeiten keine ausreichende Basis für weitere Fortschritte darstellen. Er kann als Schriftsteller, Erzieher, Politiker oder Geigenbauer nicht das Format erreichen, das er sich vorgestellt hat. Er wird im Militär, in der Firma oder in der Kirche nie bis in die angestrebten Stellungen aufsteigen. Er wird weit hinter seinem frühen »Traum« zurückbleiben. Ein kritischer Wendepunkt ist erreicht. Der Mann kann sich entschließen, seinen bisherigen Job beizubehalten und eine Arbeit zu verrichten, die immer mehr zur Routine und zur Demütigung wird. Er kann in einen anderen Job oder einen anderen Beruf wechseln, der ihn stärker fordert und ihn mehr befriedigen wird. Oder er kann sein Interesse an der Arbeit einschränken und nur noch so viel tun, daß er den Job nicht verliert, sich im übrigen aber verstärkt anderen Aspekten des Lebens widmen, etwa der Familie oder der Freizeitgestaltung.

Eine Reduzierung des persönlichen Engagements am Arbeitsplatz ist ein bekanntes Phänomen, das in vielen Betrieben vor allem unter den einfachen Arbeitern zu beobachten ist, für die es von einem bestimmten Alter an beruflich »nicht mehr weitergeht«. Es kommt aber auch bei leitenden Angestellten, Angehörigen der freien Berufe und anderen vor, die um die Lebensmitte eine erste Karriere abschließen. Sie bleiben zwar nominell in ihrem angestammten Beruf tätig, verwenden aber einen großen Teil ihrer Zeit auf allerlei philanthropische, ehrenamtliche, ernsthafte Tätigkeiten, mit denen sie ein Vermächtnis zu schaffen hoffen.

Mehrere leitende Angestellte erzählten uns mit verhaltenem Eifer von ihrer Absicht, sich früh – vielleicht mit 50 oder 55 – vom Geschäft zurückzuziehen. Sie wollten sich dann nicht mehr für eine Ertragssteigerung oder irgendwelche Produktionsziele einsetzen, sondern für eine Steigerung der Lebensqualität ihrer Mitmenschen. Es ist eine Art »Hyde-Jekyll«-Komplex. In Stevensons Roman wurde der tugendhafte Dr. Jekyll gelegentlich in den niederträchtigen Mr. Hyde verwandelt. In einer Umkehrung hält sich der leitende Angestellte für einen käuflichen Ausbeuter Hyde, der sich eines Tages (bevor es zu spät ist) in einen sozial wertvollen Jekyll verwandeln wird. Er kann sich den Luxus eines anständigen Lebens noch nicht leisten, aber er hört schon Jekylls Stimme, die ihn drängt, seine Seele zu retten und mit einem Vermächtnis für seine Unsterblichkeit vorzusorgen.

Zum Vermächtnis eines Mannes gehören die Familie, die Arbeit oder andere hoch eingestufte Beiträge, die seine Unsterblichkeit sicherstellen. Unsterblichkeit kann bedeuten, daß seine ewige Seele in einem ewigen Himmel existiert, oder daß er einen – kleinen oder großen – Platz in der Menschheitsgeschichte einnimmt. Der Wunsch nach einem unsterblich machenden Vermächtnis ist ein mächtiger, »normaler« menschlicher Drang. Er entspringt dem Wunsch nach Allmacht und den Archetypen des JUNGEN und des Selbst als ewigen Gestalten. Dieser Wunsch kann zerstörerische Folgen haben, wenn er ungehindert wächst und allzu kunstvolle, magische Formen annimmt, so wie in der Faust-Legende. Wenn er andererseits durch frühes Versagen und Enttäuschungen im Keim erstickt wird, kann der Glaube an das Selbst verlorengehen, und es kann die Überzeugung entstehen, daß es in der Welt nichts gibt, wofür es sich lohnen würde, ein Vermächtnis zu hinterlassen.

Bei einer »zulänglichen« Entwicklung wird der Wunsch, ein lohnendes Vermächtnis zu schaffen, das Leben eines Mannes in der mittleren Erwachsenenzeit bereichern. Die Entwicklungsarbeit während des Übergangs zur Lebensmitte dämpft die Tyrannei seines »Traumes« und die drängenden Forderungen seines Ehrgeizes und kämpferischen Konkurrenzdenkens. Er hat mehr innere Freiheit, er selbst zu sein und fühlt sich weniger angetrieben, den Anforderungen des »Stammes« gerecht zu werden. Das heißt aber nicht, daß es für einen Mann mit 40 oder 50 Zeit wird, jedes Engagement und jede Verantwortung in der Gesellschaft aufzugeben. Er kann nach wie vor wichtige Beiträge liefern: als Vater, Großvater, Sohn, Bruder, Ehemann, Liebhaber, Freund, Mentor, Heilender, Anführer, Vermittler, Autorität, Autor, Schöpfer und kritischer Verehrer des menschlichen Erbes. Diese Beiträge bilden sein Vermächtnis.

In jeder Epoche hat ein Mann normalerweise das Bedürfnis und das Können, ein Vermächtnis zu schaffen. Doch im Übergang zur Lebensmitte vertieft sich der Sinn des Vermächtnisses, und die Aufgabe, ein Vermächtnis zu schaffen, erreicht in dieser Entwicklungsphase ihre höchste Bedeutung. Wenn wir erst besser begreifen, wie die Entwicklung im Erwachsenenalter zu begünstigen ist, wird das »Schaffen eines Vermächtnisses« zu einem immer wichtigeren Teil der mittleren Erwachsenenzeit werden. Und das wird der persönlichen Befriedigung einzelner Erwachsener und der Lebensqualität künftiger Generationen zugute kommen.

15. Die Individuation in der Lebensmitte: Die anderen Polaritäten

Wir wenden uns nun den drei anderen Polaritäten zu, die im Übergang zur Lebensmitte eine so zentrale Rolle spielen. Alle diese Polaritäten müssen in jeder Übergangsphase von neuem verarbeitet werden, und sie werden nie vollkommen integriert. Trotzdem schaffen die im Übergang zur Lebensmitte erzielten Fortschritte eine Grundlage, auf der ein Mann während seines Eintritts ins mittlere Erwachsenenalter sein vergangenes Leben neu bewerten und abwandeln kann, um dann eine neue Lebensstruktur aufzubauen.

Die Destruktion/Kreation-Polarität

Wenn ein Mann im Übergang zur Lebensmitte sein Leben Revue passieren läßt und sich überlegt, wie er ihm mehr Sinn geben kann, muß er sich auf ganz neue Weise mit der Destruktion und Kreation als fundamentalen Aspekten des Lebens abfinden. Die wachsende Einsicht in die eigene Sterblichkeit macht ihm auch stärker bewußt, daß die Destruktion ein universaler Prozeß ist. Im Bewußtsein, daß sein eigener Tod nicht mehr weit weg ist, sucht er begierig nach einer Bestätigung des Lebens für sich und für die kommenden Generationen. Er möchte kreativer sein. Der kreative Impuls zielt nicht nur darauf ab, etwas zu »machen«. Er möchte Schöpfer sein, etwas entstehen lassen, Leben erzeugen. Ein Lied, ein Gemälde oder auch nur ein Löffel oder ein Spielzeug bekommen eine selbständige Existenz, wenn sie in diesem Geist die Kreation geschaffen werden. In der Vorstellung ihres Schöpfers haben sie ein eigenständiges Wesen und werden das Leben derer bereichern, die sich mit ihnen beschäftigen.

So werden beide Seiten dieser Polarität, die Destruktion und die Kreation, um die Mitte des Lebens intensiviert. Weil einem Mann in aller Deutlichkeit bewußt wird, daß seine eigene Zerstörung unausweichlich ist, verstärkt sich sein Wunsch, kreativ tätig zu werden. Mit diesem Wunsch wächst auch sein Bewußtsein von den destruktiven Kräften in der Natur, im menschlichen Leben allgemein und in ihm selbst.

Wer sich den Tatsachen nicht verschließt, sieht überall Tod und Zerstörung. In der Natur frißt jede Art gewisse andere Arten auf und wird selbst wieder von anderen gefressen. Zur geologischen Entwicklung der Erde gehört ein Zerstörungs- und Verwandlungsprozeß. Um etwas Neues bauen zu können, muß man eine alte Struktur einreißen und neu errichten. In der menschlichen Fortpflanzung kommen ein Ei und eine Samenzelle zusammen, um ein neues Wesen zu schaffen; aber viele andere sterben dafür ab. In jeder Spezies (mit der möglichen Ausnahme des Menschen in der nächsten Phase der Evolution) kommen viel mehr Nachkommen auf die Welt, als bis in ein hohes Alter überleben können. Die große Zahl von Jungtieren sichert die Ernährung anderer Arten, trägt den verheerenden Auswirkungen einer rauhen Umwelt Rechnung und sorgt für eine ausreichende Anzahl von Erwachsenen, um das Überleben der Spezies sicherzustellen. Das »Gleichgewicht der Natur« ist eine Mischung aus Destruktion und Kreation. Beide sind für die gesamte Harmonie und Evolution der Welt von wesentlicher Bedeutung.

Ein Schneesturm will den Bäumen nicht wehtun, die seine Folgen nicht überstehen. Ein Vogel ist nicht daran interessiert, einen Wurm zu vernichten oder einen Strauch zu beschädigen, sondern ihm geht es darum, Nahrung zu beschaffen und ein Nest zu bauen. Der Mensch handelt jedoch oft aus Haß, Böswilligkeit und Rachsucht, mit dem bewußten Ziel, Schmerz und Zerstörung zu bewirken. Der Homo sapiens ist fast die einzige Spezies, die ihresgleichen ausbeutet, kollektive Folterungen und individuellen Sadismus betreibt und soziale Strukturen schafft, in denen große Teile der Bevölkerung körperlich und seelisch systematisch beraubt, unterdrückt und vernichtet werden.

Andererseits sind wir auch die einzige Spezies, die ihre »animalische Natur« zu überwinden sucht, um neue Höhen einer moralischen, intellektuellen und ästhetischen Entwicklung zu erreichen. Die Geschichte der menschlichen Gesellschaft belegt diese visionären Träume, doch wir kommen erbärmlich langsam voran. Während wir auf ein höheres Gut hinarbeiten, erzeugen wir auch dessen Antithese – den Begriff und die Wirklichkeit des Bösen. Wir dürfen jedoch unsere kreativen Bestrebungen deshalb nicht aufgeben, sondern müssen lernen, besser mit der Polarität Destruktion/Kreation zu leben.

Kein Mensch kann vierzig werden, ohne irgendwelche Erfahrungen mit der menschlichen Destruktivität gemacht zu haben. Seine Mitmenschen – einschließlich derer, die ihm am nächsten stehen – haben irgendwie seiner

Selbstachtung Schaden zugefügt, ihn in der Entwicklung behindert, ihn davon abgehalten, die Dinge zu suchen und zu finden, die er sich am meisten wünschte. Umgekehrt hat er selbst auch anderen – auch denen, die er liebte – gelegentlich sehr wehgetan.

Wenn ein Mann im Übergang zur Lebensmitte sein Leben neu bewertet, muß er eine neue Einstellung zu den Vorwürfen finden, die er gegen andere erhebt, weil sie ihm tatsächlichen oder eingebildeten Schaden zugefügt haben. Eine Zeitlang ist er vielleicht völlig gelähmt in seiner ohnmächtigen Wut gegen seine Eltern, Ehefrau, Mentoren, Freunde und Familienangehörige, die ihm aus seiner jetzigen Sicht großen Kummer bereitet haben. Außerdem muß er, und das ist noch schwieriger, mit seinen Schuldgefühlen – seinen Selbstvorwürfen – wegen der destruktiven Wirkungen, die er auf andere und auf sich selbst ausgeübt hat, fertigwerden. Er muß sich fragen: »Wo habe ich es als Erwachsener an Verantwortung gegenüber Menschen, die mir nahestehen, und gegenüber Aktivitäten, die sich auf viele Menschen auswirken, fehlen lassen? Wo habe ich mich selbst im Stich gelassen und meine eigenen Möglichkeiten zerstört? Wie kann ich mit dieser Schuld und Gewissensqual leben?«

Ihm stellt sich nun die Entwicklungsaufgabe, ein tieferes Verständnis für die Rolle zu entwickeln, die die Destruktivität in seinem eigenen Leben und ganz allgemein im menschlichen Dasein spielt. Die Arbeit an dieser Aufgabe geschieht zum großen Teil unbewußt. Es geht in erster Linie darum, schmerzliche Gefühle und Erfahrungen noch einmal durchzugehen. Manche Männer drücken ihre neue Bewußtheit mit Worten aus, andere in den ästhetischen Kategorien der Musik, der Malerei oder der Poesie. Die meisten überwinden es einfach durch ihr Alltagsleben. Auf jeden Fall muß ein Mann mit seinen Vorwürfen und Schuldgefühlen fertigwerden – mit dem Bild von sich selbst als einem Opfer und Schurken im Fortsetzungsroman von der Unmenschlichkeit des Menschen gegen den Menschen. Wenn er sich mit seinen Vorwürfen und Schuldgefühlen allzusehr belastet, wird er sie nicht überwinden können. Wenn er gezwungen wird, die Illusion aufrechtzuerhalten, daß es keine Destruktivität gibt, wird er auch in seiner Fähigkeit beeinträchtigt sein, das Leben schöpferisch zu gestalten, zu lieben und zu bestätigen.

Es ist notwendig, daß ein Mann seine eigenen destruktiven Fähigkeiten erkennt und verantwortet. Selbst ohne feindselige Absichten wird er manchmal Verhaltensweisen an den Tag legen, die für andere schädliche Folgen haben. Als Vater mag er seine Kinder aus den besten Beweggründen bestrafen und doch damit die schlimmste Wirkung erzielen. In einer Liebesbeziehung erkalten seine Gefühle unerwartet, und er zieht sich aus dem Verhältnis zurück; es hat keinen Sinn, zu heiraten, doch die andere Person kommt sich verlassen und verraten vor. Als Chef muß er einen anständigen, aber unfähigen Angestellten zurückstufen und zerstört damit die Selbstachtung und die Zukunftsaussichten dieses Mannes. Keine Handlung kann ausschließlich positive Folgen haben. Um Taten von großem Nutzen vollbringen zu können, müssen wir mit der Last der Erkenntnis leben, daß wir damit auch schaden werden – und letzten Endes vielleicht mehr schaden als nützen.

Es ist schwer genug zu akzeptieren, daß wir unwissentlich destruktiv sein können. Am schmerzlichsten ist jedoch die Erkenntnis, daß wir destruktive Wünsche haben, die sich gegen andere – selbst von uns geliebte – Menschen richten. Es gibt Zeiten, wo ein Mann Haß und Ekel empfindet, wo er seine Lieben verlassen oder attackieren möchte, wo er sie unerträglich grausam, herabsetzend, engstirnig, anmaßend findet. Er spürt oft eine heftige Wut oder Bitterkeit, ohne zu wissen, was sie ausgelöst hat oder gegen wen sie sich richtet. Schließlich hat er tatsächlich geliebten Menschen willentlich wehgetan – mit den schlimmsten Absichten, und manchmal mit den schlimmsten Folgen.

Männer mit 40 unterscheiden sich stark hinsichtlich ihrer Bereitschaft, die eigene Destruktivität einzugestehen und zu verantworten. Manchen ist nicht bewußt, daß sie anderen geschadet haben oder das möglicherweise gerne tun würden. Andere fühlen sich wegen des von ihnen angerichteten tatsächlichen oder eingebildeten Schadens so schuldig, daß sie nicht frei genug sind, die Probleme der Destruktivität leidenschaftsloser und in einem größeren Zusammenhang zu sehen. Wieder andere verstehen wenigstens teilweise, daß ein Mensch sowohl Haß als auch Liebe für einen anderen empfinden kann, und sie haben eine Ahnung von der Ambivalenz in den eigenen, ihnen am Herzen liegenden Beziehungen. In jedem Fall besteht die Entwicklungsaufgabe darin, verstärkt auf eine Selbst-Kenntnis und Selbst-Verantwortung hinzuarbeiten.

Auch der reifste oder klügste Mann hat in der Lebensmitte eine Menge über die Funktionsweise der Destruktivität in ihm selbst und in der Gesellschaft zu lernen. Er muß etwas über das Erbe der Wut erfahren, die sich gegen andere und gegen ihn selbst richtet und die er seit seiner Kindheit mit sich herumschleppt. Er muß auch etwas über die im Laufe seiner Erwachsenenzeit dazugekommene Wut erfahren, die auf den alten

Emotionen aufbaut und sie verstärkt. Und er muß diese destruktiven Kräfte in seinem Innern in dem größeren Zusammenhang seines fortlaufenden Erwachsenenlebens sehen und sie den kreativen, lebensbejahenden Kräften gegenüberstellen, und er muß neue Wege finden, wie er sie im mittleren Erwachsenenalter integrieren kann.

Dabei handelt es sich nicht um ein rein bewußtes oder intellektuelles Lernen. Es ist nicht damit getan, daß man ein paar Bücher liest, ein paar Kurse absolviert oder auch zum Psychotherapeuten geht, obgleich das alles zu einem langfristigen Entwicklungsprozeß beitragen kann. Der Lernvorgang spielt sich hauptsächlich innerhalb der Struktur des eigenen Lebens ab. Während des Übergangs zur Lebensmitte lernen wir oft dadurch, daß wir intensive Phasen des Leidens, der Verwirrung und der Wut gegen andere und uns selbst durchmachen und verlorenen Gelegenheiten und verlorenen Teilen des Selbst nachtrauern.

Es gibt wohl keinen Menschen, für den die Polarität Destruktion/Kreation im mittleren Erwachsenenalter eine fundamentalere Rolle gespielt hätte als für den Dichter John Milton. Er erlebte um die Mitte des siebzehnten Jahrhunderts in England eine Zeit umwälzender sozialer Veränderungen, erblindete mit 42, erlitt schwere Schicksalsschläge in seinem persönlichen Leben, hing an einer rechtmäßigen sozialen Ordnung, glaubte an einen gerechten Gott und war empört über die in Gottes Welt verübten Ungerechtigkeiten – ein angesehener Staatsmann und Gelehrter und einer der größten Dichter der westlichen Welt. In den folgenden Zeilen aus *Das verlorene Paradies* gibt er uns einen Einblick in seine (und unsere) Erfahrung des Ringens um die Lebensmitte:

. . . Wo entflieh ich, ach,
Endlosem Zorn, unendlicher Verzweiflung?
Wohin ich flieh, ist Hölle, ich bin Hölle;
Und in der tiefsten Tiefe lauert stets
Noch eine tiefere und tut sich auf
Und droht, mich zu verschlingen, gegen die
Die Hölle, die ich leide, himmlisch scheint.

Ein mögliches Ergebnis, das das Ringen eines Mannes mit dieser Polarität zeitigen kann, ist das »tragische Lebensgefühl«. Das tragische Lebensgefühl entstammt der Erkenntnis, daß schwere Schicksalsschläge und Mißerfolge uns nicht nur von außen aufgezwungen werden, sondern weitgehend eine Folge unserer eigenen tragischen Mängel sind. Eine tragische Geschichte ist nicht nur eine traurige Geschichte. In einer traurigen Geschichte stirbt der Held oder scheitert in seinem Vorhaben oder wird von seiner Geliebten zurückgewiesen; verantwortlich für den unglücklichen Ausgang sind Feinde, mißliche Umstände, Pech oder irgendeine unerwartete Schwäche des Helden.

Bei der tragischen Geschichte ist das anders. Ihr Held jagt mit außergewöhnlicher Tugend und Tüchtigkeit einem höheren Ziel nach. Und in diesem Streben scheitert er. Das Scheitern geht zum Teil auf erhebliche äußere Schwierigkeiten zurück, doch es hat in erster Linie innere Ursachen: eine Charaktereigenschaft, die ein wesentlicher Teil des heroischen Strebens ist. Diese Charakteranlage hat im allgemeinen mit Hybris (Arroganz, Ich-Inflation, Omnipotenz) und mit Destruktivität zu tun. Das Edle und das Unzulängliche gehören im Helden zusammen. Doch die echte Tragödie endet nicht einfach mit dem Scheitern des Helden. Auch wenn er seine ursprünglichen Ziele nicht erreicht, ist er letztlich doch siegreich: Er stellt sich seinen profunden inneren Mängeln, akzeptiert sie als Teil seiner selbst und der Menschheit und ist bis zu einem gewissen Grad zu einem edleren Menschen geworden. Diese persönliche Verwandlung wiegt schwerer als das Scheitern und Leiden in der Welt.

Shakespeares *König Lear* ist eine der großen tragischen Geschichten in unserer Literatur. König Lear verzichtet freiwillig auf den Thron: er ist bestrebt, seine monarchische und väterliche Gewalt abzugeben, sein Vermächtnis der nächsten Generation zu übergeben und ein neues Leben zu beginnen. In diesem Streben scheitert er. Lears Scheitern und seine endgültige Verwandlung haben ihre gemeinsame Ursache in seinen tragischen Mängeln. Er will die Macht aufgeben – und behalten. Er ist unfähig, sein Vermächtnis und seinen Segen auf seine Töchter zu übertragen, da seine Liebe zu sehr im Schatten seines Stolzes und seiner narzißtischen Zügellosigkeit steht.

Seine zwei ältesten Töchter sind, wie er, weniger an Liebe als an Macht interessiert. Sie schmeicheln ihm und bekommen das königliche Erbe übertragen. Seine jüngste Tochter Cordelia sagt nur, daß sie ihn liebt – und er gibt ihr nichts. Nach seiner Abdankung führen die aufsteigenden Kräfte der Destruktion zum Bürgerkrieg und zur Invasion. Vom Chaos eingeholt, wird Lear verrückt, doch er gewinnt in dem Prozeß eine Verstandesklarheit wie nie zuvor. Er söhnt sich mit der liebenden Cordelia aus und ist endlich bereit, in einem höchst lebensbejahenden Sinn ganz Vater und Mensch zu sein.

Die überwältigende Macht menschlicher Destruktivität ist mit den folgenden Zeilen wiedergegeben:

Schickt nicht der Himmel sichtbar seine Geister
Alsbald herab, zu zügeln diese Greul?
Muß Menschheit an sich selbst zum Raubtier werden,
Wie Ungeheur der Tiefe?

Die »Geister des Himmels« sind nicht metaphysisch. Es sind die schöpferischen Kräfte in jeder Psyche, die – ausreichend entwickelt – die inneren »Ungeheuer der Tiefe« verwandeln können. Sie werden in dem Schauspiel durch Cordelia verkörpert. Sie ist der Geist der Einbildungskraft, das weibliche Prinzip, die Quelle der Liebe und der Versöhnlichkeit. Doch diese Eigenschaften existieren nicht allein in ihr oder in Frauen. Wenn Lear sie anfänglich zurückstößt, so ist das eine entscheidende Äußerung seines tragischen Mangels, und seine Aussöhnung mit ihr ist die Grundlage für seinen endgültigen Sieg. Sein Sieg ist die Entdeckung dieses Geistes in seinem eigenen Innern. In dem Maße, in dem er die Cordelia in seiner eigenen Psyche erkennt und integriert, kann er seine destruktiven, machtbesessenen, engherzig männlichen Wünsche mäßigen.

Am Ende begrüßt Lear die Aussicht, mit Cordelia zusammen ins Gefängnis zu gehen:

... Komm fort! Zum Kerker fort!
Da laß uns singen, wie Vögel in dem Käfig.
Bittst du um meinen Segen, will ich knien
Und dein Verzeihn erflehn; so wolln wir leben,
Beten und singen, Märchen uns erzählen
Und über goldne Schmetterlinge lachen.
... und tun so tief
Geheimnisvoll, als wären wir Propheten
Der Gottheit: und so überdauern wir
Im Kerker Ränk und Spaltungen der Großen,
Die ebben mit dem Mond und fluten.

Die »Ränk und Spaltungen der Großen/Die ebben mit dem Mond und fluten« sind die Gruppen, die die Menschheit in verfeindete Sekten spalten. Sie stehen für die Kräfte im kollektiven Leben, die zu destruktiven

Streitereien führen, und für die Kräfte im Selbst, die jeden von uns auf diese Ziele zutreiben. Sie erhalten ihr Gegengewicht in den Kräften der Liebe, des Spiels, der Versöhnung. Die Bemühungen um ein Gleichgewicht zwischen diesen Kräften können im mittleren Erwachsenenalter erheblich weiterkommen, auch wenn sie nicht zum Ziel führen – nicht in dieser Phase und auch nicht später.

Shakespeare selbst gibt ein Beispiel für die Auseinandersetzung mit der Destruktivität in der Lebensmitte. Stücke wie *König Lear* und *Der Sturm*, die er mit Anfang und Mitte Vierzig schrieb, stellen Höhepunkte in seinem genialen Werk dar. Zur gleichen Zeit, da er von König Lears freiwilligem Verzicht auf den Thron und von Prosperos Verzicht auf die Herrschaft über die bezauberte Insel schrieb, dachte er selbst an seinen freiwilligen Rückzug von der Zauberwelt des Schreibens und den Machtkämpfen des kommerziellen Theaters. Er gab das Schreiben Ende Vierzig auf und starb mit 52.

Es ist fast zu schmerzhaft, sich vorzustellen, welche weiteren Höhepunkte Shakespeare möglicherweise erreicht hätte, wenn er auch noch in seinen Fünfzigern und darüber hinaus hätte schreiben können. *König Lear* und *Der Sturm* verfaßte er während seines Übergangs zur Lebensmitte, auf dem Höhepunkt seiner eigenen Konflikte zwischen Destruktion und Kreation. In diesem Stadium schienen ihm Macht und Liebe totale Gegensätze. Macht zu suchen und auszuüben, war destruktiv, nutzlos, illusorisch. Wer sich auf die Liebe besann, vor allem gegenüber Töchtern, hatte ein glückliches, gesegnetes, versöhnliches Dasein, mit »tief geheimnisvollem Tun« befaßt. Shakespeare versuchte in seinen Stükken wie in seinem Privatleben den Konflikt dadurch zu lösen, daß er sich vollkommen von der Macht lossagte und sich in eine ruhige Welt der Liebe zurückzog. Eine echte Lösung ist das nicht. Lear stirbt, bevor er seine neu gefundene Weisheit erproben kann, und *Der Sturm* endet bezeichnenderweise damit, daß Prospero die Seereise antritt, die ihn zu seinem neuen Leben bringen soll.

Unglücklicherweise war Shakespeare selbst im mittleren Erwachsenenalter noch nicht weit genug fortgeschritten, um diesen Konflikt auch nur annähernd gelöst zu haben. Die große Entwicklungsaufgabe dieser Epoche verlangt von einem Mann nicht, daß er sich frühzeitig von der Verantwortung in der Welt zurückzieht oder sich von jeder Leidenschaft und Destruktivität freizumachen versucht, sondern daß er sich um ein neues Gleichgewicht von Macht und Liebe bemüht. Es ist sowohl für die

Gesellschaft als auch für den einzelnen im mittleren Erwachsenenalter von entscheidender Bedeutung, daß er die Last und die Freuden der Verantwortung akzeptiert, daß er lernt, mit einem gewissen Maß an Weisheit und Mitgefühl Autorität auszuüben, und daß er lernt, mit der Schuld und dem Schmerz zu leben, die der Preis für den bewußten Einsatz von Macht sind.

Nach einer Untersuchung, die dem Leben einiger hundert Künstler in vielen Ländern und Epochen der Geschichte galt, kam Jaques zu dem Schluß, daß alle Künstler eine Krise um die Lebensmitte durchmachen. Sie werden sich ihrer Sterblichkeit stärker bewußt und müssen sich unmittelbarer mit ihrer Destruktivität auseinandersetzen. Manche Männer beenden in dieser Zeit ihre Karriere als Künstler. Diejenigen, die ihre künstlerische Arbeit im mittleren Erwachsenenalter fortsetzen, oft nach einer mehrjährigen Pause, machen eine Verwandlung durch: nach Jaques wird aus einer »jähen« eine »geformte« Kreativität. Die späten Werke müssen nicht zwangsläufig in jeder Hinsicht besser sein, aber sie sind profunder und universaler. Sie spiegeln die entwicklungsbedingten Veränderungen wider, die mit dem Übergang zur Lebensmitte einsetzen.

Künstler lassen zwar Kreativität in ihren dramatischsten Formen erkennen, aber auch Männer mit anderen Talenten demonstrieren ihre individuelle Art der Kreativität, wenn sie anfangen, die großen Polaritäten der Entwicklung in der Lebensmitte aufzulösen. Das Ergebnis muß nicht unbedingt ein bemerkenswertes Gemälde oder eine Sinfonie oder ein Roman sein. Das Schöpferische kennt unendlich viele Formen – Produkte aller Art, Beziehungen, erfindungsreiche Handlungen, soziale Unternehmungen. In welcher Form sich die neue Kreativität eines Mannes im mittleren Erwachsenenalter auch äußert, sie entspringt zum Teil seiner neuen Beziehung zur eigenen Destruktivität und einer Intensivierung der liebenden, lebensbejahenden Aspekte des Selbst.

Die Maskulin/feminin-Polarität

Die Unterscheidungen zwischen männlich und weiblich, maskulin und feminin, sind »offensichtlich« und doch oft unklar. Lassen Sie mich kurz ihre Bedeutung erklären, so wie ich sie verwenden werde. Die Begriffe »männlich« und »weiblich« beziehen sich auf das biologische Geschlecht. Männlich ist im Vor-Erwachsenenalter ein Junge, im Erwachsenenalter ein Mann. Weiblich ist das Mädchen und später die Frau. Mit wenigen Ausnahmen beginnt jedes menschliche Wesen das Leben mit dem biologischen Potential, männlich oder weiblich zu sein, aber nicht beides zugleich. Ein männlicher Fötus entwickelt Fortpflanzungsorgane, Muskulatur und andere biologische Merkmale, die Männer von Frauen unterscheiden.

Die Begriffe »maskulin« und »feminin« beziehen sich auf die *Bedeutung des Geschlechts.* Sie gehen über das rein Biologische hinaus und betreffen die sozialen und psychologischen Unterschiede zwischen dem Männlichen und dem Weiblichen. Im Lauf unseres Lebens erhalten wir alle eindringliche Botschaften hinsichtlich der fundamentalen Unterschiede zwischen Jungen und Mädchen, Männern und Frauen. Die Ideen des Maskulinen und Femininen sind in allen Religionen, politischen Ideologien, Familienstrukturen und sozialen Institutionen enthalten. Diese Vorstellungswelt existiert in jeder Gesellschaft, doch ihr spezifischer Inhalt ist immer wieder anders.

Selektiv beansprucht und adoptiert jedes männliche Wesen die in seiner Kultur geltenden Vorstellungen von seinem Geschlecht. Das Geschlecht spielt eine wichtige Rolle in seinen Beziehungen zu Mutter und Vater, Brüder und Schwestern, Freunden und Freundinnen, Lehrern, Liebenden und anderen Figuren, die tatsächlich oder in seiner Einbildung existieren. Auf Grund der Erfahrungen etwa, die ein Junge mit seiner Mutter macht, entwickelt er starke Gefühle, Phantasien und Vorstellungen in bezug auf das Feminine: die nährende, gute Mutter; die lieblose, destruktive Mutter; die erotische, verführerische Mutter. Ähnlich ist es mit dem Vater, den Geschwistern und anderen. Aus diesen Beziehungen entwickelt er innerlich eine ganze Reihe von Charakteren, die die für ihn bedeutsamen Formen der Maskulinität und Femininität darstellen. Er entwickelt Einstellungen, Phantasien und Wünsche in bezug auf das Maskuline und Feminine in ihm selbst und in bezug auf seine Beziehungen zu anderen Männern und Frauen. Gefühle über Maskulinität und Femininität fließen in die geschlechtsspezifische Identität eines Mannes ein – in seine Vorstellungen davon, wer er als Mann ist, wer er sein möchte und wer er nicht sein möchte, weil er davor Angst hat.

In den meisten Gesellschaften ist eine Aufteilung nach Geschlechtern erfolgt: Männer sind maskulin, Frauen sind feminin, und niemand kann beides zugleich sein. Die Integration von Maskulinität und Femininität ist von gewissen Religionen und Philosophien, etwa dem Buddhismus, als spirituelles Ziel befürwortet worden, aber nur selten mit Erfolg. (Selbst hier ging man davon aus, daß die Integration nur für eine kleine Elite erreichbar sei, hauptsächlich für Männer der Oberschicht oder Mönche, und auch für die nur nach jahrelangem Ringen.) Im Leben der meisten Menschen und in den sozialen Institutionen fast aller Gesellschaften hat sich die Aufteilung zwischen Maskulinem und Femininem durchgesetzt. Zwei entgegengesetzte Prinzipien – unterschiedlich als maskulin und feminin, hell und dunkel, Yang und Yin identifiziert – unterscheiden das Männliche vom Weiblichen.

In den letzten paar hundert Jahren sind die althergebrachten Unterscheidungen zwischen den Geschlechtern etwas reduziert worden. Heute wird in größerem Umfang anerkannt, daß Frauen sich nicht kategorisch von Männern unterscheiden, daß sie weitgehend die gleichen Wünsche haben wie Männer und weitgehend die gleichen Fertigkeiten entwickeln können. Frauen dürfen heute »maskuliner« sein und sich in traditionell maskulinen Bereichen engagieren, während Männer »femininer« sein dürfen. Trotzdem gibt es in unseren sozialen Institutionen und in unserem individuellen Leben immer noch eine starke Trennungslinie zwischen dem Maskulinen und dem Femininen. Noch haben Wissenschaftler nicht eindeutig den Grad festlegen können, bis zu dem die verschiedenen sozialpsychologischen Bedeutungen des Geschlechts mit elementaren biologischen Unterschieden zwischen Männern und Frauen zusammenfallen.

Die Maskulin/feminin-Polarität war für alle Männer in unserer Untersuchung von großer Wichtigkeit, obwohl der spezifische Inhalt und die Konflikte weit auseinandergingen. Jeder Mann hat seine eigene geschlechtsspezifische Identität. Aus ihrem Leben geht deutlich hervor, daß das Bemühen um Männlichkeit im frühen Erwachsenenalter seinen Höhepunkt erreicht. Wenn ein Mann beginnt, in der Erwachsenenwelt seinen Weg zu gehen, möchte er in Übereinstimmung mit den Vorstellungen, Motiven und Werten leben, die er für zentrale Aspekte der Maskulinität hält, und er neigt dazu, die femininen Aspekte seines Selbst geringzuschätzen oder zu verdrängen. Jeden Teil des Selbst, den er für feminin hält, erfährt er als gefährlich. Ein junger Mann, der darum kämpft, seine Männlichkeit nachzuweisen, hat vor Gefühlen und Interessen Angst, die ihm weiblich vorkommen. Das führt unter anderem dazu, daß ein großer Teil des Selbst im frühen Erwachsenenalter nicht ausgedrückt oder auch nur erfahren werden kann.

Was bedeutet es, maskulin oder feminin zu sein? Welche persönlichen Eigenschaften schließt die Maskulin/feminin-Polarität ein?

– *Eine* Bedeutung der Femininität in einem Mann ist die *Homosexualität* – das Verlangen nach einer sexuellen Beziehung zu einem anderen Mann. Diese Form der Femininität löst die größte Unruhe und moralische Empörung aus. Tatsächlich besteht einer der Hauptgründe für die Tabuisierung anderer Formen darin, daß sie als »Zeichen« einer unbewußten oder nicht eingestandenen Homosexualität angesehen werden. In Wirklichkeit sind Femininität und Homosexualität alles andere als identisch. Viele Homosexuelle haben starke maskuline Identifizierungen und persönliche Eigenschaften, und viele Männer, die in ihrem Liebesleben stark heterosexuell orientiert sind, haben ausgeprägte Interessen, Charakterzüge und Gefühle, die auf feminine Aspekte des Selbst zurückgehen.

Fünf unserer vierzig Männer – zwei Biologen und drei Romanschriftsteller – redeten über ihre homosexuellen Aktivitäten oder Besorgnisse. Wahrscheinlich hatten noch ein paar andere homosexuelle Erfahrungen oder Interessen, waren jedoch nicht bereit, darüber zu reden; und dann gab es auch Männer, die auf einer eher unbewußten Ebene homosexuelle Gefühle hatten. Einer der Biologen hatte in seiner Jugend eine Phase ausgedehnter homosexueller Aktivität durchlebt. Während seines Studiums wurde die Homosexualität von den maßgeblichen Leuten an der Universität entdeckt. Er mußte versprechen, damit aufzuhören und sich in psychotherapeutische Behandlung zu begeben. Während der nächsten zehn Jahre hatte er mehrere heterosexuelle Liebesaffären und war, zwischen 20 und 30, ein Jahr lang verheiratet. Als wir ihn zuletzt mit 30 sahen, hatte er nicht wieder geheiratet, und sein Liebesleben war immer noch problematisch. Ein anderer Biologe machte in den Zwanzigern durch sein Interesse an Kunst und Theater mit der Welt der Homosexuellen Bekanntschaft. Mit dreißig machte er eine schwere Krise durch und beschloß von sich aus, zum Psychotherapeuten zu gehen, um an seinen Beziehungen zu Männern und Frauen, seiner Angst vor der eigenen Kreativität und seiner Bindung an den Beruf des Biologen zu arbeiten. Mit Ende Dreißig lebte er in einer befriedigenden Ehe, hatte eine Familie gegründet und trat beruflich in eine äußerst kreative Phase ein.

– Andere Eigenschaften, die oft mit Männlichkeit assoziiert werden, sind *Draufgängertum und Zähigkeit* – die Kraft, sich auf lange Sicht Strapazen auszusetzen und schwere körperliche Belastungen auszuhalten, ohne »klein beizugeben«. Im Gegensatz zu dieser Vorstellung von Maskulinität gilt dann das Feminine als zerbrechlich, schwach, verwundbar, ohne die körperlichen Reserven, die man zu einer hartnäckigen Verfolgung erstrebenswerter Ziele braucht. Eine Maskulinität in diesem Sinne wird oft durch den Marineinfanteristen, den Ringkämpfer und den Chirurgen symbolisiert; wir fanden in den verschiedenen Berufen noch viele andere Formen. Wie wir gesehen haben, war dieses Image der Maskulinität für Jim Tracy als sportlichen Jungen, als jungen Offizier und als aufstrebenden Manager von großer Bedeutung. Der Biologe John Barnes (vgl. Kapitel 17) hatte ähnliche Vorstellungen: er war Hockeyspieler, Skiläufer und Segler und sah sich selbst als einen nie müde werdenden Wissenschaftler, der endlose Stunden im Labor verbringen konnte, ohne zu klagen oder aufzugeben.

Den Romanschriftstellern waren die Seiten ihrer selbst, die sie für feminin hielten, stärker bewußt, aber sie gerieten in einen erheblichen Konflikt, wenn sie sich darauf bezogen. Sie waren keineswegs frei von jener »Machismo«-Männlichkeit, die gewöhnlich anderen Berufen zugeschrieben wird. Sechs unserer zehn Romanautoren waren stark an körperlicher Ausdauer und Vitalität interessiert. Einige von ihnen waren beim Militär gewesen, wo sie verzweifelt versuchten, sich als Männer an der Front zu bewähren und Ängste zu überwinden, die ihnen feige und beschämend vorkamen – und feminin. Viele waren ein Leben lang, als Teilnehmer und Zuschauer, an Kampfsportarten wie Football, Basketball und Boxen interessiert. Es war schwer zu sagen, ob sie mehr der Aspekt des Kräftemessens reizte oder die körperliche Geschicklichkeit, Ausdauer und Kraft.

– Eine verwandte Bedeutung der Maskulinität hat mit *Leistung und Ambition* zu tun. Sie wird durch den heroischen Mann porträtiert, der hinter einem Schatz her ist, ob das nun der Heilige Gral oder der Nobelpreis ist, der Große Amerikanische Roman oder die Vorstandsetage. Dieses Thema berührt die traditionelle Arbeitsteilung in der Familie. Danach ist die Frau vorwiegend für die Erziehung der Kinder, für den Haushalt und für andere Arbeiten verantwortlich, die sie in der häuslichen Umgebung festhalten. Der Mann dagegen ist das wichtigste Bindeglied zwischen der Familie und der Gemeinschaft der anderen. Die letzte Autorität lag immer bei ihm. Seine erste Verantwortung, die er durch seine berufliche Tätigkeit wahrnimmt, ist, für das materielle Wohlergehen und den gesellschaftlichen Status seiner Familie zu sorgen. Mit der zunehmenden Trennung von Familie und Beruf in den letzten paar Jahrhunderten stieg nach und nach die Bedeutung der Arbeit eines Mannes als Grundlage all dessen, was er für die Familie und für seine Selbstachtung als Ehemann, Vater und Mensch leistet.

Die Arbeitsteilung zwischen Mann und Frau verstärkt noch einen anderen Aspekt der Maskulin/feminin-Polarität. Wer als maskulin gelten will, muß in seinem Beruf Erfolg haben, vorankommen, seinem Selbst und der Familie zuliebe gut verdienen. Wer als feminin gelten will, muß das Nest bauen und sich um die vielfältigen Bedürfnisse des Mannes und der Kinder kümmern. Die feminine Frau ist die aufopfernde Frau, die versucht, das Vorankommen ihres Mannes zu fördern. Unter den Berufstätigen ist es die unverheiratete Frau auf der Suche nach einem Ehemann oder in einem Beruf wie Lehrerin oder Krankenschwester, wo sie gebührend mütterlich und unterwürfig ist und Männern keine Konkurrenz macht. In dem Maße, in dem ein Mann diese »femininen« Eigenschaften hat oder in derartigen Berufen engagiert ist, muß er mit seinen eigenen Gefühlen und denen anderer fertigwerden, daß es ihm als Mann an irgend etwas fehlt.

Dieser Konflikt spielte in Paul Namsons Leben (vgl. Kapitel 12 und 18) eine wichtige Rolle. Es war für ihn unter anderem auch deshalb so schwer, seine Karriere als leitender Angestellter aufzugeben, weil ihm diese Arbeit als Vehikel für seine maskulinen Bestrebungen diente. Und wenn es ihm Schwierigkeiten bereitete, sich ganz auf das Schreiben von Romanen zu konzentrieren, so zum Teil wegen der femininen Bedeutungen einer solchen kreativen, ästhetischen Tätigkeit: das Schreiben ergab kein unmittelbar brauchbares Produkt, es entsprang seinen eigenen schmerzlichen Empfindungen, und es galt in seiner Familie und in der Geschäftswelt in mancher Hinsicht als »dubios«. Eine andere Version dieser Polarität finden wir bei Bill Paulsen (vgl. Kapitel 8 und 18), dem Arbeiter, der sich große Mühe gab, ins Management überzuwechseln. Dieser Aufstieg repräsentierte für ihn unter anderem die Bestätigung seiner Männlichkeit. Seine »Aufschneiderei«, mit der er sich selbst etwas vormachte, war eine Reaktion auf die Angst, er könnte die Ansprüche nicht ganz erfüllen und vielleicht dazu verurteilt sein, ewig bei den »Weibern« in der Fabrikhalle zu bleiben, anstatt zu den maßgeblichen Männern aufzusteigen.

– Die Sorge um *Macht und Schwäche* ist ein weiterer Aspekt der Maskulin/feminin-Polarität. Für viele Männer ist das Wesentliche an der Maskulinität die Macht: über andere die Kontrolle zu haben, ein willensstarker Mensch zu sein (und als solcher bekannt zu sein), eine Führerpersönlichkeit, die alle Aufgaben bewältigt. Der Gegenpol, der durch das Feminine symbolisiert wird, ist: schwach zu sein, unterwürfig, anspruchslos, den Schikanen anderer ausgesetzt, die mehr Macht haben und bereit sind, sie zur Ausbeutung einzusetzen. Diese Version des Maskulinen und Femininen ist im Bereich der sozialen Beziehungen die Entsprechung zu dem oben erwähnten Gegensatz der körperlichen Zähigkeit und Zerbrechlichkeit.

Wenn die Trennung von Macht und Schwäche extreme Formen annimmt, hält ein Mann jedes Zeichen der Schwäche bei sich für unerträglich feminin und gefährlich. Er wird mit allen Mitteln versuchen, es zu leugnen. Seine Angst wächst mit jedem Anzeichen des biologischen und sozialen Niedergangs in der Lebensmitte. Die markanteste Form dieser Trennung von Macht und Schwäche, mit einer extremen Überbewertung des Maskulinen und Angst vor dem Femininen, ist vielleicht die autoritäre Persönlichkeit. Variationen dieses Themas finden sich jedoch bei allen Männern.

– Schließlich spiegelt sich die Maskulin/feminin-Polarität oft in dem Unterschied, der zwischen dem *Denken und Fühlen* gemacht wird. Es wird oft behauptet, Männer seien von Natur aus logischer und »vernünftiger« als Frauen – analytischer und intellektueller, kühler, stärker an der Funktionsweise der Dinge interessiert. Frauen gelten dagegen als emotionaler und intuitiver, eher geneigt, ihre Entscheidungen auf Grund von Gefühlen als nach sorgfältiger Analyse zu treffen. Diese Definition des Maskulinen und Femininen ist ein Teil der umfassenderen Schablone, die Maskulinität mit fachlichem Können in einer spezialisierten Arbeitsstruktur verbindet, Femininität mit der Mutterschaft und der Sorge um die emotionalen Bedürfnisse der Kinder und des Ehemanns.

Um mit dieser Polarisierung in ihrer extremsten Form zurechtzukommen, muß ein Mann eine Art Denkmaschine sein. Will er wahrhaft maskulin sein, muß er sich seinem Beruf auf eine höchst unpersönliche Weise widmen. Er kann sich innerhalb enger Grenzen »männliche Gefühle« leisten, die mit Durchsetzungsvermögen, Rivalität und Pflichterfüllung zu tun haben. Aber er darf sich keinen Gefühlen hingeben, die um

Abhängigkeit, Intimität, Kummer, Sinnlichkeit oder Verletzlichkeit kreisen. Solche Gefühle werden mit Infantilität und Femininität in Verbindung gebracht.

In unserer Untersuchung waren es die Biologen, die am extremsten dem Denken auf Kosten des Fühlens den Vorrang gaben. Mit der machthungrigen »Macho«-Maskulinität hatten sie nur wenig zu tun. Sie beteiligten sich nicht am Kampf um politische Macht oder finanziellen Erfolg oder sexuelle Eroberungen. Doch trotz ihrer oft sanften Art waren sie auf dem Bereich des Intellekts verbissene Kämpfer. In ihrem Bemühen, sich in der »ersten Reihe« der Biologen zu etablieren, kannten sie keine Gnade für ihre Rivalen und hatten für jeden, der das Ziel vielleicht nicht erreichte – einschließlich ihrer selbst –, nur Verachtung übrig. James Watson, der als Mitentdecker der Struktur des DNS-Moleküls den Nobelpreis erhielt, hat in seinem Buch *Die Doppel-Helix* diesen Kampf treffend dargestellt. Der Philosoph Bertrand Russell schrieb von seinen Bemühungen, aus diesem Gefüge auszubrechen (vgl. Kapitel 2). John Barnes ist nur einer der Biologen in unserer Untersuchung, der sein einseitiges Engagement im Kampf um die intellektuelle Überlegenheit mit einer Entfremdung vom eigenen Gefühlsleben und allen anderen Aspekten des Selbst bezahlte, die er als feminin erfuhr. In Kapitel 17 werden wir sehen, wie stark sich diese Polarisierung in seinen frühen Erwachsenenjahren auswirkte und welche Anstrengungen er machte, sie während des Übergangs zur Lebensmitte zu reduzieren.

Wenn wir uns nun das ganze Bündel an Eigenschaften ansehen, die wir gerade dargestellt haben, so entdecken wir eine aus vielen Facetten zusammengesetzte Struktur der Maskulinität und im Gegensatz dazu eine komplementäre Struktur der Femininität. Ein einheitliches Thema der maskulinen Struktur ist die Besinnung aufs *Tun, Machen, Haben.* Ein Mann soll sich ins Leben stürzen und etwas tun: etwas bewegen, erreichen, erzeugen, erfolgreich abschließen. Wenn sein Körper das Ausdrucksmittel für seine Maskulinität ist, versucht er, zu besonderer Kraft, Ausdauer, Virilität, sportlicher Meisterschaft zu kommen. Zieht er den Verstand als Ausdrucksmittel vor, setzt er sein Denkvermögen als Waffe ein, um zu siegen, seine Rivalen auszustechen, sei es in der Wissenschaft, in den Künsten oder im Schachspiel. Wie auch die Arena aussieht, er möchte jedenfalls in der Welt der Arbeit und der Männer einen Platz erobern. Er möchte ein produktiver, unabhängiger, verantwortlicher, maßgebender

Mann werden, der die erforderlichen geistigen und körperlichen Fähigkeiten hat, um seine Ziele zu erreichen.

Das Feminine bildet den Gegenpol. Feminin zu sein, heißt, an Körperkraft und Durchhaltevermögen unterlegen sein, dem Fühlen den Vorzug vor dem Denken geben. Eine Frau mag auf eine feminine Art klug sein, aber man kann nicht damit rechnen, daß sie konsequent logisch vorgeht, daß sie bei einer schwierigen Aufgabe durchhält oder daß sie ein Problem löst, ohne sich von ihren Gefühlen beirren zu lassen. Nach dieser Auffassung ist es das Feminine in einem Mann, das ihn weich und abhängig sein läßt, so daß er mit dem zweiten Platz zufrieden ist, anstatt um die Spitze zu kämpfen. Er gilt als feminin, wenn er tiefgehende Gefühle hat, wenn er »sensibel«, untertänig, ästhetisch ist.

Der entscheidende Unterschied liegt vielleicht im *kreativen Schaffen.* Nach diesen Vorstellungen besteht die maskuline Form des kreativen Schaffens darin, etwas nach eigenen Entwürfen herzustellen: zu planen, zu formen, zu errichten, Rohstoffe in ein neues Produkt umzuwandeln. Eine spezifisch maskuline Form des kreativen Schaffens ist es, eine Brücke zu bauen, eine Mausefalle zu erfinden oder die Konstruktion eines Autos zu verbessern. Die feminine Form wird durch das Gebären und Aufziehen von Kindern repräsentiert. In gewissem Sinne schafft eine Frau einen Embryo, ein kleines Kind und einen Erwachsenen. Aber sie »macht« nicht, daß das Kind wächst. Vielmehr *ermöglicht* sie, daß es wächst, und das gelingt ihr am besten, wenn sie sich den inneren Gesetzen des Wachstums, die seine Entwicklung steuern, unterordnet.

Das künstlerische Schaffen ist in dieser Hinsicht stark feminin. Der Maler, Komponist oder Schriftsteller steht immer wieder vor der Situation, daß er mit einem rudimentären Bild oder Gedanken anfangen muß. Es ist wie eine Schwangerschaft: er trägt einen Samen in sich, den er pflegen, gebären, in die Welt setzen muß. Die Musen sind weiblich. Wenn ein junger Künstler das Kreativ-Feminine nicht als Teil seiner selbst akzeptieren kann, dann denkt er eben an eine Muse, die seine kreativen Bestrebungen inspiriert. In seinen mittleren Erwachsenenjahren wird er das Feminine vielleicht eher akzeptieren und sich die Muse als einen wesentlichen Teil seiner selbst vorstellen können. Dahin zu kommen, ist eine Aufgabe des Übergangs zur Lebensmitte.

Wie ich schon sagte, ist das relative Übergewicht des Maskulinen über das Feminine bei jungen Männern ganz verschieden, und das gilt auch für das Ausmaß, in dem das Feminine zurückgehalten oder vom bewußten

Ich abgespalten werden muß. Ein Mann kann fast vollständig von den Aspekten seiner selbst, die er für feminin hält, abgeschnitten sein. Er versagt sich jede Intimität, jedes Bewußtsein der eigenen Schwäche oder Abhängigkeit, jedes Abweichen von seinen maskulinen Bestrebungen. Er mag zum furchtlosen Abenteurer, zum heroischen Soldaten, zum ehrgeizigen Streber nach Macht oder intellektueller Leistung werden. Gleich wie sein Ziel auch aussieht, es wird so weit wie möglich mit seinen maskulinen Vorstellungen und Werten übereinstimmen und alle femininen Eigenschaften – sofern sie nicht unbewußt ausgedrückt werden – ausschließen.

Ein Mann, der mit dieser übertriebenen Maskulinität behaftet ist, kann zwar ein verantwortungsvoller Vater sein, aber seinen Kindern wird er kalt, distanziert und anspruchsvoll vorkommen. In Frauen wird er entweder das Mütterliche oder das Sexuelle sehen, aber nicht beides. Die einen sind für ihn hingebungsvolle Mütter und Ehefrauen, aber ohne sexuellen Reiz. Die anderen sind gut für sexuelle Abenteuer und Vergnügungen, aber als Mutter, Ehefrau, Schwester oder Tochter eine entsetzliche Vorstellung. Es ist diesem Mann nicht möglich, ein intimes, auf Gegenseitigkeit beruhendes Verhältnis zu einer Frau zu haben. Er bringt in eine solche Beziehung sehr wenig von sich selbst ein. Er empfindet Verachtung für den sexuellen Typ und stellt die tugendhafte Frau auf ein Podest, aber ein emotional enges Verhältnis hat er zu beiden nicht. Er kann mit einer Frau nicht befreundet sein. Er will eine Frau gar nicht gut kennenlernen, weil er Angst davor hat, sich selbst gut kennenzulernen – vor allem die weniger maskulinen Aspekte seiner selbst.

Natürlich ist diese innere Spaltung gewöhnlich nicht so ausgeprägt. Ein Mann und seine Frau oder Geliebte erreichen in ihrer Beziehung oft eine psychologische »Arbeitsteilung«. Für bestimmte Interessen und Gefühle übernimmt der Mann die Hauptverantwortung, für andere die Frau. Sie finden einen Modus operandi, bei dem die Stärken des einen die Schwächen des anderen ergänzen. Gewöhnlich gehören zu seinem Bereich die Eigenschaften, die als maskulin gelten, zu ihrem die femininen. Es kann auch zu interessanten Umkehrungen kommen, so etwa, wenn er am Kochen oder am Mitteilen von Gefühlen interessiert ist oder wenn sie stärkere berufliche Ambitionen hat als er.

Eine derartige Komplementarität ist sowohl eine Quelle der Stärke als auch der Schwäche. Während jeder Partner in gewissen Punkten Mängel aufweist, verfügen sie zusammen über ein breites Spektrum an Fertigkeiten, Gefühlen und Lebensweisen. Zusammen bilden sie eine ganze Person. Ein Mann kann so von seiner Frau viele der femininen Eigenschaften beziehen, die er in sich selbst nicht pflegen kann. Mit der Zeit kann es in einer guten Beziehung dazu kommen, daß er diese Eigenschaften akzeptiert und selber entwickelt. Solange er sich jedoch darauf verläßt, daß sie sie stellt, bleibt er unvollständig und einseitig. Dasselbe gilt für sie.

Auch wenn es graduelle Schwankungen gibt, haben doch die geschlechtsspezifischen Unterschiede einen gewaltigen Einfluß in der modernen Gesellschaft. Die meisten Männer formen im frühen Erwachsenenalter eine Identität, die von »maskulinen« Vorstellungen, Wünschen und Werten durchsetzt ist. Mag der Wunsch eines jungen Mannes, über die traditionell engen Grenzen der Vorstellung von Maskulinität hinauszuwachsen, auch noch so groß sein, so ist der Gedanke der Männlichkeit trotzdem von großer Bedeutung für ihn. Er ist bestrebt, sich als männlicher Erwachsener in der Welt einen Platz zu erobern. Dabei muß er eine gewisse Angst vor dem Femininen empfinden und es bis zu einem gewissen Grad kontrollieren oder verdrängen. Er muß dem Maskulinen – so wie er es versteht – eine größere Priorität einräumen. Er kann auch dem Femininen Platz machen, aber er kann die beiden nicht zu einem Ganzen zusammenfassen.

Die Schwierigkeit bei der Integration des Maskulinen und Femininen im frühen Erwachsenenalter hat viele Ursachen. Sie hat zum Teil mit den kulturellen Traditionen, zum Teil mit persönlicher Unreife zu tun. Ein junger Mann in den Zwanzigern hat gerade erst die Adoleszenz hinter sich; er ist in der Entwicklung noch nicht so weit, daß er alle Konflikte seiner Vor-Erwachsenenzeit lösen und zu einer in hohem Maße integrierten Persönlichkeit werden kann. Er muß sich an das halten, »was da ist«, und das heißt, er muß eine erste Struktur für das Erwachsenenleben aufbauen, die seine inneren Konflikte widerspiegelt und aushält. Die Schwierigkeit bei der Integration hängt auch mit der Größe der sich entfaltenden Lebensaufgaben zusammen. In den Zwanzigern und Dreißigern braucht er seine ganzen Energien, um sich beruflich und familiär zu etablieren. Normalerweise muß er mit schweren finanziellen Belastungen fertigwerden, seine Ziele verfolgen und den Streß des Alltags bewältigen. Es gibt außerdem biologische Gründe für das übliche Übergewicht des Maskulinen über das Feminine bei Männern im frühen Erwachsenenalter.

Normalerweise schafft also ein Mann um die zwanzig, mit Beginn des frühen Erwachsenenalters, eine Teil-Integration des Maskulinen und Femininen. Zu einer weiteren Lösung der Konflikte kommt er möglicherweise während des Übergangs in die Dreißigerjahre. In der Phase des Selbständig-Werdens, Ende dreißig, verstärken sich die maskulinen Bestrebungen noch einmal, und er gibt sich größte Mühe, eine mündigere, »männliche« Position in der Welt zu erreichen und den Einfluß des »kleinen Jungen« im Selbst zu verringern. Die meisten Männer haben mit Ende dreißig ungefähr die gleiche Verteilung von maskulin und feminin wie mit Anfang Zwanzig. Im Übergang zur Lebensmitte ergibt sich in der Entwicklung die nächste größere Gelegenheit, die Maskulin/feminin-Polarität erneut zu integrieren.

Die Weiterentwicklung im mittleren Erwachsenenalter

Während des Übergangs zur Lebensmitte läßt sich die Verteilung von Maskulinem und Femininem endlich verbessern. Es geht nicht einfach darum, die Hervorhebung des Maskulinen quantitativ zu verringern und das Feminine zu steigern. Erforderlich ist vielmehr eine qualitativ neue Integration der beiden. Die Entwicklungsaufgabe ist, eine neue Einstellung zu den Grundbedeutungen der Maskulinität und der Femininität zu finden. Ein Mann muß zu den verschiedenen archetypischen Gestalten in seinem Kopf, die die Männlichkeit und die Weiblichkeit repräsentieren, eine neue Beziehung herstellen. Er muß die vorhandene Lebensstruktur modifizieren und auf eine neue hinarbeiten. In dieser neuen Struktur wird das Feminine eine größere und freiere Rolle spielen. Das Maskuline kann in mancher Hinsicht reduziert werden, aber es kann auch volleren Ausdruck finden, wenn man nicht mehr so sehr durch das Bedürfnis eingeengt wird, das Feminine zu unterdrücken. Schließlich kann ein Mann, in dessen Selbst das Maskuline und das Feminine nicht mehr so streng getrennt sind, diese kombinieren und für kreative Zwecke nutzen: in der Arbeit, in seinen persönlichen Beziehungen, in der Einsamkeit und in seinem persönlichen Erleben.

Diese Veränderung kann die *Beziehung eines Mannes zu seiner Mutter* beeinflussen, besonders zu der Mutterfigur in seiner Psyche. In den frühen Erwachsenenjahren hat er normalerweise einen kleinen Jungen und eine Mutter in sich, die eine vielschichtige Beziehung unterhalten. Die Mutter kann als eine mächtige Fürsorgerin und Beschützerin symbolisiert sein; als eine mächtige Gegnerin, die ihm alles wegnehmen, ihn erdrücken und vernichten kann; als eine schwache Figur, die ihn im Stich lassen oder den Angriffen eines rächenden Vaters aussetzen kann; und so weiter, und so fort. Im Übergang zur Lebensmitte kann sich ein Mann teilweise von diesen Vorstellungen und Ängsten freimachen. Er hat dann weniger Angst vor der Macht einer Frau, sich zurückzuhalten, alles zu verschlingen und zu verführen. Er kann mehr von sich selbst geben, von ihr mehr empfangen und ihre größere Unabhängigkeit akzeptieren. Er ist nun eher bereit, mit einer Frau partnerschaftlich zu kooperieren oder als ihr Untergebener zu arbeiten, ohne sich gleich entmannt zu fühlen. Zu ähnlichen Prozessen kommt es, wenn er versucht, sich von der Diktatur der verinnerlichten Vaterfiguren freizumachen, die es ihm schwer machen, männlicher zu werden und das Feminine zu nutzen.

Im Übergang zur Lebensmitte ergibt sich für einen Mann auch die Möglichkeit, die Art seiner *Liebesbeziehungen zu gleichgestellten Frauen* zu verändern. Im frühen Erwachsenenalter hätte ein Mann gern, daß ihm eine besondere Frau die Dinge bietet, die er braucht und im eigenen Selbst weitgehend vermissen läßt. Dieses Modell – mit seinen zahllosen Abwandlungen – bildet die traditionelle Basis für ein stabiles Familienleben im frühen Erwachsenenalter. Im mittleren Erwachsenenalter ist jedoch diese Arbeitsteilung weder notwendig noch wünschenswert. Ein Mann kann nun die Eigenschaften, die er vorher von sich wies und auf Frauen projizierte, wieder für sich beanspruchen. Er kann nach und nach sehen, daß verschiedene archetypische Gestalten – die inspirierende Muse, die zärtliche Liebende, die Hegerin und Pflegerin der Kinder – in Wirklichkeit Teile von ihm selbst sind. Diese verinnerlichten Gestalten können noch weiter wachsen und nützlich werden, wenn er sie anerkennt und liebt und in seinem Leben integriert. Es wird ihm dann besser gelingen, eine Frau um ihrer selbst willen zu lieben, und nicht nur, weil sie ihm etwas bietet, was er in sich selbst nicht akzeptieren kann.

Die weitergehende Integration der Maskulin/feminin-Polarität in der Lebensmitte macht es auch leichter und lohnender, *ein Mentor zu werden*. Ein Mann kann schon im frühen Erwachsenenalter verschiedene Mentor-Funktionen ausüben, aber es ist schwer, schon vor den Vierzigern zu einem Mentor im umfassenderen Sinn zu werden. Ein »Lehrling« oder jüngerer Erwachsener hat etwas von der Abhängigkeit und Unfertigkeit eines Kindes, aber er hat auch die Unabhängigkeit, die inneren Reserven und die Entwicklungsmöglichkeiten eines Erwachsenen. Ein »zulänglicher« Mentor muß beides berücksichtigen. Sieht er in seinem Schützling hauptsächlich ein Kind, bringt er sich allzusehr in die Rolle des Gebenden oder Kontrollierenden und macht das Verhältnis zu ungleich. Sieht er andererseits in ihm einen voll entwickelten Erwachsenen, wird er ihm zwar in einigen spezifischen Dingen helfen können (mit Informationen etwa oder mit einer Stellenvermittlung), aber er wird die entwicklungsbedingten Bedürfnisse des jüngeren Mannes nicht begreifen und nicht darauf reagieren.

Je weiter ein Mann mit der Auflösung der Maskulin/feminin-Polarität kommt, desto eher wird er in der Lage sein, die vielfältigen Aspekte der Mentor-Rolle zusammenzufassen. Er kann sich intensiver um einen jüngeren Mann kümmern, ohne wegen der homosexuellen Bedeutung besorgt zu sein, die tatsächlich oder nach dem Urteil anderer mitschwingt. Da er die Arbeit (das Denken, Produzieren, Leisten) und die persönlichen Beziehungen (das Lieben, Sich-Kümmern, Fördern) nicht streng auseinanderhalten muß, kann er Arbeit und Freundschaft nach Belieben kombinieren. In persönlichen Beziehungen kann er kritischer sein und stärker an die zu bewältigenden Aufgaben denken, und er kann in der Ausübung seiner Autorität mehr Mitgefühl und Einsicht zeigen. Da sein Macht- und Erfolgshunger nachgelassen hat, kann er eher etwas von sich geben, ohne gleich an die Konkurrenz zu denken und eifersüchtig und ängstlich darauf zu achten, daß ihn keiner übertrifft. Mit dem wachsenden Vertrauen in die eigene Entwicklung kann er die Entwicklung anderer Erwachsener besser verstehen und fördern.

Die Arbeit an dieser Polarität macht es einem Mann auch möglich, fortgeschrittene *Mentor-Verhältnisse mit Frauen* zu unterhalten. Sehr wenige Männer haben in ihren frühen Erwachsenenjahren weibliche Schützlinge. In der Arbeitswelt steht die Frau gewöhnlich weit unter dem sozialen und beruflichen Status des Mannes, für den sie arbeitet. Ein Aufstieg bis in seine Position ist für sie möglicherweise ausgeschlossen. Dabei geht es jedoch um sehr viel mehr als um den sozialen Abstand oder einen Mangel an Gelegenheiten. Die meisten Männer lassen sich nicht auf echte Freundschaften oder nicht-romantische Beziehungen mit Frauen ein. Mentor einer Frau zu sein, ist für viele Männer kaum vorstellbar.

Wenn ein Mann im frühen Erwachsenenalter tatsächlich ein Mentor-Verhältnis mit einer Frau beginnt, die seine Schülerin, Untergebene oder Freundin ist, dann gestaltet er dieses Verhältnis in der Regel so, daß es zu seiner maskulinen Orientierung paßt. Wenn er in ihr eine gescheite Schülerin oder Arbeiterin sieht, konzentriert er sich vielleicht auf ihren Intellekt und ihre Begabung und läßt ihre anderen persönlichen Eigenschaften, einschließlich ihrer Femininität, außer acht. Oder er betrachtet seine Schülerin väterlich als ein reizendes kleines Mädchen, das brav seine Aufgaben erfüllt, aber nie damit rechnen kann, erwachsen zu werden und Männerarbeit zu tun. Daddys kluges Mädchen wächst traditionell zu der intelligenten, gepflegten Frau eines erfolgreichen Mannes heran; sie hat keine eigenen beruflichen Interessen, aber sie gibt sich große Mühe, die Familie großzuziehen und ihm den Aufstieg zu erleichtern. Wenn eine Frau einen ausgesprochen maskulinen Beruf ergreift (etwa im juristischen oder medizinischen Bereich oder im gehobenen Management), kann es leicht passieren, daß sie »einer der Männer« wird, mit all deren Stärken und Grenzen. Eine übertriebene Maskulinität kann die persönliche Entwicklung von Frauen ebenso verzerren wie die von Männern.

Vielleicht entdeckt der männliche Mentor, daß sein Schützling eine attraktive Frau ist. Er bietet dann seine begrenzten Mentor-Dienste möglicherweise als Rechtfertigung für eine sexuelle Beziehung an; ein solches Mentor-Verhältnis ist betrügerisch und wird ihrer Entwicklung kaum förderlich sein. In manchen Fällen kommt es zu einer komplexen Beziehung, die etwas von einem sexuellen, einem Liebes- und einem Mentor-Verhältnis hat. Der Wert dieser Liebes- und Mentor-Verhältnisse kann sehr unterschiedlich sein. Die Frau kann in bezug auf ihre persönliche und berufliche Entwicklung eine ganze Menge profitieren, aber es ist auch möglich, daß sie tief verletzt wird. Es ist jedenfalls schwer, längere Zeit die Rolle des väterlichen Ratgebers und des Liebhabers zu spielen. Es ist ganz natürlich, daß ein Mentor-Verhältnis nach einigen Jahren fast immer in der Trennung oder in einer bescheidenen Freundschaft endet, während als Ausgang einer ernsthaften Romanze eine dauerhafte, ausgeglichene eheliche Beziehung bevorzugt wird. Wenn aus einem Mentor-Verhältnis eine Ehe wird, dann hat das Paar zwar den Vorteil der großen Vertrautheit, aber sie stehen vor dem Problem, ihre Beziehung so umzuwandeln, daß das Verhältnis von Mentor und Schüler wegfällt. Ein Ehemann kann nicht der Mentor seiner Frau bleiben. Wie jeder in der Position des Nehmenden muß auch sie mit der Zeit darüber hinauswachsen und auf die eigenen Beine kommen, wenn ihre Entwicklung keinen Schaden nehmen soll.

Eine umfassendere Integration der Maskulin/feminin-Polarität versetzt einen Mann in die Lage, mit einer geringeren Beeinträchtigung seiner maskulinen Wertvorstellungen und sexuellen Bedürfnisse Mentor für jüngere Frauen zu sein. Er kann die femininen Eigenschaften einer Frau schätzen, ohne sie leugnen oder ausnützen zu müssen. Während er seine eigenen femininen Aspekte zu entwickeln versucht, kann er von ihr lernen und zu einer ausgeglicheneren Beziehung kommen. Es fällt ihm leichter, an den erotischen Aspekten ihres Verhältnisses Gefallen zu finden, ohne sexuell aktiv werden zu müssen. Seine Bemühungen um Integration sind Modell und moralische Unterstützung für ihre eigenen Bemühungen, eine Person zu werden, die sowohl feminin ist als auch etwas leistet.

Kämpfe mit der Maskulin/feminin-Polarität in der Lebensmitte – und ihr oft vager Ausgang – finden sich im Leben aller vier Männer, deren Biographien wir präsentieren. In den folgenden Kapiteln befassen wir uns eingehend mit dem Leben dieser Männer im Übergang zur Lebensmitte und der Folgezeit.

Die Polarität Verbundenheit/Abkapselung

Wir verstehen den Begriff der »Verbundenheit« im weitesten Sinne, denn er soll alle Kräfte einschließen, die den Menschen und seine Umwelt verbinden. »Verbunden« ist jeder, der engagiert ist, mitmacht, Not leidet, Anschluß hat, sucht, verwurzelt ist. Es ist ein allgemeiner Zustand, der viele Quellen hat und viele Formen annimmt. Ich bin mit der äußeren Welt in dem Maß verbunden, in dem ich an ihr teilnehme, sie hasse, das haben will, was sie zu bieten hat, sie interessant oder verwirrend oder erschreckend finde. Meine innere Bereitschaft zur Verbundenheit wird durch viele Gefühle und Motive verstärkt – Abhängigkeit, Sexualität, Aggression, Ehrgeiz, Zuneigung, Neid. Auch die Umwelt kann mein Engagement auslösen, wenn sie aufregend, herausfordernd, feindlich, verschlossen ist. Ich bin »verbunden«, wenn ich versuche, mich der Außenwelt anzupassen, an ihr teilzuhaben oder sie zu meistern.

Den Gegenpol bildet die Abkapselung. Damit ist nicht dasselbe gemeint wie mit Isolation oder Alleinsein. Wenn ein Mensch, der allein ist, aktiv seine Zukunft plant oder sich über eine zurückliegende Abweisung ärgert, dann ist er mit seiner Außenwelt fest verbunden. Ein Mensch ist dagegen abgekapselt, wenn er sich hauptsächlich mit seiner Innenwelt beschäftigt – einer Welt der Einbildung, der Phantasie, des Spiels. Er ist nicht in erster Linie daran interessiert, sich der »realen« Welt draußen anzupassen, sondern er will eine eingebildete Welt – die eingeschlossene Welt seines inneren Selbst – aufbauen und erforschen.

Die Abkapselung fördert das individuelle Wachsen und kreative Sich-

Anpassen, doch im Extrem kann sie schädlich werden. Die pathologische Extremform der Abkapselung stellt der Schizophrene dar, der eine Welt ganz für sich allein hat und zu Menschen und Objekten in seiner Umwelt nur noch minimale Beziehungen unterhält. Eine »gesündere« Form der äußersten Abkapselung ist die Meditation, die Tagträumerei, in der der Betreffende vorübergehend seine Aufmerksamkeit von der Umwelt abzieht und sich ausschließlich mit dem inneren Erleben beschäftigt. Ein weniger extremes Beispiel liefert das Kind, das ins Spielen vertieft ist. Wie Winnicott uns gesagt hat, gehört das Spielen in den Grenzbereich zwischen der »Realität« und der »Illusion«. Das Kind erfindet einen Rahmen, eine Reihe von Figuren und ein »Drehbuch«, um darzustellen, wie in seiner Einbildung die Möglichkeiten des Lebens aussehen. Es ist ein Spiel für das Selbst: es gibt dem Kind die Möglichkeit, zu erforschen, wer es ist und wie es sich die eigene Zukunft vorstellt. Dieses Spiel hat in der Welt keinen unmittelbaren Wert, aber es kann dem Kind die spätere Anpassung erleichtern.

Wenn ein ernsthafter Schriftsteller oder Komponist an der Arbeit ist, ist er insofern abgekapselt, als er ganz mit dem eigenen Selbst beschäftigt ist, aus seinen inneren Quellen schöpft und etwas zu schaffen versucht, das ihm ästhetisch zusagt. Da das Schreiben von Worten oder Musik Teil seiner Beschäftigung ist, ist er auch in einem Zustand der Verbundenheit. Er versucht etwas zu schaffen, das einem bestimmten Publikum zusagt und ihm zu einem Einkommen und zu Ansehen verhilft.

Der schöpferisch tätige Künstler arbeitet also an der Grenzlinie zwischen der Verbundenheit und der Abkapselung. Er sieht sich als Teil der Menschheit, und ihm liegt am Schicksal seiner Produkte in der Zukunft der Menschheit. Die Kunst ist sein Betätigungsfeld; durch sie nimmt er an der Gesellschaft teil und ist mit der Gesellschaft verbunden. Um kreativ zu sein, muß er jedoch für einen gewissen Grad der Abkapselung sorgen. Seine Arbeit muß ihn ausdrücken und befriedigen, muß seiner eigenen Vision gerecht werden. Seine Techniken und Produkte werden zwar durch allerlei äußere Zwänge beeinflußt, aber ihre eigentliche Quelle liegt in ihm selbst. Wenn es ihm nicht gelingt, sich von seinen Mitmenschen ausreichend zu lösen und auf seine eigenen kreativen Möglichkeiten zurückzugreifen, werden seine Werke anfangen, sich zu wiederholen, zu vertrocknen und die Verbindung zum Selbst zu verlieren.

Menschen jeden Alters und aus jedem Beruf müssen sich mit der Polarität Verbundenheit/Abkapselung befassen. Wenn die Abkapselung zu weit geht, verlieren wir den Kontakt zur Welt, und wir laufen Gefahr, im Überlebenskampf zu scheitern. Wenn wir uns zu sehr an die Umwelt binden, gefährden wir unsere Fähigkeit zur Selbst-Erneuerung, zum Wachstum und zu kreativem Schaffen. Obwohl das richtige Verhältnis von Verbundenheit und Abkapselung in jedem Alter gefunden werden muß, ändert es sich zwangsläufig, sobald eine neue Epoche des Lebenszyklus beginnt.

In der Vor-Erwachsenenzeit entwickelt das Kind ein Ich, das imstande ist, seine starken Triebe zu lenken und für sozial konstruktive Zwecke zu nutzen. Die emotionalen Kräfte der Verbundenheit müssen nutzbar gemacht werden und die Anpassung erleichtern. Das Kind muß stabile Beziehungen herstellen, sich Wissen und Fertigkeiten aneignen und bis zu dem Punkt reifen, wo es anfangen kann, als ein verhältnismäßig selbständiger Erwachsener zu leben. Bei »zulänglichen« Bedingungen erwirbt er die Erfahrungen, Wertmaßstäbe und Charakterzüge, die er zur Anpassung in seiner Kultur braucht. Trotzdem versetzen ihn Einbildungskraft und Phantasie in die Lage, einen gewissen Grad der Abkapselung von der Außenwelt aufrechtzuerhalten. Nur so kann er seine Kreativität erhalten, seine Individualität stärken und seinen inneren »Traum« weiterentwikkeln. Er muß »verbunden« genug sein, um sich in der Gesellschaft einen Platz zu erobern; aber er muß »abgekapselt« genug sein, um auf eigene Faust zu handeln, die traditionellen Formen in Frage zu stellen und das Leben für sich und andere besser zu machen.

Im *frühen Erwachsenenalter* bekommt normalerweise die Verbundenheit deutlich mehr, die Abkapselung weniger Gewicht. In den Zwanzigern und Dreißigern ist ein Mann vollauf damit beschäftigt, in die Erwachsenenwelt einzutreten und seine Arbeit für den »Stamm« zu tun. Er gründet eine Familie und engagiert sich im Beruf und übernimmt eine Reihe von immer schwereren Verantwortungen (wobei die einzelnen Schritte meistens zu einem Zeitpunkt kommen, wo er noch nicht ganz für sie bereit ist). Er muß mit allerlei Belastungen fertigwerden: finanzielle Probleme, Wohnungswechsel, Krankheit, Tod, Krieg, Depression, Naturkatastrophen und »Akte höherer Gewalt«. Es ist schwierig, Zeit für die Abkapselung zu finden – für das Alleinsein, fürs Spielen, für ruhige Selbst-Erneuerung. Diese Schwierigkeiten werden zum Teil durch äußere Zwänge verursacht: die Miete muß bezahlt werden, die Kinder sind zu versorgen, die Arbeit ist zu tun, die Krisen sind zu bewältigen. Dazu kommen die inneren Zwänge: er will sich in der Gesellschaft einen Platz erobern, seine Ziele erreichen, ein Held werden. Er will »etwas aus seinem Leben machen«, und der »Stamm« besteht darauf, daß er seinen Tribut zollt. Durch den Druck von innen und das Zerren von außen verschiebt sich das Gleichgewicht von Verbundenheit und Abkapselung, und die Verbundenheit erhält eindeutig das Übergewicht.

Das *mittlere Erwachsenenalter* erfordert ein ausgeglicheneres Verhältnis von Verbundenheit und Abkapselung. Während des Übergangs zur Lebensmitte muß ein Mann sein starkes Engagement in der Außenwelt reduzieren. Um die Aufgabe der Neubewertung und Desillusionierung bewältigen zu können, muß er sich nach innen wenden. Er muß entdekken, was es mit seiner Unruhe auf sich hat und wo ihn Schmerzen quälen, und er will seine Wunden lecken. Nachdem er sich in der Welt allzusehr abgemüht hat, muß er sich nun stärker mit sich selbst beschäftigen. In dieser Phase gewinnt das archetypische Selbst eine größere Schärfe und Vitalität. Es wird zu einer aktiveren inneren Gestalt, und das bewußte Ich muß erst lernen, mit dieser Gestalt zu reden und auf sie zu hören. Das Selbst ist das »Ich«, an das ein Mann denkt, wenn er fragt: »Was will ich wirklich? Wie stelle ich mir mein Leben vor? Wie werde ich in Zukunft leben?« Im Grunde genommen spürt er, daß seine gegenwärtigen Beziehungen, Ziele und sein Lebensstil in bestimmten entscheidenden Punkten nicht zu dem Selbst passen. Er muß sich von dem ehrgeizigen Ich und den äußeren Zwängen lösen, damit er besser die Stimmen aus seinem Innern hören kann.

In dem Maße, in dem ein Mann diese Aufgabe während der mittleren Erwachsenenzeit bewältigt, nimmt das Selbst für ihn eine Bedeutung an, die der Bedeutung der Außenwelt nahekommt. Er kann stärker aus seinen inneren Quellen schöpfen und ist somit weniger von äußerer Anregung abhängig. Er hat mehr Freude am Alleinsein, da er im Innern Gesellschaft hat, wenn keine anderen Leute zugegen sind. Er legt weniger Wert auf Besitztümer, Belohnungen und gesellschaftliche Anerkennung. Er lebt vermehrt in der Gegenwart und zieht mehr Befriedigung aus dem eigentlichen Prozeß des Lebens – aus dem »Sein« also, und nicht so sehr aus dem »Tun« und »Haben«. Da er mehr Kontakt zu seinen eigenen Gefühlen hat, kann er ästhetischer, sinnlicher, bewußter sein.

Mit zunehmender Individuation und Selbst-Orientierung beginnt für den Mann auch ein Prozeß der Loslösung von seinem »Stamm«. Er wird kritischer gegenüber seinem »Stamm« – den besonderen Gruppen, Institutionen und Traditionen, die ihm am meisten bedeuten, der sozialen

Matrix, mit der er am stärksten verbunden ist. Er ist weniger auf Belohnungen des »Stammes« angewiesen, steht dessen Werten kritischer gegenüber und kann das Leben zunehmend aus einer universalistischen Perspektive betrachten. Er kann seine soziale Herkunft positiver sehen, ohne anderen Menschen und Kulturen geringschätzen zu müssen. Da er nicht mehr so sehr das Bedürfnis hat, bestimmte Individuen und Gruppen zu idealisieren, neigt er auch weniger dazu, andere zu verdammen. Wenn er als junger Mann mit seiner Herkunft gebrochen hat, versucht er nun vielleicht irgendeine Form der Wiederannäherung. Möglicherweise hat er das Gefühl, im frühen Erwachsenenalter von seinem »Stamm« betrogen oder zugrunde gerichtet worden zu sein und macht vielleicht eine stürmische Phase durch, in der er – wie Hiob – gegen den Gott seines »Stammes« wütet. In dem Maß, in dem er diese Konflikte löst, findet er zu einer weiteren, weniger abhängigen Perspektive. Er kommt zu einer universaleren Beurteilung von Gut und Böse und zu einem eher tragischen Gefühl für ihre Koexistenz in ihm selbst und in der ganzen Menschheit. Sein Interesse an geistigen Dingen nimmt vielleicht die Form einer ausgeprägten religiösen Doktrin an, aber oft bemüht er sich, von einer förmlichen Doktrin loszukommen, um die persönliche Erkenntnis zu gewinnen, was es bedeutet, ein Mensch zu sein.

Die Wendung nach innen und die Loslösung vom »Stamm« sind Teil des Bemühens, die Verbundenheit zu reduzieren. Das Ergebnis dieser Bemühungen ist normalerweise keine eindeutige Lossagung von der äußeren Welt, sondern eine verstärkte Integration von Verbundenheit und Abkapselung. Es ist eine wichtige Entwicklungsaufgabe in den mittleren Erwachsenenjahren, *zu einer besseren Ausgewogenheit zwischen den Bedürfnissen des Selbst und den Bedürfnissen der Gesellschaft zu kommen.* Ein Mann, der mehr auf sein Selbst achtet und sich weniger von seinen Ambitionen, Abhängigkeiten und Leidenschaften tyrannisieren läßt, kann sich verantwortungsvoller als je zuvor mit anderen Individuen abgeben und seinen sozialen Aufgaben widmen. Er kann besser auf die entwicklungsbedingten Bedürfnisse seiner Kinder und anderer junger Erwachsener eingehen, wenn er einen besseren Kontakt zum eigenen Selbst hat und auf dessen Bedürfnisse reagiert. Er kann zu größerer Weisheit gelangen, wenn er weniger hinter spezifischen Fertigkeiten, Kenntnissen und Belohnungen her ist.

Um sich gründlicher um andere kümmern zu können, muß er sich erst gründlicher um sich selbst kümmern. Das heißt, daß es ihm nicht in erster

Linie um materiellen Erfolg geht, sondern um Selbst-Entwicklung und Integrität. Es heißt auch, daß er mit mehr Einbildungskraft und Mitgefühl Autorität ausüben wird. Und es heißt, daß er zwar die Macht und den materiellen Lohn genießt, den die führende Rolle mit sich bringt, daß er aber noch größere Befriedigung daraus zieht, ein Vermächtnis zu schaffen, die wahren Freuden der Arbeit zu genießen und individuellere, liebevollere Beziehungen zu haben.

Ein Mann im mittleren Erwachsenenalter ist voll heftiger Sehnsüchte: er möchte siegen, recht haben, den edlen »Traum« verwirklichen, bei den entscheidenden (oder, auch wenn er das vielleicht nicht zugibt, bei allen) Leuten etwas gelten. Mit der weiteren Entwicklung im mittleren Erwachsenenalter verblassen einige dieser Wünsche, und die anderen sind auch nicht mehr so dringend. Dafür lassen sie sich nun umfassender verwirklichen. Er kann liebevoller, sinnlicher, einflußreicher, offener, einsamer sein – die Verbundenheit ist ebenso gewachsen wie die Abkapselung.

Schlußfolgerung

Will ein Mann in der Lebensmitte in seinen Liebesbeziehungen, seiner beruflichen Tätigkeit, seinem Freizeitverhalten und anderen wichtigen Aspekten seines Lebens signifikante Veränderungen erreichen, muß er seine Individuation vorantreiben. Er muß sich mit den großen Polaritäten auseinandersetzen, die elementare Spaltungen im Individuum und in der Gesellschaft darstellen. In der Folge der Entwicklungsphasen von der frühesten Kindheit bis ins hohe Alter, und vor allem während der wichtigen Übergangsstadien, hat ein Mann Gelegenheit, die innere Spaltung zu verringern. Wenn er auch die Teilungen nie ganz überwinden kann, findet er – seinem Platz im Lebenszyklus entsprechend – neue Möglichkeiten, jung/alt, maskulin/feminin, destruktiv/kreativ und verbunden/abgekapselt zu sein.

Manche Männer haben in der Vor-Erwachsenenzeit oder in den frühen Erwachsenenjahren solche irreparablen Schäden erlitten und an den Aufgaben des Übergangs zur Lebensmitte so wenig arbeiten können, daß ihnen die inneren und äußeren Möglichkeiten fehlen, im mittleren Erwachsenenalter eine auch nur annähernd adäquate Lebensstruktur zu schaffen. Für sie beginnen in den mittleren Lebensjahren Einschnürung und Niedergang. Andere Männer bauen eine Lebensstruktur auf, die in der Welt zwar einigermaßen entwicklungsfähig ist, aber nur schlechten Kontakt zum Selbst hat. Sie erfüllen ihre sozialen Aufgaben und leisten für sich und für andere, was von ihnen erwartet wird, aber ihrem Leben fehlt es an innerer Spannung.

Eine dritte Gruppe von Männern bereitet sich im Übergang zur Lebensmitte auf eine mittlere Erwachsenenzeit vor, die ihre besonderen Befriedigungen und Belastungen mit sich bringen wird. Für sie kann die mittlere Erwachsenenzeit zum innigsten und kreativsten Lebensabschnitt im ganzen Zyklus werden. Sie lassen sich weniger von den Ambitionen, triebhaften Neigungen und Illusionen der Jugend tyrannisieren. Sie erfahren gleichzeitig eine tiefere Verbundenheit mit anderen und eine stärkere Abkapselung, eine stärkere Ausrichtung auf das Selbst. Für sie verläuft dieser Lebensabschnitt im richtigen Rhythmus.

Der Übergang zur Lebensmitte ist nicht die letzte Gelegenheit zur Veränderung und zum Wachstum. Wir können die ganze mittlere Erwachsenenzeit und darüber hinaus an unseren Entwicklungsaufgaben weiterarbeiten, und es kommen später noch Übergangsphasen, die uns dabei helfen. Solange das Leben weitergeht, bedeutet keine Phase das Ende der Gelegenheiten und der schweren Verantwortung zur Weiterentwicklung.

16. Die Abwandlung der Lebensstruktur während des Übergangs zur Lebensmitte

Auf der tiefsten Ebene besteht die Aufgabe eines Mannes im Übergang zur Lebensmitte darin, auf die Integration der Polaritäten hinzuarbeiten, die ihn beleben und spalten. Diese innere Re-Integration macht es ihm möglich, die Lebensstruktur aus der Phase des Seßhaft-Werdens abzuwandeln. In Kapitel 13 befaßten wir uns mit Veränderungen auf dem beruflichen Sektor: mit der Bedeutung von Erfolg und Mißerfolg und mit der Rolle, die die Arbeit eines Mannes in seiner Lebensstruktur spielt. Ich möchte nun Veränderungen in drei zusätzlichen Komponenten der Lebensstruktur erörtern: im »Traum«, im väterlichen Mentor-Verhältnis zu jungen Erwachsenen und in der Ehe. In Kapitel 18 werden wir sehen, wie diese verschiedenen Abwandlungen dazu beitragen, daß in der darauffolgenden Phase, dem Eintritt ins mittlere Erwachsenenalter, eine neue Lebensstruktur gebildet werden kann.

Die Abwandlung des »Traums«

Wenn sich ein Mann bemüht, im Übergang zur Lebensmitte sein Leben während der frühen Erwachsenenzeit neu zu beurteilen, versucht er auch, die Rolle des »Traumes« in diesem Leben zu verstehen und zu bewerten. Inwiefern ist der »Traum« verwirklicht, auf einen Kompromiß reduziert oder übergangen worden? Wenn es zum Abschluß des Selbständig-Werdens ein »kulminierendes Ereignis« gegeben hat, welche Folgen hat das dann für den »Traum«?

Die meisten Männer in unserer Untersuchung hatten einen definierbaren »Traum«. Es gab jedoch große Unterschiede in der wechselnden Bedeutung, die der »Traum« in der sich entfaltenden Lebensstruktur hatte. Der »Traum« kann bescheiden oder heroisch sein, vage definiert oder kristallklar, eine verzehrende Leidenschaft oder eine ruhig lenkende Kraft, eine Quelle der Inspiration, der Stärke und des quälenden Konflikts. Manche Männer machen die Jagd nach dem »Traum« zum zentralen Element in der Lebensstruktur, nach dem sich alles andere zu richten hat. Für andere Männer steht die Jagd nach dem »Traum« ständig im

Widerspruch zu einer anderen Beschäftigung oder Lebensweise. Dieser Konflikt wird zu einem Leitmotiv in ihrem Leben. Und schließlich gibt es Männer, die nie einen ausgeprägten »Traum« vor Augen haben.

Der »Traum« ergibt sich aus einer ursprünglichen Vorstellung vom Selbst-in-der-Welt. Er bringt Spannung und Vitalität in das Leben. Er hängt mit dem »Ich bin«-Gefühl zusammen: mit der Erfahrung, daß »ich existiere«, daß das Selbst und die Welt gut zusammenpassen, daß ich ich selbst *sein* kann und in Übereinstimmung mit dem Selbst *handeln* kann. Es ist für mein Leben eine Bereicherung, wenn ich einen »Traum« habe und ihm einen angemessenen Platz in meinem Leben einräume – einen Platz, der für mein Selbst und meine Welt richtig und entwicklungsfähig ist. Wenn ich keinen »Traum« habe oder keine Möglichkeit finde, ihn zu verwirklichen, fehlt meinem Leben der eigentliche Zweck oder Sinn.

Wie die meisten wirklich guten Dinge ist auch der »Traum« kein reiner Segen. Gewisse Aspekte des »Traums« sind bewußt und an die Realität gebunden. Aber andere Aspekte sind weniger bewußt, weniger rational und in höherem Maße illusorisch. Dies ist die zentrale Illusion: »Wenn ich den Traum verwirkliche – wenn ich ein großer Romanschreiber oder Wissenschaftler werde, wenn ich für die Menschheit oder für meine Sippe etwas Besonderes leiste, wenn ich große Macht erringe – dann werde ich ein gutes Leben haben, und alles, was wirklich wichtig ist, wird mir zufallen.«

Ein junger Biologe will zum Beispiel an einer bestimmten Art von Universität arbeiten, Forschung auf dem Gebiet der Genetik betreiben und mit der Zeit ein angesehener Forscher und Professor werden. Daneben hat er aber noch andere, persönlichere Fantasien und Träume. Er stellt sich vor, mit dem Erreichen der spezifischen Ziele werde er alle möglichen anderen Belohnungen einheimsen. Er wird nicht nur ein angesehener, sondern ein *berühmter* Forscher werden, ein Nobelpreisträger, eine Figur von historischer Bedeutung. Oder er wird sich durch das, was er für die Universität oder die Gemeinde leistet, auf lokaler Ebene auszeichnen. Das Erreichen der – wie immer gearteten – spezifischen Ziele ist, wie John Barth es passend genannt hat, »der Schlüssel zum verborgenen Schatz«, die Basis für das gute Leben. Die natürliche Folge davon ist, daß er, wenn er diese Ziele nicht erreicht, in seinem Leben einen totalen Mißerfolg sieht, eine völlig wertlose Angelegenheit.

Der »Traum« enthält also ein eingebildetes Selbst, das eine Reihe von – bewußten und unbewußten – Zielen, Bestrebungen und Werten vor sich sieht und diese innerhalb einer ganz bestimmten Art von Welt verfolgt. Der »Traum« eines Mannes ist sein persönlicher *Mythos*, ein eingebildetes Schauspiel, in dem er die Hauptfigur ist, ein Möchtegern-Held und Kreuzritter. Der »Traum« gibt eine komplexe Welt wieder: eine natürliche Landschaft, die verschiedensten Charaktere, sozialen Institutionen und im Gegensatz zueinander stehenden Gruppen. Die Handlung des Stücks umfaßt elementare Kämpfe zwischen Gut und Böse, Wahrheit und Irrtum, Schönheit und Häßlichkeit, und der Ausgang hat ungeheure Folgen für diese ganze Welt. Der »Held des ›Traumes‹« ist nur eine von vielen Figuren im Selbst des Mannes. Je größer die Rolle ist, die diese Figur in der Entfaltung der Lebensstruktur während des frühen Erwachsenenalters spielt, desto mehr laufen andere innere Figuren und Teile des Selbst Gefahr, vernachlässigt zu werden.

Der Jugend-»Traum« ist ein vorzügliches Beispiel für den Nährboden, in dem Illusionen gedeihen können. Er verkörpert eine Vision vom erwachsenen Selbst, das das gute Leben lebt. Während er einerseits einen Nährboden für freudige Hoffnungen schafft, nährt er andererseits auch Illusionen: daß ich in der Lage bin, alles zu erreichen, was mir der Traum vorgaukelt; daß bestimmte Leute meine Bemühungen eindeutig unterstützen werden; daß die Erfüllung des »Traums« mir echtes Glück bescheren wird.

Der »Traum« entstammt teilweise den normalen Omnipotenz-Fantasien der frühen Kindheit, wo die Unterscheidung zwischen Wunsch und Wirklichkeit noch schwerfällt. Ein gewisses Maß an »normaler Omnipotenz« ist erforderlich, damit man im frühen Erwachsenenalter ermutigt wird, wenn die Aussicht auf eine Verwirklichung des Traums oft gering scheint. Der Held kann einen Schuß Arroganz gebrauchen, auch wenn ihm das letztlich das Genick brechen kann. So sagte Goethe: »Wenn der Mensch alles leisten soll, was man von ihm fordert, so muß er sich für mehr halten, als er ist.«

Es ist eine Funktion des Mentors – und der Ehefrau –, den »Traum« des jungen Mannes mitzutragen, ohne allzusehr daran zu zweifeln oder den Mann so zu bedrängen, daß er überfordert ist.

Der »Traum« eines jungen Mannes wird immer rationaler und realitätsbezogener, je mehr er ihn in sein Leben einbaut. Er gewinnt Zugang zu den richtigen Institutionen, entwickelt die erforderlichen Fertigkeiten und Charaktereigenschaften, macht konkrete Pläne und trachtet danach, seine Ziele zu erreichen. Aber er arbeitet nicht einfach an seiner Karriere innerhalb einer bestimmten sozialen Matrix. Ein Mythos hat immer eine gewisse Basis in der Wirklichkeit, und wenn wir seine Wirkungsweise verstehen wollen, müssen wir die Wirklichkeit berücksichtigen. Wenn wir aber davon reden, daß ein Mann in seinem Mythos lebt oder seinem »Traum« nachjagt, machen wir deutlich, daß sein Handeln einen viel tieferen Sinn hat. Ein Mythos ist etwas künstlich Konstruiertes; er dient menschlichen Bedürfnissen und reflektiert Bedeutungen, die aus tieferen, oft unbewußten Schichten der Persönlichkeit und der Kultur stammen.

Die überwiegend illusorischen Aspekte des »Traums« werden im Verlauf des Übergangs zur Lebensmitte offenkundig. Von einer der am weitesten verbreiteten Illusionen habe ich bereits gesprochen: wenn der Held Erfolg hat, lebt er glücklich bis an sein Lebensende. Zu entdecken, daß das nicht so ist, und die Folgen zu bewältigen, das ist für sehr erfolgreiche Männer im Übergang zur Lebensmitte oft ein aufrüttelnder Prozeß. Die meisten Männer, deren Leben mit einem »Traum« erfüllt ist, müssen damit fertigwerden, daß ihr »Traum« gescheitert oder nur sehr bedingt in Erfüllung gegangen ist.

Es gibt auch die Illusion der Omnipotenz: solange der Held seinem »Traum« treu bleibt, ist er unbesiegbar; auch wenn er mal eine Niederlage hinnehmen muß und gelegentlich verloren scheint, so wird er doch auf lange Sicht triumphieren, wenn er nur hartnäckig ist. Am stärksten sind derartige Überzeugungen meistens im Übergang zum frühen Erwachsenenalter, wenn der »Traum« erst Form annimmt und nicht sehr viel mit der Realität zu tun hat, und in der Phase des Selbständig-Werdens, wenn man sich mit einem »Jetzt oder nie« daran macht, die Ziele aus dem frühen Erwachsenenalter zu verwirklichen. Jung spricht von einer »Inflation« oder »Aufblähung« des Ich, wenn ein Mann seine verinnerlichte heroische Gestalt als allmächtig empfindet. Der Inflation folgt, nach Jung, eine Phase der »Deflation«, in der der Held schwer verwundet wird. Die Deflation ist zwar schmerzhaft, aber sie ist ein notwendiger Schritt, wenn man die Vorherrschaft des Helden im Innern überwinden und im Übergang zur Lebensmitte ein stärker integriertes Selbst formen will.

Die Neigung, die Teile des Selbst, die nicht in den »Traum« passen, geringzuschätzen, führt zu verschiedenen Illusionen über das Selbst. Es fällt einem Mann schwer, sich einzugestehen, daß er Dinge will, die mit dem »Traum« nichts zu tun haben oder ihm gar zuwiderlaufen. Er hat vielleicht auch die Illusion, daß andere in seinem Leben nur dazu da sind, ihre Rolle – als Verbündete, Feinde, Kontrastfiguren, Statisten – in seinem

Mythos zu spielen. Die Ehefrau wird oft zu einem wichtigen Nutznießer und Opfer dieses Prozesses: er liebt sie und belohnt sie, wenn sie die ihr zugeteilte Rolle – meistens die der Mutter und Fürsorgerin – gut ausfüllt und ihm das Dasein leichter macht. Aber es bereitet ihm Schwierigkeiten, sie als eine ganze Person zu sehen und auf ihre eigenen Talente und Ambitionen Rücksicht zu nehmen.

Schließlich gibt es noch die Illusion, daß als endgültiger Ausgang des heroischen Vorhabens nur totaler Erfolg oder totales Scheitern in Frage kommen. Der einzige Erfolg, der interessiert, ist der totale Erfolg. Ein partieller Erfolg gilt schon als Mißerfolg. Der Held kann keine schwachen Stellen haben. Der »Traum« muß perfekt verwirklicht werden.

Die Illusionen, das Gefühl der Omnipotenz und die Erregung des Heldendramas geben dem »Traum« die Intensität und die Kraft zur Inspiration. Aber sie tragen auch zur *Diktatur des »Traums«* bei. Diese Diktatur zu verringern, ist eine Hauptaufgabe des Übergangs zur Lebensmitte, sofern der »Traum« im Leben eines Mannes einen wichtigen Platz eingenommen hat und mit seinem Mythos den Mann in Bann hält. Es geht nicht darum, den ganzen »Traum« über Bord zu werfen, sondern seinen übergroßen Einfluß zu verringern: seine Ansprüche weniger absolut zu machen; den Erfolg weniger wichtig und den Mißerfolg weniger katastrophal erscheinen zu lassen; die magisch-illusorischen Aspekte zurückzudrängen. Später kann ein Mann fortfahren, nach Höherem zu streben, aber er findet dann seine persönliche Befriedigung eher im Prozeß und Produkt seiner Bemühungen und ist nicht mehr so sehr an Macht und Anerkennung interessiert. Die Männer, die am überzeugendsten über die verderblichen Auswirkungen des Ehrgeizes und über die Wichtigkeit des »Seins« und der »Selbstverwirklichung« geschrieben haben, gewannen ihre Einsichten im allgemeinen in ihren mittleren Erwachsenenjahren, nachdem sie im Übergang zur Lebensmitte begonnen hatten, allmählich und mühsam die Diktatur des »Traums« zu verringern.

Mit der Neugestaltung des »Traums« modifiziert ein Mann auch die Bedeutung der *Leiter*. Wie wir gesehen haben, spielt die Vorstellung der Leiter eine wichtige Rolle, wenn ein Mann das Vorhaben des Seßhaft-Werdens definiert. Wenn er etwa mit 40 die oberste Sprosse der Leiter aus seiner frühen Erwachsenenzeit erklommen hat, muß er die Leiter selbst neu bewerten. Es ist nicht damit getan, daß er zu einem Urteil darüber kommt, wie gut er sich nach den augenblicklichen Definitionen von Erfolg und Mißerfolg geschlagen hat. Er muß die Grundbedeutungen von

Erfolg und Mißerfolg ebenso in Frage stellen wie den Wert der Leiter selbst.

Wenn ein Mann seine Ziele weitgehend erreicht hat, fragt er: »Wozu nützen sie? Welchen Wert haben meine Leistungen für andere, für die Gesellschaft und vor allem für mich selbst? Welchen Preis habe ich dafür bezahlt? Wie geht es für mich weiter?« Wenn er in wesentlichen Punkten versagt hat, fragt er: »Ist das Versagen endgültig, oder kann ich immer noch erreichen, was ich ursprünglich wollte? Kann ich den Mißerfolg akzeptieren und ohne die Dinge leben, die mir ein Erfolg vielleicht gebracht hätte? Wie sehen die Alternativen aus – kann ich für die kommenden Jahre einen besseren Lebensstil finden?«

Im Übergang zur Lebensmitte wird es für einen Mann Zeit, dem Bild der Leiter etwas von seinem starken Einfluß zu nehmen. Er verliert zwar nicht jedes Verlangen, etwas zu leisten und zu Macht und Ansehen zu gelangen, aber er fühlt sich nicht mehr so vom Ehrgeiz getrieben und ist sich stärker der magischen Qualitäten bewußt, die er bisher dem Erreichen der obersten Sprosse immer zugeschrieben hat. Der Erfolg ist nicht mehr *entscheidend*, der Mißerfolg nicht mehr *verheerend*. Er beurteilt seine Erfolge und Mißerfolge nach komplexeren Maßstäben und legt mehr Wert auf die Qualität des Erlebens, den eigentlichen Wert seiner Arbeit und seiner Erzeugnisse und deren Bedeutung für ihn selbst und für andere.

Das Bild der Leiter ist in der Literatur und Mythologie weitverbreitet. Der junge Held (Krieger, Künstler, edler Helfer der Menschheit) befindet sich auf einer Suche, die oft als irgendeine Form der Aufwärtsbewegung symbolisiert wird. Die Faust-Legende ist eine klassische Darstellung des Mannes in der Lebensmitte, der einen letzten verzweifelten Versuch unternimmt, Omnipotenz zu erreichen, indem er seine Seele dem Teufel verschachert. In diesem Fall war das Ziel, durch Wissen zu Macht zu kommen – die Hybris des Wissenschaftlers. Yeats, der seine größten Gedichte nach der Lebensmitte schrieb, schilderte oft, wie er wesentliche Übergangsstadien in seiner Entwicklung erfuhr. Sein Gedicht »Die abtrünnigen Zirkustiere« enthält diese Zeilen:

... Meine Leiter, sie verkam,
Nun muß ich da, woraus die Leitern stiegen,
Im Lumpensammlerstank des Herzens liegen.

Als Jung und Freud in Verbindung traten, war Jung 31. Freud war 19 Jahre älter. Ihre Beziehungen brachen ab, als Jung mit 38 sich jählings sowohl aus dem Freundes- und Mentorverhältnis als auch von seiner führenden Position in der psychoanalytischen Bewegung zurückzog. Zu der Trennung kam es, als Jung in der Entwicklungsphase des Selbständig-Werdens war. Nach einer schweren Krise in der Lebensmitte ging er seiner eigenen Wege, schrieb seine kreativsten Werke und gründete seine eigene tiefenpsychologische Schule. In seinen späten Erwachsenenjahren wurde Jung gedrängt, die Veröffentlichung der Korrespondenz zu autorisieren, die er in seinen Dreißigern mit Freud geführt hatte. In einem Brief an eine Schülerin räumte Jung ein, daß es ihm widerstrebte, »jenen verfluchten Briefwechsel« zu veröffentlichen:

> Für mich bedeutet es einen leider nicht mehr auszuwischenden Hinweis auf die heillose Narrheit, welche die Tage meiner Jugend erfüllt hat. [*Anmerkung DJL:* Gemeint ist die Zeit zwischen seinem 31. und 38. Lebensjahr.] Die Reise von Wolkenkuckucksheim bis in die Wirklichkeit hat lange gedauert. Pilgrim's Progress bestand in meinem Fall darin, daß ich tausend Leitern hinunterklettern mußte, bis ich dem Klümpchen Erde, das ich bin, die Hand reichen konnte.

Männer, die den »Traum« im frühen Erwachsenenalter verfolgt haben, müssen sich seinem Griff während des Übergangs zur Lebensmitte etwas entziehen. Andere Männer haben den Traum verraten und müssen damit fertigwerden. Elia Kazans Roman *Das Arrangement* handelt von einem Mann, der mit 40 einen heftigen Kampf darum begann, seinen verlorenen »Traum« wiederzubeleben oder sich umzubringen. Er war nicht der Schriftsteller seines früheren »Traums« geworden, sondern Werbefachmann. Nachdem er es geschafft hatte, die falsche Leiter zu erklettern, saß er nun in einem betrügerischen, leeren Leben fest. Seine Ehe basierte auf einer Beziehung zwischen seiner Frau und dem Werbemann (aber nicht dem Schriftsteller) in ihm. Sie hatten jahrelang in einem Arrangement gelebt, das sie beide kaputtmachte. Er enthielt die Teile seiner selbst, an denen ihm am meisten lag, der Welt vor und konnte nicht richtig lieben, arbeiten oder spielen. Er hatte den Kontakt zu seiner griechischen Herkunft und zu seinen Eltern und der erweiterten Familie, die diese ethnische Zugehörigkeit repräsentierten, verloren. Mit Anfang Vierzig versuchte er, sich den Realitäten des Lebens zu stellen, die Illusionen zu überwinden, von der Leiter zu steigen und zu begreifen, was er wirklich wollte. Nachdem er abwechselnd vernünftig und »von Sinnen« war, mußte er durch die schlimmsten Tiefen, ehe er eine Basis für eine Veränderung finden konnte. Es dauerte mehrere Jahre, bis er sich auf die Entscheidungen festlegen konnte, um die herum sich eine neue Lebensstruktur aufbauen ließ.

Der Romanschriftsteller James Baldwin rezensierte Kazans Roman, als er selbst Anfang vierzig war, und kam dabei zu bitteren Erkenntnissen:

> Auch wenn wir gerne ohne Reue leben würden und manchmal auch behaupten, wir bereuten nichts, ist das im Grunde nicht möglich, und sei es nur, weil wir sterblich sind. Wenn mehr Zeit hinter als vor einem liegt, fängt man an – und sei es noch so widerstrebend und unvollständig –, einige Dinge abzuwägen. Zwischen dem, was man sein möchte, und dem, was man *ist*, klafft eine bedeutende Lücke, die sich nie schließen wird. Und es kommt einem so vor, als sei diese Lücke der letzte Spielraum, die letzte Gelegenheit zu kreativem Schaffen. Und auch zwischen dem Selbst, wie es ist, und dem Selbst, wie man es sieht, besteht eine Distanz, die noch schwerer abzuschätzen ist. Einige von uns sind um die Mitte ihres Lebens gezwungen, diese verwirrende Geographie sorgfältig zu untersuchen, nicht in der Hoffnung, diese Lücken schließen zu können, sondern in der festen Absicht, den Abstand nicht größer werden zu lassen.

Baldwin selbst erlebte eine völlig andere frühe Erwachsenzeit als Kazans Romanheld. Ihm stellten sich auf dem Weg zum Schriftstellerdasein weit größere Hindernisse in die Quere, auch wenn es für ihn vielleicht weniger Verlockungen gab, die ihn von diesem Weg hätten abbringen können. Baldwin blieb jedenfalls seinem »Traum« treu. Mit 40 war er ein berühmter Schriftsteller und in seiner Generation wohl der herausragende schwarze Schriftsteller Amerikas. Aber auch er mußte sich zu dem Abstand »zwischen dem Selbst, wie es ist, und dem Selbst, wie man es sieht« bekennen. In dieser Rezension schließt er sich uns anderen an, die sich »um die Mitte ihres Lebens gezwungen [sehen], diese verwirrende Geographie sorgfältig zu untersuchen«. Diese geographische Untersuchung ist, um die Metapher noch etwas auszubauen, eine kartographische Expedition in eine Gegend, die oft als Wüste erlebt wird, mit großen, gelegentlich durch Oasen belebten Sandflächen. Der Reisende entdeckt, daß einige der von ihm wahrgenommenen Wasserlöcher Luftspiegelungen, andere real sind, und daß diese Gegend viel mehr Schätze enthält, als er vorher sehen konnte. Langsam lernt er, unter der Oberfläche zu suchen und sich die Schätze, die er dort findet, zunutze zu machen.

Ein Mensch wie Baldwin, der in seiner frühen Erwachsenenzeit ein volleres und stärker auf seinen »Traum« ausgerichtetes Leben geführt hat als Kazans Romanheld, kann sich dann auch stärker auf dieses Leben beziehen, wenn er für den Eintritt ins mittlere Erwachsenenalter eine neue Struktur aufbaut. Aber auch er durchläuft eine Krise um die Lebensmitte. Er erfährt die Unvereinbarkeiten zwischen seinem frühen »Traum« und der gegenwärtigen Realität, zwischen dem Leben, das er sich erhofft hatte, und dem Leben, das er geschaffen hat. Trotz seines Erfolges – und wegen seines Erfolges – hat er das Gefühl einer »Lücke, die sich nie schließen wird«. Diese Lücke zu erkennen, ist nach Baldwins Aussage »die letzte Gelegenheit zu kreativem Schaffen«.

Die mittlere Erwachsenenzeit kann eine kreative Epoche sein, wenn – und nur, wenn – ein Mann mit den Lücken und Widersprüchen und Illusionen zurechtkommt, die selbst in der kreativsten frühen Erwachsenenzeit eine so zentrale Rolle spielen. Wenn ein Mann nicht mehr das Gefühl hat, er müsse ein beachtenswerter Schriftsteller, Künstler oder Führer werden, hat er mehr Freiheit, er selbst zu sein und seinen eigenen Wünschen und Talenten entsprechend zu arbeiten. Er tut wahrscheinlich mehr für die Gesellschaft, wenn er mehr für sein Selbst tut und mehr von seinem Selbst ausdrückt.

Die Beziehung zu jungen Erwachsenen: die Rolle des Mentors und Vaters

Wir haben oben gesehen, daß es zwischen der Beziehung eines Mannes zu einem Mentor und der Beziehung zu einer »besonderen« Frau Parallelen gibt. Das Ende eines intensiven Mentor-Verhältnisses ist in vieler Hinsicht wie das Ende einer Liebesaffäre, wie eine kritische Zeit in der Ehe. Der jüngere Mann – und gewöhnlich auch der ältere – durchläuft einen Prozeß der Desillusionierung. Dem jüngeren Mann wird, teils durch Einsichten und teils durch eine Verdrehung der Tatsachen, klar, daß die Beziehung gar nicht so nützlich ist, wie er geglaubt hatte; der Mentor ist weniger bewundernswert, weniger an ihm interessiert, mehr mit seinen eigenen Bedürfnissen und Interessen beschäftigt – kurz: menschlicher –, als er zunächst angenommen hatte. Wenn er es schafft, die menschlichen Schwächen des Mentors zu akzeptieren und zu tolerieren, und wenn die beiden eine gemeinsame Basis finden können, die sie als Freunde oder Kollegen verbindet, dann finden sie vielleicht den Weg zu einer neuen Beziehung. Gewöhnlich schaffen sie das nicht.

Wieder kommt es für den Mann im Übergang zur Lebensmitte entscheidend darauf an, ob er sich seinen Illusionen stellen kann. Er muß sich mit dem kleinen Jungen in seinem Innern einig werden, der in seinem Bemühen, ein Held zu werden, dringend die Unterstützung eines Mentors braucht. Ein Mann muß nicht nur die Leiter und den »Traum« in ihrer Form aus der frühen Erwachsenenzeit aufgeben, sondern auch den Mentor. Nach den frühen Vierzigern ist es fast unmöglich, der Schützling eines Mentors zu sein, auch wenn gute Ratschläge und Freundschaften immer zu gebrauchen sind. Es wird für den Mann Zeit, sich selber mehr zu einem Mentor zu entwickeln.

Wenn einer einen guten Mentor hatte und einige der grundlegenden Polaritäten aus dem Übergang zur Lebensmitte auflösen kann, wird er gerne die größere Verantwortung übernehmen und die Entwicklung junger Erwachsener fördern. Ein junger Mann in den Dreißigern mag jüngere Leute hervorragend unterrichten, beaufsichtigen und lenken; um aber in einem tieferen Sinn als Mentor fungieren zu können, muß er erst die Entwicklungsarbeit des Übergangs zur Lebensmitte geleistet haben.

Der Prozeß, mit dem man während des Übergangs zur Lebensmitte zum Mentor wird, hängt teilweise mit dem Wechsel der Generationen zusammen. Mit 35 ist ein Mann zwar voll erwachsen, aber er hat immer noch enge Bindungen an Leute in den Zwanzigern. Er ist eine halbe Generation älter als sie und hat für sie eher die Stellung eines älteren Bruders als eines Vaters. Wenn er jedoch die 40 überschreitet, ist er um eine volle Generation älter. Junge Leute sehen in ihm eher den Chef oder »Vater« als den Gleichgestellten, und sie fühlen sich durch die Barrieren des Alters, der Autorität und des sozialen Gefüges stärker von ihm getrennt.

Anfänglich mag er das Ausscheiden aus der jüngeren Generation als große Enttäuschung und als Verlust empfinden. Doch mit der Zeit stellt er fest, daß auch er sich ändert. Er betritt eine berufliche, familiäre und kommunale Welt, in der er die unmittelbarsten Beziehungen zu Leuten in den Vierzigern und Fünfzigern hat. Er gewinnt mehr Abstand von der

Welt des frühen Erwachsenenalters und erhebt sich über sie. Er wird zu einem »mündigen« Erwachsenen, der sich erheblich von dem »unmündigen« Erwachsenen der Dreißiger- und dem »Lehrling« der Zwanzigerjahre unterscheidet.

Die Entwicklung hin zur Mündigkeit wird besonders deutlich, wenn sie mit einer klaren Statusverbesserung verbunden ist: der Betreffende erhält eine höhere Position im Betriebsgefüge; er wird als fest etablierter Schriftsteller, Arzt, Facharbeiter anerkannt; er betritt die Reihen der »Mündigen« in der erweiterten Familie und ist verstärkt für die älteren und jüngeren Generationen verantwortlich; er nimmt in kirchlichen, gemeinnützigen und anderen Organisationen eine angesehenere, verantwortungsvollere Position ein. Es gibt viele Formen der Mündigkeit und viele Arten des Aufstiegs, aber ein deutliches Vorankommen ist erforderlich, damit sich ein Mann in der Generation der mittleren Erwachsenen einen Platz erobern kann.

Um die Lebensmitte kann ein Mann viel Kontakt mit Zwanzig- und Dreißigjährigen haben, aber er kann nicht als völlig Gleichgestellter an ihrer Welt teilhaben. Selbst wenn es in vieler Hinsicht Beziehungen wie zwischen Ebenbürtigen sind, muß er ihnen etwas Besonderes bieten, das seine größere Reife, seine Zugehörigkeit zur Generation der mittleren Erwachsenen reflektiert. Wenn er in seiner eigenen Generation eine soziale Basis formt, findet er leichter Zugang zu anderen Generationen und kann Beziehungen eingehen, die beiden Seiten nutzen. Er kann seine jugendlichen Züge für sich selbst behalten, kann sowohl mit dem JUNGEN als auch mit dem ALTEN in anderen Kontakt aufnehmen und sein mittleres Alter so einsetzen, daß seine Beziehungen zu den jüngeren und älteren Generationen bereichert werden. Wenn seine Bindung an junge Erwachsene zu eng bleibt, wird er von seiner eigenen Generation und von dem ALTEN in ihm selbst isoliert bleiben und sich möglicherweise an überhaupt keine Generation mehr gebunden fühlen. Im anderen Extremfall können seine Bindungen an jüngere Leute verkümmern; doch das bedeutet dann wahrscheinlich, daß er dem JUNGEN in ihm selbst entfremdet und vorzeitig ALT geworden ist.

Ein Mentor für junge Erwachsene zu sein, gehört zu den bedeutsamsten Beziehungen, die einem Mann im mittleren Erwachsenenalter zur Verfügung stehen. Seine besondere Befriedigung zieht der Mentor daraus, daß er die Entwicklung junger Männer und Frauen fördert – daß er sie in ihren Bemühungen unterstützt, ihre »Träume« zu verwirklichen und ein ihren eigenen Wertvorstellungen und Fähigkeiten entsprechendes besseres Leben zu führen. Die Entwicklung von Kindern und Jugendlichen zu fördern, ist eine herausragende, dem Alter angemessene Aufgabe der frühen Erwachsenenjahre. Es ist die einfachere Form des Elterntriebes. In der mittleren Erwachsenenzeit kann ein Mann einen Schritt weitergehen und die Entwicklung junger Erwachsener fördern. Das Mentor-Verhältnis verwertet den Elterntrieb, aber es ist komplexer und erfordert ein gewisses Maß an Individuation um die Lebensmitte. Wenn sich ein Mann des eigenen Selbst und der eigenen Entwicklung im mittleren Erwachsenenalter stärker bewußt wird, ist er eher in der Lage, die Entwicklung anderer Erwachsener zu fördern.

Zur Mentorrolle gehört ein gewisses Maß an Altruismus – das Gefühl, einer Verpflichtung nachzukommen, etwas für einen anderen Menschen zu tun. Aber es ist weit mehr als Altruismus: der Mentor tut etwas für sich selbst. Er macht von seinem Wissen und Können im mittleren Alter produktiven Gebrauch. Er macht einen Lernprozeß durch, der auf keine andere Weise möglich wäre. Er bleibt in Verbindung mit den Kräften jugendlicher Energie in der Welt und in ihm selbst. Er braucht seinen Schützling ebenso sehr wie der ihn. Es ist Zeit, daß diese einfache Wahrheit sich mehr durchsetzt.

In einem »zulänglichen« Mentor-Verhältnis werden die Selbst-Verjüngung und die schöpferische Tätigkeit sowohl des Mentors als auch des Schützlings gefördert. Aber es gibt zahllose Risiken, die keine Beziehung völlig vermeiden kann. Der Mentor ist versucht, den allmächtigen Pygmalion zu spielen, der – wie Professor Higgins in Shaws Schauspiel und in *My Fair Lady* – egozentrisch darum bemüht ist, seine Eliza Doolittle (ob Mann oder Frau) nach seinen eigenen Vorstellungen zu formen. Am Ende muß Eliza aufbegehren, um ihre/seine eigene Entwicklung zu betreiben.

Eine andere Gefahr besteht darin, daß der Mentor fortwährend versucht ist, die Beziehung auszunützen, die Arbeit seines Schützlings auf seine eigenen Zwecke auszurichten und zu seinem eigenen Ruhm und Vorteil zu verwenden. Oder er hat Angst, er könne von seinem Schützling in den Schatten gestellt werden, und verlegt sich deshalb auf destruktive Formen der Disziplinierung und Kontrolle. Das andere Extrem sieht so aus, daß sich der Mentor mit übertriebenem Altruismus den Bedürfnissen des Schülers widmet und so ein Ungleichgewicht schafft, das letztlich beiden schadet. Natürlich tragen beide Teile zur Beschaffenheit und zum Ausgang jeder Beziehung bei.

Die Mentor-Tätigkeit ist Teil eines Entwicklungsprozesses, den Erikson als »Generativität« bezeichnet hat. Dieser Prozeß führt bei einem Mann im mittleren Erwachsenenalter zu einem wachsenden Bewußtsein von der Kontinuität des menschlichen Lebens und dem Strom der Generationen. Er interessiert sich für die heranwachsende Generation, die rechtzeitig darauf vorbereitet sein muß, die Verantwortungen des mittleren Alters zu übernehmen. Das führt dazu, daß er andere Bürden seiner Generation akzeptiert – er ist bereit, seine Autorität in die Waagschale zu werfen, die Führerrolle zu akzeptieren und Entscheidungen zu treffen, die für einen immer größer werdenden Kreis von anderen einschneidende Konsequenzen haben. Grundsätzlich sieht der Prozeß für alle ähnlich aus: für den Bauern in seinem Dorf, den Arbeiter in seiner Gewerkschaft oder Fabrik, den leitenden Angestellten in seiner Firma, den politischen Führer auf lokaler, nationaler oder internationaler Ebene.

Erikson hat in seiner Gandhi-Biographie die Zeit zwischen dem 40. und dem 60. Lebensjahr lebendig dargestellt. Zu Beginn der mittleren Erwachsenenzeit kehrte Gandhi aus Südafrika zurück und begann seine politische Laufbahn in Indien. Mit 50 führte er den Streik in Ahmedabad an, der zu einem Testfall für die militante Gewaltlosigkeit wurde und ihn zum Mahatma machte, zum Führer der Nation gegen die Kolonialherrschaft. Während er neue Beziehungen zu seinen Anhängern und zu der Generation junger Erwachsener einging, arbeitete er auch daran, für seine jungen erwachsenen Söhne ein guter Vater zu sein. Das Nebeneinander seines Erfolges als Politiker und seines Versagens als Vater und die Intensität seines Engagements in beiden Bereichen verdeutlichen, wie vielschichtig und paradox die Erwachsenenentwicklung sein kann.

Wir haben in Kapitel 15 davon gesprochen, daß die Art, wie sich ein Mann in der Lebensmitte mit der Maskulin/feminin-Polarität auseinandersetzt, seine Fähigkeiten als Mentor – insbesondere als Mentor für Frauen – beeinflussen kann. Es ist unter Umständen die bedeutsamste Weiterentwicklung im Übergang zur Lebensmitte.

Ein guter Mentor zu sein, gehört zu den besonderen Beiträgen, die man im mittleren Erwachsenenalter für die Gesellschaft leisten kann. Wenn man an den Wert denkt, den ein Mentor-Verhältnis für den Mentor selbst, für den Schützling und für die Gesellschaft insgesamt hat, ist es tragisch, daß es in Wirklichkeit so selten dazu kommt. Es sind Grenzen in unserer individuellen Entwicklung und in unseren gesellschaftlichen Strukturen, die uns abhalten. Diese Grenzen intensivieren den Konflikt zwischen den

Generationen und unterminieren die Beziehungen zwischen der jungen und der mittleren Generation.

Wenn ein Mann zum Mentor wird, dann ist das so ähnlich, wie wenn ein Mann für seine Kinder, die ins frühe Erwachsenenalter kommen, auf neue Weise zum *Vater* wird. Wenn ein Mann die 40 überschreitet, sind seine älteren Kinder gewöhnlich in oder in der Nähe der Adoleszenz. Vater und Kinder müssen der Tatsache Bedeutung beimessen, daß *sie* in die frühen Erwachsenenjahre kommen, während *er* diese zurückläßt. Er ist kein junger Vater mehr, der kleine Kinder großzieht, sondern ein Vater, der ins mittlere Alter eintritt und nach neuen Beziehungen zu seinen Kindern sucht, die inzwischen im Jugend- oder im jungen Erwachsenenalter sind. Wenn sich die Generationszugehörigkeit der Kinder ändert, ergeben sich für den Vater neue Verantwortungen und Gelegenheiten. Im besten Fall schaffen sie Beziehungen, die beide Seiten zufriedenstellen: bis zu einem gewissen Grad lieben sie sich, lehren und lernen, unterstützen sich gegenseitig, arbeiten und spielen zusammen. Das ist allerdings nicht leicht, und es ist eher die Ausnahme als die Regel. Wenn er sie weiterhin wie kleine Kinder behandelt, kann es sein, daß sie sich fügen und sich nicht zu selbständigen Menschen entwickeln oder daß sie sich voll Trotz und Verachtung von ihm abwenden.

Die Schwierigkeiten, die zwischen den Eltern und ihren Kindern im Jugendalter entstehen, sind bisher fast ausschließlich aus der Sicht der Kinder untersucht worden. Es ist viel über den Schaden geschrieben worden, der den Jugendlichen von allzu nachgiebigen, strengen, abweisenden, moralistischen, verführerischen und zurückhaltenden Eltern zugefügt wird. Wenn wir diese Beziehungen auch vom Standpunkt der Eltern aus betrachten, neigen wir nicht mehr so dazu, eine Generation zum Bösewicht und die andere zum Opfer der Auseinandersetzungen zu machen, die die Beziehungen zwischen den Generationen unweigerlich mit sich bringen. Beide Seiten tragen zwangsläufig zu den Problemen bei; bei größerem Verständnis füreinander können auch beide Seiten helfen, diese Probleme zu lösen. Wenn wir die Jugendlichen unter dem Gesichtspunkt der Entwicklung sehen, verstehen wir besser, wie ihre mit dem Wachstum zusammenhängenden Schwierigkeiten sich in ihren Konflikten mit den Eltern widerspiegeln. Nun, auch Eltern haben Wachstumsschwierigkeiten; und auch sie müssen von der Entwicklung her verstanden werden. Ich spreche hier von Vätern. Für Mütter gelten die gleichen Grundprobleme, wenn auch mit anderen Details.

Etwa mit 40 verstrickt sich ein Mann tief in die Polarität von JUNG und ALT. Dieser Entwicklungsprozeß wirkt sich stark auf die Beziehungen zu seinen Kindern und generell zu jungen Erwachsenen aus. Wenn das eigene Älterwerden schwer auf ihm lastet, weckt die überschäumende Vitalität der Jungen in ihm eher Neid und Ressentiments als Freude und Nachsicht. Vielleicht beschäftigen ihn Vorwürfe gegen die eigenen Eltern wegen des – tatsächlichen oder eingebildeten – Schadens, den sie ihm in den verschiedenen Lebensabschnitten zugefügt haben. Wegen dieser Gedanken ist er für die (oft ähnlichen) Vorwürfe, die seine Kinder gegen ihn richten, weniger aufgeschlossen.

Wenn er das Gefühl hat, seinen eigenen frühen »Traum« aus den Augen verloren oder verraten zu haben, fällt es ihm vielleicht schwer, die »Träume« junger Erwachsener aus ganzem Herzen zu fördern und abzusegnen. Wenn seine Kinder bei ihrer Verfolgung der Ziele fürs Erwachsenenalter Anzeichen von Schwäche oder Verwirrung erkennen lassen, fürchtet er, ihr Leben könnte so enttäuschend verlaufen wie sein eigenes. Entwickeln sie sich jedoch gut, mißgönnt er ihnen möglicherweise den Erfolg. Angst- und Schuldgefühle unterminieren vielleicht seine Bemühungen, den Kindern zu helfen, und machen ihn statt dessen zum nachtragenden Nörgler.

Wenn ihm der Mißerfolg und die Leere in seinem eigenen Leben sehr zu schaffen machen, sagt er sich vielleicht, daß sie es besser haben sollen, daß ihr Erfolg seine Enttäuschungen wettmachen wird. Der aufrichtige Wunsch, daß die Kinder nach ihren eigenen Vorstellungen glücklich werden mögen, gehört zum Wertvollsten, was Eltern ihren Kindern bieten können. Wenn jedoch ein Vater unbedingt will, daß seine Kinder genau die Dinge haben, die ihm entgangen sind, wird das elterliche Interesse zu leicht zu einem tyrannischen Anspruch, von dem sich die Kinder mit der Zeit freimachen müssen.

Wenn ein Vater die Polaritäten integriert, die ihm in der Lebensmitte zu schaffen machen, kann er mit unverfälschter Anteilnahme und Weisheit auf die Bedürfnisse seiner Kinder eingehen. Er kann ihre jugendlichen Hoffnungen schätzen lernen, ihre jugendliche Ungeschicklichkeit akzeptieren und unter Berücksichtigung ihrer Individualität seine Unterstützung anbieten.

Die Abwandlung der Ehe

Viele Männer können sich mit Ende dreißig und Anfang vierzig ernsthaft mit Eheproblemen beschäftigen, die sie bis dahin ignoriert oder nur vage erkannt haben. Ein Mann kann nun vielleicht sehen, daß die Ehe von Anfang an Mängel hatte. Er hat nicht aus großer Liebe, sondern aus anderen Gründen geheiratet, sei es daß die Familie ihn drängte oder daß die Konvention es erforderte, daß er aufbegehrte, sich sozialen Aufstieg erhoffte oder einfach Schuldgefühle hatte. Es war deshalb für das Paar schwierig, eine zufriedenstellende Ehebeziehung zu schaffen. Mit der Zeit verschlimmerte sich die Lage, anstatt besser zu werden. Wenn er an der Ehe festhielt, dann hauptsächlich aus Anhänglichkeit an das Familienleben, an die Kinder und an die Tradition. Nun ist plötzlich der große Nebel der Illusion verflogen. Zum erstenmal fühlt er sich frei genug, seine Frau als einen Menschen zu sehen und die Art ihrer Beziehung zu verstehen. Neue Erkenntnisse stürmen auf ihn ein, und jede setzt sich irgendwie aus Einsicht, Entstellungen und Versuchen der Selbstrechtfertigung zusammen: in ihrem Verhältnis ist nichts Erregendes mehr; er kann seine Hauptinteressen und -sorgen nicht mit ihr teilen; sie behandelt ihn eher wie eines der Kinder als wie einen Freund und Liebhaber; sie ist enttäuscht, weil er die Ziele, die sie sich gemeinsam gesetzt hatten, nicht erreicht hat; sie nimmt ihm die Erfolge übel, die er in einer Welt errungen hat, an der sie keine Freude und keinen Anteil hat.

In jeder Alters- oder Entwicklungsstufe kann ein Mann entdecken, daß seine Ehe ganz anders ist, als sie ihm immer vorgekommen war. Doch dieser Erkenntnisprozeß sieht in jeder Phase wieder anders aus. Ende Dreißig wird ihm vielleicht die Unzufriedenheit mit seiner Ehe deutlich bewußt. Wenn er darum ringt, sich als Mann zu behaupten und von der Gesellschaft bestätigt zu werden, verstärkt sich sein Eindruck, daß ihn seine Frau wie ein kleines Kind behandelt. Er empfindet sie in mancher Hinsicht als zu dominierend und erdrückend, in anderer Hinsicht als zu distanziert und demütigend. Er findet möglicherweise eine andere Frau, die ihm mehr Verständnis, mehr Teilnahme entgegenbringt, seine Sinne stärker anspricht, bei der er sich mehr als Mensch fühlt. Dies kann zu einem »Ausbruch« – Scheidung und eventuelle Wiederverheiratung – oder zu einer Lebensstruktur führen, die sowohl die Ehefrau als auch die »andere Frau« einschließt.

Wenn ein Mann in der Phase des Selbständig-Werdens mit seiner Ehe unzufrieden wird, sucht er in der Regel die Probleme eher bei seiner Frau als bei sich selbst. Er mag gewisse Illusionen über sie und die eheliche Beziehung hinter sich bringen, aber es fällt ihm schwer, seine Illusionen über sich selbst zu durchschauen. Seine Entwicklung drängt ihn eher dazu, die Außenwelt zu meistern, als das eigene Selbst zu erforschen.

Im Übergang zur Lebensmitte kann sich ein Mann eher selbst prüfen und sich mit den Illusionen über sich selbst befassen. Er ist nun eher bereit, sich zu fragen: »Was habe ich zu den Eheschwierigkeiten beigesteuert? *Wollte* ich vielleicht, daß meine Frau eine gewisse Mutterfigur darstellt? Wie kam ich dazu, diese Ehe zu schließen, sie so lange aufrechtzuerhalten und sie dann in Frage zu stellen?«

Sich mit diesen Fragen zu beschäftigen, ist nie leicht, und dem Mann selbst sind oft die wechselnden Gedanken und Gefühle nur vage bewußt. Wenn die Schwierigkeiten am größten sind, ist er oft nicht fähig, klar darüber zu reden oder sich darüber klar zu werden, was in seinem eigenen Kopf vor sich geht: er sieht sich in der Falle sitzen, ohne eindeutige Richtung, von außen in entgegengesetzte Richtungen gezerrt, innerlich voller Konflikte und Verzweiflung.

Manchmal ist es die Frau, die den ersten Schritt zu einer Neubeurteilung der Ehe unternimmt. Da sie mit Ende dreißig oder Anfang vierzig weniger familiäre Verpflichtungen hat, ist sie bestrebt, ihren Horizont zu erweitern und sich nach Tätigkeiten außerhalb des Hauses umzusehen. Sie wird zur Stimme der Entwicklung und Veränderung. Aufgrund der »Arbeitsteilung«, zu der es in der Ehe oft kommt, wird nun der Mann vielleicht zur Stimme des Status quo. Außerdem fühlt sich ein Mann, der seine eigene Jugendlichkeit gefährdet sieht, eher bedroht als angenehm berührt, wenn seine Frau eine Abwandlung ihres Lebens anregt. Wenn er ihr Bestreben, von einer vorwiegend häuslichen Rolle wegzukommen, akzeptieren kann, können die Partner zusammen auf ein neues und vertrauteres Verhältnis hinarbeiten, in dem sie das, was ihnen gemeinsam ist, weitgehend teilen, und ihre getrennten Interessen auf einer autonomeren Basis verfolgen.

Wenn die Frau selbstbewußter und freier wird, kommt es in manchen Familien beim Mann zu einer schweren Krise. Seine Autorität und sein Engagement in der Familie sind zurückgegangen, und am Arbeitsplatz fühlt er sich immer mehr in den Hintergrund gedrängt. Wenn das eintritt, ergibt sich für die ganze Familie ein ernsthaftes Problem.

Oft ist es der Mann, der die Initiative zur Veränderung ergreift. In der

Phase des Selbständig-Werdens oder im Übergang zur Lebensmitte hat er das starke Bedürfnis, ihr Leben abzuwandeln. Er versucht – gewöhnlich auf ungeschickte oder konfuse Art –, sich seiner Frau mitzuteilen. Obwohl sie für seine Lage Verständnis hat, fürchtet sie sich doch, das ruhige Fahrwasser zu verlassen. Sie sieht in seiner Enttäuschung und seinem Unbehagen einen indirekten Angriff auf sie – einen Vorwurf, daß im Grunde genommen sie an seinen Schwierigkeiten schuld sei. Sie hat Angst, wenn sie sich beide mit seiner Unzufriedenheit auseinandersetzten, könnte das zur Aufdeckung schwerwiegenderer Probleme in ihrer Ehe und Lebensstruktur führen. In diesem Fall ist er es, der – oft aus einer verworrenen Bemühung heraus, die Probleme zu klären und eine neue Richtung zu finden – den Anstoß zur Veränderung gibt, während sie die Stabilität und Selbstbeschränkung vertritt.

Die Eheschwierigkeiten, die während des Übergangs zur Lebensmitte an die Oberfläche drängen, können zu ganz unterschiedlichen Veränderungen führen, von einer Trennung und Scheidung bis zu einem Neubeginn und einer Verbesserung der Ehe. In manchen Fällen bleiben die Mißstände bestehen und bringen die Partner immer weiter auseinander. Sie lassen sich später scheiden (oft um 50) oder führen jahrelang eine Art kalten Krieg.

Wenn man die Eheschwierigkeiten von der Entwicklung her betrachtet, lassen sie sich leichter verstehen. Es wird nach einigen Ehejahren oft offensichtlich, daß sich Mann und Frau unterschiedlich schnell und in unterschiedlichen Richtungen entwickelt haben. Die Mängel, die zu Beginn der Ehe schon da waren, und weitere Probleme, die im Lauf der Zeit dazugekommen sind, werden für einen der Partner unerträglich. Der andere hat zwar auch manchen Grund zur Klage, doch er will davon nichts wissen und klammert sich an den Status quo. Die Risse in der Ehe treten gewöhnlich in einer Übergangsphase zutage – besonders während des Übergangs in die Dreißigerjahre oder im Übergang zur Lebensmitte –, aber auch während einer Krise in der Phase des Selbständig-Werdens. Der Konflikt läßt sich vielleicht jahrelang zurückhalten, bis eine neue Übergangsphase oder eine einschneidende Veränderung der äußeren Umstände das Gleichgewicht stört. Das Verhältnis wird sich nur bessern, wenn beide Partner bereit sind, gemeinsam daran zu arbeiten, und wenn sie außerdem fähig sind, ihre Entwicklungsarbeit umfassender zu synchronisieren.

Ein Mann geht in diesem Alter vielleicht eine ernste Liebesbeziehung zu einer jüngeren Frau ein. Der Partner, der »ausfliegt« – gewöhnlich ist es der Mann, aber immer häufiger auch die Frau –, stößt üblicherweise bei anderen nicht auf kritisches Verständnis, sondern wird moralisch verurteilt. Leute, die großen Wert auf die Stabilität der Familie legen, fällen oft automatisch ein negatives Urteil: Männer, die so etwas tun, gelten als moralisch verdorben oder vorübergehend »aus den Fugen«. Oder es wird von einer »Torschlußpanik« gesprochen – ein Begriff, in dem Mitgefühl und Geringschätzung fein gemischt sind. Andererseits reagieren glühende Befürworter der Freizügigkeit oft nicht weniger stereotyp, wenn sie ein Loblied auf den Mann singen, der ausschert und tut, wonach ihm zumute ist.

Wenn wir die außereheliche Beziehung besser verstehen wollen, müssen wir sie von der Entwicklung her betrachten. Sie reflektiert das Ringen eines Mannes mit der Polarität von JUNG und ALT: Er demonstriert seine jugendliche Vitalität zu einem Zeitpunkt, wo er fürchtet, daß das JUNGE in ihm von dem vertrocknenden, sterbenden ALTEN zugedeckt wird. Wenn er nur seine Jugend wiedererlangen oder auf immer festhalten will, dann ist sein Bemühen umsonst. Andererseits kann die Erprobung neuer Beziehungen zu Frauen verschiedenen Alters dazu führen, daß er mit dem Femininen in ihm selbst und in anderen besser in Kontakt kommt, so daß er die Maskulin/feminin-Polarität auflösen kann. Dann wird es ihm vielleicht auch gelingen, seine jugendlichen Energien in einer Form zu nutzen, die dem mittleren Erwachsenenalter angemessen ist.

Wenn sich der Übergang zur Lebensmitte für einen Mann mit Mitte Vierzig seinem Ende nähert, muß er neue Entscheidungen treffen oder sich alte Entscheidungen zu anderen Bedingungen von neuem zu eigen machen. Wenn er aus seiner bisherigen Ehe mehr machen oder eine neue, bessere Ehe eingehen will, muß er seine Illusionen über sich selbst abbauen. Er muß ein gewisses Maß an Verantwortung für die Aspekte seiner eigenen Motivation und seines eigenen Charakters übernehmen, die ihn davon abhalten, erwachsenere Beziehungen zu Frauen einzugehen. Er wird einige Jahre daran arbeiten müssen, eine neue Art der Beziehung zu einer Frau oder Geliebten zu entwickeln, die bereit ist, gemeinsam mit ihm diese Entwicklungsarbeit anzugehen. Andernfalls bleibt er in einer stagnierenden Ehe hängen, die sich auf beide Partner destruktiv auswirkt, oder er läßt sich auf eine neue Ehe (oder eine Reihe neuer Beziehungen zu Frauen) ein, die die alten schmerzlichen Themen in neuen Varianten wiederbringt.

Die Biographien in den folgenden Kapiteln werden viele der eben besprochenen Veränderungen in bezug auf die Ehe, die Vaterschaft, das Mentor-Verhältnis und den »Traum« veranschaulichen. In Kapitel 18 werden wir sehen, wie die Bemühungen im Übergang zur Lebensmitte, die Lebensstruktur neu zu bewerten und abzuwandeln, zum Aufbau einer neuen Struktur in der nächsten Phase, dem Eintritt ins mittlere Erwachsenenalter, führen.

17. Das Leben des Biologen John Barnes

John Barnes wurde 1925 geboren und wuchs in einer wohlhabenden, konservativen Familie auf, die zur Oberschicht in Neuengland gehörte und starken puritanischen Traditionen verhaftet war. Integrität, viktorianische Sexmoral, strenge Beherrschung der Gefühle, Vermeiden jeder Selbstdarstellung, hervorragende intellektuelle Leistung und Interesse am Gemeinwohl – das war es, was in seiner Vor-Erwachsenenwelt hervorgehoben und durch seinen Vater, einen Pfarrerssohn und erfolgreichen Wall-Street-Anwalt, verkörpert wurde. John war das jüngste Kind von Eltern im mittleren Alter, ein Ersatz für ihren ersten und einzigen Sohn, der kurz vorher gestorben war und um den sie sehr trauerten. Er wurde von Bediensteten versorgt und mit 13 ins Internat geschickt.

Als Kind fühlte er sich dem Hausverwalter am nächsten, der sich um das Landhaus seiner Eltern kümmerte und ihm das Tischlern beibrachte und »fast ein Pflegevater« für ihn war. In seiner Familie gab es keine Intimitäten, keine Äußerungen irgendwelcher Gemütsempfindungen. Er hing an seinen Eltern, vor allem an seinem zurückhaltenden Vater, mit dem er die Liebe zum Meer und zum Segeln teilte. Seine Mutter zog ihre älteste Tochter vor und kritisierte und maßregelte John häufig.

> Ich habe, glaube ich, immer unter dem Gefühl gelitten, in unserer Familie der unterste Mann am Totempfahl zu sein. Das hatte bis zu einem gewissen Grad damit zu tun, daß die Eltern so viel älter waren. Aber es hing ganz wesentlich damit zusammen, daß ich zwei ältere Schwestern hatte, die in Zeiten, als es darauf ankam – bei jeder Konfrontation, meine ich, waren sie im Recht und ich im Unrecht, ganz gleich, wie das Problem hieß. Die Folge davon war, daß ich an einem schweren »Benjamin-Komplex« litt, und ich fürchte, im großen und ganzen hat sich daran bis heute nichts geändert.

Seine frühen Erfahrungen, »nur Ersatz« und »der unterste Mann am Totempfahl« in der Familie und keineswegs Mutters Liebling zu sein, sind die Anfänge eines Themas, das sich durch sein ganzes Leben zieht: das verzweifelte Verlangen und Bemühen, die Nummer Eins zu sein und schließlich doch nur Zweiter zu werden.

An einer Reihe von ausgesuchten Privatschulen für Jungen zeichnete er sich im schulischen und sportlichen Bereich aus. Es bedrückte ihn immer sehr, wenn er mal ein Ziel nicht erreichte. Er war zwar nicht sehr gesellig, hatte aber immer einen oder zwei enge Freunde. Als er acht Jahre alt war, begann seine älteste Schwester, Biochemie zu studieren. Beide Schwäger, von denen John einen besonders bewunderte, waren ebenfalls Biologen. Mit zwölf hatte er bereits den spezifischen »Traum«, Biochemiker zu werden und große Entdeckungen zu machen. Unterstützung von der Familie, Erfolge in der Schule und viele Stunden in seinem kleinen Chemielabor zuhause nährten seinen »Traum« und stärkten seine Zuversicht.

John fühlte sich in den letzten Sommern seiner Schulzeit zu mehreren Mädchen hingezogen, aber er war schüchtern, fürchtete sich vor einem starken Engagement, wurde durch Familientabus zurückgehalten und hatte Angst, dreistere Jungs könnten ihn »ausstechen«. Rückblickend meint er, er habe sich in die Sicherheit seines Labors zurückgezogen: »Ich brauchte mich um diese anderen Dinge nicht zu kümmern; ich konnte mir immer einreden, sie seien gar nicht so furchtbar wichtig.«

Die Lehrzeit

John Barnes verbrachte seinen *Übergang ins frühe Erwachsenenalter* (zwischen 18 und 23) als junger Student am Harvard College und beim Militär. Für viele junge Männer ist dies eine Zeit der Unbeständigkeit und des Experimentierens. In Johns Fall gab es in dieser Zeit nur wenige Veränderungen. In seinem Schuldasein, seinen Beziehungen zu den Eltern und anderen, seinem »Traum« und seinen Lebenszielen gab es keine wesentlichen Korrekturen. Er machte sich zwar insgeheim Sorgen darüber, daß sein Verhältnis zu den wenigen Mädchen, mit denen er ausging, so unpersönlich war, aber er fand keine Möglichkeit, etwas daran zu ändern.

Als er in seiner Militärzeit (zwischen 19 und 21) in Umgebungen kam, die sich von denen seiner Vor-Erwachsenenzeit stark unterschieden, fühlte er sich freier und für neue Erfahrungen empfänglicher. Ihn faszinierten beispielsweise die Baumaschinen, die von seiner Einheit verwendet wurden, und er stellte sich vor, er sei der Chef einer Baufirma. Dieser rivalisierende »Traum« taucht bis heute immer wieder in seinen Phantasievorstellungen auf. Er erinnert sich auch lebhaft an seine ersten sexuellen

Erfahrungen. Auch wenn es dabei nicht um voll entwickelte Liebesaffären oder intime Freundschaften ging, konnte er nun doch Frauen auf sexueller Ebene begegnen und fühlte sich mehr als Mann.

Mit 21 kehrte er ans College zurück und schob die Interessen beiseite, die er in der Armee entwickelt hatte. Schon bald begann er eine Affäre mit Ellen, einer attraktiven Studentin am Vassar College: »Wir hatten sehr rasch ein festes und – aus meiner Sicht – erfreuliches sexuelles Verhältnis. Ich muß wohl ziemlich hingerissen gewesen sein. Es war ja meine erste derartige Geschichte. Hingerissen in dem Sinn, daß wir schließlich heirateten.«

Er und Ellen heirateten gleich nach dem Abschlußexamen am College, vor allem deshalb, so glaubt er, weil es »der richtige Weg« schien. Sie wollte noch im letzten Augenblick kneifen, aber er überredete sie dazu, die Sache durchzustehen. Mit 23 waren sie beide nicht fähig, sich den Problemen in ihrer Beziehung zu stellen. Ihm war nicht bewußt, daß es Ellen keine Freude machte, mit ihm zu schlafen, und sie nur nicht mit ihm darüber reden konnte. Außerdem verlagerte sich ihr Interesse von den Naturwissenschaften auf die Kunst, womit er nichts anfangen konnte. Keiner konnte sich für den »Traum« des anderen begeistern. Sie hatten kein vertrautes Verhältnis, aber ihm war damals nicht bewußt, daß etwas fehlte. »Es war zwar keine von langer Hand geplante Ehe, wie sie in manchen Ländern noch üblich ist, aber die Auswirkungen waren die gleichen.«

In der Phase des *Eintritts in die Erwachsenenwelt*, zwischen 23 und 28, war John ein enthusiastischer und erfolgreicher Student an der Yale University. Er machte seinen Doktor in Biochemie und blieb anschließend noch ein Jahr als Forschungsstipendiat. Er arbeitete in diesen Jahren für eine prominente Wissenschaftlerin, die er bewunderte. Als Lehrerin, Ratgeberin und Gönnerin war sie eindeutig eine Mentor-Figur für ihn, aber ihre Beziehung wurde nie sehr persönlich. Er war vollkommen von seinen »Traum« beherrscht: »Die Naturwissenschaft, meine Arbeit, das Labor beschäftigten mich von morgens bis abends. Es wäre mir damals nie eingefallen, mir – abgesehen von einem gelegentlichen Gespräch am Mittagstisch – über die Politik oder irgend etwas anderes Gedanken zu machen. Herrliche Zeiten im Labor, etwas anderes zählte im Grunde genommen nicht.«

Barnes weiß, daß diese ausschließliche Beschäftigung mit dem eigenen Fach, die kaum einen Gedanken an weiter reichende wissenschaftliche oder soziale Begleiterscheinungen verschwendet, für die Lehrjahre in den Naturwissenschaften typisch war. Aber er glaubt auch, daß diese Beschränktheit seine naive Einstellung zum eigenen Selbst und zu seiner Umwelt widerspiegelte. Er bringt das mit seiner außerordentlich starken Bindung an den »Traum« und dem Gefühl der Allmacht in Verbindung; er war überzeugt, »ich würde mit allem fertig, was ich nur in die Hand nahm; ich brauchte nur zu wollen«.

Er konnte in diesen Jahren nicht viel von sich selbst in seine Ehe investieren. Die sexuelle Beziehung blieb oft längere Zeit unterbrochen. Ellen beklagte sich darüber, daß er so oft fort war und sich nicht um ihre Gefühle kümmerte. Sie hatten ihr erstes Kind, als er 26 war, das zweite zwei Jahre später, aber die Elternschaft trug nicht dazu bei, daß die Ehe besser wurde.

Während des *Übergangs in die Dreißigerjahre*, zwischen 28 und 34, kam es für Barnes in jedem Lebensbereich zu wichtigen Veränderungen. Mit seiner Karriere ging es rapide voran. Mit 28 war er ein relativ unentwickelter Neuling, der im Labor seines Mentors arbeitete. Mit 30 stieß er, nach einem Forschungsaufenthalt in Übersee, von sich aus auf ein erregendes Problem im Grenzbereich seiner Disziplin und akzeptierte eine Stelle als Außerplanmäßiger Professor an der Columbia University. An dieser Bastion des intellektuellen Establishments im Osten der USA fühlte er sich zuhause. Es war die Universität, die sein Vater und viele Generationen seiner Familie besucht hatten. Mit der Übernahme der Professur stärkte er also seine Bindungen an die Familientradition.

Nach zwei Jahren mühseligen, einsamen Experimentierens machte er mit 32 eine bedeutende Entdeckung, fraglos ein Höhepunkt in seinem Leben. Er sprach von der Freude an seiner Arbeit und von der »unheimlich aufregenden Zeit«:

> Es nimmt einen total in Anspruch ... aber man kann eine solche Erregung nur relativ kurze Zeit durchhalten. Die eigentliche Schinderei, die allem vorausging, dauerte etwa zwei Jahre. Die hochgradige Erregung hält nicht sehr lange an. In dieser Hinsicht läßt sie sich gut mit einem Sportereignis vergleichen, auch etwas, was mir einen Riesenspaß macht. Sobald wir den einen, entscheidenden Test machten, wurde klar, daß sich ein ganz neues Gebiet auftat ... und das war augenblicklich zu erkennen – wie wenn man eine Tür aufmacht. Und *das* ist das Erregende an dieser Arbeit!

Die dramatischste Zeit in meiner wissenschaftlichen Laufbahn kam damals im Dezember auf mich zu. Ich müßte in meinem Laborbuch nachsehen, aber es ist alles in Großbuchstaben festgehalten. Wir saßen eines Abends im Labor vor dem Spektralphotometer und waren dabei, sorgfältig vorbereitete Lösungen sorgfältig zu mischen, und da erhielten wir ein spektakuläres Ergebnis, das mich berühmt gemacht hat. Ich will damit sagen, es ist keine Zauberei. Es waren ganz unkomplizierte Versuchsabläufe, die zu einem Ergebnis führten, das damals höchst unerwartet kam. Heute denkt kein Mensch mehr etwas dabei. Aber damals war das sehr aufregend. Und im Verlauf von vielleicht einer Woche produzierten wir mehr fundamentale Erkenntnisse als in meiner ganzen wissenschaftlichen Laufbahn vorher und nachher. Ich bin seither eigentlich ganz gut vorangekommen. Es ist die ganze langweilige Schinderei wert, wenn nachher solche ungemein erregenden Augenblicke kommen. Offensichtlich würde das sonst niemand erregend finden. Es ist eine höchst persönliche Angelegenheit.

Mit der Veröffentlichung seiner Entdeckung fand er »Anerkennung . . . als ein vielversprechender junger Biochemiker!« Als er frühzeitig (mit 33) seine feste Anstellung erhielt, war das eine nachhaltige Bestätigung. Damit hatte er nach eigener Überzeugung bewiesen, was er innerhalb der wissenschaftlichen Elite wert war.

Viele moderne Wissenschaftler lassen sich mit den Helden aus alten Zeiten vergleichen: sie ziehen aus, um einen hohen Preis (den Nobelpreis) zu gewinnen und müssen auf dem Weg dorthin etliche Rivalen besiegen. (Über die Hälfte unserer Wissenschaftler sahen sich auch in ihrer ersten Ehe in der Rolle des edlen Ritters, der das Burgfräulein befreit.) In der Phantasie war John Barnes nun der junge Held, der zum Angriff überging, um sich mit immer fundamentaleren Entdeckungen den Beifall seiner Welt zu erobern.

Die Veränderung in seinem Eheleben war anfangs schmerzhaft, bedeutete aber letztlich eine Verbesserung. Wenige Monate nach seinem Wechsel an die Columbia University bat ihn Ellen um die Scheidung. Sie liebte einen anderen und wollte ihn heiraten. Auf einen Versöhnungsversuch folgte eine »zivilisierte« Scheidung. Trotz Barnes' Erleichterung über diesen Ausweg aus einer für beide Seiten nachteiligen Situation leitete das Zerbrechen seiner Ehe eine Krise ein:

Nun, es war in verschiedener Hinsicht ein großer Schock. Ich war ja völlig ahnungslos gewesen, zumindest am Anfang, daß sich die Situation so sehr verschlechterte, wie das offensichtlich der Fall war. Ich wußte zwar, daß sie nicht gut war, aber es schien mir keineswegs extrem. Und ich empfand es als persönliche Kränkung, daß Ellen seit einiger Zeit etwas mit einem jungen Mann hatte, ohne daß ich etwas davon wußte, einem Burschen zudem, den ich gut kannte. Kränkend war nicht, daß sie das tat, sondern daß ich nichts davon merkte. Und *das* rüttelte mich wirklich auf. Offenbar hatte ich keine Antenne für meine unmittelbare Umgebung, und das war eine Botschaft, die ich laut und deutlich vernahm.
Vom Zeitpunkt dieser ersten Aussprache an fand in den folgenden traumatischen Jahren eine Entwicklung statt: mir wurde immer deutlicher bewußt, was die Leute dachten, ganz gleich, ob sie darüber redeten oder nicht. Ein Meister bin ich zwar immer noch nicht, aber jedenfalls bin ich ein gutes Stück weitergekommen. Ich kann den Beginn dieser Entwicklung so genau festlegen, weil mir bis zu diesem Augenblick noch nie so eindringlich bewußt geworden war, daß ich mich um diese Dinge zu wenig kümmerte. Es war mir zwar von anderen Leuten immer wieder gesagt worden, doch ich hatte das nie ernst genommen. Und nun kapierte ich es endlich – ziemlich spät, würde ich sagen, aber immerhin. Meine Frau versuchte mir zu erklären, was sie in unserer Beziehung vermißte: sie sprach von »Verständnis« und »Gefühlen«. Aber ich verstand einfach nicht, was diese Begriffe für sie bedeuteten. Mir bedeuteten sie zu der Zeit nicht viel. Und es waren unter anderem solche Diskussionen, darunter auch eine familientherapeutische Sitzung, die die Veränderung katalysierten. Wahrscheinlich hatte sie damals recht, auch wenn ich zu der Zeit kaum wußte, wovon sie redete. Inzwischen ist mir eine Menge klargeworden.

Während der nächsten drei Jahre räumte Barnes als Junggeselle persönlichen Beziehungen bewußt mehr Raum in seinem Leben ein. Er kam einer seiner Schwestern und ihrer Familie näher als je zuvor und hatte mehrere Affären. Mit 33 fühlte er sich bereit, wieder zu heiraten. Sein Werben um Ann war zwar etwas behutsam und unbeholfen, aber es bildete eine gute Basis für eine Beziehung, die im Laufe der Jahre immer vertrauter wurde.

Ann war ledig, im gleichen Alter wie er und eine außerordentlich kompetente wissenschaftliche Assistentin in einem anderen Bereich der

Biologie. Sie machte sich Vorwürfe, weil sie nicht promoviert hatte und beruflich nicht weitergekommen war, und es verschaffte ihr große Befriedigung, für bewunderte ältere Wissenschaftler zu arbeiten. Ihr Hintergrund und ihre maßgeblichen Erfahrungen und Interessen waren denen Johns so ähnlich, daß die beiden »wie aus einem Stück geschnitten« schienen. Ihr Verhältnis war zwar nicht sehr romantisch oder leidenschaftlich, doch aus Kongenialität wurde nach und nach eine tiefe Zuneigung und ein gegenseitiges Sichverstehen, wie sie es beide noch nie erlebt hatten. Sie waren wie geschaffen für Rollen, die einander ergänzten und nicht miteinander konkurrierten, und zwar im sozialen und im psychologischen Sinn. Sie bewunderte seine Arbeit und verstand seine Kämpfe in dem auf Wettbewerb beruhenden akademischen System. Er achtete sie als Gefährtin in wissenschaftlichen, intellektuellen und sportlichen Belangen und unterstützte sie in ihren beruflichen Ambitionen. Sie heirateten mit 34, nachdem er ein Jahr lang um sie geworben hatte.

Die Phasen des Seßhaft- und Selbständig-Werdens

Die stabile Lebensstruktur, die Barnes zwischen 34 und 41 in der Phase des Seßhaft-Werdens aufbaute, stützte sich auf die Entscheidungen und entwicklungsbedingten Veränderungen des Übergangs in die Dreißigerjahre. Er definierte seine Aufgaben als neues Mitglied des ständigen Lehrkörpers und arbeitete mit großem Einsatz an seinem weiteren Aufstieg. Gleichzeitig entwickelten er und seine Frau ihre Beziehung weiter, bauten zusammen ein Leben auf und wurden Eltern. Sie kauften ein bescheidenes Haus in einer reizenden kleinen Stadt mit einem Jachthafen. Sie hielten sich nach Möglichkeit vom üblichen gesellschaftlichen Leben fern und führten ein aktives Leben, oft nur zu zweit: sie genossen ihre Gesellschaft, wenn sie zusammen im Haus und im Garten arbeiteten, wanderten und Ski liefen, vor allem aber, wenn sie sich auf ihrem geliebten Boot aufhielten, um von allem wegzukommen.

Auch Ann Barnes hält ihre Gefühle fest im Zaum, aber sie nimmt mehr wahr und geht stärker auf andere Menschen ein. Mit der Vertiefung ihrer Beziehung lernte er allmählich, ihre Stimmungen zu erfassen, sie als Mensch zu verstehen und seine persönlichen Angelegenheiten mit ihr zu teilen. Ann lenkte oft seine Aufmerksamkeit auf Beziehungen und emotionale Dinge, die er ignoriert hatte. Dafür war er für sie eine Stütze, als sie mit Ende Dreißig drei schwere Jahre der Psychoanalyse durchzustehen hatte.

Im Beruf begann für ihn die Phase des Seßhaft-Werdens im Anschluß an seine große Entdeckung und frühe Beförderung. Es war eine Zeit voll großer Hoffnungen und Selbstvertrauen. Ein Jahr danach, mit 35: »Es stellten sich erste Zweifel ein, ob das, was ich beruflich machte, tatsächlich die Welt retten würde; ›die Welt retten‹ heißt indirekt immer, daß die in der Welt auch anerkennen, daß man sie gerettet hat, und daß sie einen entsprechend loben.« Wie ein Schock kam ihm die Erkenntnis, daß er drei Jahre lang an sekundären Auswirkungen der ursprünglichen Entdeckung weitergearbeitet hatte. Wenn er eine herausragende wissenschaftliche Karriere erreichen wollte, war es höchste Zeit, ein fundamentales neues Problem zu definieren und ein großes Forschungsunternehmen auf die Beine zu stellen. Aus seiner Unsicherheit in der Frage der aussichtsreichsten Richtung für seine Forschung wurde eine kleinere Krise. Zum erstenmal zweifelte er ernsthaft an seiner kreativen Begabung. Sein »Traum«, eine Baufirma zu leiten, kehrte in voller Stärke zurück. Er sah sich im Geiste mit Planierraupen hantieren und die ganze Wissenschaft vergessen. Die Krise dauerte nicht lange, denn er begann ein ehrgeiziges neues Projekt.

Doch der junge Professor Barnes fand sich in immer stärkerem Maß in die Verwaltungsstruktur seiner Abteilung verstrickt. Seine Redner- und Führungsqualitäten fielen auf. Unterricht und Verwaltung beanspruchten einen großen Teil seiner Zeit, so daß er mit seinem Forschungsprojekt nur im Schneckentempo vorankam. Er fühlte sich unter einem autokratischen Vorstand immer mehr eingeengt.

Mit 37 wurde Barnes zum Direktor seines eigenen Labors, lehnte mehrere Angebote von anderen Schulen ab und wurde schon früh zum ordentlichen Professor befördert. Die Finanzierung seines Projekts war gesichert, aber es ging nur langsam voran, und die Erfolgsaussichten waren ungewiß. In dieser Situation bedrängte ihn ein alter Freund in der Universitätsverwaltung, die Leitung einer verwandten Abteilung zu übernehmen, mit der es abwärts ging. Dieser Freund wußte ganz genau, daß John Barnes einem solchen Sonderauftrag kaum widerstehen konnte, zum einen, weil er den Ehrgeiz hatte, die Nummer Eins zu werden, und zum andern, weil für ihn das aristokratische »Noblesse oblige« galt – um so mehr, als seine Familie enge Bindungen an die Columbia University hatte. Auf der anderen Seite wußte Barnes, daß er als Vorstand einer

Abteilung seine Forschungsarbeit vernachlässigen mußte, und er hatte die geringe Meinung des Wissenschaftlers von der Verwaltung als einer Form von Arbeit. Trotz ernster Zweifel übernahm er mit 38 die Leitung der Abteilung.

Barnes verfolgte das Ziel, sein eigener Herr zu werden, auf zwei Ebenen: er bemühte sich, durch Pionierleistungen in der Forschung zu einem erstklassigen Wissenschaftler zu werden, und er stieg im Labor und an der Universität in führende Positionen auf. Zwischen 33 und 37 wurde er an seiner Institution zu einem »mündigen Mitglied«, und doch fühlte er sich, wie er uns einige Jahre später erzählte, sehr »unmündig«, ganz ähnlich wie er sich als Kind gegenüber seiner Familie gefühlt hatte. Auch seine innere Autonomie war noch sehr begrenzt. Der weitgehend unerkannte »kleine Junge« in ihm hatte immer noch das Bedürfnis, Nummer Eins zu werden und suchte ständig die Bestätigung seiner Kollegen. Das machte ihn anfällig für die Zwänge der Universität und lenkte ihn von der Verfolgung seines »Traums« ab.

Wie vorauszusehen war, nahm John Barnes seinen Verwaltungsauftrag ernst, und es gelang ihm in seiner dreijährigen Amtszeit, die Abteilung zu festigen. Im Rückblick ist es für ihn ein erfolgreich durchgeführter Auftrag. Doch die drei Jahre brachten größere Veränderungen in seinem beruflichen Leben, in seiner Einstellung zur Gesellschaft und in seiner Beziehung zu sich selbst. Er verwendete viel weniger Zeit und Energie auf die Forschung und delegierte die meisten Aufgaben an andere. Er erfuhr diese Veränderung mit dem ausgeprägten Gefühl eines Verlusts: er war nicht nur vom Labor, der symbolischen Wiege der Naturwissenschaften, getrennt, sondern auch von dem kreativen Teil seines Selbst. Gleichzeitig wurde er immer mehr in politische Fragen verwickelt, die seine Abteilung, seine Universität und sein Fach auf nationaler und internationaler Ebene betrafen. Er übernahm die Leitung der Abteilung im Jahr 1963, und sein soziales Engagement wuchs mit der Krise, die in den 60er Jahren die ganze Nation erfaßte. Er wollte nicht nur der reinen Wissenschaft dienen, sondern auch zur Lösung der sozialen Probleme beitragen.

Nach ihrer Heirat versuchten John und Ann, Kinder zu haben, aber sie hatten keinen Erfolg. Ann fand sich dann damit ab und widmete sich verstärkt ihrer Karriere. In ihren späten Dreißigerjahren war sie in psychoanalytischer Behandlung, und mit 40 »platzte die Bombe«: sie war schwanger. In ihrer Angst, eine Elternschaft könne ihre Karriere, ihre Ehe und die in der Psychoanalyse erreichte innere Ausgewogenheit zerstören, nahm sie ihrem Mann übel, daß er sie schwanger gemacht hatte. John gefiel zwar die Vorstellung von einem weiteren Kind, aber er akzeptierte ihre Entscheidung, eine legale Abtreibung aus Altersgründen machen zu lassen. Die Genehmigung dazu wurde jedoch nicht erteilt. Wie ihr später klar wurde, freute sie sich insgeheim darauf, Mutter zu werden.

Mit 41 entband Ann einen gesunden Jungen, den sie nach Johns Vater Henry nannten. Obwohl sie sich eine bezahlte Hilfe spielend hätten leisten können, beschloß Ann, sich eine Zeitlang ganz auf die Mutterrolle zu konzentrieren. Die ersten zwei Jahre ihres »Ruhestands« waren äußerst schwierig. Sie hatte heftige Sehnsucht nach ihrer Arbeit und rang mit Gefühlen, die ihr die Mutterrolle abwechselnd als verhaßt, deprimierend und beängstigend erscheinen ließen. Diese Phase großer Anspannung begann genau in der Zeit, in der ihr Mann in seine eigene Krise um die Lebensmitte geriet.

Als Barnes auf die 40 zuging, wurde sein »Traum« immer dringlicher. Er war überzeugt, daß man in diesem Alter als Wissenschaftler die kreative Arbeit weitgehend hinter sich hat. Ein Gespräch, das er in dieser Zeit mit einem lebenslangen Freund seines Vaters führte, hinterließ bei ihm einen bleibenden Eindruck. Der ältere Mann vertraute ihm an, er habe sich inzwischen damit abgefunden, daß er kein »Starjurist« geworden sei, und er sei mit seinem Dasein als kompetenter und geachteter Anwalt in Steuersachen zufrieden. Er sei zu dem Schluß gekommen, daß man kein »Star« sein müsse, um ein gutes Leben zu führen; es sei »völlig in Ordnung, der Zweitbeste zu sein«. Barnes war zu dem Zeitpunkt jedoch noch nicht bereit, seinen eigenen Ehrgeiz zurückzuschrauben. Statt dessen entschied er sich dafür, die Leitung der Abteilung aufzugeben und sich ganz auf seine Forschungsarbeit zu konzentrieren.

Er trat von seinem Posten zurück, als er auf 41 zuging und sein Projekt sich in der Endphase befand. Es war für ihn eine entscheidende Zeit, der Höhepunkt jahrelanger Bemühungen. Mehrere Monate lang wurde er immer wieder von anderen Ablenkungen in Anspruch genommen, und die Spannung wuchs. Er wurde Vater eines kleinen Jungen und bekam in derselben Woche einen mit viel Prestige verbundenen Lehrstuhl an der Yale University angeboten. Er fühlte sich geschmeichelt und geriet in Hochstimmung, denn er sah darin »die letzte Chance für ein gutes Angebot«. Und doch sagte Barnes schließlich ab. Er glaubte, im augenblicklichen Stadium seiner Arbeit keinen Wechsel vornehmen zu können. Außerdem waren die Bindungen an die Familie und Freunde und die Liebe zur gewohnten Umgebung für ihn und Ann nun viel wichtiger. Sie sagte: »Er wäre dem verlockenden Glanz fast erlegen, aber heute sind wir beide froh, daß wir hier geblieben sind.«

Der Übergang zur Lebensmitte

Ein paar Monate nach seiner Absage an Yale schloß Barnes sein Forschungsprojekt ab und löste das Problem. Zu seiner großen Enttäuschung hatte ein Team an einer anderen Universität die Lösung zwei Wochen vor ihm gefunden. Weder Barnes noch seine Rivalen wurden für den Nobelpreis vorgeschlagen. Obwohl Barnes eine Leistung von großer Bedeutung erreicht hatte, die ihm internationale Anerkennung einbrachte, kam er sich wie ein großer Versager vor. Mit 41 hatte er eine Forschungsarbeit abgeschlossen, die ihn zwölf Jahre beschäftigt hatte. Die Grenzen der Biologie waren nun im Begriff, sich zu verschieben, und es bestand keine Möglichkeit, daß er für die umfangreiche Arbeit, die seine ganze frühe Erwachsenenzeit ausgefüllt hatte, irgendwann in der Zukunft den Preis erhalten würde. Er war nicht zu einem Wissenschaftler der ersten Kategorie geworden, und es schien höchst unwahrscheinlich, daß er es je werden würde. Der Abschluß seines Projekts war das kulminierende Ereignis seiner frühen Erwachsenenjahre und der Beginn seines Übergangs zur Lebensmitte.

Das Jahr, das auf den Abschluß des Projekts folgte, das Jahr zwischen 41 und 42 also, hatte den Charakter eines Stillhalteabkommens; es war wie eine Verschnaufpause, in der er es vermied, neue Bindungen einzugehen, dafür aber eine Menge innerer Arbeit bewältigte. Nach seiner Vorstellung war er ein Versager, und seinem Leben fehlte die Zielrichtung. Während der Interviews, die zwei Jahre später stattfanden, war die Erinnerung an diese Zeit noch so schmerzhaft, daß er kaum darüber reden konnte. Seine Frau konnte leichter identifizieren, was geschehen war:

> Ich habe mich oft gefragt, was wohl geschehen wäre, wenn er das Problem mit 25 oder 35 gelöst hätte anstatt mit 41. Er wurde genau in der Zeit damit fertig, wo dieses Ich-weiß-nicht-Gefühl auftaucht, diese Verunsicherung – zumindest sahen das alle unsere Freunde so. Das war auch bei meinem Bruder ganz schlimm. Er war einfach schrecklich. Aber es scheint sich dann zu legen, mit 45 oder so. Nimmt man also das

und dazu einen einjährigen Forschungsurlaub, den Abschluß des Projekts und die Tatsache, daß er durch Henry gezwungen wurde, wieder an Kinder zu denken . . . er sagte sich einfach: Gerade jetzt, wo meine anderen Kinder allmählich alt genug sind! Und die üble Situation in der Abteilung, die damals offensichtlich war. All das zusammen machte ihm zwei oder drei Jahre lang das Leben schwer. Und obendrein war ich da eine Zeitlang auch nicht gerade hilfreich. Während ich mich gleichsam zur Ruhe setzte, fiel mir das alles sehr schwer.

Die Barnes verbrachten, mit einem Guggenheim-Stipendium versehen, die Hälfte dieses ersten Jahres in Europa. John Barnes hatte eine Stelle als Gastprofessor an der englischen Universität, an der sein Freund Dennis einer der führenden Naturwissenschaftler war. Überall wurde Barnes als Pionier auf seinem Gebiet anerkannt. Diese sechs Monate waren für ihn beruflich sehr fruchtbar, und sie waren für ihn persönlich von noch größerem Wert. Er entdeckte, daß etliche seiner europäischen Kollegen – selbst diejenigen, die erfolgreicher waren als er – unter ganz ähnlichen Gefühlen der Enttäuschung und Ungewißheit litten wie er. Er führte lange und vertrauliche Gespräche mit Dennis:

> Einer meiner sehr guten Freunde, ein Engländer, ist fast genau in der gleichen Situation. Er ist in seiner Karriere etwas weiter als ich, aber wir sind fast identisch, was das Alter angeht, die Eheprobleme, die – wenn ich das so sagen darf – Geschäftsprobleme und die Einstellung zum Leben. Es ist sehr komisch. Wir sind beide im Beruf sehr ehrgeizig; darüber unterhalten wir uns oft und fragen uns, ob das eigentlich gut ist. Und wir neigen beide dazu, uns abzukapseln.
> Wir diskutierten über alle Aspekte unserer Familienprobleme und die vertraulichen Details unseres Berufslebens und unsere Gefühle über die ungewisse Zukunft. Im Grunde haben wir beide das gleiche Problem: wir haben erreicht, was wir uns vor zehn oder fünfzehn Jahren vorgenommen haben – und was kommt *jetzt?* Er ist Mitglied der Royal Society, eine Kapazität auf seinem Gebiet. Man sollte meinen, damit seien alle Probleme vom Tisch. Aber sie sind es weder für ihn noch für mich. Das beschäftigt uns sehr, und wir unterhalten uns oft darüber.

Obwohl Barnes und sein Freund diese Probleme lieber im Hinblick auf äußere Möglichkeiten und rationale Entscheidungen diskutierten, vertrauten sie schließlich einander an, was sich jeder nur mit Mühe selbst eingestehen konnte: daß er mächtig enttäuscht darüber war, den Nobelpreis nicht gewonnen zu haben, und daß er trotz der beträchtlichen Leistungen das Gefühl hatte, versagt zu haben. Sie stimmten darin überein, daß sie ein übergroßes Verlangen nach Anerkennung besaßen und daß ihr Leben viel zu stark vom Ehrgeiz beherrscht war. Sie waren unabhängig, auf andere nicht angewiesen. In irgendeiner Weise, die ihnen selbst nicht ganz klar war, waren sie nicht die guten Ehemänner oder Menschen, die sie sein wollten.

Der kleine Henry war erst ein Jahr alt, und Ann hatte es sehr schwer mit ihrer neuen Rolle als Mutter und mit der Unterbrechung ihrer Laufbahn. Ann und John hatten beide das Gefühl, daß sie weniger voneinander hatten als vor der Geburt des Kindes. Sie war ihm wegen der Schwangerschaft böse. Er war ihr wegen ihrer Entscheidung böse, lieber in ihrem bequemen englischen Haus bei dem Kleinen zu bleiben, als ihn auf einer Reise in den Mittleren Osten zu begleiten. Nur die aufrichtige Freundschaft mit Dennis und seiner Familie verhinderte, daß sie sich ganz und gar unglücklich fühlten.

Im ersten Jahr nach der Rückkehr an die Columbia University wurde das Familienleben sehr viel besser. Ann freundete sich mit Müttern von Kindern in Henrys Alter an und erfuhr, daß ihre Schwierigkeiten nicht schlimmer waren als die anderer Leute. Sie nahm aktiv am Leben in der Gemeinde teil. Henry, ein gesunder und aktiver, aber ziemlich »problemloser« Dreijähriger, war eine reine Freude. Es machte ihnen Spaß, ihn auf Wanderungen und Campingtouren mitzunehmen. Auf ausgedehnte Fahrten mit dem Segelboot mußten sie zwar seinetwegen verzichten, aber im übrigen beeinträchtigte er ihr Leben im mittleren Alter weniger, als sie befürchtet hatten. Sie kauften ein ausgesuchtes Stück Land und machten Pläne für ein neues und größeres Haus. Darin äußerte sich Anns wachsendes Verständnis für ihre Rolle als Frau und Mutter und für ihren Platz innerhalb der Gemeinde. Sie war viel zufriedener mit ihrem Leben und litt nicht mehr an den alten Depressionen. Ein Problem war allerdings Anns Abneigung gegen den Geschlechtsverkehr, bedingt durch ihre Angst vor einer weiteren zufälligen Schwangerschaft. Trotzdem fühlte sich John – der in diesem Jahr 43 wurde – stark an seine Ehe gebunden, und er erzählte beglückt von ihrer wachsenden Vertrautheit.

Auch im Beruf befand sich Barnes in einem Übergangsstadium. Fast drei Jahre vergingen, ehe seine umfassende Abhandlung über das große

Projekt geschrieben war. Er bekam Zuschüsse für weitere Forschungsarbeiten auf diesem Gebiet, und viele Studenten und Assistenten arbeiteten in seinem Labor. Aber er selbst war nur noch begrenzt daran interessiert. Er begann mit einem kleinen Projekt auf einem neuen Gebiet, war aber nicht bereit, sich persönlich voll zu engagieren.

Gerade als er mit der neuen Arbeit begann, wurde er von der Universitätsverwaltung gedrängt, die Leitung seiner alten Abteilung zu übernehmen, die in einem schlimmen Zustand war. Alle waren sich einig, daß er der richtige Mann für diese Aufgabe sei, und so stimmte er widerwillig zu, das Amt für drei Jahre zu übernehmen.

Mit 44 fing also Barnes an, die Abteilung wieder aufzubauen. Er wurde außerdem stellvertretender Dekan der medizinischen Fakultät und informierte sich über den Organisationsaufbau, die Politik und die Persönlichkeiten an dieser Fakultät. Er investierte ungeheuer viel Zeit und Energie in diese Aufgaben. Die Herausforderung reizte ihn, und er war ohne Frage ein glänzender Verwaltungsmann. Doch er fand diesen Teil seines Berufslebens nicht bedeutend oder erfreulich. Er bestritt jegliches Interesse an einer Führungsposition oder an der Macht und war frustriert, weil ihn die Verwaltungsarbeit von der Forschung fernhielt. Er stellte nachdrücklich fest, er habe diese Belastung nur auf sich genommen, weil er sich der Universität gegenüber verpflichtet fühle. Gleichzeitig war ihm jedoch klar, daß ihm dieser zeitlich begrenzte Auftrag die Möglichkeit bot, etwas Nützliches zu tun, während er die innere Arbeit bewältigte, die es ihm ermöglichen würde, einen neuen Schritt zu tun.

Barnes hatte das Gefühl, daß er in einer Sackgasse steckte. Schon seit einiger Zeit war er unfähig, die kritischen Entscheidungen zu treffen, die vor ihm lagen. Schlimmer noch: er konnte keine Basis für solche Entscheidungen finden. Sein »Traum« vom erstklassigen Wissenschaftler hatte früher seinem Leben einen Sinn verliehen und klare Ziele aufgezeigt. Das Vorhaben für die erste Hälfte seines Lebens war nun abgeschlossen, doch sein »Traum« war nicht verwirklicht und – wie es schien – nicht zu verwirklichen. Plötzlich gab es nichts Erstrebenswertes mehr. Das Leben hatte keinen Sinn.

In Interviews unmittelbar vor und nach seinem 44. Geburtstag äußerte Barnes das dringende Verlangen nach einem lohnenden Vorhaben, dem er sich ganz widmen konnte. Aber wie sollte er definieren, was »lohnend« war? Er erwog ernsthaft, seinen Beruf aufzugeben. Vielleicht war es ein Fehler, einen Weg weiterzugehen, den er sich mit 12 Jahren ausgesucht hatte. Er wollte etwas für die Gesellschaft leisten, konnte sich aber keine passende Rolle denken. Die zehn Interviews berührten alle Aspekte seines Lebens. Immer wieder kehrte er zur gleichen Frage zurück: sollte er sich von neuem der Forschung verpflichten? Jedesmal ging er das Problem aus einem anderen Blickwinkel an, so daß immer neue Konflikte auftauchten. Es wurde deutlich, daß er sich mit einer Reihe von Fragen befaßte, die zur Lebensmitte gehörten, und versuchte, die damit verbundenen schmerzhaften Gefühle zu bewältigen. Bei seiner rationalistischen Denkweise war das besonders schwierig.

Ein Problem war die Diskrepanz zwischen seinem jugendlichen »Traum« und dem tatsächlich Erreichten. Auf die Frage, ob er sich mit der Nicht-Erringung des Nobelpreises abgefunden habe, gab er offen zu: »Na ja, ich weiß nicht, ob ich mich damit abfinden kann, aber daß es eine Tatsache ist, weiß ich. Deshalb stellt sich ja die Frage, ob es sich lohnt, irgend etwas (in der Forschung) zu tun, wenn der Preis nicht mehr winkt.«

Trotz seines berechtigten Stolzes auf das bisher Erreichte zählte er sich nicht zur »ersten Garnitur« seines Fachs. Für einen Mann mit seinem Ehrgeiz war das ein schwerer Schlag.

> Ich kann mich im derzeitigen Spektrum der Naturwissenschaften, glaube ich, ziemlich genau einstufen: Ich würde sagen, ich bin in der zweiten Garnitur ziemlich weit oben. Ganz oben sind die wirklichen Leuchten der Wissenschaft – ganz gleich, wie sie dort hinkamen. Und dann kommen wir übrigen, in verschiedenen Ringen darunter angeordnet. Ich kann wohl sagen, daß ich in der zweiten Gruppe ziemlich gut dastehe, was die Reputation auf meinem Spezialgebiet angeht.
>
> Ich glaube, mein augenblicklicher Status entspricht ziemlich genau dem, was ich verdiene. Sie wissen schon: gut, solide, bekannt, aber nicht brillant. Und wahrscheinlich ist das richtig so. Ich würde es gerne anders sehen, aber offensichtlich muß erst etwas geschehen, um mich und alle anderen zu überzeugen, daß ich mehr wert bin. Und es ist im Augenblick etwas schwer, daran zu glauben, daß etwas geschieht. Wirklich, ich weiß nicht, es ist ein sehr ... es ist ein sehr hartes Geschäft.

Sorgen wegen seines Alterns ließen ihn die Zukunftsaussichten als Forscher noch pessimistischer sehen. Er war bei bester Gesundheit und in mehreren Sportarten aktiv. Auch wenn er sich oft erschöpft fühlte, glaubte er, das würde »weitgehend verschwinden«, wenn er die Arbeitslast reduzierte und mehr Sport trieb. Aber er hatte große Angst vor einem Nachlassen seiner geistigen Kräfte und seiner Kreativität: »Irgendwann geht's einfach bergab«, und: »Ich hab schon seit Jahren keine wirklich gute Idee mehr gehabt.« Manchmal ist er richtig erpicht darauf, auf dem neuen Gebiet ein großes Problem in Angriff zu nehmen, kreativ zu sein und wieder die Erregung einer Entdeckung zu spüren. Aber er fürchtet, es könnte bereits zu spät für ihn sein:

> Das einzige Problem, das mich interessiert, ist eines, das das bisherige Wissen auf den Kopf stellt, oder nicht auf den Kopf stellt, sondern, nun ja – in seinen Grundlagen erschüttert. Wir müssen wirklich bei den Grundlagen beginnen. Nur noch ein weiteres Detail herauszuarbeiten, das zu einem im übrigen wohlverstandenen System gehört – das ist für mich uninteressant. Aber andererseits ist es auch unmöglich zu schaffen für die meisten von uns. Doch parallel zu diesem Gefühl läuft ein anderes: Herr Gott, Mann, du machst doch Fortschritte, und ... Es ist für dieses Wissensgebiet bezeichnend, das wissen wir alle, auch wenn es historisch nicht gut belegt ist, doch wenn du mal 40 bist, ist deine Chance vorbei.
>
> ... die Entscheidung, was man tun soll, ist eine Qual, denn *es ist einfach ein bißchen spät.* Wenn du jetzt einen Fehler machst, dann kannst du nicht einfach mit den Laborversuchen von vorne anfangen und ein paar Monate opfern. Wenn du dich entschließt, irgend etwas anzufangen, dann heißt das letzten Endes: Du mußt eine gewaltige Maschinerie in Gang setzen, Geld auftreiben, Leute einstellen, die Arbeit ankurbeln und das Labor entsprechend ausrüsten, und all das braucht eine Menge Zeit. Wenn du dich darauf einläßt, und du machst dann einen Fehler, dann hast du nicht ein paar Monate, sondern ein paar Jahre verloren. Und das ist zuviel. Du mußt also genau überlegen, was du tust. Verdammt noch mal, es laufen heute so viele clevere Burschen rum, wie soll man sich da denn versichern, daß das, was man vorhat, ein bißchen intelligenter ist als das, was die treiben? Die Antwort ist, daß man im allgemeinen nie sicher sein kann. Die Entscheidung ist also wirklich eine Qual. Und weil die jungen Leute, die danach kommen, sehr gut sind und sich ein bißchen mehr Zeit lassen können, kann es leicht passieren, daß man sich sagt, nun, eigentlich ist ja die Arbeit im

Labor gar nicht so wichtig, nicht wahr. Vielleicht können wir unseren Beitrag auf einer anderen Ebene leisten.

Wir könnten sagen, daß John Barnes im Begriff war, das Bild von sich selbst als dem jugendlichen Helden aufzugeben. Er hatte mehrere Illusionen über sich selbst erkannt. Eine war das Gefühl einer Omnipotenz. »Noch bis vor kurzem«, sagte er, »war ich wirklich der Meinung, ich könnte *alles* tun, was ich mir vornahm. Ich glaube, davon komme ich langsam los. Aber das war ein wesentlicher Bestandteil der ganzen Sache.«

Ein anderer Zug, der ihm sehr peinlich war und dessen er sich schämte, war das Streben nach Ruhm – nach Anerkennung und allgemeiner Zustimmung:

> Ich denke oft, am liebsten würde ich mich eigentlich in eine Ecke zurückziehen und meiner eigenen Arbeit nachgehen und einfach abwarten. Warum ist denn das nicht vollauf befriedigend, und warum gehen wir nicht einfach in diese Richtung? Ich weiß zwar nicht, was die Antwort darauf ist, aber ich habe das Gefühl, daß die Antwort sehr unangenehm ist. Und hier komme ich einfach nicht von dem Punkt los, der mich wirklich beunruhigt, und das ist mein heftiges Verlangen, zu Ruhm zu kommen, zu Anerkennung. Es gibt da verschiedene Abstufungen. In aller Regel ist es einem am wichtigsten, von den Kollegen anerkannt zu werden, von denen die meisten natürlich an anderen Institutionen arbeiten. Um die zu beeindrucken, gibt es nur den einen Weg, zu qualitativ bedeutsamen Forschungsergebnissen zu kommen; wenn sie das in hohem Maße sind, dann steigt natürlich mit ihrem Umfang auch der Ruhm, den man einheimst. Man hat ein Team, das quantitativ das Maximum herausholt, und das ist immer viel mehr, als man mit den eigenen Händen erreichen kann. Es ist eine große Organisation. Und so sitzt man dann an seinem Schreibtisch und tut im Grunde genommen überhaupt nichts, man wird zum Verwalter des Forschungsprojekts, ob man will oder nicht . . . Man merkt sehr rasch, selbst bei den älteren Studenten, daß da etwas ist, was zählt. Sicher, es geht darum, etwas zu leisten, aber warum zählt das so viel? Weil einem von Gleichgestellten Anerkennung gezollt wird, als Wissenschaftler . . . Ich glaube, mir war das schon als Student im höheren Semester klar. Aber es packte mich damals nicht so, wie es das heute tut.

Er würde diesen kindischen Wunsch, der »Beste« zu sein, gerne überwinden:

> Warum jagt man eigentlich dem Ruhm nach? Was bedeutet er denn? Er bedeutet nichts. Mir scheint, es muß dem inneren Menschen an irgend etwas fehlen, wenn man auf die schmeichelnden Kommentare der Außenwelt – egal in welcher Form – angewiesen ist.

Barnes' Beziehungen zu Studenten und Kollegen sind ein schönes Beispiel für einen Mann inmitten eines Übergangs zur nächsten Generation. Er ist nicht mehr bereit, eine erfahrenere Person als Mentor zu akzeptieren. Die Vorstellung, selbst Mentor zu werden, ist zwar reizvoll, aber er fängt erst an, sich in diese Richtung zu bewegen. Die Mentor-Frage erschien in seiner Reaktion auf ein Bild im Thematischen Apperzeptions-Test, auf dem ein junger Mann und ein Mann in mittlerem Alter zu sehen waren. Barnes erzählte eine Geschichte von zwei bekannten Wissenschaftlern, dem jungen Perutz und seinem Mentor Sir Lawrence Bragg, mit dem er zusammenarbeitete. In der Geschichte unterhalten sie sich über ein Problem, das Bragg an Perutz »weitergab« und das dem Schützling zwanzig Jahre später den Nobelpreis einbrachte. Später kam es zwischen Barnes und dem Interviewer zu dem folgenden Gespräch:

> DJL: 1960 waren Sie Perutz, stimmt's? (Barnes bricht in Gelächter aus.)
> B: Und heute sind wir Bragg (lachend).
> DJL: Welcher von beiden sind Sie heute?
> B: Ich hab immer noch bessere Ideen als irgendein anderer. Ich bin davon nur nicht mehr ganz so überzeugt wie früher (Gelächter).
> DJL: Vielleicht stehen Sie dazwischen, irgendwo in der Mitte?
> B: Irgendwo in der Mitte, das trifft die Sache genau. Ich weiß nicht, wie ich da hinkommen soll. Ich habe das Gefühl, daß ich im Beruf noch etwas leisten kann, daß ich noch Ideen habe und etwas tun kann. Es fällt mir schwer, in die Rolle Braggs zu schlüpfen. Nicht, daß er nichts mehr zu bieten hätte, aber wir sind in der Welt der Wissenschaft einfach noch nicht so weit forgeschritten. Dazu kommt, daß ich niemand für Perutz' Rolle habe. Es ist schwierig, sich eine solche Situation zu schaffen. Ich habe keinen, der wesentlich jünger ist und den ich als Individuum fördere, nur weil ich denke: »Mann, ein solches As läuft dir nicht jeden Tag über den Weg.«

In diesem Zusammenhang kam er auf seinen »Benjamin-Komplex« zu sprechen:

> Ich finde es lustig, daß mir erst vor kurzem aufgefallen ist, daß man mich innerhalb unserer Abteilung als einen der älteren Männer betrachtet [lacht in sich hinein]. Nicht zu glauben! Daran bin ich einfach nicht gewohnt. Wenn die Studenten daran denken, mit einem jüngeren Professor zu reden, dann schließen sie mich nicht ein, und ich muß schon sagen, das war ein kleiner Schock für mich. Das betrifft ja auch den Umgang mit allen anderen Menschen. Bis vor kurzem neigte ich immer dazu, die Ideen meines Gegenüber für besser zu halten als meine eigenen, weil der in der Regel ein paar Jahre älter war. Ich glaube, daß mir das schon als Kind eingeflößt worden ist, weil ich der Benjamin in der Familie war.

In den frühen Vierzigern haben der soziale Wert seiner Arbeit und der Sinn seines Lebens immer mehr Bedeutung für ihn gewonnen. In den Zwanzigern und Dreißigern ging bei ihm die Freude an der Arbeit »auf Kosten anderer Verantwortungen«, und er hatte es für selbstverständlich gehalten, daß seiner Arbeit ein sozialer Wert zukam. Während des Übergangs zur Lebensmitte fing er an, daran zu zweifeln.

Diese Zweifel wurden zum Teil durch soziale Veränderungen ausgangs der 1960er Jahre angeregt, Veränderungen, die Barnes' eigene Niedergeschlagenheit und Selbst-Abwertung widerspiegelten. Eine davon war die Entthronung des Wissenschaftlers als Kulturheld. Wissenschaft und Technik wurden nicht mehr als Instrumente des Fortschritts gepriesen, sondern als Urheber der Zerstörung und Entmenschlichung angegriffen. Anstelle der Forschung verlangten die neuen Bewegungen soziale Veränderung und mehr »Relevanz« an der Universität. Gleichzeitig verfügte die Regierung Nixon eine drastische Kürzung der Mittel für die Grundlagenforschung und die Ausbildung der Studenten. Für Barnes waren das frontale Angriffe auf Dinge, die ihm heilig waren. Dabei mußte er den Kritikern zustimmen:

> Das neue – und, wie ich zugeben muß, sehr beunruhigende – Element, das hereingebracht worden ist, sagt aus, daß die Forschung im Bereich der Molekularbiologie in den frühen sechziger Jahren ungeheuer »in« war und daß sie heute ungeheuer »out« ist. Der Tenor der öffentlichen

Meinung ist eindeutig: »Zum Teufel mit dieser verdammten Forschung, stellen wir endlich etwas auf die Beine«, – Gesundheitsfürsorge oder Brezeln oder was immer sie wollen. Und das ist eindeutig eine neue Richtung. Ich glaube, was mich am meisten schockierte, war: »Mein Gott, ist das nicht großartig, wir waren auf dem Mond. Schließen wir also das Programm ab.« . . . Aber ich bin andererseits auch geneigt, mit den Gefühlen der Öffentlichkeit übereinzustimmen. Vielleicht haben wir tatsächlich mehr, als wir brauchen.

Als Liberaler hatte Barnes Ende der 60er Jahre Schwierigkeiten, öffentliche Ziele oder soziale Bewegungen zu finden, bei denen er das Gefühl gehabt hätte, sein Einsatz lohne sich. Und das deckte sich mit seinem persönlichen Gefühl, ein sinnloses Leben zu führen. Solange seine eigene Bindung an die Wissenschaft in Frage gestellt war, konnte er sich nicht in eine neue Rolle hineindenken, weder als Lehrer noch als Verwaltungsmann. Er fühlte sich schuldig, wenn er Zuschüsse für seine Forschungsvorhaben beantragte:

> Vielleicht ist das ein Tick von mir, aber das einzige, wirklich wichtige Problem, das ich sehen kann, ist die Geburtenkontrolle, und mir fehlt auf dem Gebiet jede Sachkenntnis. Es gibt kein anderes Problem von Bedeutung. Wenn es uns nicht gelingt, die Bevölkerungsexplosion einzudämmen, können wir alle anderen Probleme vergessen.

In seinen optimistischeren Stimmungen fühlte er sich mit 44 von verschiedenen humanitären Anliegen und sozialen Programmen angezogen, am stärksten vielleicht von Bemühungen, Innenstädte zu sanieren. Er war entsetzt über den Kontrast zwischen seinem eigenen luxuriösen Leben und den elenden Wohnverhältnissen im nahen Stadtkern. Er hatte jedoch keine besondere Sachkenntnis auf diesem Gebiet.

> Wahrscheinlich ist es in unserer Zeit fast unmöglich geworden, sich zu überlegen, wie man einen positiven Beitrag leisten kann. Man versucht es also auf andere Weise und nimmt sich vor, etwas zu tun, was eindeutig nicht negativ ist . . . Ich bin sehr stark an Organisationen wie dem Peace Corps interessiert, das so vollkommen altruistisch zu sein scheint. Ich würde sagen, die Antwort ist im Augenblick alles andere als eindeutig. Ich bin keineswegs überzeugt, daß man Menschen auf diese

Weise helfen kann. Manchmal hilft man den Leuten vielleicht am besten dadurch, daß man ihnen einen Ziegelstein auf den Schädel schlägt, zumindest im übertragenen Sinne. Es ist sehr schwierig herauszufinden, wie man altruistisch sein soll ... Es ist ganz klar, daß man den Leuten auf die Weise, wie wir uns das in der Vergangenheit vorgestellt haben, nicht hilft.

Barnes hatte mit 44 keine Basis gefunden, auf der er Entscheidungen für sein weiteres Leben treffen konnte. Die Hoffnungslosigkeit ist am größten, wenn man glaubt, daß das Leben möglicherweise überhaupt keinen Sinn hat:

Was mich im Augenblick am meisten bedrückt, ist, daß ich kein lohnendes Ziel vor mir sehe. Ich muß mich auf die Naturwissenschaft beschränken, denn es ist das einzige Gebiet, auf dem ich wirklich qualifiziert bin. Aber ich glaube, es ist auch ein ganz allgemeines Problem. Ich sehe derzeit beim besten Willen kein Ziel, das den Einsatz lohnt ... Das ist es, was mich völlig durcheinanderbringt. Darüber mache ich mir viel mehr Sorgen als über irgendwelche Pläne und Einzelheiten für die nächsten paar Jahre. Man bekommt oft zu hören, es gehe um die Erhaltung des Menschengeschlechts. Warum eigentlich? Ich sehe darin jedenfalls kein nützliches Ziel, wenn sonst nichts dabei ist.

Barnes fragte sich oft, ob man überhaupt ein Ziel braucht. Sein Schwager hatte sich früh zur Ruhe gesetzt und genoß das Leben, aber das schien kein befriedigender Weg:

Es gibt zwei Dinge, die mir Spaß machen – ich bin gern im Labor und auf einem Segelboot. Beides sind ganz private Vergnügungen, aber in beiden Fällen leiste ich möglicherweise nicht das geringste für andere. Aber vielleicht ist das in Ordnung, denn was soll's? Ich weiß nicht, das läßt sich so schwer durchschauen. Etwa zweimal im Monat beschließen meine Frau und ich, das Handtuch zu werfen. Wir wollen uns einfach zurückziehen und mit dem Boot wegfahren. Der Kleine ist alt genug, da gibt es also keine Probleme. Großartig. Man steckt den Kopf in den Sand, läßt alles hinter sich und braucht nicht mehr darüber nachzudenken, wie man für andere etwas tun kann. Aber es reicht nicht aus.

Selbst der Wunsch nach symbolischer Unsterblichkeit, nach einem Vermächtnis, das den Tod überlebt, ist zweifelhaft geworden:

> Aber die Sache mit der Hinterlassenschaft hängt eng mit der Frage zusammen, ob es meiner Meinung nach auch nur die geringsten Auswirkungen hat, wenn jemand irgend etwas hinterläßt. Es ist ein Werturteil über die Gesellschaft. Wenn es sich nicht lohnt, sie zu retten, dann ist es doch scheißegal, ob man etwas hinterläßt oder nicht.

Der Pessimismus des 44jährigen Barnes drückte noch einen anderen Aspekt der Verzweiflung um die Lebensmitte aus. Die dunkle Seite des Lebens – Tod und Destruktivität, das Böse in der Welt und in ihm selbst – traf ihn unmittelbarer als je zuvor. Er wollte der Held sein, der die Welt rettet und dadurch unsterblich wird; und gleichzeitig wollte er die Welt zerstören oder weglaufen und die Welt der Selbstzerstörung überlassen. Neben seinen starken humanitären Interessen hatte er Zweifel, daß die Gesellschaft wert ist, gerettet zu werden: »Was ich über die Menschheit empfinde, ist nicht druckreif.«

Aus Barnes' Schilderung seiner Träume, seiner Probleme mit seinen Wutgefühlen, seiner Haltung zu den Interviews (einmal tadelte er den Interviewer halb im Scherz, er habe es »total versäumt«, seine Probleme neu zu definieren und zu lösen) ging klar hervor, daß in diesem Abschnitt seines Lebens die Gefühle eine viel größere Bedeutung für ihn anzunehmen begannen. Dies reflektierte und intensivierte eine allgemeinere Veränderung, die sich im Verlauf des Übergangs zur Lebensmitte vollzog. Barnes hatte sich immer als ein rationaler, unsentimentaler Mensch präsentiert, der zu anderen eine gewisse Distanz hielt und sich der eigenen Gefühle kaum bewußt war. Nun wuchs sein Interesse daran, andere und sich selbst zu verstehen. Noch wenige Jahre vorher hatte er mit Erstaunen reagiert, wenn man ihm sagte, wie ärgerlich er bei einer Versammlung geworden sei; nun begann er seiner Frau gegenüber zuzugeben, wie sehr er sich bei Versammlungen ärgerte.

Die Veränderung zeigte sich auch im Verhältnis zu seinem Vater. Bis in seine frühen Vierzigerjahre hatten sie ein ziemlich distanziertes Verhältnis. Als sein Vater starb, konnte er darüber nicht viel sagen, aber sein Schmerz und sein Zorn kamen indirekt in den Themen des Todes, der Gewalt und der Verlassenheit zum Ausdruck, die er in seinen Träumen beschrieb. Am Ende erging er sich zum erstenmal in Erinnerungen an seinen Vater und sagte, er habe ihn »sehr gemocht« und er bedauere es außerordentlich, daß sein Vater ihm nie erlaubt habe, ihn wirklich kennenzulernen.

Nach und nach verlor John Barnes die Illusion der Unsterblichkeit. Sein wachsendes Bewußtsein der eigenen Sterblichkeit drückte sich in seinem Kommentar zu einem Bild im Thematischen Apperzeptions-Test aus. Es zeigte eine sitzende Frau, die den Kopf in ihren Armen birgt. »Sie ist aufgewühlt«, sagte er. »Vielleicht ist dies Teil des Traumas – es gibt in Wirklichkeit keine Zukunft!«

Als wir erneut mit John Barnes sprachen, war er 46, und der Übergang zur Lebensmitte ging für ihn zu Ende. Er kämpfte immer noch mit einigen Widersprüchen in seinem Leben und hatte noch keinen Ersatz für seinen »Traum« gefunden. Aber er hatte seine Probleme weitgehend geklärt und angefangen, eine Lebensstruktur fürs mittlere Erwachsenenalter zu definieren.

Sein Familienleben verlief weiter in der vorher festgelegten Richtung. Als kurz nach seinem Vater auch seine Mutter starb, war John endgültig in die älteste Generation seiner Familie übergewechselt. Er, Ann und Henry hatten ihr neues Haus am Meer bezogen, das ihnen viel Freude machte. Zufrieden, daß sein Auftrag als Leiter der Abteilung erfüllt war, trat er mit 46 zurück und startete ein großes Projekt auf seinem neuen Forschungsgebiet. Er wurde in die Nationale Akademie der Wissenschaften gewählt.

Die auffallendste Veränderung zwischen 44 und 46 war sein stark gesunkenes Interesse an Aufstieg und Anerkennung und seine Fähigkeit, die Befriedigung aus der Arbeit selbst und aus der sozialen Leistung zu ziehen. Er und seine Frau überlegten sich, wie sie ihren Wohlstand in einer sozial konstruktiven Weise nutzen konnten. Sie hatten erst einem schwarzen Universitätsangestellten Geld geliehen, damit er sich ein Haus in einem der Vororte kaufen konnte. Barnes spielte das herunter und sagte, es sei nur »zur Besänftigung des Gewissens« geschehen, aber es bedeutete ihm fraglos sehr viel. Er war für die Probleme des empfangenden Teils in dieser Beziehung sehr aufgeschlossen und interessierte sich für Mitglieder der Familie dieses Mannes auf einer ganz individuellen Basis.

Eine weitere Veränderung war, daß die Diktatur des »Traumes« nachließ und der Zwang, immer »richtig zu handeln«, zugunsten einer größeren inneren Autonomie zurücktrat. »Und so komme ich langsam zur Überzeugung, daß es gar nicht so wesentlich ist, ob man in der Verwaltung oder in der reinen Forschung oder im Lehrbetrieb oder sonstwo tätig ist«, sagte er. »Entscheidend ist, daß all die Dinge, die du tust, aus deiner eigenen Sicht lohnend erscheinen sollten.«

Mit 50 hatte Barnes eine verhältnismäßig zufriedenstellende Lebensstruktur für das mittlere Erwachsenenalter geschaffen. Um sein Ehe- und Familienleben stand es weiterhin gut. Seine Frau hatte ein befriedigendes Gleichgewicht zwischen ihrem Engagement in der Familie, der reduzierten Tätigkeit im alten Beruf und dem Umweltschutz gefunden. Seine Beziehung zu seinem neunjährigen Sohn gab ihm große Befriedigung. Er hatte als Leiter eines großen Labors Verwaltungsaufgaben, widerstand aber dem Druck, andere leitende Positionen an der Universität zu übernehmen. Er nahm aktiv an den neuen Forschungsprojekten teil und stellte mit Erleichterung fest, daß seine kreative Kraft nicht nachgelassen hatte. Ein Platz in seinem Labor war bei Doktoranden und Stipendiaten nach wie vor begehrt, und er hatte sehr viel Freude an seinen Mentor-Verhältnissen mit mehreren begabten jungen Leuten.

Er hatte das Bild von sich selbst als einem jugendlichen Helden, der die Rettung der Welt ins Visier nimmt, aufgegeben, ohne sich jedoch dem drohenden Gespenst des vertrockneten, sterbenden alten Mannes zu unterwerfen. Er akzeptierte sich selbst als einen Mann im mittleren Alter mit bemerkenswerten Erfolgen und mit Erfahrung und Integrität – und mit erheblichen Mängeln. Er sah es als ein Privileg an, die Arbeit tun zu können, die ihm Spaß macht, und er war zufrieden, als Vater, interessierter Bürger, Wissenschaftler, Lehrer und Mentor für die jüngere Generation einen bescheidenen Beitrag für die Gesellschaft leisten zu können. Er hatte das Gefühl, daß es ihm gutging.

18. Der Eintritt ins mittlere Erwachsenenalter

Ein Mann befindet sich im Übergang zur Lebensmitte, solange er damit beschäftigt ist, das frühe Erwachsenenalter abzuschließen und das mittlere Erwachsenenalter zu beginnen – solange er sozusagen im Grenzbereich steht, der die zwei Epochen trennt und verbindet. Etwa mit 45 (plus/minus zwei Jahre) ändern sich die Entwicklungsaufgaben. Er kann nicht mehr so viel Energie darauf verwenden, die Vergangenheit neu zu bewerten und die Polaritäten wieder zu integrieren. Es ist Zeit, eine neue Phase zu beginnen, den Eintritt ins mittlere Erwachsenenalter. Die Hauptaufgaben bestehen nun darin, wichtige Entscheidungen zu treffen, diesen Entscheidungen Sinn und Rückhalt zu geben und um sie herum eine Lebensstruktur aufzubauen. Wie schon der Eintritt in die Erwachsenenwelt in den Zwanzigern folgt auch diese Phase auf einen Übergang zwischen zwei Epochen und wird dazu benutzt, eine Lebensstruktur für den Beginn einer neuen Epoche aufzubauen.

Manche Männer treffen während des Übergangs zur Lebensmitte zufriedenstellende vorläufige Entscheidungen und sind mit 45 bereit, sich auf diese Entscheidungen festzulegen und eine neue Struktur zu schaffen. Diese Männer bilden zu Beginn des Eintritts ins mittlere Erwachsenenalter eine integrierte Struktur und nutzen die verbleibende Zeit dieser Phase dazu, ihr Leben innerhalb dieses Rahmens zu bereichern (siehe Ralph Ochs und Richard Taylor, unten). Dieser Ablauf ist dann am wahrscheinlichsten, wenn die Entwicklungsarbeit des Übergangs zur Lebensmitte hauptsächlich zur Bestätigung und Festigung der Entscheidungen genutzt wird, die ein Mann in einer vorausgegangenen Phase getroffen oder mit Anfang Vierzig zur vorläufigen Basis gemacht hat.

So beschloß beispielsweise Richard Taylor mit 40, das Romanschreiben zu seiner Hauptbeschäftigung zu machen. Dies war eine wichtige, aber vorläufige Entscheidung. Hätte es damit nicht geklappt, wäre er mit 42 oder 45 mit der schrecklichen Aufgabe konfrontiert worden, diese Beschäftigung aufzugeben und sich etwas Neues aufzubauen. Zum Glück klappte es, und mit 45 hatte er den Beruf des Romanschriftstellers zu einer tragenden Stütze seiner neu entstehenden Lebensstruktur gemacht. Ähnlich war das auch, als er mit 40 die Frau heiratete, die er seit mehreren

Jahren liebte. Sie erhofften sich eine gute und dauerhafte Ehe, wußten aber nicht, was sie gemeinsam aufbauen konnten. Wie in der Frage der beruflichen Tätigkeit wurde auch hier eine wichtige, aber vorläufige Entscheidung zu einem festen Rückhalt in seinem Leben.

In den meisten Fällen kann ein Mann zu Beginn des Eintritts ins mittlere Erwachsenenalter noch keine stabile Struktur schaffen. Aus verschiedenen Gründen scheint ihm das Leben, das er mit 45 führt, nicht optimal, oder es ist für andere nicht so zufriedenstellend, daß sie zu seinem Weiterbestehen beitragen würden. Obwohl er große Verpflichtungen eingehen und eine neue Struktur aufbauen will, fällt ihm das nicht leicht. Möglicherweise braucht er fast die ganze Phase des Eintritts ins mittlere Erwachsenenalter, um sich auf die Entscheidungen festzulegen, die einer neuen Lebensstruktur als Grundlage dienen können.

Viele neue Schritte sind erforderlich, die sich in ihrem genauen Wesen und im zeitlichen Ablauf stark unterscheiden. Ein Mann kann sich von seiner Frau trennen, seinen Job aufgeben, die wichtige Beziehung zu einem Freund, einem Mentor oder einem geliebten Menschen abbrechen, aus seiner Nachbarschaft oder Gegend wegziehen, aus seiner ganzen frühen Erwachsenenwelt ausbrechen. Das alles sind negative Entscheidungen, wenn man so will. Sie schaffen ihm den erforderlichen Raum, in dem er möglicherweise sein Leben verbessern kann, aber eine Zeitlang fühlt er sich vielleicht verlassen und unglücklich in diesem leeren Raum, ehe er fortfahren und einige positive Entscheidungen treffen und mit dem Neuaufbau beginnen kann.

Auch der Prozeß des Wiederaufbaus erfordert viele Schritte. Der Mann muß einiges erproben, um festzustellen, welche Möglichkeiten die Welt für ihn bereithält – und oft scheint es überhaupt keine zu geben. Er muß verschiedene vorläufige Entscheidungen treffen und ausprobieren. Einige führen nicht weiter; er muß seine Enttäuschung überwinden und andere erproben. Er erlebt vielleicht eine Reihe von beiläufigen oder ernsten Liebesbeziehungen, bevor er eine findet, die eine für beide Seiten befriedigende Basis für eine dauerhafte Bindung bietet; vielleicht findet er auch die Lösung am besten, überhaupt keine derartige Beziehung zu haben; oder er findet gar keine Lösung. Er versucht es vielleicht mit verschiedenen Jobs oder verschiedenen Berufen, bevor er sich auf einen festlegt, der ihm gefällt – oder mißfällt. Er zieht vielleicht mehrfach um, ehe er einen Ort findet, an dem er sich wohlfühlt oder der ihm wenigstens erträglich erscheint.

Kurzum, eine integrierte Struktur kann zu Beginn oder gegen Ende des Eintritts ins mittlere Erwachsenenalter entstehen, oder aber überhaupt nicht. Ein Mann ist jedoch so lange in dieser Phase, wie das Schaffen einer zufriedenstellenden Struktur die vorrangige Aufgabe bleibt. Erst wenn sich die Aufgabe ändert, endet die Phase, und er kommt in ein neues Übergangsstadium.

Sehen wir uns an, wie verschieden Männer den Eintritt ins mittlere Erwachsenenalter in Angriff nehmen. Wie schon erwähnt, waren die Männer in unserer Untersuchung während der ersten Interviews zwischen 35 und 45 Jahre alt. Zwei Jahre danach machten wir mit den meisten von ihnen Nach-Interviews. Die vier Männer, die wir für eine intensivere Untersuchung ausgewählt hatten (Barnes, Namson, Paulsen und Tracy), wurden ein paar Jahre später noch einmal interviewt. Mit ein paar anderen hatten wir nach den regulären Interviews noch lose Verbindung. Das Ergebnis ist, daß wir für fünfzehn Männer, die zu Beginn der Untersuchung 42 bis 45 waren, zusätzliche Informationen über ihr Leben nach 45 haben.

Auf der Grundlage ihres Lebens haben wir ein Bild von den Veränderungen gezeichnet, die sich beim Eintritt ins mittlere Erwachsenenleben ergeben. Auch wenn dieses Bild skizzenhafter bleibt als die der vorhergegangenen Phasen, zeigt es doch einige der gemeinsamen Themen und individuellen Abweichungen in dieser Phase. Das Durchschnittsalter für ihren Beginn war 45,5 Jahre. Keiner dieser Männer war mit Beginn dieser Phase unter 44, und keiner über 47. Wir glauben, daß diese Phase kaum vor 43 oder nach 48 eintreten kann.

Ich werde nun nacheinander auf die vier Berufsgruppen eingehen und das Leben mehrerer Männer in der Phase des Eintritts ins mittlere Erwachsenenalter beschreiben.

Arbeiter

Wie die anderen Berufsgruppen zeigen auch die Arbeiter eine große Vielfalt in der Beschaffenheit und Zulänglichkeit der Lebensstrukturen, die sie während des Eintritts ins mittlere Erwachsenenalter formen.

Das vielleicht stabilste, sich aber kontinuierlich entfaltende Leben führte Ralph Ochs. Mit 45 arbeitet er immer noch in der Klempnerei der Fabrik, wo er mit 18 Jahren als Lehrling bei seinem Vater angefangen hatte. Als ein Mann von großer Integrität und bescheidenen Ansprüchen bereicherte er sein Leben im Verlauf des frühen Erwachsenenalters, indem er einen Betriebsrat gründete und organisierte, Vertrauensmann wurde und, als er die 40 überschritt, immer deutlicher Mentor-Verhältnisse zu anderen Arbeitern einging. Sein Hauptinteresse gilt nun seiner Familie. Er spricht mit ungewöhnlichem Einfühlungsvermögen und fürsorglichem Interesse von seinen heranwachsenden Kindern. Er möchte, daß alle drei aufs College gehen. Sein ältester Sohn schließt eben die High School ab und hat kein Interesse am College. Ochs weiß, daß es aus diesem Grund zu Spannungen zwischen ihnen kommt, und er versucht mit viel Takt und Einfühlungsvermögen, dem Jungen eine Hilfe zu sein, ohne ihn allzusehr zu dirigieren. Er freut sich über die Begabungen und Pläne seiner jüngsten Tochter, seinem gescheitesten und erfolgreichsten Kind. Es macht ihm Spaß und er gibt sich Mühe, ein aktiver Vater zu sein.

Nach dem Militärdienst im Zweiten Weltkrieg verließ Larry Strode seine Familie, die dem schwarzen Mittelstand im Süden angehörte. Mit 40 hatte er fünfzehn Jahre in derselben Fabrik hinter sich und war Facharbeiter, Vertrauensmann der Gewerkschaft und gelegentlich Vorarbeiter. Ihn bedrückte die Erkenntnis, daß er in der Industrie nicht mehr weiterkommen konnte und daß sein Leben von geringem Wert war. Während des Übergangs zur Lebensmitte (zwischen 40 und 45) machte er sein eigenes Friseurgeschäft auf, arbeitete weiter in der Fabrik, holte den High-School-Abschluß nach, sah sich nach anderen Berufsmöglichkeiten um und bemühte sich verzweifelt, seine in die Brüche gehende Ehe zu retten. Als Pfarrerssohn hatte er sich schon lange einen Beruf gewünscht, der dem seelischen Wohlergehen seiner Mitmenschen auf direkterem Wege zugute kommen würde. Mit 45 begann Strode eine neue Lebensstruktur aufzubauen. Er verließ die Fabrik und wurde Pfleger für Nervenkranke an einem Krankenhaus am Ort, führte aber sein Friseurgeschäft weiter. Er trennte sich von seiner Frau und ließ sich ein paar Jahre später scheiden. In den späten Vierzigern versuchte er, die neue Tätigkeit und das Familienleben (einschließlich der Kinder aus seiner früheren Ehe, mit denen ihn ein enges Verhältnis verband) weiterzuentwickeln. Als wir ihn das letzte Mal sahen, war er 49, und er hatte erste Erfolge auf dem Weg zu einem Leben, das sich von dem seiner frühen Erwachsenenjahre unterschied.

Am verheerendsten ist vielleicht die Geschichte von Luke Doby, einem schwarzen Arbeiter aus dem Süden, der keine Ausbildung durchgemacht hatte. Mit 16 zog er nach Norden, heiratete mit 18, wurde Bau-Hilfsarbeiter und zog eine Familie mit elf Kindern groß. Er erinnert sich an sein 37. Lebensjahr als ein Jahr der Beerdigungen. »Wo du hinschaust, stirbt einer.« Mit 38 wurde ihm die Milz operativ entfernt, und seine Frau ließ sich operieren, um weitere Schwangerschaften zu verhindern. Diese Ereignisse markierten den Beginn eines rapiden Niedergangs. Er fand keine Möglichkeit, sein eigener Herr zu werden.

Als ich Doby zum erstenmal sah, war er 41 und arbeitete als Hausmeister in einer Fabrik. Er hielt dies für das schlimmste Jahr seines Lebens. Sein Gesundheitszustand hatte ihn gezwungen, seine Tätigkeit als Bauarbeiter aufzugeben, die für ihn das »Draußen« symbolisierte, etwas Maskulines, auf das er stolz war. Jetzt konnte er nur noch Jobs als Hausmeister finden, und das war das »Drinnen«, feminin und erniedrigend. Er zählte immer weniger in seiner Familie, die seine Frau weitgehend mit Fürsorgegeldern über Wasser hielt. Während der nächsten paar Jahre besuchte er mich gelegentlich in meinem Büro. Auf seine Bitte sorgte ich dafür, daß er mit 43 vorübergehend ins Krankenhaus kam, da er ein schwerer Trinker geworden war und Angst hatte, »auf die Straße« zu gehen. Er war wiederholt das Opfer bizarrer Unfälle geworden. Einmal wurde er von einigen Männern im Auto mitgenommen, ausgeraubt und etliche Kilometer weiter mit schweren Stichwunden in Brust und Rücken wieder aus dem Auto geworfen. Ein Jahr danach wurde er von einem Motorrad angefahren und verlor ein Auge. Er kam ein paarmal in die Nervenheilanstalt des Staates und wurde ohne ausreichende Nachbehandlungspläne wieder entlassen. Zweimal nahm er an Rehabilitationsprogrammen teil, die die berufliche Wiedereingliederung ermöglichen sollten, doch er blieb arbeitsunfähig. Als er 46 war, ließ sich seine Frau von ihm scheiden. Als ich den 47jährigen zum letztenmal sah, stabilisierte sich sein Leben als auf Dauer arbeitsloser, behinderter, isolierter Mann, der kaum noch Verbindung zu seinen Kindern (im Alter zwischen 9 und 30 Jahren) hatte und nur wenige Möglichkeiten kannte, sich »die Zeit zu vertreiben«.

Luke Doby machte tiefen Eindruck auf mich und bleibt mir als eine merkwürdig wichtige Figur im Gedächtnis. Er erinnert mich an eine Geschichte von Poe mit dem Titel »Der Mann aus der Menge«, die ich vor über dreißig Jahren gelesen habe. Der Erzähler beobachtet einen Mann, der inmitten einer Menschenmenge durch die Stadt geht und sich dabei so merkwürdig verhält, daß er beschließt, ihm zu folgen. Der Mann wandert stundenlang ziellos umher. Am Ende wird Poe klar, daß der Mann nirgends hingeht; er wird von einer so schmerzlichen Vergangenheit gequält, daß die Geschichte nicht erzählt werden kann, und er steht eine Gegenwart durch, die ohne Sinn ist. Er mag nur noch kurz oder einige Jahre leben, doch auf ihn wartet nur noch der Tod. Er findet keine Möglichkeit, die nächste Phase seines Lebens zu beginnen.

William Paulsen: Abschluß der frühen und Eintritt in die mittleren Erwachsenenjahre

Auch für Bill Paulsen war der Übergang zur Lebensmitte eine schwierige Zeit. Wie wir in Kapitel 8 gesehen haben, begann für ihn die Phase des Seßhaft-Werdens etwa mit 32, und er baute eine Lebensstruktur auf, die die nächsten acht Jahre stabil blieb. Die zentralen Bestandteile seines Lebens in den Dreißigern waren sein Job bei Bowles & White in Florida, seine Familie und sein neues Haus.

Zum erstenmal sah sich Bill in einem festen Job, der Aufstiegsmöglichkeiten bot. Er bezeichnete sich als »Datentechniker«, womit er euphemistisch seinen Job als Büroangestellter umschrieb, der die Routineaufgaben der Datenverarbeitung erledigte. Er arbeitete auf der Basis eines Stundenlohns und verdiente 75 Dollar in der Woche. Als die Datenverarbeitung bei Bowles & White größere Bedeutung erlangte, wurde er mehr zu einer Aufsichtsperson. Er brachte neuen Leuten den Umgang mit Computern bei und beaufsichtigte ihre Arbeit.

> Meine Datentechniker lasen oft eine Anweisung, die ein erfahrener Programmierer geschrieben hatte, und verstanden nicht, was der Mann ihnen sagen wollte. Deshalb brachten die Ingenieure einige ihrer neuen Anweisungen zu mir und sagten: »Hier, Bill, würdest du das mal lesen? Schau mal, ob du's verstehst und ob's diese Spinner, die für dich arbeiten, verstehen. Laß mich wissen, was wir tun können, damit die alles kapieren.« Ich ging zu ihnen zurück und schlug vor: »Das hier sollten wir anders formulieren und in diese Anweisung einen zusätzlichen Schritt einbauen.« Dann ging ich damit zu meinen Computer-Leuten und fragte: »Okay, irgendwelche Fragen?« Und niemand sagte ein Wort, es gab keine Fragen mehr. Ich sagte nur noch: »Na gut, dann schafft ihr es jetzt allein.«

Er sah sich als Bindeglied zwischen Arbeitern und Angehörigen der Betriebsführung, als Vermittler, der das gegenseitige Verständnis förderte. Er war ein »Kaplan«, Vermittler und »Beichtvater«. Bald setzte er es sich in den Kopf, die Aufsicht über die gesamte EDV-Abteilung zu bekommen. Die Neigung zur Selbsttäuschung zog sich wie ein roter Faden durch Paulsens Beschreibung seines Lebens. Er hatte übertriebene Vorstellungen von seinem Talent, zwischen Arbeitern und leitenden Angestellten zu vermitteln. Da er seinen Job nicht als einfache Bürotätigkeit sehen wollte, beurteilte er seine Aufstiegschancen übertrieben optimistisch. Während er also in seinem Job Fuß faßte, legte er bereits die Saat für künftige Probleme.

Seine Familie spielte in der Lebensstruktur des Seßhaft-Werdens eine Schlüsselrolle. Er glaubte immer noch, ohne Ruth sei er »völlig verloren«. Es fiel ihnen immer noch schwer, offen miteinander zu reden, und allzu leicht, sich vor einem aufkommenden Streit verärgert zurückzuziehen. Doch ungeachtet solcher Probleme blieb die Ehe für ihn wertvoll. Er akzeptierte die Schwierigkeiten als Teil des Verheiratetseins.

Doch trotz einer scheinbar gleichbleibenden Ehe kam es in Wirklichkeit in ihrem Leben zu größeren Veränderungen. Als Bill 33 war, war Ruth schwanger geworden und hatte ihr einziges Kind zur Welt gebracht. Nach Petes Geburt bekam ihr Leben einen völlig anderen Charakter. Sie waren nicht mehr das junge Paar, das »einen draufmachte«. Statt dessen sahen sie sich als reifer, stabiler, mehr dem Haus und der Familie verpflichtet. Bill begann, mehr an die Zukunft zu denken und an das Leben, das er für die dreiköpfige Familie schaffen wollte. Ruth drückte die Bedeutung der Geburt Petes so aus: »Unser Leben hatte nun einen Zweck, etwas, auf das wir hinarbeiten konnten. Ich glaube, wir hatten kein vollständiges Leben, bevor er geboren wurde.«

Paulsen zeichnete ein glückliches Bild von sich selbst als Petes Vater. Er sah sich als einen gütigen, interessierten und umgänglichen Vater für seinen Sohn – das, was sein Vater für ihn gewesen war. Aber er gab zu, daß er Pete gemischte Gefühle entgegenbrachte: »Ich kann manchmal nicht mit ihm leben, und ich kann nicht ohne ihn leben.« Er übernahm zwar die Verantwortungen eines Vaters, aber seine Beziehung zu Pete wurde von seiner hartnäckigen Jungenhaftigkeit geprägt. Er wollte für Pete sowohl der Vater als auch ein Bruder sein. Ruth verstand das sehr gut:

> Pete ist leider verdorben. Er glaubt, daß er alles bekommen sollte, was er haben will. Er weiß, daß sein Vater nicht nein sagen kann. Sagt er doch zu mir: »Daddy kann zu mir nicht nein sagen, aber du kannst es ...« Wenn ich die beiden allein lasse, streiten sie sich. Ich bin eine Stunde weg und komme zurück, und da war irgendeine Streiterei. Pete ist auf sein Zimmer gegangen und hat die Tür zugemacht. Ich komm rein und sag: »Was war los?« »Er hat sich geärgert. Ich hab irgendwas Falsches gesagt. Er ist weg, ist in sein Zimmer marschiert. Er ist wütend auf mich.« Aber nach einer Stunde, einer halben Stunde, sind sie wieder ein Herz und eine Seele.

Ein wichtiger Teil der Struktur des Seßhaft-Werdens war ihr Haus in Florida. Es hatte den Paulsens schon immer viel bedeutet, ein eigenes Zuhause zu haben. In den ersten drei Jahren in Florida hatten sie eine »kleine, aber schöne Wohnung«, als Bill bei Bowles & White Fuß zu fassen versuchte. Dann kamen immer mehr »share croppers« (Farmer, die die Pacht für das Land mit einem Teil der Ernte zahlen. *Anm. d. Ü.*), und »bald sah es aus wie in einem Schweinestall«. Wie viele ihrer Freunde beschlossen auch Bill und Ruth wegzuziehen. In der Nähe von Fort Lauderdale fanden sie genau das Haus, das sie wollten.

> Es war ein schönes Haus. Meine Frau und ich sagten oft, wenn wir hierher zurückkamen, was für eine Freude das wäre, wenn man dieses Haus einfach von den Fundamenten heben und nach New York oder Connecticut fliegen und es dort auf einem Stück Land absetzen könnte. Es war ein schönes, richtig behagliches Haus.

Mit 35 lebte Bill mit seiner Familie in dem Haus, das sie alle wollten. Er wurde zu einem begeisterten Angler, und bald war das für ihn eine wichtige Freizeitbeschäftigung. »Ich angle für mein Leben gern«, sagte er. »Ich bin der Typ – das hab ich von meinem Vater –, der morgens um sechs losgehen und bis Mitternacht fischen könnte. Und wenn ich ohne einen einzigen Fisch heimkäme, wäre ich trotzdem glücklich, weil ich einfach gern allein oder mit ein paar Kumpeln rausgehe, um mich zu entspannen und ein bißchen zu amüsieren.« Dies war eine gute Zeit in seinem Leben. In jeder Hinsicht ging es ihm besser als vorher. Er hatte einen befriedigenden Job, ein schönes Haus und Familie und angenehme Freizeitbeschäftigungen. Die Krise der Dreißigerjahre lag weit hinter ihm. Daß sein

Selbstvertrauen und sein Durchsetzungsvermögen gewachsen waren, zeigte sich anläßlich einer weiteren schwierigen Auseinandersetzung mit seiner Mutter.

Als Paulsen 35 war, zog seine Mutter nach langem Hin und Her nach Florida. Obwohl sie in einer Wohnung in der Nähe wohnte, beanspruchte sie sehr viel Zeit und war ungeheuer anstrengend. Ihre erneute Gegenwart führte zu heftigen Konflikten zwischen Bill und Ruth. Vielleicht lag es an diesen Spannungen, daß Ruth ein Zwölffingerdarmgeschwür bekam und wieder ins Krankenhaus mußte. Schließlich erkannte Bill, daß die Anwesenheit seiner Mutter eine zu große Last für Ruth und ihre Ehe bedeutete. Nach sechs Monaten schickte er seine Mutter nach Virginia zurück. Obwohl das eine schwierige Entscheidung war, schlug er sich auf Ruths Seite und stellte sich gegen die Ansprüche seiner Mutter und der Familie. Die Familie einigte sich dann darauf, die Mutter in ein Pflegeheim zu geben.

Ende Dreißig war Paulsen der Überzeugung, daß »meine Fähigkeiten weit über denen aller anderen lagen und ich wahrscheinlich Leiter der ganzen Abteilung werden würde. Ohne mir dessen bewußt zu sein, ging ich umher und erweckte den Eindruck, daß ich alle anderen überragte.« Als er keine Bestätigung für diese Selbsteinschätzung erhielt, fing er an, sich zu fragen, ob seine Fähigkeit für eine führende Position überhaupt ausreichte: Seine Qualifikationen waren unzulänglich, er hatte keine Erfahrung im Management und keine Ausbildung als Manager.

Als er 39 war, begann sein Traum von der Leitung der EDV-Abteilung zu versauern. Über ein Jahr lang lag Bill in einem heftigen Widerstreit. Er war bereit und erpicht darauf aufzusteigen. Seiner Meinung nach hatte er etwas geleistet und die Unterstützung und Bestätigung der Firma verdient. Er wollte innerhalb der Organisation zu einem mündigeren Mitglied und verstärkt sein eigener Herr werden, er wollte mehr Verantwortung und Autorität. Andererseits hatte er Zweifel an seiner Fähigkeit und Qualifikation zum Manager.

Es wurde klar, daß er keine Beförderung zu erwarten hatte. Er hatte bei Bowles & White das erreicht, was möglich war. Bill, Ruth und Pete fühlten sich in Florida zu Hause. Er arbeitete gern für Bowles & White, aber er wollte unbedingt befördert werden. Was sollte er tun? Sollte er sich mit dem Erreichten zufriedengeben oder versuchen, anderswo das zu bekommen, was er haben wollte?

Mit 40 beschlossen Bill und Ruth, hauptsächlich auf seine Initiative hin, in den Norden zurückzukehren. Seine Gründe waren vielschichtig. Nach unserer Auffassung spiegelten seine Unruhe und Ungeduld das Bedürfnis wider, sein eigener Herr zu werden. Er wußte, was er wollte, aber es war ihm nicht gelungen, es zu bekommen. Bei Bowles & White wurde sein ehrgeiziges Selbst nicht bestätigt. Er verließ Florida voller Selbstzweifel, doch angetrieben von dem Wunsch, es von neuem zu versuchen.

Während Paulsen mit 39 um diese Entscheidung rang, bekam er es mit Schmerzen in der Brust zu tun, und er kam zu der Überzeugung, herzkrank zu sein. Eine gründliche medizinische Untersuchung ergab, daß es Muskelschmerzen waren, die von seiner »Nervosität« herrührten. Bei aller Erleichterung war er sich doch bewußt, wie sehr ihn die Niederlage bei Bowles & White mitgenommen hatte und unter welcher Spannung er stand. Überdies dachte er zum erstenmal daran, daß er älter war, nicht mehr so widerstandsfähig gegen Krankheit, Invalidität oder Tod. Er fing an, besser auf sich zu achten, trank nicht mehr so viel und versuchte, das Rauchen aufzugeben.

Der Umzug ließ sich gut an. Paulsen bekam einen Job bei der Bing Company in New York, in der Computer-Abteilung eines Betriebs, der Weltraum-Simulatoren herstellte. Er verdiente mehr als bei Bowles & White und, was am wichtigsten war, sein Chef, ein junger Ingenieur, mochte ihn und interessierte sich für ihn. Als sein Chef an einen anderen Betrieb nach Hampton (New York) versetzt wurde, forderte er Paulsen herzlich auf mitzukommen. Erfreut akzeptierte er, auch wenn das einen weiteren Umzug mit sich brachte. In Hampton war er in der Verwaltung »zuständig für die gesamte Dokumentation der Computer-Anwendung« und besorgte die Software für den Betrieb der Computer. Die Computer wurden für verschiedene Weltraum-Simulatoren eingesetzt. In den ersten drei Monaten in Hampton war er an der Entwicklung der Simulation für das Apollo-Raumschiff beteiligt.

Paulsen arbeitete dann an der Mondlandefähre (LEM) innerhalb des Raumfahrtprogramms. Er und seine Familie verbrachten acht Monate in Texas, wo er als »technischer Verwalter« an dem Projekt arbeitete. Daraufhin ging er nach Kap Kennedy, wo ein zweiter LEM-Simulator installiert wurde. Es war eine aufregende Zeit für ihn. Er hatte das Gefühl, gute Arbeit zu leisten; sein Chef erkannte seine Bemühungen an und schätzte seine Fähigkeiten.

Für mich schien alles darauf hinzuweisen, daß ich nach Abschluß dieser Installationsarbeiten ein Stück vorankommen würde, in dem Sinne, daß ich vielleicht die Aufsicht über eine kleine Gruppe von Leuten bekommen würde oder gar die Leitung. Ein paar der Oberen machten mir gegenüber solche Andeutungen.

Dies war in verschiedener Hinsicht der Höhepunkt in Paulsens Laufbahn. Er mochte seinen Chef und seinen Job und spürte, daß der Chef auch ihn mochte und unterstützte. Er glaubte, mit 42 habe er sich nun endlich so bewährt, daß er befördert werden und eine leitende Stellung erhalten würde. Es sah aus, als hätte er aufs richtige Pferd gesetzt und als könnte er das Ziel, das er zuerst in Florida gesucht hatte, in der Bing Company endlich erreichen. Es war beruhigend für ihn, daß er zum erstenmal einen Chef hatte, der sich für ihn interessierte und ihm half.

Dann wurde sein Chef geschäftsführender Direktor eines Programms zur Entwicklung eines Simulators für das Jagdflugzeug F-111. Er forderte Bill auf mitzumachen. Bill war einverstanden. »Ich sagte mir, jetzt ist es so weit.« Nach wenigen Monaten im F-111-Projekt wußte Bill jedoch, daß er einen Fehler gemacht hatte. Mit dem Programm ging es »unaufhaltsam bergab«. Anstatt befördert zu werden, verrichtete er die gleiche Arbeit wie vorher. Er wurde launisch und streitlustig. Die Situation verschlimmerte sich. Sein Chef, an den er seine eigene Zukunft gebunden hatte, verließ die Firma. Bing war in ernsten Schwierigkeiten und fusionierte mit der Western Corporation.

Kurz danach wurde eine Reihe von Angestellten entlassen, darunter auch Bill Paulsen. Das Wagnis, das Bill mit 40 eingegangen war – das gute Leben in Florida aufzugeben und eine leitende Stellung im Osten zu finden –, war für den 42jährigen ein Fehlschlag. Es war das kulminierende Ereignis der Phase des Seßhaft-Werdens und der Beginn seines Übergangs zur Lebensmitte.

So wurde die Phase des Seßhaft-Werdens zu einer Zeit scharfer Gegensätze. Mit dem Umzug nach Florida hatte er als 32jähriger eine stabile und zufriedenstellende Lebensstruktur aufgebaut. Er bewährte sich in einer vielversprechenden und befriedigenden beruflichen Tätigkeit. Er und Ruth hatten ein Zuhause, das sie sehr schätzten. Das Angeln wurde für ihn zu einem wichtigen Steckenpferd. Dann wollte er mehr, als er haben konnte. Es war keine unbillige Hoffnung, als er glaubte, er könne der Leiter seiner Einheit werden und einen höheren Stundenlohn bekommen.

Aber »die ganze Abteilung« zu leiten und ins Management aufzusteigen, das war ein großer Sprung. Er gelingt nur selten, vor allem in den späten Dreißigern. Bill ging es um mehr Verantwortung und um mehr Geld. Bowles & White verweigerte ihm beides.

Bills Bedürfnis, sein eigener Herr zu werden, war mit 40 am größten. Es brachte ihn dazu, wesentliche Veränderungen vorzunehmen. Die Familie tauschte ihr Haus in Florida gegen eine Wohnung in New York ein, etwas, was keiner von ihnen wollte. Die Stabilität der vorausgegangenen acht Jahre wurde durch Unstabilität und Ungewißheit ersetzt. Es war ein Wagnis, das auf Bills Einschätzung seiner eigenen Fähigkeiten beruhte – bei seiner Neigung zur Selbsttäuschung eine höchst unsichere Sache. Bill rückte nun seine Arbeit in den Mittelpunkt seines Lebens. Er kümmerte sich weniger um seine Familie, sein Zuhause und seine Freizeitinteressen. Diese Aspekte seiner Lebensstruktur, die in Florida von so zentraler Bedeutung gewesen waren, wurden nun, wo er seinem beruflichen »Traum« nachjagte, an den Rand gedrängt.

Nach dem Fehlschlag wurde der 42jährige Paulsen von Zweifeln und offenen Fragen gequält. Es war der Beginn seines Übergangs zur Lebensmitte, und es war eindeutig eine Zeit der Krise. In seiner Verzweiflung fand er schließlich einen Job bei der P-E Company in Connecticut. In dem einzigen Job, den er bekommen konnte, hatte er keinerlei Aufsichtsfunktionen. Nach sieben Monaten liefen die Regierungsaufträge der Firma aus, und Bill wurde entlassen.

> Ich sagte mir: »So kann es nicht weitergehen.« Zum Glück sprach mich eines Abends ein Mann an – dieser Herr Kippmann, der im gleichen Mietshaus wohnt wie ich – und sagte: »Wie ich höre, suchen Sie einen Job.« Ich sagte: »Sicher, ich bin immer an einem Job interessiert, wenn das Geld stimmt.« Wir setzten uns also zusammen, und er schrieb eine Bewerbung für mich, damit er mich seiner Firma schmackhaft machen und mich dort unterbringen konnte. Wenn die je davon erfahren, sind wir erledigt, alle beide.

Der Trick gelang. Mit 44, kurz vor Beginn unserer Interviews, hatte Paulsen seinen Job bei United Electronics, mit einem Einkommen von $ 11000 im Jahr. Die Bewerbung erweckte den Eindruck, als habe er Erfahrung in der Qualitätskontrolle, und United Electronics stellte ihn als Ingenieur für die Qualitätskontrolle ein. In seiner Verzweiflung gab Bill ein falsches Bild von sich selbst und übernahm eine Arbeit, für die er nicht kompetent war. Die Firma war neu und kämpfte darum, sich durchzusetzen. Als Bill dort anfing, hatten sie noch kein Programm zur Qualitätskontrolle, und er »rannte wie ein Irrer im Betrieb herum«. Es gab ziemlich schwere Konflikte zwischen den Arbeitern und ihren Chefs: »Mit der Zeit kommt das alles ins Lot. Doch einstweilen müssen wir einfach diesen Kampf austragen, gewissermaßen einen Kampf zwischen der Obrigkeit und den Söldnern. Im Augenblick stecke ich mitten in diesem Kampf.«

Wieder einmal sah sich Bill als Mann in der Mitte, der zwischen den Arbeitern und den leitenden Angestellten Frieden stiftet. Wie schon in der Vergangenheit glaubte er, sein Geschick als Vermittler werde ihm eine Beförderung einbringen. Sein Chef baute ihn, wie er glaubte, zum »Leiter der Qualitätskontrolle« auf.

> Joe findet mich großartig. Ich würde sagen, es wäre nur logisch, wenn ich den Job bekäme, aber ich fürchte, es gibt da einen Hinderungsgrund – meine eigene Veranlagung, die Art, wie ich mit Leuten rede. Ich glaube, ich mache auf manche Leute den Eindruck, daß ich auf Grund meiner Position über ihnen stehe. Wenn ich diesen Eindruck erwecke, und man hat mir das schon einmal gesagt, dann liegt das nicht in meiner Absicht.

Obwohl er immer noch von einer Position im Management träumte, konnte er sich ernsthafter über seine Grenzen Gedanken machen.

> Ich bin ziemlich sicher, daß ich es schaffen kann, aber es ist einfach eine Tatsache, daß ich in den letzten fünf Jahren nicht viel Erfahrung auf diesem Gebiet gesammelt habe. Ich denke und handle meistens aus der Sicht der Arbeiterklasse, der untergeordneten Klasse, anstatt mir den Standpunkt des Managements zu eigen zu machen. Ich neige dazu, mich mehr an die einfachen Leute als an die großen Tiere zu halten. Wenn sie dich auf diese Ebene stellen, mußt du mit mehr Verantwortung fertigwerden als vorher. Natürlich wird es Situationen geben, in denen ich vollkommen verloren bin, aber ich glaube, es gibt immer jemanden, mit dem ich reden und der mir helfen kann.

Es war ein altes Thema. Er hatte Angst, er könnte den Ansprüchen nicht genügen, und beteuerte gleichzeitig, er sei der richtige Mann für den Job.

Diese Beteuerungen wurden immer leerer und fadenscheiniger, selbst für Bill. Nach zwei vorausgegangenen Fehlschlägen bemühte er sich krampfhaft, seinen »Traum« zu verwirklichen, und mußte feststellen, daß er davon weiter entfernt war als je zuvor.

Auch seine Ehe und Familie machten ihm Sorgen. Ruth konnte mit unserem Interviewer offener über diese schwierige Zeit sprechen. Sie wußte, wie sehr er sich wünschte, für seine Familie ein besseres Leben zu schaffen, und wie schwer das war. Aber sie fing an zu glauben, Bill werde die Dinge nicht in den Griff bekommen. Die ständige Unruhe in ihrem Leben zersetzte die Ehe. »Dieses mühsame Hochrackern ist ein langsamer Prozeß. Die Belastung zeigt sich in vieler Hinsicht. Vielleicht fürchten wir uns beide vor dem, was bei einem wirklich massiven Streit herauskommen könnte.«

Sie schilderte einen Abend, an dem sie und der 43jährige Bill Freunde besuchten und Streit bekamen. Bill wurde wütend und stapfte aus dem Haus. »Ich wußte«, sagte Ruth, »wenn er fortging, dann war alles aus. Doch zehn Minuten später kam er wieder. Wir waren einer offenen Auseinandersetzung nie wieder so nahe.« Für Ruth machte dieser Zwischenfall deutlich, wie nahe dran sie waren, ihre Ehe kaputtzumachen.

Ein anderes Problem war ihr Zuhause. Sie sehnten sich nach dem Haus in Florida: »Ich mag keine Mietwohnung, und meine Frau auch nicht. Wir sehnen uns so sehr nach einem Haus, daß wir es fast mit Händen greifen können, aber wir sehen im Augenblick einfach keine Möglichkeit.« Sein niedriges Einkommen und die unstabile Beschäftigungslage zwangen sie dazu, in Mietwohnungen zu leben. Die Wohnung war ein Symbol ihres chaotischen Lebens, dem die festen Bezugspunkte fehlten. Ruth freute sich nicht mehr darauf, zur Arbeit zu gehen, und auch nicht, nach Hause zu kommen. Auch sie kämpfte gegen Gefühle der Hoffnungslosigkeit. »Ich bin jetzt so weit, daß ich es einfach hinnehme. Man muß da wohl einfach durch. Ich rechne nicht mehr mit irgendwelchen Dingen, weil ich nachher vielleicht zu enttäuscht wäre, wenn sie nicht eintreffen.«

Paulsens gesundheitliche Probleme wurden in diesen zwei turbulenten Jahren, zwischen seinem 42. und 44. Geburtstag, größer. Sein Arzt untersuchte seine Lunge und sagte, er müsse das Rauchen aufgeben, denn es sehe »nicht sehr gut aus da drin«. Aber bei dem massiven Streß schaffte er es nicht, damit aufzuhören.

Nach nur wenigen Monaten bei United Electronics wurde Bill entlassen und machte sich wieder auf die qualvolle Suche nach einem Job. Nach vier Monaten hatte er einen, wenn auch hundert Kilometer von zuhause weg. So wie der Arbeitsmarkt 1970 aussah, schätzte er sich glücklich, überhaupt Arbeit gefunden zu haben. Es war ein kleiner Betrieb, und er war der einzige Arbeiter in der Qualitätskontrolle. Es gab Spannungen im Betrieb, und das tägliche Pendeln war mühsam. Zum erstenmal nach den schwierigen Jahren, die auf den Tod seines Vaters folgten, fing er wieder an, schwer zu trinken.

Kurz vor Bills 45. Geburtstag kam es zu einem dramatischen Zwischenfall. Er hatte entscheidende Auswirkungen auf den weiteren Verlauf seines Lebens.

> An einem Montag, an dem ich zur Arbeit gehen wollte wie immer, wachte ich um halb sechs auf. Ich setzte mich auf und spürte diesen stechenden Schmerz im Hinterkopf. Mir schien das nicht in Ordnung, ich hatte so etwas noch nie gehabt. Ich weckte meine Frau auf und sagte ihr, sie solle mich ins Krankenhaus fahren. Sie brachte mich hin, und sie holten gleich diesen Neurochirurgen. Nach ein paar Angiogrammen wußten sie, daß ich eine Gehirnblutung erlitten hatte, konnten sie aber nicht lokalisieren. Sie behielten mich etwa einen Monat im Krankenhaus, doch sie fanden nichts, und der Arzt schickte mich nach Hause. Ich war etwa eine Woche zuhause, als ich auf dem Teppich im Wohnzimmer zusammenbrach und erneut ins Krankenhaus kam. Sie machten wieder ein Angiogramm. Diesmal fand der Arzt das Problem. In einer Operation gelang es ihm, das geplatzte Blutgefäß wieder zusammenzuflicken. Ich war von Mitte März bis Juni im Krankenhaus. Es war eine sehr ernste Sache. Deshalb sage ich ja auch, daß ich heute ein wandelndes Wunder bin. Der Neurochirurg erklärte es mir zwei Wochen nach meiner Entlassung. Er sagte, ich hätte großes Glück gehabt, und er danke Gott, daß er den Schaden habe beheben können. Von Anfang April, als er mich operierte, bis Anfang Juni konnte ich überhaupt nichts tun. Er sagte mir, frühestens im November sei daran zu denken, daß ich wieder zur Arbeit ging.

Auf Paulsen kamen eine Menge Probleme zu. Er hatte zwar eine Krankenhausversicherung, mußte aber die Arztrechnung über $ 3000 selber bezahlen. Er hatte weder Anspruch auf Sozialversicherung noch auf eine Rente als Kriegsteilnehmer. Er konnte keine Arbeitslosenunterstützung beziehen, da er bei seiner Firma immer noch angestellt war.

Der Werksleiter versprach, seinen Job freizuhalten, bis er in ein paar Monaten zurückkehren würde. Doch als er der Firma schließlich mitteilte, daß er bereit sei, wieder anzufangen, sagten sie, sie hätten ihn ersetzt, und es sei keine Stelle mehr frei. Bill beantragte Arbeitslosenunterstützung, bekam sie aber erst ab Weihnachten. Er sah sich nach Arbeit um, ohne Erfolg. Über ein Jahr später war er immer noch arbeitslos. Er redete mit fast quälender Offenheit über seine Situation:

> Es macht mich nervlich fertig, daß ich immer noch keine Stelle habe. Und es sieht nicht so aus, als ob ich in nächster Zeit was finden würde. Ich habe das Gefühl, daß ich meine Familie nicht so unterstütze, wie ich sollte. Ich kann nicht darauf bauen, daß meine Frau immer so arbeitet, wie sie das Gott sei Dank schon ein Jahr lang oder so tut, seit ich aus dem Gefecht bin. Ohne ihre Mithilfe wäre die ganze Familie hops gegangen. Wir haben wirklich eine schwere Zeit hinter uns. Ein Auto habe ich letztes Jahr abgestoßen, denn das verdammte Ding hätte ja nur rumgestanden, ein halbes Jahr oder länger. Und die laufenden Kosten sind ganz schön hoch. Wir haben Glück gehabt, daß wir uns bisher über Wasser gehalten haben. Es ist verdammt knapp hergegangen. Sehr, sehr knapp. Aber wenigstens haben wir einen ordentlichen Teil unserer Schulden abgetragen und hatten immer ausreichend zu essen.
>
> Ich hab den Eindruck, daß ich zum Wohlergehen der Familie nichts beitrage. Ich habe kein Einkommen außer der Arbeitslosenunterstützung, und das ist für mich kein richtiges Einkommen. Ich nehme dieses Geld einfach nicht gern. Aber für mich ist die Beschäftigungslage im Staat Connecticut einfach erbärmlich. Und anstatt besser zu werden, wird sie immer schlimmer. Obwohl es in den Lokalzeitungen eine Menge Jobs gibt, wollen diese Firmen mit Leuten wie mir nichts zu tun haben.
>
> Sie stellen dich nicht ein, und sie nennen dir dafür keinen Grund. Nun, ich kann mir drei Gründe denken: Ich hab nicht den richtigen Hintergrund, ich hab keinen akademischen Grad, oder ich bin zu alt. Du sagst ihnen, du hast Gehirnblutungen hinter dir und bist wieder voll hergestellt, aber sie sehen nur die Gehirnblutung. Du bist absolut fit, aber sie sehen nichts davon. Sie wollen nichts riskieren. Ich weiß nicht, was zum Teufel ich tun werde.
>
> Ich renne gegen eine große leere Wand. Ich hab das Gefühl, ich bin wertlos, ich nütze keinem. Ich weiß, das ist nicht richtig, aber ich

> empfinde es trotzdem so. Ich bin oft so deprimiert. Ich rede mit keinem. Fast als wäre ich eine Muschel, und ich ziehe mich zurück, und zum Teufel mit all denen da draußen. Das ist nicht richtig, aber genau das empfinde ich, weil ich keinen anständigen Job finden kann. Ich bin absolut unbrauchbar, weil ich meine Familie nicht so unterstützen kann, wie sich das gehört. Das beschäftigt mich mehr als alles andere. Die Vorstellung, daß ich nicht mal für das Notwendigste sorgen kann, daß kein Geld da ist und daß wir meinem Sohn nicht das geben können, was er braucht, ich komme mir vor wie ein Trottel, wie ein Jammerlappen.

Inzwischen war Bill fast 47 und bezog schon über ein Jahr lang Arbeitslosenunterstützung. Er betrieb die Stellensuche mit viel Energie, aber ohne Erfolg. Seine Chancen, das zu bekommen, was er wollte, standen schlecht. Er versuchte, sich mit dem Gedanken an einen bescheideneren Job anzufreunden. In seinen Gefühlen über sich selbst und seine Zukunft vollzog sich ein bedeutsamer Wechsel.

> Ich lebe jetzt für die Gegenwart. Wenn ich, so Gott will, einen guten Job finde, dann kann es sein, daß ich für den Rest meines Lebens dabei bleiben will. Ich weiß nicht. Es kann auch sein, daß ich dort einen Monat oder so arbeite und dann sage, das ist nichts für mich, und mich nach etwas anderem umsehe. Aber ich mag das nicht mehr. Ich glaube, ich bin ein bißchen zu alt, um in kurzer Zeit den Job zu wechseln. So wie ich das in den letzten drei oder vier Jahren getan habe. Ich mag das nicht, denn es bringt nicht nur mich selbst aus dem Gleichgewicht, sondern das Wohl und die Harmonie des Familienlebens ist gestört. Meine Frau kostet es die letzten Nerven, wenn ich zwei-, dreimal im Jahr eine neue Stelle antrete und in eine andere Gegend ziehe. Und da ist ja auch noch mein Sohn, großer Gott! Seine Schulbildung ist im Augenblick wichtiger als eine Menge anderer Dinge. Wenn ich ihn immer wieder auf eine andere Schule schicke, wird seine Ausbildung darunter leiden, und ich möchte nicht, daß es dazu kommt. Aus diesen Gründen muß ich einfach eine gute Stellung in einer kleinen Firma finden – oder meinetwegen auch in einer großen –, wo ich meine Arbeit tun kann, ohne jemand etwas vorzumachen, ohne zu bluffen, um es deutlich zu sagen.

Zum erstenmal redete er von der Möglichkeit, sich mit einem kleineren Job zufriedenzugeben, der seinen Fähigkeiten entsprach und bei dem er sich nicht übernahm. Sein Hauptinteresse galt nicht mehr dem Aufstieg in eine leitende Position; der »Traum« war verflogen. Er war bereit, sich mit erheblich weniger zufriedenzugeben – einem Job mit einem stabilen Einkommen, das seiner Familie ein geregeltes Leben ermöglichte.

Paulsen fürchtete die Folgen der Arbeitslosigkeit. Er war sich darüber im klaren, daß es einen gewissen Reiz für ihn hatte, immer zu Hause zu sein und nichts zu tun. Er fühlte sich schuldig, weil er seine Familie nicht ernährte, aber es gefiel ihm auch, umsorgt zu werden. Der Gedanke, er könne sich mit dem Leben eines Invaliden abfinden, erschreckte ihn, und er beteuerte schnell: »Den Weg kann ich nicht gehen.«

Die Phase zwischen 42 und 47 war eine Übergangszeit gewesen, denn er war von der Lebensstruktur aus der Phase des Seßhaft-Werdens durch verschiedene Veränderungen zu einer neuen Struktur gelangt. Er hatte nacheinander verschiedene Jobs. Die Familie zog immer wieder in neue Wohnungen. Es kam zu immer größeren Spannungen zwischen Bill und Ruth. Er starb fast und war viele Monate lang invalide. Er hatte den Kontakt zu seinen alten Freunden verloren und war nicht imstande, neue zu gewinnen. Er fühlte sich entwurzelt, einsam, geschlagen. Aus seinem Gefühl der Hoffnungslosigkeit wurde Verzweiflung.

Gleichzeitig fanden wichtige Entwicklungen statt. Paulsen kam zu einer kritischen Neubewertung seiner selbst und seiner Fähigkeiten. Als er bei United Electronics arbeitete, hatte er begonnen, sich mit der Tatsache abzufinden, daß er nie leitender Angestellter sein würde und daß er seinerzeit mit 40 zu hoch gepokert hatte. Wenn er diesen Traum jetzt aufgab, so knüpfte sich daran die Hoffnung, daß er sich mit näherliegenden Zielen abfinden und andere Befriedigungen suchen konnte.

Es gibt Anzeichen dafür, daß sich Bill Paulsen mit 47 auf eine bescheidene Zukunft einstellte. Es war, als hätte seine Krankheit ihn gezwungen und befähigt, sich ehrlich mit der Realität seines Lebens zu befassen. Er schien bereit, seinen Frieden mit der Welt zu machen, mit weniger Illusionen zu leben und seiner Familie ein stabiles Leben zu bieten. Damit begann für ihn die Phase des Eintritts ins mittlere Erwachsenenalter.

Romanschriftsteller

Mit 39 war Kevin Tyrone Romanschriftsteller und Professor für Englisch. (Über sein früheres Leben gibt Kapitel 6 Auskunft.) Obwohl seine Romane für den Durchschnittsleser »schwierig« und keine kommerziellen Erfolge waren, sahen die Kritiker in ihm einen vielversprechenden Autor, der Aussichten hatte, zu den bedeutendsten Romanschreibern seiner Generation aufzurücken. Während der nächsten sechs Jahre führten die Kämpfe des Selbständig-Werdens und des Übergangs zur Lebensmitte dazu, daß er das Selbst und die Welt neu erforschte. Er veröffentlichte in dieser Zeit zwar keinen Roman, schrieb aber ein paar Schauspiele, die keinen Erfolg hatten, engagierte sich in der Welt des Theaters und beteiligte sich an verschiedenen schulischen Projekten. Mehrere Jahre lang hatte er damit zu tun, die intensive Beziehung zu seinem langjährigen Mentor zu beenden. Seine Ehe, die seit den frühen Zwanzigern eine wichtige Stütze für sein kreatives Schreiben gewesen war, wurde ernsthafter in Frage gestellt. Während einer schweren Krise um die Lebensmitte suchte er mit Anfang Vierzig nach neuen Beziehungen, neuen beruflichen Alternativen und nach neuen Möglichkeiten der Auseinandersetzung mit dem eigenen Altern, der eigenen Destruktivität, Femininität und Abkapselung.

Mit 45 begann Tyrone, eine Lebensstruktur für den Eintritt ins mittlere Erwachsenenalter aufzubauen. Er kehrte zu seinen Romanen zurück und begann ein umfassendes Werk in vier Bänden, das er während der nächsten paar Jahre vollendete. Er bekannte sich von neuem zu seiner Bindung an die Ehe, doch zu anderen Bedingungen und mit einem klareren Verständnis für ihren Sinn und ihre Grenzen. Nach den unruhigen frühen Vierzigerjahren knüpfte er nach 45 in vieler Hinsicht an sein Leben in den Dreißigerjahren an: er war Ehemann und Vater in derselben Familie, immer noch Romanschreiber und Professor. Und doch gab es in allen Aspekten des Lebens und in dem Selbst, das mit ihnen zu tun hatte, wichtige Veränderungen.

Auch Allen Perry war ein »vielversprechender junger Autor« gewesen (vgl. Kapitel 9). Sein erstes Buch, das er mit 25 veröffentlichte, war bei der breiten Leserschaft und bei den Kritikern sofort ein Erfolg. In den darauffolgenden Jahren entwickelte er ein stabiles Ehe- und Familienleben, schuf sich einen Freiraum, in dem er sich ganz aufs Romanschreiben konzentrieren konnte, und veröffentlichte mehrere Romane, die seinen

Ruf als ernstzunehmender Schriftsteller festigten. Trotz einiger Schwierigkeiten Mitte der Dreißigerjahre, als er eine bittere Trennung von seinem wichtigsten Mentor durchstehen mußte und einen enttäuschenden Roman schrieb, verlief sein Leben bis Anfang Vierzig einigermaßen gut.

Das kulminierende Ereignis seiner frühen Erwachsenenzeit kam mit 41, als ihm die Veröffentlichung eines großen Romans viel Lob einbrachte und einen Platz unter den besten Romanschriftstellern Amerikas sicherte. In den folgenden paar Jahren wurde seine Ehe komplizierter, und er geriet mit seinen literarischen Bemühungen in eine Sackgasse. Perry begann mit einem tragischen Roman, der verschiedenen Themen aus seinem früheren Werk reiferen Ausdruck geben sollte. Der Held des Romans erleidet nach anfänglich großem Erfolg eine schmerzliche Niederlage, die auf seinen eigenen Hang zum Tragischen zurückzuführen ist. Perry rang um die Niederschrift dieses Buches genau in der Zeit, als er sich mit parallelen Themen in seinem eigenen Leben befassen mußte.

Mit 45 hatte er das dringende Bedürfnis, seine inneren Konflikte zurückzudrängen und mit dem Roman weiterzukommen, aber es ging nicht voran. Ende Vierzig gab er den teilweise geschriebenen Roman zwar nicht ganz auf, verlegte sich aber mehr auf andere Aktivitäten – er schrieb ein Theaterstück, schrieb für literarische Zeitschriften und kümmerte sich mehr um Belange der Öffentlichkeit. Mit 49 versuchte er immer noch, eine zufriedenstellende Lebensstruktur für den Eintritt ins mittlere Erwachsenenalter zu schaffen: Seine Karriere als Romanschreiber lag brach, und seine anderen ernsthaften Interessen ergaben keine ausreichend sinnvolle Beschäftigung. Viele Romanautoren kehren nach einer Durststrecke von fünf, zehn oder noch mehr Jahren zu ihrem Metier zurück, doch sie tun das auf einer neuen Basis und innerhalb einer neuen Lebensstruktur. Andere widmen sich künftig einer anderen Art des Schreibens oder gar einem ganz anderen Beruf. Dies ist eine der Entscheidungen, denen sich Allen Perry während seines Übergangs in die Fünfzigerjahre stellen muß.

Der Romanschriftsteller Richard Taylor, ein Schwarzer, nahm in diesen Phasen eine andere Entwicklung. (Sein Leben während des Übergangs in die Dreißigerjahre wurde in Kapitel 5 dargestellt.) Seine Dreißigerjahre wurden weitgehend vom Kampf ums Überleben bestimmt. Er hatte verschiedene Jobs im Journalismus und in der Öffentlichkeitsarbeit und schrieb in der verbleibenden Zeit an seinen Romanen. Seine ersten Romane erzielten nur geringe Anerkennung und Auflagenzahlen. Fast während des ganzen Jahrzehnts hatte er eine ernsthafte – wenn auch durch ein stürmisches Auf und Ab geprägte – Beziehung zu einer »besonderen« Frau.

Mit 40 unternahm Taylor eine gewaltige Anstrengung, eine umfassendere Lebensstruktur zu schaffen und seinen jugendlichen »Traum« zu verwirklichen. Er heiratete die geliebte Frau und beschloß, alles aufs Spiel zu setzen, um den großen Roman des schwarzen Amerika zu schreiben, der ihn unablässig beschäftigte. Er und seine Frau verbrachten ein genügsames Jahr in einem tropischen Land, und er schrieb den Roman zu Ende. Er legte alles in dieses Buch, was er zu geben hatte, und als es veröffentlicht wurde, war das für den 41jährigen das kulminierende Ereignis seiner frühen Erwachsenenjahre. Die erste Reaktion der Kritik und der Öffentlichkeit war jedoch bestenfalls zwiespältig. Das Buch war kein totaler Mißerfolg, aber es war auch nicht annähernd der dramatische Erfolg, den er erwartet hatte. Er war bitter enttäuscht. Das Jahr des Verzichts und das Bemühen Taylors, sein eigener Herr zu werden (mit all den zusätzlichen Nuancen, die das für einen Schwarzen in der amerikanischen Gesellschaft mit sich bringt), hatten scheinbar nichts eingebracht. Ein weniger hartnäckiger Mann hätte vielleicht die Waffen gestreckt. Im Übergang zur Lebensmitte, etwa zwischen 41 und 45, versuchte er, seine Wunden zu heilen und seine Anstrengungen fortzusetzen. In dieser Zeit fand sein großer Roman mehr Leser und mehr Anerkennung, vor allem unter den jungen Schwarzen. Er schrieb zwei kleinere Romane, um sich als Romanautor zu behaupten, und versuchte sich auch in anderen literarischen Formen. Zum erstenmal lebte er ausschließlich von seinen Einkünften als ernstzunehmender Schriftsteller.

Mit 45 hatte Richard Taylor die Basis für ein neues Leben geschaffen und trat ins mittlere Erwachsenenalter ein. Er und seine Frau hatten ihre Ehe stabilisiert und gründeten eine Familie. Er hatte nun ein gutes Verhältnis zu seinen erwachsenen Söhnen aus erster Ehe. Als ein mündiger Vertreter seiner Zunft übernahm er verschiedene Führer- und Mentorrollen für die jüngere Generation schwarzer Schriftsteller. Erstmals konnte er von sich behaupten: »Ich bin Schriftsteller.« Nun, da ihn der Ehrgeiz nicht mehr so antrieb, freute er sich auf ein kreatives, verantwortungsvolles Dasein in der Zukunft.

Natürlich litt er immer noch sehr unter dem Rassismus und der sozialen Ungerechtigkeit der modernen Gesellschaft, und es belastete ihn, zu wissen, wie wenig er dagegen tun konnte. Auch wenn er ein arrivierter Autor war, mußte er erst noch etwas Bleibendes schaffen. Er hatte wichtige Verantwortungen: als Vater für zwei Generationen von Söhnen und Töchtern, als Mann für eine liebende und selbständige Frau, als Sohn für alternde Eltern, als Bruder für weniger glückliche Geschwister, als Schriftsteller für die Gesellschaft, als Schwarzer im mittleren Alter für »seine Leute« – und als Mensch für sich selbst. Seine Aussichten waren so glänzend wie nie zuvor, aber die Aufgaben und Schwierigkeiten waren größer.

Paul Namson: Die Vierzigerjahre

Für Paul Namson kulminierten im Übergang zur Lebensmitte und mit dem Eintritt ins mittlere Erwachsenenalter die Widersprüche seines Lebens, und sie waren am Ende ihrer Auflösung ein Stück näher. In Kapitel 12 schilderten wir die Entwicklung seines Lebens in der Phase des Seßhaft-Werdens. An seinem vierzigsten Geburtstag hatte er eben seinen Roman *Markers* von seinem Verleger zurückverlangt und war, müde und niedergeschlagen, nach Cape Cod gereist, um dort den Sommer 1966 zu verbringen. Er schrieb und bereitete sich auf seine einjährige Lehrtätigkeit an der Brown University vor.

Namson freute sich auf diesen neuen Job. Es war »eine Art Bestätigung meiner Nützlichkeit. Ich fühlte mich auch geschmeichelt. Ich wußte, daß Austin meine schriftstellerische Arbeit bewunderte«. Er setzte große Hoffnungen in dieses Jahr, in dem er unterrichten und schreiben würde. Er war begierig auf die Lehrtätigkeit und hatte das Gefühl, »daß ich den Leuten auf der Universität einiges zeigen konnte«. Er nahm sich auch vor, »*Markers* noch einmal herzunehmen«.

Seine Hoffnungen erfüllten sich nicht. Er unterrichtete zwei Klassen im »kreativen Schreiben« und mußte, auch wenn es ihm Spaß machte, feststellen, daß »das Unterrichten die gleichen Energien verbraucht wie das Schreiben«. Er konnte nicht beides tun, und so gelang es ihm nicht, sich noch einmal mit *Markers* zu befassen. Er begann jedoch einen neuen Roman, *Gallery*, kam damit aber nicht so voran, wie er sich das erhofft hatte. Die Universität hielt ihm zwar die Ablenkungen Manhattans vom Leib, doch dafür stellte es ihn vor ein ganz neues Problem. Als ihm am Ende des Jahres eine außerordentliche Professur angeboten wurde, entschied er sich dagegen. »Es war klar, daß ich nicht gleichzeitig schreiben und unterrichten konnte.«

Tatsächlich waren Paul und Sarah versucht zu bleiben. Sie genossen beide das idyllische Leben, das sie führten. Erstmals war Paul ein wesentlicher Bestandteil des Familienlebens. Es war für ihn eine neue Erfahrung, seine Mahlzeiten mit Sarah und den Kindern einzunehmen, Grillpartys zu veranstalten und mit Sheridan im Garten Fangen zu spielen. Dieser »größere Zusammenhalt der Familie« sagte ihm und Sarah sehr zu. Besonders sie wäre gerne geblieben, aber für Paul war es offensichtlich keine Dauerlösung.

Mit 41 kehrte er nach New York zurück, »vom Geist der Ungewißheit getrieben«. Er nahm wieder die Arbeit an *Currents* auf. In dieser Zeit beschäftigte ihn zunehmend eine merkwürdige Idee, die sich zu seinen anderen »Ablenkungen« gesellte: Er und Sarah sollten eine Insel finden und ernsthaft erwägen, dorthin zu ziehen. Die Brown University war »eine Art Insel« gewesen. Wenn es ihm gelang, eine richtige zu finden, dann hatten sie die Vorteile von Brown, aber ohne die Schwierigkeiten. Er wäre auf Distanz vom Kunstbetrieb und dem Leben der »feinen Leute« und könnte das Schreiben und die Familie in den Mittelpunkt seines Lebens stellen. Nach einigem Suchen fand er eine Insel in der Karibik.

> Sarah und ich flogen allein hinunter. Als wir hinkamen, sah ich mich um, ich betrachtete es zum Teil als Immobilienanlage – zum Teil als diesen Traum vom Leben auf einer Insel, aber auch als eine Kapitalanlage. Was wir antrafen, war alt und nicht entwickelt und in sehr große Parzellen eingeteilt. Mir war klar, daß da ein hoher Gewinn zu erzielen war, wenn man eine große Parzelle kaufte. Ein Grundstück, das im Besitz einer sehr prominenten Bostoner Familie war, stand zum Verkauf. Zu meiner Überraschung bot ich dafür 1,7 Millionen Dollar. Nach langem Feilschen und ein paar Monaten und ein paar weiteren Flügen dorthin kaufte ich es schließlich.

Wieder kamen die Widersprüche zum Vorschein. Beim Versuch, für seine Arbeit und seine Familie eine Insel zu schaffen, geriet Namson wieder ins Anlagegeschäft. »Es war zwei Jahre lang eine Ablenkung, die meine ganze Zeit in Anspruch nahm. Ich hatte nie geglaubt, daß es so viel Zeit kosten würde.« Er kaufte also das Grundstück, verkaufte einen Teil davon weiter und baute in die Ruinen einer alten Zuckerrohrmühle ein wunderschönes neues Haus. Das kostete ihn eine ganze Menge Zeit und etliche Flüge zur Insel. Das ging ihm zwar am Schreiben ab, aber es war ein großer finanzieller Erfolg. Er verdiente eine ganze Menge Geld und kam außerdem zu einem prächtigen »Fantasiehaus«. Er war vielleicht nicht sicher, wo er als Schrifsteller stand, aber an seinen Fähigkeiten als Geschäftsmann gab es keinen Zweifel.

Namson war 42 Jahre alt und inmitten seines verspäteten Immobilienabenteuers, als ihm ein unerwartetes Ereignis half, eine neue Einstellung zu seiner Existenz als Schriftsteller zu finden. Das Bedürfnis nach der Einsamkeit einer Insel verlor sich mit der neugewonnenen Zielstrebigkeit und dem Gefühl, etwas Sinnvolles zu tun. Die Folge war, daß Paul und Sarah beschlossen, nicht in das Haus einzuziehen. Mit 43 kam ihm das ganze Abenteuer wie ein »leichter Rückschritt« vor.

> Ich schwöre, wenn ich noch einmal in dieser Situation wäre, würde ich es nicht wieder tun – ich würde dieses seltsame, neurotische Spiel des Anlagegeschäfts nicht mehr zusätzlich betreiben. Als ich im Anlagegeschäft war, schrieb ich. Und während ich schreibe, spiele ich plötzlich wieder mit Anlagegeschäften herum.

Dies war das unerwartete Ereignis: 1968 forderte ein Großverleger Paul auf, eine Biographie über Sheridan Fisher zu schreiben. Sie boten ihm ein Honorar von $ 12 000 und verlangten, daß er sofort mit der Arbeit begann. Der Gedanke, eine Biographie zu schreiben, und dazu noch über Fisher, lockte ihn sehr. Es gab seinem Schriftstellerleben einen neuen Mittelpunkt. Der Brunnen der »subjektiven Phantasie« schien ausgetrocknet. Eine im Auftrag geschriebene Biographie gab ihm die Möglichkeit, endlich wieder ein Buch in normalem Umfang herauszubringen, das erste seit *The Bridge Game*, das 1964 erschienen war. Er hatte wieder das Gefühl, produktiv zu sein. Er war wieder ganz Schriftsteller.

Es lief dann etwas anders: »Nach zwei Kapiteln der Biographie gerieten wir in Schwierigkeiten. Ich wollte Fishers Leben darstellen, und sie wollten Fishers Welt – eine mehr soziologisch orientierte Studie. Ich legte das Ding beiseite und machte mich wieder an *Currents.*«

Er schrieb einen neuen Abschnitt von *Currents*, der aus zwei langen »Geschichten« bestand. Diese wurden ihm sofort abgekauft und in einer angesehenen Zeitschrift veröffentlicht. Namson war wieder ganz Schriftsteller. Seine neue Methode bestand darin, Fiktives mit Biographischem zu verbinden. Mit 43 fühlte er sich nicht mehr so rastlos und nicht mehr so sehr in seinem Schreibzimmer isoliert, und er fand besseren Anschluß an die Welt der Schriftsteller und Verleger.

Inzwischen ging es mit seinem Vater zu Ende. Er erlitt einen Schlaganfall und wurde Anfang 1969 zum Vollinvaliden. Paul verbrachte in diesem Winter und Frühjahr sehr viel Zeit am Bett seines Vaters. Der Verfall seines Vaters war für ihn eine schmerzliche Erfahrung und machte ihm sein eigenes Älterwerden bewußt.

Namson erfuhr auch, wie zerbrechlich die Struktur seiner engsten Familie war. Sein Sohn Sheridan befand sich mit 12 in einer fast totalen Auflehnung. Er ging kaum noch zur Schule und blieb gewöhnlich in seinem Zimmer, um Rockmusik zu hören. Sarah und ihr Sohn waren in einer Pattsituation: beide brüllten und schrien, knallten Türen zu und kommunizierten nicht mehr miteinander. Paul blieb am Rande dieses ganzen Wirbels.

Zur Zeit unserer Interviews, als Namson 43 war, wurden zwei Familienduelle ausgetragen, eines zwischen Sarah und Sheridan, das andere zwischen Sarah und Paul. Nun, da sich Paul wieder stärker als Schriftsteller engagierte, war das Gefühl eines größeren »Zusammenhalts der Familie«, das das Jahr an der Brown University geprägt hatte, verflogen.

> Ich bringe im allgemeinen keine Geduld für sie auf, und ich würde lieber lesen als ausgehen. Ich will nicht sagen, ich hätte noch nie daran gedacht, aus der Ehe auszubrechen, aber es ist komplizierter. Denn, nun ja, es gibt auch Zeiten, da bin ich ganz angenehm im Umgang und so. Wahrscheinlich ist das nicht so oft, wie sie es gerne hätte. Ich gebe mir keine Mühe, etwas zu erklären. Wenn Sarah in ihrer Beziehung zu Sheridan fast gar nichts Befriedigendes findet, dann denkt sie in ihrer Beziehung zu mir wahrscheinlich, daß ich älter geworden bin, egoistischer und kritischer.

Sarah fühlte sich ausgeschlossen. Als Paul mit 43 anfing, wieder mehr zu schreiben, weigerte er sich, das frühere »Leben der feinen Leute« wieder aufzunehmen. Das vergrößerte die Distanz zwischen ihnen. Beide fühlten sich schrecklich einsam.

> Eine Sache, von der ich nicht wußte, daß sie mir später einmal fehlen würde, war eine profunde intellektuelle Beziehung. Ich glaube, die hatten wir nie. Ich weiß eigentlich gar nicht, was ich jetzt empfinde. Romantische Liebe ist mir nicht mehr so wichtig. Sicher, ich habe Fantasien. Vielleicht ist das einfach nicht so wichtig in meinem Leben.

> Ich fühle mich einsamer als in den frühen Jahren meiner Ehe. Da ist immer dieses Gefühl, daß es vielleicht irgendwo da draußen einen Menschen gibt, der ein intellektuelleres Leben mit mir teilen würde. Wie dem auch sei, ich habe in der Richtung nie etwas unternommen.

Es irritierte Paul zunehmend, daß Sarah sein Schreiben nicht ernst genug nahm:

> Ich möchte es wenigstens so geachtet sehen, wie sie damals meine Arbeit bei Asch achtete. Ich bin sicher, Sarah wäre damals, als ich für Asch arbeitete, nie auf die Idee gekommen, in eine Sitzung hereinzuplatzen, um mir zu sagen: »In einer Auktion wird Porzellan versteigert«, oder etwas ähnliches. Sehr oft bringt sie dieser Arbeit einfach nicht die gleiche Achtung entgegen wie der Arbeit in einem Unternehmen.

Als wir ihn erstmals mit 43 interviewten, sah er ein wenig Licht, aber er wanderte immer noch in Dantes »dunklem Wald«. Er beschäftigte sich intensiv mit Fragen der körperlichen Gesundheit, der symbolischen Unsterblichkeit und des Vermächtnisses. Er war im Bemühen, zu diesen Fragen eine intellektuelle Haltung einzunehmen, ziemlich fortgeschritten, doch die tieferen emotionalen Strömungen machten ihm immer noch zu schaffen. Ein furchterregendes Gefühl sagte ihm oft,

> ... das Leben hat keine Struktur. Du bist nur ein Brei. Du bist nichts. Du bist etwas, das unter der Tür davonläuft. Ich hab dieses beklemmende Gefühl oft nachts – oder ich denke einfach, es gibt keine Struktur.

Da er sich eingehend mit der Aktualität des Todes beschäftigte, mußte er sich über die Frage der Unsterblichkeit Gedanken machen:

> Ich kann nur den einen Trost finden, daß einige dieser Worte vielleicht Bestand haben werden. Und nicht nur geschriebene Worte, sondern das gesprochene Wort. Wenn ich an die Unsterblichkeit denke, kann ich mir bestenfalls vorstellen, daß ein kleines bißchen von mir auf ein paar Leute abfärbt – auf meine Frau, meine Kinder, ein paar Freunde. Und doch, es ist schwer, sehr schwer hinzunehmen, daß nichts übrigbleiben wird.

Im gleichen Augenblick hatte er einerseits das Verlangen, mit seinen Schriften ein dauerhaftes, wertvolles Vermächtnis in seinem Namen zu schaffen, und mußte andererseits die Erkenntnis akzeptieren, daß ihm als Schriftsteller Grenzen gesetzt waren. Welchen Sinn hat es zu schreiben, wenn der Wert des Geschriebenen zumindest ungewiß, in jedem Fall aber nicht »überragend« ist?

> Ich glaube, letztlich muß jeder Künstler spüren, daß er nicht mehr tun kann, als sich selbst zu präsentieren. Man kennt seine Grenzen. Ich habe da keine Illusionen. Es gibt den Mythos, daß allein der gute Wille belohnt wird, aber jetzt muß ich feststellen, daß es keine Belohnungen gibt . . . Welche Zustimmung kann mich heute befriedigen? Letztlich muß die Zustimmung von mir selbst kommen. Es gibt keinen mehr, der mir geben kann, was ich haben will. Ich möchte eines Tages als Schriftsteller ernst genommen werden, doch jetzt liegt es allein an mir. Ich muß die Befriedigung finden, wenn ich schreibe. Ich muß ehrlich sagen, ich bin nicht nur jetzt nicht zufrieden, sondern ich kann mir nicht denken, je zufrieden gewesen zu sein. Ich glaube, daß das überragende literarische Werk vom allerhöchsten Niveau für mich unerreichbar bleibt. Ich arbeite also auf ein Ziel zu, das ich nicht erreichen kann, und doch sage ich, daß ich es freiwillig tue, wie Sisyphus, und die Mühe lohnt sich.

Namsons wachsender Ernst spiegelte sich in seiner veränderten Einstellung zur »Zufriedenheit«. Während seiner frühen Erwachsenenzeit hatte er fast seine ganze Energie darauf verwendet, nach finanziellen Belohnungen und materieller Zufriedenheit zu jagen. Als er mit 37 Cyril Asch verließ, versuchte er, das Streben nach Geld und Macht aufzugeben, aber erst mit Anfang Vierzig begann er, die Bedeutung eines zufriedenen und bequemen Lebens neu zu bewerten:

> Ich jage diesen Dingen heute nicht mehr so nach wie vor zwanzig Jahren. Ein großer Teil meines Lebens in den vergangenen zwanzig Jahren hat mit dem Traum vom bequemen Leben zu tun. Und jetzt hab ich eine Menge mit der Desillusionierung hinsichtlich des Orts zu tun, an dem dieses Leben zu finden ist. Ich suche immer noch die Zufriedenheit in materiellen Dingen, aber ich glaube nicht, daß sie dort zu finden ist. Ich glaube, sie wird eher von dem Mitmenschen kommen und hat mit Mitgefühl, Liebe und Zärtlichkeit zu tun.

Mit 43 schrieb Namson von sich aus an der Biographie Fishers weiter. Zur gleichen Zeit beauftragte ihn ein seriöser Kunstverleger, die Biographie eines anderen Künstlers zu schreiben. Bis zu seinem 44. Geburtstag hatte er beide Biographien so weit, daß sie veröffentlicht werden konnten. Sein Roman *Currents*, den er im Jahr davor abgeschlossen hatte, war noch nicht herausgekommen. »Ich hoffe, daß man durch die Fisher-Biographie wieder so auf mich aufmerksam wird, daß *Currents* veröffentlicht werden kann. Ich halte *Currents* für das Beste, was ich je geschrieben habe. Ich würde gern alle meine Kinder in Druck gehen sehen.«

Mit 44 fiel ihm das Schreiben wieder leichter; die Familie rückte wieder zusammen, und es ging bei ihnen friedlicher zu. Sheridan war in der Schule und brachte zufriedenstellende Leistungen. Paul hatte angefangen, sich mit den Spannungen in seiner Ehe auseinanderzusetzen, und hoffte, er und Sarah würden die Probleme lösen können. Das alte Verhältnis bestand nicht mehr. Es schien klar, daß sie ihre Zukunft auf Pauls Schriftstellerleben aufbauen mußten. Er war überzeugt, daß sich seine Ehe auf Grund der Stärken Sarahs ändern konnte; seiner Ansicht nach war sie »auf eine Weise anpassungsfähig, wie ich es nicht bin«. Gleichzeitig war er bereit, mehr Verantwortung für die Probleme in ihrer alten Beziehung zu übernehmen.

> Man macht es sich zu einfach, wenn man Dinge sagt wie: »Sarah liebt Partys und Paul nicht.« Ich weiß, daß das viele meinen. Ich bin zwar meistens vor ihr bereit, nach Hause zu gehen, aber ich war immer sehr am gesellschaftlichen Leben interessiert. Und an Häusern. Irgendwie muß ich diese Dinge auch gewollt haben, und ich war genauso hinter ihnen her wie Sarah. Die schicken Partys und die interessanten Dachwohnungen fanden wir beide reizvoll.

Er sah auch ein, daß es für ihn von entscheidender Bedeutung gewesen war, mit Sarah zusammenzusein:

> Ich hab eine Menge gegeben und mich manchmal auch wie ein Schuft aufgeführt. Was Fitzgerald von Zelda profitierte oder, um es positiver auszudrücken, was sie Fitzgerald gab, unterscheidet sich gar nicht so sehr von dem Verhältnis, das Sarah und ich hatten. Es war eine ähnlich komplexe, symbiotische Beziehung.

Zu dem Zeitpunkt hatte sich Paul stark verändert, Sarah weniger. Sie wiesen immer mehr Unterschiede auf, und das schuf neue Probleme:

> Ich habe eine radikalere Änderung durchgemacht, ich sehe alles mit einem größeren Ernst und einer größeren Verpflichtung. Ich hatte noch eine andere Seite, als sie mich heiratete, aber es war bestimmt nicht mein ganzes Leben. Tatsache ist, daß ich mich für die andere Seite entschieden habe. Sarah ist sich treu geblieben, glaube ich. Was sie heute ist – und immer gewesen ist –, ist für mich nicht mehr so notwendig, nicht mehr so nützlich, nicht mehr so hilfreich wie damals, als wir heirateten. Das wird also zweifellos Probleme aufwerfen ... Sie beschwert sich oft, daß ich mich ihr nicht genügend widme. Sie hat das Gefühl, daß sie mich nie zu sehen bekommt. Doch ich gehe in mein Arbeitszimmer, ich bestehe einfach darauf. Sie hat jetzt begriffen – nein, sie darf mich nicht stören, wenn ich arbeite.

Als er 45 war, legte sich allmählich die Unruhe des Übergangs zur Lebensmitte, und eine neue Lebensstruktur begann sich herauszuschälen. In dieser Phase, zwischen seinem 40. und 45. Lebensjahr, hatte Namson bemerkenswerte Veränderungen in seinem Leben und in sich selbst bewirkt.

Als er 40 wurde und die Phase des Seßhaft-Werdens zu Ende ging, schien es fast sicher, daß es falsch gewesen war, mit 37 Asch und Co. zu verlassen. Ein Roman war erschienen, und der war erfolglos geblieben. Der zweite, der ihm selbst so viel bedeutete, war für den Verleger von so geringem Interesse, daß er selbst der Veröffentlichung zuvorkam. Als der Übergang zur Lebensmitte begann, mußte er neue Antworten auf die elementarsten Fragen finden: »Wo liegen meine Stärken als Schriftsteller, wenn ich überhaupt welche habe? Kann ich ein Leben gestalten, in dem das Schreiben einen Platz hat und gedeiht? Wie sehen die Widersprüche in mir selbst und in der Welt aus, die überwunden werden müssen, wenn ich eine Chance zu einem besseren Leben haben soll?«

Zu Beginn des Übergangs zur Lebensmitte gewährte sich Namson Aufschub. Er versuchte, einen Freiraum zu schaffen, in dem er sein Leben neu bewerten, ein besseres Verständnis für seine Möglichkeiten und Grenzen entwickeln und nach einem neuen Weg suchen konnte. Während des Jahres an der Brown University drängte er das Geschäftliche und das »Leben der feinen Leute« an den Rand und rückte die Familie in den

Mittelpunkt seiner Lebensstruktur. Bei dem Immobilienabenteuer mit der Insel schien es, als müsse er sich noch einmal kurz in der Finanzwelt engagieren, um sich aus ihr zu verabschieden. Und als er die Biographie Sheridan Fishers schrieb, war das seine Art, sich von der Kunstszene zu verabschieden und die Beziehung zu Fisher auf angemessene Weise zu beenden (während er gleichzeitig mehr von Fisher in sich aufnahm). Die zwei Biographien brachten ihn eine Zeitlang von der subjektiveren Arbeit des Romanschreibens weg. Sie führten auch zu einer kreativen Verbindung von Biographischem und Fiktivem in seinen künftigen Schriften.

Mit 45 begann Namsons Eintritt ins mittlere Erwachsenenalter – er schuf eine erste Struktur für diesen Abschnitt des Lebenszyklus. Endlich war das Schreiben eine zentrale Komponente seiner Lebensstruktur, und die meisten der alten »Ablenkungen« waren daraus entfernt worden. Er entwickelte eine Art zu schreiben, die ihm mehr Befriedigung und die Hoffnung gab, mehr Anerkennung in der Welt zu finden. Er fühlte sich in stärkerem Maße für sein eigenes Leben – die Errungenschaften und die Niederlagen – verantwortlich. Seine Familie hatte sich gefestigt, auch wenn er und Sarah erst anfingen, eine neue Basis für ihre Ehe auszuarbeiten.

Wir können nur einen flüchtigen Blick auf sein Leben in den späten Vierzigerjahren werfen. Sein früherer Mentor, Austin Garrison, betrat in neuer Funktion noch einmal kurz die Szene. Garrison gründete einen neuen Verlag, insbesondere für Schriftsteller, die sonst vielleicht keine Chance hatten, »ihre Kinder in Druck gehen zu sehen«. Er brachte *Currents* heraus, als Paul 46 war. Zwei Jahre später schloß Namson seinen Roman *Gallery* ab, eine umfangreiche Arbeit, die auf seinen Erfahrungen in den Gordon-Archiven beruhte. Er hatte in dieser Welt einen weiteren »unaufgeräumten Raum« gefunden, der ihn beim Schreiben beflügelte. Er interessierte sich auch stark für das Leben von Beatrice Gordon, einer Gönnerin dieser Institution, und begann, an ihrer Biographie zu arbeiten. Ähnlich wie er hatte auch sie ein vielseitiges Leben geführt und ein lebhaftes Interesse an geschäftlichen Dingen mit einer produktiven Karriere als Malerin verbunden. Auch ihr Leben gab ihm neue Nahrung für seine Schriftstellertätigkeit.

Als Paul Namson ins mittlere Erwachsenenalter eintrat, begann er, das Feminine in ihm selbst und in anderen zu akzeptieren und zu schätzen. Er ging ganz in der Biographie einer Frau auf, mit der er sich identifizierte. Er schöpfte endlich freizügiger aus seinem künstlerischen, kreativen Potential, das ihn seit seiner Kindheit angeregt und geplagt hatte. Damals hatte es so ausgesehen, als könnte er nicht zugleich Künstler und Mann sein. Nun wußte er, daß er nur dann ein ganzer Mann war, wenn er sowohl die femininen als auch die maskulinen Aspekte seiner selbst einsetzte. Auf diese und auf andere Weisen löste er die großen Polaritäten der Lebensmitte auf, und damit begann für ihn ein durch und durch produktiver Lebensabschnitt.

Biologen

Der Lebenslauf jedes Biologen wurde in hohem Maße durch seine Karriere innerhalb einer Elite-Universität geprägt, wo er sich bemühte, die Leiter der akademischen Hierarchie und des wissenschaftlichen Ansehens hochzuklettern. Sein Lebenslauf wurde außerdem durch den üblichen Ablauf der Entwicklungsphasen und durch spezifische Merkmale der individuellen Persönlichkeit, Befähigung und Umwelt geprägt. Erneut finden wir individuelle Variationen zu Themen, die allen gemeinsam sind.

Fast vom ersten Moment an erfreute sich Earl Northrop einer brillanten, wenn auch mit Fehlern behafteten Karriere. Mit 32 wurde er außerplanmäßiger Professor, nachdem er für eine Regierungsstelle »vielversprechende« Forschungsarbeiten durchgeführt hatte. Während der nächsten paar Jahre war er mit gutem – wenn auch nicht herausragendem – Erfolg in der Forschung tätig. Mit 35 wurde er befördert, womit in erster Linie seine breitgefächerte wissenschaftliche Arbeit, sein Erfolg als Leiter eines wichtigen Kurses und seine Beiträge zur Verwaltung seiner Abteilung honoriert wurden. Die entscheidende Beförderung kam mit 40: Er erhielt seine feste Anstellung als Professor und stieg damit zu den Arrivierten an seiner Universität und in seinem wissenschaftlichen Fachbereich auf. Doch auch dieser Aufstieg hatte einen Schönheitsfehler. Er hatte sich weiterhin als Lehrer ausgezeichnet und mehrere umfassende Berichte über die Arbeit in seinem Gebiet geschrieben, aber ihm und anderen wurde langsam klar, daß er mit seiner eigenen Forschungsarbeit wahrscheinlich nie einen besonders kreativen Beitrag leisten würde. In seinen Worten:

> Mir wurde der Konflikt in meinem Innern bewußt, die Anspannung der intellektuellen Seite . . . Mir fehlen die Voraussetzungen zu einem

wirklich originellen, phantasievollen Beitrag ... Das ist ein Hindernis, das den Aufstieg in die allererste Garnitur verwehrt.

Während des Übergangs zur Lebensmitte begann Northrop, sich mit seiner Lage abzufinden und zu begreifen, was es heißt, ein verdienter, nicht ganz erstklassiger Mann an einer Universität zu sein, wo die »zweite Garnitur« nicht gut genug ist – und wo die meisten älteren Mitglieder des Lehrkörpers in dieser schmerzlichen Lage sind. Ihm gelang es besser als den meisten anderen, ohne Illusionen und heuchlerische Selbstrechtfertigung mit diesen Dingen fertigzuwerden.

Als ich Northrop interviewte, hatte er mit 44 Jahren den Höhepunkt seiner quälenden Neubewertung erreicht. Seine Ehe war, wie seine Arbeit, zufriedenstellend, aber ohne besonderen Reiz. Die Eheschwierigkeiten waren schlimm genug, um ihm einigen Kummer zu machen, aber nicht so schlimm, daß er ernsthaft an Therapie oder Scheidung gedacht hätte. Er war ein hingebungsvoller Vater und ganz für die Familie da. Als ein zutiefst pazifistischer, naturverbundener, introvertierter Mann nahm er heftigen Anstoß an unserer Rolle im Vietnamkrieg, an der Gewalttätigkeit in den Großstädten und an der Umweltverschmutzung. Er hatte keine engen Mitarbeiter oder Freunde und fühlte sich trotz seiner vielen Studenten und Bekannten in seinem beruflichen Dasein vollkommen isoliert: »Wenn ich mich zur Ruhe setzte oder krank würde, würde mich kein Mensch besuchen – oder auch nur merken, daß ich nicht mehr da bin.« Er wäre furchtbar gerne als Professor an eine andere erstklassige Universität gegangen, doch die wenigen Angebote kamen von unbedeutenderen Schulen, so daß sein Stolz nicht zuließ, sie zu erwägen.

In unserem Nach-Interview, das wir mit dem 46jährigen machten, war die Phase des aktiven Zweifelns vorbei. Er ließ zunächst einmal alles beim alten. Er fand kleine Möglichkeiten zur Bereicherung seines Familien- und Berufslebens, aber sie bedeuteten für ihn kaum eine Bestätigung. Die Struktur war ganz provisorisch und auf Veränderung angelegt. Zwei Jahre später übernahm Northrop die biologische Abteilung an einer kleineren, aber wachsenden englischen Universität – ein weiterer, wenn auch immer noch zaghafter Schritt auf dem Weg zu einer zufriedenstellenden Lebensstruktur im mittleren Erwachsenenalter.

Vier der zehn Biologen verließen mit Ende Dreißig oder Anfang Vierzig ihre augenblickliche Universität, einige, weil ihr Vertrag nicht verlängert wurde, andere, weil sie von anderswoher ein lockendes Angebot hatten. Für jeden dieser Männer bedeutete das nicht nur einen Stellenwechsel, sondern eine Veränderung in der Art seiner Arbeit und seines ganzen Lebens. Alle mußten mit der Erfahrung der Verbannung und Befreiung fertigwerden, die ihren Abschied von einer Elite-Universität begleitete.

Fünf der Biologen blieben bis in ihre Vierzigerjahre an derselben Universität und stiegen in gesicherte Positionen auf. (Bei einem war die Entwicklung ungewiß.) Für einige von ihnen hatte der Erfolg den gleichen schlechten Beigeschmack wie für Earl Northrop. Andere hatten ein stärkeres Gefühl der persönlichen Befriedigung und Leistung. Jeder Biologe, den wir in den frühen Vierzigern interviewten, machte ungeachtet seines äußerlichen Erfolgs oder Mißerfolgs während des Übergangs zur Lebensmitte eine leichte oder schwere Krise durch. Ein klassisches Beispiel für einen erfolgreichen Mann in der Krise ist John Barnes, den wir im letzten Kapitel kennengelernt haben.

Leitende Angestellte

Wie die Biologen leben auch die leitenden Angestellten in einer hochgradig institutionalisierten Welt, und ihr Gefühl für ein berufliches Vorankommen hängt sehr stark davon ab, wie sie innerhalb der Hierarchie des Unternehmens aufsteigen. In bezug auf die Belastungen und Befriedigungen, die auf Männer in diesen Berufsgruppen warten, gibt es bedeutende Ähnlichkeiten, aber auch Unterschiede.

David Jaffe war auf Grund seiner Ausbildung und Berufspraxis Ingenieur. Mit 31 schlug er die Laufbahn des Managers ein. Obwohl er schwer arbeitete, um voranzukommen, engagierte er sich vor allem in seiner Familie und Gemeinde. Mit 38 wurde sein Ehrgeiz noch größer, und er unternahm alle Anstrengungen, um in die Position des Einkaufsleiters aufzusteigen. Außerdem beschloß er, sich ein größeres und besseres Haus anzuschaffen. Er reagierte damit auf den Zuwachs in seiner Familie, aber es war auch die Erfüllung eines »Traums«. Die eigenen vier Wände bedeuteten ihm sehr viel, und wenn er ein schönes Haus besaß, dann hieß das für ihn, daß er es geschafft hatte. Der Bau des neuen Hauses war sein wichtigstes Projekt in der Zeit des Selbständig-Werdens. Mit seinen praktischen Fertigkeiten als Ingenieur, seinem Verhandlungsgeschick und seiner Geduld baute er ein viel teureres Haus, als er je hätte kaufen können.

Die beiden kulminierenden Ereignisse seiner frühen Erwachsenenjahre kamen mit 41: die Familie bezog das neue Haus, und er bekam seine Beförderung. Das Haus war rundum ein Erfolg. Es verschaffte ihnen ein bequemeres Leben und mehr Ansehen in der Gemeinde, wo er nun zu den maßgeblichen Leuten gehörte. Die Beförderung zum Einkaufsleiter war eine einzige Pleite. Die Firma war eben von einem größeren Unternehmen aufgekauft worden, und die Richtlinien für den Einkauf wurden von oben diktiert. Er fühlte sich unterdrückt und erniedrigt. Trotz der schweren Enttäuschung hielt er vier Jahre lang an diesem Job fest und schlug mehrere attraktive Stellenangebote in anderen Staaten aus. Er ist einer der wenigen Männer in unserer Untersuchung, der sein ganzes Leben – bis auf ein paar Jahre Militärzeit – in einem Umkreis von nicht mehr als achtzig Kilometern verbrachte. Wenn es so etwas wie einen traditionellen, an seiner »Sippe« hängenden Mann gibt – analog zu der traditionellen Frau –, dann war er ein solcher Mann. Die wichtigsten Elemente in seiner Lebensstruktur waren – in dieser Reihenfolge – die Familie, die kirchlich-ethnische Gemeinschaft und der Beruf. Er arbeitete schwer in seinem Beruf, aber am Feierabend ließ er ihn hinter sich, und die wichtigsten Befriedigungen fand er anderswo.

Zwischen seinem 41. und 45. Lebensjahr hielt sich Jaffe zurück und arbeitete an Aufgaben des Übergangs zur Lebensmitte. Mit 45 fand er seinen Job unerträglich. Eines Tages kam es dann dazu, daß dieser vorsichtige, bedächtige Mann in einem Anfall von Verzweiflung kündigte – impulsiv, ohne zu wissen, wie es weitergehen sollte. Von einer größeren geographischen Veränderung wollte er immer noch nichts wissen, aber zum Glück fand er einen Job als Einkaufsleiter bei United Electronics und konnte so als Pendler zu Hause wohnen bleiben. Ich machte das erste Interview mit ihm, als er diesen Job mit 45 eben angetreten hatte; ein zweites folgte zwei Jahre später. Die neue Lebensstruktur, die er mit 45 begonnen hatte, war sicherer, und er kam in ihr gut voran, aber es gab bohrende Fragen. Als zweiter Mann nach dem Fertigungsleiter hatte er nun eine Spitzenposition. Es bestand zwar Hoffnung, daß er einer der Vizepräsidenten werden würde, aber er wußte, wie wenig stabil ein so rasch wachsendes Unternehmen und seine Führungspositionen waren – und deshalb rechnete er mit gar nichts. Seine Kinder wurden langsam flügge, seine alternde Schwiegermutter war ihm eine schwere Verpflichtung, und ein neuer Lebensabschnitt war in Sicht.

Roger Mohn, ebenfalls gelernter Ingenieur, hat in seiner ganzen beruflichen Laufbahn nur für eine einzige Firma gearbeitet. (Über sein Leben in früheren Phasen wurde in den Kapiteln 10 und 13 berichtet.) Als Leiter der metallverarbeitenden Werkstatt war er glücklich und zufrieden, als er unerwartet einen Posten im mittleren Management bekam; mit 37 begann für ihn gerade die Zeit des Selbständig-Werdens. Die drei Jahre als Einkaufsleiter waren für ihn schwierig, aber aufregend. Mit 40 kam das kulminierende Ereignis: Er wurde zum Leiter der Fertigung befördert. Dieser rapide Zuwachs an Autorität und Einkommen ging weit über seine jugendlichen Träume und seine Managerfähigkeiten hinaus.

Diese Beförderung leitete für ihn den Übergang zur Lebensmitte ein. Schon in einem Jahr hatte Mohn ein Magengeschwür. Er fühlte sich isoliert und allein. Er dachte viel über seine Studentenzeit und die Freunde nach, die ihm so viel bedeutet hatten; sie waren in einer anderen Welt, die er hinter sich gelassen hatte und zu der er keinen Zugang mehr hatte. Als liebender Familienvater vermißte er den engen Kontakt zu seiner Frau und den Kindern. Mit 42 erkrankte er an Krebs, und die Prognose war ungewiß. Zwischen 42 und 44 erreichte er den Tiefpunkt. Ständig beschäftigten ihn Gedanken an den eigenen Tod, an das Wohlergehen der Familie und die Möglichkeiten, seinem Leben einen Sinn zu geben, wenn Gegenwart und Zukunft so trübe aussahen. Sein Familienleben ließ ihn diese in jeder anderen Hinsicht unerträgliche Phase überstehen.

Als er 44 war, mußten die meisten der ihm Gleichgestellten auf Grund einer betrieblichen Umorganisation das Feld räumen, und er kam in einer »horizontalen Umschichtung« auf einen Posten mit dem gleichen Gehalt, aber mit weniger Verantwortung. Er empfand diese Umorganisation als ein »Blutbad«, »das reinste Gemetzel« für die anderen und als eine erniedrigende Abwertung seiner eigenen Person. Nach mehreren Monaten entschloß er sich trotz Angeboten von anderen Firmen, die Stellung zu halten: »Ich fühle mich in der bekannten Umgebung sicherer als in einer neuen Umgebung.«

Der Wunsch nach Sicherheit war nach meiner Überzeugung nur ein Teil seiner Beweggründe. Auf einer tieferen Ebene war Mohn bereit zum Eintritt ins mittlere Erwachsenenalter, und er hatte die grundlegenden Entscheidungen für die nächste Lebensstruktur getroffen. Er hatte aufgegeben, so zu tun, als sei er an dem Konkurrenzdenken und den Rivalitäten innerhalb eines solchen Unternehmens und an einem weiteren Aufstieg innerhalb der Betriebshierarchie interessiert. Er spürte zu diesem Zeitpunkt vor allem Erleichterung – Erleichterung darüber, daß er einen gutbezahlten, nicht allzu anspruchsvollen Job behalten konnte, und Erleichterung darüber, daß seine Krebserkrankung unter Kontrolle schien. Er lebte mehr im Schatten des Todes als die meisten von uns, aber er hatte seine Bindungen ans Leben neu gestärkt. Er war mit den zwei Hauptbestandteilen seines Lebens zufrieden: seiner Familie und seinen Freizeitinteressen. Er lernte es, seine Zeit mit seinen geliebten und liebenden Töchtern zuzubringen, die ihn lehrten, das Wandern, das Angeln und die Natur zu genießen. Er kam seiner Frau näher und half ihr gleichzeitig, sich über den Haushalt hinaus beruflich und kommunal stärker zu engagieren. Er erwarb größere Fertigkeiten in der Kunst des vertrauten Umgangs und des Alleinseins, und so war sein Leben beim Eintritt ins mittlere Erwachsenenalter so erfüllt wie nie zuvor.

Der dritte leitende Angestellte, dessen Leben wir erzählen wollen, ist James Tracy. In Kapitel 11 folgten wir ihm durch die Phase des Seßhaft-Werdens. Im nächsten Kapitel werden wir von den unerwarteten Veränderungen hören, die es in den Phasen des Übergangs zur Lebensmitte und des Eintritts ins mittlere Erwachsenenalter bei ihm gab.

19. Das Leben des James Tracy (III)

In Kapitel 11 sahen wir, wie James Tracy in den späten Dreißigern von seiner ersten Frau geschieden wurde, Joan heiratete und eine zweite Familie gründete, dabei aber die Beziehung zu seinen Kindern aus erster Ehe aufrechterhielt. Das spielte sich in der Phase des Seßhaft-Werdens ab. Als er 41 war, bekam Joan einen kleinen Jungen, und sie bauten ein neues Haus. Doch die Probleme, die es ihm bereitete, mit zwei Familien zu leben und seiner neuen Familie einen zentralen Platz in einer neuen Lebensstruktur zuzuweisen, begannen erst.

Zwischen 40 und 41 erlebte Tracy beruflich ein folgenschweres Jahr. Als er 40 war, ging sein Mentor Don Bond plötzlich von Ajax weg. Walter Johnson rückte in Bonds Position als Vizepräsident des Konzerns auf, und Jim Tracy stieg zum Generaldirektor der Abteilung auf. Er hatte diese Beförderung lange ersehnt, doch es war ein Erfolg mit negativen Begleiterscheinungen. Er hatte zu Johnson nie ein enges Verhältnis gehabt. Überdies war er zunächst auf Probe in der neuen Position und mußte sich darin erst bewähren. Es war ein Jahr des Lauerns und Wartens und Zweifelns.

Mit 41 hatte er die Probezeit überstanden. Tracy wurde offiziell in der neuen Position bestätigt. Er erhielt auch einen phantasievolleren Titel und einige zusätzliche Vorteile. Doch für ihn hatte der Aufstieg wieder einmal einen schlechten Beigeschmack. Er war immer noch Johnsons fragenden Blicken und Kontrollen ausgesetzt. Ihm schien es an der Zeit, daß auch er zu einem Vizepräsidenten des Konzerns wurde – daß er Johnsons Position bekam, anstatt ihm unterstellt zu sein. Tracy war noch nicht sein eigener Herr:

> Sie machten mich zum Generaldirektor der Abteilung und außerdem zu einem Vizepräsidenten der Gesellschaft. Die Gesellschaft hat fünfzehn Vizepräsidenten und ist wirklich ein Milliarden-Dollar-Unternehmen. Am Ausmaß meines Jobs änderte sich nichts. Ich hatte das Gefühl, auch wenn sie mir das nie sagten, als hätten sie mir einen Knochen hingeworfen, um mich bei Laune zu halten.

Tracy war mit 41 ein Vizepräsident, der über $ 100000 im Jahr verdiente, verantwortlich für ein Unternehmen, das viele Dollarmillionen umsetzte und Tausende von Leuten beschäftigte. Doch diese letzte Beförderung, die das kulminierende Ereignis seiner frühen Erwachsenenzeit darstellte, weckte bei ihm ernste Zweifel an seiner beruflichen Zukunft und leitete seinen Übergang zur Lebensmitte ein. Der scheinbare Aufstieg war in mancher Hinsicht eine »horizontale Beförderung« – der Kuß des Todes. Seine weiteren Aufstiegschancen schienen nun gering. Er blieb zwar bei Ajax, aber er hatte das Gefühl festzusitzen. Für ihn begann eine Zeit der Krise in seinem Beruf, seiner Familie und ganz allgemein in seinem Leben.

Seine Einstellung zum Waffengeschäft begann sich in den nächsten paar Jahren zu ändern. Er hatte zur Verbreitung der Ansicht beigetragen, daß die Waffen selbst nicht gefährlich seien: »Nicht das Gewehr ist das Problem, sondern der Mann an seinem Abzug.« Doch seine Ansichten über Gewehre und das Waffengeschäft wandelten sich mit den Veränderungen in der Gesellschaft und mit seinen eigenen Zweifeln in der Lebensmitte. Die Ablehnung des Krieges in Vietnam war 1969 auf dem Höhepunkt. Seine Zweifel wurden noch durch seine Gefühle vergrößert, die ihm sagten, daß er bei Ajax nicht mehr weiterkommen konnte. Er kam zu einer neuen Bewertung seines eigenen Lebens und seines Platzes in der Gesellschaft. Er bekam auch Zweifel an seiner Rolle, als schwarze Arbeiter einen größeren Streik gegen die Firma organisierten.

Es bedrückte Tracy, daß es so viel Gewalttätigkeit in unserer Kultur gibt. Seine Sorgen über den Zustand der Gesellschaft wurden noch dadurch verstärkt, daß er sich des eigenen Verfalls und der begrenzten Herrschaft über das eigene Berufs- und Privatleben bewußt wurde. Er hielt sich nicht mehr für die allmächtige Führerpersönlichkeit. Dies wurde durch seine zwiespältige Einstellung zu den streikenden Schwarzen kompliziert: er führte die Angestellten tapfer an den Streikposten vorbei, aber er identifizierte sich auch mit den Schwarzen und wünschte sich, daß Ajax humanere Grundsätze befolgte. Zum erstenmal empfand er selbst die Gefühle eines Unterlegenen.

In einem unserer letzten Interviews mit dem fast 45jährigen Jim sprach dieser von seiner persönlichen Lebensanschauung:

> Ich war ehrlich, aufrichtig und nicht hinterhältig. Ich hab ja gesagt, es war viel Glück dabei; es hat Leute gegeben, die mir aus dem einen oder anderen Grund den Weg wiesen. Ich kann jedoch bei alledem sagen,

daß ich keinen mit Füßen getreten habe und nicht gegen Prinzipien verstoßen habe, nur um mir einen Vorteil zu verschaffen. Die Leute bekommen, was sie verdienen. Wenn du dich gegen andere anständig benimmst, wirst du letzten Endes auch von ihnen anständig behandelt. Ich glaube grundsätzlich, daß man zu seinen Leuten ehrlich und aufrichtig sein muß, dann sind sie es letztlich auch. Man braucht nicht hinterhältig und gerissen zu agieren, um voranzukommen. Wenn du einigermaßen anständig bist, kommst du letzten Endes in den Himmel. Ich glaube, das ist im Grunde meine ganze Lebensanschauung.

Jim bemühte sich, seinen hohen Ansprüchen gerecht zu werden. Sowohl im Privat- als auch im Berufsleben schien er zunehmend Erfolg zu haben. Aber er stellte sein ganzes Leben in Frage und suchte nach einem neuen Weg. Dies wird durch einen Traum verdeutlicht, den er mit Anfang 40 immer wieder hatte:

Ich sitze in einem Flugzeug, und aus irgendeinem Grund, so richtig weiß keiner Bescheid, fliegen wir ganz tief über einer Straße mit Telefonmasten. Ich sitze da und habe Angst, wir stürzen gleich ab und der Pilot reißt eine Tragfläche ab oder so was. Er fliegt über Brücken, und wir sind noch nicht abgestürzt.

Tracy spürte, daß sein bisheriges Leben zu Ende ging. Er wollte nicht so weiterleben wie bisher. Er wollte weniger in der Luft schweben, wollte stärker im Boden verwurzelt sein. Er begann einzusehen, daß er nicht über jede denkbare Situation in seinem Leben die Kontrolle behalten konnte.

Seine heftige Angst, er könnte die Kontrolle verlieren, hat mit dem Abbau der früheren Lebensstruktur zu tun. Mit dem Aufgeben der aggressiven, leistungsbetonten Haltung stellte sich ihm die Frage: »Was bleibt von mir übrig?« Vielleicht würde sich die »göttliche Hure« Erfolg von ihm abwenden.

Es kommt immer mal wieder vor, daß ich mir denke, Herr Gott, das ganze verdammte Dach fällt mir auf den Kopf. Das ist es, was mir mit 45 irgendwie Angst macht. Ich hab etwa die Hälfte hinter mir, und wie wird die zweite Hälfte aussehen, denn die erste war ja ziemlich gut, was das Geschäftliche betrifft. Ich frage mich manchmal, wie der lange Weg nach unten wohl aussehen wird. Werde ich mit 65 vielleicht noch $ 15 000 oder $ 10 000 im Jahr verdienen? Ich glaube, eines schönen Tages wird mir das ganze verdammte Dach auf den Kopf fallen. Ich kann nicht ewig so weitermachen; das macht mir immer mal wieder ein bißchen Angst.

Tracy redete davon, sich frühzeitig, mit 55, zur Ruhe zu setzen, an einer Universität zu lehren oder eine leitende Stellung in einem kleineren Unternehmen zu bekleiden, nicht so weit von zuhause weg. Er rückte von seinem früheren Machtstreben ab und näherte sich der Rolle eines Mentors/Lehrers in einem weniger imposanten Unternehmen.

Ich möchte eine Firma, die mir gleich viel oder annähernd gleich viel bezahlt, wie ich jetzt verdiene. Ich möchte weiter in meinem Haus wohnen, und der Arbeitsplatz sollte nicht weiter als eine Autostunde entfernt sein. Ich habe in meinem bisherigen Berufsleben immer für ein großes Unternehmen gearbeitet. Ich glaube, in einem kleineren Unternehmen ist man flexibler. Ich geh nicht gerne auf längere Geschäftsreisen. Ich *verabscheue* sie. Ich hab kein Ziel. Sicher, ich möchte Erfolg haben und meinen Chef als Vizepräsident des Konzerns ablösen, aber ich bin nicht mehr so zielstrebig wie früher. Ich glaube, meine Leistungsfähigkeit hat nicht nachgelassen, nur hab ich nicht mehr die Energie oder den Erfolgshunger wie früher. Ich hab nicht das große Verlangen, Präsident von Ajax zu werden. Wirklich nicht.

Auch Tracys Selbsteinschätzung hatte sich mit Mitte Vierzig gewandelt. Er hatte inzwischen die weicheren und liebevolleren Aspekte seiner Persönlichkeit anerkennen und schätzen gelernt.

Ich glaube, ich übe nicht genügend Druck auf die Leute aus. Ich habe Schuldgefühle, weil ich zu nachsichtig bin und nicht das Zeug zum strengen Aufseher habe. Instinktiv zeige ich mich weich und mitleidig und übertreibe das manchmal. Es gibt für mich nichts Schwierigeres, als einem Menschen gegenüberzusitzen und ihm ins Gesicht zu sagen, was er falsch macht. Ich finde das unheimlich schwer. Ich bin kein besonders guter Zuchtmeister. Ich halte ja auch nichts davon. Ich versuche, die Leute durch Vernunft und Logik und durch mein eigenes Vorbild zu überzeugen. Ich wollte, ich wäre härter; das würde vieles leichter machen. Ich hatte einen Chef, der mir sagte, mein einziges Problem sei, daß ich das Herz auf der Zunge trage. Er sagte, ich reagiere emotional auf andere Menschen. Ich habe wirklich kein dickes Fell.

Auch die Mängel in seiner zweiten Ehe kamen deutlicher zum Vorschein. Unter Druck war Joan nicht in der Lage, als die erwünschte hilfreiche Gefährtin zu fungieren, und Jim mußte allein mit einer Reihe äußerst schmerzlicher Vorfälle fertigwerden. Er hatte einen Tiefpunkt erreicht.

Als Jim 42 war, kam seine Tochter Linda aufs College. Als sie schwanger wurde, heiratete sie den 23jährigen Alex, einen Hilfsarbeiter in einer Autowerkstatt. Noch im gleichen Jahr begann Jims ältester Sohn Robbie, der auf einer Privatschule war, mit Drogen zu experimentieren. Er entwickelte paranoide Vorstellungen über seine Lehrer und wurde nach einigen schweren Zwischenfällen von der Schule gewiesen. Kurze Zeit danach unternahm Robbie einen Selbstmordversuch:

Ich war verreist. Meine frühere Frau rief Joan an und sagte, idiotischer geht's nicht: »Robbie wollte sich das Leben nehmen. Was soll ich tun?« Joan sagte: »Bringen Sie ihn ins Krankenhaus.« Sie brachten ihn ins Krankenhaus am Ort, und die Ärzte warfen nur einen Blick auf ihn und rasten mit ihm zum Franklin State Hospital. Als ich nach Hause kam, war er bereits in Franklin. Wenn ich nur zu Hause gewesen wäre ... aber ich war weg. So ist das abgelaufen. Seine Mutter hatte ihn an einem Donnerstag eingeliefert. Ich erfuhr davon erst, als ich am Freitag heimkam.

Jim war über Victoria wütend, weil sie Joan mit hineingezogen hatte, und über sich selbst, weil er nicht dagewesen war, um seinem Sohn während eines traumatischen Erlebnisses beizustehen. Er hatte das Gefühl, zwischen seiner ersten und seiner zweiten Frau festzusitzen. Er wollte Victoria heraushalten und Joan mit einbeziehen. Er und Joan fuhren zum Krankenhaus und besuchten Robbie in einer geschlossenen Abteilung.

Weder Joan noch ich waren je in diesem Krankenhaus gewesen. Er war in einer jener schrecklichen Abteilungen, mit Gittern, wohin man schaut, und mit wilden, völlig kaputten Leuten. Sie schlossen Joan und mich in einem Besucherraum inmitten dieser Abteilung ein. Das hat sie wirklich fertiggemacht. Wenn sie künftig mit mir hinging, blieb sie auf dem Parkplatz im verschlossenen Auto sitzen, während ich ihn besuchte.

Joan entzog sich der Situation. Die Tatsache, daß sie sich im Auto einschloß, symbolisiert eindrucksvoll ihre Entfremdung von seinen Kindern. Es machte Jim mehr als deutlich, daß er zwei wichtige Elemente in seinem Leben nicht zusammenbringen konnte: Joan und die Kinder aus seiner ersten Ehe. Ihr Rückzug zerstörte das idealisierte Bild, das er bis dahin von ihr gehabt hatte.

Tracy erreichte, daß sein Sohn aus dem Krankenhaus entlassen wurde und vorübergehend zu einem Psychiater in Behandlung kam.

Der Psychiater sagte uns, Robbie habe sehr starke Neigungen zur Gewalttätigkeit. Joan, die an unsere zwei kleinen Jungen dachte, regte sich auf: »Wir werden einen Verrückten im Haus haben, was machen wir bloß?«

Robbie kam daraufhin in eine Privatklinik. Die Ärzte dort waren zwar mit der Beurteilung des ersten Psychiaters nicht einverstanden, meinten aber, für eine Rückkehr in die Schule gebe es kaum Hoffnung. Jim verwendete viel Zeit darauf, Therapeuten und Hauslehrer zu besorgen. Joan versuchte, sich ebenfalls zu engagieren, aber ihre Erfahrung mit den Psychiatern und dem staatlichen Krankenhaus hatte sie furchtbar erschreckt. Der ganze Vorfall weckte erneut ihre Schuldgefühle, war doch ihretwegen Jims erste Ehe in die Brüche gegangen. Sie begab sich in psychiatrische Behandlung, und der Psychiater riet ihr, sie solle sich möglichst wenig oder gar nicht mit Jims Familie abgeben. Jim war also gezwungen, mit den Problemen aus seiner ersten Ehe allein fertig zu werden. Er sah ein, daß er sich früher zuwenig um Robbie gekümmert hatte, und wollte das nun dadurch wettmachen, daß er sich unter äußerst schwierigen Umständen um seinen Sohn kümmerte.

Im selben Jahr machte auch Jims Bruder George eine schwere Zeit durch. Seine Frau lief mit einem viel jüngeren verheirateten Mann davon. Alle Aussöhnungsversuche scheiterten. Bald danach heiratete George eine viel jüngere Frau. Ihre ähnliche Lage brachte die Brüder einander näher. Jim entdeckte, daß George ihn als kleiner Junge gehaßt hatte. »Ich hatte ihn immer sehr gern, und nun stellte sich heraus, daß er mich überhaupt nicht mochte . . . Heute verstehen wir uns sehr gut. Ich weiß, wenn ich je einmal etwas will, kann ich ihn anrufen, und er mich, ohne daß irgendwelche Fragen gestellt werden.«

In der Zeit wandte sich Jim stärker seiner Mutter und seinem Vater zu, die beide in den Siebzigern waren. Und er kam Linda und Robbie immer näher. Linda bat ihn, ihrem Mann Alex zu helfen, einen Job zu finden. Jim nahm die Gelegenheit nur zu gern wahr und besorgte seinem Schwiegersohn eine bescheidene Stellung bei Ajax. Er besorgte auch Robbie verschiedene Jobs in den Ferien. Das Geben wurde in den Vierzigern wichtiger.

Tracy empfand es als Betrug, wenn er die Zeit und die Mittel der Firma in Anspruch nahm, um seiner Familie zu helfen, und er fürchtete, dies könnte seiner Zukunft bei Ajax schaden. Es entwickelte sich ein Konflikt zwischen der beruflichen Tätigkeit und der Vaterrolle.

> Ich habe nie in unserer eigenen Zeit, etwa abends oder an Wochenenden, irgendwelche Dinge im Zusammenhang mit Linda oder Rob erledigt. Das ging immer von der Arbeitszeit ab. Ich arbeite zu Hause nur das Allernotwendigste für die Firma, und ich müßte da verdammt viel mehr tun, um meinem Job voll gerecht zu werden. Das wirkt sich langsam auf meinen Seelenfrieden aus. Wie es sich auf mein Image bei Ajax auswirkt, weiß ich, ehrlich gesagt, nicht. Ich fühle mich schuldig.

Es irritierte ihn auch, daß er für seine jetzige Familie nicht genügend Zeit hatte, weil er sich mit Problemen in seiner ersten Familie befaßte. Joan trug ihren Teil zu dieser Sorge bei: »Sie hat den Eindruck, eine Familie geheiratet zu haben und nicht mich. Sie meint, sie habe sich vollkommen von ihrer Familie und ihren früheren Freunden zurückgezogen und habe sich ganz auf mein Leben eingestellt.«

Einige Schwierigkeiten rührten aber auch von Joans erster Ehe her. Ihr inzwischen zehnjähriger Sohn Kevin wollte nicht mehr Corcoran, sondern Tracy heißen, damit sich die anderen Kinder nicht mehr über ihn lustig machten und er sich mehr als ein Teil seiner jetzigen Familie fühlen konnte. Jim und Joan leiteten ein Adoptionsverfahren ein. Dies führte zu einem langen Rechtsstreit mit Corcoran, »einem zum Alkoholiker neigenden, introvertierten, grau werdenden Mann, der immer noch in ihrem alten Haus wohnte und von Joans Rückkehr träumte«.

> Es besteht kein Zweifel, Joan kann Corcoran nicht ausstehen. Er benutzt Kevin als einziges Bindeglied, das zwischen ihnen noch besteht, und das gibt er so leicht nicht auf. Er ruft immer nur an, wenn er sich einen angetrunken hat. Freitag abends etwa ruft er dann aus einer Kneipe an und redet auf sie ein, und sie regt sich schrecklich auf.

Corcorans Anrufe erschöpften Joan, und sie ließ dann ihre Wut und Frustration an Jim aus. Corcoran war ein Gespenst, das nicht wich. Der Konflikt machte Jim zwar wütend, andererseits aber auch empfänglicher für Joans Probleme und Schwächen. Er lernte ihre Grenzen kennen und begann, sie zu akzeptieren.

Er verbrachte auch mehr Zeit mit Kevin und Tommy als damals mit seinen ersten Kindern. Er wurde sogar zum Führer einer Pfadfindertruppe:

> Es geht mir manchmal ganz schön auf die Nerven, aber einmal im Monat fühle ich mich richtig verjüngt, wenn ich vor 50 Kindern stehe und sehe, wie sie mir jedes Wort von den Lippen ablesen. Eineinhalb Stunden im Monat – wenn man auch nur ein bißchen dazu beiträgt, daß diese Kinder richtig aufwachsen, bei Gott, dann hat es sich gelohnt. Ich brauche nur diese Gesichter anzusehen, und schon fühle ich mich neu gestärkt.

Dennoch bestand der Konflikt zwischen seinem Job und seiner neuen Familie weiter. Als sie frisch verheiratet waren, wollte er, daß Joan zu Hause blieb und ihre Familie versorgte. Doch die attraktive 28jährige neuverheiratete Frau hatte sich innerhalb weniger Jahre in einen Kokon eingesponnen. Sie war der Meinung, er sollte weniger Zeit auf seine Arbeit und mehr auf sie und die Familie verwenden:

> Joan versteht nicht, daß es gewisse Dinge gibt, die ich, auch wenn mir nichts daran liegt, tun muß und die mich von zuhause fernhalten. Sie ist dann einfach ein wenig niedergeschlagen und redet nicht so wie sonst. Es gibt keine große Szene, sie zieht sich einfach eine Weile zurück, bis sie sich an den Gedanken gewöhnt hat, und dann ist alles wieder in Ordnung. Es wird nicht als ein normaler Vorgang in unserem Leben akzeptiert. Ich nehme an, sie ist von mir abhängig und hat mich gern in ihrer Nähe, aber ihr ganzes Leben scheint sich in stärkerem Maße um mich zu drehen, als es sollte.

Der Konflikt machte Jim verstärkt auf Joans Abhängigkeit und Selbstbeschränkung aufmerksam. Er führte auch dazu, daß sich Jim zunehmend um die Entwicklung ihrer Persönlichkeit Sorgen machte. Er wollte, daß sie ihre Hausfrauenrolle abstreifte und sich stärker ihrer Umwelt zuwandte, und er unterstützte ihre Bemühungen um psychotherapeutische Behandlung.

Tracy begann, sich stärker nach ihr zu richten, und schränkte sich oft ein, um ihr entgegenzukommen. Er schlug Einladungen zu Männergesellschaften aus und verzichtete auf Aktivitäten, die ihm viel bedeuteten. Er verkaufte sein Boot, baute einen Swimming-pool, arbeitete im Garten und führte Reparaturen in ihrem Haus aus. Er stellte Joan und die Familie in den Mittelpunkt seiner Freizeit. Um Joan entgegenzukommen, setzte er seinen Visionen und seiner augenblicklichen Existenz freiwillig Grenzen. Er versuchte auf seine Art, zu einem möglichst »friedlichen« und »stabilen« Familienleben zu kommen. Doch der Preis war hoch.

Jims anfängliche Illusionen über Joan und die neue Ehe verschwanden weitgehend durch diese Erfahrungen. Die Krise der »zwei Familien« erreichte zwischen seinem 41. und 44. Lebensjahr ihren Höhepunkt, als er gegen die Spannungen zwischen den Familien und zwischen Familie und Arbeit ankämpfte. Er wurde für Joan und seine Kinder eine größere Stütze und war auch im Umgang mit anderen selbstloser und herzlicher.

Die ersten Jahre des Übergangs zur Lebensmitte – zwischen 41 und 44 – brachten schwere Probleme und chaotische Zustände mit sich. Die Jahre danach, zwischen 44 und 46, wurden durch verstärkte Reflexion, Integration und Planung gekennzeichnet. Mit 46 hatte Tracy beschlossen, die Welt des Großunternehmens zu verlassen. Er stellte die Familie in den Mittelpunkt seines Lebens. Die Krise ließ nach. Er verstand es immer besser, sich mit den komplexen Fragen zu befassen, die seine beiden Familien betrafen, und Joans Stärken und Grenzen zu sehen. Sie teilten ein wachsendes Interesse an Antiquitäten, und Joan machte im Stadtzentrum von Hartford ein Geschäft auf. Er begrub seinen »Traum«, eine absolute Spitzenkraft zu werden.

Der Eintritt ins mittlere Erwachsenenalter

Die Phase des Eintritts ins mittlere Erwachsenenalter brachte für Tracy größere Veränderungen. Wir haben kaum Einzelheiten, aber die groben Umrisse seines neuen Lebens stehen fest.

Als er 46 war, entwickelte Joan Allergien, und ihr Arzt riet zu einem trockeneren Klima. Innerhalb von drei Wochen kündigte er bei Ajax. Die Firma bot ihm Stellen in anderen Teilen des Landes an, doch er lehnte ab. Er mußte von vorne beginnen. Sie beschlossen, nach Colorado zu ziehen.

Was Jim über seine Zeit bei Ajax empfand, zeigte sich, als er sich über sein Vermächtnis Gedanken machte:

> Ich glaube, ich stehe ganz gut da mit dem, was ich geleistet habe. Ich habe nicht das Gefühl, betrogen worden zu sein oder irgend etwas versäumt zu haben, was ich eigentlich hätte tun sollen. Ich habe in vielen Dingen ein unwahrscheinliches Glück gehabt. Ich bereue nichts. Ich bin stolz, daß ich so weit gekommen bin und all das geleistet habe . . . Als ich seinerzeit im Marinekorps war, hatte ich immer den Ehrgeiz, General zu werden. Nun, mit der Leitung eines großen Unternehmens habe ich diesen Ehrgeiz gestillt. Ob der Job nun im Marinekorps oder im Geschäftsleben ist – der Unterschied zwischen den beiden ist ohnehin nicht groß –, es geht immer darum, andere für sich arbeiten zu lassen. Ich scheine die Fähigkeit zu besitzen, ihnen Loyalität beizubringen. Ich bin zu den Leuten ziemlich offen und direkt. Die Kommunikation klappt im allgemeinen sehr gut, vor allem mit denen, die für mich gearbeitet haben . . . Joan, Kevin und Tommy werden mich für einen ziemlich guten Vater, Ehemann und Ernährer halten. Ich glaube, Linda wird genauso denken. Ich weiß nicht, was Robbie denken wird. Wenn es mit mir morgen zu Ende ginge, dann würde das außer meiner engsten Familie wohl niemand besonders nahegehen . . . Auf der Ajax-Tafel wird einfach mein Name gelöscht. Außerhalb meiner Familie wird mich niemand vermissen. Manager sind ersetzbar und spielen im Grunde keine Rolle, es sei denn, sie sind *die* treibende Kraft hinter dem ganzen Unternehmen.

Tracy war über die Reaktionen auf seinen Abschied angenehm überrascht. Die Zeichen der Unterstützung und herzlichen Zuneigung taten ihm gut, waren aber schwer zu akzeptieren.

Seine Eltern waren über den Umzug zunächst verstimmt, doch seine Mutter schrieb bald und sagte, sie habe Verständnis dafür. Sein Bruder befürwortete seine Entscheidung. Linda und ihr Mann lebten nun mit ihren drei Kindern in Tennessee, wo Alex ein erfolgreicher Ajax-Vertreter war. Robbie ging es »viel besser«, und er stand mit zwanzig kurz vor dem

High-School-Abschluß. Er war von den Drogen runter, beschäftigte sich viel mit Fotografie, hatte eine Freundin und war »so normal wie 50 Prozent der Bevölkerung«. Alles in allem stand es recht gut um seine Familie, und sie unterstützten seinen neuen Schritt.

Mit seinem Abschied von Ajax gab Tracy nicht nur seine leitende Stellung in der Waffenindustrie auf, sondern er zog sich auch auf immer von den gigantischen Hierarchien zurück. Obwohl er nicht genau wußte, was er in Colorado tun würde, konnte er den Wechsel kaum erwarten. Er dachte daran, in einem eigenen kleinen Metallwarengeschäft zu arbeiten, mit Joan zusammen ein Antiquitätengeschäft aufzumachen, zu unterrichten oder als Unternehmensberater zu fungieren.

Der Umzug nach Colorado war ein Schritt ins mittlere Erwachsenenalter. Mit 47 erfuhr Tracy weniger Hoffnungslosigkeit und sah mehr Möglichkeiten vor sich. Er spürte, daß er seinen eigenen Weg finden und entsprechend leben konnte. Was er auch letztlich in Colorado anfangen würde, es war jedenfalls klar, daß er zu seiner Arbeit und zu seiner Familie eine neue Einstellung gewinnen würde.

1973 erhielten wir einen Brief von Jim Tracy. Er war nun Geschäftsführer einer Großhandelsfirma in Denver, die Haushaltsgeräte vertrieb:

> Colorado ist herrlich! Die Familie ist begeistert, vor allem die Kinder. Joan geht es gesundheitlich viel besser, und von daher gesehen war es sicher der richtige Schritt. Was meine Arbeit betrifft, so läßt sich noch nicht viel sagen, aber ich bin einigermaßen optimistisch. Wir sind hier in einer Gegend, die großen Aufschwung nimmt, und wenn dieses Geschäft nicht so läuft, wie gewünscht, dann läßt sich voraussichtlich leicht etwas anderes finden.

Er hatte nun mehr Zeit zu reden.

V. Schlußfolgerungen

20. Aufgaben und Möglichkeiten der Entwicklung im Erwachsenenalter

Zu Beginn dieser Untersuchung stellten wir die Frage: Was meinen wir, wenn wir vom Lebenszyklus des Mannes sprechen, und in welche Abschnitte gliedert er sich? Gibt es so etwas wie eine Erwachsenenentwicklung? Können wir im Erwachsenenleben eine Folge von Entwicklungsphasen identifizieren, die denen in der Kindheit und Adoleszenz vergleichbar sind?

Unsere Untersuchung hat einige erste Antworten auf diese Fragen geliefert. Es sind gezwungenermaßen vorläufige Antworten; weitere Forschungsarbeiten müssen unser derzeitiges Verständnis überprüfen und ausweiten, aber wir haben nun eine Basis, von der wir ausgehen können.

Wir haben vier sich überschneidende Epochen im Lebenszyklus, die jeweils etwa fünfundzwanzig Jahre dauern. Die Epochen erlauben einen distanzierten Überblick über das individuelle Leben. Jede Epoche hat ihren eigenen generellen Lebenscharakter mit biologischen, psychologischen und sozialen Aspekten. Die Epochen bilden das Gerippe des Lebenszyklus. Wenn wir das Wesen einer Epoche aus der Perspektive des gesamten Lebenszyklus verstanden haben, können wir die spezifischeren Prozesse und Ereignisse untersuchen, die sich in ihr entfalten.

Die Entwicklungsphasen ermöglichen eine ins Detail gehende, deutende Untersuchung. Sie fallen in die Aufeinanderfolge der Epochen und werden von diesen geformt. In ihnen wird die Entwicklungsarbeit einer Epoche bewältigt, und sie stellen die Verbindung zwischen den Epochen her. Die Übergänge zwischen den Epochen sind vielleicht die entscheidenden Wendepunkte im Lebenszyklus. Im Übergang ins frühe Erwachsenenalter, im Übergang zur Lebensmitte und im Übergang ins späte Erwachsenenalter schafft ein Mann eine Basis für das Leben in der eben einsetzenden Epoche. Diese Übergangsphasen sind die Quellen der Erneuerung – oder Stagnation –, die den Charakter des Entwicklungsablaufs formen. In der Zusammenschau von Epochen und Phasen wird es uns möglich, sowohl das gesamte Leben zu erforschen als auch den Entwicklungsprozeß zu spezifischen Zeiten in diesem Leben.

Die Grundlage unserer Theorie der Entwicklungsphasen ist die Vorstellung von der individuellen Lebensstruktur. Die Lebensstruktur entfaltet sich in der Aufeinanderfolge alternierender Phasen. Auf eine relativ stabile Phase, in der die Struktur aufgebaut wird, folgt eine Übergangsphase, in der sich die Struktur verändert. Die wichtigsten Entwicklungsaufgaben in einer Phase des Strukturaufbaus bestehen darin, kritische Entscheidungen zu treffen, um sie herum eine Struktur aufzubauen, die Struktur anzureichern und innerhalb dieser Struktur die gesteckten Ziele zu verfolgen. Diese Phasen dauern gewöhnlich sechs bis acht Jahre. In einer Übergangsphase bestehen die wichtigsten Aufgaben darin, die vorhandene Struktur neu zu bewerten, neue Möglichkeiten im Selbst und in der Welt zu erkunden und auf Entscheidungen hinzuarbeiten, die eine Basis für eine neue Struktur darstellen. Im Verlauf einer Übergangsphase kann sich ein Mann dafür entscheiden, auf neue Menschen und Umgebungen einzugehen, oder er erhält vielleicht seine Ehe, seinen Job und seine sozialen Verbindungen aufrecht, geht aber verschiedene Beziehungen ein und verwirklicht verschiedene Aspekte des Selbst. Die Übergangsphasen dauern im allgemeinen vier oder fünf Jahre.

Epochen und Phasen im Lebenszyklus

Als wir mit dieser Arbeit anfingen, wies nichts in der psychologischen und sozialwissenschaftlichen Literatur darauf hin, daß wir eine Reihe von Epochen und Phasen finden würden, die sich in geordneter Abfolge entfalten. Diese Vorstellung war nicht der Ausgangspunkt unserer Untersuchung. Ganz im Gegenteil. Erst nachdem wir den komplizierten Gesetzmäßigkeiten vieler individueller Lebensläufe – jeder einmalig in seiner Struktur – im Detail nachgespürt hatten, begannen wir die zugrunde liegende Ordnung zu begreifen. Die Idee einer individuellen Lebensstruktur ergab sich aus unseren Bemühungen, zu einem gegebenen Zeitpunkt die Gestalt des gesamten Lebens eines Mannes zu sehen und zu verstehen, wie sich diese Gestalt im Lauf der Jahre herausbildete.

– ZUSAMMENHANG MIT DEM LEBENSALTER. Zu unseren größten Überraschungen gehörte die relativ große Übereinstimmung im Lebensalter, in dem jede Phase beginnt und endet. Wir hatten nicht von vornherein damit gerechnet und waren nicht voreingenommen. Der Befund räumt jedenfalls mit der alten Vorstellung auf, nach der sich das Entwicklungstempo bei einzelnen Erwachsenen sehr stark unterscheidet. Die herkömmliche

Vorstellung hat einen faktischen Hintergrund: wer die Entwicklung unter einem einzelnen Aspekt untersucht, sei es das biologische Altern, die psychologische Reife oder die berufliche Karriere, findet beträchtliche Abweichungen im Lebensalter, in dem es zu bestimmten Veränderungen kommt. In der Entwicklung dieser einzelnen Aspekte scheint es keine regulären Phasen zu geben. Auch ganz bestimmte Ereignisse wie die Heirat, die Geburt des ersten Kindes, der Tod nahestehender Menschen und der Rückzug aufs Altenteil, können in ganz verschiedene Altersstufen fallen. Nur wenn wir die Entwicklung im Hinblick auf die Entfaltung der Lebensstruktur betrachten, sehen wir einen Zusammenhang zwischen dem Ablauf der Entwicklungsphasen und dem Lebensalter.

Wir können für den Beginn jeder Phase ein typisches Alter angeben. Es ist das Alter, in dem die Männer in unserer Untersuchung am häufigsten in diese Phase eintraten. Die Streubreite beträgt nach oben und unten zwei bis drei Jahre. Diese Streubreite mag denen, die überhaupt keine Gesetzmäßigkeit erwarteten, sehr gering vorkommen, aber sie ist groß genug, um signifikant zu sein. Der Zeitplan für die Erwachsenenentwicklung weist geringfügig mehr Abweichungen auf als der für die Entwicklung im Kindesalter. Das bedeutet, daß wir das chronologische Alter nicht als einfaches Kriterium für die Entwicklungsphase heranziehen können, in der der betreffende Mann sich gerade befindet. Ein Mann beginnt mit 39 seinen Übergang zur Lebensmitte, während ein anderer da noch mitten in der Phase des Selbständig-Werdens steckt. Es gibt zwar einen Zusammenhang zwischen dem Lebensalter und den Entwicklungsphasen, aber sie lassen sich *nicht* einfach vom Lebensalter ableiten. Der zeitliche Ablauf einer Phase und die Art der Entwicklungsarbeit, die in ihr bewältigt wird, hängen von den biologischen, psychologischen und sozialen Bedingungen im Leben eines Mannes ab.

– REIHENFOLGE. Wir stellen fest, daß die Phasen in einer festen Reihenfolge ablaufen. Solange sich ein Mann weiterentwickelt, wird er die Phasen in der vorgegebenen Folge durchlaufen. Er kann nicht von der dritten zur fünften Phase übergehen, ohne erst die vierte zu durchlaufen. Wenn ein Mann in der dritten Phase steckt, muß der Weg zur weiteren Entwicklung durch die vierte und fünfte Phase führen – es gibt keine Abkürzungen oder Umwege. Es gibt für ihn tausend Wege durch eine Phase, aber er kann sie nicht umgehen. Wenn er eine gewisse Befriedigung finden und eine Basis für das Leben in der nächsten Phase schaffen will, muß er sich in der Gegenwart mit den Entwicklungsaufgaben der Zukunft befassen.

Behinderungen in der Entwicklung und Niederlagen aus der Vergangenheit können einen Mann davon abhalten, in eine neue Phase einzutreten und sich ihren Aufgaben zu widmen. Er ist in einem Zustand des Verfalls. Er sitzt fest. Eine solche Blockierung der Entwicklung im Erwachsenenalter – wie im Kindesalter – ist oft das Ergebnis einer überwältigenden biologischen, psychologischen oder sozialen Verletzung. So kommt es dann, daß in manchen Gruppen sehr viele Männer mit den Aufgaben des Übergangs zur Lebensmitte und des Eintritts ins mittlere Erwachsenenalter so große Schwierigkeiten haben, daß sie nicht fähig sind, die Basis für ein einigermaßen zufriedenstellendes Leben im mittleren Alter aufzubauen.

– HIERARCHISCHE STUFEN UND AUFEINANDERFOLGENDE PHASEN. Manche Theorien beschreiben Entwicklungsstufen, die einer aufsteigenden oder hierarchischen Ordnung folgen: ein Mensch erklettert eine Ebene nach der anderen, und mit jeder Stufe wächst seine Befähigung. Lawrence Kohlberg, Jean Piaget und Jane Loevinger präsentieren solche Stufentheorien, und sie haben ihr Teil zu unserem Verständnis der menschlichen Entwicklung beigetragen.

Andere Theorien – Eriksons und unsere gehören dazu – gehen von einer Reihenfolge ohne hierarchische Ordnung aus. Eine Phase ist nicht höher oder besser einzustufen als die vorhergegangenen. Wieder liefern die Jahreszeiten ein brauchbares Bild. Der Frühling ist seinem Wesen nach keine bessere Jahreszeit als der Winter, und der Sommer ist nicht besser als der Frühling. Jede Jahreszeit spielt in der Entfaltung des Lebenszyklus eine wesentliche Rolle, und nur die Reihenfolge ist vorgegeben. Der Winter ist eine Zeit des Brachliegens und der Ruhe, in der das vorausgegangene Wachstum zum Stillstand kommt und die Möglichkeiten zu neuem Wachstum geschaffen werden. Er ist das Extrem einer Übergangsphase. Solange die kreative Arbeit des Winters nicht getan ist und die Saat keine Wurzeln schlägt, kann nichts Neues wachsen. Der Frühling ist eine Zeit des Knospens, in der die Arbeit des Winters Früchte zu tragen beginnt. Die Knospen kommen nicht zum Vorschein, wenn die Saat keine Nahrung erhalten hat, und die Knospen machen dann ihrerseits den blühenden, voll ausgewachsenen Blumen Platz.

Nicht anders ist es bei unseren Entwicklungsphasen. Der Übergang ins frühe Erwachsenenalter bringt den Wechsel zwischen den Epochen und leitet die frühe Erwachsenenzeit ein. Die nächsten drei Phasen – der Eintritt in die Erwachsenenwelt, der Übergang in die Dreißigerjahre, das Seßhaft-Werden – geben einem Mann die Möglichkeit, eine erste Struktur für das Erwachsenenleben zu bauen, abzuwandeln und dann durch eine andere zu ersetzen, mit der er den Kulminationspunkt des frühen Erwachsenenalters erreicht. Etwa mit vierzig beginnt er seinen Übergang zur Lebensmitte. Nun muß er die Epoche der frühen Erwachsenenzeit abschließen und die Saat für das mittlere Erwachsenenalter legen, wo er in einer ähnlichen Folge die Lebensstruktur aufbauen, modifizieren und neu aufbauen wird. Die Aufgaben der einen Phase sind nicht besser oder weiter fortgeschritten als die einer anderen, höchstens in der allgemeinen Bedeutung, daß jede Phase auf der Arbeit der vorausgegangenen aufbaut und einen späteren Abschnitt im Lebenszyklus darstellt. Beim Übergang zwischen den einzelnen Phasen oder Epochen kommt es sowohl zu Verlusten als auch zu Gewinnen.

– BEWERTUNG. Wir müssen eine eher wertende Haltung einnehmen, wenn wir überlegen, wie es einem Mann in einer bestimmten Phase ergangen ist. Wir müssen fragen, wie gut er seine Entwicklungsaufgaben bewältigt hat. Wie zufriedenstellend ist die Lebensstruktur, die er in einer Phase des Strukturaufbaus formt? Wie gut ist es ihm in einer Übergangsphase gelungen, die Vergangenheit neu zu bewerten und eine Basis für die Zukunft zu schaffen?

In extremen Fällen können wir ohne weiteres sagen, ein Mann hat sich besonders gut oder schlecht geschlagen. Der eine Mann war offensichtlich nicht fähig, sein Leben in einer Übergangsphase neu zu bewerten und zu modifizieren und kann nun keine angemessene neue Struktur aufbauen. Der andere Mann hat nach einem schmerzlichen Übergang eine neue Struktur geschaffen, in der er nun ein aufregendes, produktives, für ihn und andere wertvolles Leben führt. In den meisten Fällen ergibt sich jedoch ein gemischtes Bild, so daß eine Bewertung schwierig ist. Wir bewerten ja nicht nur, wie gut es einem Mann gelungen ist, eine spezifische Aufgabe zu erledigen oder sich an eine einzelne, konkrete Situation anzupassen. Wir fragen vielmehr: Wie gut hat er seine elementaren Lebensaufgaben bewältigt? Was hat er aus seinem Leben gemacht?

Mit diesen Fragen geraten der Naturwissenschaftler, der Kliniker und der Pädagoge in ungewohntes Territorium. Es ist legitim, daran interessiert zu sein, die Qualität des Lebens zu verstehen und zu fördern, aber

aber brauchen große Weisheit, soll unsere Bewertung nicht zu oberflächlich ausfallen. Über die Aufgaben der Erwachsenenentwicklung und die Probleme, die das Aufbauen und Modifizieren eines Lebens mit sich bringen, ist sehr wenig bekannt. Wir müssen lernen, wie wir dieses Gebiet tiefer und unter stärkerer Berücksichtigung der mächtigen gestaltenden Kräfte im Individuum und in der Gesellschaft erforschen können. Wir müssen einzelne Leben untersuchen, individuelle und institutionelle Neuerungen riskieren und neue Richtungen suchen. Aber unserer Arbeit wird es an echtem Wert und öffentlicher Glaubwürdigkeit fehlen, wenn wir vorschnelle Bewertungen vornehmen und uns für leichte, aber untaugliche Methoden einsetzen.

– ÜBERGREIFENDE UND VERBINDENDE PHASEN. Wir haben versucht, jede Phase für sich zu identifizieren und zu zeigen, wann sie sich einstellt und wie sie zur Entfaltung des Lebensablaufs beiträgt. Im tatsächlichen Entwicklungsprozeß ist jedoch jede Phase von den anderen »durchdrungen«. Die augenblickliche Phase überwiegt, aber die anderen sind in ihr enthalten. Es ist *nicht* so, daß eine Phase beginnt, ihren selbständigen Verlauf nimmt, endet und dann von einer anderen Phase abgelöst wird, die einen eigenen, völlig selbständigen Chrakter hat. Die aufeinanderfolgenden Phasen sind nicht wie Glieder in einer Kette, die zwar mit den anderen verbunden, im Grunde aber unabhängig sind.

Der Lebenszyklus ist ein organisches Ganzes, und jede Phase enthält all die anderen. Das sich entwickelnde Individuum ist wie einer, der eine große Reise macht: von Zeit zu Zeit wechselt er das Fahrzeug, die Mitreisenden und allerlei Gepäck, aber die Vergangenheit ist damit nicht einfach verschwunden. Er beschäftigt sich jetzt nicht nur mit dem augenblicklichen Schauplatz, sondern mit den verschiedenen Welten, in denen er gelebt hat, und den Welten, auf die er sich zubewegt. Die Vergangenheit und die Zukunft sind in der Gegenwart.

Das Nebeneinander und die gegenseitige Durchdringung der Phasen ist von dem Meister der (eigenen) Biographie, Marcel Proust, in seinem *Auf der Suche nach der verlorenen Zeit* wunderbar eingefangen worden:

> Denn der Mensch ist ein Wesen ohne festes Alter, der die Fähigkeit besitzt, in wenigen Sekunden viele Jahre jünger zu werden, und der, umgeben von den Mauern der Zeit, die er durchlebt hat, in einem geschlossenen Raum schwebt, aber so, als schwimme er in einem Bek-

ken, dessen Oberfläche sich laufend verändert, so daß er mal die eine, mal die andere Epoche vor sich hat.

Das Paradox, das Proust hier identifiziert, besteht darin, daß der Mensch »ein Wesen ohne festes Alter« ist und doch von der Zeit und den »Epochen« in seinem Leben regiert wird. Nur wenn wir die tiefe Bedeutung der Epochen in unserem Leben so verstehen wie er, können wir begreifen, wie wir zu einer bestimmten Zeit ein Kind, ein Jugendlicher, ein Mann im mittleren Alter und ein älterer Mensch sein können. Wir sind *immer* in einem bestimmten Alter. Wenn wir uns jedoch unserer eigenen Biographie stärker bewußt werden, können wir anfangen, auf verschiedenen Altersstufen zu existieren. Wir teilen uns dabei nicht auf; vielmehr werden wir zu einer Ganzheit integriert.

Ein Mann arbeitet hauptsächlich an den Entwicklungsaufgaben der Phase, in der er sich gerade befindet. Aber er befaßt sich immer auch mit Aufgaben anderer Phasen. Schon früh können Aufgaben in Angriff genommen werden, die in späteren Phasen zentrale Bedeutung gewinnen. Die Aufgaben vorangegangener Phasen werden nicht abgeschlossen und über Bord geworfen, wenn diese Phasen zu Ende gehen. Wenn sie zur richtigen Zeit einigermaßen gut bewältigt werden, fördern sie die weitere Entwicklung in den sich anschließenden Phasen. Die Entwicklungsarbeit der Gegenwart baut auf dem auf, was in der Vergangenheit erreicht worden ist. Sind dagegen in abgelaufenen Phasen andauernde Konflikte und Einschränkungen entstanden, wird die Entwicklung eines Mannes in der augenblicklichen Phase möglicherweise ernsthaft behindert oder, im Extremfall, völlig blockiert.

Der Eintritt in eine neue Phase reaktiviert oft die ungelösten Probleme und Defizite vergangener Phasen. Diese Probleme sind ein »Ballast der Vergangenheit«, der die Auseinandersetzung mit Aufgaben der Gegenwart erschwert. Solche verschleppten Konflikte und Wunden können so schwerwiegend sein, daß sie die Aufgaben der Gegenwart überschatten. Wenn einer ernste Schwierigkeiten hat, kommt es darauf an, zuerst die Lebensstruktur, die Aufgaben und Sorgen der laufenden Phase zu untersuchen. Daraufhin können dann verschleppte Probleme aus früheren Phasen des Kindes- und Erwachsenenalters in diesem Kontext untersucht werden, und es zeigt sich, wie sie die augenblickliche Entwicklungsarbeit beeinträchtigen.

– DIE ALLGEMEINGÜLTIGKEIT DER PHASEN UND EPOCHEN. Diese Darstellung des Lebenszyklus stützt sich weitgehend auf eine Untersuchung von Männern, die heute in den Vereinigten Staaten leben. Gilt sie generell für amerikanische Männer der Gegenwart? Ist sie auch für andere Gesellschaften und historische Epochen relevant? Zunächst läßt sich nur sagen: wir wissen es nicht. Keine der hier dargebotenen Einsichten und Verallgemeinerungen sind voll erwiesene Tatsachen. Es handelt sich jeweils um eine Hypothese, die einer weiteren Überprüfung bedarf. Meine bisherige Arbeit über »Kultur und Persönlichkeit« hat mich gelehrt, nur mit großer Vorsicht von allgemeingültigen Zügen des menschlichen Lebens zu sprechen; die Geschichte der Sozialwissenschaften ist voll von widerlegten Theorien, die Allgemeingültigkeit beanspruchten.

Mit diesen Vorbehalten stellen wir jedoch mit allem Nachdruck die folgende Hypothese auf: Diese Aufeinanderfolge von Epochen und Phasen gibt es im augenblicklichen Stadium der menschlichen Entwicklung in allen Gesellschaften, für die Gesamtheit der Spezies Mensch. Die Epochen und Phasen wurzeln in der Natur des Menschen als eines biologischen, psychologischen und sozialen Organismus und in der Natur der Gesellschaft als eines komplexen Unternehmens, das sich über viele Generationen erstreckt. Sie stellen den Lebenszyklus der Spezies dar. Individuen durchlaufen die Phasen auf unendlich vielfältige Weise, doch die Phasen selbst sind allgemeingültig. Diese Epochen und Phasen haben in den letzten fünf- oder zehntausend Jahren – seit es komplexere, stabilere Gesellschaften gibt – die menschliche Entwicklung gesteuert.

Wenn wir für diesen Entwicklungsverlauf eine *gemeinsame* biologische, psychologische und soziale Basis annehmen, sagen wir damit aus, daß keine dieser Komponenten für sich allein eine ausreichende Basis bilden kann. Derzeit läßt nichts darauf schließen, daß die Epochen und Phasen einfach auf der Entfaltung eines biologischen, genetischen Programms im Individuum fußen. Und sie folgen auch nicht unmittelbar einem weltweit von sozialen Institutionen oder Kulturen aufgestellten Zeitplan. Wenn dieser Entwicklungsverlauf bis zu einem gewissen Grad für die ganze Spezies gilt, dann sind seine Ursprünge in der Interaktion all dieser Einflüsse zu suchen, in ihrem Zusammenspiel während eines bestimmten Abschnitts in der Entwicklung des Menschen.

Zu einer ähnlichen Sicht des Lebenszyklus gelangte Erikson auf Grund seiner klinischen, anthropologischen, historischen und biographischen Untersuchungen. Sein Ich-Stadium »Identität gegen Identitätskonfusion«

erreicht seinen Höhepunkt in der Phase, die wir als Übergang ins frühe Erwachsenenalter bezeichnen. Sein Stadium »Intimität gegen Isolierung« beginnt mit Anfang Zwanzig und läuft durch das frühe Erwachsenenalter. Sein nächstes Stadium, »Generativität gegen Stagnation«, beginnt etwa mit vierzig und ist für das mittlere Erwachsenenalter charakteristisch, während »Integrität gegen Verzweiflung« das Ich-Stadium des späten Erwachsenenalters ist. Er belegt diese Auffassung in seinen Biographien von Luther, Gandhi, Freud, Hitler, George Bernard Shaw und William James – Männer, deren Leben mehrere Jahrhunderte und Kontinente umspannen.*

* Ein Wort über die Ähnlichkeiten und Unterschiede zwischen unseren Phasen und Eriksons Stadien ist vielleicht von Nutzen. Wir sehen in der Erwachsenenentwicklung die Entfaltung der Lebensstruktur; unsere Entwicklungsphasen sind aufeinanderfolgende Abschnitte im Prozeß des Aufbaus, der Modifikation und des Neuaufbaus dieser Struktur. Auch Erikson geht in seinen Analysen von der gegenseitigen Verbindung des Selbst und der Welt aus. Er sieht die Entwicklung jedoch als eine Reihe von Stadien in der Ich-Entwicklung.

Jedes der acht Stadien Eriksons wird durch ein kritisches und problematisches Thema bestimmt, das mit dem Ich und seiner Beziehung zur Außenwelt zu tun hat. Dieses Thema wird als eine Polarität oder als ein Widerspruch zwischen Gegensätzen ausgedrückt. Die Entwicklungsaufgaben jedes Stadiums leiten sich von der zentralen Polarität ab. Zu den Aufgaben im Stadium »Generativität gegen Stagnation« gehört es zum Beispiel, in einem »günstigen Gleichgewicht« der Generativität den Vorrang vor der Stagnation zu geben; sich mit den Aktualitäten von Stagnation und Tod abzufinden; sich bei generativen Aufgaben noch stärker auf die innere Kraft zu verlassen; die Verantwortung und Verpflichtung gegenüber der Gesellschaft im allgemeinen und der nächsten Erwachsenengeneration im besonderen eindeutiger zu akzeptieren; zu lernen, sich auf neue Weise um Individuen und Institutionen zu kümmern.

Eriksons Ich-Stadien haben zwar mit dem Selbst im Zusammenhang mit seinem Engagement in der Welt zu tun, aber ihr Schwerpunkt liegt *innerhalb der Person.* Zur Definition jedes Stadiums dienen Attribute eines Individuums: die Fähigkeit zur Bindung, die Tugend des Sichkümmerns, das Gefühl des Vertrauens. Diese persönlichen Eigenschaften verbinden das Selbst mit der sozio-kulturellen Welt, und Erikson hat wie kein anderer den subtilen, aber umfassenden Einfluß der soziokulturellen Welt auf die Ich-Entwicklung dargestellt. In seinen biographischen Studien von Gandhi und Luther stellt er unerhört feinfühlig dar, wie historische, kulturelle und institutionelle Kräfte die Gestalt und Substanz eines individuellen Lebens mitbestimmen.

Jungs Auffassung von der Erwachsenenentwicklung beruht auf seiner Analyse von Individuen und Mythologien, Religionssystemen, Träumen und Bräuchen in zahllosen Kulturen und Zeiten. Andere, wie etwa Joseph Campbell und Mircea Eliade, haben die anthropologische Basis der Jungschen Ideen erweitert. Jaques fand bei 300 Künstlern aus vielen Ländern und über fünf Jahrhunderten Anzeichen einer Krise in der Lebensmitte. In einem umfassenden, historisch-philosophischen Überblick über das menschliche Leben in den letzten 2500 Jahren sieht Ortega y Gasset eine Folge von Generationen in der Gesellschaft und im individuellen Lebenszyklus. Diese Generationenfolge paßt gut zu den hier geschilderten Epochen und Phasen (vgl. Kapitel 2). In *Das Alter* dokumentiert Simone de Beauvoir den Übergang von den mittleren in die späten Erwachsenenjahre und das Leben im Alter in verschiedenen Gesellschaften auf der ganzen Welt. David Gutmann, der die Fantasien von Männern in mehreren sehr unterschiedlichen Gesellschaften untersuchte, kam zu Ergebnissen, die sich mit unseren vereinbaren lassen.

Um in der Frage der Allgemeingültigkeit weiterzukommen, wäre es gut, wenn wir mehr Daten über den *Lebenszyklus in früheren Kulturen* hätten. Was wir tatsächlich haben, sind drei Dokumente, die etwa 2500 Jahre alt sind (vgl. die Tabelle auf S. 442). In diesen Dokumenten spiegelt sich die Weisheit der alten hebräischen, chinesischen und griechischen Kulturen. Der Talmud enthält einen Abschnitt mit dem Titel »Die Sprüche der Väter«, in dem die Altersstufen des Mannes dargestellt werden. Konfuzius identifiziert in seinen etwa im Jahr 500 v. Chr. entstandenen »Gesprächen« sechs Stufen im Lebenszyklus. Solon, ein griechischer

Wir machen uns bei unserer Darstellung zwar Eriksons Betrachtungsweise zunutze, verlagern aber den Schwerpunkt ein wenig. Der Begriff der Lebensstruktur ist unmittelbarer *im Grenzbereich zwischen dem Selbst und der Welt* angesiedelt. Er stützt sich in gleichem Maße auf das Selbst und die Welt als Aspekte des geliebten Lebens. Wir finden eine große Zahl von Entwicklungsphasen, und wir gehen detaillierter auf den Entwicklungsprozeß ein. Trotzdem gibt es viele Bereiche, in denen wir uns sehr nahekommen. Unsere Auffassung vom Selbst schließt Eriksons Ich-Begriff ein. Unsere Auffassung von der soziokulturellen Welt als einem Aspekt der Lebensstruktur stimmt mit seinen Vorstellungen von der Gesellschaft überein. Seine Ich-Stadien für das Erwachsenenalter passen gut in den Zeitplan unserer Epochen und Phasen. Wir machen uns seine Überlegungen zunutze und erweitern sie und bauen nicht etwa eine Gegenposition auf.

Dichter und Staatsmann im 7. Jahrhundert v. Chr., teilte den Lebenszyklus in zehn Stufen zu je sieben Jahren ein.

Diese Quellen liegen im kulturellen und religiösen Kontext weit auseinander. Doch trotz der Vielfalt in der bildlichen Vorstellung und im Inhalt besteht im Grundsätzlichen eine Ähnlichkeit zwischen den drei Auffassungen vom Lebenszyklus und unserer Auffassung. (Leider beziehen sie sich alle nur auf Männer; die Vernachlässigung des weiblichen Lebenszyklus hat eine lange Geschichte.) Wenn wir unsere Zeittabelle von den Epochen und Phasen wie eine Schablone auf die alten Darstellungen legen, so zeigt sich jedesmal eine bemerkenswerte Übereinstimmung.

a. Die Epoche der Vorerwachsenenzeit umfaßt ungefähr die ersten 15 bis 20 Jahre.

b. Die frühe Erwachsenenzeit erstreckt sich von 15 oder 20 bis ungefähr 40. Sie enthält eine einleitende formative Phase von etwa 15 Jahren (entsprechend unserer »Lehrzeit«), in denen ein junger Mann in die Erwachsenenwelt eintritt, heiratet und einen Beruf erlernt. Erst mit 30 erreicht er seine volle Kraft (Talmud, Solon) und »steht fest« (Konfuzius). Zwischen 30 und 40 erreicht ein Mann den Höhepunkt seiner Kraft und Energie, aber seine Fähigkeiten sind noch nicht voll ausgereift. Die frühe Erwachsenenzeit ist also eine Blütezeit, aber auch eine Zeit der Vorbereitung auf die nächste Epoche.

c. Die mittlere Erwachsenenzeit geht von etwa 40 bis 60. Für die Zeit zwischen 42 und 56 sagt Solon: »Im vollen Gedeihen stehen Zunge und Geist.« Auf der nächsten Stufe (56–63) »ist tauglich der Mann, doch lässiger zeigen gegen das volle Gedeihn Zunge fortan sich und Witz«. Nach dem Talmud hat der 40jährige die »Einsicht«, der 50jährige den »Rat«. Konfuzius wählt nur eine etwas andere Sprachform: »Mit vierzig hatte ich keine Zweifel mehr«, und: »Mit fünfzig war mir das Gesetz des Himmels kund.« (Allerdings war dafür erst mit 60 sein »Ohr aufgetan«!) Alle sind sich also einig, daß ein Mann zwischen 40 und 60 seine Fähigkeiten und Tugenden am besten verwirklichen und am meisten für die Gesellschaft leisten kann, auch wenn die jugendliche Kraft und Energie schon etwas nachläßt.

d. Für alle drei Quellen beginnt die späte Erwachsenenzeit etwa mit 60. Für Solon ist das Alter eine Zeit des Verfalls; er sagt vom Siebzigjährigen: »Kaum zur Unzeit wärs, träf ihn die Neige des Tods.« Der Talmud und Konfuzius sehen diese Epoche mehr unter dem Gesichtspunkt der Entwicklung. Für den Talmud beginnt mit 60 das »reife Alter«. In diesem

Alter, sagt Konfuzius, trete ich in eine neue Beziehung zum Himmel – d. h. zu Leben und Tod, zur höchsten Quelle persönlicher Werte, zum Selbst – und gewinne dadurch eine neue Art der geistigen Freiheit, die die alten Antithesen zwischen Verlangen und Moralität, zwischen der Gesellschaft und dem Selbst, überwindet.

e. Der Talmud hängt noch einen letzten Abschnitt an, der unserem späten späten Erwachsenenalter entspricht. Mit 80 erhält ein Mann eine neue Kraft, die aus dem fortgeschrittenen Alter kommt. Mit 90 lebt er am fernen Rand des Grenzbereichs zwischen Leben und Tod.

Neben diesen Darstellungen aus dem Altertum könnte man noch den kuriosen, aber anregenden Abriß hinzufügen, den der deutsche Philosoph Arthur Schopenhauer 1851 in seinen *Parerga und Paralipomena. Kleine philosophische Schriften* präsentierte. Er ist mit den Upanischaden des Veda der Meinung, daß »die natürliche Lebensdauer« (wenn Unfälle und Krankheiten ausbleiben) 100 Jahre beträgt, und er spricht dann (leicht ironisch) von einer Folge von Dekaden, die jeweils dem Einfluß eines Planeten ausgesetzt sind. Mit 30 etwa »herrscht Mars: der Mensch ist jetzt heftig, stark, kühn, kriegerisch und trotzig«. Oder: »Im fünfzigsten Jahre aber herrscht Jupiter.« Und schließlich: »Zuletzt kommt Uranus: da geht man, wie es heißt, in den Himmel.«

Drei Versionen von den Altersstufen des Mannes

»Die Sprüche der Väter« (aus dem Talmud)
Als Fünfjähriger zum Bibellesen,
als Zehnjähriger zum Mischnalernen,
als Dreizehnjähriger zur Gebotserfüllung,
als Fünfzehnjähriger zum Gemarastudium,
als Achtzehnjähriger zum Trauhimmel;
als Zwanzigjähriger zum Streben,
als Dreißigjähriger zur Kraft,
als Vierzigjähriger zur Einsicht,
als Fünfzigjähriger zum Rat,
als Sechzigjähriger zum reifen Alter,
als Siebzigjähriger zum grauen Alter,
als Achtzigjähriger zum höchsten Alter,
als Neunzigjähriger zum Gebeugtsein,

als Hundertjähriger ist einer, als ob er tot wäre, fortgegangen und aus der Welt geschwunden.

Konfuzius

Der Meister sprach:
Ich war fünfzehn, und mein Wille stand aufs Lernen,
mit dreißig stand ich fest,
mit vierzig hatte ich keine Zweifel mehr,
mit fünfzig war mir das Gesetz des Himmels kund,
mit sechzig war mein Ohr aufgetan,
mit siebzig konnte ich meines Herzens Wünschen folgen, ohne das Maß zu übertreten.

Solon

(0– 7) Knabe zuerst ist der Mensch, unreif: da wirft er der Zähne
Hag, der dem Kinde entsproß, von sich im siebenten Jahr.
(7–14) Wenn zum andern Mal Gott schloß die Sieben der Jahre,
Zeichen der Mannheit dann keimen, der nahenden, auf.
(14–21) Während der dritten umkraust sein Kinn – noch wachsen die Glieder –
Wolliger Flaum, da der Haut Blüte im Wandel verwich.
(21–28) Nun in dem vierten empor zu hohem vollem Gedeihen
Reift die Stärke; in ihr zeigt was er tauge der Mann.
(28–35) Mit der fünften gedeiht ihm die Zeit, der Freite zu denken
Und daß in Söhnen ersteh fürderhin währender Stamm.
(35–42) Während der sechsten da breitet der Geist allseit sich ins Rechte,
Nimmer zu unnützem Tun treibt ihn hinfort noch der Mut.
(42–56) Sieben Siebenerjahre und acht: im vollen Gedeihen
Stehen Zunge und Geist: vierzehn an Jahren zusamt.
(56–63) Noch in dem neunten ist tauglich der Mann, doch lässiger zeigen
Gegen das volle Gedeihn Zunge fortan sich und Witz.
(63–70) Wer in die Zehnten gelangte, die Zehnten nach Maßen vollendet,
Kaum zur Unzeit wärs, träf ihn die Neige des Tods.

Aus der Perspektive der Evolution

Ich möchte der Spekulation etwas Raum geben und diesen Lebenszyklus aus der Perspektive der menschlichen Evolution betrachten. 1932 veröffentlichte der Biologe G. P. Bidder einen provokativen Artikel, in dem er versuchte, das biologische Altern zu erklären – das heißt, den normalen Prozeß des körperlichen Verfalls. Das Altern ist nicht in den Lebenszyklus aller Organismen als ein unerbittlicher, zum Tode führender Ablauf eingebaut. Doch alle an Land lebenden Wirbeltiere, einschließlich des Menschen, kennen das Altern. Warum, fragt Bidder, ist das so?

Der entscheidende Faktor ist seiner Meinung nach der, daß jede Spezies der an Land lebenden Wirbeltiere eine bestimmte Körpergröße erreichen und beibehalten *muß*, um sich ein Optimum an Beweglichkeit und Überlebenschancen zu sichern. Das Wachstum nimmt folgenden Verlauf: Zuerst durchläuft der Organismus einen Prozeß *positiven Wachstums*, bis er eine optimale Größe erreicht. Ein regulierender Mechanismus muß das Wachstum bremsen, wenn die optimale Größe erreicht ist. Dieser Regulator sorgt für eine Phase des *Nicht-Wachsens*, die den optimalen Zustand eine Zeitlang bestehen läßt, und darauf folgt eine Phase zunehmenden *negativen Wachstums* mit dem Tod als dem normalen Abschluß. Bidder überlegt sich nun folgendes:

> Eine ausreichende Leistungsfähigkeit ließ sich nur durch die Evolution eines Mechanismus erreichen, der das natürliche Wachstum stoppt, sobald die spezifische Größe erreicht ist. Man könnte diesen Mechanismus den Regulator nennen . . .
>
> Ich habe die Ansicht geäußert, daß das Altern vom Regulator bewirkt wird, der auch nach Abschluß des Wachstums weiter in Aktion ist. Der Regulator kümmert sich wirkungsvoll um alles, was mit dem Wohlergehen der Spezies zu tun hat. Die Körpergröße des Menschen schwankt zwischen 18 und 60 nur um 2 cm; zwischen 20 und 27 wird er kaum merklich um 2 cm größer, und um die 40 kommt es zu einem noch weniger wahrnehmbaren Verlust von 1 cm.
>
> Wenn einer in der Frühgeschichte der Menschheit mit 18 einen Sohn zeugte, war er mit 37 für die Spezies nicht mehr wichtig, denn nun konnte sein Sohn auf die Jagd gehen und Nahrung für die Enkelkinder besorgen. Deshalb hatte das Schwinden der Knorpel-, Muskel- und Nervenzellen, *das Altern oder die Seneszenz, keine Auswirkung auf das*

Überleben der Spezies; das Eindämmen des Wachstums, das zwischen 20 und 40 für einen perfekten Körperbau sorgte, hatte das sichergestellt. Die Auswirkungen eines fortgesetzten negativen Wachstums nach 37 waren für die Rasse ohne Bedeutung; *wahrscheinlich wurde nie ein Mann 60 Jahre alt, solange das Werkzeug »Sprache« für die Spezies noch nicht so wichtig war, daß die langjährige Erfahrung eines Mannes wertvoll wurde, auch wenn er nicht mehr kämpfen und jagen konnte.* In diesem negativen Wachstum äußert sich nicht etwa eine Schwäche, die dem Protoplasma innewohnt oder die für die Zellteilung bezeichnend ist; vielmehr ist es das unbedeutende Nebenprodukt eines regulierenden Mechanismus, der für das Überleben flinker Landtiere erforderlich ist, eines Mechanismus, der sich durch Selektion und Überlebensdrang entwickelt hat, ähnlich – und ähnlich perfekt – wie sich für die Gliedmaßen des Säugetiers Gelenke entwickelt haben.

Auch wenn Bidders Hauptzweck darin besteht, den biologischen Mechanismus des Alterns darzustellen, beschreibt er hier fast beiläufig allgemeingültige Abschnitte im menschlichen Lebenszyklus und deutet an, welchen Einflüssen sie im Laufe der Evolution ausgesetzt waren. Sein erster Abschnitt, das positive Wachstum, entspricht der Epoche, die wir als Vor-Erwachsenenzeit bezeichnet haben. Es ist die Zeit von der Geburt bis etwa zum 20. Lebensjahr, wenn das Individuum biologisch voll ausgewachsen ist. Bidders zweiter Abschnitt, der der frühen Erwachsenenzeit entspricht, geht etwa von 20 bis 40. Während dieser Zeit erreichen die Anpassungsfähigkeit und das Durchsetzungsvermögen ihren Höhepunkt, und das Individuum leistet seinen Hauptbeitrag zum Überleben der Spezies. Sein dritter Abschnitt, von 40 bis 60, ist wie unsere mittlere Erwachsenenzeit: die Auswirkungen des Regulators fangen an, einen leichten biologischen Niedergang herbeizuführen, aber es besteht auch die Möglichkeit, unter günstigen sozialen Bedingungen eine psychologische Weiterentwicklung zu schaffen und noch mehr für die Gesellschaft zu leisten. Im vierten Abschnitt, nach 60, gipfelt die zunehmende Seneszenz schließlich im Tod.

Für unsere Zwecke trifft Bidder zwei wichtige Feststellungen zum menschlichen Lebenszyklus. Erstens unterscheidet er deutlich zwischen der frühen und mittleren Erwachsenenzeit und sieht den Wendepunkt etwa bei 40. Zweitens vertritt er die Ansicht, daß es bis vor kurzer Zeit in der Evolution des Menschen nur wenig Erfahrung mit der mittleren

Erwachsenenzeit gab. Der 40jährige hatte als Erzeuger, Vater und Ernährer die wichtigsten Aufgaben für seine Sippe hinter sich gebracht. Mit dem Nachlassen seines sozialen Wertes und seiner Anpassungsfähigkeiten hatte er nach 40 nur noch geringe Überlebenschancen. Erst als in jüngster Zeit die Sprache und komplexere kulturelle Formen Bedeutung erlangten, legte die Sippe mehr Wert darauf, das individuelle Leben nach 40 zu erhalten.

Die gegenwärtige Situation spricht für Bidders Auffassung. Die Spezies Mensch existiert seit mindestens einer halben Million und vielleicht seit über drei Millionen Jahren. Bis vor fünf- oder zehntausend Jahren führten die Menschen ein gefährdetes, unstetes Leben in kleinen Gesellschaften, die sich hauptsächlich als Jäger, Fischer und Sammler betätigten. Der Charakter des menschlichen Lebens wandelte sich durch die Entwicklung des Ackerbaus, die Bildung stabilerer Gesellschaften, die Erfindung wirkungsvollerer Technologien und durch das Entstehen von Schriften und anderen Mitteln, mit denen sich Kultur an künftige Generationen weitergeben ließ.

In primitiven Jäger-Sammler-Gesellschaften erreichte nur die Hälfte der Bevölkerung das 20. Lebensjahr, und nicht mehr als 10 Prozent wurden über 40. Die hohe Sterblichkeitsrate war nicht auf eine früher eintretende Seneszenz zurückzuführen, denn die normale Lebensdauer des Menschen beträgt wahrscheinlich schon seit vielen tausend Jahren 70 bis 80 Jahre. Sie ergibt sich aus den verheerenden Auswirkungen von Krankheiten, Unglücken, Kriegen und unzulänglichen Nahrungsvorräten. Seit das Leben nach 40 – die Epochen der mittleren Erwachsenenzeit und der Folgezeit – zu einem signifikanten Teil der kollektiven Erfahrung des Menschen wurde, ist nur ein kurzer Augenblick in unserer Geschichte verstrichen.

Für den primitiven Mann gab es kaum einen biologischen oder im Interesse der Sippe liegenden Grund, nach 40 weiterzuleben. Die Kinder waren erwachsen, die besten Jahre produktiver Arbeit vorbei, der Beitrag für die Sippe geleistet. Mit 40 war ein Mann verbraucht. Die Sippe brauchte nur eine kleine Gruppe von Männern im mittleren Erwachsenenalter, die mit ihrer Altersweisheit führende und verantwortliche Positionen einnehmen konnten. Eine große Zahl von ihnen hätte die Möglichkeiten der Sippe überstiegen.

Von den Vereinten Nationen gesammelte Daten über die Altersstruktur moderner Staaten erlauben interessante Vergleiche. In Pakistan, wo die Fruchtbarkeit der Menschen groß und die Lebensbedingungen besonders schlecht sind, sind nur 17 Prozent der Bevölkerung über 40. In Äthiopien und Bangladesch liegen die Zahlen sogar noch darunter. Am anderen Ende der Skala sind 35 Prozent der Japaner über 40 Jahre alt, 36 Prozent sind es in den USA und 42 Prozent in der Bundesrepublik Deutschland. Man rechnet damit, daß diese Prozentsätze in den industrialisierten Ländern in den nächsten Jahrzehnten weiter steigen werden.

Das rapide Anwachsen der Lebensdauer in unserer modernen Gesellschaft hat zu einer verstärkten Beschäftigung mit der Epoche des späten Erwachsenenalters geführt. Wir haben begonnen, nach Möglichkeiten zur Verbesserung der Lebensqualität für die Älteren zu suchen und die damit zusammenhängenden ökonomischen Schwierigkeiten zu bewältigen. Viel weniger Aufmerksamkeit ist einem Problem von gleicher oder noch größerer Bedeutung geschenkt worden: Was wird aus dem rapide wachsenden Anteil der Bevölkerung im mittleren Erwachsenenalter? Wenn die Lebensqualität für diese Generation nicht verbessert wird, werden die Menschen im mittleren Alter starken Belastungen ausgesetzt sein, und der Gesellschaft wird es weiterhin an kreativen Führungskräften fehlen. Immer kompliziertere soziale Strukturen kennzeichnen alle Lebensbereiche – Landwirtschaft, Industrie, Regierung, Religion, Schulwesen, Gesundheitsfürsorge, Wissenschaften, Kunst, sogar Freizeit. Die beruflichen Tätigkeiten verlangen immer mehr nach Spezialisten. Wir brauchen mehr Leute, die als Führungskräfte, Manager, Mentoren, als Mittler traditioneller Weisheit ebenso ihren Beitrag leisten können wie durch ihre Phantasie und Einbildungskraft. Die moderne Gesellschaft *braucht* ein vitales, wachsendes Kontingent im mittleren Alter.

Die Arbeit, die im mittleren Erwachsenenalter zu leisten ist, unterscheidet sich von der der Jugend. Sie verlangt mehr Verantwortung, Weitblick und Urteilskraft. In dieser Epoche muß einer imstande sein, für jüngere und ältere Erwachsene zu sorgen, seine Autorität kreativ einzusetzen und die jugendlichen Extreme der seichten Konformität und impulsiven Auflehnung zu überwinden. Das leichte Nachlassen der biologischen Möglichkeiten in der Lebensmitte muß durch ein Anwachsen der psychosozialen Fähigkeiten ausgeglichen werden. In ungezählten intellektuellen, emotionalen, moralischen, ästhetischen, unternehmerischen und reparativen Rollen muß man im mittleren Alter helfen, die Kultur aufrechtzuerhalten und weiterzuentwickeln.

Es ist nicht so, daß erst die moderne Gesellschaft das mittlere Erwachsenenalter als eine Epoche geschaffen hat. Die Fähigkeit zu einem produktiven Leben nach 40 war von Anfang an ein Teil des menschlichen Potentials. Aber erst in neuerer Zeit konnte die Gesellschaft dafür sorgen, daß ihre Mitglieder ihre ganze Lebensspanne erleben, und nicht nur eine Hälfte. Die Gesellschaft versteht es nun besser, die Gesundheit der über 40jährigen zu erhalten. Schwieriger ist es schon, das psychologische Wohlergehen zu fördern und die Bedingungen für ein zufriedenstellendes, produktives Leben im mittleren Erwachsenenalter zu schaffen. Es gibt zwar gewisse nationale Unterschiede, aber das Problem ist universal. Die elementaren Gründe liegen eher in der Evolution des Menschen als in der Natur einer bestimmten Gesellschaft. Die rasche Entwicklung gewaltiger Technologien und schwerfälliger institutioneller Strukturen hat einen Bedarf an immer größeren Zahlen produktiver Individuen im mittleren Alter geschaffen. Doch unser nur langsam wachsendes Verständnis der mittleren Erwachsenenzeit und unsere Fähigkeit, mehr aus dem Leben in dieser Epoche zu machen, sind weit hinter dem Bedarf zurückgeblieben.

Die Erhöhung der durchschnittlichen Lebenserwartung weit über 40 hinaus ist eine der großen Errungenschaften in der menschlichen Evolution. Es ist ein Schritt im »Aufstieg des Menschen«. Doch das Ende der frühen Erwachsenenzeit ist immer noch beängstigend und schmerzlich. Das rührt teilweise daher, daß die mittlere Erwachsenenzeit eine noch so junge Errungenschaft in der Evolution des Menschen ist. Unsere tiefe Angst beim Überschreiten der 40er-Schwelle spiegelt die uralte Erfahrung der Spezies wider: wir fürchten immer noch, daß das Leben mit 40 zu Ende geht. Es ist immer noch höchst bedrohlich, vom frühen ins mittlere Erwachsenenalter überzuwechseln. Die Drohung rührt daher, daß Jugend mit Kraft und Vitalität gleichgesetzt wird, das Alter aber – selbst das mittlere Alter – mit Schwäche, Verwundbarkeit und Tod.

Ein paar tausend Jahre reichen nicht aus, um zu lernen, was man mit dem mittleren Erwachsenenalter und mit den Institutionen, die seinen Verlauf gestalten, anfangen soll. Wir tappen immer noch im Dunkeln. Wenn ich vom frühen ins mittlere Erwachsenenalter überwechsle, erhalte ich von meinem »Stamm« kaum Anweisungen, Unterstützung oder in der Kultur verwurzelte Einsichten. Was ich verliere, ist viel offensichtlicher als mögliche Gewinne. Ich weiß, daß ein neuer Abschnitt beginnt, daß sich mein Leben entscheidend verändern wird. Doch welche Alternativen liegen vor mir? Klare Erkenntnisse stürmen ebenso auf mich ein wie vage Ahnungen von Sterblichkeit, Verlust, Einengung; Gefühle, daß mir die

Zeit davonläuft und daß ich vielleicht bald sterbe oder – schlimmer noch – ein Leben ohne Sinn für mich und andere führen werde. Aber ich erhalte kaum positive Eindrücke vom Helden im mittleren Alter – dem Liebhaber, Freund oder Mentor, dem Mann voller Würde, Weisheit, Autorität, Kreativität. Wo ist die zeitgenössische Parallele zu Abraham, Buddha oder Odysseus auf seiner Reise durch die Lebensmitte?

Die Entwicklungsarbeit im frühen und mittleren Erwachsenenalter

Ich habe hier nicht die Absicht, dem heroischen Erwachsenendasein einen weiteren Mythos hinzuzufügen oder einen sicheren Weg zum Heil, zur Glückseligkeit und zur optimalen Entwicklung zu weisen. Mir geht es vielmehr darum, ein wenig Licht ins Dunkel zu bringen und die Problematik aufzuhellen. Welcher Art ist die Entwicklung im frühen und mittleren Erwachsenenalter? Welche Entwicklungsarbeit ist zu bewältigen?

Das Gerüst der Epochen gibt uns gleichsam ein Profil der Landschaft, das es uns ermöglicht, das Terrain des frühen und mittleren Erwachsenenalters zu untersuchen und die zu bewältigenden Entwicklungsaufgaben zu benennen. In diesem Rahmen haben wir drei Gruppen von Aufgaben identifiziert. Die drei Gruppen sind eng miteinander verwandt, und sie tragen alle wesentlich zum Verständnis der Erwachsenenzeit bei. Ich will sie hier kurz zusammenfassen.

Aufbau und Abwandlung der Lebensstruktur

Eine Aufgabengruppe hat mit den Entwicklungsphasen und der Entfaltung der Lebensstruktur zu tun. Ich habe die Phasen besonders hervorgehoben, da sie innerhalb der gröberen Struktur der Epochen die wichtigsten Anhaltspunkte für eine geordnete Progression darstellen. In einer stabilen Phase bestehen die Hauptaufgaben darin, eine Lebensstruktur aufzubauen und das Leben in dieser Struktur zu intensivieren. In einer Übergangsphase muß man die vorhandene Struktur abschließen, alternative Möglichkeiten (im Selbst und in der Welt) suchen und auf dieser Grundlage erste Entscheidungen treffen, die die Basis für eine neue Struktur abgeben. Die Übergänge zwischen den Epochen verlangen, daß man die auslaufende Epoche abschließt und die nächste einleitet. Zusätzlich hat jede Phase ihre eigenen Aufgaben, die ihren besonderen Platz im Lebenszyklus widerspiegeln.

Arbeit an einzelnen Komponenten der Lebensstruktur

Eine zweite Aufgabengruppe gilt dem Aufbau und der Abwandlung einzelner Komponenten der Lebensstruktur. Wir haben mehrere Komponenten identifiziert, etwa den Beruf, die Familie und Mentor-Verhältnisse, die oft im Leben eines Mannes von zentraler Bedeutung sind. Entwicklungsarbeit ist erforderlich, wenn ein Mann für eine gegebene Komponente in seinem Leben Platz machen will. Die fortgesetzte Arbeit an diesen Aufgaben trägt zur Stabilität des Erwachsenenlebens bei. Gleichzeitig verändert sich diese Arbeit von Phase zu Phase und trägt zur Entfaltung der Lebensstruktur bei. Wie ich schon sagte, konzentrieren sich Psychologen und Sozialwissenschaftler oft auf eine einzelne Komponente und versäumen es, sie im Kontext der Lebensstruktur zu sehen. Wir werden die Veränderungen innerhalb einer einzelnen Komponente, glaube ich, besser verstehen, wenn wir sie aus der Perspektive der Entwicklung betrachten. Lassen Sie mich noch einmal betonen: die individuelle Lebensstruktur entfaltet sich in einer Reihe von altersgebundenen Phasen; die konkreteren Veränderungen innerhalb einer einzelnen Komponente variieren in ihrem Ablauf und der zeitlichen Abstimmung sehr viel stärker.

Von den vielen Komponenten, die im Leben eines Mannes große Bedeutung gewinnen können, schienen fünf in unserer Untersuchung von besonderer Wichtigkeit.

– AUFBAU UND ABWANDLUNG EINES »TRAUMS«. Im frühen Erwachsenenalter muß ein Mann einen »Traum« aufbauen, eine erste Struktur schaffen, in der er diesen »Traum« verfolgen kann, und Ziele erreichen, mit denen er bis zu einem gewissen Grad in Erfüllung geht. Möglicherweise erkennt er, daß es ihm nicht gelingen wird, den »Traum« auch nur teilweise zu verwirklichen. Er muß sich dann von dieser Umklammerung freimachen und festlegen, welche andere Aspekte des Selbst er verwirklichen will. Wenn er den »Traum« in ausreichendem Maße verwirklicht hat und ihn lohnend findet (auch wenn die erhofften magischen Qualitäten ausbleiben), kann er in der allgemeinen Richtung weitergehen, die der »Traum« vorgibt. Aber er ist nun nicht mehr so sehr vom Ehrgeiz beherrscht, sondern ist mehr am eigentlichen Wert seiner Anstrengungen interessiert und kann verschiedene Aspekte des Lebens besser genießen. Der »Traum« kann vom ersten Moment an tot sein, aber er kann auch viele Jahre lang gedeihen. Aber auch dort, wo er lange Zeit eine Rolle spielt, werden sich seine Bedeutung und sein Platz im Leben eines Menschen zwangsläufig im Verlauf der einzelnen Phase verändern. Jeder Mensch findet sein eigenes Gleichgewicht aus Stabilität und Veränderung.

– AUFBAU UND ABWANDLUNG EINER BERUFLICHEN TÄTIGKEIT. Der Aufbau einer beruflichen Karriere ist nie ein einfacher oder kurzer Prozeß. Das beansprucht die ganze Lehrzeit des frühen Erwachsenenalters, etwa von 17 bis 33. Manche Männer bleiben in dieser ganzen Zeit bei der gleichen Beschäftigung, aber die meisten verändern sich ein paarmal oder oft. Selbst wenn ein Mann innerhalb eines weit gefaßten Berufes tätig bleibt (etwa als Klempner, Romanschreiber oder Manager), durchläuft er viele qualitative Veränderungen in bezug auf den Arbeitsplatz, die Identität, den Status, den Sinn und die Art der Arbeit.

In den frühen Dreißigern, wenn die Phase des Seßhaft-Werdens beginnt, versucht er ein Berufsziel und eine Leiter zu definieren, die ihn auf den Gipfel seiner jugendlichen Bestrebungen tragen sollen. Er beginnt auf der untersten Sprosse der Leiter, als ein unmündiges Mitglied seiner Erwachsenenwelt. Wenn etwa mit 40 die Phase des Selbständig-Werdens zu Ende geht, ist er auf der Leiter der frühen Erwachsenenzeit so weit vorangekommen, wie ihm das möglich war. Im Übergang zur Lebensmitte stellt sich ihm die wesentliche Aufgabe, einen Platz in der Generation derer zu erobern, die im mittleren Erwachsenenalter stehen, und in dieser Welt »mündig« zu werden. Es gibt zwischen den einzelnen Männern gewaltige Unterschiede in der Art und persönlichen Bedeutung, die die Leiter der frühen Erwachsenenzeit für sie hat, in der Strecke, die sie auf der Leiter zurücklegen, in der Bedeutung, die sie letztlich dem Erfolg oder Mißerfolg beimessen, und in der neuen Arbeit, die sie im mittleren Erwachsenenalter in Angriff nehmen.

– LIEBE–EHE–FAMILIE. Dieser Bereich umfaßt mehrere Aufgaben, aber sie sind so sehr ineinander verflochten, daß es besser scheint, sie zusammen abzuhandeln. Was ein Mann in einer Liebesbeziehung sucht und welche

Arten von Liebesbeziehungen er eingehen kann, sind Fragen, die sich durchs ganze Erwachsenenleben ziehen. Wenn er intime Liebesbeziehungen mit Frauen haben will, muß er ein gewisses Maß an sexueller Freiheit erreichen und Sexualität und Zuneigung einigermaßen integrieren. Will er eine dauerhafte, von beiden Teilen geschätzte Ehe führen, muß er die Fähigkeit zur Treue und zum festen Engagement erwerben. Will er mit seiner Frau zusammen ein stabiles Familienleben schaffen, das den Bedürfnissen sowohl der Eltern als auch der Kinder entgegenkommt, muß er bereit sein, familiäre Verantwortungen zu übernehmen und die Befriedigung zu akzeptieren, die Ehe und Vaterschaft ihm bieten.

Niemand kann zu Beginn der frühen Erwachsenenzeit mit der Bewältigung dieser Aufgaben weit fortgeschritten sein. Während der »Lehrzeit« ist ein Mann in den Rollen des Liebhabers, Ehemanns und Vaters ebenso sehr ein Lehrling wie in anderen Aspekten des Lebens. Als Liebhaber kennzeichnen ihn oft eine unpersönliche Vergnügungssucht, ein betont männliches Machtstreben oder ein Zurückhalten der eigenen Leidenschaft und Sinnlichkeit. Wenn er eine ernsthafte Beziehung zu einer Frau sucht, ist sein Ideal oft die »besondere Frau«, die ihm Geliebte, Freundin und Helferin bei der Jagd nach dem »Traum« sein soll. Es kann aber passieren, daß er eine Frau heiratet, die seinen »Traum« nicht anerkennt und unterstützt, und früher oder später werden sie sich mit den Folgen dieser Weigerung auseinanderzusetzen haben. Manchmal ist ihm die Frau in seinem heroischen Ringen eine große Hilfe, und ihre Beziehung ist zunächst ganz idyllisch. Das Verhältnis muß aber im Lauf der Zeit abgewandelt werden, da die beiden sich in verschiedenen Richtungen weiterentwickeln. Wenn sie einen anderen »Traum« als den von der Ehefrau und Mutter hat, dann müssen die zwei eine entwicklungsfähige Lebensstruktur schaffen, die ihre gemeinsame Familie und ihre getrennten Beschäftigungen aufnehmen kann. Es gibt eine endlose Vielfalt in der Struktur familiärer Beziehungen und ihren Verwandlungen im Lauf der Zeit. Sicher ist nur, daß sich die Struktur verändern wird und daß auch in den darauffolgenden Phasen eine fortgesetzte Entwicklungsarbeit erforderlich ist.

Im frühen Erwachsenenalter räumen die meisten Männer dem Beruf den Vorrang vor der Familie ein, obschon das relative Gleichgewicht der beiden ziemlich variabel ist. Das Engagement eines Mannes im Familienleben wird oft durch seine Angst vor dem Femininen in ihm eingeschränkt. Das kann beispielsweise dazu führen, daß er die mütterlichen und väterlichen Funktionen scharf trennt und die ersteren völlig seiner Frau überläßt. Wenn ein Mann im außerfamiliären Bereich stark engagiert ist und sich, wenn er zu Hause ist, um viele Funktionen drückt, die mit Fürsorge und Gefühlen zu tun haben, wird oft das tatsächliche Ausmaß seines Engagements in der Familie verschleiert.

Die Vaterrolle war für die meisten Männer in unserer Untersuchung ungeheuer wichtig. Sie waren befriedigt, wenn zu Hause alles glatt lief, und sie machten sich große Sorgen und fühlten sich schuldig, wenn das Familienleben zu kurz kam oder zu viele Konflikte barg. Oft waren bei einem Mann der Familiensinn und die Bindung an die Kinder stark genug, um ihn an einer nicht mehr funktionierenden Ehe festhalten zu lassen. Jim Tracy ist nur eines von vielen Beispielen. Er verkörpert auch eine Wandlung, zu der es mit Ende dreißig oder Anfang vierzig häufig kommt: er reduzierte sein Engagement im Beruf und räumte der Familie einen zentraleren Platz in seiner Lebensstruktur ein. Die im Übergang zur Lebensmitte geleistete Entwicklungsarbeit fördert diesen Prozeß. Durch sie nimmt ein Mann stärkere Verbindung zu dem Femininen in ihm selbst und in anderen auf. Er neigt stärker dazu, als Vater für seine jugendlichen Kinder auch ein Mentor zu sein und seiner Frau den Rücken zu stärken, wenn sie ihren Wirkungskreis über die Familie hinaus erweitern will.

– DIE BILDUNG VON MENTOR-VERHÄLTNISSEN. Das Eingehen, Abwandeln und Beenden von Mentor-Verhältnissen ist eine wichtige, aber schwierige Aufgabe der frühen Erwachsenenzeit. Junge Männer zeigen große Unterschiede in der Fähigkeit, diese Verhältnisse einzugehen und aufrechtzuerhalten. Außerdem gibt es in den verschiedenen sozialen Welten große Unterschiede hinsichtlich der Verfügbarkeit von Mentor-Gelegenheiten.

Ein guter Mentor ist eine Mischung aus einem guten Vater und einem guten Freund. (Ein schlechter Mentor, von denen es viele gibt, vereinigt in sich die schlimmsten Merkmale eines Vaters und Freundes.) Ein »zugänglicher« Mentor ist eine Übergangsfigur, die einen jungen Mann in die Erwachsenenwelt einlädt und einführt. Er dient als Wegweiser, Lehrer und Gönner. Er verkörpert Erfahrenheit, Wissen, Tugend, Vollkommenheit – die überragenden Eigenschaften, die sich ein junger Mann eines Tages anzueignen hofft. Er gibt dem Lehrling seinen Segen und seinen »Traum«. Doch bei aller Überlegenheit läßt er das Versprechen durchscheinen, daß sie sich eines Tages ebenbürtig sein werden. Der Schützling hat die Hoffnung, daß er in der Arbeit, die sie beide schätzen, bald in der Lage sein wird, es seinem Mentor gleichzutun oder ihn gar zu übertreffen.

Ein Mentor kann für einen jungen Mann, der noch den richtigen Weg sucht und sich neue Fertigkeiten aneignen will, eine große praktische Hilfe sein. Aber ein guter Mentor ist für die Entwicklung des jungen Mannes in einem elementareren Sinne eine Hilfe: das Verhältnis macht es dem Empfänger möglich, sich mit einer Person zu identifizieren, die viele der von ihm selbst angestrebten Eigenschaften verkörpert. Er kann eine *verinnerlichte* Gestalt schaffen, die seine Kämpfe mit Liebe, Bewunderung und ermunterndem Zuspruch begleitet. Er erhält nach und nach das Gefühl, der Generation der vielversprechenden jungen Männer anzugehören. Er erntet all die Früchte, die eine ernsthafte, wechselseitige, nichtsexuelle Liebesbeziehung zu einem etwas älteren Mann oder einer etwas älteren Frau abwerfen kann. (Es gibt andere Elemente, die verschiedene Vorteile und Nachteile bringen, wenn die Beziehung sexueller Natur ist und wenn der Mentor viel älter oder gleichaltrig ist.)

Wie alle Liebesbeziehungen verläuft auch das Mentor-Verhältnis selten glatt, und das Ende ist oft schmerzlich. Solche Beziehungen haben Funktionen, die sich auf die Entwicklung günstig auswirken, aber sie haben auch negative Aspekte. Dem Mentor bieten sich viele Möglichkeiten zur Ausbeutung, Herabsetzung, Mißgunst, Unterdrückung und einengenden Kontrolle, und beim Schützling findet sich oft ein gieriges Fordern, eine aufdringliche Verehrung, eine selbstverleugnende Dankbarkeit und eine anmaßende Undankbarkeit. Es ist nicht immer klar, wer was für wen tut. Wenn das Verhältnis zu Ende ist, kommt es bei beiden leicht zu heftigen Gefühlen der Bewunderung und Verachtung, Dankbarkeit und Abneigung, des Schmerzes und der Wut, der Verbitterung und Erleichterung – Gefühle, die jede ernsthafte Liebesbeziehung nach sich ziehen kann.

Viele Erwachsene kommen mit der Rolle des Mentors oder des Schützlings kaum in Berührung. Obwohl im Geschäftsleben immer wieder von Teamwork und Loyalität gesprochen wird, sind Mentor-Verhältnisse unter Arbeitern und Managern eher die Ausnahme als die Regel. Unsere höheren Schulen haben zwar offiziell die Zielsetzung, die intellektuelle und persönliche Entwicklung des Schülers zu fördern, doch das Mentor-Angebot ist im allgemeinen quantitativ begrenzt und qualitativ schlecht. Schulische Einrichtungen und Berufsorganisationen können zur Entwicklung von Schülern und jungen Arbeitern sehr viel mehr beitragen. Zu diesem Zweck müssen sie aber auch etwas für die Entwicklung von

Lehrern, Managern und anderen Arbeitern in den Generationen über 30 tun. Solange das mittlere Erwachsenenalter nicht zu einem besseren Lebensabschnitt wird, sind die meisten Leute in diesem Alter nicht fähig, die von den jüngeren Generationen so dringend benötigte Mentorenrolle zu übernehmen. Viele Männer im mittleren Erwachsenenalter machen nie die befriedigenden und leidigen Erfahrungen des Mentors. Dies ist eine Verschleuderung von potentiellen Begabungen, ein Verlust für die betroffenen Individuen und ein Hemmnis für einen konstruktiven sozialen Wandel.

– FREUNDSCHAFTEN, DIE SICH FÜR BEIDE TEILE LOHNEN. In unseren Interviews fiel die Freundschaft vor allem durch ihr Fehlen auf. Vorsichtig verallgemeinernd würden wir sagen, daß eine enge Freundschaft mit einem Mann oder einer Frau von amerikanischen Männern nur selten erlebt wird. Eine endgültige Aussage in diesem Punkt läßt sich nicht auf Fragebogen oder Massenumfragen stützen. Der Unterschied zwischen einem Freund und einem Bekannten ist oft verschwommen. Ein Mann kann in einem großen sozialen Umfeld freundliche, »freundschaftliche« Beziehungen zu vielen Männern und vielleicht ein paar Frauen haben. Im allgemeinen haben jedoch die wenigsten Männer einen vertrauten Freund, wie sie ihn in ihrer Kindheit oder Jugend hatten. Viele Männer waren beiläufig mit Frauen befreundet, und vielleicht waren auch ein paar intensive Liebes- und Sexbeziehungen dabei, aber die meisten Männer hatten nie eine innige, nicht-sexuelle Freundschaft mit einer Frau. Wir müssen verstehen lernen, warum echte Freundschaft so selten ist, und welche Folgen dieser Mangel für das Erwachsenenleben hat.

Fortschritte in der Individuation

Die dritte und letzte Aufgabengruppe hat mit der Individuation im Erwachsenenalter zu tun. Diese Aufgaben betreffen die Grundpolaritäten von jung/alt, Destruktion/Kreation, maskulin/feminin und Verbundenheit/Abkapselung. In Übergangsphasen hat ein Mann die Aufgabe, jede Polarität in einer Form zu re-integrieren, die seinem neuen Platz im Lebenszyklus angemessen ist.

Für diese Polaritäten haben sich bisher hauptsächlich Psychologen interessiert, die darin Aspekte der Persönlichkeit sahen. Nach unserer

Auffassung muß man sie aus der gemeinsamen Perspektive der Person und der Gesellschaft sehen, denn sie sind in beiden wirksam. Jede Polarität existiert innerhalb des Selbst und wird im Lauf der Zeit vom Selbst bearbeitet. Sie existiert auch innerhalb der Gesellschaft und wird im Lauf der Geschichte von der Gesellschaft abgewandelt. Nehmen wir das Beispiel der jung/alt-Polarität. Was es bedeutet, jung oder alt zu sein, erschließt sich einem amerikanischen Mann durch Symbole und Vorstellungen seiner Kultur, durch die Schulen und beruflichen Tätigkeiten, durch die Realitäten und Bedeutungen der Krankenversicherung, Pensionierung, Sozialversicherung, durch Eigentumswohnungen in Florida, durch Tod und Sterben – und durch Filme, Fernsehen, Rockmusik, Berufssport, modische Lebensformen. Es ist schwer, die jung/alt-Polarität im Selbst zu integrieren, wenn die Außenwelt eine so scharfe Trennungslinie zwischen jung und alt zieht und es als so furchterregend darstellt, etwas anderes als jung zu sein.

Wenn für die Entwicklung in der Vor-Erwachsenenzeit mehr getan wird, werden junge Männer beim Eintritt ins frühe Erwachsenenalter die Polaritäten besser integriert haben und eher zur Entwicklungsarbeit an diesen und anderen Aufgaben bereit sein. Es ist trotzdem unwahrscheinlich, daß bis zum Ende des Übergangs ins frühe Erwachsenenalter mehr als eine begrenzte Integration zu erreichen ist. Ein gewisses Maß an innerer Spaltung und Einseitigkeit scheint ein unvermeidliches, normales Merkmal des Selbst und der Lebensstruktur im frühen Erwachsenenalter zu sein.

So ist ein Mann in den Zwanzigern und Dreißigern normalerweise voll jugendlicher Energien und Ambitionen. Er neigt praktisch zum Pol des »Jungen« in der jung/alt-Polarität. Er hat das starke Bedürfnis, seine archetypisch JUNGEN Qualitäten hervorzuheben, und ein entsprechendes Bedürfnis, seine archetypisch ALTEN Qualitäten herabzusetzen oder zu verdrängen. Es ist seiner Entwicklungsstufe angemessen, unbewußt zu wünschen und auch zu glauben, er sei tatsächlich unsterblich. Er braucht mehr Zeit – und kann sie auch haben –, bevor er sich mit seiner eigenen Sterblichkeit befaßt und beginnt, sich mit der Gewißheit des eigenen Todes und mit dem tatsächlichen oder bevorstehenden Tod ihm nahestehender Menschen abzufinden. Der Übergang zur Lebensmitte ist die richtige Entwicklungsphase zur Bewältigung dieses Prozesses. Nun kann er sich mehr zum Mentor hin entwickeln, ein Vermächtnis schaffen und die anderen Befriedigungen finden, die sich ergeben, wenn die jung/alt-

Polarität in einer dem mittleren Erwachsenenalter angemessenen Art integriert wird.

Dasselbe gilt für die anderen Polaritäten. Auch wenn die Unausgewogenheit von Maskulinem und Femininem sehr viel weniger ausgeprägt sein kann, als es in unserer die Geschlechter stark differenzierenden Gesellschaft üblich ist, muß ein Mann im frühen Erwachsenenalter dem Maskulinen eine gewisse Priorität einräumen. Seine Erwachsenenidentität wird durch Vorstellungen von Männlichkeit beeinflußt, und er kann die Qualitäten, die er für feminin hält, nicht voll ausnützen. Eine größere Integration ist dann im mittleren Erwachsenenalter möglich: Nun hat er eine größere *innere* Freiheit, das Feminine in sich und anderen zu genießen; und eine »zulängliche« Gesellschaft gewährt ihm auch eine größere *äußere* Freiheit.

Man kann von einem jungen Mann nicht erwarten, daß er die Polarität Destruktion/Kreation integriert. Er mag zwar erhebliche Kenntnisse und persönliche Erfahrungen im Zusammenhang mit bestimmten Arten der Destruktion – etwa Krieg, Verbrechen, Armut oder Naturkatastrophen – haben, aber er ist als junger Mann noch nicht bereit, die destruktiven Kräfte im Selbst, in der Gesellschaft und in der Natur in ihrem vollen Ausmaß zu erfahren und ihnen eine tiefere Bedeutung beizumessen. Im mittleren Erwachsenenalter kann er dann eine vollere Integration der Polarität Destruktion/Kreation erreichen und auf eine Art kreativ werden, die vorher nicht möglich war.

Im frühen Erwachsenenalter spiegeln sich die starken Kräfte der Verbundenheit mit der Außenwelt im Bemühen eines Mannes um Engagement, Überlegenheit, Kontrolle und materielles und emotionales Wohlergehen. Das Gleichgewicht von Verbundenheit und Abkapselung verschiebt sich normalerweise im mittleren Erwachsenenalter. Er kann nun die Kräfte der Abkapselung stärker werden lassen. Er kann ein stärkeres Bewußtsein für das Selbst entwickeln und das Selbst mehr in den Mittelpunkt rücken, dabei aber seine Bindungen und Verantwortungen in der Welt beibehalten.

Die Erwachsenenentwicklung muß gefördert werden

Offensichtlich muß eine Menge getan werden, um die individuelle Entwicklung im Erwachsenenalter zu unterstützen. Wo die Entwicklung eines Menschen in der Vergangenheit ernsthaft beeinträchtigt worden ist oder in der Gegenwart vereitelt wird, müssen neue therapeutische Wege beschritten werden, die sowohl die normalen Entwicklungsprozesse als auch die neurotischeren, pathologischen Aspekte berücksichtigen. Einzel- und Gruppenberatung und pädagogische Bemühungen können dem Betreffenden helfen, seine spezifischen Probleme in einem größeren, entwicklungsbedingen Zusammenhang zu sehen.

Doch so nützlich ein solches Vorgehen auch sein mag, der Kern des Problems wird dadurch nicht berührt. Wenn wir die Erwachsenenentwicklung in größerem Maßstab unterstützen wollen, werden wir die gesellschaftlichen Institutionen, die unser Leben gestalten, modifizieren müssen. Die Industrie und berufliche Organisationen, Regierung, höhere Schulen, Religion und Familie – sie alle müssen auf die sich verändernden Bedürfnisse von Erwachsenen in verschiedenen Epochen und Entwicklungsphasen eingehen. Was in einer Epoche hilft, nützt in einer anderen vielleicht gar nichts.

Im *frühen Erwachsenenalter* ist ein Mann gewaltigen Belastungen ausgesetzt, denn er versucht, sich beruflich zu etablieren, eine Ehe und Familie aufzubauen, starken finanziellen Anforderungen gerecht zu werden, seine Bindungen an das Selbst und die Welt aus der Vor-Erwachsenenzeit zu modifizieren und sein Leben als Erwachsener zu integrieren. Der Übergang in die Dreißigerjahre ist oft eine Zeit der Krise. Wenn sein Leben Ende der Zwanzigerjahre in ruhigere Bahnen gerät, werden plötzlich viele seiner Beziehungen, Ziele und Werte in Frage gestellt. Wenn der Übergang in die Dreißigerjahre zu Ende geht und die Phase des Seßhaft-Werdens beginnt, muß er mit Anfang Dreißig Entscheidungen treffen, die für seine gesamte Zukunft höchst folgenschwer sind. Manche Männer haben eine Krise, die mit dem Selbständig-Werden in den späten Dreißigerjahren zu tun hat; sie finden ihre Lebensstruktur just in dem Augenblick unerträglich, wo sie den Höhepunkt ihrer frühen Erwachsenenzeit erreichen.

Die Zwanziger- und Dreißigerjahre sind vielleicht die reichsten und anstrengendsten Jahrzehnte im Lebenszyklus. Angesichts der ungeheuer schwierigen Aufgaben der Anpassung und Entwicklung, mit denen sich ein junger Mann befassen muß, gibt es keinen leichten oder einfachen Weg durch diese Epoche. Trotzdem läßt sich viel tun, um die extreme Belastung zu reduzieren und die Arbeit an den Entwicklungsaufgaben zu erleichtern.

Wenn das frühe Erwachsenenalter eines Mannes von Armut, wiederkehrender Arbeitslosigkeit und einem vergeblichen Kampf um einen einigermaßen zufriedenstellenden Platz in der Gesellschaft beherrscht wird, unterminiert das die Erwachsenenentwicklung. Der Mann braucht seine ganzen Energien, um zu überleben, anstatt einem »Traum« nachjagen oder eine Lebensstruktur schaffen zu können, die für ihn selbst und für andere von Wert ist. Wie soll er, der in einer desorganisierten, zertrümmerten, verschmutzten, von Verbrechen heimgesuchten Welt lebt, verhindern, daß die schlimmsten Merkmale des kollektiven Lebens Teil seiner individuellen Entwicklung werden?

Aber es ist nicht nur eine Frage großer Armut und sozialer Zerrüttung. Auch wenn die Lebensumstände eines Mannes angenehmer sind – wenn er in einer netten Gegend wohnt und einen sicheren Job oder einen guten Beruf hat –, summieren sich viele Aspekte der Arbeit, der Familie und des kommunalen Lebens und erzeugen einen schweren Druck von außen und innere Konflikte. Eine Familie zu gründen *und* den Grundstock für eine berufliche Karriere zu legen, wenn das Einkommen besonders niedrig und der Erwachsenenstatus noch kaum erreicht ist, das bringt für beide, den Mann und seine Frau, gewaltige Belastungen mit sich. Wenn das Ausmaß und die Folgen dieses Problems ernster genommen würden, könnte viel getan werden, um diesen Streß zu verringern.

Für sehr viele Männer sind die Arbeitsbedingungen in der frühen Erwachsenenzeit bedrückend, entfremdend und der Entwicklung schädlich. Die meisten Menschen arbeiten in Großbetrieben, kleinen Unternehmen, in städtischen oder staatlichen Ämtern, Schulen, Kirchen, Krankenhäusern – ihm Rahmen instituioneller Strukturen aller Art. Dies ist eine relativ junge historische Entwicklung. Wir sind immer noch dabei, zu lernen, wie man Organisationen schafft, die produktiv und human arbeiten, in einer Weise, die die Erwachsenenentwicklung ihrer Angestellten und Kunden fördert. Die Ziele der Produktivität und Gewinnerzielung hatten in dem zu Ende gehenden industriellen Zeitalter oberste Priorität. Auf dem Weg in ein Zeitalter, in dem Produktion und Macht vielleicht nicht mehr diese überragenden Rollen spielen, haben wir die Chance, unsere Prioritäten neu zu ordnen. Es bleibt abzuwarten, ob wir uns dann für ein sinnvolleres Arbeiten und für Organisationen stark machen, die die individuelle Entwicklung ebenso fördern wie die Leistungsfähigkeit.

Auf einer spezifischeren, persönlicheren Ebene können wir versuchen, die Quantität und Qualität der Mentor-Tätigkeit in der Arbeitswelt zu verbessern. Die meisten jungen Männer spüren nur wenig von einer Mentor-Tätigkeit, denn gute Mentor-Verhältnisse sind tatsächlich selten. Der Mentor spielt für einen Mann im frühen Erwachsenenalter die Rolle, die die Eltern für ihn in der Kindheit spielen: Ohne ein angemessenes Mentor-Verhältnis hat es ein junger Mann sehr schwer, in die Erwachsenenwelt einzutreten. Bis zu einem gewissen Grad braucht er einfach die emotionale Unterstützung, Lenkung und Betreuung, denn sie ebnen ihm den Weg und lassen die Zukunft lohnend erscheinen.

In einer übertrieben maskulinen Arbeitswelt – wenn Frauen fehlen oder total untergeordnet sind und viele Eigenschaften des Mannes als »feminin« abgewertet werden – fällt es einem Mann schwerer, die Polarität maskulin/feminin zu integrieren. Die stärkere Beteiligung der Frauen an der Arbeitswelt ist ein wichtiger Schritt zur Befreiung der Männer von ihrer einseitigen Maskulinität und ihrer Angst vor dem Femininen. Männer brauchen Frauen als Kollegen, Chefs und Mentoren. Diese Beziehungen erlauben es ihnen, ihre Identitäten zu erweitern, zusätzliche Aspekte des Selbst zu verwirklichen und die Belastungen zu verringern, die durch die übertriebene Maskulinisierung der Arbeit geschaffen worden sind. Solche Veränderungen werden auch Frauen von den Zwängen befreien, die ihnen durch die übertriebene Femininisierung der Elternschaft und durch jene Diskriminierung auferlegt worden sind, die ihnen nur eine beschränkte Mitwirkung an den meisten unserer Institutionen gestattet.

Weitere institutionelle Veränderungen sind erforderlich, die ein besseres Leben und eine bessere Entwicklung im *mittleren Erwachsenenalter* gestatten. Unsere Insitutionen sind heute vorwiegend auf das frühe Erwachsenenalter abgestimmt. Sie haben zwar auch für jüngere Männer ihre Grenzen, aber für Männer im mittleren Alter sind sie noch unzulänglicher. So ist zum Beispiel die Familie in unserer Gesellschaft – und in allen anderen Gesellschaften der Menschheitsgeschichte – vor allem eine Institution für jüngere Erwachsene. Die Familie ist für die meisten von uns ein mächtiges Symbol der Tradition und der persönlichen Unsterblichkeit. Sie ist eine soziale Einrichtung, in deren Rahmen junge Eltern bemüht sind, ihre vor-erwachsenen Kinder großzuziehen und für sich selbst einen Platz in der Welt zu schaffen. Die Funktionen der Familie wandeln sich drastisch, wenn die Kinder flügge werden und die Eltern ins mittlere Erwachsenenalter eintreten.

Wir fangen eben erst an, die fundamentalen Fragen nach der Rolle der Familie im Leben ihrer im mittleren Alter befindlichen Mitglieder zu stellen. Das Verhältnis der Eltern zu ihren erwachsenen Kindern (und zu den nachfolgenden Generationen) ist auch für das mittlere und späte Erwachsenenalter von nicht nachlassender Bedeutung. In einer intakten Familie müssen ein Mann und eine Frau im mittleren Erwachsenenalter eine neue Struktur für ihre Beziehungen schaffen: ihre Beziehungen zueinander, zu ihren Kindern und Enkelkindern, zu ihren Eltern und möglicherweise ihren Großeltern. Wie sehen unter den neuen Lebensbedingungen des mittleren Erwachsenenalters die richtigen Funktionen der Familie aus, und wie sollten ihre Struktur und ihre wegweisenden Werte aussehen? Welche Art der Unterstützung braucht der Mann im mittleren Alter, um besser mit seinen Entwicklungsaufgaben und den Belastungen des Familienlebens fertigzuwerden? Erschwert wird das Problem noch, wenn einer in den mittleren Jahren mehr als eine Familie oder überhaupt keine Familie hat.

In ähnlicher Weise werden die meisten Berufe aus der Perspektive des frühen Erwachsenenalters definiert und verstanden. Wenn wir eine berufliche Tätigkeit erörtern oder untersuchen, konzentrieren wir uns gewöhnlich auf den Prozeß des Eintretens in diesen Beruf und auf die Art der Arbeit, die er während der ersten fünf oder zehn oder zwanzig Jahre verlangt. Doch die Art der Arbeit, die ein Mann verrichtet, ändert sich im mittleren Erwachsenenalter erheblich. Über die Bedeutung der Arbeit in diesen Jahren ist sehr viel weniger nachgedacht und gewiß sehr viel weniger in der Öffentlichkeit diskutiert worden. Wie sollten sich Jobs und Karrieren während der mittleren Erwachsenenjahre entwickeln? Welche neuen Arten von Arbeit sind aus der Sicht des einzelnen und der Gesellschaft wünschenswert? Was kann getan werden, damit im mittleren Erwachsenenalter ein größerer Lernprozeß und eine Verjüngung innerhalb desselben Berufs erreicht werden, ein Umsteigen auf eine »zweite Karriere« oder eine frühe Pensionierung und ein Überwechseln auf andere Formen der Arbeit?

Auf unserem Weg in die »nachindustrielle« Gesellschaft werden wir in jedem Aspekt des sozialen Lebens für größere Veränderungen sorgen müssen. Wir müssen die Möglichkeiten zum kreativen Arbeiten und Spielen ausbauen. In allen Teilen der Bevölkerung müssen neue archetypische »Träume« erzeugt und gestützt werden. Die Beteiligung an Mentor-Verhältnissen muß zu einem weiter verbreiteten und anerkannten Teil des Erwachsenenlebens werden. All das hat wichtige politische und ökonomische Aspekte, aber keiner der vorhandenen politischen Standpunkte kann klare Antworten geben.

Solche Fragen werden zwar zunehmend diskutiert, aber bisher sind sie nur an der Oberfläche geritzt worden. Es gibt sowohl beim einzelnen als auch bei den Institutionen eine starke Abneigung dagegen, tiefer in die Materie einzudringen. Die Fragen sind neu. Sie lösen starke Beklemmungen aus und laufen traditionellen Denkweisen zuwider. Es ist schwer, sie in ihrer ganzen Vielschichtigkeit auszuloten, und noch viel schwerer, rationale Antworten zu finden. Das Paradoxe daran ist, daß wir uns auf die Suche nach neuen Lösungen begeben müssen, obwohl wir wissen, daß wir dieser Aufgabe noch nicht gewachsen sind und daß sich noch viele Generationen damit herumschlagen müssen, ehe bedeutsame Fortschritte möglich sind.

Diese Probleme sind sicher nicht auf unsere Gesellschaft beschränkt. Mit graduellen Unterschieden gelten sie für die gesamte Menschheit in ihrem augenblicklichen Entwicklungsstadium. Zahllose Varianten der universellen Themen entstehen aufgrund der unterschiedlichen Kulturen und Institutionen, der individuellen Erbanlagen und Lebensumstände. Die Menschheit ist immer noch dabei, zu lernen, wie man die Entwicklungsaufgaben der derzeitigen Epochen und Phasen am besten bewältigen und damit den Wert des Lebens in seiner gesamten Länge verbessern kann. Man darf nicht erwarten, daß es in absehbarer Zukunft irgendwo eine Gesellschaft geben wird, in der die meisten Menschen mit ihren mittleren Erwachsenenjahren gut fertigwerden.

Ich sage nicht, daß der Lebenszyklus in seiner augenblicklichen Form unveränderlich ist. Die grundlegende Natur und zeitliche Abstimmung der Epochen werden in der Zukunft zweifellos modifiziert werden, aber ein solcher fundamentaler Wandel ist im Rahmen der Evolution zu sehen. Er erfordert Hunderte von Generationen und nicht nur ein paar Jahrzehnte oder Jahrhunderte. Auf längere Sicht kann ein weiterer Fortschritt in der Förderung der Erwachsenenentwicklung Teil einer Umwandlung der menschlichen Gesellschaft und Persönlichkeit sein und so zu einem neuen Abschnitt in der Evolution des Menschen beitragen.

Dieses Kapitel in der Menschheitsgeschichte liegt noch in weiter Ferne. Im Augenblick geht es für uns darum, das Wesen des derzeitigen Lebenszyklus zu verstehen und auf eine konstruktive Veränderung in diesem Zyklus hinzuarbeiten. Wenn uns das nicht gelingt, wird das nächste Kapitel vielleicht nie geschrieben. Trotz der Schwierigkeit des Problems bleibt uns keine andere Wahl: Wir müssen in dieser Richtung weiterarbeiten.

Anmerkungen

Vorwort

S. 10: *Ray C. Walker* ... Einen Teil seiner Arbeit für das Projekt faßte Walker in einer Zulassungsarbeit für die »Yale University Medical School« zusammen: »Individuation and the Mid-Life Decade in Men«, Yale University Medical School, April 1970.

S. 14: *Willy Brandt* ... Barbara L. Kellerman, »Willy Brandt: Portrait of the Leader as Young Politician«, Dissertation an der Abteilung für Politologie an der Yale University, 1975.

S. 14: *Studie über die Entwicklung der Frauen* ... Wendy A. Stewart, »The Formation of the Early Adult Life Structure in Women«, Dissertation in klinischer Psychologie am Teachers College der Columbia University, 1976.

Kapitel 1

S. 19: *In der Schulpsychologie* ... Beispiele für wichtige frühe Arbeiten auf dem Gebiet der Sozialwissenschaften sind Karl Mannheims grundlegender Aufsatz »The Problem of Generations«, erstmals 1928 veröffentlicht, nachgedruckt in seinen *Essays on the Sociology of Knowledge*, Oxford University Press 1952, SS. 276–320; und: Arnold van Gennep, *The Rites of Passage*, University of Chicago 1960 (urspr. 1908). Unser Begriff des »Übergangs« stützt sich in vielem auf van Genneps Auffassung der »passage«.

Neuere Zusammenfassungen der sozialwissenschaftlichen Literatur finden sich in folgenden Quellen: Leonard D. Cain, »Life Course and Social Structure«, in: R. E. L. Faris (Hg.), *Handbook of Modern Sociology*, Rand McNally 1964; Orville G. Brim, Jr. und Stanton Wheeler, *Socialization After Childhood*, Wiley 1966; Orville G. Brim, Jr., »Theories of the Male Mid-life Crisis«, in: *The Counseling Psychologist*, 6 (1976), 2–9; Glen H. Elder, »Age Differentiation and the Life Course«, in: *Annual Review of Sociology*, 1 (1975); Mathilda W. Riley et al., *Aging and Society*, 3 Bände, Russel Sage 1968 und 1972. (Vgl. insbesondere John Clausens Kapitel »The Life Course of Individuals« in Band 3.)

In der Schulpsychologie kamen die ersten relevanten Forschungsergebnisse über die Erwachsenenentwicklung von Charlotte Bühler und ihren Mitarbeitern. Vgl. Charlotte Bühler, »The Curve of Life as Studied in Biographies«, in: *Journal of Applied Psychology*, 19 (1955), 405–409; Charlotte Bühler, »The

Course of Human Life as a Psychological Problem«, in: *Human Development*, 11 (1968), 184–200; und Charlotte Bühler und Fred Massarik (Hg.), *The Course of Human Life*, Springer 1968. Vgl. auch die Darstellung Else Frenkels, einer Mitarbeiterin Charlotte Bühlers: »Studies in Biographical Psychology«, in: *Character and Personality*, 5 (1936), 1–34.

Einen der ersten systematischen Versuche in der Schulpsychologie, eine kombinierte biologische, psychologische und soziale Darstellung von der Entwicklung zu geben, unternahm mein alter Freund und Kollege Robert W. White. Vgl. *Lives in Progress*, Dryden Press 1952, und *The Enterprise of Living*, Holt Rinehart and Winston 1972.

Eine umfassende und repräsentative Sammlung von Untersuchungen, die meisten aus der Zeit vor 1960, hat Bernice L. Neugarten zusammengestellt: *Middle Age and Aging: A Reader in Social Psychology*, University of Chicago 1968.

S. 20: *Jung verwendete den Begriff* . . . Jung war über vierzig, als er sich erstmals mit der Erwachsenenentwicklung und der Individuation beschäftigte, und seine Gedanken entwickelten sich im Laufe vieler Jahre weiter. Es gibt keinen einzelnen Artikel und kein Buch, in dem er seine Ansichten zu diesem Thema summarisch darstellt. Die folgenden Titel sind relevant: *Der Mensch und seine Symbole*, Olten (Walter-Verlag) 1968; *Erinnerungen, Träume, Gedanken*, Zürich und Stuttgart (Rascher Verlag) 1962; *Die Archetypen und das kollektive Unbewußte*, Olten und Freiburg im Breisgau (Walter-Verlag) 1976. Vgl. auch Joseph Campbell (Hg.), *The Portable Jung*, Viking 1971.

S. 21: *ist Erikson vor allem anderen Humanist* . . . Eriksons Beschreibung des Lebenszyklus findet sich in den folgenden Büchern: *Kindheit und Gesellschaft*, Stuttgart (Klett) 1976; und *Identität und Lebenszyklus*, Frankfurt am Main (Suhrkamp) 1966.

S. 21: *Dazu gehören auch* . . . Die beiden letzten Bücher Ernest Beckers waren *The Denial of Death*, Free Press 1973, und *Escape from Evil*, Macmillan 1976. Becker beschäftigt sich zwar nicht vorrangig mit dem Lebenszyklus und dem Problem der Erwachsenenentwicklung, doch seine Gedanken über das Erwachsenenalter eignen sich für eine entwicklungsspezifische Betrachtungsweise.

Der Wissenschaftler, dessen Arbeit der unseren am nächsten kommt, ist Roger L. Gould. Er kam, unabhängig von uns, auf eine ähnliche Aufeinanderfolge von Phasen in der Erwachsenenentwicklung. Seine Befunde stützen sich hauptsächlich auf seine klinische Erfahrung mit Gruppen und Paaren, und es geht ihm in erster Linie um die Entwicklung der Persönlichkeit. Vgl. seinen Artikel »The Phases of Adult Life: A Study in Developmental Psychology«, in: *American Journal of Psychiatry*, 129 (1972), 521–531. Eine ausführlichere Darstellung folgt in seinem Buch mit dem Arbeitstitel *Transformations*, Simon & Schuster, voraussichtlich 1978.

Eine weitere wichtige Untersuchung, die in die gleiche Richtung wie unsere geht, ist George E. Vaillants *Adaptations to Life*, Little Brown 1977. Darin wird an einem Sample von Harvard-Studenten die Qualität der gesamten Anpassung eines Mannes im Erwachsenenalter untersucht. Es wird gezeigt, daß die Anpassung sehr stark unter dem Einfluß der Abwehr- und Bewältigungsmechanismen der Persönlichkeit steht. Obwohl bei Vaillant das Schwergewicht auf Persönlichkeit und Anpassung und nicht auf der Erwachsenenentwicklung liegt, macht er doch deutlich, daß der Mann zwischen 20 und 50 signifikante Veränderungen durchmacht.

Robert Lifton ist schon vorher auf dem großen Gebiet der »Psycho-Historie« im Sinne Eriksons vorgegangen. In seinem neuesten Buch fängt Lifton jedoch an, eigene Gedanken über die Erwachsenenentwicklung zu formulieren, und er beruft sich nun auf verschiedene Quellen. Vgl. *The Life of the Self: Toward a New Psychology*, Simon & Schuster 1976.

Theodore Lidz hat einen allgemeinen Leitfaden über den Lebenszyklus geschrieben und dabei versucht, Erkenntnisse aus der Psychoanalyse und den Sozialwissenschaften zusammenzufassen: *The Person: His Development Throughout the Life Cycle*, Basic Books 1968.

S. 23: *Es vergeht sehr viel Zeit* ... Aus dem Musical *Knickerbocker Holiday*, von Maxwell Anderson und Kurt Weill, Anderson House 1938, SS. 55–56. *Do not go gentle* ... Aus Dylon Thomas' *Collected Poems*, New Directions 1957.

S. 25: *in der beruflichen oder familiären Entwicklung* ... Einige aufschlußreiche Arbeiten über die Stadien in der familiären und beruflichen Entwicklung: Jesse Bernard, *The Future of Marriage*, World 1972; Michael P. Fogarty, Rhona Rapoport und Robert N. Rapoport, *Sex, Career and Family*, Allen & Unwin 1971; Marjorie Fiske Lowenthal, Magda Thurnher und David Chiriboga, *Four Stages of Life: A Comparative Study of Women and Men Facing Transitions*, Jossey-Bass 1975; Cyril Sofer, *Men in Mid Career: A Study of British Managers and Technical Specialists*, Cambridge University Press 1970; Harold Wilensky, »Life Cycle, Work Situation and Participation in Formal Associations«, in: R. Kleemeier (Hg.), *Aging and Leisure*, Oxford University Press 1961; Donald E. Super, *Career Development: Self-Concept Theory*, College Entrance Examination Board, Research Monograph Nr. 4, 1963.

S. 25: *diese Alternative zu begrenzt* ... Meine bisherige Erforschung der beruflichen Entwicklung schlug sich in folgenden, gemeinsam mit anderen verfaßten Studien nieder: Myron R. Sharaf und Daniel J. Levinson, »The Quest for Omnipotence in Professional Training: The Case of the Psychiatric Resident«, in: *Psychiatry*, 27 (1964), 135–149; Richard C. Hodgson, Daniel J. Levinson und Abraham Zaleznik, *The Executive Role Constellation: An Analysis of Personality and Role Relations in Management*, Harvard Business School 1965; Daniel J. Levinson und Eugene B. Gallagher, *Patienthood in the Mental Hospi-*

tal: Role, Personality and Social Structure, Houghton Mifflin 1964; Daniel J. Levinson und Gerald L. Klerman, »The Clinician-Executive: Some Problematic Issues for the Psychiatrist in Mental Health Organizations«, in: *Psychiatry*, 30 (1967), 3–15; Gerald L. Klerman und Daniel J. Levinson, »Becoming the Director: Promotion as a Phase in Personal-Professional Development«, in: *Psychiatry*, 32 (1969), 411–427.

S. 26: *Ein erster Schritt* ... Wendy A. Stewart, »The Formation of the Early Adult Life Structure in Women«, Dissertation in klinischer Psychologie am Teachers College der Columbia University, 1976.

S. 29: *die Welt des Schriftstellers* ... Viele Leute verhalfen uns zu einem besseren Verständnis der Welt des Schriftstellers. Ich möchte vor allem Bernard Malamud und Toni Morrison danken, mit denen ich über viele Aspekte der Arbeit und der Karriere des Schriftstellers sprach und die mir viele Beispiele aus ihrem eigenen Leben und dem Leben anderer lieferten.

Kapitel 2

S. 43: *Biologen, die altersbedingte Veränderungen untersuchen* ... Inwiefern sich das 30. Lebensjahr als Ausgangspunkt für Alterskurven des biologischen Verfalls eignet, erörtert Robert R. Kohn in *Principles of Mammalian Aging*, Prentice Hall 1971.

S. 49: *Der Berufssportler* ... Über das Leben von Baseball-Profis nach ihrer Aktivenzeit berichtet Roger Kahn: *Boys of Summer*, New American Library 1973. Mit Ende Dreißig beendete Jackie Robinson seine Karriere im Baseball und trat ins Geschäftsleben und in die Politik ein: *I Never Had It Made*, Putnam 1972.

S. 49: *Große Künstler* ... Elliott Jaques, »Death and the Midlife Crisis«, in: *International Journal of Psychoanalysis*, 46 (1965), 502–514. Nachgedruckt in: Elliott Jaques, *Work, Creativity and Social Justice*, International Universities Press 1970.

S. 53: *der spanische Philosph* ... José Ortega y Gasset, *Man and Crisis*, Norton 1958.

S. 53: *Ich-Stadien* ... Erik H. Erikson, *Kindheit und Gesellschaft*, Stuttgart (Klett) 1976; und *Identität und Lebenszyklus*, Frankfurt am Main (Suhrkamp) 1966. In diesen und anderen Schriften nennt Erikson für die Erwachsenenstadien kein genaues Alter. Ich glaube aber, daß meine Altersangaben im allgemeinen mit seiner Auffassung übereinstimmen. In seiner wichtigen Biographie, die sich mit dem mittleren Erwachsenenalter auseinandersetzt, *Gandhis Wahrheit*, identifiziert er zum Beispiel den Konflikt »Generativität gegen Stagnation« als das Thema der Vierziger- und Fünfzigerjahre.

S. 56/57: *Autobiographie* ... Bertrand Russell, *Mein Leben. Autobiographie 1914–1944*, Frankfurt am Main (Insel) 1970.

S. 58: *C. G. Jung* ... Jungs Theorie von der Individuation um die Lebensmitte ist in keinem einzelnen Werk systematisch beschrieben. Man muß verschiedene Quellen heranziehen, um ein Gefühl dafür zu bekommen. Vgl. die Anmerkung zu S. 19.

S. 59: *Jung erkannte als erster* ... Ein anderer der frühen Tiefenpsychologen, Rank, legte ebenfalls großen Wert auf die Loslösung und Individuation im Erwachsenenalter. Vgl. den Band *Will Therapy* und *Truth and Reality*, Knopf 1945, der mehrere bis ins Jahr 1926 zurückgehende Aufsätze enthält.

S. 63: *günstige Bedingungen* ... Donald W. Winnicott entwickelte die Vorstellung von den »günstigen Bedingungen« für die Kindesentwicklung. Vgl. *The Maturational Process and the Facilitating Evironment: Studies in the Theory of Emotional Development*, Hogarth 1965. Der gleiche Grundgedanke ist auch auf die Erwachsenenentwicklung anzuwenden.

S. 64: *Beispiele dafür gibt es genug* ... Eine lebhafte Verteidigung der Kreativität im fortgeschrittenen Alter findet sich in einem Artikel des Dichters Gottfried Benn: »Artists and Old Age«, in: *Partisan Review*, 22 (Sommer 1955), 297–319.

S. 64: *Ernest Jones* ... Jones' dreibändige Biographie trägt in der deutschen Übersetzung den Titel *Das Leben und Werk von Sigmund Freud*, Bern, Stuttgart und Wien (Hans Huber Verlag) 1960–1962.

S. 66: *Das späte, späte Erwachsenenalter* ... Von der Erforschung des biologischen Potentials zur Verlängerung der durchschnittlichen Lebensspanne weit über die Achtziger hinaus berichtet Albert Rosenfeld in *Prolongevity*, Knopf 1976. Rosenfeld und die meisten der in der Forschung tätigen Biologen haben jedoch kaum etwas über die psychologischen und sozialen Aspekte des Alters zu sagen.

Kapitel 3

S. 78: *Der Fisch ist im Wasser* ... Arthur Miller, »The Shadow of the Gods«, in: *Harper's Magazine*, August 1958, SS. 35–43. Das Zitat steht auf S. 39.

S. 78: *»Ödipus«* ... Aus demselben Essay von Arthur Miller, S. 43.

S. 94: *Jean-Paul Sartre* ... Sartre erläutert den Begriff des »Projekts« in seinem Buch *Existenzielle Psychoanalyse*.

Kapitel 5

S. 109: *das Durchschnittsalter für den Beginn* ... Wir stellten bei jedem Teilnehmer an unserer Erhebungsauswahl das Alter fest, in dem jede Phase begann und endete. In manchen Fällen wurde das Alter von dem Mitglied des Teams, das die Biographie schrieb, festgesetzt. Nach einer Diskussion mit dem gesamten Team fiel dann die endgültige Entscheidung. Es handelt sich dabei also letztlich um eine Übereinstimmung aller Mitarbeiter. Im Anfangsstadium, als wir noch an der Konzeption der einzelnen Phasen arbeiteten, wurde dieses Verfahren allgemein befolgt. In einem fortgeschrittenen Stadium der Untersuchung wurden die Altersgrenzen dann von zwei Personen festgelegt – dem Verfasser der jeweiligen Biographie und mir. Heute können wir sagen, daß zwei erfahrene Forscher im allgemeinen nicht mehr als ein Jahr auseinanderliegen, wenn sie das Alter schätzen, in dem eine Phase beginnt oder endet. Wir haben für die Kriterien, nach denen diese Altersbestimmungen zu machen sind, noch kein endgültiges System entwickelt. Ein solches System ist ein wichtiger Schritt, der uns weiterbringen wird.
Wir haben für alle 40 Männer eine Bewertung jeder einzelnen Phase. Diese quantitativen Befunde sind insofern interessant, als sie zu einem vorläufigen Bild vom Zeitplan der Phasen beitragen, aber es muß hier betont werden, daß sie – wie andere quantitative Ergebnisse unserer Untersuchung – nur anregen können und keine endgültigen Schlüsse zulassen. Es bleibt noch eine Menge zu tun – exaktere Vergleiche sind anzustellen, die theoretischen Fragen weiter zu klären, andere Bevölkerungen zu untersuchen, die beteiligten Faktoren zu identifizieren –, ehe gültige Verallgemeinerungen über den Zusammenhang zwischen Lebensalter und Entwicklungsphasen gemacht werden können.

Kapitel 6

S. 135: *»In Dreams Begin Responsibilities«* ... Erschienen in Schwartz' Buch *The World Is a Wedding*, New Directions 1948.

S. 136: *in der frühen Kindheit* ... Winnicott erörtert seine Vorstellungen von »Übergangsphänomenen« in der Kindheit in *Playing and Reality*, Basic Books 1971. Vgl. auch sein früheres Buch *The Maturational Processes and the Facilitating Environment: Studies in the Theory of Emotional Development*, Hogarth Press 1965.

S. 143: *aus eigenem Erleben* ... In meiner Studentenzeit war Else Frenkel-Brunswik eine meiner wichtigen Mentoren. Viele Jahre danach – gerade als ich mit dieser Untersuchung der Erwachsenenentwicklung begann – wurde ich aufgefordert, einen kurzen Bericht über ihr Leben und ihr Werk zu geben.

Dieser Bericht enthält, in gedämpfter Form, meine persönliche Wertschätzung dieser Frau als einer Psychologin, Lehrerin und Freundin. Siehe »Else Frenkel-Brunswik«, in: *International Encyclopedia of the Social Sciences*, Macmillan and Free Press 1968, 559–562.

S. 146: *junger Romanschreiber* ... Der Kritiker Harold Bloom vertritt die These, daß junge Poeten im allgemeinen eine solche Symbolfigur haben, einen großen Schriftsteller vergangener Zeiten, dem sie nacheifern und den sie übertreffen wollen. Vgl. sein Buch *The Anxiety of Influence*, Oxford University Press 1973.

S. 148: *Die Verinnerlichung* ... In einer der wenigen Arbeiten über die Art und Weise, in der die psychoanalytische Behandlung zur Erwachsenenentwicklung beiträgt (und nicht nur zur Lösung von Konflikten aus der Vor-Erwachsenenzeit), spricht der Psychoanalytiker Hans Loewald davon, daß ein wesentlicher Aspekt dieses Prozesses darin besteht, daß der Patient den Psychoanalytiker verinnerlicht. Vgl. seinen Artikel »On the Therapeutic Action of Psychoanalysis«, in: *International Journal of Psychoanalysis*, 41 (1960), 16–23.

Kapitel 10

S. 217: *geistig und körperlich bergab* ... Dieser Prozeß des Niedergangs im mittleren Erwachsenenalter ist von Stanley Rosenberg und Michael Farrell beschrieben worden: »Changes in Life Course at Midlife: A Pattern of Psychosocial Decline«, Vortrag bei der Jahrestagung der American Sociological Association am 26. August 1975 in San Francisco. (Erhältlich bei den Verfassern, Dartmouth University Medical School.)

Kapitel 13

S. 271: *Erikson* ... Eriksons Theorie der »Generativität gegen Stagnation« findet sich in seinem *Identität und Lebenszyklus*, Frankfurt am Main (Suhrkamp) 1966. Sein ausführlichstes biographisches Beispiel für dieses Stadium ist *Gandhis Wahrheit*, Frankfurt am Main (Insel) 1971.

S. 271: *Destruktivität* ... Vgl. Elliott Jaques, »Death and the Midlife Crisis«, in: *International Journal of Psychoanalysis*, 46 (1965), 502–514. Nachgedruckt in: Elliott Jaques, *Work, Creativity and Social Justice*, International Universities Press 1970.

S. 271: *Goya-Biographie* ... Martha Wolfenstein, »Goya's Dining Room«, in: *Psychoanalytic Quarterly*, 35 (1966), 1, 47–83.

S. 271: *»Innerlichkeit«* ... Bernice L. Neugarten, »A Developmental View of Adult Personality«, in: James E. Birren (Hg.), *Relations of Development and Aging*, Charles C. Thomas 1965.

S. 290: *Puer* ... Zu Jungs Theorie über Puer und Senex vgl. Carl G. Jung, *Der Mensch und seine Symbole*, Olten und Freiburg im Breisgau (Walter-Verlag) 1968; Marie-Louise von Franz, *The Problem of the Puer Aeternas*, Spring 1970; James Hillman, »On Senex Consciousness«, in: *Spring: Annual of Archetypal Psychology and Jungian Thought*, 1970; und James Hillman, »Puer and Senex«, in: *Eranos Jahrbuch*, 36 (Zürich 1968), 301–359.

S. 292: *jugendliche Qualitäten* ... In einem archetypischen Sinn wird das JUNGE durch Energie und Schwung, das ALTE durch Struktur und Stabilität charakterisiert. Die gleiche Unterscheidung findet man, in einer höchst verfeinerten Form, in modernen Theorien im Bereich der Biologie, Psychologie und der Sozialwissenschaften. Energie und Struktur sind zwei fundamentale Bestandteile aller lebenden Systeme – Zellen, biologische Organismen, individuelle Personen, soziale Institutionen und Gesellschaften. Jedes lebende System muß irgendeine Form von Energie haben, und es muß eine Struktur haben, das die Energie enthält und steuert. Eine Struktur ohne Energie ist eine unwirksame Form, zu keinerlei Aktion oder Veränderung fähig. Energie ohne Struktur bedeutet Chaos. Ein System braucht beides, um verschiedene Funktionen ausüben und sich mit der Zeit weiterentwickeln zu können.

Zu Beginn eines Entwicklungsprozesses hat ein Organismus reichlich Energie und Potential, aber eine verhältnismäßig begrenzte Struktur. Sein Repertoire an Verhaltensweisen ist klein, seine Anpassungsfähigkeiten sind begrenzt, und er verbraucht eine Menge Energie für seine innere Entwicklung. Im Lauf der Entwicklung wächst die Struktur und differenziert sich in eine immer größere Zahl von Komponenten, die spezifische Funktionen ausüben können. Die Komponenten werden ihrerseits in eine komplexere Struktur integriert. Die Struktur wird stabiler, funktioniert eine Zeitlang im Maximalbereich und läßt dann allmählich nach, bis sie sich schließlich auflöst oder in eine neue Struktur verwandelt wird.

Während der Frühphasen der Entwicklung hat also ein System ein Maximum an Energie und eine im Aufbau begriffene, verwundbare Struktur. In den mittleren Phasen erreicht das System seine optimale Ausgewogenheit von Energie und Struktur. In den letzten Phasen kommt es zu einem Nachlassen der Energie und einer immer zerbrechlicheren Struktur, die schließlich unter der Belastung von außen zusammenbricht oder die Kraft von innen verbraucht hat. Dieser Prozeß wiederholt sich in jeder Entwicklungsphase und im Lebenszyklus insgesamt.

S. 296: *»Porträt des Helden«* ... John Barth bringt in seinem Roman *Chimera* (Random House 1972) verschiedene Porträts des jugendlichen Helden, der ins mittlere Alter kommt.

S. 296: *Wunsch nach Unsterblichkeit* ... Die Bedeutung des Wunsches nach

Unsterblichkeit und das Ringen darum, sich mit der eigenen Sterblichkeit abzufinden, ist unter verschiedenen psychologischen und philosophischen Gesichtspunkten abgehandelt worden. Freud geht davon aus, daß der Wunsch nach Omnipotenz und der Glaube an die eigene Unsterblichkeit zu den psychologischen Grundlages des Kindes gehören. Freud befaßte sich zwar nicht systematisch mit den Veränderungen, die sich im Lauf der Erwachsenenentwicklung ergeben, aber er stellte fest, daß sich diese kindlichen Qualitäten auch beim Erwachsenen hartnäckig halten. Vgl. zum Beispiel seine Arbeit *Die Zukunft einer Illusion* von 1927 (im 9. Band der Studienausgabe von S. Fischer, 1974.) Die Jungsche Theorie befaßt sich mit diesen Qualitäten teilweise im Rahmen des »Puer«-Begriffs (vgl. Anmerkung zu S. 480). Der große spanische Philosoph Miguel de Unamuno behandelt sie aus gemeinsamer psychologisch-philosophischer Sicht in seiner Abhandlung *Das tragische Lebensgefühl* (München 1925). Der Anthropologe Ernest Becker machte in seinem Buch *Denial of Death* (Free Press 1973) den bemerkenswerten Versuch, zu einer Synthese der anthropologischen und tiefenpsychologischen Bewertung des Wunsches nach Unsterblichkeit zu kommen. Auch Robert Lifton beschäftigte sich mit diesem Thema; seine jüngste Formulierung steht in *The Life of the Self: Toward a New Psychology* (Simon & Schuster 1976). Auf die Gedanken Freuds und Melanie Kleins bezieht sich Elliot Jaques in seinem Essay »Death and the Midlife Crisis«, in: *International Journal of Psychoanalysis*, 46 (1965), 502–514. Auch wenn diese Autoren von ganz verschiedenen Theorien ausgehen, kommt es doch immer mehr zu einer Annäherung in unserem Verständnis des Konfliktes zwischen der Unsterblichkeit und der Sterblichkeit als eines Themas in der Erwachsenenentwicklung.

S. 298: *mit Mitte Vierzig* ... Das Hellman-Zitat steht auf S. 226 der Biographie von Richard Moody, *Lillian Hellman: Playwright*, Bobbs-Merrill 1972.

S. 300: *»he dares to live«* ... Der volle Titel des Gedichts von Roethke lautet »The Dying Man: In Memoriam: W. B. Yeats«, in: *Words for the Wind*, Indiana University Press 1961, S. 190.

S. 300: *»No longer in Lethean«* ... Yeats' Gedicht »Vacillation« ist abgedruckt in: M. L. Rosenthal (Hg.), *Selected Poems and Two Plays of William Butler Yeats*, Collier Books 1966, S. 134.

Kapitel 15

S. 310: *John Milton* ... Das Zitat aus *Das verlorene Paradies* steht im Vierten Buch, Zeile 103–109 (in der Übersetzung von Hans Heinrich Meier, Stuttgart 1968).

S. 310: *das »tragische Lebensgefühl«* ... Den Begriff des »tragischen Lebensgefühls« entwickelte Miguel de Unamuno in seinem Buch *Das tragische Lebensgefühl*, deutsch München 1925. Über die Tragödie in der Literatur vgl. Richard B. Sewall, *The Vision of Tragedy*, Yale University Press 1959.

S. 311: *Shakespeare's* . . . Meine Ausführungen zu *König Lear* verdanke ich weitgehend Harold C. Goddard, *The Meaning of Shakespeare*, University of Chicago Press 1951.

S. 314: *alle Künstler* . . . Elliott Jaques, »Death and the Midlif Crisis«, in: *International Journal of Psychoanalysis*, 46 (1965), 502–514.

S. 320: *autoritäre Persönlichkeit* . . . Theodor W. Adorno, Else Frenkel-Brunswik, Daniel J. Levinson und R. Nevitt Sanford, *The Authoritarian Personality*, Harper 1950.

S. 321: *Struktur des DNS-Moleküls* . . . James Watson, *Die Doppel-Helix*, Hamburg (Rowohlt) 1969.

S. 328: *darüber hinauswachsen und auf die eigenen Beine kommen* . . . Zur Rolle des Mentor-Verhältnisses in der beruflichen Entwicklung erfolgreicher Frauen vgl. Margaret Henning und Anne Jardin, *Women and Management*, Doubleday 1977.

Kapitel 16

S. 337: *der Schlüssel* . . . John Barth, *Chimera*, Random Hause 1972.

S. 338: *Goethe* . . . *Maximen und Reflexionen*, 69.

S. 341: *»Meine Leiter, sie verkam* . . .« William Butler Yeats, *Werke I: Ausgewählte Gedichte*, Neuwied und Berlin (Luchterhand) 1970, S. 277. (In der Übersetzung von Werner Vordtriede.)

S. 342: *Trennung* . . . Jung schildert seine Trennung von Freud in seiner Autobiographie *Erinnerungen, Träume, Gedanken*, Zürich und Stuttgart (Rascher Verlag) 1962. Vgl. auch Joseph Campbells Einführung zu seiner Auswahl aus Jungs Schriften: *The Portable Jung*, Viking 1971.

S. 342: *räumte Jung ein, daß es ihm widerstrebte* . . . Jungs Bemerkungen über seine Korrespondenz mit Freud steht in der Einleitung (S. XXX) zu dem von William McGuire und Wolfgang Sauerländer herausgegebenen Band *Sigmund Freud/C. G. Jung – Briefwechsel*, Frankfurt am Main (S. Fischer) 1974. Der Brief stammt vom 9. April 1959; Jung war 84 Jahre alt, doch die Erinnerung war frisch!

S. 343: *Baldwin rezensierte Kazans Roman* . . . Vgl. James Baldwins Kritik von Elia Kazans *The Arrangement* in *New York Review of Books*, 23. März 1967, S. 17.

S. 348: *Gandhi-Biographie* . . . Erik H. Erikson, *Gandhis Wahrheit*, Frankfurt am Main (Insel) 1971. SS. 375–383.

S. 352: *beim Mann zu einer schweren Krise* . . . Stanley Rosenberg und Michael

Farrell, »Changes in Life Course at Midlife: A Pattern of Psychosocial Decline«, Vortrag bei der Jahrestagung der American Sociological Association am 26. August 1975 in San Francisco. (Erhältlich bei den Verfassern, Dartmouth University Medical School)

Kapitel 20

S. 433: *der menschlichen Entwicklung* ... Die Arbeit von Kohlberg, Piaget und Loevinger schildern folgende Quellen: Lawrence Kohlberg, »Stage and Sequence: The Cognitive-Developmental Approach to Socialization«, in: D. A. Goslin (Hg.), *Handbook of Socialization Theory and Research*, Rand McNally 1969; Lawrence Kohlberg, »Continuities in Childhood and Adult Moral Development Revisited«, in: P. B. Baltes und K. W. Schaie (Hg.), *Life Span Developmental Psychology: Personality and Socialization*, Academic Press 1973; Jane Loevinger, *Ego Development: Conceptions and Theories*, Jossey-Bass 1976; Jean Piaget, *The Child and Reality: Problems of Genetic Psychology*, Penguin 1976; Jean Piaget, *Moral Judgement of the Child*, Free Press 1932; und Jean Piaget und Bärbel Inhelder, *The Child's Conception of Space*, Humanities 1963.

S. 435/436: *»Denn der Mensch ist ...«* Marcel Proust, *Auf der Suche nach der verlorenen Zeit.* Frankfurt am Main und Zürich 1953–57.

S. 437: *Allgemeingültigkeit* ... Zum Problem allgemeingültiger Aussagen über die Persönlichkeit in vielen verschiedenen Kulturen vgl. Alex Inkeles und Daniel J. Levinson, »National Character: The Study of Modal Personality and Sociocultural Systems«, in: G. Lindzey und E. Aronson (Hg.), *Handbook of Social Psychology*, Addison-Wesley 1968.

S. 438: *anthropologische Basis* ... Die Untersuchung von Mythen aus der Perspektive Jungs in: Joseph Campbell, *The Masks of God*, 4 Bände, Viking 1959–68; Mircea Eliade, *Patterns in Comparative Religion*, Meridian 1958; und Mircea Eliade, *The Myth of the Eternal Return*, Harper & Row 1965.

Zu Jungs eigener Auffassung vom Mythos vgl. C. G. Jung und K. Kerényi, *Einführung in das Wesen der Mythologie.* Revidierte Neuauflage. Zürich 1951. Vgl. auch das Buch des amerikanischen Anthropologen Paul Radin (mit Kommentaren von Jung und Kerényi), *The Trickster: A Study in American Indian Mythology*, Schocken 1972 (revid. Ausg.).

S. 439: *Gesellschaften auf der ganzen Welt* ... Simone de Beauvoir, *La vieillesse*, 1970. Deutsch: *Das Alter.*

S. 440: *unterschiedliche Gesellschaften* ... David L. Gutmann, »Women and the Parental Imperative«, in: *Commentary*, Dezember 1973; »Individual Adaptation in the Middle Years: Developmental Issues in the Masculine Mid-Life Crisis«, in: *Journal of Geriatric Psychiatry*, 9 (1976), 41–59; und »Mayan Aging: A Comparative TAT Study«, in: *Psychiatry*, 29 (1966), 246–259.

S. 441: *Der Talmud ... Der babylonische Talmud.* Ausgewählt, übersetzt und erklärt von Reinhold Mayer. München (Goldmann) 1963. S. 388.

S. 442: *sechs Stufen ...* Kungfutse, *Gespräche (Lun Yü).* Aus dem Chinesischen verdeutscht und erläutert von Richard Wilhelm. Jena (Eugen Diederichs) 1910. SS. 8–9.

S. 442: *Solon ...* Solons Darstellung der Lebensstufen wird von A. L. Vischer zitiert in *Das Alter als Schicksal und Erfüllung,* Basel (Benno Schwabe) 1942. SS. 138–139.

S. 443: *»Eine ausreichende Leistung« ...* Bidders Artikel »Senescence« erschien ursprünglich im *British Medical Journal,* 2 (1932), 5831. Zitiert und erörtert wird der Artikel in Alex Comfort, *Ageing: The Biology of Senescence,* London 1964.

S. 445: *Jäger-Sammler-Gesellschaften ...* Eine Zusammenstellung von Daten zur Lebensspanne in Jäger-Sammler-Gesellschaften gibt J. S. Weiner, *The Natural History of Man,* Universe Books 1971.

S. 461: *Solche Fragen ...* John Schaar hat einen brillanten und anregenden Artikel geschrieben, in dem er sich mit einigen dieser Fragen befaßt: »Legitimacy in the Modern State«, in: *Power and Community: Dissenting Essays in Political Science,* herausgegeben von Philip Green und Sanford Levinson, Vintage Books 1970. Er untersucht die Entwicklung von Krisen im Zusammenhang mit der Legitimierung von Autorität in allen modernen Gesellschaften. Auch wenn er sich nicht ausdrücklich mit der Erwachsenenentwicklung beschäftigt, bezieht sich seine Analyse ganz unmittelbar auf Menschen im mittleren Erwachsenenalter, die in Familien und in der Gesellschaft die Hauptlast der Autorität tragen. Um – mit Schaars Worten – eine weise Autorität sein zu können, muß man bei der Lösung der Probleme, die der Übergang zur Lebensmitte mit sich bringt, beträchtliche Fortschritte gemacht haben.

Register

(Zusätzliche Hinweise auf die Arbeit anderer Wissenschaftler enthalten die »Anmerkungen« auf den Seiten 463–474.)